Das Buch

Hätten in der Spätantike und im Mittelalter nicht immer wieder Mönche, Gelehrte und Fürsten, auch arabische und jüdische Philosophen und Theologen, für die Erhaltung und die Weitergabe der klassischen Literatur und der heiligen Schriften gesorgt, dann wäre uns kaum etwas von dem erhalten, was heute das Fundament aller europäischen Literatur und Wissenschaft ausmacht. Diese, hier von hervorragenden Vertretern der einzelnen Disziplinen verfolgte und beschriebene Geschichte der Literaturtradierung ist mit ihren zahllosen Quer- und Rückbezügen zugleich ein wesentlicher, ja notwendiger Teil der europäischen Geistes- und Kulturgeschichte.

»Diese Geschichte der Textüberlieferung ist auf dem weiten Feld der Literaturwissenschaft ein Novum. Den zahlreichen Darstellungen des antiken und mittelalterlichen Schrifttums wird nicht einfach eine weitere, ›auf den neuesten Stand der Forschung gebrachte‹, hinzugefügt, vielmehr soll das Unternehmen zeigen, warum und wodurch für uns Heutige eine antike und mittelalterliche Literatur überhaupt existiert: dank eben der Textüberlieferung.« (Aus dem Vorwort)

Die Textüberlieferung der antiken Literatur und der Bibel

Von
Herbert Hunger, Otto Stegmüller,
Hartmut Erbse, Max Imhof, Karl Büchner,
Hans-Georg Beck, Horst Rüdiger

Mit einem Vorwort von Martin Bodmer

Deutscher
Taschenbuch
Verlag

dtv

Unveränderter Nachdruck des 1961 erschienenen Bandes I der ›Geschichte der Textüberlieferung der antiken und mittelalterlichen Literatur‹.
Ein Nachdruck des Bandes II (Mittelalterliche Überlieferungsgeschichte) ist nicht vorgesehen.
Die Redaktion besorgten Dr. Michael Meier, Dr. Fritz Hindermann und Alfred Schindler.

Dezember 1975
Deutscher Taschenbuch Verlag GmbH & Co. KG, München

Umschlaggestaltung: Celestino Piatti
Gesamtherstellung: C. H. Beck'sche Buchdruckerei, Nördlingen
Printed in Germany · ISBN 3-423-04176-5

Inhaltsverzeichnis

Verzeichnis der Abkürzungen

und der verkürzt zitierten Literatur

Handschriften sind in der Regel bei den Städten, Werke antiker Autoren bei den Autoren verzeichnet. Die alphabetische Reihenfolge ist ohne Rücksicht auf Abkürzungspunkte, Umlaute und den Unterschied von I und J durchgeführt.

Abh. Akad. Bln.	Abhandlungen der Deutschen Akademie der Wissenschaften zu Berlin, philosophisch-historische Klasse, Berlin 1945 ff., vormals: Abhandlungen der Preußischen Akademie der Wissenschaften, phil.-hist. Kl., Berlin 1908–44, zuvor: ... der königlichen Preußischen ...
Abh. Akad. Gött.	Abhandlungen der Akademie der Wissenschaften in Göttingen, philologisch-historische Klasse. Vormals:
Abh. Ges. Wiss. Gött., N.F.	Abhandlungen der Gesellschaft der Wissenschaften zu Göttingen, phil.-hist. Kl., Neue Folge, Berlin 1925 ff.
Abh. sächs. Akad. Wiss.	Abhandlungen der sächsischen Akademie der Wissenschaften, philologisch-historische Klasse, Leipzig 1915 ff., 1950 ff.
Acad. Roy. Belg., Bull.	Bulletins de l'Académie Royale des Sciences, des Lettres et des Beaux-Arts de Belgique, Bruxelles 1832 ff.
Aegyptus	Zs., Milano 1920 ff.
Aelian, *Var. hist.*	*Varia historia* (*Ποικίλη ἱστορία*)
Aevum	Forschungsberichte, Milano 1927 ff.
Ambros.	Cod. Ambrosianus (Ambrosiana, Mailand)
Amm. Marc.	Ammianus Marcellinus, *Rerum gestarum libri* XXXI
Angel.	s. unter Rom
Antiph.	Antiphon
Anz. Öst. Akad.	Anzeiger der Österreichischen Akademie der Wissenschaften in Wien, philosophisch-historische Klasse, Wien 1946 ff., vormals: Anz. d. Akad. d. Wiss., Wien 1864 ff.
A.P.	*Anthologia Palatina*
Apg.	*Apostelgeschichte* (N.T.)
Apk.	*Apokalypse* (N.T.)
Apuleius, *Met.*, *Apol.*, *Flor.*	*Metamorphosen*, *Apologia sive oratio de magia*, *Florida*
Arch. f. Kulturgesch.	Archiv für Kulturgeschichte, Berlin 1903 ff.
Arist.	Aristophanes
A.T.	Altes Testament
Athen.	Athenaios
Audom.	Cod. Audomaropolitanus (St-Omer in Frankreich)
Augustin, *De civ. dei*	*De civitate dei* (*Über den Gottesstaat*)
Barb.	s. unter Vatikan
Berlin, Berol., Diez B. sant., Phill., theol. lat.	Cod. Berolinensis (Berlin, Dt. Staatsbibl.), Hss.-Gruppen: aus dem Besitz von Diez, aus dem Besitz von Phillips, Cod. theologicus latinus
Berl. philol. Wochenschrift	Berliner philologische Wochenschrift, Berlin 1884–1920. Zuvor und nachher: Philologische Wochenschrift, Leipzig 1881–83, 1921–1944

Bern.	Cod. Bernensis (Bern)
Berol.	s. unter Berlin
B.H.G.[3]	Bibliotheca Hagiographica Graeca, [3]Brüssel 1957
Boccaccio, *Dek.*	*Dekameron*, ital.: *Decamerone* (Novellensammlung)
Bodl./Bodleiana	s. unter Oxford
Bon.	Cod. Bononiensis (Univ. Bologna)
Brit. Mus.	British Museum, s. unter London
Brux.	Cod. Bruxellensis (Brüssel)
B.T.	Bibliotheca Scriptorum Graecorum et Romanorum Teubneriana (Verlag B.G.Teubner), Leipzig (neuerdings z.T. Stuttgart)
Burn.	s. unter London
Bursian-Bericht	Jahresbericht über die Fortschritte der klassischen Altertumswissenschaft, begründet von CONRAD BURSIAN, Berlin 1875ff.
Byzantion	Zeitschrift, Paris 1924ff., Boston 1941ff.
Byz. Arch.	Byzantinisches Archiv, Leipzig 1898–1927
Byz. Zs.	Byzantinische Zeitschrift, Leipzig 1892ff.
Cambridge, Add., Corp.Chr. Coll.,Trin.Coll., Peterhouse	Bibl. der Universität, Additional Mss.; Hs. des Corpus-Christi-College, Hs. des Trinity College, Hs. des Peterhouse College
Cantabr.	Cod. Cantabrigiensis (Cambridge, s. dies)
Carm.	*Carmen*, *Carmina*
Cassiodor, *Inst.*, *Variae*	*Institutiones*, *Variae*
C.B.	Collection Budé, d. h. Collection des Universités de France, publiée sous le patronage de l'Association Guillaume Budé, «Les Belles Lettres», Paris
C.C.	Corpus Christianorum, series latina, Turnhout (Belgien), 1953ff.
Centr. bl. f. Bibl.wesen	Centralblatt für Bibliothekswesen, Leipzig 1884–1944 und 1947ff.
Chalki Hag. Trias	Hs. von Chalki (Türkei), Kloster Hagia Trias (Heilige Dreieinigkeit), jetzt in der Patriarchalbibliothek in Istanbul
Cicero, *Ad Att.*, *Ad fam.*, *Ad Qu. fr.*, *Brut.*, *De div.*, *De fin.*, *De leg.*, *De orat.*, *De rep.*, *Tusc.*	*Ad Atticum* (Briefe), *Ad familiam* (Briefe), *Ad Quintum fratrem* (Briefe), *Brutus*, *De divinatione*, *De finibus bonorum et malorum*, *De legibus*, *De oratore*, *De republica*, *Tusculanae disputationes*
C.I.L.	Corpus Inscriptionum Latinarum, Berlin 1863ff.
Class. et Med.	Classica et Mediaevalia, Kopenhagen 1938ff.
Class. Phil.	Classical Philology, Chicago 1906ff.
Class. Quart.	Classical Quarterly, London 1907ff.
Class. Rev.	Classical Review, London 1887ff.
C.M.G.	Corpus Medicorum Graecorum (Leipzig 1908ff.)
Cod. / Codd.	Codex, Codices
«Cod.Vat.lat.» u. dgl.	s. unter «Vat.», desgleichen in allen analogen Fällen
Cod. Theodos.	*Codex Theodosianus*
Coisl.	s. unter Paris
Colon.	Cod. Coloniensis (Köln)
cons. od. cos., coss.	consule, consulibus (in lat. Subskriptionen)
Corp. Chr. Coll.	s. unter Cambridge

Cotton., Cottoniana	Cod. Cottonianus, Bibliotheca Cottoniana, s. unter London, Brit. Mus.
C.S.E.L.	Corpus Scriptorum Ecclesiasticorum Latinorum, Wien 1866ff.
Dan.	*Daniel* (geschichtlich-prophetisches Buch des A.T.)
Dan. Georg.	Scholia Danielis zur *Georgica* Vergils
Dante, *De vulg.eloq.*, *Conv.*	Dante, *De vulgari eloquentia*, *Il convivo*
Demosth., *or.*	Demosthenes, Reden (*orationes*)
ders.	derselbe (Autor des eben genannten Werkes)
Deut.	*Deuteronomium* (5. Buch Mose)
Didymos, Schol. Lys., Schol. Plut.	Scholien zur Komödie *Lysistrata* des Aristophanes, Scholien zur Komödie *Plutos* des Aristophanes
Diog. Laert.	Diogenes Laertios, Geschichte der griech. Philosophie in 10 Büchern
Dioniso, N.S.	Dioniso (Zeitschr.), Nuova Serie, Siracusa 1929ff.
Dionys. Hal.	Dionysios von Halikarnass, *Antiquitates Romanae*
Diss.	Dissertation
DSH, DSIa und DSIb	Dead Sea Scrolls (Schriftrollen vom Toten Meer), Habakukkommentar, Jesajarolle I, Jesajarolle II
Dt. Lit. Ztg.	Deutsche Literatur-Zeitung, Berlin 1880ff.
Duac.	Cod. Duacensis (von Douai in Frankreich)
Ed. princ.	Editio princeps (erste Druckausgabe)
Emerita	Zs., Madrid 1933ff.
Eph.	*Epheserbrief* (N.T.)
Épinal, Bibl. mun.	Bibliothèque municipale
Epist.	*Epistula* (Brief)
Eusebios, *Hist. eccl.*	*Historia ecclesiastica* (Kirchengeschichte)
Ex.	*Exodus* (2. Buch Mose)
Exc.	Excerpta (Auszüge)
Faks.	Faksimile
Florenz, Laur. plut., Conv. soppr., Riccard.	Cod. Laurentianus (Biblioteca Laurenziana), pluteus (Wandgestell). Conventi soppressi (Bestände aus aufgehobenen Klöstern in der Laurenziana); Cod. Riccardianus (Biblioteca Riccardiana)
Fr.	Fragment(e)
Gal.	Brief des Apostels Paulus an die Galater
Galen, In Hippocr. Ep. III, Komm. 2,4	In Hippocratis *Epidemiarum* librum tertium Commentarius (Kommentar zum 3. Buch der *Epidemien* des Hippokrates)
G.C.S.	Die griech. christl. Schriftsteller der ersten drei Jahrhunderte, Leipzig 1897ff. (später Berlin)
Geist. Arb.	Geistige Arbeit, Berlin 1934–44
Gen.	*Genesis* (1. Buch Mose)
G.G.A.	Göttingische Gelehrte Anzeigen, Göttingen 1802ff., 1953ff.
G.I.F.	Giornale Italiano di Filologia, Napoli 1948ff.
Gnomon	Kritische Zs. für die gesamte klassische Altertumswissenschaft, Berlin 1925ff., 1949ff.
Gotting.	Cod. Gottingensis (Göttinger Kodex)
gr.	griechisch oder graecus(-a)
Gronov.	s. unter Leiden

HAIN	L. HAIN, Repertorium bibliographicum, in quo libri omnes ... usque ad a. 1500 typis expressi ... recensentur (Katalog der Inkunabeln), Stuttgart – Paris 1826 ff.
Hamb. scrin.	Cod. Hamburgensis (Staats- und Universitätsbibliothek, Hamburg), scrinium (Schrein)
Harl.	s. unter London
Harv. St. in Class. Phil.	Harvard Studies in Classical Philology, Cambridge (Mass.) 1890 ff.
Harv. Th. Rev.	Harvard Theological Review, Cambridge (Mass.) 1908 ff.
Hdb. d. Bibl.wiss.	Handbuch der Bibliothekswissenschaft, begründet von F. MILKAU, Leipzig 1931–42, ^{2}Stuttgart 1950 ff.
Hdb. d. (klass.) Altert.wiss.	Handbuch der (klassischen) Altertumswissenschaft, Nördlingen (später München) 1886 ff.
Hdt.	Herodot
Hebr.	*Hebräerbrief* (N.T.)
Heidelberg	s. unter Palat.
Hermath.	Hermathena, a series of papers on literature, science and philosophy, by members of the Trinity College, Dublin 1873 ff.
Hermes	Hermes (Zeitschrift), Berlin 1866 ff.
Hier., Patr., Saba.	Cod. Hierosolymitanus (Jerusalem), Patriarchalbibliothek, darin Gruppe des Hss. des hl. Saba
Hieronymus, *Komm. zu Zach.*; z. J.	*Kommentar zum Propheten Zacharias;* (Weltchronik von der Schöpfung an, Abschnitt) zum Jahre ...
Hist. Vjs.	Historische Vierteljahrsschrift, Leipzig 1898–1939
Homer, *Il.*, *Od.*	*Ilias*, *Odyssee*
Horaz, *Sat.*, *Carm.*, *Epod.*	*Saturae*, auch *Sermones*; *Carmina* (Oden); *Epoden*
Hs./Hss.	Handschrift / Handschriften
Jahrb. class. Phil. (Suppl.-Bd.)	Jahrbücher für classische Philologie (Supplements-Band), Leipzig 1855–1897. Zuvor: Neue Jahrb. f. Philologie u. Pädagogik, Leipzig 1831 ff.
Jahrb. Öst. Byz. Ges.	Jahrbuch der Österreichischen Byzantinischen Gesellschaft, Wien 1951 ff.
Jak.	*Jakobusbrief* (N.T.)
Ian. Miss. Urb.	Cod. Ianuensis (Genua, Biblioteca Franzoniani, Hss. der Missione Urbana di S. Carlo)
Jer.	*Jeremia* (prophetisches Buch des A.T.)
Jl. Bibl. Lit.	Journal of Biblical Literature, Philadelphia 1889 ff.
Jl. Hell. St.	Journal of Hellenic Studies, London 1880 ff.
Jl. Hist. Id.	Journal of the History of Ideas, Lancaster, Pa., 1940 ff.
Jl. Jur. Pap.	Journal of Juristic Papyrology, New York 1946 ff.
Jl. Th. St.	Journal of Theological Studies, Oxford 1899 ff.
Jl. Warb. Court. Inst.	The Journal of the Warburg and Courtauld Institutes, London 1937 ff.
Jo.	*Johannesevangelium*
Isidor von Sevilla, *De eccl. off.*	*De ecclesiasticis officiis*
Jud.	*Judasbrief* (N.T.)
Junius	s. unter Oxford
1., 3. *Kön.*	1., 3. *Königsbuch* (Zählung der Septuaginta: 1. u. 2. *Samuelis* und 1. u. 2. *Kön.* = 1.–4. *Kön.*)
2. Kor.	Zweiter Brief des Paulus an die Korinther

Laktanz, *Div. inst.*	*Divinae institutiones*
lat.	lateinisch, latinus, latin usw.
Leiden, Gronov., Scal., Voss., Vulc.	Cod. Gronovianus, Scaligeranus, Vossianus, Vulcanus (Universitätsbibliothek, Hss. aus den Stiftungen von Gronovius, Scaliger, Voss und Schmied)
Lk.	*Lukasevangelium*
London, Add. (Mss.), Burn., Cotton., Harl.	Britisches Museum, Additional Manuscripts, Cod. Burneianus, Cottonianus, Harleianus (Hss. des Brit. Mus., aus dem Besitz von Burney, Cotton und Harley). Die einzelnen Gruppen der Cottoniana werden nach röm. Kaisern bezeichnet: Tib(erius), Cal(igula), Nero, Galba, Otho, Vit(ellius), Vesp(asian)
Lugdun.	Cod. Lugdunensis (Lyon)
Lyk.	Lykurg
Madrid, B.N.	Biblioteca Nacional
Marc.	Cod. Marcianus (Venedig, Biblioteca Marciana)
Martial, *Spect.*	*Liber Spectaculorum*
Matrit.	Cod. Matritensis, s. unter Madrid
Mellic.	Cod. Mellicensis (Melk)
Mem. Ist. Lomb., Ser., Fasc.	Memorie del r. Istituto Lombardo di scienze e lettere, Milano 1843–63, Serie / Fascicolo
MIGNE, Patrol. gr., Patrol. lat.	J.-P. MIGNE (Herausgeber), Patrologiae Cursus Completus, Series graeca, Paris 1857 ff., Series latina, Paris 1844 ff.
Mittlgn. Sammlg. Pap. Erzh. Rainer	Mitteilungen aus der Sammlung der Papyri des Erzherzogs Rainer, Wien 1886–97
Mk.	*Markusevangelium*
Monac.	Cod. Monacensis (München)
Montepessul. Med.	Cod. Montepessulanus (Montpellier, École de médecine)
Mor.	s. unter Plutarch
Mosq.	Cod. Mosquensis (Moskau)
Ms. / Mss.	Manuskript / Manuskripte
Mt.	*Matthäusevangelium*
Mutin. (Estensis)	Cod. Mutinensis (Modena, urspr. Besitz der Familie Este)
Nachr. Akad. Gött.	Nachrichten von der Akademie der Wissenschaften in Göttingen, philologisch-historische Klasse, 1942 ff., vormals:
Nachr. Ges. Wiss. Gött.	Nachrichten von der Gesellschaft der Wissenschaften zu Göttingen, Göttingen 1894–1933, 1941, philol.-hist. Klasse.
Neapel, Neapol., Burb., Orat. gr.	Cod. Neapolitanus, Biblioteca Nazionale, darin: Bourbonen-Bibliothek, Oratores graeci (Hss. griech. Redner)
Nepos, *Att.*	*Biographie des Atticus*
Neue Dt. Forschungen	Neue Deutsche Forschungen, Berlin 1934 ff.
Neue Jahrb. f. Päd.	Neue Jahrbücher für Philologie und Pädagogik, Leipzig 1831–97
N.T.	Neues Testament
O.C.T.	Oxford Classical Texts bzw. Scriptorum Classicorum Bibliotheca Oxoniensis, Oxford, University/Clarendon Press
Ol.	s. unter Pindar

Ö.N.B.	s. unter Wien
Ostkirchl. Stud.	Ostkirchliche Studien, Würzburg 1952ff.
Ottob.	s. unter Vatikan
Ovid, *Met.*, *Trist.*	*Metamorphosen*, *Tristien*
Oxford, Bodl., Add., Auct., Barocc., Can., Digby, Douce, Hatton, Junius, Laud, Misc., Rawlinson, Selden; Jesus Coll.	Cod. Bodleianus (Bibliotheca Bodleiana), darin Hss.-Gruppen: Additional Manuscripts, Auctarium (Zugabe, Supplement), Barocci, Canonici, Digby, Douce, Hatton, Junius, Laud (alles ehem. Besitzer), Miscellaneous Manuscripts, Rawlinson, Selden (ehem. Besitzer); Jesus College in Oxford
P.	Papyrus (Blatt, Rolle oder Kodex)
PACK	R. A. PACK, The Greek and Latin literary texts from Greco-Roman Egypt, Ann Arbor 1952
Palat.	Cod. Palatinus (aus der Bibliothek des Pfälzer Kurfürsten [comes palatinus], die 1623 in den Vatikan kam. Später wurden wieder zahlr. Kodizes zurückgegeben), Standort Heidelberg und Vatikan
P. Ant.	Papyrus Antinoe (Fundort in Ägypten)
Paris., Coisl., nouv. acq., Suppl. gr.	Cod. Parisinus (Bibliothèque Nationale, Paris), Cod. Coislinianus (Bibliotheca Coisliniana, vorm. Segueriana, in der Bibl. Nat.), nouvelles acquisitions (Gruppe neuerworbener Hss.), Suplementum graecum (Hss.-Gruppe)
PASQUALI	G. PASQUALI, Storia della tradizione e critica del testo, ²Firenze 1952
Patav.	Cod. Patavinus (Padua)
P. Berol.	Papyrus Berolinensis (Berlin)
P. Bodmer	Papyrus aus der Privatbibliothek von M. Bodmer, Genf
P. Erlang.	Papyrus Erlangensis (Erlangen)
Petrarca, *Afr.*, *Fam.*, *Rer. mem.*, *Sen.*	*Africa* (Epos), *Epistulae familiares*, *Rerum memorandarum libri*, *Epistulae seniles*
P. Hamb.	Papyrus Hamburgensis (Hamburg)
P. Heidelb.	Papyrus Heidelbergensis (Heidelberg)
Philologus, Suppl.	Philologus (Zeitschr.), Supplementbände, Leipzig 1860ff.
Philol. Unters.	Philologische Untersuchungen, Berlin 1880–1925; 1926–1937 «Neue Philol. Unters.»
Photios, *cod.*	*codex* (Bez. der einzelnen Abschnitte der *Bibliothek*)
P. Ibscher	Literarischer Papyrus der Sammlg. Ibscher der Hamburger Staats- und Universitätsbibliothek
Pindar, *Ol.*	*Olympische Oden*
Platon, *Apol.*	Platon, *Apologie des Sokrates*
Plautus, *Bacch.*, *Poen.*, *Pseud.*	*Bacchides*, *Poenulus*, *Pseudolus*
Plinius, *Nat. hist.*	Gaius Plinius Secundus der Ältere, *Naturalis historia*
Plutarch., *Mor.*	Plutarch, *Moralia*
Porphyrios, *Vita Plot.*	Porphyrios, *Vita Plotini*
P. Ox.	Papyrus Oxrhynchos (Fundort am Nil, die Papyri befinden sich im Brit. Mus.)
P. Phil.	Papyrus Philadelphica (Philadelphia)
Praef.	Praefatio
P. Rainer	Papyrus des Erzherzogs Rainer, Wien
Priscian, G. L.	Priscian, zitiert in: Grammatici Latini ex recensione H. KEIL, mit Band, Seite und Zeile

Proc. Brit. Acad.	Proceedings of the British academy for the promotion of historical, philosophical and philological studies, London 1903ff.
Prudentius, *Lib. cath.*, *Psychom.*, *Hamartig.*	*Liber cathemerinon*, *Psychomachia*, *Hamartigenia*
P. Ryl.	Papyrus Ryland (aus der Bibliothek von John Ryland, Manchester)
P. S. I.	Pubblicazioni della Società Italiana per la ricerca dei papiri greci e latini in Egitto, Firenze 1912ff.
P. Vind.	Papyrus Vindobonensis (Wien)
Quint., *Inst. or.*	Quintilian, *Institutio oratoria*
R. A. C.	Reallexikon für Antike und Christentum, hg. v. TH. KLAUSNER, Stuttgart 1950ff.
Rav. (Bibl. Class.)	Cod. Ravennas (Ravenna, Biblioteca Classense)
RE., N.B., 2.R., Hbb., Suppl.	A. PAULY, Realenzyklopädie der klassischen Altertumswissenschaft, Neue Bearbeitung von G. WISSOWA, Stuttgart 1893ff.; Zweite Reihe, Stuttgart 1920ff.; beide meist in Halbbänden; Supplementsbände ab 1903. Z. Zt. hg. v. K. ZIEGLER und W. JOHN
rec.	recensuit
reg.	regierte
Rendic. Accad. Linc.	Atti della reale accademia dei Lincei, Rendiconti, Rom 1884ff., ab 1892: Rendiconti della classe di scienze morali, storiche e filologiche
Rev. belge de phil. et d'hist.	Revue belge de philologie et d'histoire, Bruxelles 1922ff.
Rev. Ét. Anc.	Revue des Études Anciennes, Bordeaux 1899ff.
Rev. Ét. Gr.	Revue des Études Grecques, Paris 1888ff.
Rh. Mus.	Rheinisches Museum für Philologie, Bonn 1827ff.
Riccard.	s. unter Florenz
Rom, Angel., B. N.	Cod. Angelicus (Biblioteca Angelica), Hs. der Biblioteca Nazionale
Röm.	Brief des Paulus an die Römer
Rom. Forsch.	Romanische Forschungen, Erlangen 1883ff.
Ryl. Ms. Lat.	Lateinisches Ms. der John Rylands Bibliothek in Manchester
S.	Seite (meist fehlend) oder San, Santo usw.
Sallust, *Cat.*, *Fam.*	*Bellum Catilinae*, *Epistulae familiares*
Sangall.	Cod. Sangallensis (St. Gallen)
Sat.	*Satiren*
Sav. Zs.	Zeitschrift der Savigny-Stiftung für Rechtsgeschichte, 1880ff.
S.ber. Akad. Bln.	Sitzungsberichte der Preußischen Akademie der Wissenschaften in Berlin, philosophisch-historische Klasse, Berlin 1922–38; S.ber. der Deutschen Akademie der Wissenschaften, philosophisch-historische Klasse, Berlin 1948–49
S.ber. Akad. Wien	Sitzungsberichte der Akademie der Wissenschaften in Wien, philosoph.-hist. Kl., Wien 1848ff.
S.ber. Bayer. Akad.	Sitzungsberichte der Bayerischen Akademie der Wissenschaften, München 1860–70, philosophisch-philologische und historische Klasse 1871–97

S.ber. Heidelb. Akad.	Sitzungsberichte der Heidelberger Akademie der Wissenschaften, philosophisch-historische Klasse, Heidelberg 1910ff.
SC.	Senatus consultum (röm. Senatsbeschluß)
sc.	scilicet (nämlich)
SCHANZ-HOSIUS	Hdb.d. Altert.wiss., 8. Abteilg., Geschichte der römischen Literatur von M. SCHANZ, C. HOSIUS, G. KRÜGER. Die einzelnen Bände sind je nach der letzten bzw. einzigen Auflage zitiert: I: ^{4}1927; II: ^{4}1935; III: ^{3}1922; IV, 1. Hälfte: ^{2}1914; IV, 2. Hälfte: ^{1}1920
Schol.	Scholia bzw. Scholien
Scor.	Cod. Scorialensis (Escorial, d.h. Bibliothek des Schlosses San Lorenzo el Real in El Escorial bei Madrid)
Scriptorium	International Review of Manuscript Studies, Bruxelles 1946ff.
Seneca, *Herc. fur.*, *De tranqu. animi*	*Hercules furens*, *De tranquilitate animi*
Sophokles, O.R., Fr.	*Oedipus Rex*, Fragmente
Speculum	A journal of mediaeval studies, Cambridge (Mass.), 1926ff.
Statius, *Theb.*	*Thebais* (Epos)
St. biz.	Studi bizantini e neoellenici, Rom 1924ff.
St. It. Fil. Class.	Studi Italiani di Filologia Classica, Firenze 1893ff., nuova serie 1920ff.
Sulpicius Severus, *Chron.*, *Dial.*	*Chronik* (christliche Weltchronik), *Dialoge* (über den hl. Martin)
Symmachus, *rel.*	*relatio* (amtliches Schreiben)
Tacitus, *Ann.*, *Dial.*, *Germ.*	*Annales*, *Dialogus de oratoribus*, *Germania (De origine, situ, moribus ac populis Germanorum)*
Sueton, *De gramm.*, *Calig.*, *Dom.*, *Vesp.*	*De grammaticis et rhetoribus*, *De vita Caesarum*, darin das Kapitel über *Caligula*, über *Domitian*, über *Vespasian*
s.v.	sub voce (unter dem Stichwort...)
T. A. Ph. A.	Transactions of the American Philological Association, Boston 1946; vormals: Transactions and Proceedings of the A. Ph. A., Boston 1869ff.
Terenz, *Ad.*, *Eun.*, *Hec.*, *Phorm.*	*Adelphoe*, *Eunuchus*, *Hecyra*, *Phormio*
Tertullian, *Apol.*	*Apologeticum* (Hauptwerk)
Theokr., *Ep.*	*Epigramme*
Theophrast, *Hist. plant.*, *De causis pl.*	*Historia plantarum*, *De causis plantarum* (Pflanzenschriften)
Th. Lit. Ztg.	Theologische Literaturzeitung, Leipzig 1876ff., 1947ff.
Th. Zs.	Theologische Zeitschrift, Basel 1945ff.
Tit.	*Titusbrief* (N.T.)
Uppsal. Scr. lat.	Cod. Uppsaliensis (Uppsala), Scriptores latini (Hss. lat. Schriftsteller)
Urbin. gr.	s. unter Vatikan
Valentian.	Cod. Valentianensis (Valenciennes)
Vatikan, Vat., Barb., Chigi, Ottob., Palat., Reg.,	Cod. Vaticanus. Kodizes aus den vatikanischen Sammlungen Barberini, Chigi (seit 1923 im Vat.), Ottoboni (Kardinal O.), Palatina (Heidelberger Kodizes), Reginae

Urbin.	Suecorum (Christine von Schweden); Cod. Urbinas (urspr. Urbino, Federico da Montelfeltro). Die genannten Personen bzw. Familien sind die ehem. Besitzer
tab. bas.	tabularii basilicae
v.c., vv.cc.	vir clarissimus, viri clarissimi (in lat. Subskriptionen)
Ven.	Cod. Venetus (Venedig, Biblioteca Marciana) oder Marc. = Cod. Marcianus
Vergil, *Buc.*, *Aen.*	*Bucolica*, *Aeneis*
Veron.	Cod. Veronensis (Verona, Biblioteca Capitolare)
Vind.	Cod. Vindobonensis (Wien, Österreichische Nationalbibliothek), s. unter Wien
Voss.	s. unter Leiden
Wien, Ö.N.B., G.H.T., Hist., Med., Phil., Suppl. gr., Theol.	Österreichische Nationalbibliothek, darin griechische Holztafel, Codex historicus, medicinalis, philosophicus, Supplementum graecum, Codex theologicus. (Sämtliche Aufnahmen von Wiener Handschriften wurden von der Ö.N.B. besorgt.)
Wien. Stud.	Wiener Studien, Zs. für klassische Philologie, Wien 1879ff., 1946ff.
Wolfenb. Aug.	Wolfenbüttel, Cod. Augustanus (Herzog August-Bibliothek)
Xenoph., *Mem.*, *Anab.*	Xenophon, *Memorabilia* (griech. *Apomnemoneumata*), *Anabasis*
Zentr.bl. f. Bibl.wesen	s. unter Centr.bl.
Z.N.W.	Zeitschrift für die Neutestamentliche Wissenschaft, Gießen 1900ff., 1949ff.
Zs. f. vergl. Lit.gesch.	Zeitschrift für vergleichende Literaturgeschichte, Berlin 1886, Neue Folge 1887–1910

Corrigenda

S. 36, Z. 10: nicht «(vgl. u. S. 68ff.)», sondern «(vgl. u. S. 171 f.)»
S. 42, Z. 5 : nicht «vgl. oben S. 17», sondern «vgl. oben S. 29»
S. 86, Z. 14: nicht «(S. 63)», sondern «(S. 75)»
S. 140, Z. 1: nicht «Das ver-», sondern «Das v er-»

Die Bedeutung der Textüberlieferung

DIE HIER VORLIEGENDE Geschichte der Textüberlieferung ist auf dem weiten Feld der Literaturwissenschaft ein Novum. Den zahlreichen Darstellungen des antiken und mittelalterlichen Schrifttums – des Fundamentes also aller okzidentalen Literatur – wird nicht einfach eine weitere, «auf den neuesten Stand der Forschung gebrachte» hinzugefügt, vielmehr soll das Unternehmen zeigen, warum und wodurch für uns Heutige eine antike und mittelalterliche Literatur überhaupt existiert: dank eben der Textüberlieferung! Und diese wiederum ist einer oft komplizierten Reihe von Umständen zu danken.

Die wohl seltsamste Frage dabei ist, warum ein so grundlegendes Problem bisher unerörtert blieb, genauer gesagt, sich auf die Gelehrtenstuben beschränkte.

Gewiß ist die Bedeutung der Textüberlieferung längst erkannt, und es wird unablässig an ihrer Erforschung gearbeitet. Anders wäre ja ein Werk wie dieses nicht denkbar. Der Spezialist ist gezwungen, sich um die Grundlagen zu kümmern, soll der immer reicher gegliederte Bau der Literarhistorie, der sich darüber erhebt, nicht in der Luft hängen. Daß dennoch die Grundlagenforschung gerade auf diesem Gebiet eine Art Stiefkind geblieben ist, gehört zu den Seltsamkeiten, die man nur registrieren, aber nicht erklären kann. Um so größer ist das Verdienst des Atlantis Verlages, dieses fundamentale Thema erstmals in umfassender Weise dargeboten zu haben, und zwar nicht als Kompilation aus zweiter Hand, sondern in einem wohlorchestrierten Zusammenspiel von fünfzehn Fachgelehrten, von denen jeder seinen Part meisterhaft beherrscht und vertritt.

Vom Auftauchen der Schrift bis zur Erfindung des Buchdrucks, während mehr als drei Jahrtausenden also, war Textüberlieferung auf die prekäre Grundlage der handschriftlichen Verbreitung gestellt. Gibt man sich dazu noch Rechenschaft über die Peripetien des Geschichtsverlaufes – des materiellen wie des geistigen – und ihrer verheerenden Wirkung auf die Textbewahrung, so grenzt es ans Wunder, daß nicht mehr verlorengegangen ist. Wo planmäßig beseitigt und zerstört wurde, wie etwa im Falle des gnostischen Schrifttums durch die Urkirche, ist denn auch fast nichts mehr vorhanden, oder es tritt aus heimlichsten Winkeln erst heute, im Zeitalter systematischer Nachforschungen, wieder ans Licht.

Der Grund aber dafür, daß trotz aller Bedrohung durch Naturgeschehen und Menschenwerk die größten geistigen Schätze bewahrt blieben, liegt wohl darin, daß sie einem Bedürfnis entsprachen, dank welchem sie auf uns gekommen sind, und sei es auf den krausesten Umwegen. Anders wäre die Rettung eines nicht unbeträchtlichen Teils des antiken Schrifttums durch so heterogene Elemente, wie es die arabischen Gelehrten und christlichen Mönche sind, nicht zu erklären. Ihre Abschriften und Transpositionen haben uns freilich von den Originaltexten immer weiter entfernt, und es bedarf der bewundernswertesten Akribie, um aus allen erfaßbaren Fragmenten den echten Wortlaut allmählich wiederherzustellen. Auch dann noch ist das älteste Dokument, auf dem wir fußen können, meist durch Generationen und oft Jahrhunderte vom Autor getrennt. Was das bedeutet, wird jeder ermessen, der schon erfahren hat, wieviele Fehler und Irrtümer beim bloßen Abschreiben eines Textes unterlaufen können. Wie steht es nun aber erst mit den Fassungen von Homertexten, von Platon- oder Vergilniederschriften, den Manuskripten von Minnesängern und mediävalen Epikern, die bisweilen selbst weder lesen noch schreiben konnten?

Das vorliegende Werk gibt darüber Auskunft, und über weit mehr noch. Was sich vor uns entfaltet, ist die Geschichte des abendländischen Geistes von seiner ersten Blüte bis zur großen Wende, da eine neue Art seiner Ausbreitung beginnt, von den paläographischen Anfängen also bis zum Buchdruck.

Man könnte diese gewaltige Epoche, die üblicherweise in die Begriffe von Antike und Mittelalter gegliedert wird, sehr wohl auch diejenige der Handschriftkultur nennen. Ihr folgt das völlig veränderte, von der Druckerpresse beherrschte Bild der Neuzeit, die mit Gutenberg beginnt und in der wir uns noch befinden. Sie gehört nicht mehr in diesen Zusammenhang. Was aber die «Epoche der Handschrift» betrifft, so sei in Kürze versucht, ihr Wesen zu deuten.

Das Wesen einer Kultur liegt in ihrem Vermögen, geistige Werte zu fixieren, wobei der gehaltreichste von allen, der sprachliche, den Ausschlag gibt. Dies aber wird erst möglich durch die Erfindung der Schrift, die darum eine der folgenreichsten Errungenschaften der

Menschheit darstellt. Sie bedeutet nämlich auch den Schritt in die Geschichtlichkeit – und zwar erst sie! Geschichte ist, so paradox es klingen mag, ein Spätprodukt der Frühe, anders ausgedrückt: sie steht am Ende der Menschheitsjugend, sie beginnt dort, wo das Bewußtsein des Geschehens, in dem man selber steht und dessen Produkt man ist, erwacht. Im Bereiche menschlicher Standortsbestimmung ist der Vorgang durchaus ein kopernikanischer. Das Entscheidende daran ist nun aber, daß er erst sinnvoll wird in einer Welt der Schriftkultur. Erst in ihr vermag sich Menschliches ins volle Spektrum seiner Möglichkeiten zu entfalten. Im vorgeschichtlichen Dasein liegt es noch beschlossen wie die Farben im weißen Licht. Diese entzünden sich sukzessive mit dem Eintritt des Menschen in die Sphäre des Schrifttums.

Im Zeichen der *Religion* wird er wohl am frühesten mündig, hat er beim Auftreten der großen Glaubensstifter doch schon die ganze Stufenleiter der Läuterung vom Erschrecken bis zum Vertrauen durchlaufen. Aber gerade jetzt, um das fünfte vorchristliche Jahrhundert, taucht auch ein Neues auf, ein Fragenmüssen ohne den Hintergrund des Frommseins. Das ist die Geburtsstunde der *Philosophie.* Mag ihr Verhalten ein metaphysisches, moralisches, spekulatives, kritisches sein, das Bestimmende ist das Fragen um seiner selbst willen. Und diesem folgt unmittelbar, bisweilen durch dieselben Frager, der Schritt vom Allgemeinen zum Besonderen, vom Ideellen zum Tatsächlichen, von der Reflexion zum Experiment. Das ist der Ursprung der *Wissenschaft.* Damit hat sich der geistige Horizont des geschichtlichen und gleichzeitig auch ins Schrifttum getretenen Menschen zum Kreis gerundet.

Wie drückt sich dies nun konkret aus, im Verhalten jener Völker, die als erste in die Geschichtlichkeit eingegangen sind? Bei den Ägyptern, Babyloniern, Assyrern, Altpersern etwa mischt sich noch mythisches Denken mit einer Kultur, in der bereits die religiösen und künstlerischen Voraussetzungen alles Späteren liegen. Aber auch Recht, Verwaltung, Medizin, Astronomie verraten einen Geschichtssinn, dem die Schriftkultur so genau entspricht, daß man eine direkte Abhängigkeit zwischen beiden annehmen möchte.

Seltsamerweise setzt sich die Entwicklung nun aber nicht geradlinig fort. Das Neue entsteht nicht als Ergebnis des Alten, sondern abseits davon, unvermittelt und unerwartet. Das kleine Hirtenvolk Israel war weit entfernt von der Kulturstufe der damaligen Großreiche, und doch ging eine bis heute wirkende Umwälzung von ihm aus, und fast gleichzeitig vollzog sich im scheinbar unbedeutenden Stammesgefüge der Griechen eine ähnliche Erscheinung. Das Außerordentliche dabei ist nun aber der komplementäre Charakter beider! Daß das eine die Ergänzung des andern war, ist das eigentliche Wunder – und das ist Europa.

Europa baut sich auf aus der Tatsache, daß den Juden so gut wie den Griechen ein Einmaliges gelang. Jenen, die erste absolute Religion zu schaffen, diesen aber, dem Göttlichen eine menschliche Gestaltung zu geben, die – wie Hegel sagt – keine anthropomorphische Zutat war, sondern das Wesen des Menschen betraf. Darum haben Glauben, Denken und Forschen, die von hier aus ihren Ursprung nahmen, eine mit nichts anderem zu vergleichende Wirkung auf die Welt gehabt.

Die Meinung ist heute verbreitet, daß es überholt sei, von einer gräko-judäischen Grundlage unserer Kultur zu sprechen. Je besser wir die ihr vorausgegangenen Leistungen kennenlernten, desto eindeutiger werde es, daß diese die Fundamente seien, auf denen Rom und das Abendland stehe. Schon im zweiten Jahrtausend sei alles vorgebildet gewesen, was als Grundlage der späteren Entwicklung gelten könne. Es ist dem nicht zu widersprechen – außer in einem Punkt, und freilich einem entscheidenden. Alle noch so eindrückliche Rückverschiebung ändert nichts daran, daß mit dem Eintritt der Juden und Griechen in die Geschichte etwas Neues beginnt, und zwar in doppeltem Sinne neu: nicht nur durch Offenbarung und Erkenntnis, sondern dazu noch durch das sie bewahrende Schrifttum!

Schrifttum ist Erinnerung, festgehalten durch Buchstabe, Zahl, Formel, Musiknote, Zeichnung – all dies ist «Schrift», die ein Jetzt bewahrt, einen schöpferischen Augenblick dem Gedächtnis überliefert. Was wert ist zu überdauern, das dauert, wenn es auch eine ganze Skala von Möglichkeiten dafür gibt. Innerhalb des Bedeutsamen geht das Schwächere ein ins Stärkere, das Zufällige ins Überzeitliche, während Augenblickswerte allmählich verblassen und Scheinwerte gänzlich verschwinden... Ernst Bertram hat das Überleben eines Menschen seine «Legende» genannt, sein in jedem neuen Heute neu wirksames Bild. Das Bild von Persönlichkeiten, Leistungen, Ideen, Epochen aber kann nicht anders weiterleben als durch ein immer erneutes Festgehaltenwerden – und dies eben besorgt die Literatur.

Nur sie? Gewiß war in Frühzeiten das Gedächtnis alleiniger Träger der Überlieferung, und große Kulturen, wie die der Inka, kamen ohne Schrift aus. Literatur aber bedeutet eine völlig veränderte Möglichkeit der Dauer, eine unvergleichlich größere Spannweite des Völkergedächtnisses. Selbst die Hieroglyphe genügte dafür noch nicht, während die geschmeidigere Keilschrift, die den wechselnden Völkern und Sprachen des Zweistromlandes lange Zeit gedient hat, ihr schon mehr entgegenkam, und erst recht die ums siebente Jahrhundert in Ägypten entstandene demotische Schrift. Der entscheidende Schritt aber ist doch von jenen Randvölkern getan worden, deren geistiger Umbruch neue Wege gewiesen hatte. Mit ihnen erst setzt denn auch die literarische Tradition des Abendlandes ein. Nur in Indien und China noch war ähnliches geschehen. Die übrigen Literaturen der Welt sind in der direkten oder indirekten Nachfolge dieser Prototypen entstanden.

Sowohl Juden wie Griechen übernahmen die Erfindung der Buchstabenschrift von ihren phönikischen Nachbarn, verliehen damit ihrer Leistung Bestand und verwandelten die Revolution in eine Evolution, unter deren Wirkung wir heute noch stehen. Sie haben das literarische Zeitalter heraufgeführt. Es liegt am säkularen Sinn der Griechen, daß sie daran den Hauptanteil haben. Das schöpferische Denken, Bilden, Forschen, Organisieren ist erstmals bei ihnen so vollständig erhalten, dank den literarischen Quellen. Was uns von früheren Kulturen zu erschließen gelingt, tut es vor allem durch Analogieschlüsse nach dem griechischen Muster. Man gibt sich im allgemeinen gerade von dieser Musterhaftigkeit zu wenig Rechenschaft. Allzulange galten Maß und Form als das ausschließlich Vorbildliche bei den Griechen. Aber deren Bedeutung verblaßt vor der griechischen Leistung als eines Angelpunktes des geschichtlichen Bewußtseins. Wenn die Wirkung der mosaischen Kultur derjenigen der hellenischen nachsteht, so übertrifft doch der alttestamentliche Reichtum an Sage, Geschichte, Lehre, Gesetz, Dichtung, Weisheit und Prophetie alles, was von den Großreichen überliefert ist, eben weil diesen das Schrifttum in solchem Sinne noch fehlte.

Erst der Griffel der Klio sichert dem Dasein der Völker ein Nachleben. Woran liegt das? Man scheint es im Triumph über die zunehmende Erschließung vorliterarischer, ja vorgeschichtlicher Perioden zu vergessen: es liegt an der Lebenskraft des Wortes. Mochte man dieses in allzu scholastischer Textgläubigkeit auch lange überschätzt haben, so unterschätzt man es heute auf Kosten der Archäologie. Es gibt zur Zeit eine Reihe sinnreicher Mittel, um die Schriftüberlieferung zu ergänzen und zu berichtigen: Numismatik, Wirtschaftskunde, Ausgrabungen, Klimatologie, Psychologie, Analogistik, vor allem aber die immer größere und reichere fachliche Erfahrung. All dies hindert indes nicht, daß der «Legende» trotzdem der Primat gebührt! Alle römischen Münzen zusammengenommen können die uns erhaltenen Bücher des Livius nicht aufwiegen, und Gestalten wie Salomon oder Achill, Alexander oder Karl der Große sind in ihrer Bedeutung nicht denkbar, ohne getragen zu sein vom menschheitsbildenden Geist der Literatur.

Wie ist diese aber entstanden? Als echtes geschichtliches Ereignis ist sie nicht langsam herangewachsen, sondern einer bestimmten Konstellation entsprungen, die eine eigentümliche Mischung von Statischem und Dynamischem, von evolutionären Seelenmächten und revolutionären Geistmächten darstellt. Gleich bei ihrem Auftreten im alttestamentlichen und homerischen Schrifttum ist sie die vollkommene Verkörperung der Gattung. Und nun der Anstoß gegeben, nun sie Tatsache geworden ist, wirkt sie weiter nach dem ihr innewohnenden Gesetz, vor allem: sie wiederholt sich nie. Bloße Nachahmung geht unter, was aber eigenwüchsig ist, lebt fort und begründet Neues. Im Gegensatz zum Naturphänomen bestimmt das Geistige sein Gesetz selbst und ist damit in dauerndem Werden. Nicht Abwicklung bestimmter Grundregeln also ist Literatur, vielmehr besteht sie in der ständigen Erneuerung ihres ursprünglichen Wesens, und damit ist sie sogar mehr als eine geschichtliche Erscheinung, wie es etwa Staatskunst und Kriegswesen, Wirtschaft und Technik, Handwerk und Mode, ja Spiel und Sport sind. Sie alle sind inbegriffen in ihr, sie aber erweist sich als die eigentliche Quintessenz der Dinge, als der zu Sprache geläuterte Geschichtsgeist schlechthin. Historie setzt Literatur voraus, und umgekehrt. Beide stellen einen bestimmten Zustand des Seins dar, einen hochgespannten, geistdurchwitterten, mit allen seinen Folgeerscheinungen von Bewußtsein, Zielstrebigkeit, Verantwortung, Schicksal...

Das sie verbindende Element aber ist die Sprache. Hans Freyer nennt sie einmal «den geistreichsten aller Gegenstände». Sie ist es im weitesten und wörtlichsten Sinne, aber sie ist *auch* seelenvoll. Die Ohrenkunst Musik und die Augenkünste Plastik und Malerei mögen zwar mehr an Seele vermitteln, Zahlen, Formeln, geometrische Darstellungen dagegen schärfere Abstraktionen sein: dennoch vermag nichts das Gesamtmenschliche besser auszudrücken als die Sprache. Wenn man sich Vor- und Frühkulturen allenfalls noch stumm vorstellen kann, so niemals Hochkulturen, und für Geschichtskulturen ist Literatur das eigentliche Kriterium.

Und damit sind wir bei dem Punkte angelangt, auf den wir zielten: beim Zeugnis. Von ihm geht jede geistige Entwicklung aus, in ihm kristallisiert sie sich. Auf dem Dokument muß schließlich jede Deutung, jede Idee vom Schrifttum gründen, die sich nicht an vager Wahrscheinlichkeit genügen läßt. Auf dieser Voraussetzung beruht auch eine Bibliothek der Weltliteratur, wie sie uns vorschwebt. Was der Schreibende aber sehr unvollkommen zu verwirklichen versucht hat, ist hier gleichsam in theoretischer Vollkommenheit festgehalten. Die vorliegende Geschichte der Textüberlieferung verkörpert eine Idealbibliothek der Weltliteratur, zumindest deren abendländische Sparte, die sich leicht ausdehnen ließe. Und zwar tut sie das im wörtlichen Sinne, denn es ist ja nicht nur von literarischen Schöpfungen die Rede, sondern von den Dokumenten, durch die sie existieren. Und wiederum nicht von beliebigen Dokumenten, sondern von entscheidenden: von den frühesten eines bestimmten Textes und den ihm folgenden Hauptvertretern der Überlieferung. Damit baut sich aus den Einzelelementen vor unseren Blicken das mächtige Ganze auf, das die Schriftkultur des Abendlandes darstellt.

Es sei erlaubt, diese Übersicht mit einem Blick auf die Zukunft zu beschließen. Ist es denkbar, daß Schrift als solche wieder verschwindet, wie es etwa Waffen, Maschinen, Einrichtungen taten, die durch die Entwicklung überholt wurden? Niemand vermöchte es zu sagen – und dennoch ist eine neuartige Weise geistiger Vermittlung vorauszusehen. Der großen Wandlung, die der Schritt von der Handschrift zum Druckverfahren bedeutete, könnte eine solche folgen, die man sich etwa als elektronische Bewahrung der Sprache vorstellen kann. Die Möglichkeit dafür zeichnet sich heute schon ab, und man darf wohl behaupten, daß Textvermittlung nichts unbedingt Feststehendes ist, daß sie vielmehr auf einer gewissen Konstellation beruht und von deren Wandel abhängt. Literatur ist also die Funktion eines bestimmten kulturellen Sachverhaltes. Einstweilen stehen wir noch im Zeichen des ursprünglichen Zustandes: noch immer kann der Buchstabe als Hauptträger und Bewahrer des menschlichen Ingeniums gelten. Aber selbst wenn diese Situation eines Tages durch andere Mittel überholt sein sollte, wird die Beschäftigung mit der Textüberlieferung ihren Wert und ihre Bedeutung beibehalten; denn was immer geschehe, bleibt das eine gewiß, daß am Anfang aller humanen Bildung die Schrift stand!

Martin Bodmer

ANTIKES UND MITTELALTERLICHES BUCH- UND SCHRIFTWESEN

von Prof. Dr. HERBERT HUNGER, Wien

I. BUCHWESEN

Einleitung

Vieles, was in diesem Sammelwerk zur Überlieferung der griechisch-römischen Literatur in Antike und Mittelalter dargelegt wird, müßte der sicheren Grundlage entbehren, wenn wir uns nicht über die technischen Voraussetzungen dieser Überlieferung – über Buch und Schrift – Rechenschaft abfordern wollten. Dabei kann im Rahmen dieses Buches wieder nur das antike griechisch-römische Buch- und Schriftwesen sowie seine Entwicklung in Ost und West während der mittelalterlichen Jahrhunderte das Thema eines solchen Abrisses sein. Wie es einerseits zweckmäßig erschien, die Geschichte der griechischen und lateinischen Schrift in zwei getrennten Abschnitten zu behandeln – nicht ohne da und dort Berührungspunkte und Parallelen aufzuzeigen –, wurde andererseits alles, was nicht unmittelbar die Schrift und die Entwicklung ihrer Formen betrifft, in diesem Kapitel über das antike Buchwesen zusammengefaßt. Hier soll nun, vor den paläographischen Abschnitten, von den verschiedenen Beschreibstoffen, ihrer Herstellung, Verwendung, Erhaltung usw. ausgehend, die Form des antiken Buches (Rolle und Kodex), seine Einrichtung und Ausstattung (Buchmalerei, Einband), seine Verbreitung (Abschriften, Buchhandel, Auflagen usw.) und schließlich seine Aufbewahrung (Bibliotheksgeschichte) in der gegebenen knappen Form behandelt werden.

1. Beschreibstoffe

Überraschend viele Möglichkeiten hat der Mensch ausgenützt, um Schriftzeichen auf festes Material aufzumalen bzw. einzuritzen und ihnen so Dauer zu verleihen. Fels, Stein, Marmor, Baumrinde und Bast, Hauswände und Türen, Holz- bzw. Wachstafeln und Bleiplatten, Tontafeln und Scherben, Leder und Leinen, aber auch große, dickblätterige Pflanzen (Malven, Kakteen) und Tierknochen haben diesem Zweck gedient. Fragen wir freilich nach Beschreibstoffen im engeren Sinne, die wichtigere, vielleicht gar literarische Denkmäler aufnehmen sollten, so bleiben von dieser langen Reihe außer den Steinen der Inschriften und den für den griechisch-römischen Bereich ausfallenden Tontafeln nur Holz- und Wachstafeln, Tonscherben und Leder. Aber auch diese Beschreibstoffe sind für unsere Betrachtung von untergeordneter Bedeutung gegenüber den drei Materialien, aus denen die große Masse der antiken und mittelalterlichen Bücher bestand: Papyrus, Pergament und Papier.

Zunächst nur wenige Worte über die für unseren Gesichtspunkt minder wichtigen Beschreibstoffe. Auf geweißten HOLZTAFELN (*λεύκωμα*, album) wurden in Griechenland und Rom u.a. Staatsurkunden und Gesetze veröffentlicht. So waren die Gesetzestafeln Solons an hölzernen Stäben (*ἄξονες*) drehbar aufgehängt oder auf Holzpfeilern in der Form einer dreiseitigen Pyramide (*κύρβεις*) zu lesen. Im republikanischen Rom waren öffentlich ausgehängte alba eine ständige Einrichtung. Aber auch Schüler benützten geweißte Holztäfelchen, auf denen sich die dunkle Schrift gut abhob; so haben sich etwa Homerverse in Form einer Schulaufgabe, am Schluß mit Datum (Monat und Tag) versehen, auf einer solchen Schülertafel erhalten. Ägypter und Griechen kannten die Sitte, ihren Mumien kleine ungeweißte Holztäfelchen (Mumientäfelchen) an einer Schnur um den Hals zu hängen, um durch eingeritzte oder aufgeschriebene Angabe der Personaldaten, oft auch des Bestimmungshafens, einen richtigen Transport der Mumie zu gewährleisten und Verwechslungen vorzubeugen. Bei dunkler Holzfarbe oder blässerer Tinte hob sich die Schrift von dem ungefärbten Holz natürlich nicht gut ab. Daß ungeweißte Holztafeln trotzdem auch für die literarische Überlieferung Bedeutung erlangen können, zeigt das simple Stück der Wiener Papyrussammlung (G.H.T. 6), das in einer wenig sorgfältigen Abschrift etwa des 5.Jh. berühmte Fragmente der *Hekale* des Kallimachos vor der Vergessenheit gerettet hat.

Um die Holztafeln für den schriftlichen Verkehr des Alltags besser verwendbar zu machen, hat man schon sehr früh zwei oder mehr Brettchen gleichen Formats aneinandergefügt, wobei man an den Rändern zwei bis drei Löcher bohrte und mit Fäden oder Ringen die Verbindung herstellte (Diptycha, Polyptycha). Die einzige Stelle im Homertext, die etwas über die Kenntnis der Schrift aussagt (*Il.* 6,168f.), erzählt von König Proitos von Korinth, der seinen unglücklichen Gast

Abb. 1. Wachstafel mit griechischer Schrift und drei stili (Ö.N.B.)

Bellerophon mit einem «Uriasbrief» zu Iobates nach Kleinasien schickt. Die verderbenbringenden Zeilen hat Proitos ἐν πίνακι πτυκτῷ, auf einer gefalteten Tafel, also auf einem verschließbaren Diptychon, geschrieben! Wir wissen aus späteren Jahrhunderten, daß man Tafeln mit wichtigem Inhalt sorgsam verschnürte und versiegelte.

Eine höchst praktische Erfindung, die schnelle Tilgung der Schrift und beliebig wiederholte Verwendung des Beschreibstoffes ermöglichte, war die WACHSTAFEL (Abb. 1), bei der man die gegenüber dem umgebenden Rand tieferliegende Holzfläche mit meist schwarz gefärbtem Wachs ausfüllte. Die Schrift wurde mit einem spitzen Metall- oder Holzstift (stilus) eingeritzt und konnte mit dem breiten Ende dieses Griffels leicht getilgt werden, indem man das Wachs wieder glättete (stilum vertere = radieren). Wer immer im täglichen Leben etwas zu konzipieren oder Notizen zu machen hatte, der Politiker, Dichter, Gelehrte, Kaufmann und der Schüler, bediente sich im Altertum der Wachstafel. Wachstafeln sind uns daher aus zahlreichen bildlichen Darstellungen der Antike bekannt, aber auch in Originalen in vielen Museen und Papyrussammlungen erhalten. Neben Schreib- und Rechenübungen oder tachygraphischen (= stenographischen) Notizen lesen wir auf Wachstafeln manchmal auch literarische Texte, etwa die Abschrift einer Elegie eines Poseidippos oder zwei Äsop-Fabeln (auf den Tabulae Assendelftianae). Die große buchgeschichtliche Bedeutung der Polyptycha besteht darin, daß sie die Form des Kodex in nuce vorwegnehmen (darüber s.u. S. 47ff.).

Die Tonscherben (OSTRAKA) dienten besonders in Ägypten für kürzere Mitteilungen des täglichen Gebrauchs, vor allem Geschäftsquittungen und Bestätigungen aller Art. Papyrus war nicht immer zur Hand und auch nicht billig, Ostraka aber standen als Abfälle des Haushalts, wenn Geschirr zerbrach, kostenlos und griffbereit zur Verfügung. Diogenes Laertios (7,174) berichtet, daß der Stoiker Kleanthes aus Sparsamkeit auf Ostraka geschrieben habe, und gelegentlich kann auch ein neuer literarischer Text auf einem Ostrakon auftauchen wie die 4 Strophen einer Sappho-Ode im Jahre 1937.

Ein im ganzen Orient seit alters gebräuchlicher Beschreibstoff war das LEDER. Tierhäute, die man in allen Ländern zur Verfügung hatte, bewährten sich in enthaartem, gereinigtem und gegerbtem Zustand bei Ägyptern, Assyrern und Juden (vgl. die aufsehenerregenden Funde von hebräischen Lederrollen in den Höhlen von Qumran seit 1947!) als dauerhafter Beschreibstoff. Über die «königlichen Häute» *(βασιλικαὶ διφθέραι)* der Perser mit chronikartigen Aufzeichnungen berichtete der griechische Arzt Ktesias (Diodor 2,32,4). Von den Persern scheinen zunächst die Ioner und dann die übrigen Griechen das Leder als Beschreibstoff übernommen zu haben. Die Spartaner erzielten eine geheime Nachrichtenübermittlung, indem sie Häute in lange Streifen zerschnitten, spiralenförmig um einen Stock *(σκυτάλη)* wickelten, sie beschrieben und abgelöst dem Empfänger übersandten, der einen Stock gleichen Kalibers zur Entzifferung besitzen mußte. Daß die Tierhaut *(διφθέρα)* als Beschreibstoff in Hellas von der Papyrusrolle verdrängt wurde, bezeugt uns Herodot (5,58,3). Von den alten Italikern hören wir, daß sie ihre Verträge auf Kuhhäute zu schreiben pflegten (Dionys. Hal. 4,58), und mit solch altem Brauch hängt wohl auch unser «Das geht auf keine Kuhhaut» zusammen.

Derjenige Beschreibstoff, der in der griechisch-römischen Antike jahrhundertelang unbestitten an erster Stelle stand, war der PAPYRUS *(βύβλος, βίβλος)*. Die Papyrusstaude ist eine ausgesprochene Sumpfpflanze, die in stehenden Gewässern und versumpfenden Flußarmen, vor allem im Nildelta, aber auch in Syrien und Mesopotamien wuchs. Die bis zu mehreren Metern hoch aufragenden Stengel dieser schilfartigen Pflanze zeigen uns ägyptische Reliefs schon in frühester Zeit. Die Ägypter kannten mehr als ein Dutzend Möglichkeiten der Verwertung der Papyrusstaude in allen ihren Teilen für Gebrauchsartikel des Alltags. Die Herstellung des Beschreibstoffes schildert uns Plinius (*Nat. hist.* 13,74–82) an einer berühmten, aber textkritisch schwierigen Stelle. Aus dem weichen, porösen Mark der Stengel schnitt man der Länge nach schmale, dünne Streifen und legte sie so nebeneinander, daß sie sich ein wenig überdeckten. Eine zweite, korrespondierende Schicht von Markstreifen legte man im rechten Winkel darüber. Beide Schichten wurden nun mit einem Fauststein oder Holzhammer so lange geklopft und gepreßt, bis sie zu einem zusammenhängenden, elastischen Blatt geworden waren. Zur Verbindung der beiden Lagen genügte, wie Versuche gezeigt haben, der eigene Saft der Pflanze als Klebstoff; Kleister verwendete man vor allem zum Aneinanderkleben mehrerer Blätter. War das Papyrusblatt an der Sonne getrocknet, so wurde es nochmals geglättet. Da man für größere Texte mit einem Einzelblatt *(κόλλημα)* – mochte es auch wie manche Papyri ältester Zeit bis zu 1 m messen – nicht das Auslangen fand, klebte man eine gewisse Zahl[1] von Einzelblättern zu einer Rolle *(βιβλίον, χάρτης*, charta) aneinander. Dabei wurde stets der Verlauf der Fasern beachtet, derart daß die Horizontalfasern bei der Rollung innen, die Vertikalfasern außen zu liegen kamen. Wir bezeichnen die in erster Linie für die Beschriftung in Frage kommende Innenseite der Papyrusrolle mit horizontal verlaufenden Fasern als *Rekto*, die Außenseite mit den vertikalen Fasern als *Verso*. Die Länge der Papyrusrolle betrug im Durchschnitt 6–10 m; aber auch wesentlich längere Rollen kamen gelegentlich vor. Die Durchschnittsbreite lag bei 25–30 cm, schwankte aber zwischen 15 und 40 cm. Farbe (von weißgelb bis schokoladebraun) und Qualität der Papyrusblätter konnten sehr variieren. Plinius nennt sechs verschiedene Sorten von Papyrusmaterial, die zum Teil nach dem Kaiser und seiner Gemahlin

[1] Die von Plinius genannte Zahl von 20 Kollemata bedeutet nicht das Höchstausmaß der Blätter, die zu einer Rolle zusammengeklebt wurden, sondern vermutlich ein Fabrikmaß zur Berechnung der Kosten des unbeschriebenen Papyrus, der in Ballen verkauft wurde.

(*Augusta* und *Livia*), zum Teil nach verschiedenen Lokalitäten in Ägypten benannt waren, aber offenbar ihre Vorgänger schon in ptolemäischer Zeit hatten. Es versteht sich, daß die nach dem Kaiser benannte Papyrussorte die feinste war, während man die gröbste der von Plinius aufgezählten Qualitäten (*taeneotica* oder *emporitica*) nach dem Gewicht verkaufte und als Packpapier verwendete. Für den gewaltigen Bedarf an Papyrus in der römischen Kaiserzeit mußten in Ägypten künstliche Pflanzungen durchgeführt werden. Die Ware wurde in großen Ballen, aus denen man nach Belieben kleinere Rollen und Einzelblätter herausschneiden konnte, per Schiff in die römischen Magazine geliefert.

Die Verwendungsmöglichkeiten dieses vorzüglichen Beschreibstoffes in der Antike waren umfassend. Alle Werke der Literatur, in Konzepten und Reinschriften, aber auch alle Arten von Urkunden, Briefe offiziellen oder privaten Charakters, Eingaben und Beschwerden, Akten der verschiedensten Dienststellen, Sitzungsprotokolle von Gemeinderäten, Rechnungen und Listen von Bank- und Steuerbeamten, Grundbucheintragungen, Kauf-, Pacht- und Heiratsverträge, Testamente, Geburts- und Todesanzeigen u.a. konnten auf Papyrus geschrieben werden und sind uns oft zu vielen Hunderten und Tausenden für die einzelnen Gruppen erhalten. Für die Überlieferung der griechisch-römischen Literatur erhellt der Wert der Papyri aus zwei Überlegungen: 1. Die meisten literarischen Papyri sind Textzeugen von wesentlich höherem Alter als die ältesten Handschriften der betreffenden Autoren. 2. Viele Dutzende von längeren und kürzeren Fragmenten, ja sogar einzelne vollständige Werke der antiken Literatur wären uns ohne die Papyri unbekannt geblieben. Nur einige besonders wichtige Funde zur griechischen nichtchristlichen Literatur seien angeführt. 1889 erwarb das British Museum die sonst verlorene *Πολιτεία 'Αθηναίων* (Staatsverfassung der Athener) des Aristoteles und den Papyrus mit den sonst ebenfalls nicht überlieferten *Mimiamben* des Herondas. Aus mehreren getrennten Funden etwa seit der Mitte des 19. Jh. ließen sich sechs Reden des Hypereides wieder zusammensetzen, und aus den Papyruspublikationen der neunziger Jahre gewann die Dichtung des Bakchylides neues Leben. Nach der Jahrhundertwende folgte der Berliner Timotheos-Papyrus und der Demosthenes-Kommentar des Didymos sowie der französische Fund von ca. 1200 Menanderversen, aus dem sich eine Komödie, die *Epitrepontes* («Das Schiedsgericht», mit über 700 Versen) zum guten Teil rekonstruieren ließ. Gleichzeitig entdeckte man das umfangreiche Fragment eines griechischen Historikers, das die Geschichte der Jahre 396 und 395 v. Chr. behandelt, heute als *Hellenika von Oxyrhynchos* bezeichnet. 1912 wurden die *Ichneutai* (Die Spürhunde) des Sophokles publiziert, neben dem *Kyklops* des Euripides das einzige, zumindest in einem großen Ausmaß nunmehr bekannte griechische Satyrspiel. Zwischen den beiden Kriegen wurden wichtige Aischylos-Bruchstücke, vor allem aus der *Niobe* und aus dem Satyrspiel *Diktyulkoi* (Die Netzfischer) sowie neue Kallimachos-Fragmente bekannt. Eine große Zahl anderer Tragiker- und Lyrikerfragmente – darunter das Bruchstück einer anonymen Gyges-Tragödie, Alkaios, Anakreon usw. – schloß sich an. Jüngst wurden wir gar mit der erregenden Publikation der ersten bisher bekannten vollständigen Menanderkomödie (*Dyskolos*) überrascht (P.Bodmer IV). Demgegenüber sind die Funde lateinischer literarischer Papyri ganz geringfügig. Sie beschränken sich auf bescheidene Fragmente aus bereits bekannten Klassikern, die in der Schule gelesen wurden (Cicero, Livius, Sallust, Vergil).

Die Verwendung des Papyrus als Beschreibstoff in der Form einer Rolle muß in Ägypten ins 4. Jahrtausend v. Chr. zurückreichen, da die Papyrusrolle damals bereits als Hieroglyphe erscheint. Die ältesten beschrifteten Papyri stammen aus dem 3., Papyrusrollen aus dem 2. Jahrtausend. Die Monopolstellung des Papyrus als universaler Beschreibstoff wurde erst in den nachchristlichen Jahrhunderten durch die Konkurrenz des schon viel länger bekannten Pergaments gefährdet (s. u.). Über die jahrhundertelange parallele Verwendung von Papyrus und Pergament wird noch im Zusammenhang mit der Entwicklung des Kodex zu sprechen sein. Ob die Papyruspflanzungen in Sizilien (bei Syrakus) schon in der späten Kaiserzeit anzusetzen sind und damit als Lieferanten des Beschreibstoffes der ravennatischen Papyri gelten können, ist zumindest zweifelhaft, sicher ist nur, daß im 10. Jh., unter arabischer Herrschaft, in Palermo Papyrus erzeugt wurde. Während der Papyrus als Schriftträger literarischer Werke seit dem 4. Jh. in raschem Rückgang begriffen war, blieb er als Beschreibstoff für Urkunden und Briefe in Ost und West weiterhin in Kurs. Das gilt für die frühbyzantinische Kaiserkanzlei ebenso wie für die germanischen Staaten der Völkerwanderungszeit, einen Odovakar (z. B. *Charta Pieria*, berühmte Schenkungsurkunde in Wien und Neapel) oder die ostgotischen und langobardischen Könige. Die Merowinger verwendeten Papyrus ein halbes Jahrhundert lang (625 bis ca. 673) in ihren Urkunden. Ägypten lieferte auch unter der Araberherrschaft (seit 641) weiterhin den vielbegehrten Beschreibstoff, abgesehen von dem Intermezzo eines Ausfuhrverbots unter ʿAbd al Malik 692/93. In dem berühmten Kaiserbrief aus St. Denis ist uns ein byzantinisches Auslandsschreiben der Kaiserkanzlei aus der Mitte des 9. Jh. auf Papyrus erhalten. Aus Ägypten selbst besitzen wir noch Zehntausende arabischer Papyri (Briefe und Urkunden aller Art) vom 7. bis 10. Jh.; hier trat das Papier allmählich an die Stelle des älteren Beschreibstoffes. Privaturkunden, auch Gesta municipalia, italischer Provenienz auf Papyrus kennen wir bis ins 10., ja 11. Jh. hinein. Die päpstliche Kanzlei schließlich bediente sich für ihre Urkunden des Papyrus noch bis um die Mitte, für amtliche Bücher sogar bis Ende des 11. Jh. Ein Papyrusblatt mit einem hagiographischen Fragment (*Vita des hl. Niphon*, B.H.G.[3], 1371 z) dürfte gar erst aus dem 12. Jh. stammen.

Für die Überlieferung der griechisch-römischen Literatur nicht minder wichtig ist jener Beschreibstoff, der dem Papyrus auf die Dauer mit Erfolg den Rang streitig machte, das PERGAMENT. Über die im ganzen Orient verbreitete Verwendung von Tierhäuten als Schriftträger wurde bereits oben (s. S. 30) gesprochen. Pergament ist nichts anderes als eine durch höher entwickelte Bearbeitungsmethoden verfeinerte Form des Leders. Dieser Fortschritt scheint unter dem Attaliden Eumenes II., der 195–158 v. Chr. in Pergamon herrschte, erzielt worden zu sein. Jedenfalls knüpft der Name *περγαμηνόν* an die Residenz dieses Herrschers an. Das Pergament wurde aber in der Antike häufiger als *διφθέρα*, *δέρμα*, *σωμάτιον*, *μεμβράνα*, lat. membrana, bezeichnet.

Die Herstellung des Pergaments, zu der es Anweisungen schon in frühmittelalterlichen Handschriften gibt, und die sich, wenn auch nur in bescheidenem Ausmaß, bis in unsere Tage gehalten hat, unterscheidet sich von der des Leders dadurch, daß die Gerbung wegfällt. Man legt die Tierhaut für einige Tage in eine Kalklösung und schabt dann Haare, Oberhaut und Fleischteile ab. In einem Kalkbad erfolgt die sehr wichtige Reinigung (Kalzinierung). Die Haut wird dann in einen Rahmen gespannt, getrocknet und zuletzt mit Bimsstein und Kreide geglättet und geweißt. Wie wir beim Papyrus Rekto und Verso mit horizontaler bzw. vertikaler Faserung zu unterscheiden haben, können wir auch Fleisch- und Haarseite des Pergaments zumeist leicht auseinanderhalten. Die Fleischseite ist weiß bis weißlichgrau, die Haarseite fast immer mit einem Stich ins Gelbliche gefärbt. In der Bearbeitung können wir südliches Pergament, das in den Mittelmeerländern und Südfrankreich erzeugt wurde, vom nördlichen (Mittel- und Nordeuropa) unterscheiden. Im Süden ist der Unterschied zwischen Fleisch- und Haarseite viel auffälliger, da letztere weniger sorgfältig bearbeitet wurde und neben einem stärkeren Gelbstich in der Regel Spuren der Haaransätze aufweist. Beim nördlichen Pergament hingegen sind diese Unterschiede fast ganz verwischt.

Wie beim Papyrus gab und gibt es zahlreiche Abstufungen in der Qualität des Pergaments, die zunächst durch die Wahl des Tieres (Kalb, Schaf, Ziege, Esel), ferner durch die Sorgfalt der Bearbeitung bedingt sind. Je dünner und geschmeidiger, je glatter und makelloser die bearbeitete Haut, um so erfreulicher der Anblick des beschriebenen Blattes und um so größer die ästhetische Befriedigung, in einem solchen Kodex zu blättern! Natürlich war die Wahl des Pergaments auch eine Kostenfrage, da für die Herstellung eines umfangreichen Kodex viele Tiere ihr Leben lassen mußten. So versteht man es, daß bei gebotener Sparsamkeit auch solche Hautstücke mitverwendet wurden, die eines oder mehrere Löcher aufwiesen; sie mußten vom Schreiber in einer oder mehreren Zeilen ausgespart werden. Bekannt für ihr oft sehr grobes und schlecht gearbeitetes Pergament sind griechische Handschriften aus Unteritalien, die sich auch in diesem Punkt von den feinen Erzeugnissen konstantinopolitanischer Werkstätten deutlich unterscheiden. Elegant und geschmeidig ist das Pergament der meisten Humanistenhandschriften des 15. und 16. Jh. Von großem Raffinement zeugt die Verwendung der besonders feinen Haut ungeborener Tiere für liturgische Bücher und Widmungsexemplare im Umkreis des Kaisers und seines Patriarchen in Byzanz. Hier sei auch die Purpurfärbung des Pergaments erwähnt, auf die schon Lukian und später Hieronymus im Zusammenhang mit Bücherluxus anspielen. Sie ist übrigens in Byzanz mit der Person und Familie des Kaisers, dessen Reservatfarbe ja Purpur war, eng verknüpft und tritt nicht zufällig in karolingischer Zeit (Handschriften der Ada-Schule) im Westen erneut auf, als imperiale Prätentionen im Frankenreich sozusagen in der Luft lagen.

Das älteste erhaltene beschriftete Pergamentstück, das wir bis jetzt kennen, ist ein Vertrag aus Dura-Europos von der Wende des 3. zum 2. Jh. v. Chr. (Paris, Suppl. gr. 1354). Zwei parthische datierte Urkunden des 1. Jh. v. Chr. aus Avroman gehören zu den wenigen bekannten

Pergamentstücken vorchristlicher Zeit. In den Bereich der griechischen Literatur treten wir mit den dem zweiten nachchristlichen Jahrhundert angehörenden Pergamentkodex-Fragmenten aus den *Kretern* des Euripides (P. Berol. 13217) und aus der Rede *Περὶ παραπρεσβείας* des Demosthenes (London, Add. Ms. 34473). Wie sich der Kodex und mit ihm das Pergament in den folgenden Jahrhunderten immer mehr durchsetzte, soll weiter unten behandelt werden. Mehr oder weniger vollständige Pergamentkodizes begegnen uns zum erstenmal im 4. Jh. mit den beiden berühmten griechischen Bibelhandschriften, dem Sinaiticus und Vaticanus (vgl. u. S. 68ff.). Vom 5. und 6. Jh. an besitzen wir bereits eine größere Zahl christlicher und profaner Pergamenthandschriften in Ost und West, d. h. in griechischer und lateinischer Sprache, z. B. den Wiener Dioskurides (Med. gr. 1, ca. 512), die Wiener Genesis, den Codex Rossanensis, den Codex Sinopensis in Paris, den Codex Bembinus des Terenz (Vat. 3226, 4./5. Jh.), den Codex «Romanus» des Vergil (Vat. 3867, 6. Jh.), den Wiener Livius (Cod. 15), den Rabulaskodex in Florenz und den Codex argenteus in Uppsala. So bedeutend jeder einzelne dieser Kodizes für Paläographie und Buchgeschichte bzw. Buchmalerei sein mag, der Schwerpunkt der Überlieferung antiker Literatur in Pergamenthandschriften liegt – nach einer ziemlich denkmälerarmen Übergangszeit im 7. und 8. Jh. – in jener schreibfreudigen Periode der hochmittelalterlichen Jahrhunderte, die im Osten mit dem Auftreten der vollendeten griechischen Minuskel im frühen 9. Jh., im Westen mit der karolingischen Schriftreform um 800 beginnt und rund 400 Jahre lang währt. Bei der Mehrzahl der griechischen und lateinischen Autoren, sowohl der heidnischen wie der christlichen, gehören oft die ältesten, zumeist aber die besten Textzeugen diesen Jahrhunderten an; es erübrigt sich, hier Beispiele anzuführen. Seit dem 13. Jh. treten, mehr im Osten als im Westen, die Pergamenthandschriften gegenüber den Papierhandschriften zusehends zurück. In den spätmittelalterlichen Jahrhunderten wurde zwar überall dort, wo es um hochgeschätzte Werke wie die Heilige Schrift und liturgische Bücher ging, nach wie vor Pergament verwendet, ansonsten aber dem immer billiger werdenden Papier der Vorzug gegeben. Freilich, wo der Besteller über genügend Mittel verfügte, wurde auch damals Pergament, etwa für die Abschrift antiker Autoren, herangezogen. In verstärktem Maß gilt dies von den Humanisten, die in ihrer Begeisterung für die griechisch-römische Literatur eine große Zahl von Klassikerhandschriften auf Pergament hinterließen, deren Bedeutung für die Textgeschichte bei dem Verlust älterer Zeugen, aber auch sonst unter Umständen gar nicht gering anzuschlagen ist. Aus dem Lande des Papyrus selbst besitzen wir eine gewaltige Zahl literarischer koptischer Pergamentfragmente des 6. bis 8. Jh. Im mittelalterlichen Westen wurde Pergament für Urkunden in allen Jahrhunderten viel verwendet; die ältesten erhaltenen Beispiele Italiens stammen aus langobardischem Bereich (1. Hälfte des 8. Jh.). Merowingische Pergamenturkunden hingegen reichen in erhaltenen Originalen bis in die 2. Hälfte des 7. Jh. zurück; ähnlich liegen die Verhältnisse in den übrigen europäischen Ländern. Aus Byzanz kennen wir zwischen dem Kaiserbrief aus St. Denis (Papyrus: Mitte 9. Jh.) und den ersten erhaltenen *Chrysobulloi Logoi* auf orientalischem Papier (Mitte 11. Jh.) keine Originale aus der Kaiserkanzlei. Diese verwendete für den inneren und äußeren Verkehr im 11. und 12. Jh. fast ausschließlich orientalisches Papier, seit dem 13. Jh. daneben immer häufiger Pergament und westliches Papier. Bei den byzantinischen Urkunden, die nicht aus der kaiserlichen Kanzlei stammen, beobachten wir seit dem Ende des 10. Jh. eine allmählich steigende Verwendung des Pergaments.

Da das Pergament, und vor allem gutes Pergament, im Mittelalter ein kostspieliger Beschreibstoff war – nur im kaiserzeitlichen Rom scheint es zeitweise billiger gewesen zu sein als Papyrus –, griff man bei Geldknappheit oder Mangel an unbeschriebenem Pergament zu einer einfachen Aushilfe. Man suchte – zumeist handelte es sich ja um klösterliche Skriptorien mit einer angeschlossenen kleinen Bibliothek – nach einem passenden Pergamentkodex, dessen Inhalt belanglos geworden war, tilgte die Schrift und verwendete den Beschreibstoff zum zweiten Male für einen anderen Text. Solche *Palimpseste* (*παλίμψηστος* = wieder abgewischt, abgekratzt; lat.: codex rescriptus) gab es zwar auch auf Papyrus, wenngleich viel seltener als auf Pergament. Das Abwaschen bzw. Abwischen der Tinte vom Papyrus ist sehr schwierig, und Kratzen oder Schaben mit einem Bimsstein verbietet sich dort von selbst. Beim Pergament hingegen wurden beide Methoden mit gutem Erfolg angewendet. Das Verhältnis der getilgten Texte zu den neuen (der unteren zur oberen Schrift, wie wir sagen) läßt auf den Geschmack und die Interessen des Schreibers bzw. des Skriptoriums oder des Bestellers schließen. Bei der überwiegend kirchlich-theologischen Einstellung der mittelalterlichen Schreibermönche in Ost und West verstehen wir es leicht, daß in der Mehrzahl der Fälle heidnische Autoren christlichen Texten weichen mußten. So sind uns Ciceros *De republica*, die Briefe des Redners Fronto, die *Institutiones* des Gaius und die Liviusfragmente aus Verona nur in Palimpsesten erhalten. Aber nicht nur klassische Autoren wie der Grammatiker Herodian in einem Wiener Palimpsest (Hist. gr. 10), sondern auch patristische Texte wie die Reden des Gregor von Nazianz (Ö.N.B. Suppl. gr. 59) mußten der so beliebten und weitverbreiteten hagiographischen (Heiligenviten) und Mönchsliteratur (etwa *Apophthegmata patrum*) Platz machen. Allerdings beobachten wir in der frühen Palaiologenzeit (13.–14. Jh.) auch den umgekehrten Vorgang. Ein wichtiger Wiener Pindartext mit metrischen Scholien (Suppl. gr. 64) steht über einem Sticherarion und ein etymologisches Lexikon konnte einige theologische Texte verdrängen (Phil. gr. 158). Manchmal fehlten den Schreibern auch nur wenige Blätter zur Ergänzung ihres Kodex, und sie nahmen sie, wo sie sie am besten fanden. Die getilgte Schrift von Palimpsesten versuchte man zu Beginn des 19. Jh. (A. Mai) mit Chemikalien (Galläpfeltinktur und bleisaures Eisenkali) lesbar zu machen, die aber nach vorübergehendem Erfolg das Pergament stark angriffen. Heute ist jeder derartige Eingriff verpönt. Speziallampen, die mit Ultraviolett- bzw. Infrarotstrahlen arbeiten, lassen für den Leser bzw. den Palimpsest-Photographen die untere Schrift mit einer gewissen Deutlichkeit hervortreten, die natürlich je nach den Umständen oft sehr zu wünschen übrig läßt.

Der dritte Beschreibstoff, der für die Überlieferung der antiken Literatur größere Bedeutung erlangen sollte, ist das PAPIER. Eine uralte, jedenfalls weit in vorchristliche Zeit zurückreichende Erfindung der Chinesen, wurde die Papiererzeugung um die Mitte des 8. Jh. (751) durch chinesische Kriegsgefangene in Samarkand den Arabern vermittelt; als Importware hatten die Araber Papier allerdings schon im 7. Jh. gekannt. Die Chinesen erzeugten Papier aus einheimischen Faserpflanzen, indem sie die Bastfasern mit Hilfe von Gips und Gelatine auf mechanischem Wege zu einer Papiermasse umwandelten. Daneben kannten die Chinesen auch das reine Hadernpapier, das aus Hanf, Lumpen und Fischernetzen hergestellt wurde. Anderen Papiersorten wurden Hadern in wechselndem Ausmaß zugesetzt. Im arabischen Reich, wo man Linnen- und Hanfhadern als Grundstoff der Papiererzeugung verwendete, ein besseres Stampfverfahren und die Stärkeleimung erfand, verbreitete sich die Papierfabrikation nur schrittweise. Zwar ließ Harun al Raschid schon um 800 seine Kanzleien in Bagdad vom Papyrus bzw. Pergament zum Papier übergehen, aber erst um 900 scheint man in Kairo und noch später in Damaskus und Tripolis (Syrien) mit der Papiererzeugung begonnen zu haben. Dieses im arabischen Reich übliche Papier wurde bald auch den Byzantinern bekannt. J. Irigoin hat kürzlich die Merkmale dieses orientalischen Papiers[2] an Hand von rund 200 griechischen und etlichen arabischen Handschriften herausgestellt und die Unterschiede gegenüber dem im Westen gebräuchlichen, abendländischen Papier bestimmt. Das orientalische Papier weist ein bräunliches, glattes, gut geleimtes, manchmal löschpapierähnliches, starkes, aber geschmeidiges Blatt auf, zeigt keine Wasserzeichen, sondern nur gelegentlich krumme oder schiefe Formstreifen (je 20 in einer Breite von 22–30 mm) und unregelmäßig verteilte Stege. Das abendländische Papier hingegen hat gelbliche bis weiße Farbe, eine runzelig-rauhe Oberfläche, keinen festen Körper, gerade und parallel zum Blattrand verlaufende Formstreifen (je 20 in einer Breite von 34–52 mm), regelmäßig verteilte Stege und zumeist Wasserzeichen. Das älteste bekannte Beispiel für diese italienische Erfindung ist ein Wasserzeichen aus Bologna von 1282. Als älteste griechische Papierhandschrift nicht-byzantinischer Provenienz gilt ein aus Damaskus stammender Kodex des 8./9. Jh. in der Bibliotheca Vaticana (Cod. 2200). Datierte griechische Papierhandschriften aus Byzanz sind uns erst vom Beginn des 12. Jh. an bekannt; natürlich gab es aber auch schon im 11. Jh. griechische Papierhandschriften. Die Verwendung orientalischen Papiers in der byzantinischen Kaiserkanzlei können wir seit der Mitte des 11. Jh. nachweisen, müssen aber für diese Zeit noch an Einfuhr des Beschreibstoffes aus islamischen Ländern denken.

Im Abendland finden wir Papierurkunden auf Sizilien bereits im späten 11. Jh. Auch die Kanzleien der Normannen und Staufer bedienten sich neben dem Pergament des Papiers. Die älteste datierte Papierhandschrift auf italienischem Boden ist das mit 1154 beginnende Imbreviatur-Buch von Genua, allerdings auf arabischem Importpapier geschrieben. Seit dem 13. Jh. ist die Verwendung von Papier für Akten der Apostolischen Kammer, seit dem 14. Jh. für Urkunden in der päpstlichen Kanzlei nachzuweisen. Eigene Papierfabrikation scheint in Italien erst

[2] Unter dem früher geläufigen, vielumstrittenen Namen Bombyzinpapier verstehen wir eine in Byzanz beliebte, besonders feine, sich weich und wollig anfühlende Papierart; der Begriff deckt sich aber nicht mit dem des orientalischen Papiers.

um die Mitte des 13.Jh. einzusetzen (Nachrichten aus Fabriano, Provinz Ancona). Dafür verbreitete sie sich nun um so schneller mit regem Export nach Frankreich und Deutschland, um später auch in diesen und anderen europäischen Ländern Fuß zu fassen, nachdem in Spanien zumindest um die Mitte des 12.Jh. bereits Papier erzeugt worden war.

Die Wichtigkeit des Papiers für die Überlieferungsgeschichte der antiken Literatur ergibt sich aus der gewaltigen Anzahl von Papierhandschriften des 14. bis 16.Jh. mit Texten griechischer und lateinischer Autoren. Zwar sind viele dieser Handschriften minder wichtige oder als Abschriften erhaltener Vorlagen sogar völlig belanglose Textzeugen, aber im allgemeinen setzt sich das Motto G. Pasqualis immer mehr durch, das es ablehnt, jüngere Handschriften von vornherein als minderwertig zu betrachten («codices recentiores – non deteriores»). Außerdem gibt es manche antike und natürlich noch viel mehr mittel- und spätbyzantinische Autoren, deren Texte eben nur in Papierhandschriften auf uns gekommen sind.

2. *Schreibgeräte*

Die Ägypter bedienten sich seit alters einer dünnen Binse, mit der man je nach dem Ansetzen ihres gekappten Endes dicke und dünne Striche ausführen konnte. Sowohl die hieratischen und demotischen Texte wie die ältesten griechischen Papyri wurden auf diese Art geschrieben. Solche Binsen sind zusammen mit Schreibzeugen aus dem zweiten vorchristlichen Jahrtausend erhalten: In schmale, längliche Holzbrettchen schnitzte man geeignete röhrenförmige Ausnehmungen, in denen mehrere Schreibbinsen Platz hatten (Abb. 2). Flache Vertiefungen konnten die Farbe aufnehmen oder auch zum Mischen der Tinte verwendet werden. Vielleicht noch im 3.Jh. v.Chr. ging man zum Kalamos, einem gespitzten Schreibrohr, über, mit dem man zwar feiner schreiben konnte, bei der Beschriftung der Versoseite eines Papyrusblattes, also quer zu den Vertikalfasern, aber leichter hängen blieb als mit einer Binse. War der Kalamos stumpf geschrieben, so wurde er vom Schreiber mit Messer und Bimsstein wieder zugespitzt. Seine beiden Spitzen, durch einen feinen Schnitt voneinander getrennt, erfüllten die gleiche Funktion wie die Spitzen einer modernen Metallfeder. Der Kalamos blieb während des ganzen Altertums und tief in das Mittelalter hinein *das* Schreib-

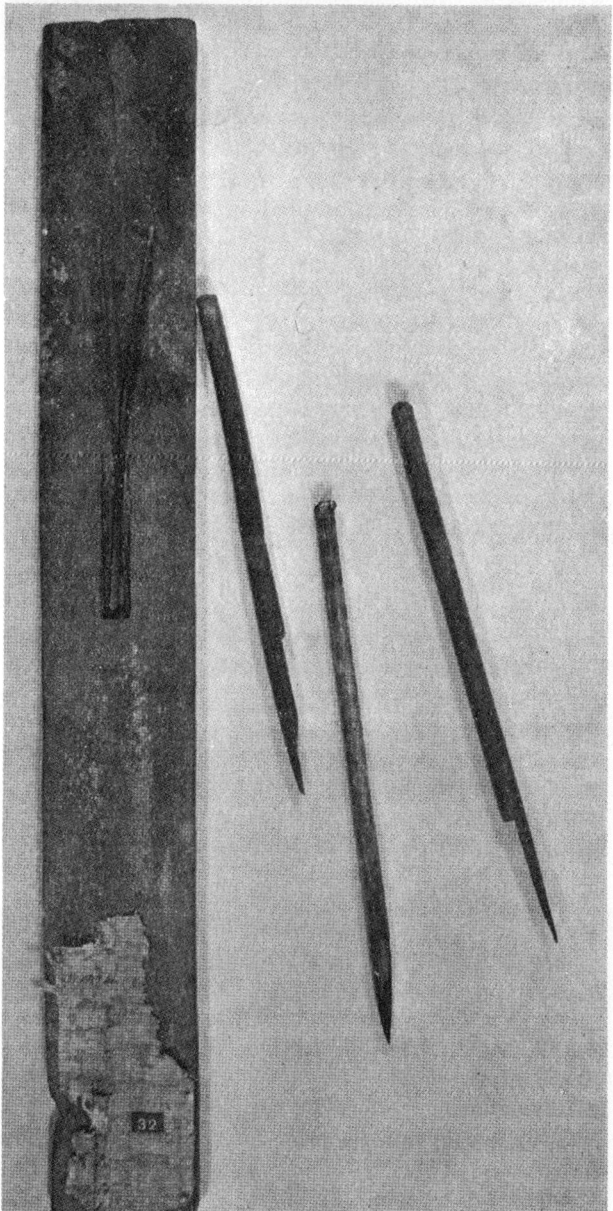

Abb. 2. Ägyptische Schreibpalette mit Binsen und Resten von Rußtinte (12. Jh. v. Chr.), daneben drei Calami (Ö.N.B.).

werkzeug, ob es sich nun um Beschriftung von Papyrus oder Pergament handelte. Im Abendland wurde er durch die Gänsefeder noch während des Mittelalters abgelöst, im Orient konnte er sich bis in die neueste Zeit behaupten. Für die Schrift auf Wachstafeln bediente man sich des Griffels (Stilus, vgl. oben S. 17).

Die antike Rußtinte, deren Reste wir noch auf den alten ägyptischen Schreibzeugen feststellen können, wurde durch Mischung eines Klebstoffes mit Ruß unter Beisatz von Wasser hergestellt. Ihre Haltbarkeit und Widerstandsfähigkeit gegen Einfluß von Feuchtigkeit ist erstaunlich groß. Die Schrift 2000–2500 Jahre alter Papyri etwa, die zum Zwekke der Reinigung und Restaurierung ein richtiges Bad durchmachen müssen, verliert überhaupt nichts, sondern gewinnt nur an Deutlichkeit. Seit frühbyzantinischer Zeit beobachten wir das Aufkommen einer braunroten Metalltinte und in manchen Handschriften eine durch das Pergament durchschlagende bläulich-grüne Tinte mit Kupfervitriolbeisatz. Schon die Ägypter pflegten Überschriften in Rot zu schreiben, ein Brauch, der von vielen griechischen und römischen Schreibern übernommen wurde. Ursprünglich wurde die Tinte in kleinen Vertiefungen auf den altägyptischen Schreibzeugen angebracht. Darüber hinaus gab es aber schon frühzeitig Tintenfässer (Abb. 3), die zumeist paarweise (für schwarze und rote Tinte) dargestellt werden. Purpurkodizes wur-

Abb. 3. Tintenfässer aus dem Fund von Qumran (ALLEGRO, Taf. 114).

den mit Silber- und Goldtinte beschrieben. Ein Schwamm zum Löschen und ein Lineal vervollständigten die Ausrüstung des antiken Schreibers. Der mittelalterliche Schreibermönch, der vorwiegend mit Pergament zu tun hatte, besaß ein Radiermesser *(σμίλη)* und einen Bimsstein zum Abschaben der Schrift. Für die Liniierung (darüber s. u.) bediente er sich eines Zirkels *(διαβάτης)*, um die Zeilenabstände abzumessen, eines eisernen Griffels oder Bleirädchens *(κυκλομόλυβδος)* und natürlich des Lineals *(κανών)* zum Einritzen bzw. Vorzeichnen der Blindlinien. Als Unterlage beim Schreiben zeigen uns ungezählte Evangelistenbilder Lesepulte, die unseren modernen Notenpulten ähneln. Bereits beschriebene Kodizes und unbenützter Beschreibstoff fanden in einem Bücherkasten *(θήκη)* Aufnahme, wie wir ihn etwa auf dem berühmten Laurentius-Mosaik im Mausoleum der Galla Placidia in Ravenna (gefüllt mit den vier Evangelien) sehen können.

3. Form des Buches

Das antike Papyrusbuch hatte jahrtausendelang die Form einer ROLLE (*βιβλίον, χάρτης*, liber, Abb. 4). Wie eine solche Rolle hergestellt wurde, ist bereits im Zusammenhang mit der Erzeugung des Papyrus behandelt worden. Die Klebungen, welche die einzelnen Blätter unter Beachtung des Faserverlaufs aneinanderfügten, wurden so fein ausgeführt, daß sie heute oft kaum sichtbar sind und dem Schreibenden keine Schwierigkeiten bereiteten. Sie wurden deshalb in der Regel von den Schreibern vernachlässigt und oft überschrieben. Literarische Texte schrieben die Griechen in gleichmäßigen Spalten (Kolumnen, *σελίδες*) mit möglichst gleicher Zeilenzahl auf die Innenseite (Rekto) der Papyrusrolle. Die Zeilenlänge wurde bei Prosatexten ebenfalls normiert, was sich bei Dichtern oft nicht durchführen ließ. Der Abstand der Kolumnen vom oberen und unteren Rollenrand sowie der Zwischenraum zwischen den einzelnen Spalten wechselte natürlich von Rolle zu Rolle. Wie heute noch bei bibliophilen Publikationen galt der Grundsatz: Je breiter der Rand, um so eleganter die Ausgabe! Eine Rolle bis zum oberen oder unteren Rand zu beschreiben, verbot schon die Rücksicht auf die Brüchigkeit des Papyrusmaterials, die beim Auf- und Zurollen des Buches durch mechanische Beschädigung leicht zu Textverlusten führen konnte. Auch zu Beginn und am Ende der Rolle ließ man aus ähnlichen Erwägungen gerne ein breiteres Feld frei. Auf diese Sitte bezieht sich ein sarkastisches Wort des Kynikers Diogenes (Diog. Laert. 6,38): Als jemand ein überlanges Werk vorlas und gegen Ende der Rolle (beim Abrollen) ein unbeschriebenes Stück sehen ließ, sagte Diogenes: «Nur Mut, Männer! Ich sehe Land.» Zwischen die Kolumnen schrieb die erste oder auch eine spätere Hand nicht selten kommentierende Bemerkungen (Scholien), die aber auch am oberen und unteren Freirand zu finden sind.

Von dem Aussehen ganzer Papyrusrollen und ihrer Handhabung durch den Leser legen – abgesehen von den erhaltenen größeren Rollenfragmenten – zahlreiche bildliche Darstellungen aus der Antike Zeugnis ab. Beim Lesen mußte man das Buch mit der rechten Hand aufrollen (*ἀνελίττειν*, z.B. bei Xenoph., *Mem.* 1,6,14; evolvere, auch explicare), wobei mit vorschreitender Lektüre die linke Hand das Gelesene wieder zusammenrollte (*ἑλίσσειν*, z.B. Hdt. 2,38; volvere). Nach dieser Tätigkeit wurde die Papyrusrolle von den Römern auch als «volumen» bezeichnet, ein Terminus, der in unserem heutigen «Wälzer» fortlebt, bei dem wir allerdings nur mehr an einen dicken Kodex denken. War das Buch zu Ende gelesen, so mußte alles zurückgerollt werden, um den Text wieder benützbar zu machen. Zum Zusammenrollen und Zurückrollen diente oft ein Holzstab (nach dem Aussehen der Rolle von oben oder unten als «Nabel», *ὀμφαλός*, umbilicus, bezeichnet), der lose in der Rolle steckte.

Den Griechen war die Papyrusrolle wahrscheinlich seit dem 7., sicher seit dem 6. Jh. v. Chr. bekannt. Da die griechischen Schriftsteller vor Aristoteles ihre Werke nicht selbst in «Bücher» unterteilt haben dürften, hat man (TH. BIRT) für die voralexandrinischen Jahrhunderte mit einer «Großrolle» gerechnet, deren Annahme aber doch manche Schwierigkeiten bereitet. Die alexandrinischen Philologen-Bibliothekare führten jedenfalls eine Teilung der größeren Werke in mehrere Rollen durch und gaben den Bestand der Bibliotheken sowie einzelner literarischer Genera in Tausenden von Rollen *(βιβλία)* an. Unsere Papyri zeigen aber, daß daneben auch verschiedene andere Buchteilungen bestanden, die sich oft auf gar keine Autorität stützen mochten und ganz willkürlich erscheinen können, wie etwa im Berliner Papyrus der *Politeia Athenaion* des Aristoteles oder in der Wiener Rolle von Xenophons *Hellenika*.

Am Ende der einzelnen Rolle pflegte der Titel des Werkes bzw. des Buches (*τέλος*, explicit) auf dem freien Platz hinter der letzten Kolumne

Abb. 4. Papyrusrollen vor der Aufrollung und Restaurierung (Ö.N.B.).

zu stehen. Da man ihn nicht lesen konnte, wenn die Rolle zusammengerollt war, schrieb man ihn auch auf die Außenseite des Papyrus in vertikaler Richtung, ein Brauch, der der bekannten Manier der Papyrusbriefe entspricht, die Adresse auf der Versoseite, oft in vertikaler Richtung, zu schreiben. Die durch die Werkteilung in Rollen bedingte Wiederholung des Autornamens und Titels des Werkes zu Beginn und am Ende jedes Buches hat sich bekanntlich auch nach der Einführung des Kodex in der Form des Incipit und Explicit mit großer Zähigkeit durch das ganze Mittelalter hindurch in Ost und West erhalten und bis in die Inkunabelzeit nachgewirkt. Mit dem Übergang von der Büchertruhe zum Bücherkasten, in dem die Papyrusrollen in einzelnen Fächern übereinandergeschichtet wurden, war eine neue Kennzeichnung des Rollentitels erforderlich. Man befestigte einen kleinen Pergamentstreifen mit dem Titel am oberen Rand der Rolle, so daß er, wenn die Rolle im Fach lag, über den Schnitt herabhing und gelesen werden konnte. Wir besitzen mindestens zwei derartige originale Etiketten (σίλλυβοι, tituli), und zwar zu den *Dithyramben* des Bakchylides und den *Frauenmimen* des Sophron (P.Ox. 1091 und 301). Eine kleinere Zahl von Rollen, etwa das Œuvre eines Autors, pflegte man in Holzschachteln (κιβώτιον, capsa) zu legen, nach Erfindung des Sillybos aber zu stellen, so daß diese capsae nun höher als breit und zylindrisch gebaut wurden. Sie dienten während der ganzen Antike der Beförderung von Rollen auf Reisen und sonst im öffentlichen Leben. Die einzelnen Rollen konnten verschnürt und versiegelt werden. Das «Buch mit sieben Siegeln» der Johannes-*Apokalypse* war eine solche verschnürte und versiegelte Rolle; so hält sie der Pantokrator in der Apsiskuppel von San Vitale (Ravenna, 6.Jh.) in seiner Linken!

In die voralexandrinische Zeit und auf den Boden des Mutterlandes Hellas führt uns die sogenannte *Stichometrie*, die Zeilenzählung in den Abschriften literarischer Texte. Sie mochte zunächst der Sicherung des Werkbestandes gegen Interpolationen, Kürzungen und fehlerhafte Kopien dienen. Von den Bibliothekaren der Ptolemäer wurde sie im Interesse der Katalogisierungsarbeiten und der Bibliographie weiter ausgebaut. Seit der Kaiserzeit läßt sich ihre kommerzielle Bedeutung (Buchhandel, Schreiberlohn) nachweisen.

Neben der besonders weit verbreiteten Papyrusrolle, welche in der Antike die Normalform des Buches darstellte, dürfen wir übrigens die Leder- und die Pergamentrolle nicht vergessen. Daß die Juden während des ganzen Mittelalters bis in die Gegenwart Lederrollen für ihre religiösen Schriften benutzten, ist wohl allgemein bekannt. Auch das Pergament, das seit den letzten vorchristlichen Jahrhunderten zum Papyrus in Konkurrenz trat, müssen wir uns vielfach in der Form der Rolle verarbeitet vorstellen, wenngleich bis jetzt keine Pergamentrollen aus der Zeit vor dem 3. Jh. n. Chr. bekannt geworden sind. Aus den mittelalterlichen Pergamentrollen ersehen wir, wie die einzelnen Blätter aneinandergenäht wurden. Während die literarische Papyrusrolle stets parallel zur Längsrichtung beschrieben wurde, gingen die Byzantiner dazu über, größere Urkunden und auch Briefe seit dem 4./5. Jh. parallel zur Breite zu beschreiben. Dieselbe Manier findet sich in den ravennatischen Papyri und mittelbyzantinischen Urkunden, in den mittelalterlichen Exultetrollen sowie in griechischen liturgischen Pergamentrollen bis ins 16. Jh.

Zu den interessantesten, aber noch nicht restlos geklärten Kapiteln der Buchgeschichte gehört der allmähliche Sieg des KODEX über die Rolle. Zweifellos ist der Kodex, also eine Mehrzahl von gefalteten und gehefteten Blättern beliebigen Materials, die üblicherweise einen Einband erhielten, aus den Polyptycha, den aus mehreren einzelnen Brettchen bestehenden Schreibtafeln, abzuleiten. Es gilt aber noch, die Stationen dieses Weges und die Ursachen für den endgültigen Sieg des Kodex zu klären. Zwar kannte schon Catull Pergament-Notizbücher, aber noch zur Zeit Quintilians war der Kodex über ein Zwischenstadium zwischen Schreibtafel und Buch nicht hinausgekommen. Martial bemüht sich in viel zitierten Versen (1,2 und 14,184ff.), seine eigenen und die Werke klassischer römischer Autoren als Apophoreta in der Form des Pergamentkodex dem zeitgenössischen Publikum schmackhaft zu machen. Bei den Juristen des 3. Jh. ist der Kodex zwar bereits arriviert, gilt aber noch immer nicht als vornehm. Kürzlich (1955) hat C. H. ROBERTS zwei Statistiken über den Gebrauch von Rolle und Kodex, von Papyrus und Pergament in sämtlichen edierten griechischen, nichtchristlichen und christlichen (Bibel-)Texten aus Ägypten vom 2. bis 4. Jh. aufgestellt. Die in den letzten Jahren hinzugekommenen Texte – z. B. einige neutestamentliche Papyri – dürften an dem Gesamtbild nichts Wesentliches ändern. Der prozentuale Anteil der Kodizes an der heidnischen Literatur steigt von 2,31 im 2. Jh. über 16,8 (3. Jh.) auf 73,95 im 4. Jh. Von 111 Bibelfragmenten des 2.–4. Jh. hingegen stammen 99 aus Kodizes, nur 12 aus Rollen, wobei sich diese Zahl noch um 5 opisthographe Rollenfragmente auf 7 verringert. Da 6 davon ziemlich sicher als jüdisch anzusprechen sind, bleibt eine einzige christliche Rolle mit Psalmentext übrig! Die 10 Bibelfragmente des 2. bzw. 2./3.Jh. – dazu kommt jetzt z.B. der wichtige P.Bodmer II – sind durchwegs Papyruskodizes. Im 4.Jh. stehen 34 Pergamentfragmente der Bibel einer gleichen Anzahl von Papyrusfragmenten gegenüber. Es ergibt sich also im 2.Jh. ein auffallender Gegensatz zwischen den Pergamentrollen der heidnischen Literatur und den Papyruskodizes der Christen. ROBERTS führt diese Tatsache auf jene Jahre des 1.Jh. zurück, in denen der hl. Markus als erster sein Evangelium in Rom aufzeichnete. Der Evangelist habe in den römischen Kreisen kleiner Leute, in denen er verkehrte, das damals übliche Pergamentnotizbuch kennengelernt und nach Ägypten mitgenommen. Die stark westlich orientierten alexandrinischen Christen dürften mit der Autorität des *Markusevangeliums* auch dessen äußere Form, eben den Kodex, übernommen und auf den in Ägypten gangbaren Beschreibstoff übertragen haben. Mit dieser These versucht ROBERTS die fast ausschließliche Verwendung des Papyruskodex für die Bibelhandschriften des 2. und 2./3.Jh. zu erklären.

Es liegt auf der Hand, daß die Kodexform für das spröde Papyrusmaterial schon mit Rücksicht auf die Heftung keine glückliche Lösung darstellte. So ist denn auch die Zahl der Papyruskodizes, die zumindest in mehreren Lagen erhalten sind, recht gering (z.B. Chester-Beatty-Kodex, P.Bodmer II [*Johannesev.*, s. u. Abb. 49], P. Mississippi 1, Wiener Hilarius-Kodex; bemerkenswert wegen des heidnischen Autors ist der neue Menander [P.Bodmer IV]). Der gegebene Beschreibstoff für den Kodex war eben das gegen mechanische Beschädigungen viel widerstandsfähigere Pergament. Die römischen Gesetzessammlungen, die seit dem Ende des 3.Jh. auftreten (*Cod. Gregorianus*, *Cod. Hermogenianus*), bezeugen uns den Kodex als publiziertes Buch und autorisierte Sammlung. Den endgültigen Durchbruch des Kodex erleben wir im 4.Jh. in Parallele zum Sieg des Christentums. Daß die Kirche den Kodex, speziell den Pergamentkodex, der Rolle vorzog, war nicht nur in dessen größerer Widerstandsfähigkeit und leichterer Konservierbarkeit oder in dem Vorteil der beiderseitigen Beschriftung begründet. Der Pergamentkodex bot auch neue und bessere Möglichkeiten der Buchmalerei und Buchausstattung und kam damit dem Repräsentationsbedürfnis der aus den Verfolgungen siegreich hervorgegangenen Kirche entgegen.

Schon Kaiser Konstantin befahl seinem Bischof Eusebios, dem Vater der kirchlichen Geschichtsschreibung, 50 Kodizes für den liturgischen Gebrauch in den neuen Kirchen der neugegründeten Kaiserstadt am Bosporus anfertigen zu lassen. Von zwei Nachfolgern des Eusebios auf dem Bischofsstuhl von Kaisareia (Palästina) berichtet Hieronymus, daß sie die im Verfall befindliche alte Bibliothek des Origenes bzw. Pamphilos durch Umschrift in Pergamentkodizes retteten, eine Nachricht, die wir an einem konkreten Objekt, einer Wiener Handschrift des 10./11. Jh. (Theol. gr. 29), durch eine jahrhundertelang tradierte subscriptio bestätigt finden. Wir sehen also den Sieg des Kodex über die Rolle mit dem Sieg des Christentums eng verknüpft. Zwar können wir noch im 5. und 6. Jh. die Verwendung der Papyrusrolle bei Autoren des Westens und Ostens beobachten, und einzelne Beispiele finden sich noch später. Allein, die Skriptorien, denen die Zukunft gehörte, die Schreibermönche Cassiodors und des hl. Benedikt, beschrieben Pergamentkodizes und keine Rollen. Das gleiche gilt für den byzantinischen Bereich, so daß seit dem Beginn des 7. Jh. – zugleich Anfang der mittelbyzantinischen Zeit – der Kodex als die Normalform des Buches anzusprechen ist.

Es bleibt noch einiges über die *Herstellung* und *Ausstattung* des mittelalterlichen Kodex zu bemerken. Das Format des Kodex ist grundsätzlich durch die Größe der einzelnen Pergamentblätter bestimmt. Man kann aber Blätter derselben Größe je nach der Faltung zu kleineren oder größeren Kodizes verarbeiten. Bei doppelter Faltung wird die Breite des alten großen Blattes zur Höhe des neuen, das nun eine neue, natürlich kleinere Breite erhält; das Format des neuen Blattes verhält sich zu dem des alten etwa wie 1:2. Bei entsprechender Größe ist eine solche Verkleinerung auf die Hälfte auch noch ein zweites Mal möglich. In jüngster Zeit wurden diese Beobachtungen mit herangezogen, um zusammengehörige Gruppen von Handschriften bzw. Skriptorien nachzuweisen (J. Irigoin). Dadurch, daß die meisten Handschriften in späteren Jahrhunderten beim Neubinden beschnitten wurden, sind die genauen Größenverhältnisse der Kodexblätter manchmal etwas verwischt.

Vor der Festlegung des Schriftspiegels wurden am oberen, äußeren und unteren Rand der Blätter Einstiche als Hilfsmittel für die Einzeichnung des Linienschemas angebracht. Diese Einstiche wurden je nach der Stärke des Pergaments und dem Usus des Skriptoriums oder einzelnen Schreibers zumeist durch 4 oder 8 Blätter hindurch ausgeführt.

Die Linien selbst wurden in byzantinischen Handschriften zumeist nur auf der Haarseite eingedrückt, so daß auf der Fleischseite erhabene Konturen als Linien zu sehen sind. In griechischen Handschriften Unteritaliens finden wir Liniierung durch zwei Blätter hindurch, wobei die Fleischseite stets innen zu liegen kam; aber auch andere Methoden kommen vor. Zwar wurden nicht immer die Linien selbst eingedrückt, aber ein Rahmen für den Schriftspiegel ist in den meisten Pergamenthandschriften nachzuweisen. Oft findet sich ein doppelter Rahmen, der die Größe vorspringender Initialen für die Rekto- und Versoseite zugleich regelt. Die Zahl der Schriftkolumnen schwankt zwischen eins und zwei; in Kodizes frühbyzantinischer Zeit treffen wir auch drei und vier Kolumnen (z.B. Cod. Sinaiticus). Die Proportion der Kolumnen und die Größe der freibleibenden Ränder richtet sich vor allem nach der Absicht, für Scholien oder Katenen (Kettenkommentare) mehr oder weniger Platz zu lassen. Die Hilfslinien für die Schrift wurden teils nur innerhalb der Kolumnen, teils bis an den Rand oder die Ränder des Blattes hinausgezogen. In dem Repertorium von K. und S. LAKE sind 150 Varianten von Linienschemata systematisch zusammengestellt. Es bleibt eine Aufgabe der Kodikologie – so nennt sich seit rund einem Jahrzehnt diese spezialisierte Handschriftenforschung – einzelne Linienschemata, aber auch andere unscheinbare Merkmale der Formierung der Kodexseite und der Ausstattung der ganzen Handschrift bestimmten Schreibschulen zuzuweisen.

Der Buchblock eines Kodex besteht aus Lagen. In byzantinischen Handschriften ist der Quaternio (eine Lage von 4 Doppelblättern = 8 Blättern = 16 Seiten) am häufigsten vertreten, es finden sich aber natürlich auch Binionen, Ternionen, Quinionen und andere Lagenverhältnisse. Im allgemeinen wird in griechischen Handschriften, nicht so in westlichen, lateinischen, die wohl auf ästhetische Erwägungen zurückgehende Regel eingehalten, die Blätter so zu falten, daß stets Haar- und Haar- bzw. Fleisch- und Fleischseite im geöffneten Kodex nebeneinander zu liegen kommen. Bei Mangel an Pergament zogen manche Schreiber zu Beginn oder am Schluß des Kodex, gelegentlich auch im steten Wechsel mit Pergamentblättern, Papier heran. Zum Schutz des viel schwächeren Papyrus gegen Zerreißen bei der Heftung legte man ab und zu schmale Pergamentfalze an den Innen- und Außenbug der Lage, ein Brauch, der sich bei ganz frühen Papyruskodizes (P. Bodmer II, 2. Jh.) findet. Wenn der Schreiber, der einzelne Blätter beschrieb, seine

Arbeit vollendet hatte, wurden die Lagen endgültig zusammengestellt, wobei man sie häufig mit Signaturen, sog. Kustoden, versah, die in der Regel in der rechten oberen Ecke des ersten Blattes, seit dem 10.Jh. aber auch rechts oder links unten oder in der Mitte des unteren Randes sowie zusätzlich links unten oder in der Mitte des unteren Randes der Versoseite des letzten Blattes einer Lage vorkommen. In der Ausführung dieser Kustoden – Unzial- oder Minuskelbuchstaben, Verzierung durch Querstriche, Sternchen, Kreuze u.a. – wird man weitere Anhaltspunkte für die Zugehörigkeit einer Handschrift zu einer bestimmten Schreibschule finden können. Leider sind die Kustoden durch das spätere Beschneiden der Handschriften oft ganz oder teilweise verlorengegangen. Um den richtigen Anschluß einer Lage an die andere zu sichern, hat man sich in Renaissancehandschriften, vor allem des Westens, der sog. Reklamanten bedient, die stets in der rechten unteren Ecke der Versoseite des letzten Blattes einer Lage zu finden sind und aus ein bis zwei Wörtern oder auch dem Wortteil bestehen, mit dem der Text auf der nächsten Seite beginnt. Dieser Brauch, der sich in einer griechischen Handschrift zuerst zu Beginn des 14.Jh. findet, ging bekanntlich auch in die gedruckten Bücher über, wo er sich bis ins 18.Jh. gehalten hat.

4. Buchschmuck

Figurale Textillustrationen und Buchornamentik (Initialen, Zierleisten u.ä.) spielten im antiken und mittelalterlichen Buch eine große Rolle. Das ägyptische Totenbuch enthielt seit dem Neuen Reich für jedes Kapitel des Textes entsprechende figurale Illustrationen. Die griechisch-römische Buchmalerei scheint in erster Linie auf die Illustration naturwissenschaftlich-didaktischer Werke (Pflanzen- und Tierbilder, Darstellung von medizinischen Operationen) ausgegangen zu sein. Die bescheidenen Reste, die wir aus Papyrusrollen besitzen (das umfangreichste Fragment stammt aus einem griechischen Roman: Paris, Suppl. gr. 1294, 1.–2.Jh. n.Chr.), deuten darauf hin, daß es nicht die vornehmsten Bücher, sondern eher volkstümliche Ausgaben und Kinderbücher waren, die man mit Miniaturen austattete. In den schönsten und elegantesten Papyrusrollen scheint man die Unterbrechung des Textes durch Illustrationen aus ästhetischen Gründen vermieden zu haben. Nur zu

Beginn des Textes war zum Teil seit den hellenistischen Jahrhunderten, jedenfalls aber in der römischen Kaiserzeit das Autorenbild – der Verfasser mit Buch oder beim Schreiben, stehend oder sitzend, auch als Brustbild – üblich geworden; wir können die Nachwirkungen dieses Bildtypus noch in mittelalterlichen Handschriften verfolgen. Ein reines Bilderbuch mit Autorenporträts stellten Varros berühmte *Imagines* dar, die auf jedem Rollenbuchblatt sieben zu einer Gruppe zusammengefaßte Porträts enthielten. Die Spuren dieser Hebdomaden treffen wir in den Ärztebildern des Wiener Dioskurides an. Auch die Existenz frühchristlicher textloser Bilderrollen läßt sich mit einem gewissen Grad von Wahrscheinlichkeit aus späteren Handschriften erschließen. Hier ist die kontinuierliche, filmstreifenartige Darstellung mehrerer Szenen vor einem gemeinsamen Hintergrund in der Wiener Genesis und in der Cottonbibel sowie in der Pariser Gregorhandschrift (Gr. 510) und der vatikanische Josua-Rotulus des 10. Jh. zu nennen, obwohl gerade bezüglich der zuletzt genannten Handschrift die Meinungen der Spezialisten auseinandergehen. Die filmstreifenartige Darstellungsweise lebt auch im Hochmittalter noch fort (Abb. 5).

Einen großen Aufschwung der Buchmalerei hatte der Sieg des Pergamentkodex über die Papyrusrolle im 4. Jh. zur Folge. Beschreibstoff und Form des Buches bot jetzt weit mehr Möglichkeiten für künstlerischen Buchschmuck. In den spätantiken Luxushandschriften mehren sich die szenischen Kompositionen in seitenfüllenden Vollbildern oder Miniaturen, die durch deutliche Rahmung vom Schriftspiegel abgesetzt sind. Manchmal treffen wir eine Gruppe solcher Vollbilder als einleitende Schmuckblattlage zu Beginn des Kodex (Wiener Dioskurides, Cod. Rossanensis, Rabulashandschrift). In der frühchristlichen Buchmalerei beobachten wir einerseits die Festlegung von Bilderzyklen, die in den folgenden Jahrhunderten verbindlich wurden, andrerseits mit dem Schwinden einer mehr oder weniger einheitlichen Reichskunst das Hervortreten der nationalen, bodenständigen Kulturen im Osten (Syrien und Palästina, Ägypten, Nordafrika) und Westen («vorkarolingische» Buchmalerei im keltisch-germanischen Bereich). Der gewaltige politisch-soziale und geistig-kulturelle Umbruch, der sich in den Übergangsjahrhunderten vom Altertum zum Mittelalter vollzog, drückt sich in der Buchmalerei im Übergang von der naturnahen, illusionistisch-impressionistischen Manier zu einem raumfremden, betont ornamentalen, expressionistischen Flächenstil aus. Von hier nahm die reiche

Abb. 5. Vollminiatur aus dem Cod. 1244 der Ö.N.B., einer Mondseer Hs. (Liudolt-Evangeliar), um die Mitte des 12. Jh. Oben: Christus in der Vorhölle. Unten: Noli me tangere, Christus und Thomas.

Buchornamentik mittelalterlicher Handschriften in Ost und West ihren Ausgang, der wir eine Fülle prächtig verzierter Initialen, Zierleisten und Zierfelder in allen Stilen und nicht zuletzt die mit reicher Phantasie ausgeschmückten Kanontafeln der Evangelienhandschriften verdanken. Eine Aufzählung auch nur der wichtigsten illuminierten Handschriften der verschiedenen Schulen würde den Rahmen dieses knappen Abrisses sprengen.

5. *Einband*

Die Papyrusrolle konnte man verschnüren, versiegeln, in eine Lederhülle stecken oder in eine capsa stellen, man konnte sie aber nicht «binden». Zwar hatten die antiken *glutinatores* nicht nur Papyrusblätter aneinanderzukleben, sondern sie auch mit Zedernöl zu konservieren, die Rollen an den Rändern zu beschneiden, mit Bimsstein zu glätten und zu färben; die Geschichte des Bucheinbands beginnt aber erst mit der Einführung des Kodex. Schon für die kleinen Pergamentnotizhefte, die Vorstufe des späteren Kodex, kannten die Römer Schutzdeckel aus Holz. Die Einbände (*στάχωμα*, tegumentum) des 5. und 6. Jh. kennen wir nur aus zeitgenössischen bildlichen Darstellungen, etwa in Ravenna und Rom; wir finden hier bereits reichen Edelsteinbesatz auf kostbaren Büchern. Wie weit die Einbandkunst im 6. Jh. entwickelt war, geht aus einer Bemerkung Cassiodors hervor, der dem neugegründeten Kloster Vivarium außer Buchbindern auch ein von ihm selbst gezeichnetes Musterbuch von Einbänden übergab. Während der mittelalterlichen Jahrhunderte wurden die Kodizes in den Klöstern zumeist von den Mönchen selbst gebunden.

Die Technik des handgebundenen Buches hat sich seit dem Mittelalter bis heute kaum geändert. Die Pergament- oder Papierlagen der Handschriften wurden gefalzt, gepreßt und daraufhin geheftet. Neben der älteren Kettenstich- und Langstichheftung war die Heftung auf Bünde (in nachkarolingischer Zeit mit Hilfe einer Heftlade) im Mittelalter das Übliche. In die Heftlade werden je nach dem Format des Buches 3–7 Heftschnüre (Bünde) senkrecht eingespannt (Abb. 6). Die Lagen werden an die Bünde herangeschoben, um die der Heftfaden, so oft er von innen nach außen kommt, herumgeführt wird. Von dem unteren «Fitzbund», einem falschen Bund ohne Bundschnur (erst seit

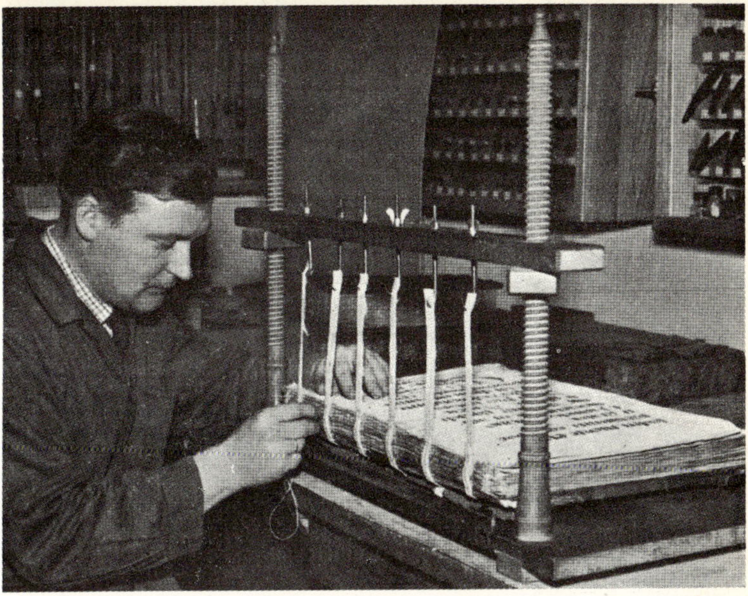

Abb. 6. Die Arbeit an der Heftlade (Ö.N.B.).

dem 14. Jh. üblich), nimmt die Nadel ihren Weg bis zum oberen Fitzbund, um sogleich zur nächsten Lage überzugehen, bis alle Lagen aneinandergeheftet sind. Die vorstehenden Enden der Bundschnüre und je ein Pergament-Ansatzfalz der ersten und letzten Lage dienen dem Zwecke, den Buchblock mit der Buchdecke zu verbinden. Nach der Heftung wird der Rücken geleimt, rund geklopft und zwischen zwei Brettern abgepreßt. Es folgt der Schnitt, in der Regel an drei Seiten des Bandes. Häufig wurden die Kapitalbänder am oberen und unteren Rand des Rückens ebenfalls umstochen und die Heftfäden an den betreffenden Fitzbünden angehängt. Zur Verbindung des Buchblocks mit den zumeist verwendeten schweren Eichen- oder Buchenholzdeckeln wurden in den älteren Einbänden für die einzelnen Bünde Ausnehmungen eingestemmt, durch die die Bünde hindurchgezogen werden konnten, um an der Außenseite des Deckels in einer vertieften Rinne an ihrem Ende mit einem Holzpflock festgenagelt zu werden. Im späten Mittelalter schrägte man die Holzdeckel an der Rückenseite ab und führte die Bünde von außen durch einen Spalt an die Innenseite der Buchdeckel, wo sie in einer vertieften Rinne fortliefen und zuletzt verkeilt wurden. Schließlich überzog man die Deckel und den Rücken mit Leder oder Pergament.

Eine von der soeben geschilderten abweichende Heftung mit zwei Nadeln und zwei Heftfäden beobachten wir im Papyruskodex des *Johannesevangelium* (P. Bodmer II), sonst in Ägypten und Äthiopien, aber auch in nordhumbrischen und Fuldaer Handschriften des frühen Mittelalters. Sie dürfte auf die Verschnürungstechnik der altrömischen Diptycha zurückgehen (B. VAN REGEMORTER). *Byzantinische Einbände*, die leider nicht mehr in großer Zahl erhalten sind, unterscheiden sich nicht unwesentlich von den westlichen. Die Handschriften wurden nicht auf Bünde geheftet, sondern geholländert, so daß der Lederrücken der Bände vollkommen glatt blieb. Vor der Heftung sägte man diejenigen Stellen in den Rücken der Lagen ein, wo die Nadel durchgeführt werden sollte (dieses Einsägen heißt im Französischen bezeichnenderweise *grecquage*). Bei der Heftung wurden jeweils zwei Lagen untereinander verknüpft. Zur Verbindung der Holzdeckel mit dem Buchblock führte man die Schnüre durch zickzackförmige Rillen an der Außenseite des Deckels und sicherte das Ganze, indem man die Schnüre bei den horizontalen Strecken dieser Rillen mehrfach nach innen wickelte. Deckel und Rücken überzog man mit Leder, das an der Innenseite der Deckel zumeist nicht zugeschnitten und geschärft wurde. Die Holzdeckel, die in der Regel an den drei Außenseiten eine Rille tragen, schneiden mit dem Buchblock genau ab. Die beiden Kapitale ragen um einige Millimeter über den Buchblock hinaus und setzen sich beiderseits des Rükkens am Deckel ein Stück fort, eine Eigenheit, die die Standfestigkeit solcher byzantinischer Bände einigermaßen beeinträchtigt. Daß man die Bücher gern flach legte, zeigt die Häufigkeit der auf dem unteren Schnitt angebrachten Titel. Das Leder des Einbands wurde mit Blindstempeln, später mit Goldpressung verziert, wobei sich der Schmuck von den beiden Deckeln auch über den Rücken ausbreitete, ohne daß vorspringende Bünde störend wirkten. Technik und Ornamentik der byzantinischen Einbände deuten darauf hin, daß die Griechen ihre Einbandkunst von den Kopten erlernten (B. VAN REGEMORTER).

In Ägypten pflegte man an Stelle von Holzdeckeln Papyrusmakulatur zu einer dicken Pappe zusammenzukleben und mit Leder zu überziehen; Fragmente solcher Einbände sind erhalten. Die Kopten schnitten und färbten das Leder für die geometrischen Figuren ihrer Einbände, die sie oft in Lederapplikationsarbeit ausführten. Frühmittelalterliche Prunkeinbände trugen bisweilen über dem Leder Teile antiker Elfenbeindiptycha oder zeitgenössischer Elfenbeinschnitzereien. Höchsten Luxus entfaltete die mittelalterliche Einbandkunst in jenen Prachteinbänden, die von Goldschmieden unter reicher Verwendung von Edelsteinen und Halbedelsteinen zum Teil in der Technik der Zellenverglasung (so das älteste erhaltene Beispiel, der Prunkeinband der Langobardenkönigin Theodelinde, gest. 625, im Dom zu Monza), zum Teil in Zellen- oder Grubenschmelz und in Silbertreibarbeit hergestellt wurden.

In den Jahrhunderten des Spätmittelalters wurden derartige Prunkeinbände immer seltener. Je mehr die Buchproduktion im 14. und 15. Jh. anstieg, um so geringer wurde das einzelne Buch geschätzt. Neben einer kleineren Zahl von Metalleinbänden, vor allem in Silbertreibarbeit, herrschte im Westen in diesen Jahrhunderten der Ledereinband, sei es in *Lederschnitt-Technik*, sei es mit Pressungen ausgeführt.

Um einen Lederschnittband herzustellen, mußte man zunächst das Rindsleder anfeuchten und dehnbar machen. Die Linien wurden mit einem Messer nach Vorzeichnung eingeschnitten und darnach mit einem stumpfen Instrument erweitert. Die reliefartige Wirkung des Lederschnitts erzielte man einmal durch Niederdrücken des zeichnerischen Hintergrundes mit Hilfe der Punzierung, zum andern durch Erhöhen einzelner Partien mittels einer Art von Kitt von der Rückseite aus. Zu stark erhöhtes Relief suchte man natürlich aus praktischen Gründen zu vermeiden. Aus dem frühen Mittelalter sind nur sehr wenige Lederschnittbände bekannt (zwei der sogenannten Bonifatius-Handschriften in Fulda aus dem 8. Jh. und der trefflich erhaltene Einband im Stonyhurst-College, Lancashire, 7. Jh.?). Während die Lederschnitt-Technik bei der Herstellung von Ledertapeten, Kästchen und Futteralen im 11. und 12. Jh. in verschiedenen Ländern zu belegen ist, finden sich Bucheinbände in Deutschland, Österreich, Ungarn und Böhmen erst seit dem 14., vor allem aber im 15. Jh. In einem großen, rechteckigen Mittelfeld tragen die Lederschnittbände häufig groteske Pflanzen- und Tiermotive; der umgebende Rahmen ist mit verschiedensten Kleinornamenten geschmückt.

Die zweite, viel beliebtere Technik des mittelalterlichen Ledereinbandes ist die *Blindpressung;* die später so verbreitete Vergoldung der

Stempel setzte erst mit der Renaissance ein und liegt schon außerhalb der uns hier gesteckten Grenzen. Einteilung des Deckels in Felder durch Linien, die man mit Streicheisen zog, und Blindstempel, hauptsächlich in Form von kleinen Rosetten, Palmetten und Flechtwerk, finden sich auf über 80 bisher bekannten karolingischen Einbänden aus Salzburg, Fulda, St. Gallen und anderen Klöstern. Die Stempel sind auf vielen dieser frühen Einbände mehr oder weniger regellos verteilt. Schöne romanische Einbände mit Blindpressung aus dem 12. und 13. Jh. kennen wir in größerer Zahl aus englischen Klöstern (Benediktiner in Durham!). Während den rechteckigen Mittelteil Figuren wie Christus, die Muttergottes, die Evangelistensymbole, Apostel, Engel, Kentauren, Tritone usw., besonders aber alle möglichen Tiere einnehmen, sind die Ränder mit zahlreichen, technisch oft vollendet geschnittenen Kleinstempeln in bunter Vielfalt (Sterne, Rosetten, Palmetten, allerhand Riemenwerk) besetzt. Dreißig und mehr verschiedene kleine Blindstempel auf *einem* Einband sind keine Seltenheit! Gegenüber der verhältnismäßig geringen Zahl von Stempelpressungen aus dem 13. und 14. Jh. bietet das 15. Jh. eine Fülle spätgotischer Einbände in dieser Technik, die sich auf alle europäischen Länder verteilen. Man überzog die Holzdeckel – erst seit dem 16. Jh. traten im Westen Pappendeckel an ihre Stelle – mit rotem Schafleder, weißgegerbtem Wildleder, zumeist aber mit braun gefärbtem Kalbs- bzw. Rindsleder. Der Rücken blieb mit Rücksicht auf die vorstehenden Bünde unverziert. Dafür begann man im 15. Jh. allmählich die Schnitte zu färben und mit Ornamenten zu versehen; zumeist war ja der Vorder- oder der Unterschnitt, nicht aber der Rücken des Buches dem Beschauer zugekehrt.

Fünf oft schwere Metallbeschläge schützten den einzelnen Deckel, vier davon die Ecken und Kanten, ein fünfter, manchmal weit vorragender Buckel diente beim Aufschlagen des Buches zur Auflage. Metallschließen oder Lederspangen spannten sich um den Vorderschnitt und trugen ebenfalls zur Schonung des fest geschlossenen Buches bei. An italienischen und spanischen Einbänden beobachten wir darüber hinaus häufig je eine Schließe am oberen und unteren Schnitt. Der Schonung kostbarer Bücher dienten auch weiche Hülleneinbände aus Seide, Samt oder Wildleder; auf Reisen bewährte sich der zu einem Buchbeutel erweiterte Ledereinband. Eine Reihe von Beutelbüchern ist noch erhalten; beide Formen des Buchschutzes kennen wir aus zahlreichen spätgotischen Tafelbildern und Miniaturen.

6. Verbreitung des Buches

Die erste Voraussetzung für die Verbreitung des geschriebenen Buches in Antike und Mittelalter war die *Abschrift*. Der Schreibkundige konnte aus verschiedenen Kreisen stammen und seine Kopie in verschiedener Absicht herstellen. Ein Privater konnte an einem Buch oder an einem Abschnitt eines Buches Interesse haben und für seine Person eine Abschrift anfertigen, ein Gelehrter konnte dies zur Ergänzung seiner Privatbibliothek oder für wissenschaftliche Zwecke tun, ein Schreiber konnte aber auch berufsmäßig, in der Antike meist innerhalb einer Gruppe von Schreibsklaven (*ταχυγράφοι*, scribae mercennarii) nach Diktat einen Text kopieren. Im Mittelalter lag die Kunst des Schreibens und die Mühe des Abschreibens von Handschriften zur Gänze in der Hand der Schreibermönche, die nach den heilsamen Grundsätzen Cassiodors in ihrer Tätigkeit eine Art Gottesdienst sahen und sie deshalb im großen und ganzen mit Gewissenhaftigkeit und Sorgfalt ausübten. Aus der dem Mönch zustehenden Demut ergab sich ein völliges Zurücktreten seiner eigenen Person, das sich auf die Gestaltung der subscriptiones auswirken mußte. Hatte der Mönch auch monate-, manchmal jahrelang gearbeitet, um einen großen Kodex abzuschreiben, so unterließ er es trotzdem oft, seinen Namen zu nennen oder gar nähere Angaben über seine Person zu machen. Dagegen fehlt es fast nie an einem Lobpreis Gottes, der wie alle Werke so auch die Abschrift des jeweiligen Kodex gnädig zu einem guten Ende gelangen ließ. In diesem Sinne findet sich in Verbindung mit Namensnennung des Schreibers in griechischen Handschriften wiederholt die Schlußformel: «Gottes ist das Geschenk, des N.N. die Arbeit.» Daneben lesen wir Stoßseufzer, die die Stimmung des byzantinischen Schreibers oft mit der eines Reisenden vergleichen; mit dem Ende des Buches darf der Mönch wie der Reisende in den lang ersehnten Heimathafen einlaufen. Auch in den westlichen Handschriften begegnen wir immer wieder frommen Sprüchen und Formeln, aus denen die Freude des Schreibers an der Vollendung der mühevollen Arbeit spricht. Während sich aber in byzantinischen Handschriften das Bewußtsein der eigenen Sündhaftigkeit der Schreiber in verschiedenen, oft gehäuften Epitheta der Demut und Selbsterniedrigung sowie in der Bitte um Gebet für ihre arme Seele ausdrückt, findet sich im Westen, besonders im späten Mittelalter, des öfteren ein harmloser Scherz, der zumeist auf Reim und Wortspiel beruht. So erwarten sich manche Schreiber als Lohn für ihre Mühe Speise und Trank oder ein hübsches Mädchen. Als Gegenstück zu den frommen Wünschen und Sprüchen des Explicit lesen wir gelegentlich auch erbauliche Aufforderungen zu Beginn des Textes, in griechischen Handschriften gerne eine kurze Anrufung Christi. – In manchen Fällen, die uns allerdings viel zu selten sind, verraten die Schreiber außer ihrem Namen das Kloster, in dem der Kodex geschrieben wurde, oder auch ihren geistlichen oder weltlichen Auftraggeber. Für die Zuweisung der Handschriften an bestimmte Schreibschulen sind solche Angaben natürlich von großem Wert. Auch Bücherflüche, die den potentiellen Dieb des Kodex verwünschen und mit schweren geistlichen Strafen bedrohen, stammen manchmal von der Hand des Schreibers und enthalten dann und wann Hinweise auf die Provenienz der Handschrift.

Selbstverständliche Voraussetzung für jede Abschrift ist das Vorhandensein einer entsprechenden Menge von Beschreibstoff. Da nun Papyrus oft knapp und teuer war, schrieb man oder ließ man Abschriften für private Zwecke gerne auf der Rückseite einer bereits beschrifteten Papyrusrolle bzw. eines Teiles einer Rolle anfertigen. Eine große Zahl literarischer griechischer Papyri wurde uns so überliefert. Solche *Opisthographa* bieten uns aber auch, besonders wenn sie auf der einen Seite datierte Urkunden enthalten, hochwillkommene Anhaltspunkte für die zeitliche Einordnung literarischer Papyri. Da das ägyptische Nildelta der einzige leistungsfähige Produzent des antiken Beschreibstoffes war, sind Knappheit und hoher Preis des Papyrus leicht einzusehen. Dazu kam aber noch Spekulation und Geschäftstüchtigkeit der Unternehmer, die nach einer Art Trustsystem durch gelenkte Produktionsbeschränkung die Preise hochzuhalten trachteten, wie uns Strabon (p. 800) berichtet. Das kaiserliche Rom, in dem man eigene Papyrusmagazine angelegt hatte, um stets über genügende Vorräte zu verfügen, sorgte durch Verwaltungsbeamte des Kaiserhauses (officiales rationis chartariae) für einen geregelten Verkauf des kostbaren Beschreibstoffes. Daß man mit dem Papyrusgeschäft sehr reich werden konnte, zeigt der prahlerische Ausspruch des Kaisers Firmus, der einen großen Teil der Papyrusfabrikation an sich gerissen hatte: er könne von seinen Einkünften aus Papyrus und Kleister eine ganze Armee verköstigen.

Die weitere Verbreitung des neuzeitlichen, gedruckten Buches erfolgt gewöhnlich durch den *Buchhandel.* Erste Spuren eines Buchhandels in der Antike gehen in das Athen des ausgehenden 5. Jh. v. Chr. zurück. Wir hören damals etwa von Ausgaben des Euripides oder des Anaxagoras und von einem «Bouquinistenviertel» in Athen (*τὰ βιβλία:* Arist., *Vögel* 1288 und Pollux 9,47). Nur werden wir uns von der Kapazität und Intensität dieses frühen Buchhandels keine übertriebenen Vorstellungen machen dürfen, wenngleich uns schon Xenophon von der Ausfuhr beschriebener Buchrollen aus Athen berichtet (*Anab.* 7,5,12–14). Ein günstiger Boden für schnelle und erfolgreiche Verbreitung literarischer Produktion war zweifellos das hellenistische Alexandreia mit seinen großen Bibliotheken und seinem Team von Philologen, die sich als erste an kritischen Textausgaben versuchten. Vollends im Rom Ciceros tritt in dessen Freund Atticus eine markante und sympathische Verlegerpersönlichkeit auf den Plan, die sich nicht nur um die Schriften des berühmten Freundes, sondern auch um andere römische und griechische Autoren verlegerisch bemühte. Im ersten Jahrhundert der Kaiserzeit entwickelte sich durch den Versand der Bücher von Rom aus in alle Länder des Imperium Romanum ein weitverzweigter Weltbuchhandel, der vornehmlich in den Händen von Freigelassenen lag. Seit dem 2. Jh. traten auch die Provinzen mit selbständigen buchhändlerischen Bestrebungen hervor. In den spätantiken und mittelalterlichen Jahrhunderten machte die erwerbsmäßige Verbreitung des Buches durch Verleger und Buchhändler immer mehr der privaten Einzelabschrift und der Weitergabe von Person zu Person Platz.

Abschließend sei erwähnt, daß der Begriff der *Neuauflage (διασκευή)* dem Altertum wohlbekannt war, wie wir aus Galen ersehen. Mit Rücksicht auf die der Antike eigentümliche Verbreitung des Buches durch handschriftliche Vervielfältigung läßt sich unser Begriff der Neuauflage auf alle jene Änderungen in einem literarischen Text ausdehnen, die auf den Verfasser selbst zurückgeführt werden können und oft in Handschriftenvarianten ihren Niederschlag gefunden haben.

7. *Aufbewahrung des Buches*

Sollte der Wunsch eines Horaz und ungezählter anderer großer Dichter und Gelehrter in Erfüllung gehen, daß ihr Werk «dauernder als Erz» bestehen bleibe, so war außer der schriftlichen Fixierung und Verbreitung auch die Konservierung und Tradierung der Bücher über die Jahrtausende hinweg erforderlich. Es obliegt uns also, in einem letzten Abschnitt ganz skizzenhaft über die antike und mittelalterliche Bibliotheksgeschichte zu berichten. Die bis ins 4. Jahrtausend v. Chr. zurückgehende schriftliche Überlieferung der Ägypter und der anderen Völker des Vorderen Orients beruht vielfach auf Archiven, die in Ausgrabungen des 19. und 20. Jh. an das Tageslicht traten. Überall dort, wo über die verschiedensten Urkunden und kommerziellen Denkmäler (Rechnungen, Warenlisten usw.) hinaus auch noch literarische Texte zu finden sind, dürfen wir wohl mit Recht statt von Archiven von Bibliotheken sprechen. Aus Ägypten kennen wir nur relativ kleine Tempelbibliotheken wie die von Edfu und die des Ramesseums. Aus den Tontafeln der Tempelbibliothek von Ugarit ließ sich eine neue westsemitische Sprache rekonstruieren. Den großen assyrischen Archiven von Mari, Sippar und Nippur steht einerseits die imponierende hettitische Staatsbibliothek von Chattusas (Boghazköi), anderseits die gepflegte Bibliothek König Assurbanipals in Ninive gegenüber. Dieser bibliophile Herrscher ließ nach altbabylonischem Vorbild auf den Tontafeln seiner planmäßig gesammelten Bibliothek sogar Besitzvermerke und subscriptiones anbringen.

Das griechische Wort *βιβλιοθήκη* (= Bücherkasten, Büchergestell, Regal) wurde im Plural und Singular auch für das Bücherhaus (Bibliothek oder Archiv) verwendet, während man in Rom für das Archiv zwei besondere Wörter (archivum, scrinium) kannte. Die ersten Griechen, die über eigene Bibliotheken verfügten, werden wohl die sog. Tyrannen des 6. Jh. gewesen sein. Ihr Interesse galt u. a. den Wissenschaften und schönen Künsten, und das zu einer Zeit, da die griechische Prosaliteratur aufblühte und die Einfuhr der Papyrusrolle aus Ägypten das alte Leder verdrängte. Ein Polykrates von Samos und die Peisistratiden in Athen schätzten nicht nur das alte Epos, sondern förderten auch zeitgenössische Dichter wie Simonides und Anakreon. Daß die führenden Männer der Sophistik im Athen des peloponnesischen Krieges oder ein so belesener Dichter wie Euripides nicht gut ohne Bibliotheken auskommen konnten, liegt auf der Hand. Ähnliches gilt für die sokratischen Philosophenschulen, allen voran die Akademie und den Peripatos. Aristoteles, der große Organisator wissenschaftlicher Arbeit und Ahnherr der spezialisierten Wissenschaften, unternahm es, eine gewaltige Bibliothek nur für wissenschaftliche Zwecke zu sammeln. Den abenteuerlichen Weg dieser Bibliothek oder zumindest eines Teiles davon, nämlich der Lehrschriften des Aristoteles und Theophrastos, können wir noch heute durch Jahrhunderte bis in die römische Kaiserzeit verfolgen, als der Peripatetiker Andronikos von Rhodos die erste Gesamtausgabe der aristotelischen Schriften veranstaltete.

Um 296 v.Chr. folgte Demetrios von Phaleron dem Ruf des ersten Ptolemäers und wurde so Mitbegründer der berühmtesten antiken Bibliothek, der des Museions in *Alexandreia*, eines für Forschung und Lehre in gleicher Weise großzügig neueingerichteten wissenschaftlichen Institutes. Reiche Mittel wurden zum Teil darauf verwendet, Agenten in das Mutterland Hellas und in verschiedene griechische Kolonialstädte zu entsenden, um Handschriften für die neue Bibliothek anzukaufen. Der schönste Tempel Alexandreias, das dem ptolemäischen Reichsgott Serapis geweihte Serapeion, war ebenfalls mit einer Bibliothek verbunden, die aber erst von dem zweiten ptolemäischen Herrscher eingerichtet wurde. Ptolemaios Philadelphos war es vermutlich auch, der das der Stadt Athen gezahlte Pfand von 15 Talenten für das Staatsexemplar der drei großen Tragiker verfallen ließ und die Athener mit einer eleganten Kopie abspeiste. Von Neleus von Skepsis scheint er einen großen Teil der Peripatos-Bibliothek angekauft zu haben. Wie rigoros die Ptolemäer bei der Erweiterung ihrer Bibliotheken vorgingen, zeigt die regelmäßige Kontrolle auslaufender Schiffe und die Konfiszierung beschriebener Buchrollen. Man ließ schnell Abschriften anfertigen und behielt die Originale jeweils für die eigene Bibliothek. Der Umfang der beiden Bibliotheken wird uns mit 400000 «Mischrollen» (*συμμιγεῖς*) und 90000 «ungemischten» Rollen (*ἀμιγεῖς:* vielleicht in sich abgeschlossene Werkeinheiten) für die Museions- und 42800 Rollen für die Serapeionsbibliothek angegeben. Für die Zeit des Brandes der Museionsbibliothek unter Cäsar wird deren Bestand auf 700000 Rollen geschätzt. Die Ordnung dieser gewaltigen Büchermassen fing bei der Provenienz an, indem man Rollen aus städtischem Besitz (*κατὰ πόλεις*), von Privatpersonen (*κατ᾽ ἄνδρα*) und von Konfiskationen auf Schiffen (*ἐκ πλοίων*) unterschied. Ein Stab von Gelehrten war mit der Bestimmung des Inhalts der Rollen – der Titelaufnahme, wie wir heute sagen würden – und mit ihrer systematischen Aufteilung betraut. Der hellenistische Dichter Kallimachos übernahm die große Aufgabe, auf Grund des geordneten Materials eine universelle Bibliographie des griechischen Schrifttums anzulegen. Es sind dies die aus 120 Büchern bestehenden *Pinakes* (*Πίνακες τῶν ἐν πάσῃ παιδείᾳ διαλαμψάντων καὶ ὧν συνέγραψαν*), die in sechs Abteilungen für Poesie, fünf Abteilungen für Prosa und eine Gruppe Varia zerfielen. Innerhalb der Abteilungen herrschte die alphabetische Ordnung nach Autorennamen; dem einzelnen Autor wurde ein kurzer biographischer Abriß und ein Werkverzeichnis mit jeweiliger Angabe der Zeilenzahl gewidmet. Als Cäsar im Verlauf des alexandrinischen Krieges (48/47 v.Chr.) die Stadt besetzte, griff Feuer von den Schiffen auf das Museion über und zerstörte einen großen Teil der Bibliothek. Man darf annehmen, daß in der Folgezeit die Serapeionsbibliothek, die übrigens immer schon einem breiteren Kreis, auch Ägyptern, zugänglich gewesen war, als Ausweichbibliothek diente, der auch der neue Zuwachs zugute kam; von der Museionsbibliothek hören wir in den kaiserzeitlichen Jahrhunderten nichts mehr. Bei den antiheidnischen Maßnahmen des Patriarchen Theophilos gegen Tempel und Hochschulen mußten heidnische Professoren und Studenten in der Folge der damaligen Straßenkämpfe flüchten (391). Wie wir aus einer Notiz des Orosius entnehmen können, der einige Jahre später Alexandreia besuchte, dürfte damals auch die verhaßte Bibliothek vollständig ausgeplündert worden sein. Den literarischen Bedarf der Gelehrten bis zur Araberherrschaft scheinen kleine Bibliotheken befriedigt zu haben.

In Konkurrenz zu diesem von den Ptolemäern gegründeten Zentrum antiker Gelehrsamkeit schufen die Attaliden in ihrer Residenz zu Pergamon rund 50 Jahre später eine Bibliothek, die zur Zeit des Mark Anton angeblich über 200000 Rollen verfügte. Die auf den für Kunst und Wissenschaft aufgeschlossenen König Archelaos zurückgehende Bibliothek der Makedonen-Herrscher in Pella fiel 168 dem römischen Sieger L. Aemilius Paulus in die Hände. Sulla beschlagnahmte 84 v.Chr. die peripatetische Bibliothek des Apellikon, und Lucullus nahm die Bibliothek des Mithridates, Königs von Pontos, als Kriegsbeute mit nach Rom. Neben diesen großen Fürsten- und Akademiebibliotheken gab es in Hellas schon frühzeitig verschiedene Schulbibliotheken, wie uns etwa eine Stelle des Komikers Alexis um die Mitte des 4.Jh. bezeugt: Der Schüler greift in ein Regal der Handbibliothek seines Lehrers und bestimmt damit, was im Unterricht gelesen werden soll. Für die Vermehrung dieser oft mit den Gymnasien verbundenen sowie der an Fachschulen (Ärzteschulen, Rechtsschulen) und Hochschulen eingerichteten Bibliotheken sorgten Stiftungen reicher Bürger oder Subventionen der Gemeinden. Stattliche Ruinen bewundern wir noch heute an der Hadriansbibliothek in Athen, die der Kaiser 131/132 nach dem Muster des alexandrinischen Museions seiner geliebten Stadt stiftete, und an der von einem reichen römischen Konsular zu Beginn des 2. Jh. gegründeten Bibliothek zu Ephesos.

Von dem Vorhandensein größerer Privatbibliotheken auf italischem Boden zeugen die herkulanensischen Rollen mit dem Œuvre des Epikureers Philodemos. Cicero, Atticus und M. Terentius Varro besaßen Bibliotheken, mit deren Ordnung gelehrte Sklaven beauftragt waren. Die erste öffentliche Bibliothek in Rom wurde von Cäsar geplant und von C. Asinius Pollio im Atrium Libertatis eingerichtet; Varro wurde zum Bibliothekar bestellt. 28 v. Chr. eröffnete Augustus die Palatina, eine griechisch-lateinische Doppelbibliothek im Apollontempel, wenige Jahre später eine seiner Schwester Octavia gewidmete Bibliothek auf dem Marsfeld. Spätere Kaiser folgten diesem Beispiel zu wiederholten Malen; hier sei nur die von Kaiser Trajan nach 113 errichtete Bibliotheca Ulpia auf dem Trajansforum genannt.

Von den frühchristlichen Bibliotheken mag viel in der Zeit der Verfolgungen zugrunde gegangen sein. Nach dem Sieg der Kirche wurden in den Kirchenbibliotheken nicht nur Bibeln, sondern auch theologische Schriftsteller gesammelt. Von der Bibliothek des Origenes zu Kaisareia (Palästina), die zur Zeit des Pamphilos 30000 Rollen umfaßte und ohne die das imponierende Werk des Eusebios undenkbar wäre, war bereits in anderem Zusammenhang die Rede. Auch der hl. Hieronymus, der selbst eine bedeutende Bibliothek, darunter auch profane Autoren, besaß, benützte die Bestände von Kaisareia.

In *Konstantinopel* scheint die erste kaiserliche Bibliothek von Konstantios nach 353 gegründet worden zu sein. Eine antike Großbibliothek mußte über eine gewisse Zahl von Schreibkräften verfügen, die mit der Erneuerung und Vermehrung der Rollen durch Abschriften beauftragt waren. Kaiser Tacitus z. B. ordnete 275 an, die Werke seines Namensvetters, des großen Geschichtsschreibers, zehnmal im Jahr abzuschreiben. So verstehen wir die Verfügung des Kaisers Valens, der für die kaiserliche Bibliothek in Konstantinopel im Jahre 372 vier Schreibkräfte für griechische und drei für lateinische Autoren einstellte. Die Reorganisation der Universität und Gründung einer juristischen Fakultät (425) durch Kaiser Theodosios II. wird auch für die Vermehrung der kaiserlichen Bibliothek von Bedeutung gewesen sein. Bei dem großen Brand von 475 sollen 120000 Bände (da es sich um eine Gründung des 4.Jh. handelt, wahrscheinlich überwiegend Kodizes) zugrunde gegangen sein. Die Erneuerung der Universität durch den Cäsar Bardas (863) setzt das Vorhandensein einer großen Bibliothek voraus. Vollends die Kultur- und Geistesgeschichte der mittel- und spätbyzantinischen Zeit wäre ohne die Bibliotheken der Hauptstadt nicht denkbar. Aus der Überlieferungsgeschichte so mancher Autoren ziehen wir den Schluß, daß im Rahmen der makedonischen Renaissance im 9. und 10.Jh. Musterexemplare in der neuen Minuskelschrift angefertigt und in der kaiserlichen (oder Patriarchats-) Bibliothek hinterlegt wurden; beliebige Abschriften konnten mit ihnen kollationiert und entsprechend verbessert werden. Die von Kaiser Konstantinos VII. Porphyrogennetos inaugurierte enzyklopädische Schriftstellerei des 10.Jh. beruhte weitgehend auf dem Studium des in den Bibliotheken bereitgestellten Quellenmaterials. Die Blüte des Geisteslebens und der Universitäten im Byzanz des 11.Jh. – etwa die Arbeiten eines Joannes Italos und Michael Psellos – erwuchs ebenso wie die klassizistische Literatur (Anna Komnene, Niketas Choniates) und philologische Gelehrsamkeit (Eustathios) der Komnenenzeit aus den reichen Schätzen der Konstantinopeler Bibliotheken. Dasselbe gilt trotz der scharfen Zäsur des lateinischen Kaisertums für die kulturell und wissenschaftlich so hochstehenden Autoren und Gelehrten der frühen Palaiologenzeit (ca. 1250–1350), unter denen Männer wie Maximos Planudes, Demetrios Triklinios und Theodoros Metochites auch mit ihrer Liebe zum Buch, der Veranstaltung von Textausgaben und dem Aufbau einer eigenen Bibliothek mit Recht als Vorläufer des Humanismus in Byzanz bezeichnet werden dürfen.

Neben der kaiserlichen Bibliothek läßt sich in Konstantinopel seit dem Anfang des 7.Jh. eine Patriarchatsbibliothek nachweisen, deren Stärke in einem vollständigen Exemplar der Synodalakten, in der exegetischen Literatur, seit dem Ende des 8.Jh. aber auch in der offiziellen Sammlung häretischer Schriften lag. Während die kaiserliche Bibliothek bei der Eroberung Konstantinopels durch Mehmed II. (1453) zu bestehen aufhörte, lebte die Patriarchatsbibliothek mit der orthodoxen Kirche auch unter der Türkenherrschaft weiter. Neben diesen wichtigen Zentren spielten verschiedene Klosterbibliotheken im byzantinischen Reich eine nicht zu unterschätzende Rolle. Von einigen wie vom Studiukloster, vom Chorakloster, von den Bibliotheken des Athos, des

Sinai, Zyperns, von Patmos und Mistra haben wir plastischere Vorstellungen auf Grund der heute noch vorhandenen Handschriften, zum Teil auch alter Bibliothekskataloge. Daß auch die Privatbibliotheken gelehrter Männer wie Photios, Arethas, Tzetzes, Planudes, Metochites u.a. für die Bewahrung des überlieferten Schrifttums von großer Bedeutung waren, sei hier nur angedeutet.

Von dieser kurz skizzierten Entwicklung des Bibliothekswesens im byzantinischen Reich unterscheiden sich die Verhältnisse im *Westen* nicht unwesentlich. Nachdem die Germanenreiche der Völkerwanderungszeit an die Stelle des weströmischen Reichs getreten waren, fehlte dem Westen jahrhundertelang ein überragender politischer und kultureller Mittelpunkt, wie er für den Osten durch den genialen Blick Konstantins in dem «Neuen Rom» gefunden und aufgebaut worden war. So gab es hier auch nicht eine derartige Konzentration der Bildungsgüter wie in der byzantinischen Hauptstadt; die Bibliotheken des Kaisers und des Patriarchen halten ja den Vergleich mit den antiken Bibliotheken der Ptolemäer ohne weiteres aus. Auch in diesem Punkt war Byzanz – nicht der Westen – der legitime Erbe der Antike. In Italien war es Theoderichs ehemaliger Kanzler, der Römer Cassiodor, der inmitten der turbulenten Ereignisse der Gotenkriege Justinians um 540 das Kloster Vivarium (bei Squillace in Kalabrien) gründete und hier ein Vorbild aufstellte, durch dessen Fernwirkung die antike Literatur und Wissenschaft alle Stürme der folgenden Jahrhunderte überdauern konnte. Cassiodor gab seinen Schreibermönchen genaue Anweisungen über die Abschrift der Bibel, theologischer und profaner Autoren, die Genauigkeit und Orthographie, das Heranziehen der ältesten und besten Handschriften, Fragen der Textkritik (die den Emendatoren [notarii] oblag) und über die Schönheit der Schrift. Daß die Tätigkeit des Abschreibens nicht nur kirchlicher, sondern auch profaner Texte dem Gebet und Gottesdienst grundsätzlich gleichgestellt wurde, war für die weitere Entwicklung von grundlegender Bedeutung. Zwar sollte der Gründung Cassiodors keine lange Dauer beschieden sein, aber sein Beispiel begann wenige Jahrzehnte später im Benediktinerorden zu wirken, als die Mönche aus dem zerstörten Monte Cassino (581) flohen und in Rom von Papst Gregor dem Großen zum Sammeln und Abschreiben von Büchern und zur Pflege der Wissenschaft angeregt wurden. Daß den Benediktinern mit ihren zahlreichen Klöstern und Skriptorien ein Hauptverdienst an der Erhaltung und Überlieferung der antiken Literatur zukommt, ist bekannt und unbestritten. Aber auch viele andere Orden in Mittel- und Westeuropa trugen ihr Scherflein zur Erfüllung dieser großen Aufgabe bei. Nur den vielen kleinen Klosterbibliotheken, die neben den heiligen Schriften und den theologischen Autoren, neben den für ihr Ordensleben grundlegenden Texten auch profane Werke beherbergten, die dann und wann immer wieder abgeschrieben wurden, verdanken wir es, daß überhaupt noch achtunggebietende Trümmer der antiken griechisch-römischen Literatur auf uns gekommen sind. Dabei hatte die Zersplitterung in so viele kleine Zellen geistigen Lebens einen Vorteil, den wir Menschen des 20. Jh. wieder schätzen gelernt haben: Naturkatastrophen, vor allem aber verheerende Folgen kriegerischer Ereignisse können das an wenigen Plätzen konzentrierte Bildungsgut, Kunstschätze wie Bibliotheken, viel schneller und leichter vernichten als die auf viele, verstreut gelegene Stellen verteilten Kleinsammlungen. So konnten auch die vielen Kriege, Brände und Plünderungen den mittelalterlichen Klosterbibliotheken im ganzen genommen nicht so viel anhaben wie etwa die Brände und Zerstörungen den antiken Großbibliotheken Alexandreias und Konstantinopels.

Daß Rom als Sitz des Papsttums mit Archiv und Bibliothek der Päpste auch in der Bibliotheksgeschichte in den mittelalterlichen Jahrhunderten eine gewisse Rolle zukommt, versteht sich von selbst. Über die Skriptorien von Bobbio, Verona, Monte Cassino, Lucca, über die kulturelle Mission der Iren und Angelsachsen sowie über die Bildungszentren in Frankreich, Spanien und Deutschland wird in dem Abriß über die Geschichte der lateinischen Schrift zu sprechen sein.

Daß Karl der Große eine Palastbibliothek anlegen ließ, auf deren Vermehrung er viel Mühe verwandte, und daß in seinem Auftrag von vielen Texten fehlerfreie Normalexemplare angefertigt wurden, aus denen man beglaubigte Abschriften machen konnte, entnehmen wir verschiedenen Nachrichten. Der Kaiser sorgte aber auch für die Klosterbibliotheken, wenn er ihnen Jagdgebiete zur Anfertigung der Bucheinbände aus den Fellen des erlegten Wildes stiftete. Während der Palastbibliothek kein langer Fortbestand über den Tod Karls hinaus beschieden war, bildete eine Reihe von Dombibliotheken wie die von Köln, Mainz, Trier, Münster und Würzburg ein zuverlässigeres Kontinuum für Jahrhunderte. Eine Vorstellung davon, mit welchem Eifer ein reges Skriptorium und begeisterte Schreibermönche für die Vermehrung und

Ergänzung ihrer Bibliothek sorgen konnten, gewinnen wir aus dem Briefwechsel des Tegernseer Mönches Froumund, eines berühmten Schreibers, der um die Jahrtausendwende lebte. Wir lernen hier, wie die Klöster unter geistig interessierten Äbten untereinander in Verbindung standen, Handschriften austauschten und verlorenen Texten nachspürten.

Im 11. und 12. Jh., zur Zeit der Klosterreformen, bewirkte der Geist der Kluniazenser und Zisterzienser eine weitgehende Einschränkung der Bibliotheksbestände, vor allem der weiteren Abschreibetätigkeit auf rein theologische, insbesondere asketische Literatur. In diesen Jahrhunderten erfolgten die meisten Klostergründungen auf dem Boden des heutigen Österreich, wo sich in zahlreichen Benediktiner-, Zisterzienser-, Augustiner Chorherren- und Prämonstratenser-Klöstern die Handschriften, die einst den Kern der Klosterbibliothek bildeten, bis heute erhalten haben. Wie hoch man die Kostbarkeiten der eigenen Bibliotheken zu schätzen wußte, zeigt etwa das Beispiel des Vorauer Propstes Bernhard II., der 1237 beim Brand des Klosters sein Leben opferte, um Handschriften und Urkunden, darunter die berühmte Kaiserchronik und frühmittelhochdeutsche Gedichte, zu retten.

In den letzten Jahrhunderten des Mittelalters (13.–15. Jh.) wirkte sich der geistige Umschichtungsprozeß auch auf die Bibliotheksgeschichte aus. Die kulturelle Hegemonie der geistlichen Orden ging ihrem Ende entgegen; die Universitäten erhoben den Anspruch, Wissenschaft und Bildung, und zwar auch in profanen Disziplinen, zu vermitteln. Der Typ des Laiengelehrten wurde häufiger; Adelige, aber auch Bürger nahmen an der geistigen Entwicklung immer regeren Anteil. Die Buchproduktion stellte sich von den zahlenmäßig geringen Leistungen der klösterlichen Skriptorien auf die leistungsfähigeren Betriebe mit bezahlten Laienschreibern um; auch der Buchhandel begann sich wieder zu regen.

Der neue Typ der Universitätsbibliotheken fand seine markanteste Ausprägung in der überaus reichhaltigen theologischen Büchersammlung der Pariser Sorbonne, deren Bücherkataloge zum Teil aus früher Zeit erhalten sind. Ähnliche Universitätsbibliotheken besaßen englische (Oxford, Cambridge) und deutsche Universitäten (Prag, Wien, Köln, Erfurt, Heidelberg), wenngleich sie durchwegs bescheideneren Umfang hatten und zum großen Teil auf private Schenkungen angewiesen waren. Anderseits pflegten die deutschen Hochschulbibliotheken die Benutzung auf Professoren und Graduierte zu beschränken.

In der äußeren Anordnung waren die mittelalterlichen Bibliotheken in der Regel Pultbibliotheken, d.h. die Kodizes lagen auf Pulten inmitten des Bibliotheksraumes bzw. standen in Kästen und Regalen, die zum Teil mit den Pulten kombiniert waren. Im 14.–16.Jh. liebte man es, Folianten mit eisernen Ketten, die am oberen oder seitlichen Rand der Deckel befestigt waren, gegen Herabfallen von den Pulten, aber auch gegen Diebstahl zu schützen. Bibliotheken mit solchen angeketteten Büchern (libri catenati) sind heute noch in der Kathedrale von Hereford (England) oder in der Biblioteca Laurenziana zu Florenz zu sehen.

Die klösterlichen Skriptorien dieser späten Jahrhunderte halfen sich bei dem allgemeinen Rückgang der geistigen Interessen und der Schreibkenntnisse vielfach mit der Aufnahme von Lohnschreibern. Die Klosterbibliotheken befanden sich in einem Stadium des Abstiegs, was sich aus den Bibliothekskatalogen und den wiederholten Nachrichten über den Verkauf von Bibliotheksbeständen ersehen läßt. Neues Leben herrschte dagegen in den Konventen der Bettelorden, die sich in Italien, Frankreich, England und Deutschland zum Teil umfangreiche Bibliotheken für den praktischen Gebrauch anlegten. Als Beschreibstoff wurde fast nur Papier verwendet, die meisten Bücher wurden gekauft oder von Lohnschreibern geschrieben; Kalligraphie und Buchschmuck waren bei den Bettelorden nicht gefragt. Diese mittelalterlichen Bibliotheken der Franziskaner und Dominikaner sind zum größten Teil im 16.Jh. bzw. später im Rahmen der Säkularisation zugrundegegangen. Nur zwei Dominikanerbibliotheken bestehen noch heute sozusagen in situ, und zwar die von Pisa und Wien.

Die Reformbewegungen in den Benediktinerklöstern des frühen 15.Jh. (Melker Union, Bursfelder Kongregation) führten zu einer Erneuerung der Skriptorien und Bibliotheken. Die Abschreibetätigkeit wurde wieder belebt, Kataloge angelegt, alte Handschrifteneinbände restauriert und noch öfter durch neue ersetzt. Inzwischen waren aber neben den Universitätsbibliotheken auch einige Fürstenbibliotheken als ein neuer Typ weltlicher Büchersammlungen auf den Plan getreten. In Frankreich wurde Karl V. der Weise (1364–1380) zum Begründer der Bibliothek des Louvre. Sein Bruder Jean de Berry opferte mehr als sein Vermögen, um eine Sammlung erlesener illuminierter Handschriften anzulegen. Wenige Jahrzehnte, die sich etwa mit dem dritten Viertel des 15. Jh. decken, waren die Glanzzeit der Bibliothek des burgundischen Hofes unter Philipp dem Guten und Karl dem Kühnen, deren Schätze sich heute in Brüssel und Wien befinden. Ein Jahrhundert früher schon erscheinen die Luxemburger Karl IV. und Wenzel von Böhmen als bibliophile Herrscher, deren Munifizenz die böhmische Buchmalerei ihre damalige Blüte verdankte. Die berühmte Bibliothek der Pfälzer Kurfürsten schließlich zeigt schon frühzeitig die Hinwendung der fürstlichen Sammler zu den neuen Idealen des Humanismus.

In den spätmittelalterlichen Jahrhunderten fanden auch Privatbibliotheken von Gelehrten, Adeligen und Bürgern immer größere Verbreitung. Als ein klingender Name für viele sei der des Engländers Richard de Bury (1287–1345) genannt, der in seinem *Philobiblon* ein ergreifendes Bekenntnis zur Bibliophilie ablegte.

Das gesteigerte Interesse weltlicher Kreise am Buch führte im 15. Jh. in den romanischen Ländern zur Einrichtung von Schreibstuben, in denen Schreibmeister Handschriften von Lohnschreibern für kommerzielle Zwecke herstellen ließen. In Deutschland ist nur Diepold Lauber zu nennen, der im zweiten Viertel des 15. Jh. (bis 1467) in Hagenau eine leistungsfähige Schreibwerkstätte mit abwechslungsreichem Verlagsprogramm aufzog. Hier wurden Papierhandschriften mit flüchtigen Illustrationen geschickt, aber ohne höhere ästhetische Ansprüche für interessierte Adelige und Bürger in für damalige Begriffe großen Mengen hergestellt. Laubers Beispiel fand keine Nachfolge mehr, da in den letzten Jahren seiner Werkstätte bereits die neue Erfindung des Buchdrucks mit beweglichen Lettern die Massenproduktion von Büchern übernahm.

Die Schilderung der Wiederentdeckung und Veröffentlichung vieler antiker Texte durch die Humanisten und der Wiederbelebung der griechisch-römischen Kultur aus den immer noch zahlreichen Quellen, welche die Überlieferung durch ein bis zwei Jahrtausende bewahrt hatte, fällt nicht mehr in den Bereich dieses buchgeschichtlichen Abrisses (vgl. den Beitrag von HORST RÜDIGER).

II. SCHRIFTWESEN

1. *Griechische Paläographie*

Unsere Kenntnis der Entwicklung der griechischen Schrift in Antike und Mittelalter stützt sich im wesentlichen auf drei große Denkmälergruppen: Inschriften, Papyri und Handschriften (einschließlich der nicht auf Papyrus geschriebenen byzantinischen Urkunden). Die Grenzen zwischen diesen Gruppen, besonders zwischen Papyri und Handschriften, sind fließend. Weder die Buch-(Kodex-)form noch der Beschreibstoff an sich können als Kriterium gelten, da wir einerseits eine Reihe ziemlich stattlicher Papyruskodizes besitzen und andererseits zahlreiche Pergamentfragmente aus kaiserzeitlichen und spätantiken Handschriften von den gleichzeitigen literarischen Papyrusfragmenten nicht trennen dürfen. Und doch ist eine gesonderte Betrachtung der Papyri durchaus gerechtfertigt, wenn man bedenkt, daß die Paläographen vor den reichen Papyrusfunden seit der 2. Hälfte des 19. Jh. – abgesehen von den epigraphischen Denkmälern – fast nur über Zeugnisse vom vierten nachchristlichen Jahrhundert an verfügt hatten, mit der Einbeziehung der Papyri jedoch die griechische Schrift bis ins 4. Jh. v. Chr. hinauf verfolgen konnten. Aber auch den Unterschied zwischen den beiden großen Schriftgattungen konnte man erst seit damals richtig erfassen. Die Masse der Papyri, die nichtliterarischen, also die Urkunden und Briefe, sind zumeist in der Gebrauchsschrift des Alltags, der flüchtig dahineilenden, die Buchstaben möglichst verbindenden *Kursive*, geschrieben. Die literarischen Papyri und die Mehrzahl der erhaltenen griechischen Kodizes hingegen sind in der sog. *Buchschrift*, einer vor allem nach Schönheit und Gleichmaß der Formen strebenden Schönschrift, also mehr oder weniger kalligraphisch ausgeführt. Von der gegenseitigen Beeinflussung dieser beiden Hauptschriftgattungen wird noch zu sprechen sein. Eine gewisse Mittelstellung nehmen die zahllosen Urkunden, sowohl die antiken und spätantiken (Papyrusurkunden), als auch die aus mittel- und spätbyzantinischer Zeit stammenden ein. Sie sind in verschiedenen Abstufungen von der reinsten

Kanzleischrift bis zur alltäglichen Gebrauchsschrift geschrieben, nähern sich aber nicht selten auch der jeweils zeitgenössischen Buchschrift. Da die Urkunden ebensowenig wie die Inschriften in den eigentlichen Themenkreis dieses Buches (Überlieferung der antiken Literatur) gehören, wird auch ihre Schrift nur so weit berücksichtigt werden, als sie Berührungspunkte mit der übrigen Schriftentwicklung aufweist.

Von den in Stein gemeißelten Inschriften scheinen die ältesten Zeugnisse griechischer Schrift abzustammen, die uns auf Papyrus erhalten sind. Es ist die sog. *Klage der Artemisia* in der Papyrussammlung der Österreichischen Nationalbibliothek (Abb. 7) und der Berliner Papyrus mit einer Abschrift der *Perser* des Timotheos. Man pflegt beide Stücke in das späte 4. Jh. v. Chr. zu setzen, wobei man sich auf den Vergleich mit der ältesten datierten ptolemäischen Urkunde von 311, einem Heiratsvertrag aus Elephantine, stützen kann. Charakteristisch für diese älteste Art griechischer Schreibschrift, den INSCHRIFTENSTIL, ist

Abb. 7. Die *Klage der Artemisia*, Ende 4. Jh. v. Chr. (Ö.N.B., P.G 1).

das Fehlen jeglicher Ligaturen und die weitgehende Vermeidung runder Formen. Wie in den Inschriften stehen die einzelnen Buchstaben unverbunden, aber auch ohne Wort- oder Satztrennung, in stets gleichbleibenden Zwischenräumen nebeneinander. Epsilon und Sigma haben dieselben eckigen Formen wie in den Inschriften – dabei steht dem gebrochenen Sigma des Timotheospapyrus das mehr oder weniger schon an die unziale Form erinnernde Sigma der Artemisia gegenüber –, runde Buchstaben wie Omikron, Theta, Rho und Beta sind recht unregelmäßig geformt und scheinen den Schreibern Schwierigkeiten zu bereiten. Auch Phi trägt an Stelle eines Kreises oder einer Ellipse ein Dreieck. Die Schrift steht als typische Majuskel zwischen zwei Zeilen bzw. Linien, die mit großer Regelmäßigkeit eingehalten werden. Nur wenige Buchstaben wie Omega (in einer bemerkenswerten Form: ), Zeta, Xi und das oft verkümmerte Omikron und Theta füllen den Raum zwischen den beiden gedachten Zeilen nicht aus. Gelegentlich sieht es aus, als ob ein Ypsilon, ein Rho oder die linke Haste eines Ny den bewußten Ansatz zu einer Unterlänge zeigte.

Eine Frage, die sich uns immer wieder bei der Betrachtung des Inschriftenstiles aufdrängt, ist die, ob nicht gleichzeitig und schon Jahrhunderte vor diesen Dokumenten eine andere, viel kursivere Schrift im Mutterlande Hellas existierte. Sollten die Athener des perikleischen Zeitalters so geschrieben haben? Dürfen wir uns die Erstausgaben der griechischen Tragiker und des Aristophanes im Inschriftenstil geschrieben vorstellen? Wir wissen es nicht und werden diese Frage vermutlich nie beantworten können, da die Papyri nur im Sandboden Ägyptens und der arabischen Wüste, nicht aber in Hellas die Jahrtausende überdauern konnten. In Ägypten wiederum setzt griechische Überlieferung erst mit Alexander dem Großen und dessen Nachfolgern ein. Nun sind aber zwei Erwägungen geeignet, unsere Bedenken gegen eine Bejahung der oben gestellten Fragen zumindest abzuschwächen. Während man die *Klage der Artemisia* als Beispiel einer ziemlich primitiven und schulmäßigen Schrift einer wenig schreibgewohnten Frau auffassen kann, liegt im Timotheospapyrus immerhin die Abschrift eines Werkes der hohen Literatur vor – ob nun Teil einer Ausgabe oder Privatabschrift –, und der stilistisch nahe verwandte Ehevertrag von Elephantine führt uns gar in das Rechtsleben des Alltags. Noch gewichtiger erscheint die Tatsache, daß sich an Hand mehrerer frühptolemäischer Schriftproben ein Übergang von diesem alten Inschriftenstil sowohl zu einer ptolemäischen Geschäftsschrift, d.h. Kursive des 3. bis 1.Jh.v.Chr., wie zu einer ptolemäischen Buchschrift aufzeigen läßt.

Zwei derartige Beispiele literarischer Papyri des 3.Jh.v.Chr. sind der Berliner *Phaethon* (P.Berol.9771) und der Londoner *Hippolytos* (P.Lit. Lond.73) des Euripides. In beiden einander nahestehenden Stücken liegt eine elegante Buchschrift vor, deren Ableitung aus dem Inschriftenstil keine Schwierigkeiten bereitet. Die größere Geschmeidigkeit dieser PTOLEMÄISCHEN BUCHSCHRIFT beruht auf der häufigeren Verwendung flacher Rundungen, vor allem im Alpha, das zu einem spitzwinkeligen Dreieck mit nach innen eingedrückten Seiten geworden ist (Α), im ähnlich geschriebenen Lambda und Delta, im runden Epsilon und Sigma und in dem aus drei flachen Bogen zusammengesetzten My. Aber auch die rechte Haste des Eta und Pi wird konkav gebildet. Die Zweizeiligkeit wird ebenso gut eingehalten wie im Inschriftenstil, nur Phi hat deutliche Ober- und Unterlängen. Neben die schon bekannte Kümmerform des Omikron, die sich erhalten hat, tritt nun ein kleines Omega mit zwei nach oben geöffneten Bogen: beide Buchstaben sind an die Oberzeile hochgezogen. Häufig kommt es zu unechten Ligaturen, indem zwei Buchstaben ganz eng aneinanderrücken, ohne aber in einem Zug geschrieben zu sein. Solche Scheinligaturen bilden vornehmlich Epsilon und Tau, letzteres gerne mit einem an der Oberzeile anschließenden Omikron oder Omega. Die Buchstaben mit Unterlänge (Rho, Ypsilon, Phi), aber auch Kappa, Pi und Tau tragen vereinzelt am unteren Ende ihrer Hasten ein kleines Zierhäkchen. Hieraus sollte sich in der spätptolemäischen Zeit ein eigener Stil entwickeln. Horizontale und Vertikale sind im großen und ganzen gut ausgewogen und richtig betont. Immerhin fallen die breiten horizontalen Balken des Tau, Pi und Gamma auf, wobei das Tau den rechten Teil des Querbalkens verkürzt und an dessen linkem Ende oft eine Verdickung aufweist. – Wird dieses Merkmal noch mehr betont (keulenförmige Verdickung des Querbalkens von Tau, Pi, Zeta am linken Ende) und gleichzeitig der Grundsatz der Zweizeiligkeit aufgegeben, so haben wir PTOLEMÄISCHE GESCHÄFTSSCHRIFT vor uns, wie sie in den Zenon-Papyri um die Mitte des 3.Jh.v.Chr. gang und gäbe ist (Abb.8). Außer Phi zeigen Rho, Ypsilon, aber auch Iota, Kappa, Tau markante Unterlängen. Umgekehrt werden über die hochgestellten kleinen Omikron und Omega hinaus auch andere Buchstaben wie Alpha, Delta, Sigma klein geschrieben und an die gedachte Oberzeile gezogen. Die Folge ist

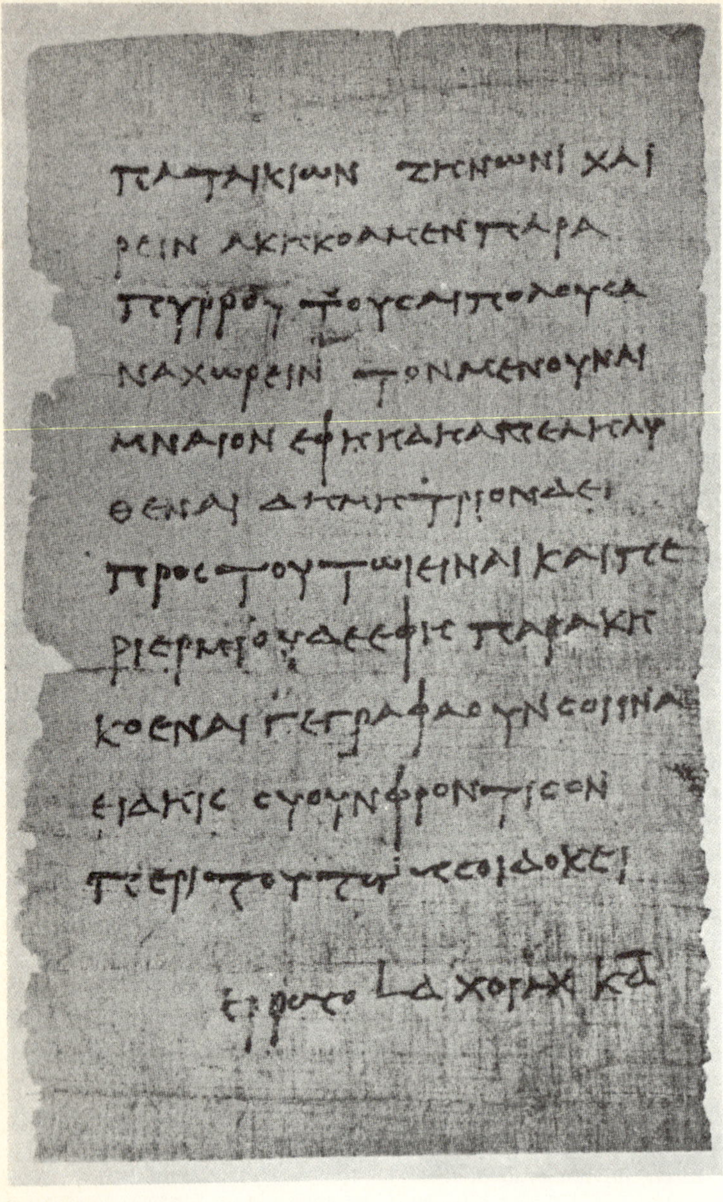

Abb. 8. Ptolemäische Geschäftsschrift (P. Lond. 2084, 244 v. Chr., ROBERTS, Taf. 4a).

die völlige Verwischung der Grundlinie bei gleichzeitiger Betonung der Oberzeile, an der die ganze Schrift zu hängen scheint. Noch verstärkt wird dieser Eindruck durch die kräftigen Querbalken von Tau, Pi, Gamma und Zeta. Ja sogar Alpha, Delta, Eta und My werden gelegentlich so flach ausgeführt und hochgestellt, daß sie mit ihren nur wenig gekrümmten Querstrichen etwa in die Oberzeile zu liegen bzw. zu hängen kommen. Neben dem alten Ny in der Inschriftenform findet sich in der ptolemäischen Geschäftsschrift häufig das für die Kursive charakteristische, rechts hochgeführte, treppenförmige Ny ().

Während in den allerdings in Dunkel gehüllten Anfängen der griechischen Schreibschrift kein Unterschied zwischen Buchschrift und Kursive bestanden zu haben scheint – zumindest deuten die Übereinstimmungen der eingangs angeführten Papyri darauf hin –, setzten sich die beiden Schriftarten im Laufe der ptolemäischen Jahrhunderte immer deutlicher voneinander ab. Durch ein Jahrtausend hindurch sieht man der großen Masse griechischer Papyri sofort an, ob es sich um ein literarisches Stück oder eine Urkunde handelt. Gewiß gibt es Übergangserscheinungen und Grenzfälle, aber die beiden großen Gruppen der Buchschrift und Kursive (Geschäftsschrift) bleiben deutlich unterschieden. Jene kennt grundsätzlich keine Ligaturen, jeder Buchstabe steht für sich. Daran hält auch die sogenannte Unziale (darüber s. u.) der Handschriften von ihrem ersten Auftreten bis in ihre letzten Ausläufer im 12. Jh. fest. Die Kursive hingegen strebt stets zur Verbindung von zwei, drei oder mehr Buchstaben und zur Verwendung von allerlei Kürzungen, die dem Schreiber Zeit und Mühe sparen und zugleich immer so gehalten werden, daß dem mit den Umständen vertrauten Leser das Verständnis nicht erschwert wird. Ferner bleibt die Buchschrift stets im wesentlichen eine Majuskelschrift, die zwischen zwei Zeilen verläuft; daran ändern auch die in der späten Unziale auftretenden großen Ober- und Unterlängen einzelner Buchstaben grundsätzlich nichts. Die Kursive hingegen hat solche Durchbrechung des Zweizeilensystems auch in ihren regelmäßigsten Vertretern stets gekannt, sie aber seit dem Beginn der byzantinischen Zeit (Anfang des 4. Jh. n. Chr.) immer mehr und immer durchgreifender bis ins Phantastische gesteigert: die byzantinische Kursive ist eine ausgesprochene Vierzeilenschrift.

Im folgenden soll die Entwicklung der Buchschrift bis zum Ausgang der Unziale, anschließend die Kursive der Papyri und zuletzt die Minuskel von ihren Anfängen bis ins 16. Jh. verfolgt werden.

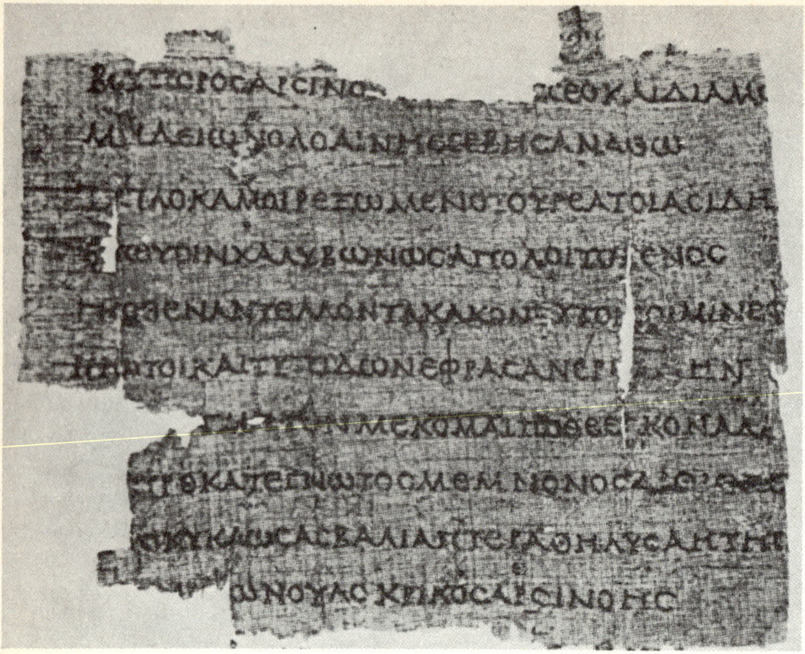

Abb. 9. Häkchenstil, Kallimachos, 1. Jh. v. Chr. (NORSA, Taf. 8a).

Ein besonderer Stil der Buchschrift auf Papyrus tritt mit dem Ausgang der Ptolemäer- und dem Beginn der Kaiserzeit, also in den beiden Jahrhunderten um Christi Geburt, in Erscheinung. Man kann ihn nach seinem hauptsächlichen Kennzeichen HÄKCHENSTIL nennen. Nur sei hier einschränkend bemerkt, daß die Gewohnheit, derartige Zierhäkchen anzubringen, in Einzelfällen schon im 3. Jh., häufiger bereits in der Buchschrift des 2. Jh. anzutreffen ist. Der bekannteste in diesem konsequent durchgeführten Stil geschriebene Papyrus ist der Kallimachos aus Florenz (P. S. I. 1092, Abb. 9), der die *Locke der Berenike* enthält. In dieser Schrift herrschen ähnlich wie in der späteren sog. Unziale der Handschriften die runden Formen vor. Neben ebenmäßig geformtem Omikron und Theta steht ein Omega, das zwei aneinandergerückten O ähnelt, ein Sigma, das wie ein offenes Omikron aussieht, und ein rundes Epsilon. Aber auch die Schäfte des Alpha und My sind elegant geschwungen, die rechte Haste des Pi deutlich nach innen gerundet. Im Sinne eines bewußten Zierelementes werden die meisten Buchstaben dort, wo sie auf der gedachten Zeile aufsitzen, mit kleinen waagrechten

Häkchen versehen, so Eta, Iota, My, Ny, Pi, Rho, Ypsilon und Phi. Manchmal, so bei Eta, Kappa und Ypsilon, treten Ansätze zu solchen Häkchen auch an der oberen Zeile auf. Die Zweizeiligkeit der Schrift ist konsequent gewahrt. Nur Phi zeigt eine deutliche Ober-, jedoch keine Unterlänge. Beta und Rho überschreiten die Zeilen nicht, Omikron, Zeta und Xi füllen sie voll aus; Kümmerformen sucht man vergeblich. Ligaturen sind diesem Stil unbekannt. Die berühmten herkulanensischen Rollen gehören dem Bereich des Häkchenstiles an.

Viel bewußter und einseitiger stilisiert ist die Schrift des Londoner Bakchylides (Abb. 10). Er gilt als Muster des sog. STRENGEN STILS, den wir in literarischen Papyri des 2. und 3. nachchristlichen Jahrhunderts recht häufig antreffen. Bei strenger Regelmäßigkeit der Buchstabenformen, sorgfältig ausgerichteten Zeilenanfängen und gut eingehaltenen Linien ergibt eine derartige Schriftkolumne ein Bild hoher ästhetischer Qualität. Während im Bakchylidespapyrus oder etwa im Alkaios (P. Ox. 1234) die Senkrechte streng beachtet und im gesamten Schriftbild stark betont ist, weisen andere Vertreter des strengen Stils wie der Wiener Xenophon (P. Vind. gr. 24568) oder der Demosthenes (P. Ox. 26) eine leichte Rechtsneigung auf. Das Hauptmerkmal des Strengen Stils ist der Gegensatz zwischen übermäßig breiten und besonders schmal gestalteten Buchstaben. Eta, My, Ny, Pi, Omega sind so stark zerdehnt, daß das Verhältnis der Höhe zur Breite durchschnittlich 1:2 beträgt. Dementsprechend sind auch Delta, Kappa, Lambda und Chi flach gedrückt, Alpha stets in der spitzen Hakenform geschrieben. Im Gegensatz dazu werden Epsilon und Sigma auf die Form eines Iota mit gerade noch erkennbaren Ansätzen zu Querstrichen reduziert; auch Beta und Theta sind oft nur wie klobige Striche wiedergegeben. Bei sonst strenger Einhaltung der Zweizeiligkeit – nur Phi und Rho zeigen kleine Unter- bzw. Oberlängen – sind es die Kümmerformen des Omikron und bisweilen des Sigma und Omega, welche den Zeilenzwischenraum nicht füllen können. Im Omega ist die Mittelerhebung vielfach verschwunden, so daß der Buchstabe dem Längsschnitt einer flachen Schale mit aufgebogenen Rändern gleicht. Eigentliche Ligaturen fehlen auch diesem Stil, aber das wiederholte Aneinanderrücken zweier Buchstaben fällt bei dem sonstigen Gleichmaß der Zwischenräume auf. Der Phaidros-Papyrus (P. Ox. 1016) zeigt Unterlängen auch bei Iota, Tau und Ypsilon und stellt Scheinligaturen oft durch Verbindungsstriche von der vorgestreckten Zunge des Epsilon aus her.

In Papyri des Strengen Stils begegnen wir wiederholt Lesehilfen, und zwar Akzenten, Apostrophen und einzelnen Interpunktionszeichen. Akzente, die sich schon in literarischen Papyri des 1. Jh. v. Chr. finden, blieben als Lesehilfen im allgemeinen auf schwierigere Texte (Dichter) beschränkt und wurden auch da nur sporadisch gesetzt. Die Paragraphos, ein waagrechter Strich vor Beginn der Zeilen, der Sinnabschnitte, Personenwechsel in dramatischen Texten u.a. andeutet, wurde als Erfindung der alexandrinischen Philologen schon in ptolemäischen Papyri verwendet; die Koronis als Schlußzeichen eines größeren Abschnittes ist im Timotheospapyrus noch als munteres Vögelchen an den Rand gepinselt; später besteht sie aus der Häufung mehrerer Zierstriche. Das verstärkte Auftreten der Akzente in den Papyri des strengen Stils wird uns verständlich, wenn wir bedenken, daß der Grammatiker Herodian im 2. Jh. n. Chr. seine *Καθολικὴ προσῳδία*, das große und epochemachende Werk über die Akzentlehre, veröffentlichte. Merkwürdigerweise scheint die Häufigkeit der Akzente in den Jahrhunderten der Spätantike wieder abzunehmen. Erst die Minuskelhandschriften des Mittelalters führen im großen und ganzen das regelmäßige Akzentsystem ein.

Der Strenge Stil gilt in der Paläographie heute allgemein als die Vorstufe des BIBELSTILs, jener hochstilisierten Buchschrift, die ihren Namen von den drei berühmten Bibelhandschriften Codex Sinaiticus, Vaticanus (Abb. 11) und Alexandrinus ableitet, da sie eben Kronzeugen dieser Schreibweise darstellen. Man bezeichnet den Bibelstil mit einem in die Antike zurückgehenden umstrittenen Ausdruck auch als UNZIALE. Der hl. Hieronymus sagt (*Praef. in Iob*): «Habeant qui volunt veteres libros vel in membranis purpureis auro argentoque descriptos vel *uncialibus* ut vulgo aiunt litteris, onera magis exarata quam codices.» Die «unzenschweren» Buchstaben scheinen zu der wegwerfenden Bemerkung über die allzu schweren Wälzer zu passen; die Verwendung des Terminus «Unziale» für den Bibelstil jedoch ist modern und rein konventionell. Frühe Vorläufer des Bibelstils, wie er uns in den großen Handschriften des 4. Jh. entgegentritt, liegen etwa in einem Londoner Homerpapyrus (P. Lit. Lond. 7, 2. Jh., 1. Hälfte), in einem Komödienfragment in Manchester (P. Ryl. 16: 3. Jh.) und in einem Berliner Homerpapyrus (P. Berol. 7499: 3. Jh.) vor. Gegenüber dem Strengen Stil strebt der Bibelstil offenkundig einen Ausgleich der Größenunterschiede zwischen schmalen und breiten Buchstaben an: Epsilon, Omi-

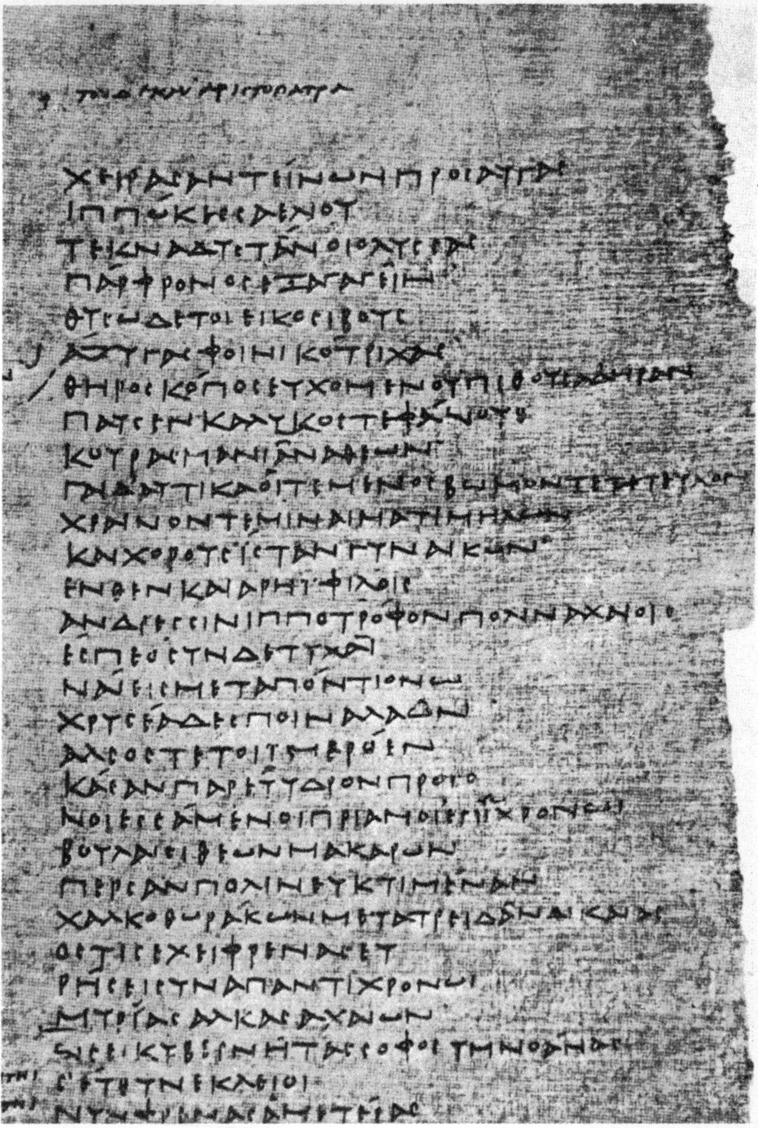

Abb. 10. «Strenger Stil», Bakchylides, 3. Jh. n. Chr. (NORSA, Taf. 10a).

kron und Sigma haben breite, volle, runde Formen angenommen. Eta, My, Ny, Pi sind in ihren Umrissen von langgestreckten Rechtecken auf Quadrate zurückgeführt. Überhaupt läßt sich als Grundform der meisten Buchstaben des Bibelstils das Quadrat annehmen: nicht nur die eben angeführten, auch Alpha, Delta, Zeta, Kappa, Lambda, Xi, Tau, Ypsilon, Chi und nicht weniger die runden Buchstaben wie Epsilon, Theta, Omikron, Sigma könnte man ungefähr flächengleichen Quadraten einschreiben. Nur Iota, Rho, Phi und Omega passen nicht in dieses Schema. Dafür ist innerhalb der runden Buchstaben auf höchstes Gleichmaß der Formen Wert gelegt. Omikron füllt den Raum zwischen beiden Zeilen voll aus – die nicht seltenen Zwergformen verschiedener Buchstaben gegen Zeilenende sind eine Sache für sich –, Omega scheint durch Aneinanderpressen zweier O entstanden zu sein. Die Zweizeiligkeit ist streng gewahrt; sie wird nur von Phi, Rho und Ypsilon in etwa durchbrochen. Im ganzen erinnert die vorzüglich ausgeglichene, ebenmäßig geformte Seite eines solchen Bibelkodex an die Capitalis quadrata der römischen Inschriften oder das ästhetisch befriedigende Bild typographisch hochwertiger Inkunabeln. – Die Hauptzeugen des Bibelstils sind Pergamenthandschriften. Dieser Beschreibstoff ist es, auf dem der neue Stil mit seinen vielen Rundungen und der Unterscheidung von Haar- und Schattenstrichen besonders wirkungsvoll zur Geltung kommt.

Nicht unerwähnt möchte ich einen einzelnen würdigen Vorläufer des Bibelstils auf Papyrus lassen, den wir erst seit wenigen Jahren kennen, nämlich jenen auf 52 Blättern die ersten 14 Kapitel des *Johannesevangeliums* fast vollständig und auf weiteren 22 Blättern zahlreiche Fragmente der folgenden Kapitel enthaltenden Papyrus-Kodex (P 66 = P. Bodmer II, s. u. Abb. 49), dessen Text (mit 3 Faksimiles) 1956 (Supplément 1958) publiziert wurde. Ich halte es nicht für ratsam, diese vorzügliche Buchschrift, in der man bei manchen Buchstaben noch die Nähe des Häkchenstils spürt, auf später als Mitte des 2. Jh. zu datieren. Nahe verwandt sind der Londoner Hypereides (P. Lit. Lond. 132) und der Berliner Kommentar zum *Theaitetos* (P. Berol. 9782), beide um eine Nuance weniger buchmäßig und deshalb ein gutes Bindeglied zu Urkunden mit kalligraphischen Tendenzen wie der Wiener Prozeßurkunde G 2004 vom Jahr 124 oder einem Philadelphia-Papyrus wie P. Phil. 1 von ca. 125 n. Chr. Diese Urkunden sichern die Datierung des Hypereides und *Theaitetos*-Kommentars in die 1. Hälfte des 2. Jh. und dürfen

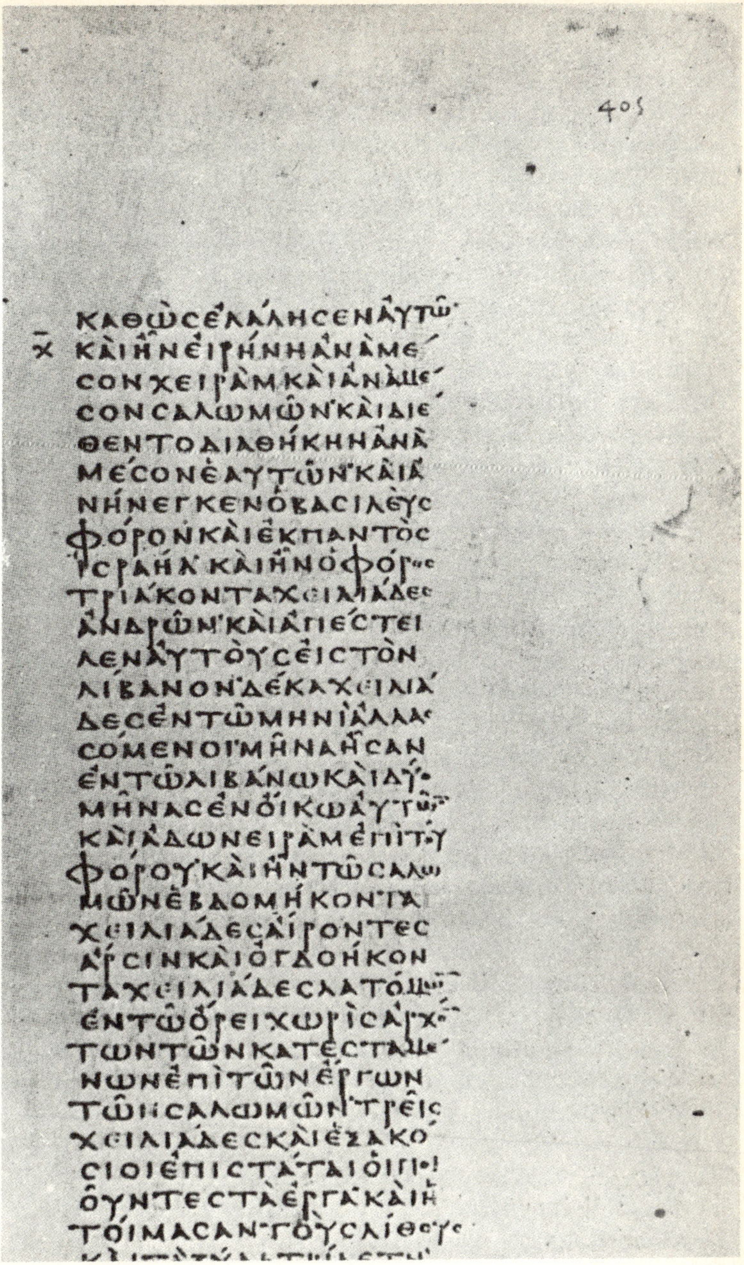
ΚΑΘΩϹΕΛΑΛΗϹΕΝΑΥΤΩ
ΚΑΙΗΝΕΙΡΗΝΗΑΝΑΜΕ
ϹΟΝΧΕΙΡΑΜΚΑΙΑΝΑΜΕ
ϹΟΝϹΑΛΩΜΩΝΚΑΙΔΙΕ
ΘΕΝΤΟΔΙΑΘΗΚΗΝΑΝΑ
ΜΕϹΟΝΕΑΥΤΩΝΚΑΙΑ
ΝΗΝΕΓΚΕΝΟΒΑϹΙΛΕΥϹ
ΦΟΡΟΝΚΑΙΕΚΠΑΝΤΟϹ
ΙϹΡΑΗΛΚΑΙΗΝΟΦΟΡΟϹ
ΤΡΙΑΚΟΝΤΑΧΙΛΙΑΔΕϹ
ΑΝΔΡΩΝΚΑΙΑΠΕϹΤΕΙ
ΛΕΝΑΥΤΟΥϹΕΙϹΤΟΝ
ΛΙΒΑΝΟΝΔΕΚΑΧΙΛΙΑ
ΔΕϹΕΝΤΩΜΗΝΙΑΛΛΑϹ
ϹΟΜΕΝΟΙΜΗΝΑΗϹΑΝ
ΕΝΤΩΛΙΒΑΝΩΚΑΙΔΥΟ
ΜΗΝΑϹΕΝΟΙΚΩΑΥΤΩΝ
ΚΑΙΑΔΩΝΕΙΡΑΜΕΠΙΤΟΥ
ΦΟΡΟΥΚΑΙΗΝΤΩϹΑΛΩ
ΜΩΝΕΒΔΟΜΗΚΟΝΤΑ
ΧΙΛΙΑΔΕϹΑΙΡΟΝΤΕϹ
ΑΡϹΙΝΚΑΙΟΓΔΟΗΚΟΝ
ΤΑΧΙΛΙΑΔΕϹΛΑΤΟΜΩΝ
ΕΝΤΩΟΡΕΙΧΩΡΙϹΑΡΧΟ
ΤΩΝΤΩΝΚΑΤΕϹΤΑΜΕ
ΝΩΝΕΠΙΤΩΝΕΡΓΩΝ
ΤΩΝϹΑΛΩΜΩΝΤΡΕΙϹ
ΧΙΛΙΑΔΕϹΚΑΙΕΞΑΚΟ
ϹΙΟΙΕΠΙϹΤΑΤΑΙΟΙΠΟΙ
ΟΥΝΤΕϹΤΑΕΡΓΑΚΑΙΗ
ΤΟΙΜΑϹΑΝΤΟΥϹΛΙΘΟΥϹ

Abb. 11. Bibelstil, 3. Kön. 5, 26 ff., Cod. B, 4. Jh. (Vat. gr. 1209, f. 405r, aus: Codices e Vaticanis selecti phototypice expressi, vol. 4, pars 1, tom. 2).

auch für die Einordnung des Johannes-Papyrus nicht übersehen werden. Gewiß ist es eine wiederholt bestätigte Erfahrung, daß Buchschriften, je sorgfältiger sie ausgeführt sind, sich um so schwerer datieren lassen. Wir sind deshalb froh, wenn wir für die weitere Entwicklung der Unziale einen sicheren Anhaltspunkt finden wie den berühmten Wiener Dioskurides-Kodex, der um 512 geschrieben wurde. Gegenüber dem oben skizzierten Stil der Bibelhandschriften des 4. Jh. können wir in der schönen Unziale des Dioskurides einige Veränderungen feststellen. Epsilon und Sigma tragen an den Rändern deutliche Verdikkungen, Kappa, Pi und Tau haben Zäpfchen in der Höhe der Oberzeile angehängt, Delta scheint auf zwei ebensolchen Zäpfchen zu stehen. Kappa ist in zwei Teile auseinandergetreten, die von nun ab leicht zu Verlesungen zwischen EK und EIC führen. Die stark hervortretenden Unterlängen von Phi – dieses oft besonders groß geschrieben –, Rho und Ypsilon sind für den Gesamteindruck der Schrift bestimmend geworden. – Neben der streng senkrecht stehenden Schrift der großen Bibelhandschriften des 4. und 5. Jh. und der späteren Gruppe von Unzialhandschriften in der Art des Wiener Dioskurides gibt es manche Beispiele einer stark rechts geneigten Unziale, die zugleich durch schmälere und mehr oder weniger eckige Ausführung des Epsilon, Theta, Omikron und Sigma gekennzeichnet ist. Die Schräglage der Schrift allein als Kriterium für spätere Entstehung anzusehen, wie man einst geneigt war, hat sich als unhaltbar erwiesen. Wie konservativ die Formen der Unziale auch in der Schrägschrift beibehalten wurden, zeigt ein kürzlich veröffentlichtes Wiener Fragment eines Kanons des Andreas von Kreta auf orientalischem Papier (P. Vind. gr. 31956), das ins 9. Jh. und damit zu den ältesten bekannten Papierhandschriften gehört.

Wir dürfen nicht vergessen, daß im 9. Jh. die neue Art von Buchschrift, die Minuskel, schnell die Oberhand gewann. Trotzdem erhielt sich der Gebrauch der Unziale, besonders in liturgischen Texten, bis ins 11. Jh., teilweise sogar bis ins 12. Jh. hinein. Diese späte, sog. liturgische Unziale zeigt ausgeprägt spitz-ovale Formen, wobei die einstigen Rundbuchstaben Epsilon, Theta, Omikron, Sigma, sogar Omega schmal zusammengedrückt werden und an den Querbalken von Gamma, Delta, Theta, Pi und Tau lange Zapfen hängen. Haar- und Schattenstriche werden scharf unterschieden, bei langen Buchstaben wie Xi und Rho kann man oft den allmählichen Übergang der Feder von dick zu dünn beobachten.

Für die späten Jahrhunderte der griechischen Unziale (6.–10. Jh.) können wir cum grano salis von einem «KOPTISCHEN» STIL sprechen. Die Kopten haben bei der Aufzeichnung ihrer Literatur die griechische Unziale zunächst als Buchschrift übernommen. Es findet sich aber bei ihnen, wie auch in griechischen Handschriften und Papyrusfragmenten, eine bestimmte Stilisierung mit einzelnen übergroß gestalteten Buchstaben, insbesondere an den deutlich abgehobenen Satzanfängen. Bei großer Regelmäßigkeit werden Epsilon, Theta, Omikron, Sigma ganz schmal ausgeführt, auch Alpha mit Verdickung oben zu einem Schmalbuchstaben zusammengezogen, My bis auf die Unterzeile eingesattelt und ebenso wie Alpha in der Regel mit dem folgenden Buchstaben durch einen flachen Bogen verbunden. Manchmal betonen dicke Knoten am unteren Ende der Hasten die Unterzeile. Außer Phi zeigen auch Zeta, Rho, Chi bei sonst eingehaltener Zweizeiligkeit große Unterlängen. Der Gesamteindruck der Schrift nähert sich dem eines gleichmäßigen Gitters, das nur durch die Großbuchstaben und durch Zwischenräume an den Satzenden unterbrochen wird. Die konsequente Stilisierung in Richtung auf die Kanzleischrift scheint von der alexandrinischen Patriarchatskanzlei ausgegangen zu sein. Berühmte Beispiele des koptischen Stils sind der auf die Bibliotheken von Dublin, Paris und Wien verteilte Papyruskodex des Kyrillos von Alexandreia, der Codex Marchalianus (Prophetenhs.: Vat. gr. 2125) und der Osterbrief aus Alexandreia (Abb. 12).

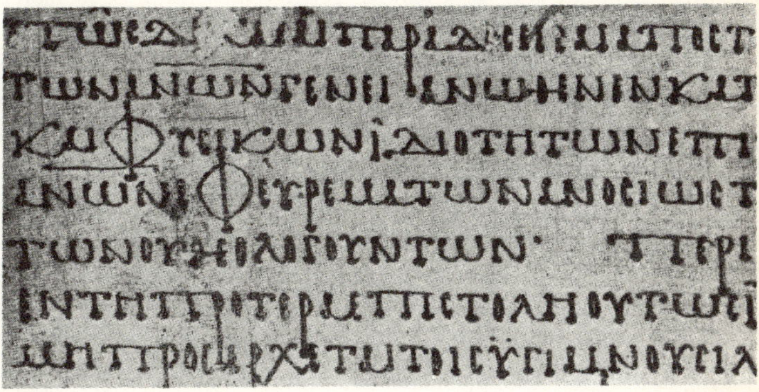

Abb. 12. «Koptische» Unziale, Osterbrief aus Alexandreia, 719 n. Chr. (SCHUBART, Taf. 50b).

Nur am Rande sei vermerkt, daß Lesezeichen, Akzente und die aus ihnen abgeleiteten ekphonetischen Zeichen für den Vortrag liturgischer Texte sich in der späten Unziale immer häufiger finden. Wenn auch die Unziale vom 9. Jh. an immer mehr zurücktritt, lebt sie doch als häufig angewandte Auszeichnungsschrift fort: Überschriften, Schlußschriften, Lemmata und Marginalien werden noch jahrhundertelang in einer von der Kanzleischrift beeinflußten Klein-Unziale geschrieben.

Von der Entwicklung der für die Überlieferung der antiken Literatur nicht so wichtigen *Kursive* kann im Rahmen dieses kurzen Abrisses nur weniges angedeutet werden; lediglich einige charakteristische Vertreter der Hauptabschnitte dieser Entwicklung seien herausgehoben. Wie sich nach den ersten Anfängen einer Schreibschrift schon im 3. Jh. v. Chr. eine ptolemäische Geschäftsschrift (etwa in den Zenon-Papyri) von der gleichzeitigen Buchschrift abhob, wurde bereits oben (S. 63) ausgeführt. Die Verwischung der Grundlinie und mehr oder weniger große Konzentration auf die Oberzeile bleibt ein weit verbreitetes Merkmal der ptolemäischen Geschäftsschrift auch im 2. und 1. Jh. v. Chr. Die volle Ausbildung der Kursive wird zum Teil durch die sehr häufige Einfügung von Verbindungsstrichen zwischen den einzelnen Buchstaben gefördert. Dies führt aber zur Veränderung mancher Buchstabenformen und erschwert die Lesbarkeit oft in hohem Grade. Besonders wenn es sich um bekannte Formeln, wiederholte Namen, Titel, Datierungen und ähnliches handelt, opfern viele Schreiber in ganzen Silben- und Wortgruppen die Deutlichkeit bedenkenlos ihrer bequemeren, kursiven Schreibweise.

Die GESCHÄFTSSCHRIFT DER KAISERZEIT von jener der ptolemäischen Jahrhunderte abzusetzen, macht Schwierigkeiten und ist auch entwicklungsgeschichtlich nicht gerechtfertigt. In den beiden Jahrhunderten um Christi Geburt sind die Übergänge in der Entwicklung der griechischen Kursive durchaus fließend. Im letzten Jahrhundert der Ptolemäerzeit kommt ein neues Epsilon auf, das mit seiner konstant nach oben weisenden Spitze bei verschiedener sonstiger Ausführung und Anschlußmöglichkeit an vorhergehende und folgende Buchstaben durch vier Jahrhunderte hindurch die Kursive beherrscht; mit Anstrich ist es ein Kriterium für römische Zeit (). Oft treffen wir in der Übergangszeit auf eine kleine, enge Schreibweise, die auf Stilisierung verzichtet und durch weitgehende Richtungslosigkeit auffällt. Bei der nicht seltenen Stillosigkeit der früh-kaiserzeitlichen Schriftproben überrascht es uns nicht, daß dieselben Buchstaben von derselben Hand innerhalb eines kurzen Textes auf zwei bis drei verschiedene Arten geschrieben werden. Bemerkenswert ist neben Tau mit Querbalken und dem gespaltenen Tau () im 1. und 2. Jh. eine Weiterbildung des gespaltenen Tau, bei der der zweite Strich waagrecht auf der Grundlinie verläuft, so daß annähernd ein rechter Winkel entsteht (). Ähnlich schiebt sich jetzt das Ny mit horizontalem Querstrich, das man leicht mit My verwechseln kann, in den Vordergrund (). Schlußsigma fällt gerne bis zur Grundlinie ab (). Eta zeigt neben seiner Grundform oft eine Vereinfachung (), die eine Verwechslung mit kursivem Ypsilon () nahelegt. Alle hier angeführten Merkmale vereinigt z. B. der Wiener Papyrus G 2343 aus der Mitte des 1. Jh. n. Chr., eine Eingabe wegen Pachtzahlungen für eine Ölmühle (Abb. 13).

Die Geschäftsschrift des 2. Jh. weist vielfach neue, noch kühnere Ligaturen und noch weitergehende Angleichung mehrerer Buchstaben auf, was die Lesbarkeit natürlich oft erschwert. Seit der Wende vom 2. zum 3. Jh. treffen wir in sehr vielen kursiv geschriebenen Papyri auf ein

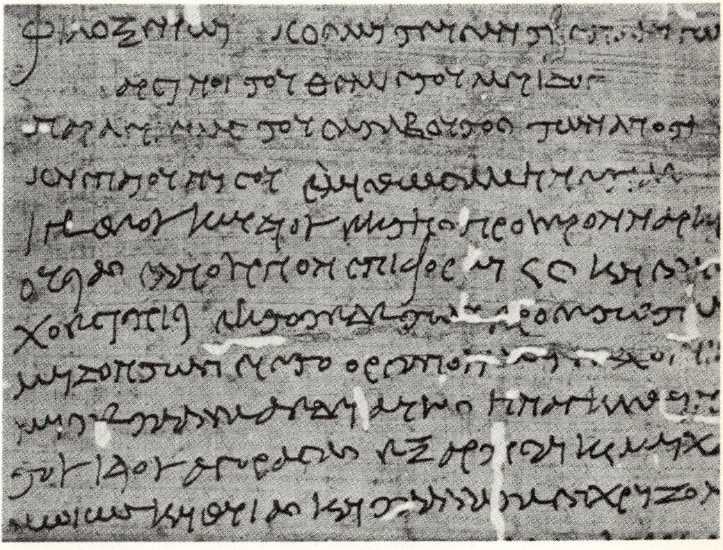

Abb. 13. Geschäftsschrift der Kaiserzeit, Urkunde, 1. Jh. n. Chr. (Ö.N.B., P. G 2343).

großes zweiteiliges Epsilon, dessen obere Hälfte die Oberzeile überragt und in der Regel die Verbindung mit dem folgenden Buchstaben herstellt (ε). Beta steht seit dem 2.Jh. gerne auf einer horizontalen Unterlage, die sich im 3.Jh. oft verbreitert. Unterlängen, die von einer Zeile in die nächste und sogar noch in die übernächste hinunterreichen, sind im 3.Jh. keine Seltenheit mehr. Richtungslosigkeit und Vergröberung der Schrift greifen in den Urkunden des 3.Jh. um sich. Manche Proben der Geschäftsschrift zeigen allerdings eine stärkere Beeinflussung durch den offiziellen KANZLEISTIL, als es in früheren Jahrhunderten der Fall war. Die allgemein vorschreitende Zuchtlosigkeit und Auflösung der Formen in der Kursive des beginnenden 4.Jh. mag mit dem gewaltigen politischen und sozialen Umschichtungsprozeß der diokletianisch-konstantinischen Zeit zusammenhängen. Nur die Kanzleien der hohen Dienststellen wahrten ihren ausgeprägten Stil. Das zeigt etwa ein Vergleich jener Verfügung des Statthalters Subatianus Aquila aus der alexandrinischen Kanzlei vom Jahre 209, den SCHUBART als Musterbeispiel des Kanzleistils herausgestellt hat (Papyri..., Nr. 35), mit einem Wiener Papyrus von 325 (G 19799/19800), den der Logistes von Hermupolis Magna, Flavius Asklepiades, in eigener Sache eigenhändig schrieb (Abb. 14). Betonung der Senkrechten, große Gleichmäßigkeit in der Ausführung der Buchstaben, die stets höher als breit sind, Illusion eines Gitterwerks («Gitterschrift»), ganz schmale Gestalt von Epsilon, Omikron, Rho, Sigma, aber auch Alpha und Ypsilon (in der gespaltenen Form), hohes zweiteiliges Epsilon und nach rechts geöffnetes oder an den nächsten Buchstaben gepreßtes, abgerundetes unziales Delta, an die Oberzeile hochgezogene, einzelne Kümmerbuchstaben (vor allem Alpha, Omikron, manchmal Delta, Omega), markante Unterlängen von Zeta, Iota, Xi, Rho, Phi, Psi und reichlich verteilte Zierhaken am Fuß, aber auch am oberen Ende vieler Buchstaben charakterisieren diesen frühbyzantinischen Kanzleistil.

Während die alte Geschäftsschrift, die wir bis in den Beginn des 4.Jh. verfolgen konnten, später nur mehr vereinzelte Ausläufer aufweist, bildet sich schon in den ersten Jahrzehnten nach der Gründung eines Neuen Rom in der Metropole am Bosporus durch Kaiser Konstantin eine neue BYZANTINISCHE KURSIVE, die unter dem starken Einfluß der oben beschriebenen Kanzleischrift steht. Wie aus dem alten Imperium Romanum damals das neue Rhomäerreich hervorging, das

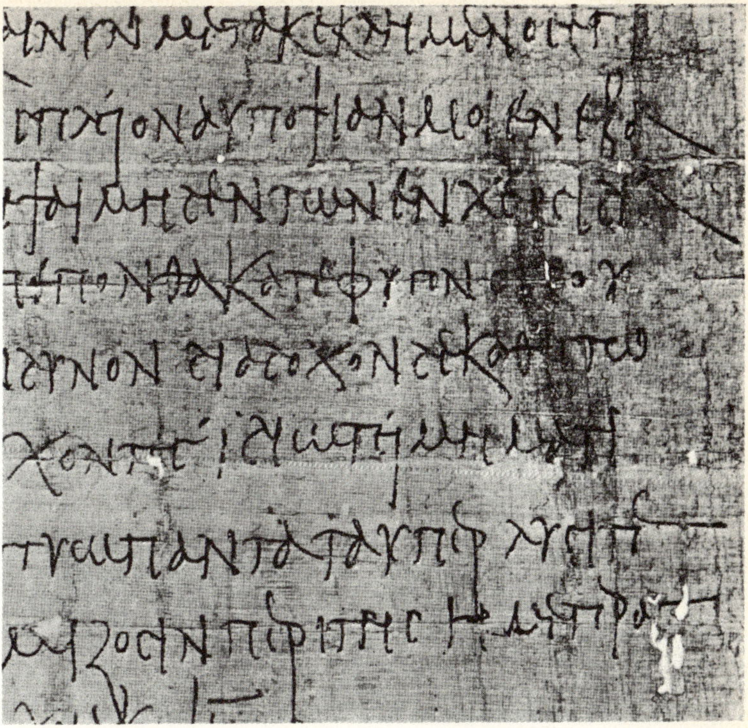

Abb. 14. Frühbyzantinischer Kanzleistil, 325 n.Chr. (Ö.N.B., P.G 19799/19800).

– stets seiner Tradition bewußt und auf sie pochend – von einer neuen Mitte aus doch ein Staatswesen und eine Kulturgemeinschaft sui generis für rund ein Jahrtausend werden sollte, so war der byzantinischen Kursive, die die Tradition der Kanzleischrift nicht verleugnen konnte, in ihrer Umbildung als Minuskel, aber auch in der Schrift der byzantinischen Kaiserkanzlei ein ebenso langes, zum Teil noch längeres Fortleben beschieden. Zahlreich sind die in byzantinischer Kursive geschriebenen Papyri des 4. bis 7.Jh., die wir heute wieder überblicken können. Diese Kursive wird schon an der Wende vom 4. zum 5.Jh. durch die vielen mit Ober- und Unterlängen geschriebenen Buchstaben eine richtige Vierzeilenschrift. Über die Oberzeile wachsen Beta, Eta, Iota und Kappa hinaus, aber auch Delta, das nunmehr in der lateinischen Form erscheint (d), und vor allem Epsilon, das mit seinem schräg aufwärts weisenden Oberteil bzw. Schnabel Merkbuchstabe der ganzen Schriftart wird. Unter die Zeile reichen das oft übergroße Beta, ferner Gamma, Iota, Rho, Phi, Chi, Psi, aber auch My mit seinem Anstrich, das ganz unter die Grundlinie abgesunkene Lambda und Tau mit großer, oft schlingenförmiger Unterlänge, in dieser Form nicht weniger charakteristisch als das hochgezogene Epsilon. Neue Ligaturen haben sich nun, wie das zur Kursive gehört, allenthalben eingenistet, so Alpha-Iota, Epsilon-Iota, Epsilon-Sigma, Epsilon-Ypsilon, engere Verbindungen mit Rho und vieles andere. Die alte Manier der Kanzleischrift, einzelne Buchstaben in Kleinformen an die Oberzeile zu hängen, haben zahlreiche Vertreter der byzantinischen Kursive für Alpha und Ypsilon beibehalten. Ypsilon wird übrigens in den Endungen gerne als flacher Bogen über die Oberzeile gesetzt. Der Unterschied zwischen großen und kleinen Buchstaben ist stark betont (Abb. 15). Die besseren Hände dieser Zeit entbehren nicht eines manchmal starren Prunkes: Repräsentation und strenge Einhaltung der Rangordnung sind Charakteristika byzantinischen Wesens, die vom Hof ausstrahlten, sich aber im ganzen Reich Geltung verschafften. Die byzantinische Kursive ist Ausdruck dieser Geisteshaltung, die uns in höchster Steigerung aller Eigenheiten etwa in dem Berliner Papyrus 7027 aus Memphis vom Jahre 599 entgegentritt (Abb. 16). Daß in den Jahrhunderten, als im Rhomäerreich im Heer, in der Gesetzgebung und Verwaltung noch die lateinische Sprache herrschte, auch gewisse Annäherungen zwischen lateinischer und griechischer Schrift festzustellen sind, wird uns nicht weiter wundern. Hier sei nur außer dem bereits erwähnten sehr häufigen lateinischen d das ebenso gewöhnliche lateinische n der byzantinischen Kursive genannt; über weitere Berührungen zwischen beiden Schriften s. u. S. 112.

Mit der 641 in Ägypten beginnenden Araberherrschaft reißt die Schriftentwicklung nicht ab. Auch im 7. und 8. Jh. wurden zahllose Papyrusurkunden in byzantinischer Kursive geschrieben. Einerseits übertrieb man den Unterschied zwischen großen und kleinen Buchstaben noch mehr und ließ den Stil zusehends verwildern, anderseits beobachten wir das allmähliche Sichsammeln jener einzelnen Buchstabenformen, aus denen sich etwa in der 2. Hälfte des 8. Jh. und zu Beginn des 9. Jh. die Minuskel bildete. Das gilt z. B. für Alpha, Beta, Gamma, Delta, Kappa, My, Ny, Pi, Sigma, die Ligatur Sigma-Tau (Stigma) und

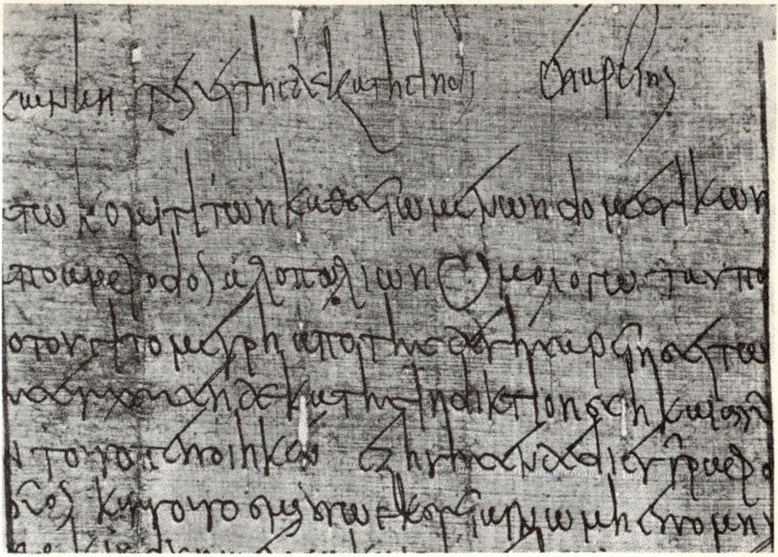

Abb. 15. Byzantinische Kursive, 487 n. Chr. (Ö.N.B., P.G 2127).

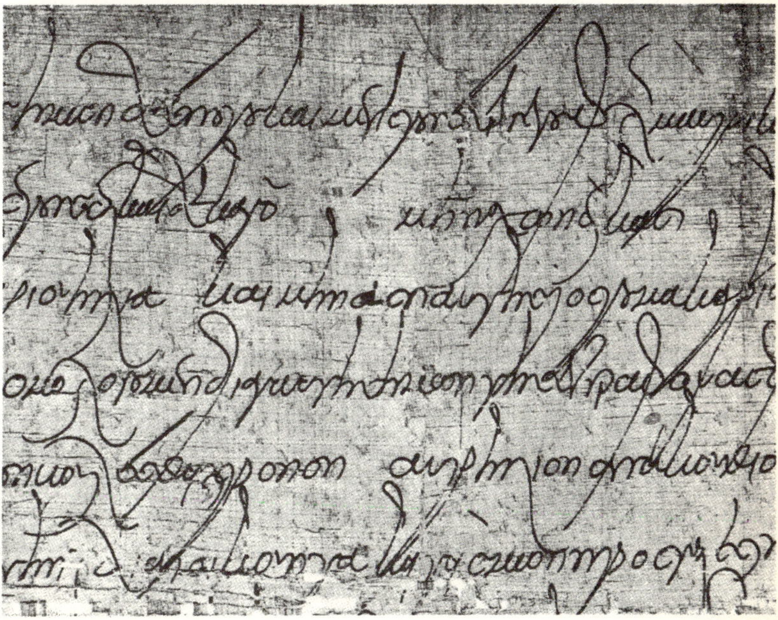

Abb. 16. Byzantinische Kursive, 599 n. Chr. (SCHUBART, Taf. 46).

Tau. Epsilon mußte sich in seinem Oberteil nur etwas einschränken, um seine auch in der ältesten Minuskel die Oberzeile überschreitende Gestalt zu erhalten, und Lambda konnte zumindest mit dem Anstrich in Form einer großen Unterlänge unter der Zeile bleiben. Auflösung der Ligaturen und schulmäßiges Nebeneinanderschreiben der einzelnen Buchstaben, zum Teil in Grundformen, findet sich schon im 7. Jh. in den in griechischer Schrift geschriebenen Teilen lateinischer Urkunden wie in einem berühmten ravennatischen Papyrus in Manchester (Ryl. Ms. lat. 1 = TJÄDER, P. 16, Taf. 71, um 600 datiert). Wie in dieser Spätzeit die verschiedenen Schriftarten nebeneinanderstehen können, zeigt schön ein Wiener Urkundenfragment mit den Schlußzeilen des Urkundentextes und mehreren Unterschriften, das ich in die Jahre um 700 setzen möchte (Abb. 17). Die Textzeilen sind in später byzantinischer Geschäftsschrift geschrieben, die 2. und 4. Unterschrift verwenden eine ziemlich aufrecht stehende, sichere Unziale mit schmalem Epsilon, Theta und Sigma, wobei die letzte Hand im Alpha, Ypsilon und gelegentlichen Bindungen Konzessionen an die Kursive macht. Das *δι' ἐμοῦ* des jüdischen Notars zeigt eine elegante, schreibgewohnte Hand (Kursive). Die dritte Unterschrift aber bemüht sich bewußt, die kursiven Buchstabenelemente in Richtung auf die spätere Minuskel zu stilisieren. Das gilt vom Alpha, Gamma, Epsilon, Eta, Kappa, My und Rho, die in dieser Form auch in Minuskelhandschriften stehen könnten, während Sigma noch in der kursiven Art zweiteilig geschrieben ist, Iota noch über Gebühr groß erscheint und vor allem das Tau mit der großen, ungelenken Unterlänge dem Schreiber wider Willen unterlaufen zu sein scheint. Lambda hat große Unterlänge, ist aber mit seinem zweiten Teil auf die Grundlinie gehoben und entspricht durchaus der Minuskelform. Wie dieser Diakon Araus, so bemühten sich auch viele Bischöfe, die ihre Unterschriften unter die Konzilsakten des 6. oikumenischen Konzils von Konstantinopel (680) setzten, in Richtung auf die Minuskel hin zu stilisieren. In diesem altbekannten Papyrus (P. Vind. gr. 3) lösen wie in unserer Urkunde unziale und halbkursive Unterschriften einander dauernd ab. – Daß die griechische Schrift in Ägypten unter arabischer Herrschaft auch Entartungserscheinungen zeigt, wie sie uns in der sogenannten Stempelschrift der arabisch-griechischen Protokolle entgegentritt, sei hier nur am Rande vermerkt.

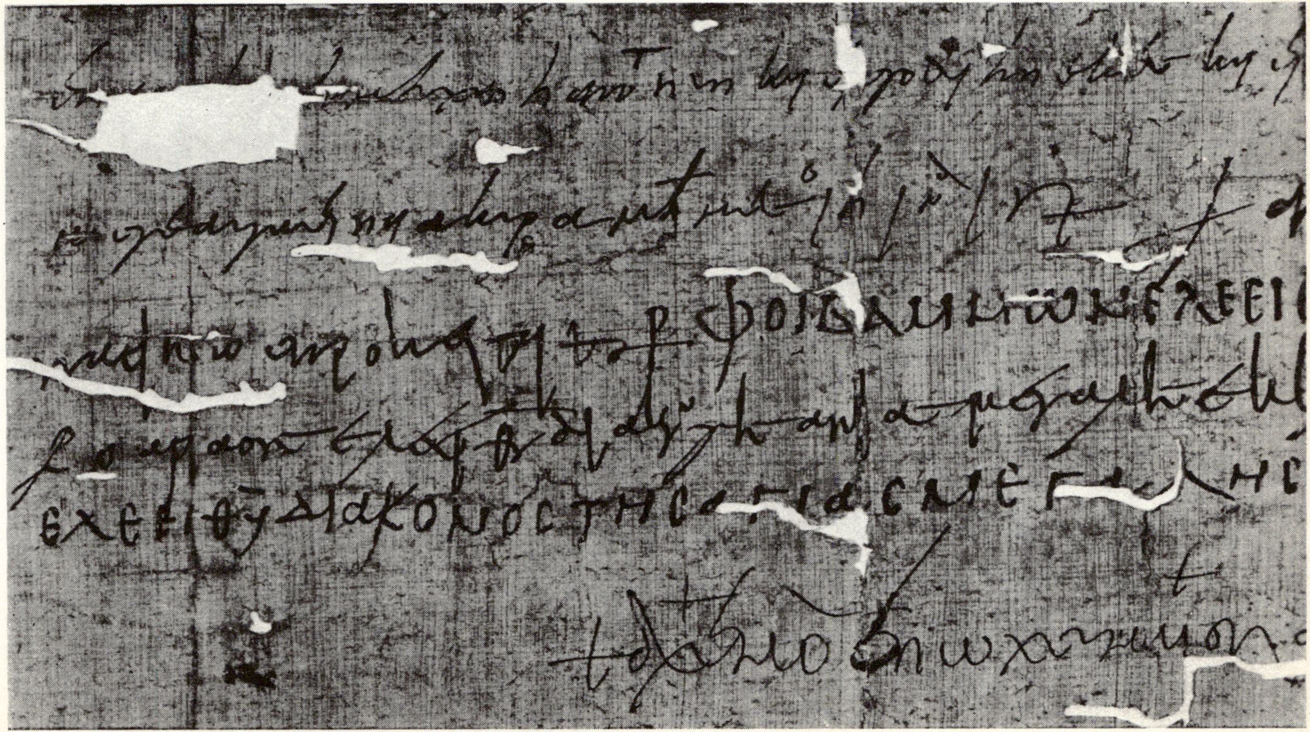

Abb. 17. Verschiedene Schriftarten, Unterschriften auf einem Urkundenfragment, um 700 n. Chr. (Ö.N.B., P.G 19811).

Seit dem 9. Jh. beobachten wir nun eine neue Art von Buchschrift, die bestrebt ist, die Schönheit und Klarheit der Unziale mit der Flüssigkeit und praktischen Verwendbarkeit der Kursive zu verbinden. Wir bezeichnen diese Schriftart als MINUSKEL oder auch, um Undeutlichkeiten zu vermeiden, als *Buchminuskel* oder *kalligraphische Minuskel.* Die Ausbildung dieser von klarem Stilwollen beherrschten Schrift, auf deren Anfänge im Bereich der byzantinischen Kursive oben hingewiesen wurde, dürfen wir wohl in die Jahrzehnte um das Jahr 800 setzen. Die älteste datierte Minuskelhandschrift, der Codex Uspenskij (Evangeliar, Leningrad, Gr. 219) stammt aus dem Jahre 835. Es ist nicht uninteressant und schon seit langem bemerkt, daß etwa gleichzeitig mit der Entstehung der Buchminuskel in Byzanz im Westen die karolingische Minuskel auf den Plan trat, die einen bewußt geprägten Stil für kirchliche Zwecke und jegliche literarische Überlieferung an die Stelle der vielgestaltigen sog. Nationalschriften setzte. Auch in Byzanz wurden im 9. und 10. Jh., unter der Regierung der makedonischen Dynastie, die noch erhaltenen Werke der antiken Literatur aus den alten Unzialkodizes in neue Minuskelhandschriften übertragen, ein Vorgang, der für die Überlieferungsgeschichte und Textkritik von nicht geringerer Bedeutung war als die Umschrift antiker Rollen in Pergamentkodizes seit dem 4. Jh. Wenn z. B. in einem Minuskelkodex Alpha und Lambda oder Omikron und Theta verwechselt werden, so kann dies nur auf die Ähnlichkeit dieser Buchstaben in der Unziale zurückgehen; als Fehlerquelle kommt in erster Linie die Umschrift in die Minuskel in Frage. Noch vor der makedonischen Dynastie führte der Cäsar Bardas die Neuordnung der kaiserlichen Hochschule am Magnaurapalast durch. «Humanisten» wie den Mathematiker Leon (den Besitzer der prächtigen Ptolemaioshs. Vat. gr. 1594) oder den Patriarchen Photios würden wir gerne mit der Konservierung der alten Literatur durch Umschrift in die neue Minuskel in Verbindung bringen. In Umrissen werden uns neuerdings im 9. und 10. Jh. Sammlungen antiker Autoren in Minuskelhandschriften greifbar, und zwar eine naturwissenschaftliche, eine aristotelische und eine vorwiegend auf Platon und den Neuplatonismus ausgerichtete philosophische Sammlung, die an den Namen des Bischofs und Philologen Arethas geknüpft ist.

Die Buchminuskel ist im Gegensatz zur Unziale eine Vierzeilenschrift, sie kennt viele Buchstaben mit Ober- und Unterlängen. Gruppen von zwei bis zehn und mehr Buchstaben werden jeweils – meist ohne Rücksicht auf die Worttrennung – in *einem* Zuge geschrieben. Für das 9. und 10. Jh. seien einige Merkmale hervorgehoben. Die Schrift ist im 9. Jh. überwiegend oberzeilig, d.h. die Buchstaben stehen auf der vorgezeichneten bzw. eingedrückten Linie; eine oft kaum merkliche Linksneigung ist festzustellen. Im 10. Jh. überwiegen bereits die Beispiele unterzeiliger Schrift, in denen die Buchstaben von der Zeile herabzuhängen scheinen. Die Linksneigung ist noch gelegentlich vorhanden. Besonders charakteristisch sind die Spiritus. Die älteste Form, die halbierte Eta-Form, ist im 9. und 10. Jh. häufig, im 11. seltener, im 12. nur mehr vereinzelt zu finden. Aus ihr entwickelte sich die eckige Form, die schon im 9. Jh., vorwiegend im 10. und 11., teilweise noch im 12. Jh. auftritt. In Konkurrenz zu ihr erscheint seit der 2. Hälfte des 10. Jh. die runde Form, die im Laufe der nächsten Jahrhunderte die anderen Formen verdrängte. Das Iota adscriptum wird, wenn überhaupt, in gleicher Größe wie die anderen Buchstaben geschrieben.

Im Laufe der Entwicklung dringen einzelne Buchstabenformen der Unziale, die in Überschriften, Marginalien und Lemmata fortlebte, in steigendem Maße in die Minuskel ein. Im 9. Jh. sind es nur Theta und Kappa, vereinzelt Gamma; im 10. Jh. kommen die unzialen Formen des Beta, Delta, Epsilon, Eta, Ny, Pi, Sigma und Tau dazu. Dies trifft natürlich nicht für alle Handschriften in gleicher Weise zu; manche Schreiber hielten auch noch Ende des 10. Jh. ihre Schrift von unzialen Formen nahezu ganz frei.

Der Gesamteindruck der Minuskel des 9. bis 10. Jh. beruht auf dem ziemlich strengen Ebenmaß in der Formung der Buchstaben bei Auflockerung der senkrecht stehenden oder leicht nach links geneigten Schrift durch die stark rechts geneigten Buchstaben Epsilon und Lambda sowie die schräg links aufwärts führenden Oberlängen des Delta. Im ganzen fühlt man eine gewisse Herbheit und Sprödigkeit, die erst im Laufe des 11. Jh. aufgegeben wird (Abb. 18).

Man pflegte früher die Entwicklung der Minuskel in drei oder vier Epochen zu teilen. Die «codices vetustissimi» rechnete man dabei bis etwa 950. Abgesehen davon, daß solche Zeitgrenzen stets cum grano salis aufgefaßt werden müssen, wo es sich doch um eine lebendige Entwicklung handelt, bei der auch das Generationsproblem eine große Rolle spielt, ist gerade die Trennungslinie um 950 m.E. nicht besonders glücklich gewählt. Wenn wir einen Typ ältester Minuskel festhalten wollten, so könnten wir die Grenze vielleicht um die Wende vom 10.

zum 11. Jh., also um das Jahr 1000 legen. Aber wir dürfen dabei, wie gesagt, nie engherzig sein. Wenn ein junger Schreiber etwa um 1000 seiner Schrift einen neuartigen Gesamtcharakter verleiht, so kann daneben ein alter Schreiber noch um 1030 so schreiben, wie er es in seiner Jugend, also vielleicht 960/970 gelernt hat. Diese Frage der Generationen gibt der Datierung griechischer Minuskelhandschriften, da wir Lebenszeit und -verhältnisse der Schreiber ja nur in den seltensten Fällen kennen, oft ein gewisses Moment der Unsicherheit. Im übrigen empfiehlt es sich, die Entwicklung der Minuskel nur in zwei Epochen zu gliedern: 1. Eine Epoche vorwiegend konservativer Schrift mit Beibehaltung ebenmäßiger Formen und ganz allmählich eintretenden Änderungen vom 9. bis ins 12. Jh. 2. Die Epoche der radikalen Änderung des Schriftbildes und der starken Verwilderung der Schriftzüge seit dem Ende des 12. Jh.

Für das 11. Jh. glaube ich eine in Konstantinopler Handschriften beheimatete Stilrichtung nachgewiesen zu haben, die ich als PERLSCHRIFT bezeichne. Den hauptstädtischen Schreibern, aber nicht nur ihnen, gelingt es, die Minuskel durch überwiegende Verwendung gleichmäßig runder Formen und weitgehende Vermeidung von Spitzen und Kanten, durch spärliche Heranziehung von Unzialbuchstaben, durch äußerst seltene Verwendung von Kürzungen, durch gleichmäßige Strichführung und ästhetisch befriedigende Verteilung der Schrift auf dem Blatt (großer Zeilenabstand und breite Ränder) nach einem kalligraphischen Kanon auszurichten, dessen Eleganz wohl unbestritten ist. Die Aneinanderreihung längerer Buchstabengruppen, in denen die formalen Elemente dieser Schrift, das kreisförmige Omikron und das wannenförmige, runde Ypsilon, vorherrschen, erinnert uns unwillkürlich an eine gerade gelegte Perlschnur. Wie sehr diese Stilrichtung sich bemüht, alles abzurunden und zu glätten, ersieht man aus der Gestalt des Eta und des oft runden Gamma, aber auch aus runden Ligaturen wie Pi-Alpha, Pi-Omikron, Rho-Alpha, Sigma-Alpha, Tau-Alpha, Tau-Epsilon usw. (Abb. 19).

Das durchschnittliche Schriftbild des 11. Jh. erfährt im Laufe des 12. Jh. merkliche Veränderungen. Die Züge der Buchminuskel wandeln sich, hier früher, dort später, hier in weiterem, dort in geringerem Umfange. Die wunderbar ebenmäßigen und oft fast zierlichen Buchstaben der Perlschrift werden größer und gröber. Aber auch noch nicht dagewesene Formen, Ligaturen und Kürzungen tauchen überraschend auf.

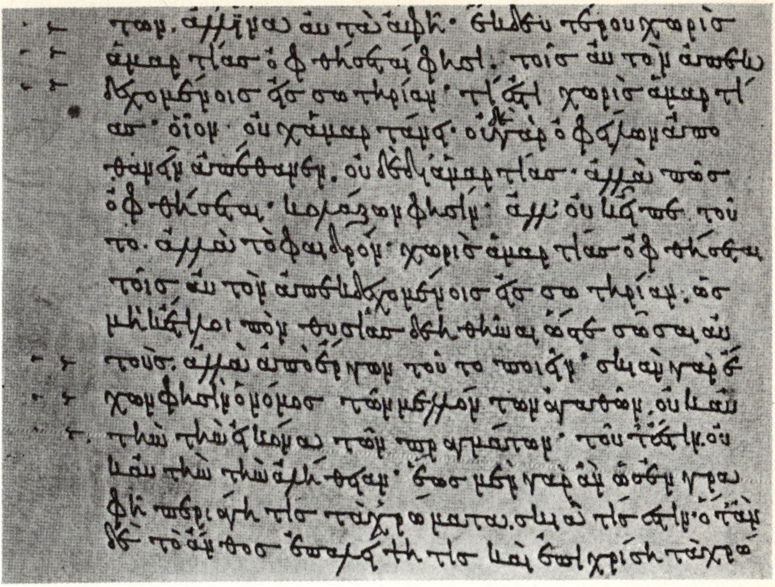

Abb. 18. Minuskel, 10. Jh. (Ö.N.B. ,Theol. gr. 108, f. 155v).

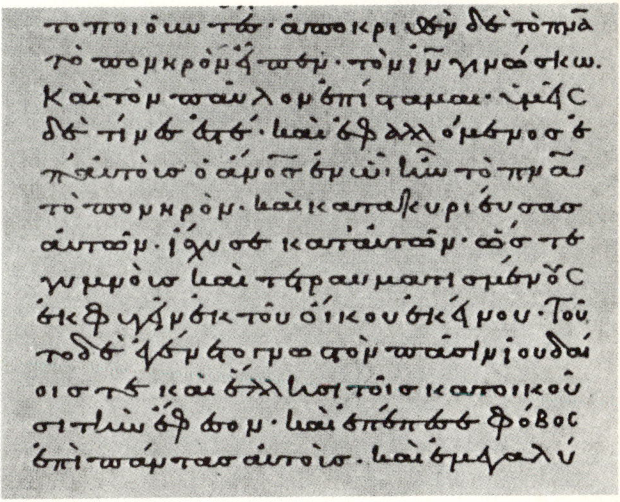

Abb. 19. Perlschrift, 11. Jh. (Ö.N.B., Theol. gr. 302, f. 72v).

Buchstaben werden übereinandergestellt, ohne daß man kürzen wollte, so etwa Tau über Omega in *τω* oder *των*. Einzelne Buchstaben werden ganz unmotiviert vergrößert, so daß die Harmonie des Gesamtbildes gestört wird. Die Zirkumflexe werden wesentlich breiter und erstrecken sich mitunter über drei oder noch mehr Buchstaben. In manchen Handschriften trifft man auf die Überschreitung des Schriftspiegels durch einzelne weit ausholende Linien an den Zeilenrändern und unmäßige Ausdehnung der Ober- und Unterlängen sowie besondere Vergrößerung einzelner Buchstaben in der ersten und letzten Zeile einer Seite. Trotzdem ist der Gesamteindruck der meisten kalligraphischen Handschriften des 12. Jh. noch erfreulich und ästhetisch befriedigend. Allein, es ist nunmehr eine Entwicklung eingeleitet, die in den folgenden Jahrhunderten zu einer gewaltigen Veränderung des Schriftbildes führen sollte. Suchen wir nach einer Erklärung dieser Erscheinung, so drängt sich uns zunächst die Übereinstimmung mit charakteristischen Zügen der Kanzleischrift auf. Schon die Kanzleischrift der römischen und frühbyzantinischen Zeit liebte es, einzelne Buchstaben übergroß aus dem Gesamtbild herauszuheben, andere dagegen besonders schmal und klein zu gestalten. Die ältesten bekannten Originalurkunden der mittelbyzantinischen Zeit aus dem 10. und 11. Jh. – von dem berühmten «Kaiserbrief aus St. Denis», Mitte 9. Jh., sehe ich hier ab – zeigen bereits die oben erwähnten Merkmale, die in der Buchminuskel des 12. Jh. neu wirken. Einzelne Buchstaben werden ohne Kürzungsabsicht übereinandergestellt, andere ineinandergeschrieben, z. B. Ny in das übergesetzte kreisförmige Omikron (= *ον*). Die Zirkumflexe reichen über eine größere Zahl von Buchstaben, Tau ist weit über die Oberzeile hochgezogen, unziales Alpha ragt schräg links in die Höhe usw. Die Kaiserkanzlei bediente sich darüber hinaus besonderer, nur für sie reservater Buchstabenformen wie des übergroßen, oft geschnäbelten Epsilon, mit großer Unterlänge in der Ligatur Epsilon-Iota, eines riesigen gebauchten Zeta, eines schlangenförmig unter die Grundlinie gewundenen Xi und der in einem gewaltigen Linksbogen unter die Zeile führenden Kürzung für *καί* (Abb. 20). Von dieser Schreibweise, die man im Sinne des byzantinischen Zeremoniells als mehr oder minder bewußte Demonstration der großen Rangunterschiede von hoch und niedrig auffassen könnte, lassen sich die auffälligen neuen Züge in vielen Handschriften des 12. Jh. ableiten, die aber nur ein Vorspiel zu der Entwicklung des folgenden Jahrhunderts sein sollten.

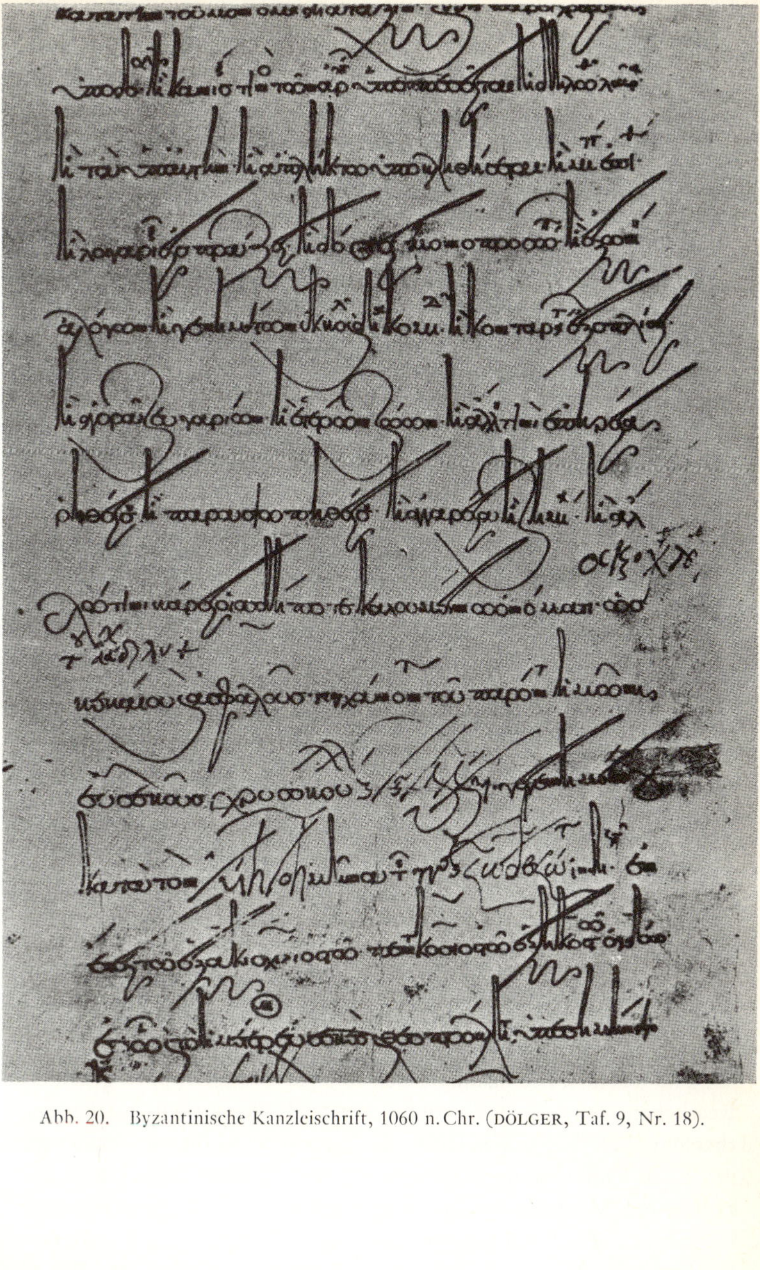

Abb. 20. Byzantinische Kanzleischrift, 1060 n. Chr. (DÖLGER, Taf. 9, Nr. 18).

Das 13.Jh. bringt die stärkste Wandlung im Durchschnittsbild der Minuskelhandschriften seit dem Beginn dieser Schriftart überhaupt. Die Unregelmäßigkeit in Größe und Formung der Buchstaben wird allgemein. Die Schreiber überraschen uns mit immer neuen, oft sehr kühnen Ligaturen. Die souveräne Überschreitung des Schriftspiegels durch weit ausfahrende Längen und riesige Schnörkel feiert in diesem Saeculum Triumphe. Buchstaben werden immer häufiger übereinandergesetzt, und zwar ohne und mit Verbindung zu den Nachbarbuchstaben, die Ligaturen Epsilon-Rho und Epsilon-Xi gehen von der spitzen zur runden Form über. *μεν* in einem Zuge geschrieben, mit über die Zeile hochgezogenem schlingenförmigem Epsilon (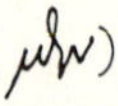) ist seit der Jahrhundertmitte zu belegen. *ἐπὶ* und *μετὰ* werden, wie schon vereinzelt im 12.Jh., in der offenen Abbreviatur der Kursive geschrieben, Iota subscriptum und modernes, oft nach links zurückliegendes Epsilon tauchen auf. Die Verbindung von Akzenten mit Kürzungen, die wir auch schon im 12.Jh. antreffen, wird zur Regel, die Verbindung von Akzenten mit Buchstaben sowie mit tachygraphischen Zeichen kommt hinzu. Die Schrift vieler Handschriften wird dabei richtungslos und scheint jedes Stilgefühl verloren zu haben. Nicht nur die Buchstaben, auch die Zeilen werden eng aneinandergerückt, und der Raum des Blattes wird oft bis ins Letzte ausgenützt. Alles in allem ist aus der kalligraphischen Minuskel in so manchen Fällen eine reine Gebrauchsschrift, eine Kursive des Alltags geworden. Bedenkt man den politischen Umschwung gerade im Byzanz des 13.Jh., so fällt es schwer, Zusammenhänge zwischen der Schriftgeschichte und der politischen Geschichte rundweg abzulehnen. 1204 wurde Konstantinopel von den westlichen Kreuzfahrern erobert und in der alten byzantinischen Metropole das lateinische Kaisertum ausgerufen, das sich bis 1261 halten konnte. Tausende von Byzantinern gingen in die Emigration und versuchten, teils von Nikaia, teils von Epiros aus ein neues byzantinisches Staatswesen lebensfähig zu machen. Die mannigfachen Kämpfe dieser Gruppen gegen die westlichen und östlichen Feinde, aber auch die starken sozialen und theologischen Gegensätze ließen die Byzantiner in diesen Jahrzehnten nicht zur Ruhe kommen. Damals, als es in Konstantinopel keine byzantinische Kaiserkanzlei gab, durfte man sich aber auch ungestraft riesiger Schnörkel und ausfahrender Längen bedienen, die in früheren Jahrhunderten für jene Kanzlei reservat gewesen waren (Abb. 21).

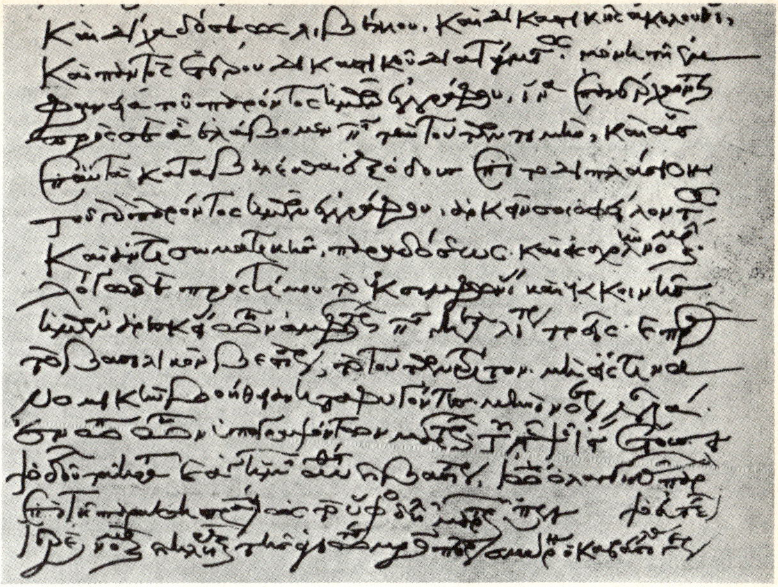

Abb. 21. Kursive um 1300 (Ö.N.B., Hist.gr. 125, f. 156r).

Neben diesen von Kursive und Kanzleischrift mehr oder weniger stark beeinflußten Händen des 13.Jh. gibt es andere, die die alten Formen festzuhalten versuchen und im Grunde in der Art des 11.Jh. weiter schreiben. Es sind fast immer Texte der Heiligen Schrift und liturgische Kodizes, deren Schreiber bewußt archaisieren. Das Alter solcher Handschriften ist manchmal schwer zu schätzen, wenn der Schreiber nicht gelegentlich Zugeständnisse an den Zeitstil macht bzw. ihm unbewußt einzelne moderne Züge unterlaufen. Der Versuch, im 14.Jh. und noch später Perlschrift zu schreiben, gelingt aber selten so überzeugend, daß sich der Kenner bei näherer Betrachtung täuschen ließe.

Im 14.Jh. bestehen die beiden oben skizzierten Richtungen der Minuskel weiter fort. Die eine trachtet, in archaisierender Tendenz die alte kalligraphische Minuskel nachzuahmen, die andere verfällt unter dem Einfluß der Gebrauchsschrift immer mehr der Verwilderung. Etwa um die Wende vom 13. zum 14.Jh. scheint eine Schriftart beliebt zu werden, die ich als FETTAUGENSTIL bezeichnen möchte. Diese verwilderte Minuskel mit allen oben beschriebenen Merkmalen zeichnet sich dadurch aus, daß sie besonders Omikron, Sigma und Omega, manchmal auch Alpha in runder Form, und ein zu diesem Zweck aufgeblähtes einstrichiges Epsilon-Iota (9> Q) übergroß schreibt, so daß diese geschlossenen Rundungen auf dem engen Kleinzeug der anderen Buchstaben wie Fettaugen auf einer Suppe zu schwimmen scheinen (Abb. 22).

Im 14. Jh. gewinnt auch die Kaiserkanzlei noch einmal größere Bedeutung für die Buchschrift. Unter Kaiser Andronikos II., dem Sohn Michaels VIII., des Wiederherstellers der byzantinischen Macht, und unter seinem Enkel Andronikos III. beobachten wir in den Urkunden der Kaiserkanzlei einen neuen Stil, in dem sich bei gewissen Konzessionen an die vorausliegende Entwicklung archaisierende und kalligraphische Tendenzen zu einem neuen, bewußt geprägten Schriftbild vereinigen. Dieser Stil kehrt mehrfach in Handschriften mit den Werken des Theodoros Metochites, des Großlogotheten und persönlichen Freundes Kaiser Andronikos' II., wieder, der 1332 kurz nach seinem kaiserlichen Herrn starb. Zunächst stellen wir fest, daß die Schreiber versuchen, durch Trennung der einzelnen Buchstaben möglichst klar und altertümlich zu wirken. Die Akzente, die im 13. Jh. riesige Längen angenommen hatten, werden ganz klein und bescheiden ausgeführt. In vielen Einzelheiten beobachten wir die Schranken, die sich die Schreiber dieser Urkunden und Handschriften auferlegten, so in der Beschränkung der Ober- und Unterlängen und in der verhältnismäßig seltenen Anwendung von Kürzungen. Gewiß finden sich noch einzelne vergrößerte Buchstaben, vor allem Omega und Phi, auch Alpha und Sigma wie im Fettaugenstil, aber das Mißverhältnis ist nicht so groß wie dort. Andere Buchstaben sind allerdings konsequent klein geschrieben, so Epsilon, Iota, Omikron, aber auch Delta mit winziger Oberlänge, Rho mit verschwindender Unterlänge, das besonders schmächtige Eta (noch ohne Unterlänge) und Majuskel-Theta. Diese typischen Schreibungen halten sich weithin bis in Handschriften des späten 14. und beginnenden 15. Jh. Auch große Kürzungsbogen und ausfahrende Längen am Rande des Schriftspiegels finden sich gelegentlich, aber das gehört ja zum Wesen der Kanzleischrift, von der dieser «METOCHITESSTIL» herkommt (Abb. 23). Der Gegensatz der zuchtvollen Schreibweise dieses Stils zu der Zuchtlosigkeit jener Handschriften des 13. Jh. liegt klar zutage.

Schon seit dem ausgehenden 14. Jh., als das byzantinische Reich fast nur auf die von den osmanischen Türken blockierte Hauptstadt be-

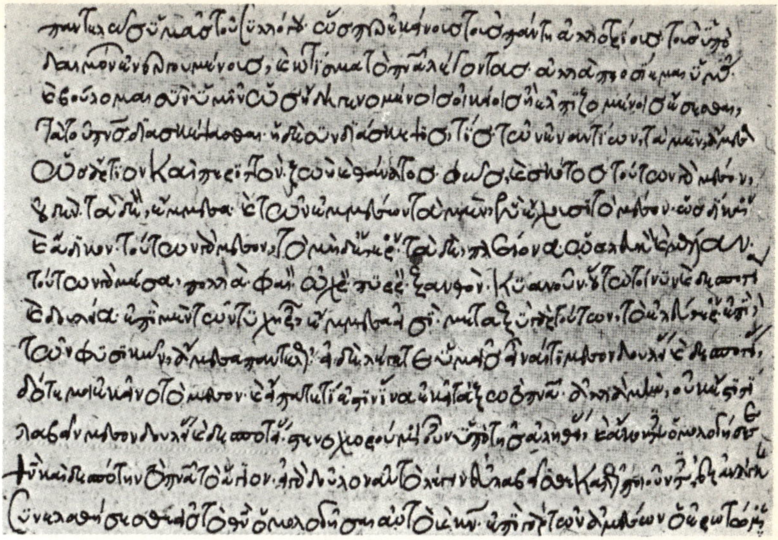

Abb. 22. «Fettaugenstil», 1290 n. Chr. (Ö.N.B., Theol. gr. 149, 75v).

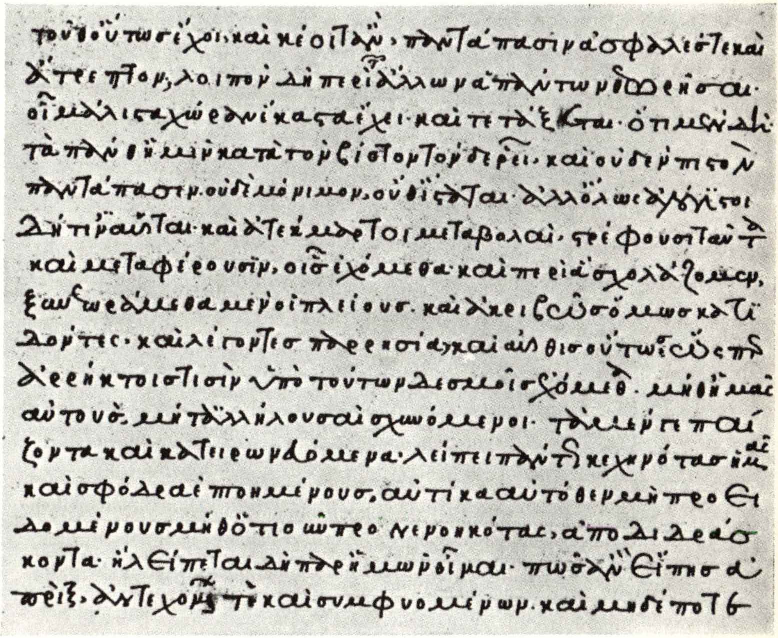

Abb. 23 «Metochitesstil», 14. Jh. (Ö.N.B., Phil. gr. 95, f. 193v).

schränkt war, trugen byzantinische Intellektuelle als Emigranten und Flüchtlinge die Kenntnis der griechischen Sprache, Schrift und Literatur über die Inselwelt des Mittelmeeres nach dem Westen. Ähnlich wie die italienischen Humanisten in Perhorreszierung der gotischen Schriftformen auf die klaren und übersichtlichen Buchstaben der karolingischen Minuskel zurückgriffen und so die bekannte Humanistenschrift schufen, versuchten die aus Byzanz stammenden Humanisten, die ja selbst oft Schreiber und fast immer Sammler von Handschriften waren, in einer Art Schriftreform die alte Minuskel des 9. bis 12. Jh. wieder zu Ehren zu bringen. Das Hauptstreben ging auch hier nach Klarheit und Übersichtlichkeit des Gesamtbildes sowie nach Wiederbelebung alter Formen. Die radikale Einschränkung der Kürzungen sollte dem ersten Ziel dienen. Der weiteren Verwilderung der Schriftformen durch den Einfluß der Gebrauchsschrift sollte ein Damm entgegengesetzt werden. Wir kennen zahlreiche derartige Humanistenhandschriften aus dem 15. Jh., die in einer gesäuberten Minuskel geschrieben sind und oft klassische Autoren enthalten. Weitgehende Buchstaben- und Worttrennung, Interpunktion und schlichte, unverbundene Akzente fördern die Lesbarkeit dieser Kodizes. Phi erscheint in der modernen Form ohne Oberschlinge. Oft fällt es den Schreibern nicht leicht, die gewohnten Buchstabenformen zu meiden, und es kommt zu einem Nebeneinander mehrerer Formen für denselben Buchstaben. Auch das Gezwungene, Gehemmte mancher solcher Hände springt in die Augen.

Etwa zu gleicher Zeit, als die Türken unter Mehmed II., dem Eroberer, die Kaiserstadt am Bosporus erstürmten, die ihnen so lange Widerstand geleistet hatte, und das tausendjährige byzantinische Reich zu bestehen aufhörte, gelang Johann Gutenberg alias Gensfleisch die Erfindung des Buchdrucks mit beweglichen Lettern. Nachdem Fust und Schöffer in ihrem *Cicero, De officiis*, vom Jahre 1465 zum ersten Male einzelne griechische Typen verwendet hatten, gab es verschiedene Versuche dieser Art in italienischen Drucken, bis 1476 die Grammatik des Konstantinos Laskaris bei Dionysius Paravisinus in Mailand als erstes, ganz griechisch gedrucktes Buch erscheinen konnte. Die Entwicklung des griechischen Druckes ist ein interessantes Kapitel europäischer Geistesgeschichte. Zunächst stieß die rein technische Lösung des Problems auf große Schwierigkeiten. Der Schnitt brauchbarer griechischer Typen war wegen der Akzente, Spiritus und des Iota subscriptum wesentlich schwieriger als der von gotischen oder Antiqualettern. Bekannt in der

Geschichte des griechischen Frühdrucks ist das Einleitungsgedicht des Markos Musuros zu der Ausgabe des *Etymologicum Magnum*, Venedig 1499 (GW 9426), in dem die Vorzüge der neuen griechischen Type gepriesen werden. Aus der Praefatio erfahren wir, daß Zacharias Kallierges, der die Typen schnitt, und Nikolaos Blastos, der die technischen Schwierigkeiten der Akzente und Spiritus meisterte und auch die Kosten der Ausgabe trug – beide stammten aus Kreta –, «bis ins sechste Jahr», also fünf Jahre lang, zu den Vorarbeiten gebraucht hatten. Trotz dieser beachtlichen Leistung der beiden Kreter setzte sich zuletzt doch die griechische Type des Aldus Manutius durch, der um die Mitte der neunziger Jahre mit der Edition griechischer Texte begonnen hatte. Als Vorbild nahm sich Aldus zeitgenössische Minuskelhandschriften mit nur mäßig gesäuberten Formen und vielen Abkürzungen.

Schon um die Jahrhundertwende läßt sich bei griechischen Handschriften wie schon früher bei lateinischen eine Wechselwirkung zwischen geschriebenen und gedruckten Schriften feststellen. Es gibt bis weit in das 16. Jh. hinein viele Hände, die sich zeitgenössische Drucktypen zum Vorbild nehmen. Diese Schrift – ich möchte sie als DRUCKMINUSKEL bezeichnen (Abb. 24) – weist eine gewisse Starre und

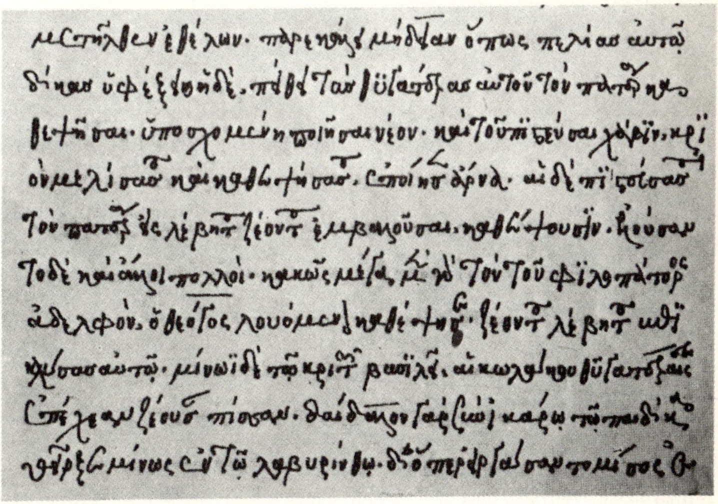

Abb. 24. Druckminuskel, um 1490 (Ö.N.B., Phil. gr. 284, f. 30r).

Sterilität auf. So finden sich häufig großes, unziales Sigma mit Haken unter der Zeile am Wortanfang, einstrichiges Tau mit griffartiger Gestalt des Querbalkens, ähnliches, hochgezogenes Gamma mit Griff, fast bis zu einem Strich zusammengepreßtes, häßliches Majuskel-Theta, eckiges Phi usw. Im 16. Jh. gehört es nicht zu den Seltenheiten, daß gedruckte Texte handschriftlich abgeschrieben werden. Ein frühes Beispiel ist der Wiener Musaios (*Hero und Leandros:* Phil. gr. 284, f. 51r–59r), der 1498 in Ferrara aus der Aldine (Hain 11653) kopiert wurde. Der Schreiber folgt seiner gedruckten Vorlage fast Zug um Zug; nur für die halbierte Eta-Form der gedruckten Spiritus hat er die bequemere und geläufige runde Form eingesetzt (Abb. 24 stammt aus einer anderen Partie derselben Handschrift).

Die zahlreichen erhaltenen griechischen Handschriften des 16. Jh. stammen nur zu einem Teil von abendländischen Schreibern, die sich gute Griechischkenntnisse angeeignet hatten. Vielfach sorgten griechische Flüchtlinge, die sich der Turkokratia zu entziehen wußten, für die Vervielfältigung religiöser und profaner Texte. Eine Reihe von ihnen können wir an mehreren Fürstenhöfen Westeuropas, in verschiedenen Städten und im Dienste sonstiger Mäzene beobachten, wie sie durch die Kopistentätigkeit und durch einen mit ihr verbundenen Handschriftenhandel ihr Leben fristeten. Daß sie aus kommerziellen Gründen alte Kodizes oft mit fehlenden Anfangs- und Schlußblättern eigenhändig versahen, Titel und Schmuckzeilen fingierten, ja auch Autorennamen fälschten und dann und wann eigene Elaborate mit einem klingenden Namen der Antike hoffähig zu machen versuchten, wollen wir ihnen nicht zu sehr ankreiden, wenn es auch frühere Philologengenerationen empört hat. Manche Schrift der antiken griechischen oder der byzantinischen Literatur ist uns doch durch die fleißigen Hände dieser Spätlinge besser erhalten geblieben. Die Entwicklung der griechischen Schrift in dieser Zeit und in den folgenden Jahrhunderten fällt allerdings bereits aus dem Rahmen dieses Buches.

Abschließend sei betont, daß diese Skizze zur griechischen Paläographie den Charakter des Vorläufigen hat und noch in vielen Einzelheiten unterbaut und gesichert, vielleicht auch korrigiert werden muß. Obwohl uns die großen Züge der griechischen Schriftentwicklung heute, wo wir viele Tausende von Papyri und Handschriften überblikken können, bereits klar geworden sind, bleibt noch eine Fülle von Kleinarbeit zu leisten. Sie wird sich vor allem an die datierten griechischen Schriftdenkmäler aller antiken und mittelalterlichen Jahrhunderte halten müssen. Noch in einem weiteren Punkte hoffen wir, in Zukunft einige Fortschritte erzielen zu können. Mit Absicht wurde in der vorausgehenden kurzen Darstellung die Erwähnung örtlicher Unterschiede in der griechischen Schrift vermieden. Zwar gibt es schon einige ältere und neue Arbeiten über den Stil und die Schrift griechischer Handschriften, die in Süditalien beheimatet sind, und gerade hier werden wir uns am ehesten ein Urteil zutrauen. Ansonsten fehlt es uns aber noch an der Möglichkeit, griechische Schreibschulen und Stiltraditionen mit Sicherheit zu erkennen. Für die wenigen erhaltenen außerägyptischen Beispiele griechischer Papyri hat SCHUBART auf die Geringfügigkeit der Abweichungen und die allgemeine Übereinstimmung griechischer Schreibweise innerhalb der antiken Oikumene hingewiesen. Für das Mittelalter ist die griechische Paläographie gegenüber der lateinischen noch stark im Hintertreffen. Während die lateinischen Paläographen in den letzten Jahrzehnten immer weitere Skriptorien feststellen und gegeneinander abgrenzen konnten, muß die griechische Paläographie erst mühsam Handschriftengruppen gleicher Provenienz zusammenzustellen versuchen. Das erklärt sich zum Teil aus der Überlieferungsgeschichte, blieben doch im Westen oft große Teile des Handschriftenbestandes eines klösterlichen Skriptoriums jahrhundertelang an Ort und Stelle oder gingen geschlossen in eine öffentliche Bibliothek über, während im Osten nur mehr die Athosklöster, der Sinai und die Meteoren im Besitz beachtlicher Handschriftenschätze sind. Aber gerade deren Bestände sind der Herkunft nach oft bunt zusammengewürfelt. So wird erst die systematische Erfassung der Provenienz möglichst vieler griechischer Handschriften und ihre planmäßige paläographische Bearbeitung weitere Fortschritte auf diesem Sektor ermöglichen; Ansätze zu solchen Arbeiten (Zypern, Athos, Konstantinopel, Studiu-Kloster) wurden bereits gemacht. Allerdings wäre es nicht überraschend, wenn die politisch wie kulturell so überragende Hauptstadt Konstantinopel mit ihrer maßgebenden Rolle für alle höhere Bildung sowie die von hier ausstrahlenden Kräfte der orthodoxen Kirche in den weiten Gebieten des byzantinischen Reiches auch auf die Entwicklung der Schrift nivellierend gewirkt hätten.

2. Lateinische Paläographie

Wie die griechische Paläographie fußt auch die lateinische auf den drei großen Gruppen von Denkmälern, den Inschriften, Papyri und Handschriften. Der Einfluß der Inschriften hat innerhalb der lateinischen Schriftgeschichte noch eindeutiger als in der griechischen die Ausbildung eines bestimmten Stiles ausgelöst. Die Papyri spielen eine wesentlich bescheidenere Rolle als in der griechischen Paläographie, läßt sich doch die geringe Zahl der erhaltenen lateinischen Papyri mit der großen Masse der griechischen überhaupt nicht vergleichen! In Ägypten, woher unsere Papyri fast ausschließlich stammen, lebten schon von der frühhellenistischen Zeit an sehr viele Griechen. Seit der Besetzung durch die Römer waren es aber – abgesehen von wenigen hohen Beamten – fast nur die Legionssoldaten, von denen und für die Papyri in lateinischer Sprache und Schrift beschrieben wurden. Einen kleinen Ausgleich für diese zahlenmäßige Unterlegenheit des lateinischen Papyrusmaterials stellen jene vielfach historisch, mehr noch paläographisch wichtigen lateinischen Papyrusurkunden dar, die durchweg italischer Provenienz sind und dem 5. bis 8. Jh. entstammen. Den weitaus größten Anteil dieser Gruppe stellen die ravennatischen Papyri. Weitere kleinere Gruppen mittelalterlicher lateinischer Papyri sind die Papsturkunden und die merowingischen Papyrusdiplome. Ungleich größer und reichhaltiger ist dagegen die Anzahl der erhaltenen lateinischen Handschriften gegenüber den griechischen in allen Jahrhunderten. Sie bilden ein gewaltiges, noch lange nicht restlos ausgeschöpftes Reservoir für die Erforschung der lateinischen Schriftgeschichte.

Die Scheidung der beiden Hauptschriftgattungen – Buchschrift und Kursive – ist auch für die lateinische Paläographie grundlegend. Die erste ausgebildete lateinische Buchschrift tritt uns in der sogenannten CAPITALIS entgegen. Ihr ideales, in der Schreibschrift jedoch nie erreichtes Vorbild war der monumentale Stil der frühkaiserzeitlichen Inschriften mit ihren klar und ebenmäßig geformten Majuskeln, denen das heutige sog. Blockschriftalphabet entspricht. Saubere Einhaltung der Zweizeiligkeit, gleichmäßige Buchstabenverteilung, genaue Beobachtung der Vertikalen und Horizontalen, An- und Abschwellen der Rundungen zeichnen diesen für römisches Wesen so charakteristischen Stil aus. Nur wenige Handschriftenfragmente in dieser *Capitalis qua-*

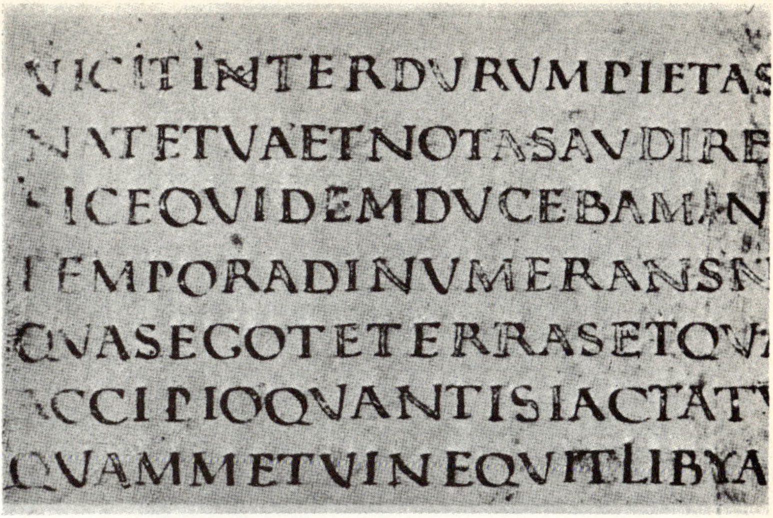

Abb. 25. Capitalis quadrata, Vergil, 5. Jh. (LOWE, Bd. VII, Nr. 977).

drata wie die Schedae Berolinenses und Sangallenses (Abb. 25) sind uns erhalten. Beliebter scheint die sog. *Capitalis rustica* gewesen zu sein, die wir schon in den herkulanensischen Papyri antreffen. In den Jahrhunderten seit der Umschrift der Rollen in Kodizes wurde sie offenbar für die Abschrift altrömischer Autoren, vor allem der Dichter, bevorzugt. Nicht umsonst heißt diese Schrift auch *litterae Virgilianae*, besitzen wir doch heute noch vier berühmte Vergil-Kodizes, drei davon vollständig, in Capitalis rustica! Die Merkmale dieser Schrift blieben durch die Jahrhunderte hindurch so gut wie unverändert. Gegenüber der Capitalis quadrata werden einige Buchstaben wie E, F, L, T ganz schmal gestaltet, die Querstriche nur mehr angedeutet. Im A ist der Querstrich auf die Grundlinie gesunken und erreicht die zweite Haste des Buchstabens nicht. Viele andere Buchstaben wie B, C, D, G, H, O, R, S haben nicht den ungefähr quadratischen Umriß wie in der Capitalis quadrata, sondern entsprechen einer mehr oder weniger schmalen rechteckigen Grundform (Abb. 26). In dieselbe Richtung stilisieren manche griechische literarische Papyri der ersten zwei Jahrhunderte, die dem Häkchenstil nahestehen (z. B. P. Ox. 1083: Fragment eines Satyrspieles). Die Capitalis rustica verschwindet mit dem Ende der römisch-spät-

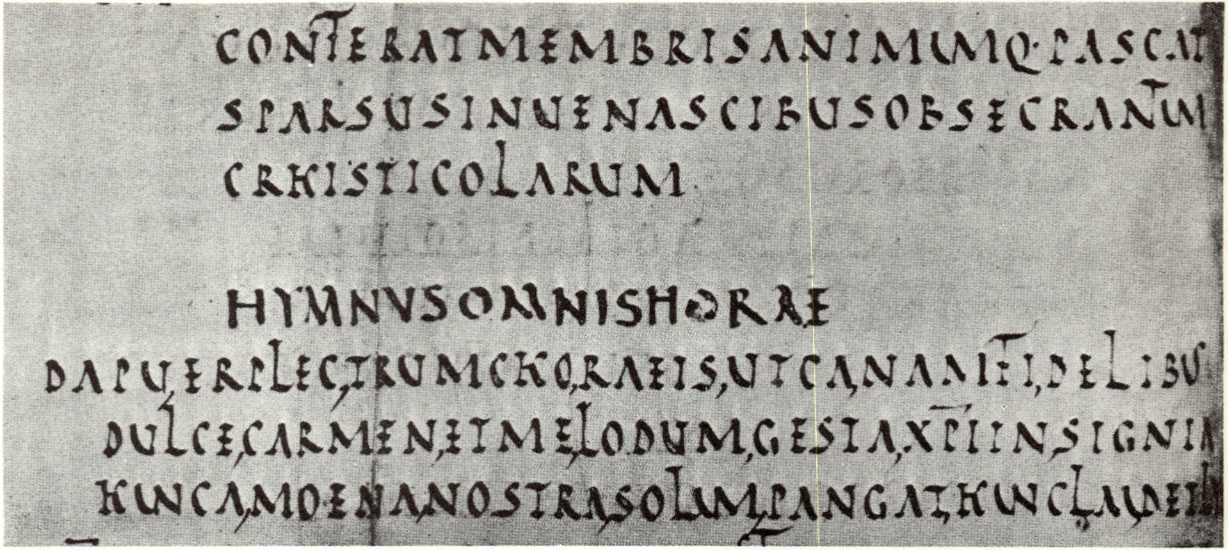

Abb. 26. Capitalis rustica, um 527 (LOWE, Bd. V, Nr. 571 a).

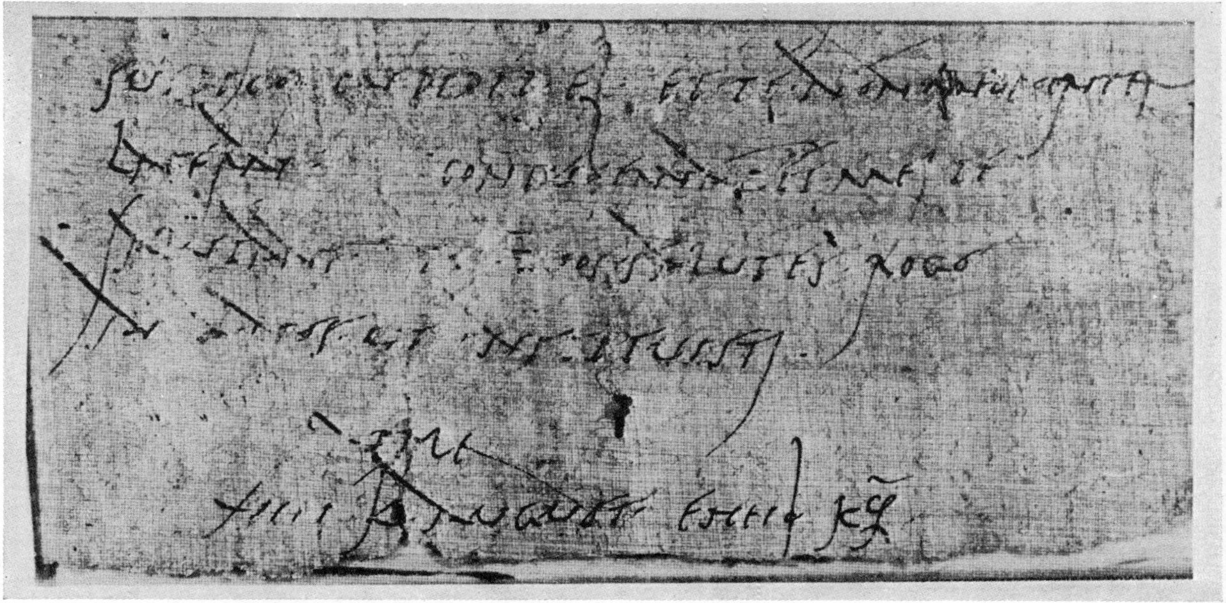

Abb. 27. Ältere römische Kursive, um 20 v. Chr. (Ö.N.B., P.L 1).

antiken Gesellschaft und Kultur im 6. Jh., taucht aber in der Karolingerzeit als Auszeichnungsschrift, gelegentlich auch als Textschrift, wieder auf.

Auch die Zeugnisse für die sog. ÄLTERE RÖMISCHE KURSIVE sind verhältnismäßig spärlich. Außer Papyri kommen hier die eingeritzten und gemalten Wandinschriften von Pompeji (Graffiti und Dipinti) sowie die Wachstafeln in Betracht. Schon vom ersten Auftreten kursiver lateinischer Schriftdenkmäler am Ende des 1. Jh. v. Chr. an (Ö.N.B., P. L 1: Briefsammlung des Macedo, 21–18 v. Chr., Abb. 27) zeigt die römische Kursive, soweit sie als Gebrauchsschrift in den Papyri erscheint, drei Jahrhunderte lang mannigfache formale Veränderungen in bezug auf Richtung, Buchstabenverbindung, Verteilung der Haar- und Druckstriche und Ausbildung der Ober- und Unterlängen. Seit dem Ende des 3. Jh. ist die römische Kursive als Vierzeilenschrift anzusprechen, in der die Oberlängen von b, d, h, i, l, und die Unterlängen von g, p, q das Schriftbild bestimmen. Man pflegt diese Vierzeilenschrift mit ihren schmalen Buchstaben seit etwa 300 als JÜNGERE RÖMISCHE KURSIVE (Minuskelkursive) zu bezeichnen. Gegenüber der neuerdings aufgestellten These einer Entstehung dieser Kursive aus der Halbunziale (s. u.) ist doch wohl an der organischen Ableitung aus der älteren, zweizeiligen (Majuskel-)Kursive festzuhalten. Diese lebte übrigens in der Kanzlei der römischen Kaiser, als einleitende Auszeichnungsschrift in den Protokollen der Gesta municipalia und in den als Zahlzeichen verwendeten Buchstaben D, L, M weiter. Im 4. Jh., als Kaiser Konstantin mit der Neugründung einer Kaiserresidenz am Bosporus den Grundstein für das tausendjährige byzantinische Rhomäerreich legte, als der Osten und Westen des Imperium Romanum in Verwaltung und Kultur sich noch enger verflochten als vordem, beginnt die merkliche gegenseitige Beeinflussung von griechischer und lateinischer Kursive, die auch noch in den beiden folgenden Jahrhunderten mit Händen zu greifen ist. Lateinisches b, d, h (dieses für *η*) und n dringen in die griechische Kursive ein. Die Formen der Vokale a, e, i, o und die Ligatur ei zeigen weitgehende Übereinstimmung in beiden Alphabeten. Gleiche Form bei verschiedener Bedeutung haben griech. *γ* und lat. r, griech. *ϱ* und lat. p, griech. *υπ*, *υν* und lat. m, manchmal griech. *τ* und lat. r. Die von DEVREESSE als Charakteristikum süditalienischer Handschriften der mittelbyzantinischen Zeit herausgestellte «Pique-As-Form» der Ligatur Epsilon-Rho () ist schon

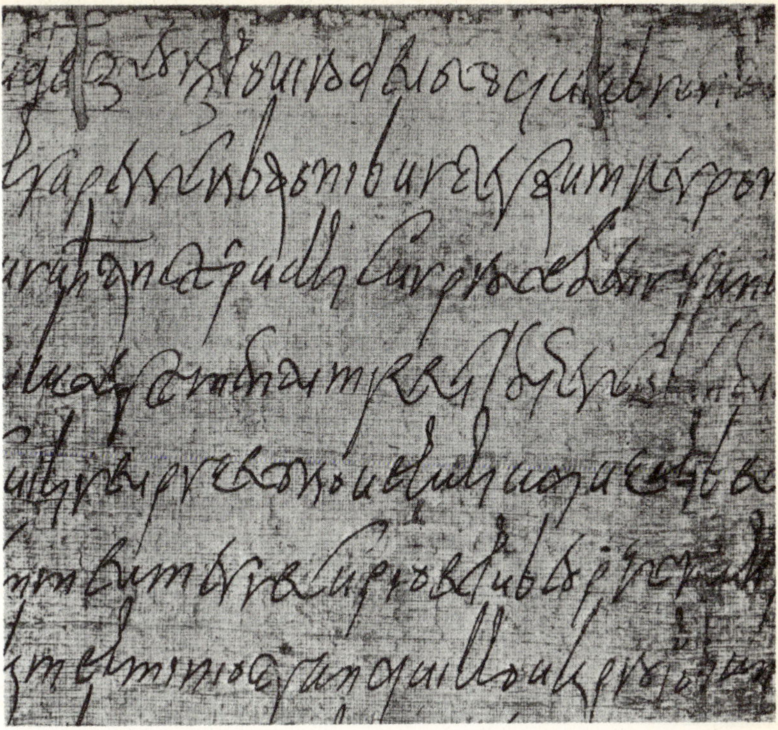

Abb. 28. Jüngere römische Kursive, 2. Hälfte 6. Jh. (TJÄDER, Taf. 15).

der frühbyzantinischen Kursive vertraut und deckt sich formal mit der lateinischen Ligatur ep. Die Zahl der Ligaturen von zwei bis drei Buchstaben steigt in diesen Jahrhunderten sowohl in der byzantinischen wie in der römischen Kursive. Trotz verblüffender Ähnlichkeit der griechischen und lateinischen Kursive in den frühbyzantinischen Jahrhunderten dürfen die stets vorhandenen wichtigen Unterschiede, die bei näherem Zusehen zutage treten, nicht verschwiegen werden: So hielten die Schreiber die Buchstaben f und φ, l und λ, m und μ, s und σ stets streng auseinander. Unsere Kenntnis der jüngeren römischen Kursive beruht auf den rund 120 einschlägigen Papyri aus Ägypten und etwa halb so vielen lateinischen Papyri italischer, fast durchweg ravennatischer Provenienz (Abb. 28).

Gegenüber den aus der Welt der Inschriften stammenden strengen Buchstabenformen der nicht ligierten Capitalis, in der runde und eckige Buchstaben einander ungefähr die Waage halten, bedeutet eine andere lateinische Buchschrift, die UNZIALE, einen Schritt in der Richtung auf das Vorherrschen der Rundungen und der gefälligen, fließender Schrift entgegenkommenden Formen. Einfluß der Kursive ist spürbar, jedenfalls aus einer Zeit, da man noch nicht von Minuskelkursive sprechen konnte. Wir dürfen die Entstehung dieser wichtigen Buchschrift (zu dem Namen vgl. oben S. 80) wohl in das 3. Jh. setzen, als die römische Kursive noch mehr oder weniger Zweizeilenschrift war und in einer gewissen, aber beschränkten Analogie aus dem griechischen Strengen Stil der unziale Bibelstil entstand. Die Tendenz zur Rundung gegenüber der Capitalis tritt in den unzialen Leitbuchstaben A, D, E, G, H, M, Q und U deutlich hervor. Nur B und R sind rein aus der Capitalis übernommen. Wie der griechische Bibelstil scheint die römische Unziale mit Vorliebe von den Christen für ihre heiligen Schriften verwendet worden zu sein. Es ist zu beachten, daß in Ost und West das Vordringen der Unziale offenbar mit dem Siegeszug des Pergament-Kodex Hand in Hand ging. Auf dem europäischen Festland verfolgen wir die Verwendung der unzialen Buchschrift – Evangeliare sind fast durchweg in Unziale geschrieben – bis ins 8. Jh. hinein, finden sie aber auch, zum Teil in hervorragenden Vertretern (Cod. Amiatinus!) in theologischen Handschriften Englands. Bis zum Ende des 8. Jh. sind rund 400 Pergament-Kodizes in Unziale bekannt (Abb. 29). Als besonders berühmte frühe Stücke seien der aus dem 4. Jh. stammende Palimpsest von Cicero, *De republica* (Vat. lat. 5757), der Veroneser Palimpsest des Juristen Gaius (5. Jh.) und die Quedlinburger Itala-Fragmente (4. Jh., Berlin, Staatsbibl. theol. lat. 2° 485) hervorgehoben. In karolingischer Zeit wurde die Unziale, die im Laufe der Jahrhunderte teilweise entartet war, erneuert und nicht nur als Auszeichnungsschrift, sondern auch als Textschrift in liturgischen Handschriften herangezogen.

Eine nicht minder wichtige Rolle als Buchschrift spielte die seit dem 4. Jh. auftretende HALBUNZIALE, die sich durch die Übernahme vieler Minuskelformen in das unziale Alphabet auszeichnet. Schon früher hatte eine nur in wenigen Schriftproben bezeugte *archaische Unziale* die kursiven Formen von b, d und r übernommen (sog. bd-Unziale). Die Halbunziale jedoch gibt sich durch die Oberlängen von b, d, h, l und die Unterlängen von f, p, q als richtige Vierzeilenschrift. a erhält eine

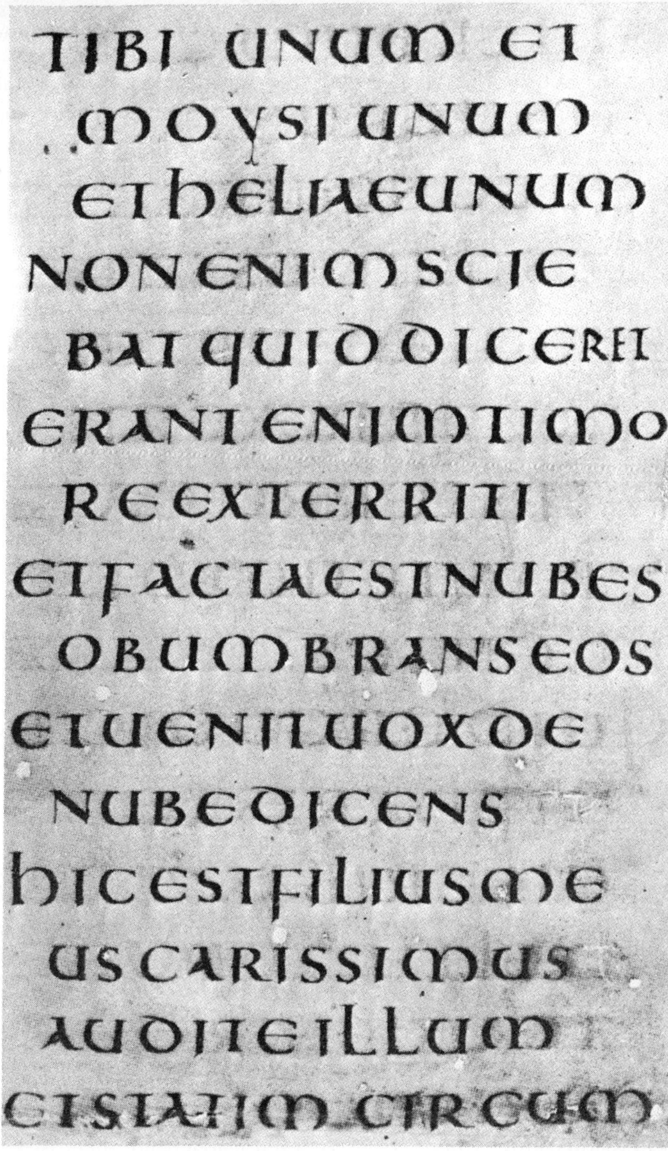
TIBI UNUM ET
MOYSI UNUM
ET HELIAE UNUM
NON ENIM SCIE
BAT QUID DICERET
ERANT ENIM TIMO
RE EXTERRITI
ET FACTA EST NUBES
OBUMBRANS EOS
ET UENIT UOX DE
NUBE DICENS
HIC EST FILIUS ME
US CARISSIMUS
AUDITE ILLUM
ET STATIM CIRCUM

Abb. 29. Unziale, Mark. 9, 5ff., 8. Jh. (Ö.N.B., Cod. 15216, f. 2r).

charakteristische Form, die nebeneinandergesetztem cc bzw. ci ähnelt. g wird unzial, aber auch kursiv (ʒ) geschrieben. Ein neues r läßt seinen Bogen (ohne Schwanz) manchmal fast bis zur Grundlinie herabreichen (r). Neben Majuskel-S findet sich sehr häufig eine Minuskelform (ſ), mit r leicht zu verwechseln, aus der später langes s hervorgehen sollte. Nur N behält noch lange Zeit auch in der Halbunziale seine Majuskelgestalt. Häufig treffen wir in der Halbunziale auf die aus der griechischen Buchschrift bekannten Scheinligaturen, die durch unmittelbares Nebeneinandersetzen zweier Buchstaben und durch künstliche Verbindungsstriche – hier besonders beliebt die vorgestreckte Zunge des e – zustande kommen. Aus der Bezeichnung *litterae Africanae* und der Provenienz des ältesten (indirekt) datierten Halbunzial-Kodex, des vatikanischen Hilarius (vor 510 geschrieben: St. Peter D 182), könnte man auf afrikanische Herkunft der ganzen Schriftart schließen. Die Österreichische Nationalbibliothek besitzt einen berühmten Papyrus-Kodex in Halbunziale (Cod. 2160*: Hilarius, *De trinitate*, 6. Jh., Abb. 30). Wir kennen allerdings nur wenige Orte, an denen die Halbunziale, die übrigens bis ins 8. Jh., als Auszeichnungsschrift noch bis ins 9. Jh. fortlebte, die mit ihr als Buchschrift rivalisierende Unziale verdrängen konnte; hierher gehören Ravenna, Verona und Corbie.

Trotzdem sollte die Halbunziale für die weitere Geschichte der lateinischen Schrift von größter Bedeutung werden. Denn aus ihr und aus der römischen Kursive entwickelten sich jene Schriftarten der vorkarolingischen Zeit, die nach dem Verschwinden des Imperium Romanum im Westen, von verschiedenen Ländern ausgehend, eine für die Überlieferung der antiken christlichen und heidnischen Literatur tragfähige Brücke auch über die sog. «dunklen Jahrhunderte» (7. und 8. Jh.) zur karolingischen Minuskel hin schufen. Man pflegte diese vorkarolingischen Schriftarten, die irisch-angelsächsische, die merowingische, die westgotische und verschiedene Zwischenstufen und Übergangsformen wie die langobardische und die Schrift von Bobbio einst als Nationalschriften zu bezeichnen. Da man aber in diesen frühmittelalterlichen Jahrhunderten weder von Nationen sprechen kann noch auch dieselbe Schriftart für ganze Länder oder Provinzen maßgebend blieb, ist man von diesem Ausdruck wieder abgegangen. Einmal machen sich in den vorkarolingischen Schriften die verschiedensten gegenseitigen Beeinflussungen und Querverbindungen geltend, zum zweiten sind es in steigendem Maße einzelne Schreibschulen, und zwar durchweg Klöster,

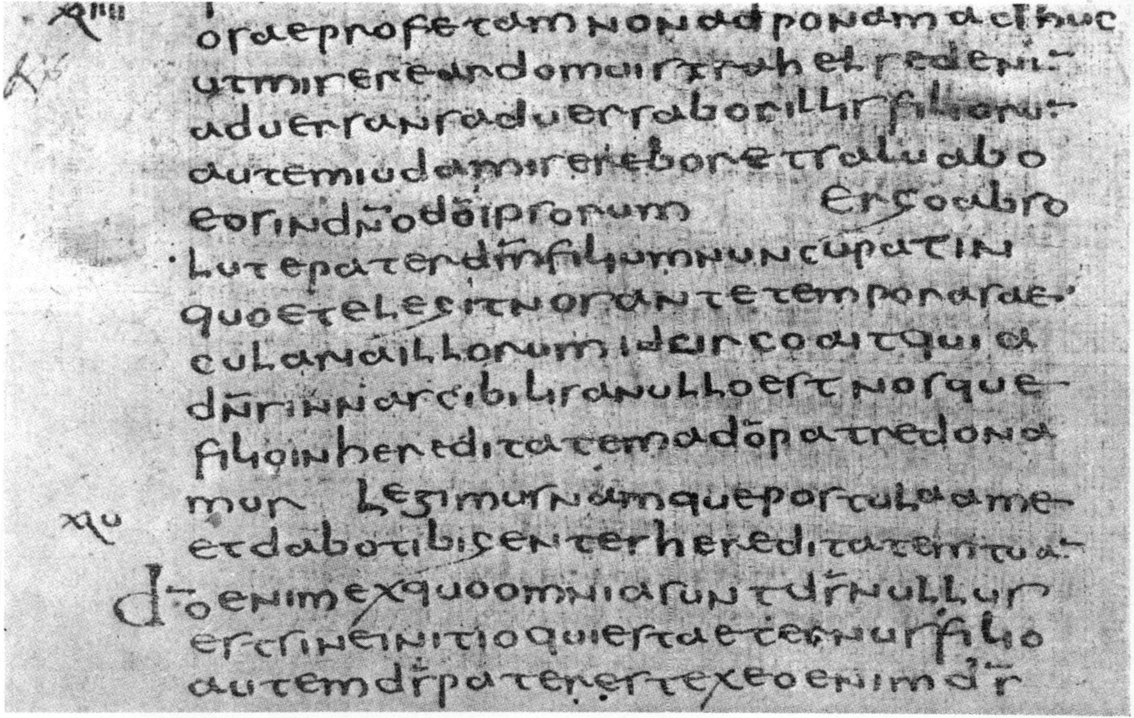

Abb. 30. Halbunziale, Hilarius (*De trin.*), 6. Jh. (Ö.N.B., Cod. 2160*, f. 45v).

von denen ein Schriftwollen ausging, das zur Bildung eines bestimmten Stils führte.

Ein besonderes Problem stellt sich uns bei der Betrachtung der im angelsächsisch–irischen Raum gebräuchlichen Schriftformen. Noch bis vor kurzem galt es als communis opinio, daß Irland im Verlauf seiner Missionierung in verhältnismäßig kurzer Zeit eine kulturelle Blüte erleben konnte, der u.a. bedeutende Denkmäler insularer Buchmalerei wie die Evangeliare von Durrow, Durham und Kells ihre Entstehung direkt oder indirekt zu verdanken hätten. Dabei datierte man diese Handschriften in das frühe 7. oder gar noch in das 6. Jh. So ergab sich die Vorstellung von dem späteren fruchtbaren Einfluß dieser schon frühzeitig entwickelten irischen Buchkunst auf die angelsächsischen Buchmaler und Schreiber. Seit sich aber herausstellte, daß diese Handschriften durchweg dem 8. Jh. angehören und somit keineswegs älter als die angelsächsischen Evangeliare von Lindisfarne und Echternach (Paris. lat. 9389) sind, wurde der These einer eigenständigen, uralten irischen Buchmalerei und Schreibkunst der Boden entzogen (F. Masai). Man wird also auch gut tun, die aus der römischen Halbunziale entwickelte INSULARE HALBUNZIALE nicht mehr wie bisher künstlich in eine irische und angelsächsische Halbunziale zu trennen. In dieser Schrift treten die Buchstaben d, r und s in unzialer und halbunzialer Schreibung nebeneinander auf, Minuskel-n steht nebem unzialem n. Die Oberlängen von b, d, h, l sind kurz, gedrungen und spachtelförmig, bei b und l merkwürdig ausgebuchtet. Die Buchstaben drängen sich wie die Glieder einer Kette aneinander (Abb. 31). Für angelsächsisches th erhält das d in seiner Oberlänge einen Querstrich (ð); ferner wird die Rune þ in die angelsächsische Schrift übernommen. Ein häufiges Mittel der Verzierung sind feine, farbige Punktsäume, die zumeist ganze Buchstaben umgeben. Die Initialen weisen mit Vorliebe Flechtwerkmuster auf; nicht selten begegnen uns auch Lebewesen, Tiere und Menschen als ornamentale Motive (zoomorphe Initialen). Die berühmteste aller irischen Handschriften, in der dieser Stil in höchster Vollendung vorliegt, ist das Book of Kells (jetzt in Dublin befindliches Evangeliar aus der Zeit um 800).

Neben dieser breiten ornamentalen Halbunziale beobachten wir eine ganz anders geartete INSULARE MINUSKEL, eine ausgesprochene Spitzschrift mit schmalen, spießigen Formen, die an die Zähne eines Kammes erinnern, und mit einem oben spitz geschlossenen a. g zeigt

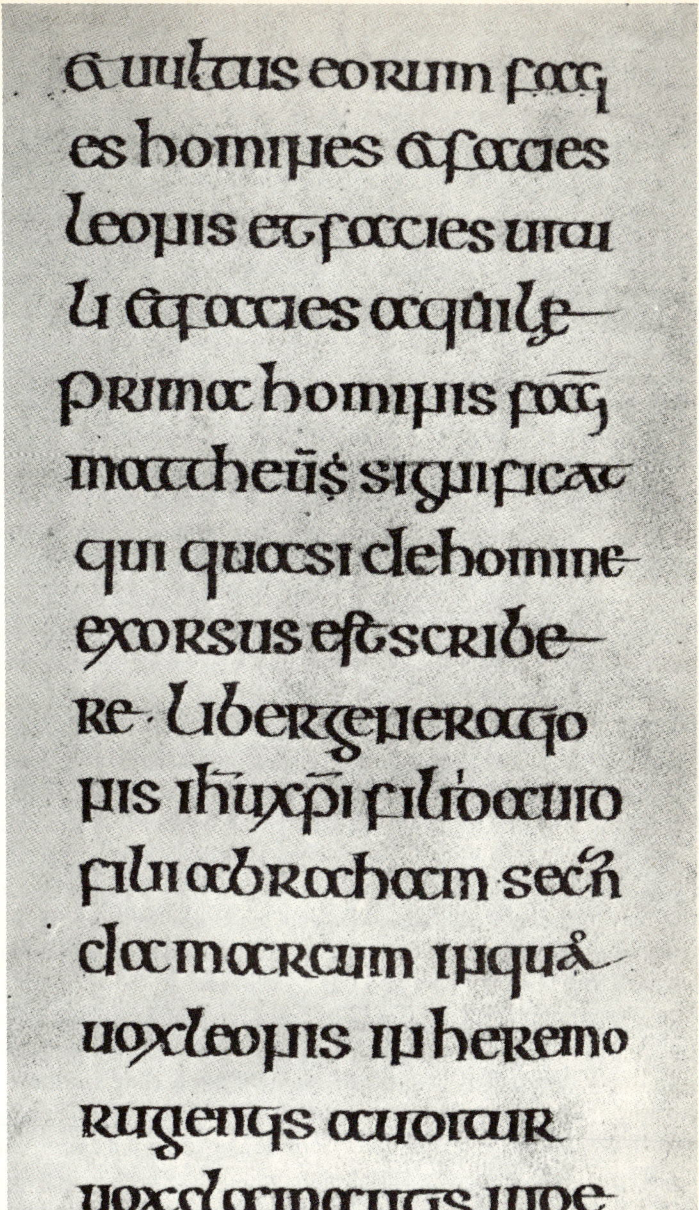

Abb. 31. Insulare Halbunziale, 8. Jh. (Ö.N.B., Cod. 1224, f. 3r).

halbunziale Form (ʒ), r hat eine große Unterlänge und ähnelt dem langen s (ſ), dessen Bogen sich aber nicht mehr wie beim r nach oben wendet (Abb. 32). Die nach unten dünner werdenden, spitzen Unterlängen geben der Schrift ihr charakteristisches Gepräge. Dazu trägt ein bestimmter Federschnitt und die Federhaltung – Ellbogen vom Körper weit abgewinkelt – bei. Die Schrift steht senkrecht, ist gelegentlich eher links geneigt, zeigt scharfe Spitzen und kantige Konturen sowie keilförmig ansetzende Oberlängen. Diese sehr platzsparende Schrift, die man gerne als irische Minuskel bezeichnet, eignet sich trefflich für Glossen und Marginalien aller Art, wo sie manchmal in richtigen Zwergformen auftritt. Viele Kodizes sind aber auch zur Gänze in dieser an Kürzungen und Ligaturen reichen Schrift geschrieben, die sich bis ins hohe Mittelalter (12. Jh.) erhalten konnte. Da die Grenze zwischen dieser «irischen» und einer «angelsächsischen» Minuskel oft kaum zu ziehen ist, empfiehlt es sich auch hier, von insularer Minuskel zu sprechen.

Auf englischem Boden lassen sich verschiedene Lokaltraditionen feststellen, die in den festländischen Klostergründungen und Skriptorien angelsächsischer Missionare fortwirkten. So lebt der nordhumbrische Stil im 8. Jh. im Kloster Echternach (gegründet vom hl. Willibrord), der südenglische hingegen im Missionsgebiet des hl. Bonifatius (Mainfranken, Hessen), besonders in dem von ihm gegründeten Kloster Fulda bis in die Mitte des 9. Jh. weiter. Ebenso stark ist der insulare Einfluß in den Handschriften kontinentaler Klöster mit irischer Gründertraditionen wie Luxeuil (Burgund) und Bobbio (bei Piacenza; beide vom hl. Kolumban gegründet), St. Gallen und in dem vom hl. Kilian missionierten Frankenland. Aber auch an vielen anderen Orten wie Salzburg, der Reichenau, Fulda, Regensburg und Mainz können wir insularen Einfluß zum Teil noch bis ins späte 11. Jh. nachweisen.

Im Westen des alten Imperium Romanum, auf der Iberischen Halbinsel, herrschten vom letzten Viertel des 5. Jh. bis zur Eroberung Spaniens durch die Araber (711) die Westgoten. Noch lebte spätantike, römische Kultur in diesem Germanenreich weiter, wie allein schon die *Etymologiae*, die umfangreiche Enzyklopädie des gelehrten Isidor von Sevilla (gest. 636), beweisen. Hier kannte und pflegte man, in den Klöstern des Nordens auch nach dem Arabersturm, neben der lateinischen Unziale die Halbunziale und die Kursive. Seit etwa 700 erhielt sowohl die Buchschrift als auch die Kursive in Spanien ein eigenes Gepräge,

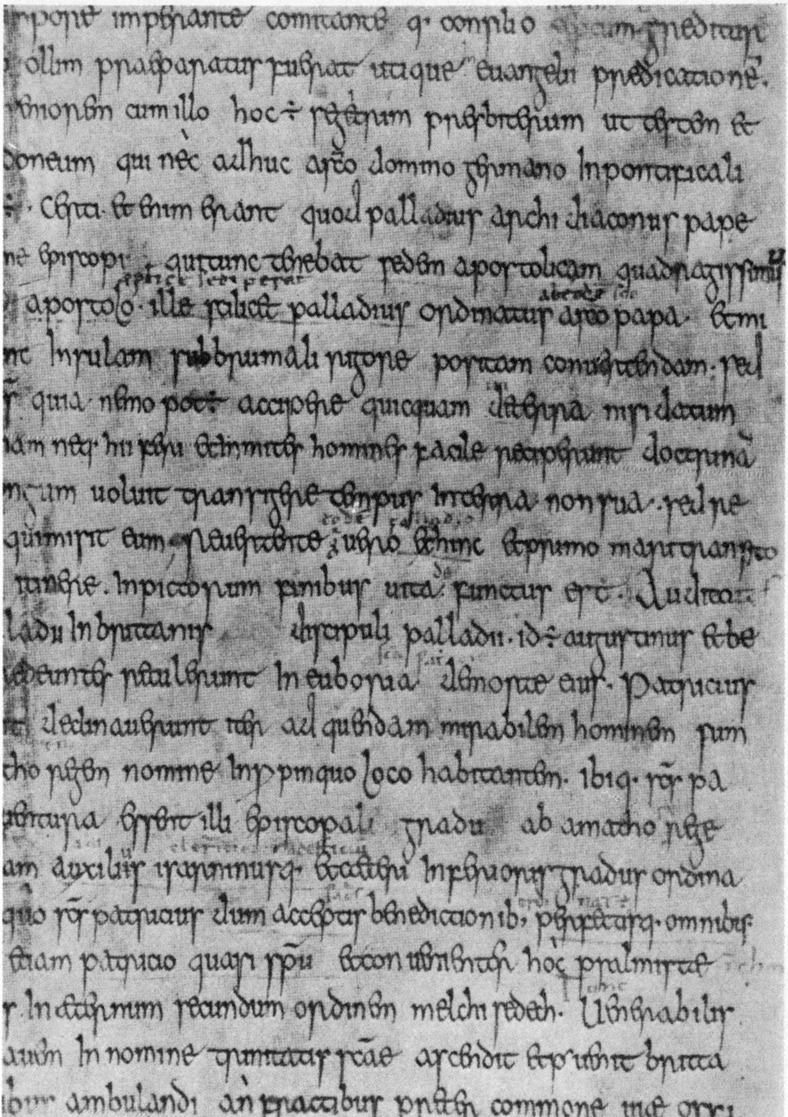

Abb. 32. Insulare Minuskel, 8./9. Jh. (Ö.N.B., Ser. n. 3642, f. 1r).

so daß wir von spanischer bzw. WESTGOTISCHER MINUSKEL sprechen können. Charakteristisch für diese ist die Einhaltung der Senkrechten bei gelegentlicher Linksneigung und die starke Ausdehnung der an sich nicht sehr häufigen Ober- und Unterlängen. a ist oben offen, g besteht aus einem nach rechts offenen Kreis mit säbelförmiger Unterlänge, und t zieht seinen Querbalken in einem Bogen bis auf die Grundlinie und schließt ihn an seine Haste an, so daß es einem geschlossenen a ähnelt (, Abb. 33). Im 10. Jh. trat als Konkurrenz zu dieser westgotischen Schrift auf spanischem Boden bereits die fränkische Minuskel auf, die seit dem 11. Jh. immer mehr vorherrschend wurde. Andrerseits drang die spanische Schrift in manchen Fällen im 8. Jh. bis tief nach Frankreich und Italien (Lucca) vor.

Auch in diesen Ländern beobachten wir in den vorkarolingischen Jahrhunderten verschiedene Stilisierungsversuche gegenüber der römischen Halbunziale bzw. der Kursive. Man hatte sich seit Mabillon daran gewöhnt, diese vorkarolingische Schrift in Frankreich als *merowingisch*, in Italien als *langobardisch* zu bezeichnen. Wir wissen heute, daß diese Termini eine unzulässige Vereinfachung des paläographischen Sachverhalts insinuieren. Zwar beobachten wir in den Urkunden aus der Kanzlei der merowingischen Könige und der fränkischen Hausmeier ein Streben nach einer bestimmten Stilisierung, die sich in aufrechtstehender, eng zusammengedrückter Schrift mit markanten Ober- und Unterlängen, in auffälligen Ligaturen, z. B. von t und e, in der 8-Form des e und dem oben offenen a ausdrückt. Allein, diese Urkundenschrift wurde auch für literarische Texte – zumeist mit deutlicher Milderung der kursiven Elemente – verwendet. Sie weist in verschiedenen Skriptorien verschiedene zusätzliche Merkmale auf, die uns – um nur die wichtigsten zu nennen – den EN-Typ von Corbie, den az-Typ von Laon und den früher fälschlich als Typ von Luxeuil bezeichneten (besonders schlank stilisierte Halbkursive, vor allem 1. Hälfte des 8. Jh., Abb. 34), unterscheiden lassen. In der Schreibschule von Corbie wurde in der 2. Hälfte des 8. Jh. und noch bis ins 9. Jh. hinein eine nach dem Vorbild der merowingischen Königskanzlei geprägte Urkundenschrift als Buchschrift gepflegt (sog. ab-Typ, Abb. 35). So ist also schon auf fränkischem, nicht minder aber auf deutschem und italischem Boden eine ganze Reihe von besonders stilisierten Schriftarten festzustellen, bei denen sich auch der insulare Einfluß bald mehr, bald weniger bemerkbar macht.

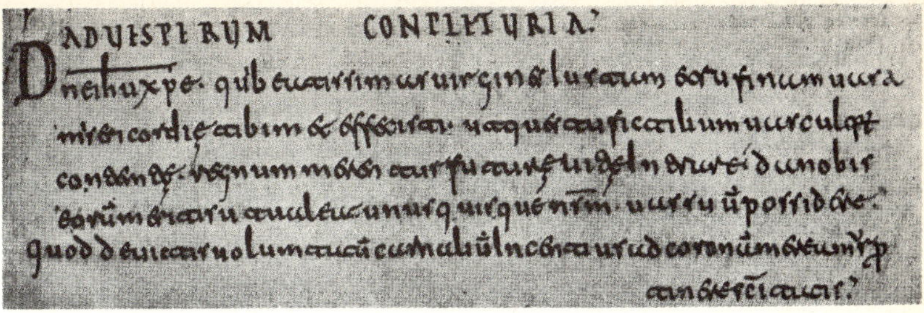

Abb. 33. Westgotische Minuskel, Anfang 8. Jh. (LOWE, Bd. IV, Nr. 515).

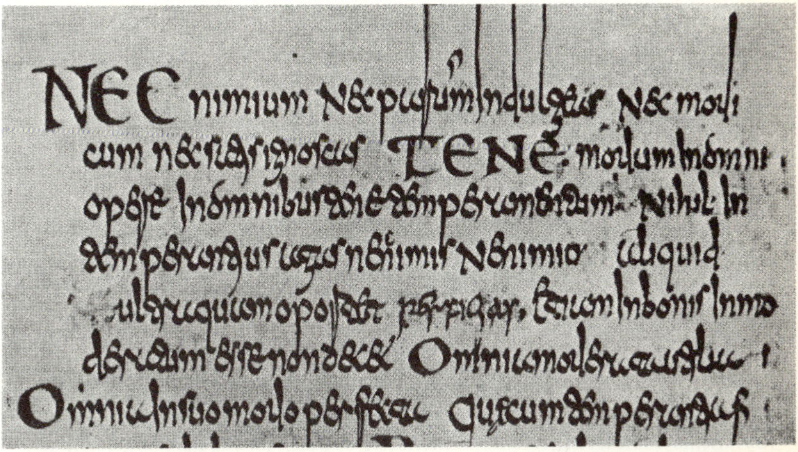

Abb. 34. Merowingische Buchschrift, 1. Hälfte 8. Jh. (LOWE, Bd. VIII, Nr. 1197).

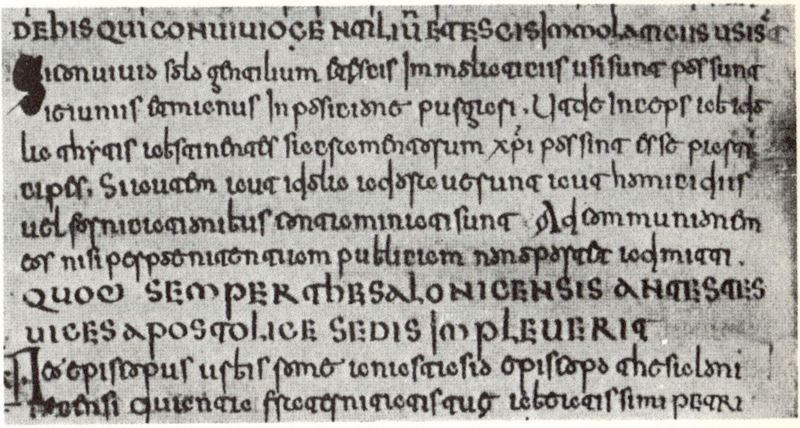

Abb. 35. «ab-Typ» von Corbie, Ende 8. Jh. (LOWE, Bd. V, Nr. 574).

Aus dem Italien Theoderichs (493–526) ist außer dem berühmten, vermutlich für den König selbst geschriebenen Codex Argenteus (gotische Bibelübersetzung des Bischos Ulfila auf Purpurpergament, heute in Uppsala) nur wenig erhalten, das von dem gotischen Schriftwesen der Zeit Zeugnis ablegen würde. Im Zuge der langobardischen Eroberung wurden offenbar auch die meisten Schriftdenkmäler der vorangehenden Epoche vernichtet. Auch von der päpstlichen KURIALE, einer nach dem Vorbild der byzantinischen Kanzleischrift stilisierten Kursive mit Neigung zu runden, bauchigen Formen, haben wir Zeugnisse erst aus dem letzten Viertel des 8. Jh. Mit starkem Konservativismus hielt die Kuriale an den einmal geprägten Formen einer Kanzleikursive fest, so daß sich die Minuskel erst gegen Ende des 11. Jh. in den Papsturkunden durchsetzen konnte. Die ravennatische Kursive des 6. und 7. Jh. ist uns aus den oben erwähnten Papyrusurkunden hinlänglich bekannt.

Die Langobarden selbst versuchten, ihre eigenen Urkunden im Anschluß an das römische Urkundenwesen zu gestalten. Beispiele einer langobardischen Kursive kennen wir aus Originalurkunden seit dem frühen 8. Jh. Nicht leicht kann man die Bedeutung des 614 gegründeten Klosters Bobbio überschätzen, dessen Schreibermönche, vielfach irischer Abkunft, durch mehrere Generationen im 7. und 8. Jh. zahlreiche wichtige Handschriften in mancherlei Misch- und Übergangsformen zwischen irischer und festländischer Halbunziale bzw. Kursive schrieben. Zeugnisse der Schreibkunst von Bobbio finden sich heute noch in vielen Bibliotheken Europas. Dieses Zentrum gelehrten Schriftwesens strahlte auch auf den übrigen langobardischen Raum aus. Aber auch in Verona, Lucca und anderen Orten Ober- und Mittelitaliens sind vorkarolingische Schreibschulen festzustellen; mit dem Vordringen der karolingischen Minuskel verloren sie allerdings schnell ihre Bedeutung. Nur in Unteritalien konnte das 529 gegründete Mutterkloster des Benediktinerordens, Monte Cassino, einer besonderen Ausprägung der süditalischen Halbkursive des späten 8. Jh. in weiten Gebieten Geltung verschaffen. Diese sog. BENEVENTANISCHE SCHRIFT (Abb. 36) erlebte im 10. bis 12. Jh. ihre Blütezeit und wurde erst spät von der gotischen Minuskel verdrängt. Besondere Merkmale der Beneventana sind dicke, gedrungene, in guten Handschriften regelmäßige Schriftformen, die infolge der breit geschnittenen Federn einen deutlichen Gegensatz von Haar- und Druckstrichen aufweisen. Ober- und Unterlängen sind maßvoll ausgedehnt, die Oberlängen manchmal keulenförmig verdickt. Die Kleinbuchstaben i, m, n und u zeigen auffallende Brechungen ihrer Schäfte, wie sie auch in der gotischen Minuskel üblich wurden. Auch für die Rundbuchstaben verwandelt sich die kreisähnliche Grundform in einen Rhombus. Dies gilt sogar für die Interpunk-

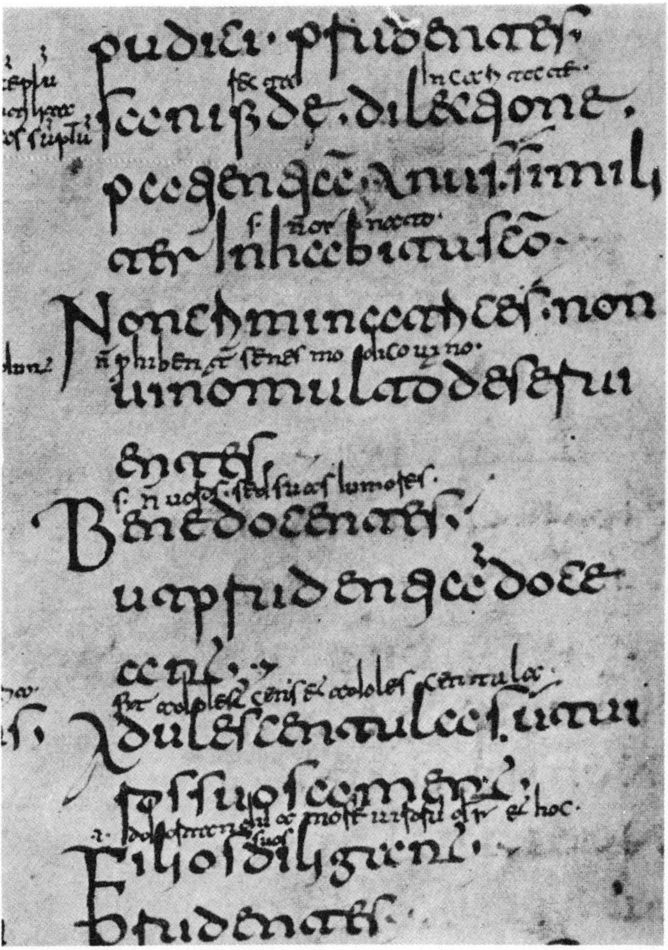

Abb. 36. Beneventanische Schrift, 10. Jh. (Ö.N.B., Cod. 903, f. 65v).

tionszeichen. e, das mit seinem Oberteil über die obere Zeile reicht und die Zunge herausstreckt, erinnert in etwa an das Epsilon der älteren griechischen Minuskel. a scheint aus zwei c zu bestehen, t zieht den Querbalken in einem Bogen auf die Grundlinie herab.

Aus dem Vorangegangenen ergibt sich, daß die lateinischen Handschriften der vorkarolingischen Jahrhunderte auf dem europäischen Festland wie auf den Inseln England und Irland eine bunte Vielfalt von Stilisierungen im Bereich zwischen Halbunziale und Halbkursive aufweisen. Dabei erreichen in der Regel hochbegabte Schreiber sowie Skriptorien mit guter Tradition markantere Stilisierungen mit größerer Verdichtung der Schrift, kühneren Ligaturen und Kürzungen als Klöster ohne ausgeprägtes Schriftwollen mit Schreibern geringerer Gewandtheit. Diese sind vielmehr Pflegestätten einer einfacheren, aber auch schwungloseren, ästhetisch weniger befriedigenden Schrift, die durch das Zurücktreten der Ligaturen und Kürzungen leichter lesbar wird. Solche Art zu schreiben weist bereits den Weg von den vorkarolingischen Stilisierungen zur karolingischen Minuskel. Die Vorstufen der karolingischen Schriftreform, die völlig ungelenkte Ausbildung einer von Ligaturen fast völlig freien FRÜHMINUSKEL um die Mitte und in der 2. Hälfte des 8. Jh. ist ein interessanter Vorgang, der in der Geschichte der griechischen Schrift im allmählichen Übergang von der spätbyzantinischen Kursive zur Buchminuskel eine gewisse Parallele hat. Im Osten scheint sich dieser Vorgang über längere Zeit hin zu erstrecken, finden wir doch fast ligaturen- und kürzungsfreie Vierzeilenschrift mit minuskelähnlichen Buchstabenformen schon in Papyri des frühen 7. Jh.! Eine wichtige Schreibschule, die mit einer solchen Frühminuskel die spätere Entwicklung gleichsam vorwegnahm, war St. Martin in Tours, in dessen Handschriften bereits um 750 das charakteristische kleine unziale a der karolingischen Minuskel neben die alte cc-Form trat. Auch im alemannischen Raum ist schon um die Jahrhundertmitte eine derartige Frühminuskel festzustellen, die sich in St. Gallen, in der Reichenau und Konstanz bis in die Jahre Ludwigs des Frommen halten konnte. Um die Mitte des 8. Jh. lebte auch noch die Halbunziale, abgesehen von wenigen vermischten Schriftproben, in reinen Wiedergaben weiter, wenngleich die neue Entwicklung der Minuskel für die Halbunziale auf die Dauer verhängnisvoll werden mußte. An dem sog. *Maurdramnus-Typ* von Corbie – dem frühesten Bei-

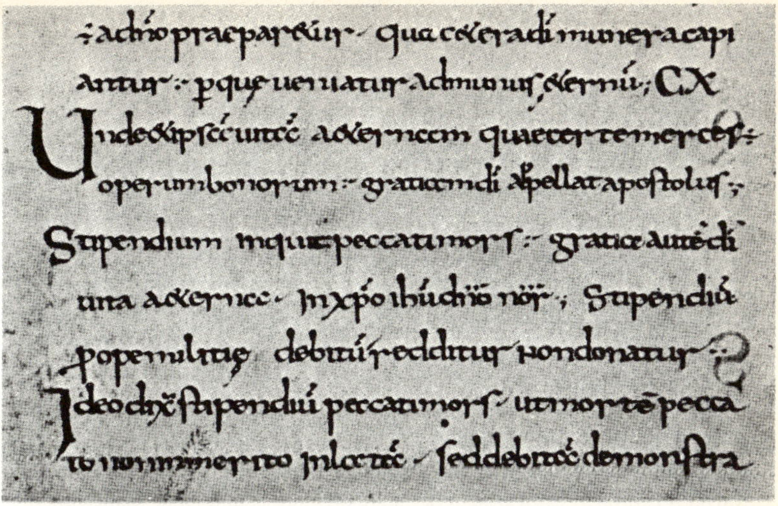

Abb. 37. Maurdramnus-Typ von Corbie, 8./9. Jh. (LOWE, Bd. IX, Nr. 1301).

spiel karolingischer Minuskel (vor 780, dem Todesjahr des Abtes Maurdramnus) – kann man den bewußten Schritt von der Halbunziale zur Minuskel in der planmäßigen Ersetzung der halbunzialen Formen von a, g und n durch die entsprechenden Minuskelformen verfolgen (Abb. 37). Was in diesem Fall der überlegte Schritt eines hochstehenden Schreibers war, konnte durch Verbindungen der Klöster untereinander, durch Austausch und Versendung von Schreibermönchen, durch Neugründungen von Klöstern usw. auch eine gewisse Breitenwirkung erzielen.

Mit den Jahrzehnten um 800, d. h. mit der Regierungszeit Karls des Großen, hat für die weitere Entwicklung der lateinischen Schrift im Mittelalter die entscheidende Stunde geschlagen. Zwar können wir es ebensowenig wie bei der Säuberung der griechischen Minuskel im 15. Jh. exakt beweisen, daß eine Schriftreform angeordnet und durchgeführt wurde. Aber hier wie dort kennen wir eine Fülle von Handschriften, die an sich schon eine deutliche, klare Sprache sprechen. Es ist ja nur zu verständlich, daß ein Herrscher, der sich nicht mit der Gründung und politischen Sicherung eines Großreichs begnügte, sondern auch der Kultur dieses Reichs größte Aufmerksamkeit zuwandte, der selbst noch im höheren Alter schreiben lernte, für die Schrift und ihre Formen sehr aufgeschlossen war. Wir besitzen noch eine Reihe von Prachthandschriften, die aus der Hofschule Karls hervorgingen und deren Miniaturen der nach Karls angeblicher Schwester Ada benannten Schule von Buchmalern entstammen. Hierher gehören der Trierer Codex aureus (Ada-Evangeliar), das Godescalc-Evangelistar (Paris. lat., nouv. acq. 1203), das Evangeliar der Pariser Arsenalbibliothek (Nr. 599) und der Goldene Psalter (Dagulf-Psalter) in der Österreichischen Nationalbibliothek (Cod. 1861, Abb. 38). An diesen Kodizes, die in Nachahmung byzantinischer imperialer Prunkhandschriften, teils durchlaufend, teils vereinzelt, Gold- und Silberschrift auf Purpurpergament aufweisen, kann man die zweifache Tendenz der karolingischen Schriftreform ablesen. Einerseits versuchte man mit der Wiederbelebung der antiken Literatur im Rahmen der sog. karolingischen Renaissance auch die alten lateinischen Buchschriften, die Capitalis, die Unziale und Halbunziale, nicht nur als Auszeichnungsschriften, zu neuem Leben zu erwecken. Diesen archaisierenden Tendenzen war nur ein zeitlich begrenzter Erfolg beschieden, der über das 10. Jh. kaum hinausreichte.

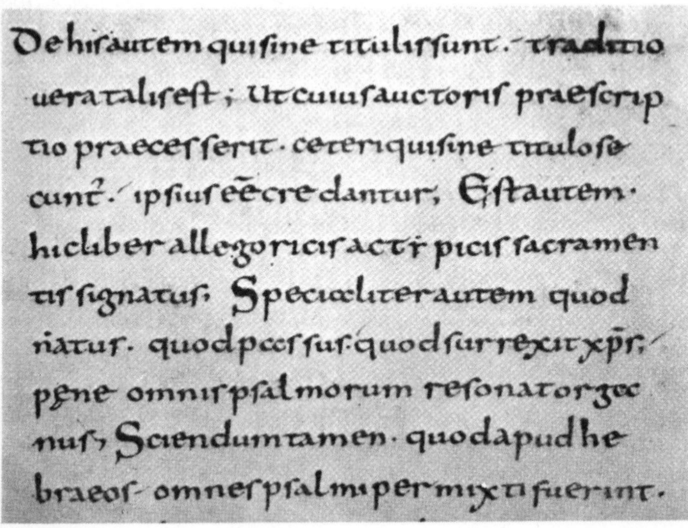
De his autem qui sine titulis sunt. traditio
ueratalis est; Ut cuius auctoris praescrip
tio praecesserit. ceteri qui sine titulo se
cunt. ipsius esse credantur, Est autem.
hic liber allegoricis act picis sacramen
tis signatus; Specialiter autem quod
natur. quod passus. quod surrexit xps.
pene omnis psalmorum resonat organ
nus; Sciendum tamen. quod apud he
braeos omnes psalmi permixti fuerint.

Abb. 38. Karolingische Minuskel, Goldener Psalter (Dagulf-Psalter), Ende 8. Jh. (Ö.N.B., Cod. 1861, f. 21v).

Andrerseits sollte eine gut lesbare, einheitlich stilisierte Minuskel geschaffen werden, die dem Ideal einer Vierzeilenschrift besser entsprach als die Halbunziale, von den Kürzungen und Ligaturen der Halbkursive frei war und im ganzen gefällige Proportionen zu einem ästhetisch befriedigenden Schriftbild verband. So präsentiert sich uns die KAROLINGISCHE MINUSKEL als eine Buchschrift hohen Ranges, in der auch die Buchstaben a, g, n dem Minuskelalphabet angepaßt sind und ähnlich wie bei der griechischen Perlschrift ein idealer Ausgleich von Rundungen und Geraden erzielt werden konnte. Das oben erwähnte Godescalc-Evangelistar ist in wiederbelebter Unziale, die Überschriften in Capitalis zwischen 781 und 783 geschrieben, enthält aber auch ein Widmungsgedicht in karolingischer Minuskel von der Hand des Schreibers Godescalc. Der Goldene Psalter wiederum weist charakteristische Überschriften und Initialen in Capitalis und Unziale auf, während der Text selbst, noch vor 795, von Dagulf in karolingischer Minuskel geschrieben wurde.

Das Durchdringen der neuen, gereinigten Minuskel war ein Prozeß, der sich über viele Jahrzehnte erstreckte und bei weitem nicht in allen Schreibschulen mit derselben Intensität und zu gleicher Zeit einsetzte. So bewahrten viele Skriptorien ihre lokalen Eigentümlichkeiten bis in das 2. Jahrzehnt des 9. Jh.; das gilt von der Maurdramnus-Minuskel in Corbie, von der alemannischen Minuskel in St. Gallen, in der Reichenau und Konstanz, von der frühkarolingischen Minuskel von Verona, Lorsch, Metz u.a. Für die Vereinheitlichung des Schriftcharakters in den klösterlichen Schreibschulen des Frankenreichs scheint Tours, wo man schon um 750 eine ligaturenfreie Frühminuskel schrieb, in der 1. Hälfte des 9. Jh. propagandistisch gewirkt zu haben, was man aus der Versendung von Musterbibeln an verschiedene Kirchen und Klöster erschließen kann. Im übrigen ist die frühkarolingische Zeit bis zur Mitte des 9. Jh. durch große Schreibfreudigkeit und eine hohe Buchkultur ausgezeichnet. Die in relativ großer Zahl erhaltenen Handschriften aus diesen Jahrzehnten gestatten es den Paläographen, sich über manche Schulstile wie die von St. Gallen, Regensburg, Freising, Salzburg, Köln, Mainz, Lorsch, Fulda, Würzburg, Bobbio, Verona, Tours, Corbie, Fleury, St. Amand, Reims, St. Denis und Lyon ein ziemlich genaues Bild zu machen.

Die Vorherrschaft der karolingischen Minuskel und die verhältnismäßige Einheitlichkeit des Schriftbildes im ganzen Frankenreich um die Mitte des 9. Jh. wurde durch die Teilungen und den allmählichen Zerfall des Reiches nicht gefährdet. Zu einer Aufgliederung der karolingischen Minuskel nach provinziellen Stilarten kam es jedenfalls nicht mehr. Die kirchlich-lateinische Kultur dieser Zeit ruhte auf dem festen Fundament der Klöster, die im Osten und Südosten weite Randgebiete dem Christentum, der abendländischen Kultur und damit auch der lateinischen Minuskelschrift erschlossen. Klösterliche Reformbewegungen im 10. und 11. Jh. erweiterten den Einflußbereich der karolingischen Minuskel nach England (Einwirkung von Fleury) und Spanien (Rom und Cluny). Bei oberflächlicher Betrachtung scheint sich am Bild der lateinischen Minuskel vom 9. bis 12. Jh. nur wenig zu ändern. Sieht man näher zu, so erkennt man freilich eine Reihe von wechselnden Einzelheiten, die sich aber oft zeitlich und schon gar örtlich schwer festlegen lassen. Zunächst zeigt sich, daß das von Schwung und Harmonie geprägte Bild der karolingischen Minuskel seit der 2. Hälfte des 9. Jh. einer gewissen Erstarrung und Verkrampfung anheimfällt. Die Bögen mancher Buchstaben wie h und m werden gebrochen, Ansatzstriche bei i, m, n treten auf, die wenigen Ligaturen machen den Schreibern Schwierigkeiten. Der fließende Duktus der frühkarolingischen Zeit macht weithin einem unausgeglichenen, ungeschickten Zusammensetzen der Buchstaben Platz. Gewiß war das 10. Jh. mit dem Ungarnsturm für den deutschen Süden und Südosten eine Zeit schwerer Prüfungen, und in Bayern mußten abgerissene Traditionen wieder neu aufgenommen werden. Das gilt aber nicht für das Rheinland und die alemannischen Klöster, wo im späten 10. und frühen 11. Jh. die berühmten Schulen der Reichenau, von Trier und Köln ihre Meisterwerke der Buchmalerei oft mit einer schweren, gedrungenen, wenig eleganten Schrift ausstatten. Manche Schriften dieser Jahrzehnte fallen durch knotenartige Ansätze von f, i, m, n, p, r, langem s und u auf (z. B. Froumund von Tegernsee).

Gegenüber der Unausgeglichenheit und dem geringen Stilisierungsvermögen so vieler Hände des 10. Jh. beobachten wir in der 1. Hälfte des 11. Jh. allenthalben in Deutschland eine von bewußtem Schriftwollen und hohem Können geprägte Schreibweise, die in klugem Maßhalten zwischen fülligen und mageren Formen einen Kanon auf der Grundform eines schräg stehenden Ovals aufbaut. In Süddeutschland und Österreich, wo im 11. Jh. eine große Zahl eleganter Kodizes in diesem SCHRÄGOVALEN STIL (B. BISCHOFF, vgl. Abb. 39) entstand (z. B.

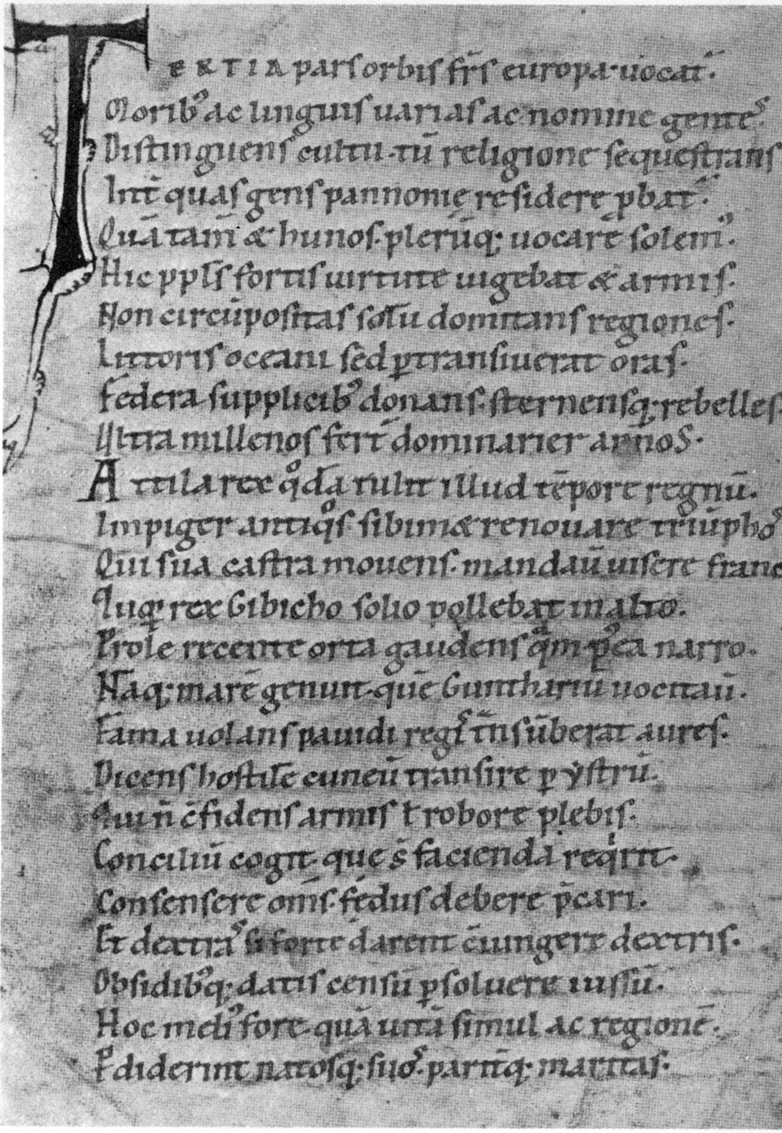

Tertia pars orbis fratres europa uocatur.
Moribus ac linguis uarias ac nomine gentes.
Distinguens cultu tum religione sequestrans
Inter quas gens pannonie residere probatur.
Quam tamen et hunos plerumque uocare solemus.
Hic populus fortis uirtute uigebat et armis.
Non circumpositas solum domitans regiones.
Littoris oceani sed pertransiuerat oras.
Federa supplicibus donans. sternensque rebelles.
Ultra millenos fertur dominarier annos.
Attila rex quodam tulit illud tempore regnum.
Impiger antiquos sibimet renouare triumphos.
Qui sua castra mouens. mandauit uisere francos
Quorum rex Gibicho solio pollebat in alto.
Prole recente orta gaudens quam postea narro.
Namque marem genuit. quem Guntharium uocitauit.
Fama uolans pauidi regis transuenerat aures.
Dicens hostilem cuneum transire per hystrum.
Qui non confidens armis uel robore plebis.
Concilium cogit. que sint facienda requirit.
Consensere omnes. fedus debere precari.
Et dextras si forte darent coniungere dextris.
Obsidibusque datis censum persoluere iussum.
Hoc melius fore. quam uitam simul ac regionem.
Perdiderint natosque suos. paritterque maritas.

Abb. 39. Schrägovaler Stil, 12. Jh. (Ö.N.B., Cod. 289, f. 103v).

das Uta-Evangeliar aus Regensburg), können wir seine Ausläufer vereinzelt noch bis ins 13.Jh. verfolgen. Im Westen und Nordwesten Deutschlands hingegen scheint dieser Stil weniger Boden gewonnen zu haben.

Wie bereits oben erwähnt, setzten sich manche Neuerungen der Minuskel nur allmählich, in manchen Gebieten erst sehr spät durch. Im allgemeinen ist der Anstoß zur Erneuerung der Schrift von Westfrankreich (Tours) ausgegangen und hat wellenförmig nach Osten weitergewirkt. So sehen wir gewisse Veränderungen an Einzelbuchstaben in deutschen Skriptorien durchschnittlich später auftreten als in französischen. Das alte, offene a verschwindet im 10.Jh. und macht endgültig dem unzialen a Platz, das Majuskel-N wird von der Minuskelform verdrängt. Dafür sind rundes, unziales d und spitzes v seit dem 11.Jh. auch im Wortinnern gang und gäbe, und w – früher durch uu wiedergegeben – erhält im 11.Jh. seine vv-Form. Seit der Wende des 11. zum 12.Jh. finden wir ii zur Unterscheidung von u mit 2 Strichen versehen (*íí*), rundes s tritt am Wortende, zunächst hochgestellt in der Ligatur vs (= us), auf; bald erscheint es auch im Wortinnern. Das gerade d tritt vor dem runden im 12.Jh. immer mehr zurück. Die keulenförmig verdickten Oberlängen, welche die karolingische Minuskel als Erbstück kursiver Schreibweise noch im 8. und 9.Jh. charakterisieren, werden bereits im 10.Jh. schmal und kürzer. Aus der gelegentlichen Verstärkung dieser Oberlängen durch einen zweiten Ansatz, die wir aus der insularen Schrift kennen, scheint die Gabelung der Oberlängen entstanden zu sein, die in den Handschriften – von frühen Einzelfällen abgesehen – etwa ab 1100 auftritt und im 12.Jh. weite Verbreitung findet. Das schon in vorkarolingischer Schrift nicht seltene e mit Schwanz für den Diphtong ae (e caudata) setzt sich im 10. und 11.Jh. restlos durch, um später durch einfaches e ersetzt zu werden. Im allgemeinen zeigt sich im 11. und besonders im 12.Jh. die Tendenz, die Schrift mehr hoch als breit zu gestalten. Die Buchstaben rücken näher aneinander, und bauchige Formen werden nun schmäler. So kommt es, daß auch der in älterer karolingischer Minuskel stark schräg gestellte Strich des kleinen unzialen a sich nun immer mehr aufrichtet und schließlich fast senkrecht ausgeführt wird (im 12.Jh. schon die Regel). Die Worttrennung setzt sich im allgemeinen während des 10. bis 12.Jh. immer mehr durch (Abb.40, ein datiertes Beispiel des 11.Jh.).

Auch die Schrift der Urkunden blieb in diesen Jahrhunderten nicht

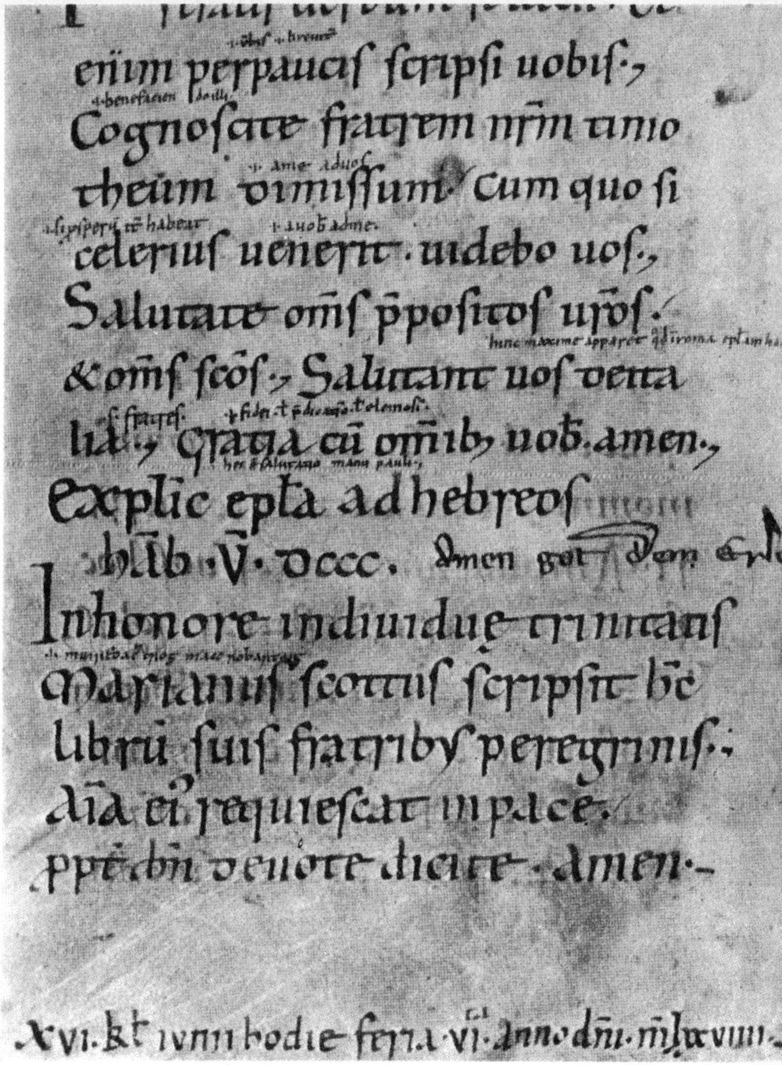

Abb. 40. Minuskel, 1079 n. Chr. (Ö.N.B., Cod. 1247, f. 160v).

unverändert. Während die frühkarolingische Kanzleischrift die Schrift merowingischer Königsurkunden im wesentlichen übernahm und nur durch eine gewisse Glättung und Milderung extremer Formen eleganter gestaltete, beobachten wir einen deutlichen Bruch mit der Tradition seit dem Auftreten des Notars Hebarhard (ab 859) in der Königskanzlei. Einerseits bilden von nun ab vornehmlich die Buchstabenformen der karolingischen Minuskel die Grundlage der Schrift (DIPLOMATISCHE MINUSKEL), andrerseits verleihen ihr gewisse Sonderformen wie altes, offenes a, langes r, überhöhtes e, phantastisch hochgezogenes c und p, vor allem aber die oft 10- bis 12mal die Höhe der Durchschnittsbuchstaben überragenden Oberlängen ein apartes Gepräge. Nimmt man noch die aus der spätantiken, römischen bzw. frühbyzantinischen griechischen Kanzleischrift abgeleitete gitterförmige Auszeichnungsschrift der Intitulations-, Signum- und Rekognitionszeilen hinzu, so bilden diese spätkarolingischen, die ottonischen und salischen Kaiserurkunden in paläographischer Hinsicht mutatis mutandis ein passendes Gegenstück zu den Kaiserurkunden der mittelbyzantinischen Zeit.

Ein buntes, in seiner Vielfalt oft verwirrendes Bild bietet die Geschichte der *gotischen Schriftarten* vom 12. bis zum 15. Jh. Die Bezeichnung «gotisch» ging von den italienischen Humanisten des 15. Jh. aus, die wie in der «gotischen» Architektur und Plastik auch in der «gotischen» Schrift im Vergleich zu den klaren Formen der Antike etwas Abscheuliches und Barbarisches sahen, das sie mit dem Namen jenes verhaßten Germanenvolkes belegten, das einst in der Spätantike das Erbe des Weströmischen Reiches angetreten hatte. Trotz zahlreicher Übergangs- und Zwischenformen empfiehlt es sich, eine GOTISCHE BUCHSCHRIFT oder TEXTURA von der gotischen Kursive (Notula und Bastarda) getrennt zu behandeln.

Wie man in der Herrschaft der Unziale und Halbunziale sowie in den vielfach runden Formen der frühkarolingischen Minuskel eine Parallele zu den Elementen zeitgenössischer romanischer Baukunst sehen kann, so scheint die im 11. Jh. in Nordfrankreich aufkommende gotische Architektur sich in einem neuen Stilisierungsprozeß in der Schrift seit der Jahrhundertmitte zu spiegeln. Die Brechung der Schäfte, die wir schon in der Beneventana der vorangehenden Jahrhunderte beobachten konnten, tritt nun in einer länglichen nordfranzösischen Schriftart offen zu-

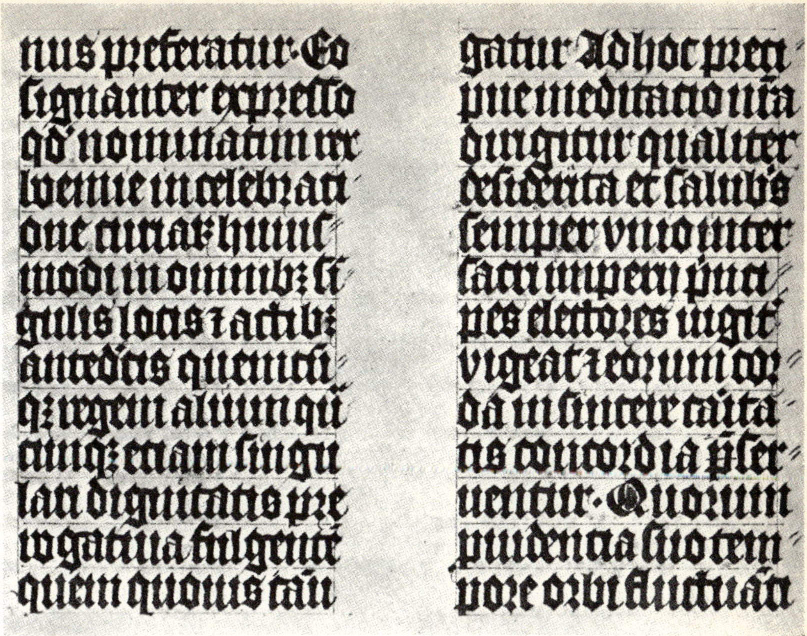

Abb. 41. Textura (Gotische Buchschrift), 1400 n.Chr. (Ö.N.B., Cod. 338, f. 18r).

tage. Dazu kommen die in Winkeln ansetzenden feinen An- und Abstriche der Kleinbuchstaben, die in englischen Handschriften des 12.Jh. oft eine Milderung in Richtung auf abgerundete Formen hin erfahren. Übrigens dürfte der Übergang von der früher allein gebrauchten Rohrfeder (calamus) zu gut geschnittenen Vogelfedern die Ausbildung der gotischen Buchschrift erst ermöglicht haben. Grundsätzlich sind in der gotischen Schrift alle Buchstaben, auch das a, gerade aufgerichtet und stehen mit wenigen Ausnahmen (g, j, p, q, y) auf der Grundlinie. Dabei werden in der gotischen Buchschrift die unteren Enden der Schäfte umgebrochen oder durch Verbindungsstriche an die Nachbarbuchstaben angeschlossen. Grundform der Buchstaben ist das Viereck (vor allem Rechteck und Parallelogramm). Ein weiterer Grundsatz der Textura, die nach den Anfängen im 11. und 12.Jh. ihre Vollendung im 13. und 14.Jh. erfährt, ist die enge Aneinanderrückung benachbarter Bögen, so bei be, da, de, do, ho, pe, po, ob, oc, og, oq u.a., wobei eine teilweise Überschneidung der Buchstabenkörper zusammen mit der gleichmäßigen Ausführung der dicken Schäfte, der Betonung der Zweizeiligkeit und der deutlichen Unterscheidung von Haar- und Druckstrichen die Schrift einem Gewebe ähnlich erscheinen läßt. Um ein möglichst geschlossenes Schriftbild zu erreichen, geht man in der Textura dazu über, das aus der alten Ligatur or bekannte runde r nunmehr auch an andere Buchstaben wie b, rundes (unziales) d, h, p, v, y anzuschließen (Abb. 41). Bei verhältnismäßiger Einheitlichkeit der gotischen Buchschrift in ihren Grundzügen im 13./14. Jh. in Mittel- und Westeuropa bleibt verschiedenen Stilisierungsabsichten in bezug auf die Dichte der Schrift, auf die mehr oder weniger große Scharfkantigkeit im Ansatz der Haarstriche und auf den Grad der Vermeidung von runden Formen eine ziemlich große Variationsbreite gewahrt. So bildet sich in Italien, dessen Gotik überhaupt sui generis ist, in der sog. ROTUNDA eine gotische Buchschrift des 13./14. Jh. aus, die manche Extreme der nordischen Schreibweise abschleift: Die starken Brechungen sind sichtlich abgeschwächt, trotz Betonung der Senkrechten gehen die Buchstaben mehr in die Breite, die An- und Abstriche sind verschwunden, zweistöckiges a wird mit kleiner unterer Schlinge geschrieben. Nach den zahlreichen juristischen Handschriften der damals führenden Universität Bologna wird diese Rotunda auch als *littera Bononiensis* bezeichnet (Abb. 42). Übergangslösungen in der Verwendung von Rundungen und Brechungen bietet die auf schnelles, gewandtes Schreiben ausgerichtete Universitätsschrift von Paris und Oxford mit ihren vielen Kürzungen. Bei aller Vereinfachung und Tendenz zur Gebrauchsschrift war hier wie bei der verwandten winzig kleinen Perlschrift, in der so manche Bibeln des 13. und 14. Jh. geschrieben sind, gute Lesbarkeit Voraussetzung. Ähnlich wie in der bildenden Kunst gingen auch in der Schriftentwicklung die Anstöße von Frankreich, zum Teil von England aus und fanden auf deutschem Boden eine entsprechende Verarbeitung. Die geistige Vormachtstellung der westlichen Universitäten und die Ausbreitung des Zisterzienserordens spielten hierbei eine beachtliche Rolle. Während westdeutsche Skriptorien die neuen Formen der Textura bald mit allen Konsequenzen übernahmen, hielten süddeutsche und österreichische Klöster noch lange an der schrägovalen Schrift des 11. Jh. fest. Eine besondere Stilisierung der Textura, die in Österreich beheimatet zu sein scheint und im 14. Jh. in Böhmen sehr verbreitet war, setzt viele Hasten der Kleinbuchstaben

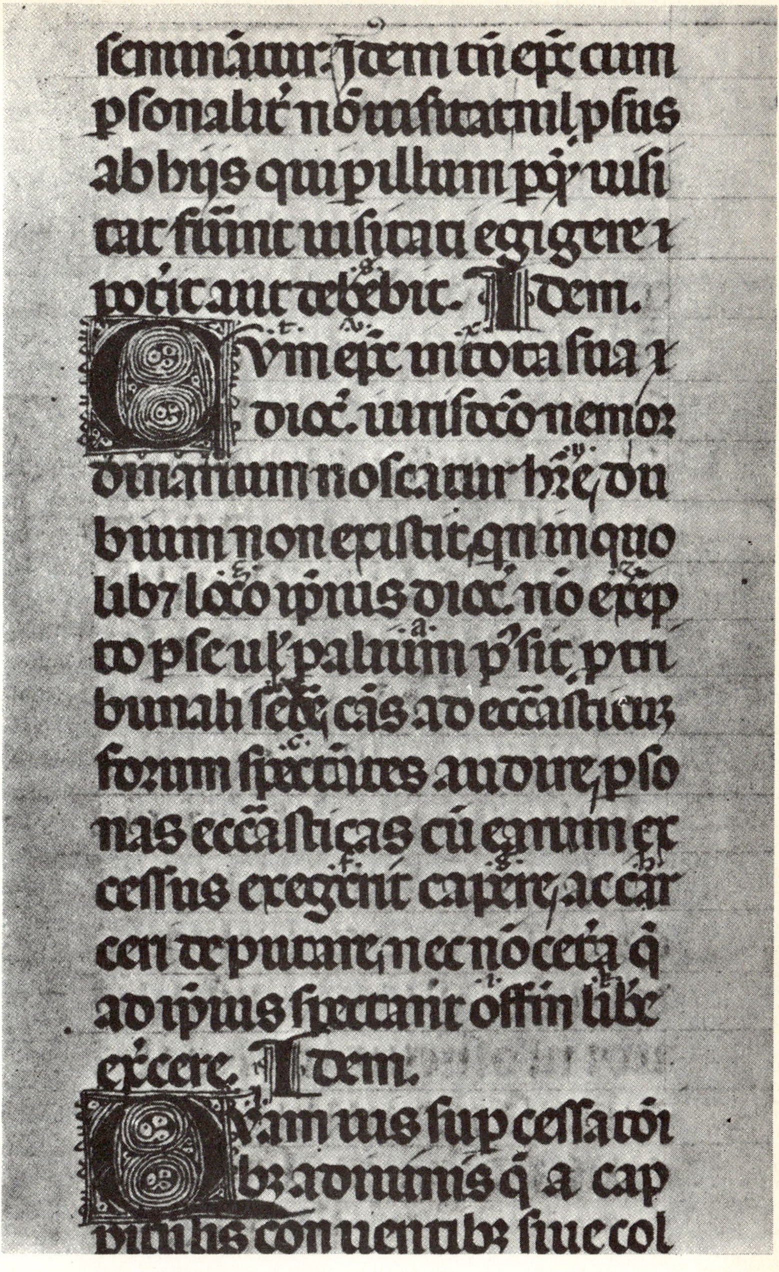
semnatur: Idem tn̄ epc cum
psonalit nō vasitarī psus
ab hys qui pullum pō visi
tac fuīnt visitati exigere i
potic aut debebit. Idem.
Cum epc in tota sua
dioc. iurisdicō nemori
dinarium noscatur hre du
bium non existit qn in quo
libz loco ipius dioc. nō exep
to pse ul palium psit, pri
bunali sede cās ad eccasticaz
forum spectantes audire, pso
nas eccasticas cū eorum ex
cessus exegerint capere, ac car
ceri deputare, nec nō cetā q
ad ipius spectant offm libe
excere. Idem.
Quam ius sup cessatōi
bz adiuiuis q a cap
pitulis conuentibz siue col

Abb. 42 Rotunda, 14. Jh. (Ö.N.B., Cod. 2047, f. 33r).

oben mit kleinen Spitzen an. Diese Eigenheit findet sich in vielen Handschriften aus der Zeit Karls IV. und in den meisten illuminierten Kodizes der Wenzelswerkstätte um die Wende vom 14. zum 15. Jh. (Wenzelsbibel, Goldene Bulle, Willehalm; alle in der Öst. Nationalbibliothek).

Einige wenige Veränderungen von Buchstabenformen lassen sich im Bereich der gotischen Buchschrift feststellen. Das a tritt seit dem Ende des 13. Jh. in der zweistöckigen Form auf, bei der der Schaft nach links abwärts gebogen ist; für das 14. Jh. ist diese Gestalt des a charakteristisch. Das i erhält seit dem 14. Jh. in zunehmendem Maße anstelle des Strichs einen Punkt. Der Schulterstrich des r löst sich im 13. Jh. nicht selten von der Haste. z erscheint gelegentlich in dreibogiger Ausführung. Rundes s, am Wortende seit dem 13. Jh. gang und gäbe, erhält im 14. Jh. oft eine 8-artige Form. Zahl und Gestalt der Kürzungen nehmen im Laufe der Entwicklung der Textura zu. Das 15. Jh. zeigt die gotische Buchschrift bereits auf dem Rückzug vor den zahlreichen Formen der Halbkursive und Bastarda. Diese späte Textura, die bei großer Regelmäßigkeit und Proportioniertheit doch auch einen Zug zum Schablonenhaften zeigt, wurde überwiegend in liturgischen Handschriften (Missalien, Bibeln, aber auch Brevieren, Livres d'heures) und Schulbüchern (Elementargrammatiken) angewandt.

Was der oben skizzierten gotischen Buchschrift als Gebrauchsschrift (Geschäftsschrift) in verschiedenen Abstufungen mit mehr oder weniger buchmäßiger Schattierung gegenübersteht, pflegen wir als GOTISCHE KURSIVE zu bezeichnen. Wir müssen uns bei diesem konventionellen Ausdruck der Tatsache bewußt bleiben, daß diese neue Schrift des Alltags – die Zeitgenossen nannten sie *Notula* – nichts mehr mit der römischen Kursive von einst zu tun hatte, sondern eine Neuschöpfung aus entarteter Buch- und Urkundenschrift war (Abb. 43). Die Entstehung dieser Schrift entsprach offenbar einem dringenden Bedürfnis, das durch den billigen, neuen Beschreibstoff, das Papier, leichter befriedigt werden konnte. Während in den Jahrhunderten des Hochmittelalters fast nur Klöster und Klosterschulen die Schrift und ihre Erlernung pflegten, kamen nun Gelehrte und Studenten an den Universitäten, Schreiber in vielen Kanzleien der Fürsten und Städte sowie sonstige Laien hinzu, denen die Textura mit ihren spitzen und umständlichen Formen zu zeitraubend und – bei dem neuen Beschreibstoff – auch zu unpraktisch geworden war. So durchsetzte man die Tex-

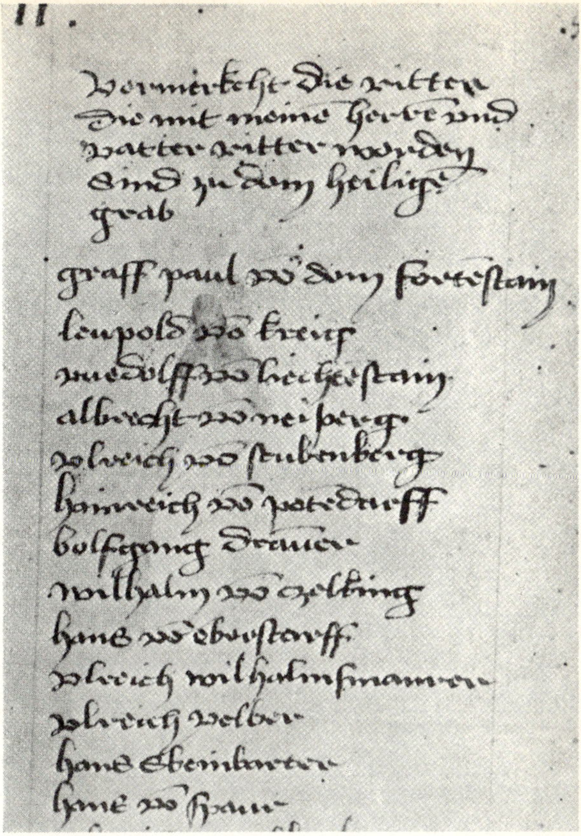

Abb. 43. Gotische Kursive, Notizbuch Kaiser Friedrichs III. (Ö.N.B., Cod. 2674, f. 5r).

tura mit zahlreichen kursiven Elementen, die man vielfach der Urkundenschrift entlieh, ein Vorgang, der sich seit dem Ende des 12. Jh. vor allem in Frankreich und Italien, später auch in Deutschland beobachten läßt. Die Kleinbuchstaben erhalten nun keine Ansatz- und Abschlußstriche mehr, sondern werden wie in der modernen Kurrentschrift direkt verbunden. Die Oberlängen von b, d, h und l sowie die Unterlänge von g werden in Anlehnung an Urkundenbeispiele mit Schlingen ausgestattet, die mehr oder weniger zügig und schwungvoll geschrieben sind und die Verbindung mit den nachfolgenden Buchstaben gestatten. Verschiedene Vorstufen dazu mit halb vollendeten Schlingen als

Oberlängen finden sich oft in Handschriften des 12. und 13. Jh. Das verhält eine Ansatzschlinge, die es dem b zum Verwechseln ähnlich macht. Je flüchtiger die Schrift, um so schwerer sind auch die kursiven Formen von c, e und t (mit Querbalken rechts vom Schaft) zu unterscheiden. a wird an Stelle der zweistöckigen Form lieber mit hochgezogenem Bogen (modernes a) ausgeführt. r findet sich häufig in der gespaltenen Form (ꞃ), aber auch in verschiedenen Varianten der runden Type (ꝛ). Rundes s, das früher zwei offene Bögen hatte, schließt nun einen oder beide Bögen und erhält ein 8-förmiges Aussehen, analog der Entwicklung in der Textura. z wird überwiegend mit Unterlänge geschrieben. Im ganzen bieten Beispiele ausgesprochen kursiver gotischer Schrift einen ästhetisch unerfreulichen Anblick. Sie lassen jeden Versuch einer Stilisierung vermissen und bereiten mit der Fülle von oft flüchtig geschriebenen Kürzungen der Lesung bisweilen große Schwierigkeiten.

Zwischen dieser reinen Kursive und der Buchschrift der Textura stehen verschiedene Übergangsformen, die oft mit dem Terminus BASTARDA zusammengefaßt werden. Hier dürfen wir aber an keine einheitliche Schriftart denken, sondern müssen uns immer vor Augen halten, daß «Bastarda» nichts anderes als einen Sammelbegriff darstellt. Die italienische Bastarda (Florentiner Bastarda) näherte sich stark der Buchschrift und wurde u. a. für Texte zeitgenössischer Autoren (Dante) verwendet. Die nordfranzösische Bastarda hingegen konnte trotz ihren oft sehr wirkungsvollen Formen als Buchschrift weniger gebraucht werden. Ähnliches gilt von den verschiedenen Arten der deutschen und österreichischen Bastarda, bei der J. Kirchner mehrere Schreibprovinzen auszusondern versuchte. In französischen illuminierten Handschriften des 15. Jh. war die an den Höfen Frankreichs und Burgunds heimische lettre bâtarde sehr beliebt, die sich mit ihrer meist leichten Rechtsneigung, den auffallend dicken, langen Großbuchstaben f und s und der starken Stilisierung der Kleinbuchstaben als eine Kreuzung zwischen Kanzlei- und Buchschrift zu erkennen gibt (Abb. 44).

In der Urkundenschrift bestimmten im 13. und 14. Jh. die Kurie, die Kaiserkanzlei und französischer Einfluß die wechselnden Moden. In der Kanzlei Kaiser Maximilians I. entstand kurz vor 1500 die FRAKTUR, eine längliche Kanzleischrift mit langem f und s und mit Majuskeln, die mit den typischen «Elefantenrüsseln» verziert sind. Durch Maximilians berühmtes Gebetbuch (1513, Abb. 45) und den *Theuerdank* (1517)

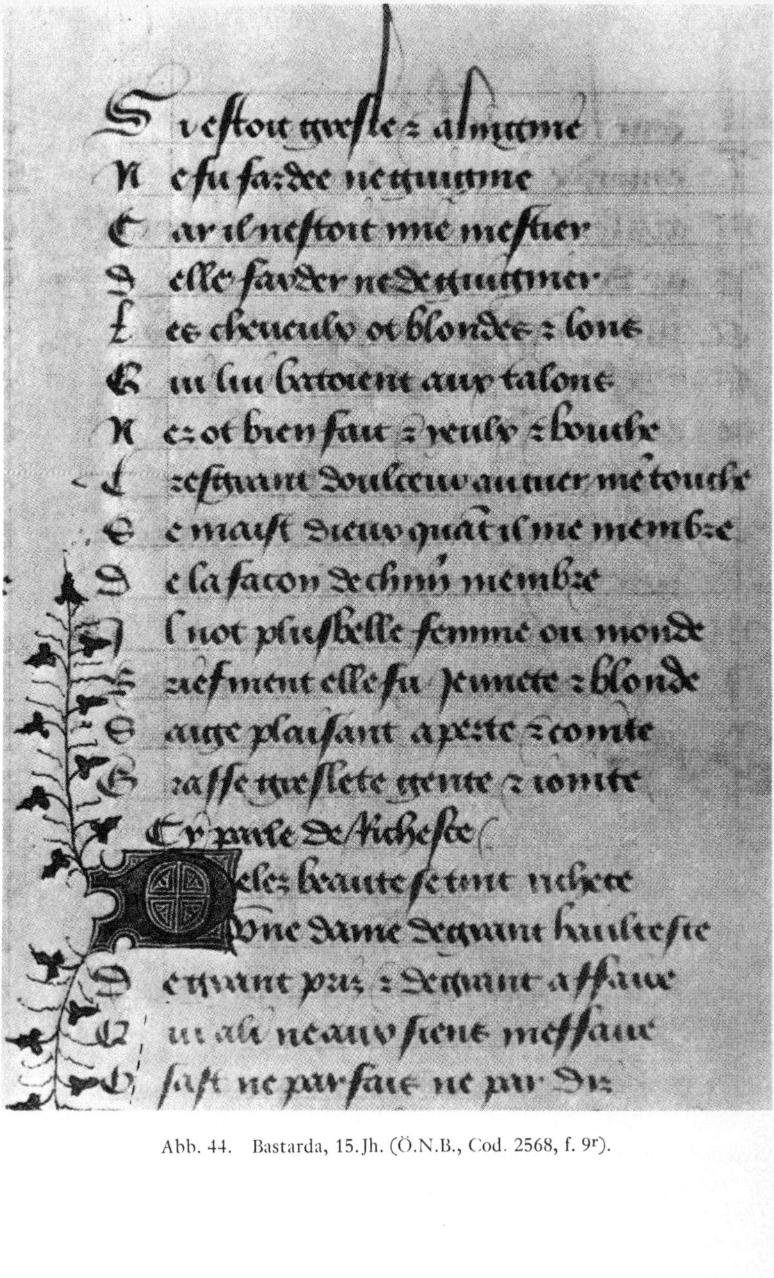

Si estoit gresle z alignie
Ne fu fardee ne guignie
Car il nestoit mie mestier
Delle farder ne de guignier
Les cheveulx ot blondes z lons
Qui lui batoient aux talons
Nez ot bien fait z yeulx z bouche
Et tresgrant doulceur au cuer me touche
Se maist dieux quant il me membre
De la facon de chascun membre
Il not plus belle femme ou monde
Briefment elle fu jeunete z blonde
Sage plaisant aperte z cointe
Grasse greslete gente z jointe
Et yert pres de Richesse
Delez beaute se tint richesse
Une dame de grant haultesse
De grant pris z de grant affaire
Qui a li ne aux siens meffaire
Osast ne par faire ne par dire

Abb. 44. Bastarda, 15. Jh. (Ö.N.B., Cod. 2568, f. 9r).

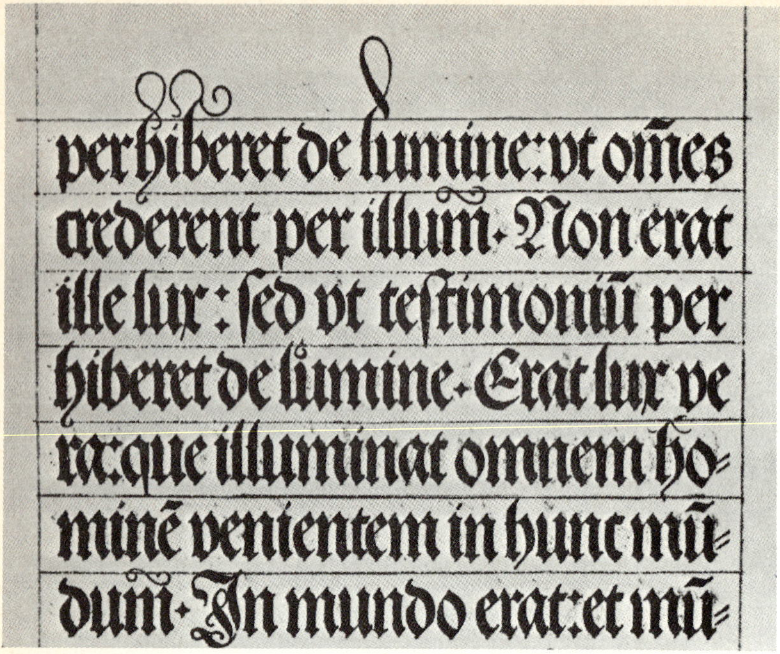
perhiberet de lumine: ut om̄es
crederent per illum̄. Non erat
ille lux: sed ut testimoniū per
hiberet de lumine. Erat lux ve
rax: que illuminat omnem ho-
minē venientem in hunc mū-
dum̄. In mundo erat: et mū-

Abb. 45. Fraktur, Gebetbuch Kaiser Maximilians I. (Ö.N.B., CP 1 D 1, f. 18r).

wurde die Fraktur auch als Drucktype (Schönsperger, Augsburg) populär. Sie erlangte für Jahrhunderte große Bedeutung im ganzen deutschen Sprachgebiet und hat erst seit etwa zwei Jahrzehnten stärkere Einbußen erlitten. Da es allmählich immer schwerer wurde, diese Vielfalt von Schriftformen technisch einwandfrei zu beherrschen, entwickelte sich im 14. und 15. Jh. der Stand der Schreiblehrer und Schreibmeister, deren fragmentarisch erhaltene Schreibmeisterblätter, die ursprünglich nur der Reklame dienten, uns mehrere Versuche bezeugen, dieser Vielfalt von Schriftformen durch Klassifikation und Abgrenzung Herr zu werden.

Von vornherein ist zu erwarten, daß eine geistes- und kulturgeschichtlich so epochemachende Bewegung wie der *Humanismus* auch in der Schriftgeschichte ihre Spuren hinterlassen werde. Der Weg zur Antike und ihren Idealen, zur begeisterten Nachahmung ihrer Lebensformen und ihrer Kultur, führte am besten über die griechischen und römischen Autoren. So versuchten die italienischen Humanisten seit dem Beginn des 15. Jh., möglichst viele gute und alte Handschriften der antiken Schriftsteller aufzuspüren und dann durch Abschriften zu verbreiten. Hier sind Männer wie die dem Florentiner Hof der Medici verbundenen Gelehrten Niccoli, Poggio und Traversari zu nennen. Schon im 14. Jh. können wir in Italien neben der Rotunda in Gelehrtenhandschriften nicht selten eine Mischung gotischer und humanistischer Schriftformen beobachten. Petrarca schrieb eine solche GOTICO-ANTIQUA, die nach ihm auch *Petrarca-Schrift* genannt wird. Im 15. Jh. griff man immer mehr auf die karolingische Minuskel zurück, in der die besten erreichbaren Handschriften antiker Autoren geschrieben waren. Bei ihren Abschriften gelang es den Humanisten oft, den Duktus der karolingischen Minuskel so täuschend nachzuahmen, daß sich nur an einzelnen gelegentlich auftretenden Anachronismen wie i-Punkten, rundem r und s in der Wortmitte oder v am Wortanfang die Schrift des 15. Jh. von der des 10. oder 11. unterscheiden läßt. Wir befinden uns hier in einer ähnlichen Lage wie gegenüber jenen archaisierenden griechischen Handschriften des 13. bis 16. Jh., die den Duktus des 11. und 12. Jh. täuschend nachzuahmen verstehen (s. o. S. 99 u. 102). Freilich haben wir im Westen noch ein anderes Kriterium, das uns – zumeist auf den ersten Blick – die Humanistenhandschrift verrät, nämlich die Beschaffenheit des Beschreibstoffes. Lateinische Papierhandschriften können keinesfalls dem 10. oder 11. Jh. angehören. Das von den Humanisten bevorzugte Pergament aber unterscheidet sich in der Qualität und Bearbeitung (Kalzinierung) für den Kenner merklich von dem Pergament der hochmittelalterlichen Kodizes. Die deutschen Erstdrucker in Italien, Sweinheim und Pannartz, sowie ihre Nachfolger brachten zunächst gotische Typen aus ihrer deutschen Heimat mit, gingen aber unter dem Eindruck der weit verbreiteten Humanistenschrift allmählich zu der ihr nachgebildeten Antiquatype über.

Parallel zu der humanistischen Buchschrift entwickelte sich im 15. Jh. auch eine HUMANISTISCHE KURSIVE, die durch leichte Rechtsneigung, Ausgleich der Haar- und Druckstriche und konsequente Buchstabenverbindung ein schnelles, flüssiges Schreiben ermöglichte. Auch hier gab es wie bei der gotischen Kursive und Bastarda eine ganze Reihe von Abstufungen je nach dem Grad der Annäherung dieser Kursive an die Buchschrift (Abb. 46). Nach einer buchmäßigen Form der humanistischen Kursive schnitt Aldus Manutius die berühmten Kursivtypen für seine Taschenausgaben der antiken Klassiker. Etwa seit der Jahrhundertwende setzte sich mit dem Sieg des Humanismus die neue Kursive auch bei den deutschen Gelehrten fast allgemein durch, zumindest für alles, was sie in lateinischer Sprache schrieben.

Schon aus dieser knappen Übersicht über die Geschichte der lateinischen Schrift in Antike und Mittelalter dürfte klar geworden sein, um wieviel mannigfaltiger und komplizierter sich uns diese Entwicklung darbietet als die der griechischen Schrift. Auf unsere heute noch sehr mangelhafte Fähigkeit, griechische Schreibschulen oder Schriftprovinzen zu unterscheiden, wurde oben bereits hingewiesen. Auch der um so viel größere Reichtum und die günstigeren Bedingungen der Überlieferungsgeschichte der lateinischen Handschriften wurden schon erwähnt. Formenreichtum und Durcheinanderlaufen der Entwicklungslinien im Westen dürften aber vor allem in der andersartigen Geschichte, in der Beteiligung mehrerer Völker und in dem jahrhundertelangen Fehlen eines richtungweisenden Mittelpunktes begründet sein. Keine Stadt und Residenz besaß im mittelalterlichen Westen auf dem geistesgeschichtlichen Sektor auch nur annähernd die Anziehungskraft und typenbildende Ausstrahlung, die dem mittelalterlichen Konstantinopel mit seiner gewaltigen kulturellen Vormachtstellung im byzantinischen Reich durch viele Jahrhunderte hindurch eigen war.

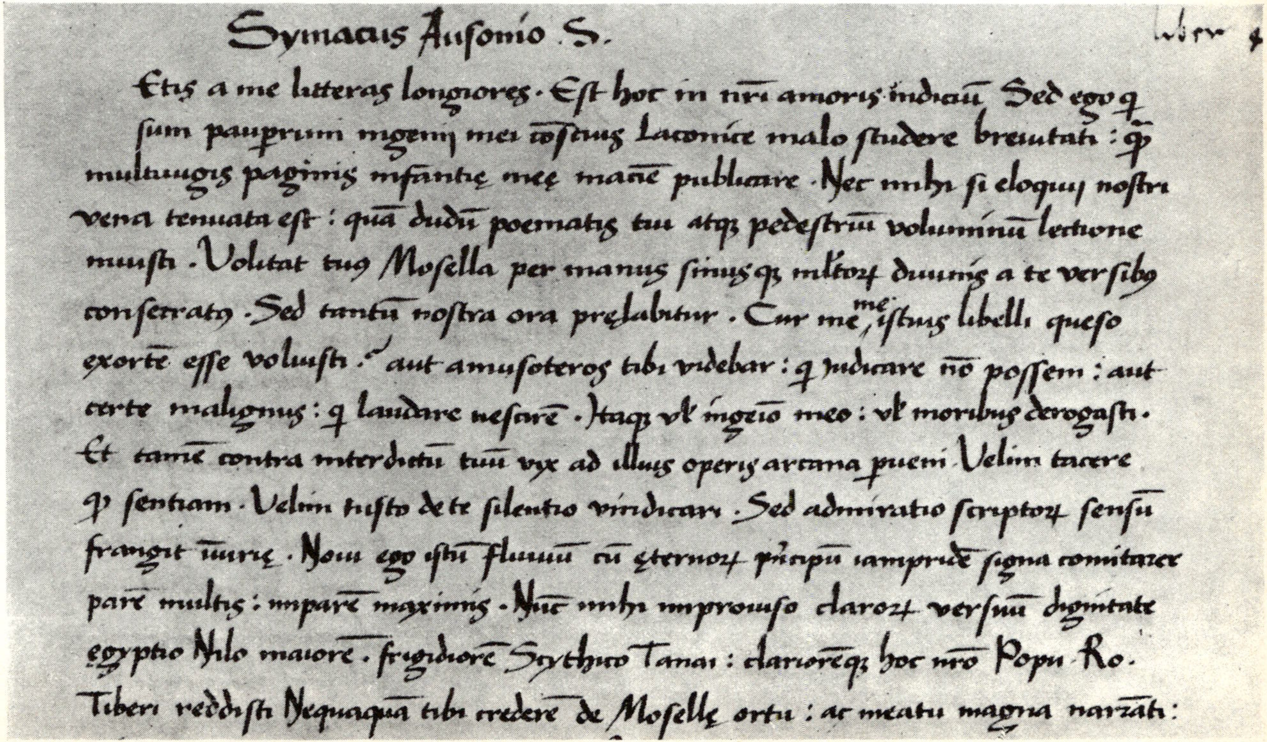
Symacus Ausonio S.

Etis a me litteras longiores. Est hoc in te amoris indiciu. Sed ego q
sum pauprum ingenij mei consciu[?] Laconice malo studere breuitati: qz
multiugis paginis infantie mee mac publicare. Nec mihi si eloquij nostri
vena tenuata est: qua dudu poematis tui atqz pedestriu voluminu lectione
muisti. Volitat tua Mosella per manus sinusqz illorum diuinis a te versibus
consecratus. Sed tantu nostra ora prelabitur. Cur me istius libelli queso
exorte esse voluisti? aut amusoteros tibi videbar: q iudicare no possem: aut
certe malignus: q laudare nescirem. Itaqz vel ingenio meo: vel moribus derogasti.
Et tamen contra interdictu tuu vix ad illius operis arcana perueni. Velim tacere
qd sentiam. Velim iusto de te silentio vindicari. Sed admiratio scriptorum sensu
frangit iniurie. Noui ego istu fluuiu cu eternorum principu iampride signa comitarer
pare multis: impare maximis. Hunc mihi improuiso clarorum versuum dignitate
egyptio Nilo maiore. frigidiore Scythico Tanai: clarioreqz hoc nro Popu. Ro.
Tiberi reddisti Nequaqua tibi credere de Moselle ortu: ac meatu magna narranti:

Abb. 46. Humanistenkursive, Wien, Celtis-Kreis (Ö.N.B., Cod. 114, f. 45r).

LITERATURVERZEICHNIS

J. M. ALLEGRO, The People of the Dead Sea Scrolls, Garden City, N.Y., 1958.
G. BATTELLI, Lezioni di paleografia, ³Città del Vaticano 1949.
TH. BIRT, Abriß des antiken Buchwesens, in: Hdb.d.klass. Altert.wiss. I/3, München 1913.
TH. BIRT, Die Buchrolle in der Kunst, Leipzig 1907.
B. BISCHOFF, Paläographie (mit bes. Berücksichtigung des deutschen Kulturgebietes), in: Deutsche Philologie im Aufriß, Berlin-Bielefeld-München 1951/52, Sp. 379–452.
G. CENCETTI, Lineamenti di storia della scrittura latina, Bologna 1954.
Codices e Vaticanis selecti phototypice expressi, vol. 4, pars 1, tom. 2, Mediolani 1906.
R. DEVREESSE, Introduction à l'étude des manuscrits grecs, Paris 1954.
F. DÖLGER, Facsimiles byzantinischer Kaiserurkunden, München 1931.
K. DZIATZKO, Untersuchungen über ausgewählte Kapitel des antiken Buchwesens, Leipzig 1900.
H. EMONDS, Zweite Auflagen im Altertum und ihr Erscheinen im Variantenbestand handschriftlicher Überlieferung, Diss., Bonn 1937.
H. FOERSTER, Abriß der lateinischen Paläographie, Bern 1949.
V. GARDTHAUSEN, Griechische Paläographie, Bd. 1: ²1911, Bd. 2: ²1913.
H. GERSTINGER, Griechische Buchmalerei, Wien 1926.
H. GERSTINGER, Art. Buchmalerei, in R.A.C., Bd. 2, Sp. 733–772.
Handbuch der Bibliothekswissenschaft, begr. von F. MILKAU, 2. Aufl. hg. von G. LEYH, Bd. III/1, Wiesbaden 1955.
H. HELWIG, Handbuch der Einbandkunde, Bd. 1: Hamburg 1953; Bd. 2: 1954. Bd. 3: 1955.
H. HUNGER, Studien zur griechischen Paläographie, Wien 1954.
H. HUNGER, Zur Datierung des Papyrus Bodmer II (P 66), in: Anz. Öst. Akad., 1960, Nr. 4.
J. IRIGOIN, Les premiers manuscrits grecs écrits sur papier et le problème du bombycin, in: Scriptorium 4, 1950, 194–204.
J. IRIGOIN, Pour une étude des centres de copie byzantins, in: Scriptorium 12, 1958, 208–227; 13, 1959, 177–209.
J. IRIGOIN, L'onciale grecque de type copte, in: Jahrb. Öst. Byz. Ges. 8, 1959, 29–51.
F. G. KENYON, Books and Readers in ancient Greece and Rome, ²Oxford 1951.
K. and S. LAKE, Dated Greek Minuscule Manuscripts to the year 1200, 10 Bde., Boston 1934–1945.
H. LOUBIER, Der Bucheinband von seinen Anfängen bis zum Ende des 18. Jahrhunderts, Leipzig 1926.
E. A. LOWE, Codices latini antiquiores, Oxford Bd. 1 (1934) bis Bd. 9 (1959).
J. MALLON, Paléographie romaine, Madrid 1952.
F. MASAI, Les origines de la miniature dite irlandaise, Brüssel 1947.
W. MENN, Die Schrift und ihre Entwicklung, in: Hdb. d. Bibl.wiss., Bd. I, Stuttgart 1950.
A. MENTZ, Geschichte und Systeme der griechischen Tachygraphie, Berlin 1907.
M. NORSA, La scrittura letteraria greca dal secolo IV a.C. all'VIII d.C., Firenze 1939.

B. VAN REGEMORTER, La reliure des manuscrits grecs, in: Scriptorium 8, 1954, 3–23.
C. H. ROBERTS, The Codex, in: Proc. Brit. Acad. 40, 1954, 169–204.
C. H. ROBERTS, Greek literary Hands 350 B.C.–A.D. 400, Oxford 1955.
L. SANTIFALLER, Beiträge zur Geschichte der Beschreibstoffe im Mittelalter, Bd. 1, Graz-Köln 1953.
W. SCHUBART, Papyri Graecae Berolinenses, Bonn 1911.
W. SCHUBART, Das Buch bei den Griechen und Römern, [2]Berlin-Leipzig 1921.
W. SCHUBART, Griechische Paläographie, München 1925.
F. STEFFENS, Lateinische Paläographie, Berlin-Leipzig 1929.
J.-O. TJÄDER, Die nichtliterarischen lateinischen Papyri Italiens aus der Zeit 445–700. 2 Bde., Lund 1954–55.
L. TRAUBE, Vorlesungen und Abhandlungen, Bd. 1: Zur Paläographie und Handschriftenkunde, München 1909.
E. G. TURNER, Athenian Books in the fifth and fourth centuries B.C., London 1952.
W. WATTENBACH, Das Schriftwesen im Mittelalter, [3]Leipzig 1896.
K. WEITZMANN, Illustrations in Roll and Codex. A Study of the Origin and Method of Text Illustration, Princeton 1947.
C. WENDEL, Die griechisch-römische Buchbeschreibung verglichen mit der des Vorderen Orients, Halle 1949.

ÜBERLIEFERUNGSGESCHICHTE DER BIBEL

von Prof. Dr. Otto Stegmüller, Freiburg i. Br.

Das Buch der Bücher

MIT DEM WORTE «BIBEL» bezeichnen wir das Alte und das Neue Testament, die die eine Heilige Schrift der Christen bilden. Das deutsche Wort «Bibel» begegnet uns zum ersten Mal im *Renner* des Hugo von Trimberg (gest. nach 1313) und geht auf das lateinische «biblia» (Singular) zurück, das aus dem griechischen *τὰ βιβλία* (Plural) entstanden ist. Dieser zusammenfassende Titel setzt eine lange Entwicklung voraus, in welcher die endgültige Aufnahme der einzelnen Bücher in den kirchlichen Kanon entschieden wurde. Der praktische Gebrauch oder die literarische Gattung veranlaßten schon früh die Zusammenfassung einzelner Teile; Vollbibeln gab es aber nach unserer Kenntnis erst im 4. Jh. Erst in dieser Zeit ermöglichte es die Technik, eine so große Textmasse in einem Band zu vereinigen.

Die Christenheit bekennt sich zur ganzen Bibel des Alten und des Neuen Testamentes. Sie folgt dabei dem Vorbild Jesu, der seinen Standort in der Synagoge zwar präzisiert, aber nie geleugnet hat. Die schriftliche Überlieferung der heiligen Bücher unterliegt im ganzen denselben Gesetzen wie die der Profanliteratur. Die Ehrfurcht vor dem Worte Gottes, seine Verwertung in der theologischen Diskussion und dem praktischen Leben bedingte jedoch gelegentlich andere Wege und Formen. Fast jedes einzelne Buch hat eine eigene Überlieferungsgeschichte, deren Besonderheiten wir aber nur in wenigen charakteristischen Beispielen berühren können. Für unseren Gang durch die Überlieferung der ganzen Bibel wird es praktisch sein, Altes und Neues Testament und deren jeweilige Übersetzungen getrennt zu untersuchen, obwohl sich diese Trennung nur ein Stück weit durchführen läßt. Wir haben zunächst ein in sich differenziertes Sonderdasein des Alten Testamentes. Nachdem einmal der Kanon der Heiligen Schriften im Christentum festlag, fließt für uns die Überlieferung der beiden Testamente zusammen. Aber sehr früh verzweigt sich dieser Strom wieder in eine sehr große Zahl von Übersetzungen in alte und moderne Sprachen. Nur einige alte Übersetzungen sind jedoch für die Geschichte des Bibeltextes wertvolle Zeugen[1].

[1] Teile der Bibel sind heute in fast 1100 Sprachen veröffentlicht, die ganze Bibel in 200 Sprachen. Über den Stand der Verbreitung unterrichten die Organe der

I. DAS ALTE TESTAMENT IN DER URSPRACHE UND DIE JÜDISCHEN ÜBERSETZUNGEN

1. Umfang und Zeit der Abfassung

Die heilige Schrift der alten Juden umfaßte eine Vielzahl von Schriften, die nur ganz wenige Hinweise enthalten, daß bestimmte Bücher verpflichtende Geltung hatten. Erst der Lobeshymnus auf die berühmten Männer der Vorzeit bei *Jesus Sirach* (44–49) läßt eine Sammlung hochgeschätzter religiöser Schriften erkennen, die in späteren, sicheren Zeugnissen des Kanons wieder auftreten, woraus wir erschließen können, daß um 180 v. Chr. der jüdische Kanon schon beinahe vollständig war. Flavius Josephus rechnet (*Contra Apionem* 1,8) 22 Bücher zur Heiligen Schrift, der Traktat *Baba bathra* des Talmud (2. Jh. n. Chr.) zählt diese Bücher einzeln auf und kommt in Angleichung an die Zahl der Buchstaben des hebräischen Alphabets durch Aufteilung auf 24 Einzelschriften. Wahrscheinlich hat der jüdische Kanon in vorchristlicher Zeit nie mehr Bücher gehabt. Erst die jüdischen Bibeln des 15. Jh. übernahmen

---

nationalen Bibelgesellschaften. Vgl. Lexikon für Theologie u. Kirche II, [2]1958 Sp. 346–349, 375–411; Die Religion in Geschichte und Gegenwart I, [3]1957, Sp. 1157–1166, 1193–1219; H. HAAG, Bibel-Lexikon, Zürich/Köln 1956, 219–240; TH. H. DARLOW–H. F. MOULE, Historical Catalogue of the printed Editions of Holy Scripture in the Library of the British and Foreign Bible Society, London 1903–1911; E. M. NORTH, The Book of a Thousand Tongues, New York/London 1938; O. PARET, Die Bibel. Ihre Überlieferung in Druck und Schrift, Stuttgart 1949; Neue Übersetzungen werden laufend verzeichnet im *Elenchus Bibliographicus Biblicus* der Zeitschrift Biblica (Rom).

Allgemeine Literatur: E. WÜRTHWEIN, Der Text des A.T., Stuttgart 1952; O. EISSFELDT, Einleitung in das A.T., Tübingen 1934, [2]1956; H. J. VOGELS, Handbuch der neutestamentl. Textkritik, Münster i.W. 1923, [2]Bonn 1955; F. G. KENYON, The Text of the Greek Bible, London 1937; deutsch von H. BOLEWSKI, Der Text der griech. Bibel, Göttingen 1952; M.-J. LAGRANGE, Introduction à l'étude du Nouveau Testament, Critique textuelle, Paris 1933; H. HAAG, Bibel-Lexikon, Zürich/Köln 1951; A. WIKENHAUSER, Einleitung in das N.T., Freiburg 1953; KIRSOPP and SILVA LAKE, An Introduction to the N.T., New York/London 1938; M. M. PARVIS and A. P. WIKGREN, N.T. manuscript-studies. The Materials and the Making of a Critical Apparatus, Chicago 1950.

die Einteilung der Vulgata in 39 kanonische Bücher. Die sog. deuterokanonischen Bücher (*Tobias*, *Judith*, *Sapientia*, *Sirach*, *Baruch* und *Jeremiasbrief*, *1.* und *2. Makkabäer*, *Gebet des Azarias* und *Lobgesang der drei Jünglinge*, *Geschichte der Susanna*, Erzählung von *Bel und dem Drachen*, *Esther* 10,4–16,24) haben zwar immer wenigstens bei einzelnen Gruppen großes Ansehen genossen, wurden aber nie in den jüdischen Kanon aufgenommen. Wie die Juden lassen auch die Protestanten nur die protokanonischen Bücher als Heilige Schrift gelten und bezeichnen die deuterokanonischen Schriften als «Apokryphen». Die katholische Kirche hat auch die deuterokanonischen Bücher in ihren Kanon aufgenommen (Trient, 8. April 1546) und zählt daher im Alten Testament 45 Bücher. In vielen Vulgataausgaben sind auch *3.* und *4. Esra* abgedruckt, ohne kanonische Geltung zu haben. Manche Ostkirchen lassen auch *3.* und *4. Makkabäer*, die *Oden* und *Psalmen Salomons* u.a. als kanonisch gelten.

Die Frage nach der Zeit der Abfassung des Alten Testamentes stellt uns vor sehr schwierige Probleme, die teilweise sogar unlösbar zu sein scheinen. Bis ins 16. Jh. war man einhellig der Auffassung, daß der Pentateuch (*Genesis*, *Exodus*, *Leviticus*, *Numeri*, *Deuteronomium: 1.–5. Buch Mosis*) zeitlich am Anfang stehe und in der Form, wie er heute vorliegt, aus der Hand des Moses (13. Jh. v. Chr.) stamme. Diese These läßt sich nach der sehr umfangreichen literarkritischen Arbeit vieler Fachleute heute nicht mehr halten. Neben dem alten Gesetzesgut zeichnen sich im Pentateuch deutlich mehrere Quellen ab, deren Umfang und Alter sehr umstritten sind; auch das Gesetzesgut weist eine durch die späteren sozialen und religiösen Verhältnisse bedingte Weiterentwicklung auf. Von einer endgültigen Lösung der Pentateuchfrage sind wir noch weit entfernt; die heutige Forschung bemüht sich mit Recht, die Ergebnisse der palästinensischen Archäologie und Religionsgeschichte mehr als bisher heranzuziehen, um der Wahrheit näher zu kommen. Man wird die Überzeugung der heutigen Forscher so zusammenfassen können, daß Moses als Gesetzgeber und Verfasser einen bedeutenden Anteil an unserem Pentateuch in Anspruch nehmen kann. Er steht doch am Anfang des Alten Testamentes, wenn auch in anderer Weise, als man früher geglaubt hat[2]. – Der Raum läßt es nicht zu, die zeitliche Einordnung der übrigen Bücher des Alten Testamentes darzustellen. Sie sind ein

[2] Die protestantische Forschung nimmt die Theorie von den vier wichtigsten Pentateuchquellen (Jahwist, Elohist, Priesterschrift, Deuteronomium) als gesichert an und schließt eine Mitwirkung des Moses am Pentateuch gänzlich aus.

Spiegel der Geschichte des jüdischen Volkes bis ins 1.Jh.v.Chr. oder besser seiner Führung durch Jahwe und seiner immer wieder wechselnden Gefolgstreue. Die Abfassung der einzelnen Bücher erstreckt sich auf einen Zeitraum von ungefähr 1200 Jahren.

Die Sprache des Alten Testamentes ist das Hebräische, das zur westlichen Gruppe der semitischen Sprachen gehört. Die alten Israeliten sprachen ursprünglich Aramäisch, entwickelten aber nach der Landnahme eine Mischsprache aus Kanaanitisch und Aramäisch, eben das Hebräische, das in der Exilzeit wieder vom Aramäischen verdrängt wurde, als Schrift- und Gelehrtensprache aber bis weit in die christliche Zeit hinein lebendig blieb. Neben einigen kleinen Texten, Inschriften, Stempeln u.a. und neuestens den Handschriften vom Toten Meer sind die alttestamentlichen Bücher die einzigen Denkmäler dieser Sprache, an denen sich die Entwicklung dieser Sprache über mehr als ein Jahrtausend teilweise studieren und rekonstruieren läßt. Das Hebräische ist die heilige Sprache des Alten Testamentes. Nur geringe Teile sind im «Biblisch-Aramäischen» auf uns gekommen: *Gen.* 31,47; *Esra* 4,7–6,18 und 7,12–26; *Jer.* 10,11; *Dan.* 2,4–7,28. Für *2. Makkabäer* und das *Weisheitsbuch* ist Griechisch als Grundsprache anzunehmen; auch das Buch *Baruch* ist wahrscheinlich in griechischer Sprache abgefaßt worden. *Tobias*, *Judith*, *1. Makkabäer*, ein Teil von *Sirach*, *Baruch* und die sog. deuterokanonischen Stücke von *Esther* und *Daniel* sind nach Verlust des Urtextes nur in griechischer Sprache erhalten.

2. Die handschriftliche Überlieferung des Alten Testamentes in der Ursprache

Der in den gedruckten Bibelausgaben vorliegende Text wurde von jüdischen Bibelgelehrten (*Masoreten*) etwa zwischen 750 und 1000 n.Chr. festgelegt. Diese Männer machten sich zur Aufgabe, den damaligen hebräischen Text in Orthographie, Aussprache und Vortrag durch ein ausgeklügeltes System von Vokalzeichen – die hebräische Schrift ist ursprünglich eine Konsonantenschrift –, diakritischen Punkten, Lesezeichen, Statistiken und Bemerkungen zwischen den Zeilen und an den Rändern der Handschrift für immer zu fixieren. Um ihrem Text ausschließliche Geltung zu verschaffen, haben sie alle älteren Handschriften zerstört. Der Vergleich dieses masoretischen Textes mit der Vulgata und den frühen griechischen Bibelübersetzungen führte zum Ergebnis, daß es etwa vom Jahre 100 n. Chr. an einen nahezu uniformen hebräischen Text gegeben haben muß, mit dem die Masora in der Hauptsache identisch ist. Diese Uniformität ist sicher das Produkt einer langen Ausscheidungsarbeit, die künstlich und gewaltsam nur einen bestimmten Texttypus gelten ließ und abweichende Textformen ausrottete. Daß es andere Texttypen gegeben hat, zeigt uns vor allem die etwa von 280 v. Chr. an entstandene griechische Übersetzung der Septuaginta, von der später zu sprechen sein wird. Zum Glück haben wir heute wieder ein paar Reste hebräischer Bibelhandschriften aus vormasoretischer Zeit, die nun zunächst zu erwähnen sind.

Der erregende Fund der *Handschriften vom Toten Meer*, den ein Beduinenjunge 1947 machte, hat uns unerwartet reich beschenkt. In den Höhlen von Qumran und Murabba'at kam ein reiches Material zutage, das der Bibliothek einer jüdischen Sekte aus der Zeit von 135 v. Chr. bis zur Zerstörung des Tempels (70 n. Chr) zugehört. Die ehrwürdige *Jesajarolle* aus der Höhle 1 kann man heute in der amerikanischen Faksimileausgabe mit Transkription studieren[3]. Auf einer Rolle von Schafleder von 7,34 m Länge und etwa 27 cm Höhe stehen alle 66 Kapitel des Jesajabuches in derselben Reihenfolge, die die gedruckten hebräischen Bibeln aufweisen. Der Text ist in 54 Kolumnen mit durchschnittlich 29 Zeilen um das Jahr 100 v. Chr. geschrieben. Aus derselben Höhle 1 konnte noch eine zweite Jesajarolle geborgen werden, die aber unvollständig ist und nur etwa ein Drittel des Textes enthält[4]. Diese Rolle ist etwas später geschrieben und gehört in die erste Hälfte des 1. Jh. n. Chr. Für die übrigen Bücher des Alten Testamentes lieferte die Höhle 1 nur geringe Reste aus *Genesis*, *Exodus*, *Deuteronomium*, *Richter*, *Samuel*, *Jesaja*, *Ezechiel*, *Psalmen* und *Daniel*. Besonders wichtig ist überdies der *Habakukkommentar* (Abb. 47), weil er den Text des Propheten in einzelnen Versen oder Versgruppen über den Kommentar schreibt[5]. Die Funde aus den Höhlen 2, 3, 4, 5, 6 und die von Murabba'at sind noch nicht veröffentlicht, versprechen aber auch eine reiche Ausbeute, besonders Höhle 4, wo von den alttestamentlichen Schriften nur *Esther* fehlt. Ein endgültiges Urteil über den Wert dieser neuen Textzeugen

[3] MILLAR BURROWS, The Dead Sea Scrolls of St. Mark's Monastery, Vol. I: The Isaiah Manuscript and the Habakkuk Commentary, New Haven 1950.

[4] E. SUKENIK, Megillot Genuzot I/II, Jerusalem 1948–1950 (Jesajarolle 1955). Andere Bibeltexte s. bei D. BARTHÉLEMY and J. T. MILIK, Qumram Cave I, 2Oxford 1956.

[5] Vgl. Anm. 3.

kann noch nicht gegeben werden. So viel kann man aber schon sagen, daß der Text der hebräischen Bibel seit den Tagen der Qumran-Leute uniform gewesen ist. Etwas mehr läßt sich schon aus den Jesajarollen erschließen, obwohl sie keine neuen Aufschlüsse über die Entstehung dieses Buches und seinen Gesamttext bieten. Die zahlreichen Abweichungen von der Masora liefern Beiträge für die Geschichte, die Aussprache und die Formenlehre des Althebräischen. Manche dieser Varianten machen Lesarten der alten Übersetzungen verständlich. Der Schreiber der erstgenannten Rolle (DSIa) scheint in der zweiten Hälfte des Buches eine andere Vorlage als in der ersten benützt zu haben. Die zweite Rolle (DSIb) steht der Masora viel näher als die erste. Wenn sich auch die Fachgelehrten noch nicht über die genauere Datierung der beiden Handschriften einigen können, so läßt sich doch erschließen, daß um die Zeitenwende mindestens zwei Texttypen des Jesajabuches im Umlauf waren[6].

Ungefähr in dieselbe Zeit gehört ein seit 1902 bekanntes Stück, das heute in der Universitätsbibliothek zu Cambridge aufbewahrt wird, der *Papyrus Nash*, der die Zehn Gebote (*Ex.* 20,2–17) und das *Schemá* («Höre, Israel...», *Deut.* 6,4ff.) enthält. Das Stück stammt nicht aus einer Bibelhandschrift, sondern ist ein Einzelblatt, das beim Gottesdienst oder privat verwendet wurde. Leider ist die genaue Datierung des Blattes noch nicht möglich gewesen und schwankt zwischen dem 2. Jh. v. Chr. und dem 2. Jh. n. Chr.[7].

Die zeitlich nächste Gruppe von hebräischen Bibelhandschriften folgt erst nach großem Abstand. Daß so wenig aus alter Zeit erhalten ist, darf nicht verwundern. Minuziöse Vorschriften für die Herstellung, den Gebrauch der Handschriften und die Vernichtung alter Exemplare, die in der Synagoge heute noch gelten, regelten bis ins kleinste den Vorgang. Unbrauchbare Handschriften mußten an heiligem Orte vergraben werden, um das Wort und vor allem den geschriebenen Namen

[6] Qumranliteratur: P. KAHLE, Die hebräischen Handschriften aus der Höhle, Stuttgart 1951; H. BARDTKE, Die Handschriftenfunde am Toten Meer, [2]Berlin 1953; G. MOLIN, Die Söhne des Lichtes. Zeit und Stellung der Hss. vom Toten Meer, Wien 1954; G. VERMÈS, Les manuscrits du désert de Juda, Tournai 1953. Die Qumranliteratur ist ausgedehnt; über wichtige Neuerscheinungen vgl. Revue de Qumran 1ff., Paris 1958ff.

[7] The Bulletin of the American Schools of Oriental Research 115, New Haven/Conn. 1949, 10–15. W. F. ALBRIGHT, A Biblical Fragment from the Maccabean Age: The Nash Papyrus, in Jl. Bibl. Lit. 56, 1937, 145–176.

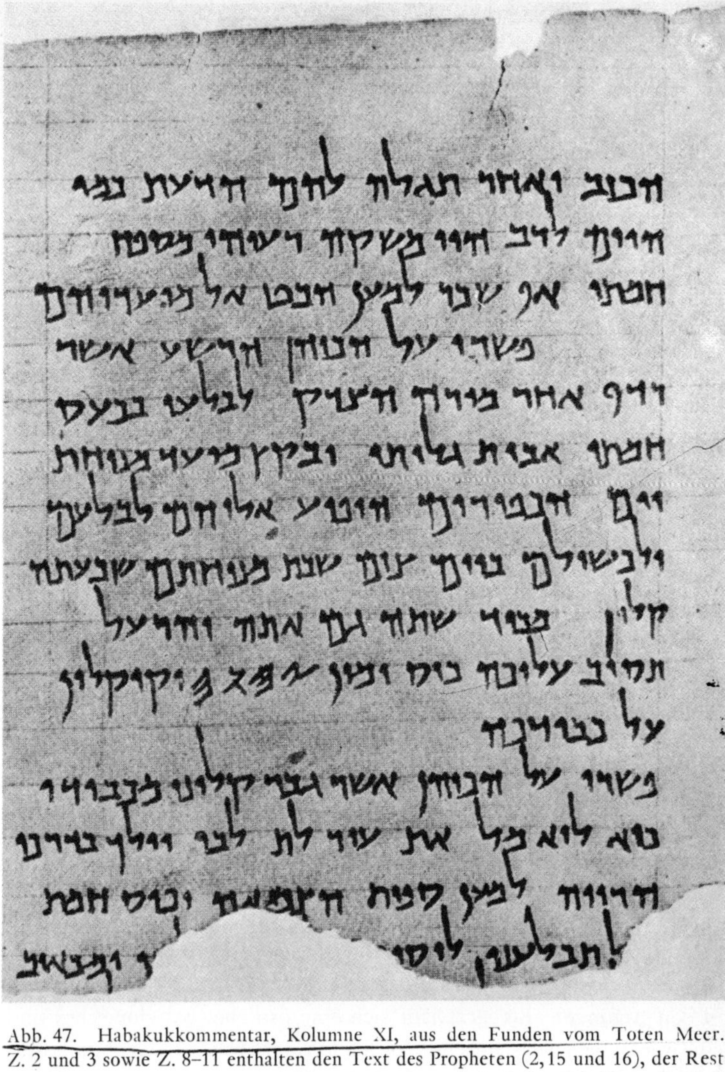

Abb. 47. Habakukkommentar, Kolumne XI, aus den Funden vom Toten Meer. Z. 2 und 3 sowie Z. 8–11 enthalten den Text des Propheten (2,15 und 16), der Rest ist Kommentar. Der Gottesname Jahwe ist in älterer hebräischer Schrift geschrieben (Z. 10). M. BURROWS, pl. LX.

Gottes vor Verunehrung zu schützen. Nur außergewöhnliche Umstände konnten bewirken, daß eine ausgeschiedene Handschrift ganz oder in Teilen erhalten blieb. Einem solchen «Zufall» verdanken wir die jetzt zu besprechende Gruppe. Die Juden von Alt-*Kairo* brachten ihre ausgeschiedenen Manuskripte (nicht nur biblische) in eine Rumpelkammer (*Geniza*) bei der Synagoge, um sie zu gegebener Zeit zu vergraben. Aus unbekannten Gründen wurde dieses Material vergessen und erst 1864 wieder entdeckt und an abendländische Bibliotheken verkauft. Große Komplexe hiervon befinden sich heute in der Öffentlichen Bibliothek in Leningrad (Sammlungen Firkowitsch I und II) und in der Universitätsbibliothek zu Cambridge (Sammlung Taylor-Schechter); doch noch viele andere Bibliotheken konnten sich Stücke sichern. Von besonderer Wichtigkeit sind fünf hebräische Bibeln aus dem 11. Jh., die unter anderem die Wiederherstellung des verlorenen hebräischen Textes des *Ecclesiastes* (*Prediger*) ermöglichten. Vierzehn Bibeln aus der Sammlung Firkowitsch II können in die Jahre zwischen 929 und 1121 datiert werden. Eine große Zahl von Bibelfragmenten derselben Sammlung sind zwischen dem 6. und 9. Jh. geschrieben. Der unschätzbare Wert dieser Handschriften besteht darin, daß sie uns datierbares, vormasoretisches Material bieten; sie werden bei der weiteren Erforschung der Qumrantexte eine wichtige Rolle spielen. Für den vormasoretischen Text ist außerdem der samaritanische Pentateuch von einiger Bedeutung; denn schon im 5. Jh. v. Chr. vollzog sich die Trennung zwischen der jerusalemischen Gemeinde und den Samaritanern, die ihren Tempel auf dem Garizim bei Sichem hatten und von den heiligen Schriften nur den Pentateuch übernahmen[8].

Damit sind alle wichtigen direkten Zeugen der vormasoretischen hebräischen Bibel aufgezählt. Für die Masora gibt es sehr viele Handschriften, sicher mehr als 1300. Die Aufteilung in Klassen steht noch in den Anfängen. Bis jetzt läßt sich eine östliche (babylonische) und eine westliche (palästinische, vor allem tiberiensische) Gruppe unterscheiden. Aber die Varianten sind minimal; die ganzen Masorahandschriften haben für die Textkritik relativ wenig Wert. Die Erforschung des vormasoretischen Textes auf Grund der Funde vom Toten Meer wird eine wichtige Aufgabe der nächsten Zeit sein.

[8] Liste der Funde in der Geniza im Dictionnaire de la Bible, Suppl. V, 799; P. KAHLE, The Cairo Geniza, London 1947; R. KITTEL, Biblia Hebraica, Stuttgart 1937, Prolegomena, X. Ausg. des sam. Pentateuch v. A. von GALL, Gießen 1918.

Allen älteren Druckausgaben der hebräischen Bibel liegt der Text der Bibel des Jakob ben-Chajjim (bei Bomberg, Venedig 1524/25) zugrunde, der sich auf Handschriften des 13.–15. Jh. stützt. Die beste kritische Ausgabe, die uns zur Verfügung steht, ist die dritte und alle folgenden Auflagen der Biblia Hebraica von RUDOLF KITTEL (Stuttgart 1929 ff.), die nicht mehr den Text des ben-Chajjim bietet, sondern sich auf die älteste datierbare Handschrift der vollständigen hebräischen Bibel (B 19A der Öffentl. Bibl. von Leningrad) stützt, die der westlichen masoretischen Textfamilie angehört und den Text des Masoreten Ahron ben-Mosche ben-Ascher (10. Jh.) wiedergibt. In der Einleitung dieser Ausgabe findet man die beste Darstellung der Textgeschichte der hebräischen Bibel.

3. Jüdische Übersetzungen des Alten Testamentes aus alter Zeit

Eine Übersetzung der hebräischen Bibel wurde notwendig, sobald die Juden das Hebräische nicht mehr verstanden. Im Mutterlande verdrängte seit dem babylonischen Exil das Aramäische langsam das Hebräische. Zunächst half man sich so, daß die gottesdienstliche Schriftlesung mündlich ins Aramäische übertragen wurde. Später wurden die Übertragungen schriftlich festgehalten und als *Targume* (= Übersetzung) bezeichnet. Was uns von solchen Targumen erhalten ist, geht nicht über das dritte nachchristliche Jahrhundert zurück, wobei zu beachten ist, daß viele ältere Stücke darin verarbeitet sind. Gewisse Schlüsse auf die vormasoretische Textform der hebräischen Vorlage sind möglich. Aber der textkritische Wert ist recht gering, weil die Targume besonders in den poetischen und prophetischen Büchern keine eigentliche Übersetzung geben, sondern den Text frei paraphrasieren[9].

Die *griechische* Übersetzung des Alten Testamentes ist aus den Bedürfnissen der jüdischen Diaspora herausgewachsen. Schon am Ausgang des 6. Jh. v. Chr. ist durch die Papyri von Assuan und Elephantine eine jüdische Militärkolonie an der Südgrenze Ägyptens nachweisbar. Die jüdische Diaspora im Pharaonenreich wurde nach und nach sehr zahlreich und unterlag wie die einheimische Bevölkerung der Hellenisierung. Diese Juden benützten im Verkehr und in der Literatur die griechische Sprache. Als das Hebräische nicht mehr verstanden wurde,

[9] P. KAHLE, The Cairo Geniza, London 1947; H. HAAG, Bibel-Lexikon, 224f.

half man sich zunächst mit Umschriften des hebräischen Bibeltextes in griechische Buchstaben[10]. Daß solche Umschriften existierten, steht fest; über ihren Umfang und ihre Verbreitung läßt sich kaum etwas Sicheres aussagen. Was nützt aber die Umschrift in ein fremdes Alphabet, die nie mehr als eine Notlösung sein kann, wenn die Sprache nicht mehr verstanden wird? Für die Propaganda unter der nichtjüdischen Bevölkerung Ägyptens war die Umschrift vollends wertlos. So entstand als bessere Lösung die alexandrinische Übersetzung oder *Septuaginta* (Abkürzung: LXX). Der Name geht auf die im *Aristeasbrief* überlieferte Legende zurück, nach der 72 Juden in 72 Tagen das ganze Alte Testament ins Griechische übersetzt haben. Nach unserer heutigen Kenntnis läßt sich über die Entstehung der LXX etwa folgendes sagen: Um 250 v. Chr. wurde zunächst der Pentateuch übersetzt. Die übrigen Bücher folgten nach und nach. Im Vorwort zu *Jesus Sirach*, das etwa 130 v. Chr. geschrieben ist, lesen wir von einer griechischen Übersetzung «des Gesetzes, der Propheten und der übrigen Bücher». Um diese Zeit liegt also das ganze Alte Testament in griechischer Übersetzung vor.

Welchen Wert hat diese Übersetzung für den Text des Alten Testamentes? Man kann sich darüber heute nur mit Vorsicht äußern. Sie ist aus einem hebräischen und in hebräischen Buchstaben geschriebenen Konsonantentext hergestellt. Die Vorlage war noch nicht von den oben besprochenen Uniformierungsarbeiten am hebräischen Text berührt. Andererseits bietet die LXX noch sehr erhebliche Schwierigkeiten. Die Treue der Übersetzung ist sehr verschieden. Der Pentateuch scheint sich am engsten an den hebräischen Text anzuschließen. Die Übersetzungen von *Jesaja* und den kleinen Propheten sind ausgesprochen schlecht; der griechische *Daniel* ist nur eine Paraphrase der hebräischen Vorlage. Die über 1500 Handschriften der LXX, die wir heute kennen, stammen fast restlos aus christlicher Zeit und haben einen christlichen, von liturgischen Interessen beeinflußten Uniformierungsprozeß durchgemacht. Als sichere Reste jüdischer Septuagintahandschriften können nur folgende Stücke anerkannt werden: P. III 458 der J. Rylands Library, Manchester (2. Jh. v. Chr.; Fragmente zu *Deut.* 23–28; ed. C. H. ROBERTS, Manchester 1936; Abb. 48), und P. Fouad 266 in Kairo (1. Jh. v. Chr.; *Deut.* 31,26–33,7; ed. G. W. WADDELL, Jl.Th.St. 45, 1944, 157–161). Obgleich die Masora nach allgemeinem Urteil einen bes-

[10] F. WUTZ, Die Transkriptionen von der Septuaginta bis zu Hieronymus, Stuttgart 1933.

Abb. 48. P. Ryl. III 458, *Deut.* 25,1–3 (C. H. ROBERTS, pl. 7a).

seren Text als die Vorlage der LXX bietet, bleibt diese ein wichtiges Hilfsmittel für die Verbesserung der Masora.

Ein rechtes Verständnis der LXX ist nur möglich, wenn man sich einige Daten aus ihrer Geschichte vergegenwärtigt. Diese Übersetzung erlangte bei den Juden überraschend schnell großes Ansehen und wurde die offizielle Bibel des hellenistischen Judentums, die auch in den Synagogen Verwendung fand. Die neutestamentlichen Schriftsteller zitierten das Alte Testament nach der LXX; die meisten Kirchenväter lernten das Alte Testament über die LXX kennen. Diese Tatsachen brachten die LXX bei den Juden in Mißkredit. Die Christen polemisierten aus der LXX gegen die Juden; diese bestritten, daß die LXX das hebräische Original getreu wiedergebe. Die «Siebzig» hatten zudem die deuterokanonischen Bücher in ihre heilige Schrift aufgenommen; diese Bücher wurden im ganzen von den Christen daher gleichwertig wie die protokanonischen in der Polemik benützt, was die orthodoxen Juden verärgern mußte. Auch die Uniformierung des hebräischen Textes in nachchristlicher Zeit und das damit verbundene Bestreben, alle anderen Texttypen zu vernichten, mußte die LXX als minderwertig erscheinen lassen. Diese und andere Gründe führten dazu, daß sich die Juden von der LXX lösten. Sie wurde zu einem Instrument der Christen und war praktisch das Alte Testament der Christen. Über ihre Textgeschichte vom Beginn des Christentums bis Origenes wissen wir sehr wenig, obwohl einige wenige Papyrusfunde der letzten Jahre ein paar Streiflichter aufleuchten lassen. Um 200 n. Chr. war der Text jedenfalls so vielfältig und unsicher geworden, daß *Origenes* es für notwendig hielt, die Textverschiedenheiten zu beseitigen und die ursprüngliche Textform wiederherzustellen. Sein Werk, die *Hexapla*, erregt noch heute unsere Bewunderung. Um eine Übersicht zu gewinnen, stellte er den Text in sechs Kolumnen nebeneinander. In der ersten stand der hebräische Text in hebräischen Buchstaben, in der zweiten der hebräische Text in griechischer Umschrift, in der dritten die Übersetzung des Aquila, in der vierten die des Symmachos, in der fünften die Übersetzung der LXX und in der sechsten die des Theodotion. Das Hauptgewicht liegt auf der fünften Kolumne, in welcher der LXX-Text mit dem als unverfälscht gewerteten hebräischen Text verglichen und Abweichungen durch die bei den alexandrinischen Philologen üblichen Zeichen (Asteriskos, Obelos, Metobelos, vgl. u. S. 227) kenntlich gemacht wurden. Das ist gewiß eine für jene Zeit großartige Leistung. Das in 50 Bänden zusammengetragene, ungeheure Material konnte zur Herstellung eines guten Textes beste Dienste leisten; zugleich gab aber die Anordnung Anlaß zu neuer Textverschlechterung, vor allem durch Abschreibefehler, Verwechslung der Zeichen usw. Zudem existierte dieses Werk nur in einem einzigen Exemplar, das anscheinend nie ganz abgeschrieben wurde. Des Origenes *Hexapla* ist untergegangen. Bedeutende Reste aus Abschriften haben sich da und dort erhalten und sind von F. FIELD gesammelt und herausgegeben worden[11].

Eine andere jüdische Übersetzung des Alten Testamentes ins Griechische lieferte um die Mitte des 2. Jh. n. Chr. der aus Sinope in Pontos

[11] F. FIELD, Origenis Hexaplorum... Fragmenta, Oxford 1871–1875. Kritische Ausgaben der LXX: R. HOLMES und J. PARSONS, Oxford 1798–1827; A. E. BROOKE, N. MCLEAN und H. THACKERAY, Cambridge 1906 ff. (noch unvollständig); Ausgabe des Göttinger Septuaginta-Unternehmens 1922 ff., bisher erschienen: Maccabaeorum liber 1, Maccabaeorum liber 2, Psalmi cum Odis, Duodecim Prophetae, Isaias, Ieremias, Baruch, Threni, Epistula Ieremiae, Ezechiel, Susanna, Daniel, Bel et Draco; Kleine Ausgabe von A. RAHLFS, 2 Bde., Stuttgart 1935 (und weitere Aufl.).

stammende jüdische Proselyt *Aquila* (unter Kaiser Hadrian, reg. 117–138), der sich bemühte, durch eine sklavische Übertragung ein möglichst getreues Bild des Urtextes zu geben. Nach Augustinus (*De civ. dei* 15,23) wurde diese Übersetzung von den Juden bevorzugt. Nur weil Origenes den Aquilatext in seine *Hexapla* aufnahm, sind uns einzelne Lesarten aus diesem Werk erhalten geblieben.

Gegen Ende des 2. Jh. n. Chr. lieferte *Symmachos* eine Übersetzung des ganzen Alten Testamentes, die Hieronymus hoch einschätzte und bei seinen Arbeiten benützte. Er gestattete sich mehr Freiheit als Aquila und suchte dem griechischen Sprachgeist gerecht zu werden. Auch aus diesem Werk sind uns nur über die *Hexapla* einige Fragmente erhalten geblieben.

Wohl auch um die Mitte des 2. Jh. n. Chr. entstand die griechische Übersetzung des Alten Testamentes durch *Theodotion*, einen Ebioniten aus Ephesos. Man sollte freilich bei ihm eher von einer Revision als von einer Übersetzung sprechen, weil er nur fehlende Teile ergänzte und die sprachlichen Neuerungen des Aquila korrigierte. Einige Fragmente seiner Arbeit sind über die *Hexapla* erhalten geblieben[12].

Auf christlicher Seite sind auch nach Origenes noch Versuche gemacht worden, den LXX-Text zu verbessern. Eine auf Grund der fünften Kolumne der *Hexapla* von Eusebios von Kaisareia und Pamphilos hergestellte Rezension scheint besonders in Palästina verbreitet gewesen zu sein. Lukian, der Gründer der antiochenischen Exegetenschule (gest. 312), überarbeitete einen vorliegenden griechischen Text auf Grund des hebräischen Textes. Ein wohl alexandrinischer Bibelkritiker Hesychios revidierte um 300 den LXX-Text; seine Arbeit wird von Hieronymus getadelt.

Alle genannten griechischen Übersetzungen und vielleicht noch andere fließen in dem Sammelbegriff «Septuaginta» zusammen. Nur in einzelnen Fällen ist es möglich, eine Lesart einer bestimmten Rezension zuzuweisen. Das besagt nicht nur, daß die Arbeit des Septuagintaforschers ihre besonderen, sehr schwierigen Probleme hat, sondern vor allem, daß Rückschlüsse von der LXX auf die jeweilige hebräische Vorlage nur unter größter Vorsicht erlaubt sind. Die nächste, noch lange Zeit beanspruchende Aufgabe wird es sein, den Text der fünften Kolumne der *Hexapla* mit größtmöglicher Sicherheit herauszuarbeiten.

[12] Fragmente von Aquila, Symmachus und Theodotion bei F. FIELD a.a.O. Neuere Fragmente: H. HAAG, a.a.O. 224.

Erst dann kann die Frage nach dem Verhältnis der LXX zum hebräischen Text in Angriff genommen werden. Es ist schon recht viel gute Arbeit geleistet worden. Aber die Funde vom Toten Meer scheinen uns zu zwingen, dieses dornige Problem noch einmal ganz von vorne unter neuen Gesichtspunkten anzugehen. Wenn wir die Wichtigkeit dieser alten Übersetzung berücksichtigen, dürfen wir uns von dieser Arbeit nicht dispensieren.

II. DIE HEILIGE SCHRIFT DER CHRISTEN

Die Christen haben das Alte und das Neue Testament als die eine Heilige Schrift, deren gemeinsamer Inhalt Christus und das durch ihn gewirkte Heil ist. Jesus lebte so sehr im Alten Testament, daß sein Leben und seine Lehre ohne dieses nicht verstanden werden können. Als sich die alte Kirche langsam von der Synagoge löste, wurde der alttestamentliche Kanon für den liturgischen und katechetischen Gebrauch und für das private Leben beibehalten. Die ganze Bibel schreibt die Geschichte des Heils, das Gott im Alten Bund verheißt und zu verwirklichen beginnt, dessen vollständige Verwirklichung durch Jesus Christus geschieht. Das Neue Testament ist die Geschichte dieses Heiles, das in der Person, der Sendung, dem Wort, in Tod, Auferstehung und Verherrlichung Christi und in der von ihm gestifteten Kirche zu uns gekommen ist. Zugleich lassen uns diese Schriften erkennen, wie die erlösende Kraft der Neuen Botschaft in der Kirche bewußt wird und wie die Enderwartung die jungen Christen stark macht. «In dieser Endzeit hat (Gott) durch seinen Sohn zu uns gesprochen» (*Hebr.* 1,2). Auf seinem Wort beruht Christentum und Kirche. Wir werden uns daher im folgenden allein der Überlieferung des Neuen Testamentes zuwenden.

A. Das Neue Testament in der Ursprache

1. Umfang und Zeit der Abfassung des Neuen Testamentes

Jesus selbst hat nichts Schriftliches hinterlassen, was ihm Mani z. B. zum Vorwurf machte. Nur einmal wird von ihm berichtet, er habe mit dem Finger in den Sand geschrieben (*Jo.* 8,6); was er geschrieben hat, wird nicht erwähnt; der Wind hat es verweht. Verschiedene Bedürfnisse haben nach einiger Zeit die Apostel veranlaßt, Jesu Lehre und Leben, dessen sie Zeugen waren, niederzuschreiben. Nach dem Prolog des *Lukasevangeliums* haben es viele unternommen, «einen Bericht über die Begebenheiten zu schreiben, die sich unter uns zugetragen haben» (*Lk.* 1,1). Von diesen vielen Versuchen sind uns nur die vier kanonischen Evangelien erhalten. Sie bilden den Grundstock des Neuen Testamentes. Hinzu kamen Mahn- und Lehrschreiben der Apostel an die Gemeinden oder an einzelne Personen. Die mühsame und doch so schnelle Ausbreitung des jungen Christentums fand in der *Apostelgeschichte* ihren Niederschlag. Die bis zum Endgericht verlängerte Geschichte des sieghaften Herrn lesen wir in der *Apokalypse*. Die Abfassungszeit der einzelnen Schriften läßt sich nur ungefähr angeben, da sie aus spärlichen Einzelangaben erschlossen werden muß. Die Briefe des Apostels Paulus sind etwa zwischen 50 und 64 geschrieben. Die *Apostelgeschichte* ist nach katholischer Auffassung um 62 verfaßt. Der *Jakobusbrief* ist um 60, jedenfalls vor 62 geschrieben. *1. Petrus* ist wohl vor 64, *2. Petrus* zwischen 64 und 67 entstanden. Auch den *Judasbrief* wird man vor 70 ansetzen müssen. Die drei *Johannesbriefe* sind um die Jahrhundertwende in Kleinasien geschrieben. Die synoptischen Evangelien des *Matthäus*, *Markus* und *Lukas* müssen vor der Zerstörung Jerusalems (70 n. Chr.) verfaßt sein. Das *Johannesevangelium* muß um die Jahrhundertwende entstanden sein; ungefähr gleichzeitig oder kurz vorher ist auch die *Apokalypse* anzusetzen[13]. So sind die einzelnen Schriften des Neuen Testamentes in einem knappen halben Jahrhundert entstanden, während zwischen der Entstehung des ersten und des letzten Buches des Alten Testamentes ungefähr 1200 Jahre liegen. Eine andere Frage, auf die wir nicht näher eingehen, ist es, wann jedes Buch autoritative Geltung erlangte. Bis alle Schriften, die wir im heutigen neutestamentlichen Kanon lesen, allgemein anerkannt waren, dauerte es längere Zeit. Eine autoritative Entscheidung erging zuerst auf der römischen Synode von 382, wo festgelegt wurde, daß nur die 27 Bücher, die noch heute in unserem Neuen Testament stehen, als kanonische Bücher zu gelten haben.

Das Neue Testament ist wohl ganz in griechischer Sprache abgefaßt worden, die demnach als Ursprache zu gelten hat, obwohl Jesus und

[13] Die nichtkatholischen Forscher nehmen teilweise eine viel spätere Abfassung der einzelnen Schriften an, wobei auch in Zweifel gezogen wird, ob die jeweiligen Autorenbezeichnungen echt seien, z. B. ob die *Petrusbriefe* von Petrus geschrieben seien. Nach protestantischer Auffassung sieht die Chronologie ungefähr so aus: *Apostelgeschichte:* um 100; *Jakobus*, *2. Petrus*, *Judas:* 1. Hälfte des 2. Jh.; *1. Petrus:* gegen 100; *Johannesbriefe* und *Johannesevangelium:* um 100; *Markus*, *Matthäus* und *Lukas:* *nach* der Zerstörung Jerusalems, also zwischen 70 und 100. Die Meinungen gehen ziemlich weit auseinander, und es gibt nicht so etwas wie «die» protestantische Auffassung.

die Apostel Aramäisch oder Hebräisch gesprochen haben. Nach bisheriger Auffassung hat dem *Matthäus* ein aramäisches Original zugrunde gelegen; aber selbst diese so allgemeine Annahme scheint unsicher geworden zu sein, abgesehen davon, daß von diesem aramäischen *Matthäus* auch keine Spur erhalten geblieben ist. Die Handschriften aus der Wüste Juda belehren uns, daß das Aramäische gar nicht in dem bisher angenommenen Umfang die Umgangssprache in Palästina war. Hier aufgefundene Briefe sind hebräisch geschrieben. Wir werden zur Zeit Jesu im ganzen Hebräisch und Griechisch als Umgangssprache der palästinensischen Bevölkerung ansehen müssen, wobei auch das Aramäische noch in unbestimmtem Umfang Verwendung fand.

Das Griechisch der neutestamentlichen Autoren ist von recht verschiedener Qualität. Paulus konnte Griechisch sprechen und schreiben, «wie ihm der Schnabel gewachsen war» (U. v. WILAMOWITZ). In allen anderen Schriften ist der palästinensische Erdgeruch mehr oder weniger spürbar; besonders auffällig sind die Semitismen bei *Jo.*, *Lk.*, *Apg.* und *Jak.* Im ganzen gehört das Griechisch des Neuen Testamentes durchaus zur Koine, d.h. zur griechischen Umgangs- und Literatursprache im Zeitalter des Hellenismus; seine Besonderheiten sind aus der Zweisprachigkeit der Autoren, deren Muttersprache das Hebräische war, und aus ihrer Vertrautheit mit der Septuaginta zu erklären. Die richtige Beurteilung des Textes setzt eine gute Vertrautheit mit diesem «Bibelgriechisch» voraus. G. KITTELS Theologisches Wörterbuch zum Neuen Testament (Stuttgart 1933ff.) ist ein vorzügliches Hilfsmittel zum Studium dieser Sprache.

2. Die handschriftliche Überlieferung des Neuen Testamentes

Die Originalhandschriften der neutestamentlichen Offenbarungsträger sind alle untergegangen. Trotzdem verfügt dieses heilige Buch über eine einmalige Überlieferung. Die handschriftlichen Zeugen reichen bis an den Anfang des 2. Jh., also bis in die unmittelbare Nähe der letzten Autoren zurück. Die immer noch wachsende Zahl der bekanntgewordenen und registrierten Handschriften hat 4000 überschritten. Für kein Werk der klassischen griechischen und lateinischen Literatur liegen die Verhältnisse so günstig. Die älteste vollständige Handschrift des vielgelesenen Homer gehört ins 13. Jh. n. Chr., hält also vom Autor einen Abstand von mindestens 2000 Jahren. Vergil (gest. 19 n. Chr.) erfreute sich bis in die Neuzeit steter Beliebtheit; die älteste Vergilhandschrift stammt aus dem 4.Jh. Für das Neue Testament besitzen wir heute 68 Papyri aus dem 2.–7.Jh. Die 241 Majuskelhandschriften stammen aus dem 4.–10.Jh. Die 2533 Minuskeln beginnen mit dem 9.Jh. Nur etwa 50 dieser Handschriften enthalten freilich das ganze Neue Testament; bei weiteren 120 fehlt nur die *Apokalypse*, die in der Ostkirche jahrhundertelang nicht als kanonisches Buch anerkannt wurde. Die übrigen Handschriften überliefern uns nur einzelne Bücher oder Teile von solchen. Kein einziges Stück dieser großen Masse darf bei der Prüfung des neutestamentlichen Textes außer acht gelassen werden. Ein Blatt mit wenigen Zeilen kann von größter Wichtigkeit sein. Es konnte nicht ausbleiben, daß der Text eines so vielgelesenen Buches Veränderungen mannigfacher Art erlitt. Aufgabe der Wissenschaft ist es, die einzelnen Handschriften- und Textfamilien genau herauszuarbeiten und über sie zum Originaltext vorzudringen. Wir wollen zunächst den Beitrag der großen Handschriftengruppen in einem Überblick verfolgen.

3. Die Papyri

Die neutestamentliche Wissenschaft hat sich angewöhnt, alle zeitlich vor den im nächsten Abschnitt zu behandelnden Vollbibeln liegenden Handschriftenreste unter der Bezeichnung «Papyrus» zusammenzufassen. Die einzelnen Stücke werden mit P... (Nummer) bezeichnet. Dieses Verfahren bringt es mit sich, daß auch einzelne auf Pergament oder Holz geschriebene Texte in diese Gruppe einbezogen sind. Nicht alle bekannten biblischen Papyri sind literarische Stücke. Einzelne Papyrusblätter, Holztafeln oder Kalksplitter wurden benützt, um Bibelverse zu frommen oder abergläubischen Zwecken abzuschreiben. Bisweilen haben Schüler biblische Texte als Übungs- oder gar als Strafarbeit abgeschrieben. Daher ist der textkritische Wert der einzelnen Papyri sehr verschieden. Es ist nicht immer leicht, den eigentlichen Wert eines solchen Stückes festzustellen. Für die Geschichte sollten nur die literarischen Papyri herangezogen werden. Im ganzen besteht der Wert dieser Überlieferung darin, daß wir durch sie um ein bis zwei Jahrhunderte über die Zeit der Vollbibeln zurückkommen. An einigen Beispielen wichtiger Papyri soll dies erläutert werden.

P^{52} ist unser ältestes Fragment einer christlichen Bibelhandschrift, die um 120 geschrieben wurde. Es wird heute in der John Rylands

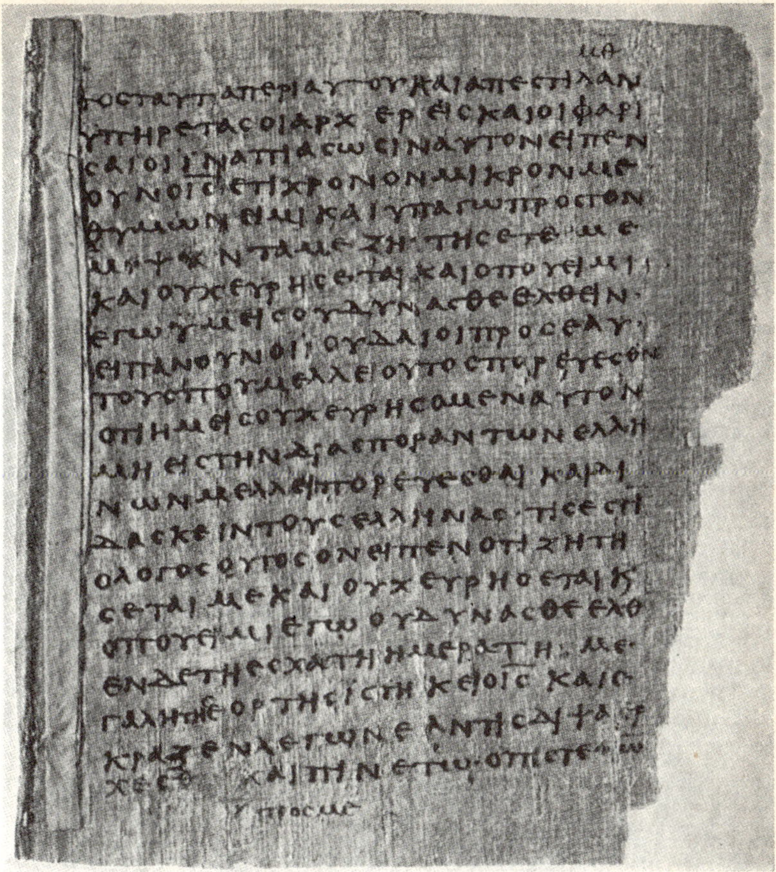

Abb. 49. P. Bodmer II = P⁶⁶, *Jo.* 7, 32–38.

Library zu Manchester aufbewahrt und enthält auf Vorder- und Rückseite je sieben unvollständige Zeilen mit *Jo.* 18,31–33 und 37–38. Die Veröffentlichung dieses Textes im Jahre 1935 veranlaßte die Exegeten, die früheren Angaben über die Entstehungszeit des *Johannesevangeliums* zu überprüfen und zu revidieren[14].

P[53] enthält *Mt.* 26,29–40 und *Apg.* 9,34–10,1 und ist in der Mitte des 2. Jh. geschrieben[15].

P[66] ist erst seit kurzem bekannt und von besonderer Wichtigkeit (Abb. 49). Die um 200 geschriebene Handschrift in Kodexform enthält, von einigen Lücken abgesehen, das ganze *Johannesevangelium.* Sie ist Eigentum der Bibliotheca Bodmeriana in Cologny bei Genf[16].

P[45,46,47] gehören zu den Chester Beatty Papyri. 1930/31 konnte A. Chester Beatty Reste von 12 Papyruskodizes erwerben und in seine Sammlung einreihen (ein weiterer Teil ist im Besitz der Universität Michigan), die zu den wertvollsten Bibelhandschriften gehören. Drei davon, die aus dem 3. Jh. stammen, enthalten umfangreiche Stücke aus den vier Evangelien, der *Apostelgeschichte*, den Paulusbriefen und der *Apokalypse.* P[46] besteht aus 86 von ursprünglich 104 Blättern eines Pauluskodex[17].

Zur Illustrierung der Bedeutung der Papyri mögen diese wenigen Beispiele genügen. Die Lücke zwischen der Entstehung des Neuen Testamentes und den ältesten Vollhandschriften ist durch sie teilweise geschlossen worden. Es ist hier nicht möglich, auf den Text der einzelnen Papyri einzugehen. Wie zu erwarten, ersehen wir aus ihnen, daß der Bibeltext in der lebendigen Benützung und Vervielfältigung gewisse Veränderungen erlitt, die in der Hauptsache Orthographie, Umstellung und ähnliche äußere Dinge betreffen. Eindrucksvoll ist die Ehrfurcht und Treue, mit der der heilige Text abgeschrieben wurde. Im Vergleich etwa mit den Homerpapyri ist der Wildwuchs der biblischen Papyri sehr gering.

[14] C. H. ROBERTS, Ausgabe, Manchester 1935. Die Papyri mit neutestamentlichem Text sind verzeichnet bei G. MALDFELD und B. M. METZGER, Detailed List of the Greek Papyri of the N.T., in: Jl. Bibl. Lit. 68, 1949, 359–370. Die späteren Funde werden in der Z.N.W. bekanntgegeben.

[15] P[53] ist von H. A. SANDERS veröffentlicht in «Quantulacumque presented to K. Lake», London 1937, 151–161.

[16] V. MARTIN, Ausgabe, Cologny-Genève, *Jo.* 1-14: 1956, *Jo.* 14-21: 1958. Der P. Bodmer II wird von H. HUNGER (Anz. Öst. Akad. 1960, Nr. 4) u. a. früher, in der Mitte oder ersten Hälfte des 2. Jh., angesetzt. S. auch o. S. 48.

[17] F. G. KENYON, The Chester Beatty Biblical Papyri I–III u. Suppl., London 1933–37.

4. Die Majuskelhandschriften

Die Handschriften dieser Gruppe haben für die Geschichte des Textes und für die Textkritik die größte Bedeutung, obwohl sie nicht in die früheste Zeit zurückreichen. Wir sind gewohnt, jene Handschriften, die nur Großbuchstaben verwenden, Majuskeln zu nennen. Der Schrift nach würden freilich auch die meisten Papyri zu den Majuskeln zu rechnen sein. Der Grund dieser Gruppenzusammenfassung liegt einfach in der historischen Tatsache, daß diese großen Handschriften – vor allem die Vollbibeln, fast ausschließlich in Kodexform – bekannt waren, ehe man an das disparate Material der Papyri überhaupt dachte. Wir können heute auch nicht mehr wie früher sagen, daß die Kodexform das Kriterium der Gruppe sei, nachdem bedeutende Reste von früheren Bibelkodizes bekannt sind, wie wir im vorhergehenden Abschnitt gesehen haben. Es ist allerdings bezeichnend für die Gruppe, daß sich der Kodex mehr und mehr durchsetzt. Er bietet ja auch weit bessere Möglichkeiten der Raumausnützung als die Rolle und ist haltbarer[18]. Erst diese Buchform erlaubte es, zweisprachige Bibelausgaben herzustellen, die eine Textvergleichung leicht machten. Erst diese Buchform ermöglichte es auch, das Neue Testament oder gar beide Testamente in einem Band zu vereinigen, wie die unten zu nennenden Handschriften א, B, A, C zeigen. Trotzdem blieben solche Vollbibeln doch seltene Ausnahmen. Im allgemeinen vereinigte man in einem Bande die Evangelien, in einem zweiten die Paulusbriefe («Apostolus»), in einem weiteren in verschiedener Weise den Rest des Neuen Testamentes. Ein weiteres Merkmal dieser Gruppe ist die Verwendung des Pergamentes als Schreibstoff, das viel dauerhafter war und ein schöneres Schriftbild zuließ, ja sogar unter Umständen nach Abschabung eine neue Beschriftung gestattete (Palimpseste). Eine kleine Liste der wichtigsten Handschriften dieser Gruppe soll ihre Bedeutung für die Textgeschichte illustrieren. Wir benützen zur Bezeichnung der einzelnen Handschriften die in der Fachwissenschaft üblichen lateinischen und hebräischen Großbuchstaben, ohne andere Einteilungssysteme zu berücksichtigen.

א, der berühmte Codex Sinaiticus, ist eine vierspaltige griechische Bibelhandschrift, von der 347 Blätter erhalten sind. *Konstantin von Tischendorf* hat sie (1844 und 1859) im Katharinenkloster am Fuße des

[18] Über Rolle und Buch gilt ungefähr dasselbe wie in der Profanliteratur, s. S. 43ff. Dazu C. H. ROBERTS, The Codex, in Proc. Brit. Acad. 40, 1954, 169–204.

Sinai entdeckt und der abendländischen Wissenschaft und der Christenheit gerettet. 43 Blätter kamen zunächst in die Universitätsbibliothek zu Leipzig. Den Rest haben die Mönche gegen reiche Geschenke dem Zaren Alexander II. überlassen. Daher war diese Bibel bis 1933 in Petersburg und wurde dann um 100000 Pfund an das Britische Museum in London verkauft, wo sie nun als Kostbarkeit gehütet und gepflegt wird. Der Kodex enthält das griechische Alte Testament und das Neue Testament fast lückenlos, dazu am Schluß den nichtkanonischen *Barnabasbrief* und Teile des *Pastor Hermae*. Er ist um die Mitte des 4. Jh. in Ägypten oder im palästinensischen Kaisareia geschrieben. Die sorgfältigen Untersuchungen der letzten Jahre haben gezeigt, daß die sehr schöne Buchschrift von drei Schreibern ausgeführt wurde. Diese haben allerdings den Text lässig behandelt und nicht wenig Hörfehler verewigt[19].

B, der Codex Vaticanus graecus 1209 (Abb. 11, S. 83), ist eine ehrwürdige Handschrift aus dem Anfang des 4. Jh. und enthält beide Testamente. Von den ursprünglich 820 Blättern sind 759 erhalten. Der Text des Neuen Testamentes bricht mit *Hebr.* 9,14 ab, der Rest ist verloren. Die sehr einfache, schöne Schrift, die leider durch die «Verbesserungen» eines späteren Schreibers gelitten hat, verweist nach Ägypten. Die Handschrift ist in drei Spalten zu je 42 Zeilen in Großbuchstaben ohne Wortzwischenräume und ohne Satzzeichen nach der Schreibertradition der Papyrusrollen geschrieben. Der Kodex ist als Eigentum der Vatikanischen Bibliothek seit 1475 nachweisbar; seine früheren Schicksale sind unbekannt. Der Text gehört mit א zu einer Familie und ist der beste Zeuge des alexandrinischen (oder neutralen) Textes[20] (über die Textgruppen s. u. S. 197ff.).

A, der Codex Alexandrinus, wurde im 5. Jh. in Ägypten geschrieben und gehört heute zu den Raritäten des Britischen Museums. Er enthielt ursprünglich beide Testamente, die beiden *Klemensbriefe* und die *Psalmen Salomons*. Durch Beschädigung gingen *Mt.* 1,1–25,6, *Jo.* 6,50–8,52, *2. Kor.* 4,13–12,6 verloren. Aus der Vorgeschichte der Handschrift ist nur bekannt, daß sie seit 1098 der Patriarchalbibliothek in

[19] The Mount Sinai Manuscript of the Bible, hg. vom Britischen Museum, London 1934; H. J. M. MILNE und T. SKEAT, Scribes and Correctors of the Codex Sinaiticus, London 1938; Faksimileausgabe von K. LAKE, Oxford 1911.

[20] Ausgabe: Bibliorum Sacrorum graecorum Codex Vaticanus 1209, Mailand 1904 (nur N.T.).

Alexandreia gehörte und 1751 ins Britische Museum kam. Der Text gehört zu den wichtigsten Zeugen der alexandrinischen Familie[21].

C, der Codex Ephraemi rescriptus, ist eine einspaltig beschriebene Handschrift aus dem 5. Jh., die heute in der Bibliothèque Nationale zu Paris aufbewahrt wird. Ursprünglich enthielt sie beide Testamente, wurde aber im 12. Jh. abgewaschen und mit einigen Texten Ephraems des Syrers beschrieben, wobei leider viele Blätter verlorengingen. Vom Alten Testament sind 64 Blätter, vom Neuen 145 (von ursprünglich 238) erhalten. Außer *2. Thessalonicher* und *2. Johannes* ist jede Schrift des Neuen Testamentes vertreten, aber keine ganz erhalten. Der Text gehört im wesentlichen zur alexandrinischen Familie, weist aber auch antiochenische und westliche Lesarten auf[22].

D, der Codex Bezae, befindet sich heute in der Universitätsbibliothek zu Cambridge. Die wohl im 5. Jh. an unbekanntem Ort geschriebene Handschrift ist im 9. Jh. in Südfrankreich nachweisbar und kam in den Besitz des Freundes von Calvin, Theodor Beza, der sie nach Cambridge verschenkte. Sie enthält auf 406 Blättern die Evangelien fast vollständig, dazu ein Bruchstück aus *3. Johannes* und die *Apostelgeschichte*. Dieser erste *doppelsprachige* Kodex ist so angelegt, daß im aufgeschlagenen Buch jeweils auf der linken Seite der griechische Text und auf der rechten Seite der lateinische steht. Der Markustext hat zudem am unteren Rand auf jeder Seite einen merkwürdigen Satz, der nur als Bibelorakel gedeutet werden kann. Diese Orakel sind bisher als einziger Anhaltspunkt für Herkunft und Datierung der Handschrift angesehen worden; doch geschah dies wohl zu Unrecht. Der Text ist nicht fortlaufend geschrieben, sondern in kleine Paragraphen aufgeteilt. Welchen Wert hat er? Der Kodex D läßt sich in keine Handschriftengruppe zufriedenstellend einordnen; er weicht durch viele Sonderlesarten, die sich oft mit den syrischen und altlateinischen Übersetzungen berühren, von allen griechischen Textzeugen ab. Ein abschließendes Urteil über seinen Wert für die Testkritik ist noch nicht möglich (Abb. 50)[23].

[21] F. G. KENYON, The Codex Alexandrinus in reduced photographic Facsimile, N.T. and Clementine Epistles, London 1909; A.T. in 3 Teilen, London 1915–1936.

[22] K. VON TISCHENDORF, Codex Ephraemi rescriptus sive Fragmenta Novi Testamenti, Leipzig 1843; A.T. 1845.

[23] Ausgabe: Codex Bezae Cantabrigiensis, 2 Bde., Cambridge 1899 (nur Evangelien und *Apostelgeschichte*). – Ebenfalls mit D oder D^{paul} wird der Codex Claromontanus bezeichnet, welcher mit D^{ev} nahe verwandt ist, auch einmal im Besitz von Th. Beza war und heute der Bibliothèque Nationale zu Paris gehört. Ausgabe von K. VON TISCHENDORF, Leipzig 1852.

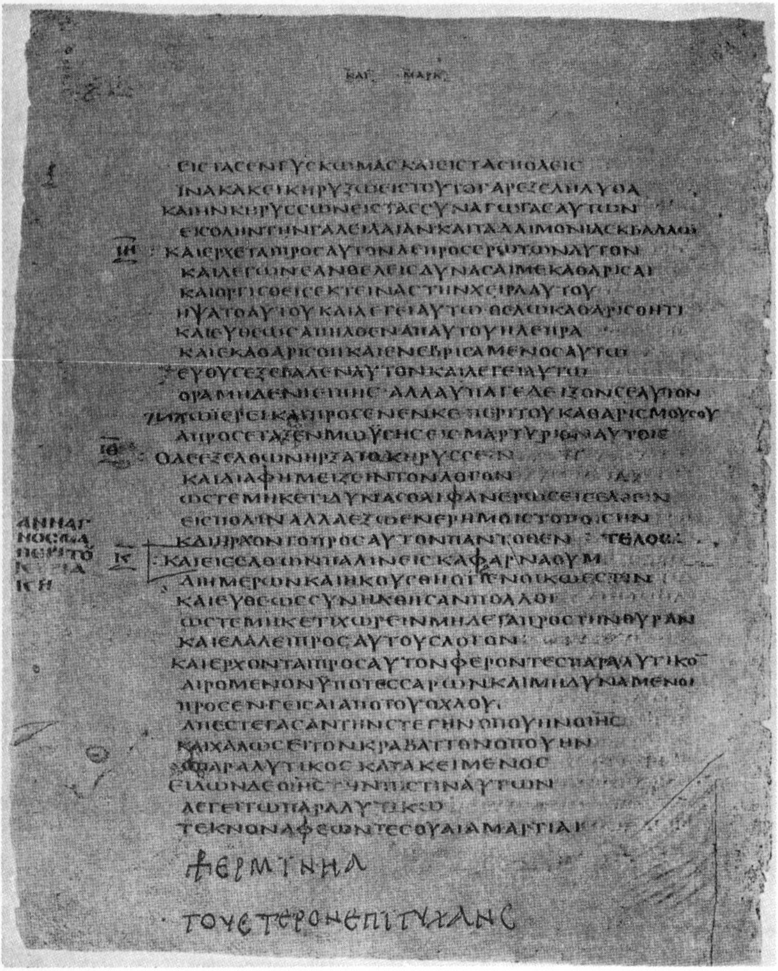

Abb. 50a. Codex Bezae Cantabrigiensis (= D), griechische Seite von *Mk.* 1,38–2,5 (H. J. VOGELS, Taf. 18).

Abb. 50b. Codex Bezae Cantabrigiensis, lateinische Seite von *Mk.* 1,38–2,5 (H. J. Vogels, Taf. 19).

Aus der großen Zahl der übrigen Majuskelhandschriften soll hier nur noch die Gruppe der Purpurhandschriften erwähnt werden. Es sind Prachtexemplare, deren sorgfältig ausgewähltes Pergament zuerst mit Purpur eingefärbt und dann mit Silber- und Goldtinte beschrieben wurde. Meist sind die Buchstaben eigentlich gemalt und widerstehen jeder paläographischen Datierung. Ein wertvolles Kriterium für Herkunft und Datierung bietet der Bilderschmuck, den aber nicht alle Purpurhandschriften aufweisen. Besonders bekannte Exemplare dieser Gruppe sind:

N, Codex Purpureus Petropolitanus, im 6. Jh. geschrieben und wohl von den Kreuzfahrern zerstückelt. 182 Blätter sind heute in Leningrad, 33 in Patmos, 6 im Vatikan, 4 im Britischen Museum, 2 in Wien und eins in Genua.

O, Codex Sinopensis aus dem 6. Jh., heute in der Bibliothèque Nationale zu Paris, 5 Illustrationen.

Σ, Codex Rossanensis aus dem 6. Jh., heute in Rossano (Kalabrien). Einzelne seiner besonders schönen Miniaturen sind vielerorts abgebildet.

Φ, Codex Beratinus aus dem 6. Jh., heute in Berat (Albanien).

Es scheint, daß alle diese Prachthandschriften in Konstantinopel oder jedenfalls im byzantinischen Reich entstanden sind. Sie sind für die Textgeschichte von geringem Wert, da sie durchweg der byzantinischen Textfamilie zugehören, die uns tausendfach anderweitig überliefert ist. Sie sind aber kostbare Zeugen der Wertschätzung des Gotteswortes. Nur der Kaiser durfte Purpur tragen. Nur das teuerste Material und die größte menschliche Kunstfertigkeit sind geeignet, die heiligen Bücher abzuschreiben und aufzunehmen[24].

5. Die Minuskeln oder Kursivhandschriften

Im 9. Jh. scheint man den großen Umfang der Bibelbände, den die Majuskelschrift erforderte, lästig empfunden zu haben. Daher fand eine durch kleine Buchstaben und viele Buchstabenverbindungen und Wortkürzungen charakterisierte Schrift auch in die heiligen Bücher Eingang. Diese Minuskelschrift blieb in einer langen Entwicklung bis zur Erfindung der Buchdruckerkunst in stetem Gebrauch. Der neueste

[24] Eine Liste der vorhandenen Purpurhandschriften findet sich bei J. GEBHARDT und A. VON HARNACK, Codex graecus purpureus Rossanensis, Leipzig 1880, V.

Katalog der Minuskelhandschriften des Neuen Testamentes zählt 2533 Nummern. Nur eine Minderheit dieser Handschriften enthält das ganze Neue Testament; am häufigsten sind die Handschriften mit den vier Evangelien. Ihr textkritischer Wert ist nicht groß, da sie fast alle den textus receptus, eine anscheinend im 4. Jh. in Syrien begonnene Textrevision, bieten. Einige sind als Abschriften von verlorenen Majuskelhandschriften wichtig; wenige andere haben Spuren eines vor der Revision liegenden Textes aufbewahrt. Die Handschriften dieser Gruppe werden allgemein mit arabischen Ziffern bezeichnet. Der mühsamen Forscherarbeit ist es gelungen, eine Anzahl von Textfamilien festzustellen. Man wird bestrebt sein müssen, alte Lesarten, die der Revision entgangen sind, aufzusuchen und zu verwerten.

Das Schriftbild der Minuskeln ist viel einfacher als das der Majuskeln. Mit der Zeit machte sich auch da das Bedürfnis geltend, das Wort Gottes in würdigem Gewande zu bieten, weshalb die Handschriften mit Initialen und Bildern ausgestattet wurden. Als Beispiel einer Prachthandschrift dieser Gruppe sei 565 genannt, eine aus dem 9. oder 10. Jh. stammende Purpurhandschrift, die heute in Leningrad aufbewahrt wird[25].

6. Die Lektionare

Lektionare oder Perikopenbücher sind von der kirchlichen Praxis für den liturgischen Gebrauch geschaffen worden. Schon früh bildeten sich Perikopenordnungen heraus, die sich zum Teil bis auf den heutigen Tag erhalten haben. Die Abschnitte aus den Evangelien und den übrigen Schriften des Neuen Testamentes, die für den Gottesdienst zur Hand sein mußten, wurden in einem oder zwei Bänden vereinigt. So entstand ein Sonderzweig der Bibelüberlieferung, dessen Zeugen, die Lektionare, für die Geschichte der Bibel und der Liturgie im Mittelalter Bedeutung haben. Heute sind über 1600 solcher Lektionare bekannt, aber so wenig durchforscht, daß man sich kein Urteil über ihren textkritischen Wert erlauben kann. Im allgemeinen bieten sie den ohnehin

[25] M. DE MURALT in: Catalogus des manuscrits grecs de la Bibliothèque impériale, St.Petersburg 1864; P. BATIFFOL in: Dictionnaire de la Bible I, Paris 1912, Sp. 1258f. Zum Text: K. LAKE, The caesarean text of Mark, in Harv.Th.Rev. 21, 1928, 207–404. – Verzeichnis der wichtigsten Minuskelhandschriften bei A. WIKENHAUSER, Einleitung in das N.T. Freiburg 1953, 65f.; F.G. KENYON, Der Text der griech. Bibel, Göttingen 1952, 65–67.

gut bekannten textus receptus. Doch zeigt sich, daß sie weit mehr Einflüssen verschiedener Art ausgesetzt waren als die eigentlichen Bibelhandschriften. Hatte man eine gute alte Handschrift gefunden, so wurde das am Ort verwendete Lektionar darnach korrigiert. Es lassen sich aber auch Fälle nachweisen, wo eine gute Bibelhandschrift nach einem Lektionar verbessert wurde[26].

7. Der Bibeltext der Kirchenschriftsteller

Den Bibelzitaten der Kirchenschriftsteller kommt eine besondere Bedeutung für die Geschichte des Textes zu. Sie sind zunächst einmal Zeugen für den in einem bestimmten Gebiet zu einer bestimmten Zeit gebrauchten Bibeltext und ermöglichen überhaupt eine Erforschung der Textgeschichte. Viele Väterschriften sind älter als unsere Bibelhandschriften. In vielen Fällen weicht ihr Text von dem unserer Handschriften ab. Manche dieser Varianten sind sicher darauf zurückzuführen, daß der Autor frei aus dem Gedächtnis zitierte; ebenso sicher ist, daß sich nicht alle Abweichungen so erklären lassen. Neuere Untersuchungen haben gezeigt, daß manche Väter einen älteren und ursprünglicheren Text benützen, als man bisher annahm. Es bleibt eine dringende Aufgabe der Forschung, den Bibeltext jedes Kirchenvaters zu registrieren und mit dem seiner Landsleute und Zeitgenossen und mit den Handschriften zu vergleichen. Bedeutende Anfänge sind gemacht, aber es bleibt noch sehr viel Kleinarbeit zu leisten. Für den griechischen Text liefern die Katenen, deren Erforschung noch in den Anfängen steckt, sehr viel Material. Wir verstehen unter Katenen Sammlungen von lose aneinandergereihten Vätererklärungen zu kleinen Einheiten des Bibeltextes, die, soweit wir sehen, im 5. Jh. beginnen und in zahlreichen Handschriften der folgenden Jahrhunderte erhalten sind. Viele Lesarten der *Hexapla* z. B. sind uns nur in Katenen erhalten[27].

[26] Über die Erforschung der Lektionare vgl. H. GREEVEN, in Th. Lit. Ztg. 76, 1951, 513–522; E. C. COBRELL und D. W. RIDDLE, Prolegomena to the Study of the Lectionary Text of the Gospels I, Chicago 1933; II, 1: 1934; II, 2: 1936.

[27] Über die Bedeutung der Bibelzitate der Väter vgl. besonders den Beitrag von R. P. CASEY in: New Testament Manuscript Studies, hg. von M. M. PARVIS und A. P. WIKGREN, Chicago 1950. Eine Liste der bisher untersuchten Vätertexte bietet A. WIKENHAUSER a.a.O. 67f.

B. Das Neue Testament in den alten Übersetzungen

In der griechisch-römischen Literatur haben im allgemeinen alte Übersetzungen nur dann ein Recht auf Beachtung, wenn sie uns einen verlorenen Originaltext in nachweisbar zuverlässiger Form überliefern. Der Wert der alten Bibelübersetzungen ist andersartig. Es wird wohl kaum einen wichtigen Fall geben, wo sie uns Ersatz für verlorenen Originaltext geben. Wegen ihres z.T. hohen Alters liefern sie aber ein unschätzbares Material für die Textkritik. Es ist verständlich, daß sich das junge Christentum, nachdem es einmal die Grenzen Palästinas überschritten hatte, zuerst an die Griechisch sprechenden Gruppen im Imperium Romanum wandte. Dieses Griechisch war damals eine lingua franca, die dem gebildeten Römer fast ebenso vertraut war wie das Lateinische. Man erinnere sich daran, daß die römische Kirche das Griechische bis in die Mitte des 3.Jh. auch im Gottesdienst gebrauchte. Aber das Evangelium kam in früher Zeit auch zu Völkern und Volksschichten, die das Griechische nicht verstanden. Eine Übersetzung in die Volkssprache war wenigstens für Epistel und Evangelium sehr früh notwendig, wenn uns auch recht wenig über die praktische Bewältigung dieses Problems überliefert ist[28]. Da waren einmal die Länder zwischen Antiochien und Euphrat, in denen das Syrische allgemein verstanden wurde. In dem Palästina benachbarten Ägypten wurde viel Griechisch gesprochen; aber die einheimische Bevölkerung konnte nur durch eine koptische Übersetzung erfaßt werden. Schließlich entstanden sehr früh lateinische Versionen, weniger für den Gebrauch in der Hauptstadt als für die blühenden Provinzen in Nordafrika und Gallien. Es ist verständlich, daß diese nicht immer von berufenen und befähigten Männern für die Praxis angefertigten Übersetzungen sehr verschiedene Qualitäten aufweisen. Die möglichst exakte individuelle Bewertung jedes dieser Zeugnisse darf sich kein Textkritiker schenken, da selbst grobe Fehler gute Hinweise auf die Vorlage vermitteln können. Gerade die bisweilen sklavische Treue, mit der manche unmusischen Leute das Gotteswort aus dem vorliegenden Original übertragen haben, liefert dem Kritiker wertvollstes Material. Dazu kommt, daß die altsyrische und altlateinische Übersetzung in eine frühere Zeit zurück-

[28] Vgl. J. A. JUNGMANN, Missarum Sollemnia I, Wien 1948, 504.

führen als unsere ältesten griechischen Majuskeln. Ja, manche Übersetzungen wurden zum Ausgangspunkt eines ganzen Zweiges der Bibelüberlieferung und haben so unvergängliche Spuren hinterlassen.

1. Die syrische Bibelübersetzung

Mit guten Gründen erwähnen wir die altsyrische Bibelübersetzung an erster Stelle. Das Syrische ist jene von Edessa ausgegangene Literatursprache, die von den Christen in Nordsyrien und Mesopotamien gesprochen wurde. Es bildet mit der Sprache des babylonischen Talmuds und dem Mandäischen die östliche Gruppe des Aramäischen. Da nun Jesus ohne Zweifel Aramäisch gesprochen hat, könnte man meinen, daß die syrischen Evangelien seine Worte in Originaltreue überliefert hätten. Diese Annahme muß indessen als irrig vollständig ausgeschieden werden. Wir wissen, daß zwischen der Verkündigung Jesu und den syrischen Evangelien kein direkter Zusammenhang besteht. Im nördlichen Mesopotamien sind Christen erst um die Mitte des 2.Jh. nachweisbar. Edessa wurde damals Ausgangspunkt der Christianisierung Ostsyriens. Im Bereich dieser Stadt ist wohl die altsyrische Bibelübersetzung entstanden. Wenn wir die zeitliche Reihenfolge einhalten, haben wir folgende Übersetzungen zu erwähnen[29]:

a) *Tatians Diatessaron* (Evangelienharmonie). Das früheste Datum für die Verbreitung syrischer Bibeltexte, das wir mit Sicherheit erfassen, ist die Zeit zwischen 172 und 180, in welcher der aus dem Euphrattal stammende und in Rom zum Christentum bekehrte Tatian das *Diatessaron* schrieb. Diese Evangelienharmonie ließ die getrennten Evangelien lange Zeit fast vergessen und wurde in der syrischen Kirche noch im 5.Jh. beim Gottesdienst verlesen. Doch muß es schon vor ihr syrische Übersetzungen mindestens einzelner Stücke des Neuen Testamentes gegeben haben, die Tatian benützte. Hier hätten wir also einen Bibeltext, der viel älter ist als das Original der griechischen Majuskeln. Aber das *Diatessaron* ist trotz eifrigster Forschungsarbeit in den letzten Jahrzehnten noch mit sehr schwierigen Problemen belastet. Die syrische Fassung ist verloren. Es ist immer noch eine Streitfrage, ob Tatian sein

[29] A. BAUMSTARK, Geschichte der syrischen Literatur, Bonn 1922, 17ff.; A. VÖÖBUS, Studies in the History of the Gospel Text in Syriac, Löwen 1951. Zum A.T.: L. HAEFELI, Die Peschitta des A.T., Münster i.W. 1927; P. KAHLE, The Cairo Geniza, London 1947, 149–197.

Werk syrisch oder griechisch verfaßt hat. Vorerst sind wir auf späte Übersetzungen und Bearbeitungen des *Diatessarons* angewiesen, aus denen der ursprüngliche Text rekonstruiert werden muß, wenn uns nicht ein unerwarteter Fund weiterhilft. Erst wenn einmal ein einigermaßen sicherer Text des *Diatessarons* vorliegt, kann sein Einfluß auf die späteren Bibelhandschriften und die Evangelienharmonien des Mittelalters untersucht werden. So bleibt das ursprüngliche *Diatessaron* eine noch weithin unbekannte und unsichere Größe; aber es war immerhin eine «Größe», die man nicht ungestraft übersehen kann.

Ein reiches Material steht heute der Forschung zur Verfügung, das zugleich die weite Verbreitung und das immer einmal wieder erwachende Interesse an diesem «Leben Jesu» zeigt. Ephraem der Syrer (gest. 373) hat einen Kommentar zum *Diatessaron* geschrieben, der leider nur armenisch erhalten ist und zudem nicht den ganzen Text Tatians bringt. Auch bei anderen syrischen Kirchenschriftstellern finden sich gelegentlich Zitate, die wegen ihres Alters und der sprachlichen Nähe wertvoll sind. Die dem Original zeitlich nächsten Zeugen sind *lateinische* Handschriften des Westens. Viktor von Kapua fand eine lateinische Evangelienharmonie ohne Namen des Verfassers, nahm aber an, daß es sich um Tatians *Diatessaron* handeln könne, und ließ das Werk in den auf seine Veranlassung 545 geschriebenen Kodex des Neuen Testamentes aufnehmen, wobei er freilich den vorgefundenen Text durch den Vulgatatext ersetzte. Diese Handschrift war später Eigentum des hl. Bonifatius und wird seit dessen Tod im Jahre 754 in Fulda aufbewahrt. Das ist der berühmte Codex Fuldensis, der die Evangelien in einer auf Tatian zurückgehenden Harmonie bringt (Abb. 51), die die Grundlage für den um 830 in altsächsischer Sprache geschriebenen *Heliand* bildete. Die von Viktor gefundene Handschrift ist nicht der einzige Zeuge des *Diatessarons* im Abendland, wie besonders die in zwei Handschriften erhaltene sog. «Münchener Evangelienharmonie» zeigt[30]. Auf diese mehrfache altlateinische Überlieferung geht auch ein besonders wertvolles, im 13. Jh. entstandenes, mittelniederländisches *Leben Jesu* zurück[31]. Aus derselben lateinischen Quelle flossen die altitalienischen Zeugen: ein venetianisches *Diatessaron* einer Handschrift des 13. Jh. und ein in vielen Handschriften erhaltenes toskanisches *Dia-*

[30] Vgl. A. VACCARI, in: Biblica 12, 1931, 326–354.

[31] D. PLOOIJ, C. A. PHILIPPS und A. H. A. BAKKER, The Liège Diatessaron with a textual Apparatus, Amsterdam 1929 ff.

tessaron derselben Zeit[32]. Wegen seiner Vollständigkeit ist das in zwei römischen Handschriften, einer des koptischen Patriarchates zu Kairo und einer der Bodleiana zu Oxford, erhaltene arabische *Diatessaron* recht wichtig. Es wurde nach einer syrischen Handschrift des 9.Jh. angefertigt, wobei aber der ursprüngliche Text weithin durch den Text der offiziellen Kirchenbibel ersetzt wurde[33]. Einen weiteren wertvollen Zeugen des syrischen *Diatessarons* stellt die wahrscheinlich zwischen 1230 und 1300 angefertigte persische Übersetzung dar[34]. Nun mag es auffallen, daß vom griechischen *Diatessaron* noch gar nicht die Rede war. Wir wissen heute, daß es ein solches gegeben hat. In den Ruinen der um 250 n.Chr. zerstörten Stadt Dura-Europos am Euphrat wurde 1933 ein kleines Pergamentfragment mit 14 Zeilen einer griechischen Evangelienharmonie gefunden, das sicher zur Überlieferung Tatians gehört[35]. Dieser Fund ließ die Streitfrage nach der Sprache, in welcher Tatian seine Harmonie schrieb, mächtig aufleben. Aber der Text ist so gering an Umfang und geht zudem in der erhaltenen Partie so eng mit unseren Evangelien zusammen, daß kein abschließendes Urteil möglich ist.

Es ist eine erregende Geschichte, die uns die Überlieferung des *Diatessarons* bietet und aufgibt. Noch 453 konnte Theodoret von Kyros (am Euphrat) schreiben, er habe allein in seinem Gebiet über 200 Exemplare gefunden, die er durch die getrennten Evangelien ersetzte. Dann wird das Buch nicht mehr erwähnt, bis Viktor von Kapua darauf stößt. Die oben erwähnten Abkömmlinge der altlateinischen Harmonie benützten die Vorlage für ihre «Leben Jesu», ohne von Tatian etwas zu wissen.

[32] V. TODESCO, A. VACCARI und M. VATASSO, Il Diatessaron in volgare italiano, Rom 1938 (= Studi e Testi 81); C. PETERS, Die Bedeutung der altitalienischen Evangelienharmonien, in: Rom. Forsch. 56, 1942, 181–192.

[33] A. CIASCA, Tatiani Evangeliorum Harmoniae arabice, Rom 1888; A. J. B. HIGGINS, The arabic Version of Tatian's Diatessaron, in: Jl. Th. St. 45, 1944, 187–199. Über andere arab. Übers.: G. GRAF, Geschichte der christl. arab. Literatur I, Rom 1944, 85–195. PH. E. PUSEY und G. H. GWILLIAM, Tetraevangelium sanctum iuxta simplicem Syrorum versionem, Oxford 1901; kleine Ausgabe: The New Testament in Syriac, London 1905/1920. Literatur zum Text vgl. A. WIKENHAUSER, Einleitung in das N.T. 82.

[34] Ausgabe: G. MESSINA, Il Diatessaron persiano, Rom 1951; B. M. METZGER, Tatian's Diatessaron and the Persian Harmony, in: Jl. Bibl. Lit. 69, 1950, 261–280.

[35] C. H. KRAELING, A Greek Fragment of Tatian's Diatessaron from Dura, London 1935. Das von mir früher (Z.N.W. 37, 1938, 223–229) Tatian zugeteilte Stück auf dem Berliner Papyrus P 16388 stammt aus einer nach dem *Diatessaron* korrigierten Matthäushandschrift.

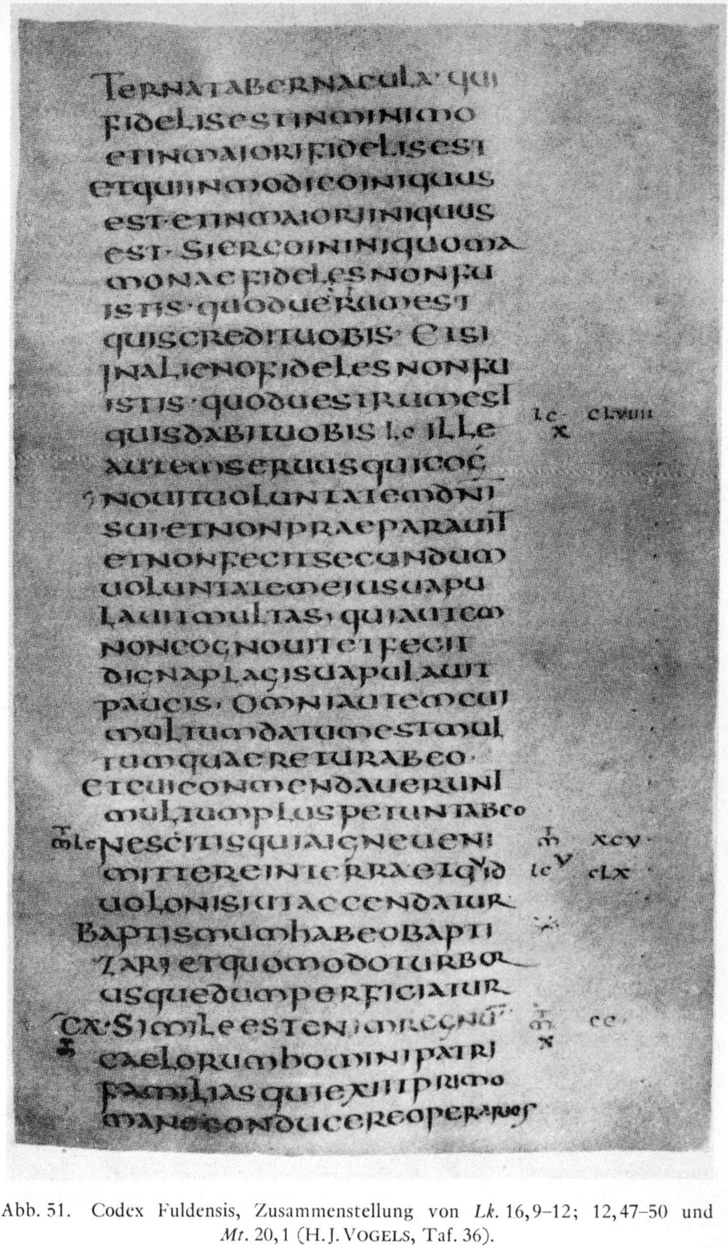
Ternatabernacula· qui
fidelisestinminimo
etinmaiorifidelisest
etquiinmodicoiniquus
est·etinmaioriiniquus
est· Siergoininiquoma
monaefidelesnonfu
istis·quodverumest
quiscreditvobis· Etsi
inalienofidelesnonfu
istis·quodvestrumest
quisdabitvobis lc ille lc clviii x
autemservusquicog
novitvoluntatemdni
suietnonpraeparavit
etnonfecitsecundum
voluntatemeiusvapu
labitmultas· quiautem
noncognovitetfecit
dignaplagisvapulabit
paucis· omniautemcui
multumdatumestmul
tumquaeretvrabeo·
etcuicommendaverunt
multumpluspetuntabeo
mt lc Nescitisquiaigneveni mt xcv
mittereinterraetquid lc v clx
volonisiutaccendatur
Baptismumhabeobapti
zarietquomodoturbor
usquedumperficiatur
ex·Simileestenimregnum mt cc x
caelorumhominipatri
familiasquiexiitprimo
maneconducereoperarios

Abb. 51. Codex Fuldensis, Zusammenstellung von *Lk.* 16,9–12; 12,47–50 und *Mt.* 20,1 (H. J. VOGELS, Taf. 36).

Erst als die Mechitaristen 1836 den armenischen *Diatessaron*-Kommentar Ephraems veröffentlichten, begann die Forschung sich zu regen, ohne bis heute einen Abschluß gefunden zu haben. Es wird noch intensiver Arbeit bedürfen, um die wichtigsten Fragen einer Klärung näherzubringen. Die Rekonstruktion des ursprünglichen Tatiantextes und seiner Anordnung ist noch nicht gesichert. Anscheinend haben der Kommentar Ephraems und die arabische Übersetzung die ursprüngliche Anordnung am besten beibehalten. Die westlichen Formen des *Diatessarons* gehen letztlich auf eine altlateinische Harmonie zurück, deren Verhältnis zu Tatian noch nicht geklärt ist. Hat Tatian sein Werk nach dem Vorbild der in Rom entstandenen lateinischen Evangelienharmonie angefertigt? Oder ist die lateinische Harmonie nach dem Vorbild Tatians geschaffen und hat sich größere Abweichungen erlaubt? Die Meinungen der Forscher sind sehr geteilt und sollen hier nicht einzeln besprochen werden. Daß westliche Harmonien den Tatiantext durch Vulgatatext ersetzt haben, wurde oben schon gesagt. Es steht aber auch fest, daß sich in Handschriften der getrennten Evangelien «Tatianismen» eingeschlichen haben. Ebenso steht fest, daß die späteren syrischen Übersetzungen von Tatian nicht unabhängig sind. Wie weit sein Einfluß hier reichte, ist ein noch umstrittenes Problem[36].

b) *Die altsyrische Übersetzung der vier Evangelien, der Apostelgeschichte und der Paulusbriefe* (Vetus Syra). Es ist sicher, daß das *Diatessaron* im Gottesdienst der syrischen Kirche bis in den Anfang des 5. Jh. ausschließlich verwendet worden ist. Gab es daneben eine Übersetzung der getrennten Evangelien? Zwei Handschriften bezeugen uns, daß eine solche existiert hat. Eine Pergamenthandschrift aus dem Kloster der hl. Maria Deipara in der nitrischen Wüste (westlich von Kairo) wurde 1842 von William Cureton entdeckt, ins Britische Museum gebracht und 1858 veröffentlicht (syr^{cur})[37]. Agnes Smith Lewis fand 1892 im Katharinenkloster auf dem Sinai eine Palimpsesthandschrift, die denselben Text (mit zahlreichen Abweichungen) enthält[38]. In der sinaitischen Handschrift sind 142 Blätter von ursprünglich 166 erhalten; von den insgesamt 180 Blättern des syr^{cur} besitzen wir nur 86. Aus

[36] D. PLOOIJ, Die heutige Lage des Tatianproblems, in: Oriens Christianus, 1929, 201–222; C. PETERS, Das Diatessaron Tatians. Seine Überlieferung und sein Nachwirken im Morgen- und Abendland sowie der heutige Stand seiner Erforschung, Rom 1939; A. WIKENHAUSER a.a.O. 81–84; H. HAAG a.a.O. 330f.

[37] W. CURETON, Remains of a very ancient Recension of the four Gospels in Syriac,

welcher Zeit stammen diese Handschriften? Nach der Entdeckerin des syr^{sin} aus der Mitte oder doch der zweiten Hälfte des 2.Jh. Diese Datierung sieht man heute fast allgemein als viel zu früh an. Die Übersetzung ist wohl im Anfang des 4.Jh. entstanden, und zwar so, daß der Übersetzer einen griechischen westlichen Text zugrunde legte und «Tatianismen» aufnahm. Doch ist diese Hypothese noch nicht unbestritten und bedarf noch weiterer Sicherung. – Für die altsyrische Übersetzung der übrigen Teile des Neuen Testamentes besitzen wir keine Handschrift, aber die Zitate der syrischen Kirchenschriftsteller beweisen, daß es eine solche gegeben haben muß. Die armenisch erhaltenen Kommentare Ephraems zur *Apostelgeschichte* und zu den Paulusbriefen bilden die Hauptquelle, aus der die Fragmente gesammelt worden sind. – Das Verhältnis der Vetus Syra zum *Diatessaron*, zu den griechischen Majuskeln und zur Vetus Latina bedarf noch weiterer Klärung.

c) *Die Peschitta.* Die altsyrische Übersetzung wurde vor allem in mönchischen Kreisen sehr lange gebraucht, ist aber schließlich durch die «Peschitta» (= die «einfache» oder «allgemeine») vollkommen verdrängt worden. Diese «Vulgata» der Syrer ist uns in etwa 250 alten Handschriften überliefert, wovon über 100 im Besitz des Britischen Museums sind. Ihr Text ist ausgezeichnet; die Abweichungen betreffen fast nur Schreibfehler. In der neutestamentlichen Peschitta fehlen *2. Petrus*, *2.* und *3. Johannes* und *Judas*, weil diese Schriften zur Zeit der Entstehung der Peschitta von der syrischen Kirche noch nicht zum Kanon gerechnet wurden. Trotz der sorgfältigen Untersuchungen von F.C. BURKITT, A. VÖÖBUS und M. BLACK ist noch nicht geklärt, wann und wo diese Übersetzung des Neuen Testamentes aus dem Griechischen angefertigt wurde. Sie muß sicher vor 431 (nestorianisches Schisma) kirchlich anerkannt gewesen sein. Rabbula, der 411–431 Bischof von Edessa war, hat sie sicher gekannt, neben ihr aber auch den altsyrischen Text benützt. Sie ist keine vollkommen neue Übersetzung, sondern eher eine Revision der altsyrischen Übersetzung. Sie bietet nicht einfach den «antiochenischen Text», wie lange Zeit behauptet wurde; in den Evangelien hat der Übersetzer die westlichen

London 1858; Neuausgabe von F.C. BURKITT, Cambridge 1904.

[38] Ausgabe: A. SMITH LEWIS, The Old Syriac Gospels or Evangelion da—Mepharreshe, London 1910; Faksimileausgabe mit deutscher Einleitung von A. HJELT, Helsingfors 1930. Untersuchungen: C.C. TORREY, Documents of the Primitive Church, New York 1941, 249ff.

Lesarten getilgt, in der *Apostelgeschichte* sind sie stark vertreten. Die gleichzeitige Verwendung der Vetus Syra und der Peschitta ließ einen gemischten Text entstehen, wie ihn manche Handschriften bieten. Ein endgültiges Urteil über den textkritischen Wert der Peschitta ist trotz ihres hohen Alters noch nicht möglich[39].

d) *Die Versio Philoxeniana.* Der monophysitische Bischof Philoxenos von Mabug ließ 507/508 durch seinen Chorbischof Polykarp eine syrische Übersetzung des Neuen Testamentes aus dem Griechischen anfertigen. Was ist von dieser Übersetzung erhalten? Die vier kleineren katholischen Briefe (*2. Petr.*, *2.* und *3. Jo.*, *Jud.*) wurden in die Peschitta aufgenommen und sind so erhalten geblieben. Eine Handschrift des 12. Jh. (jetzt in der John Rylands Library zu Manchester) hat uns die *Apokalypse* aufbewahrt. Wahrscheinlich haben wir nur für diese fünf Schriften die ursprüngliche philoxenianische Übersetzung, die nach einer sehr guten Vorlage des sog. cäsareensischen Textes angefertigt wurde. Die ursprüngliche Textform blieb erhalten, weil diese Schriften in die Peschitta aufgenommen wurden. Für die Philoxeniana stehen uns etwa fünfzig Handschriften zur Verfügung, von denen einige eine wichtige Nachschrift haben. Nach dieser hat Thomas von Charqel (Harqel, Heraklea) die Philoxeniana im Jahre 616 im Antoniuskloster bei Alexandreia abgeschrieben und mit guten griechischen Handschriften verglichen. Hat er seine Korrekturen nur mit textkritischen Zeichen und Bemerkungen am Rande vermerkt, wie seine Nachschrift wohl verstanden werden muß? Oder hat er in den Text eingegriffen und eine wirkliche Revision hergestellt? Die Meinungen der Gelehrten gehen sehr auseinander. Die syrische Tradition sah in seinem Text eine wirkliche Revision und bezeichnete ihn schon immer als «herakleanisch» (*versio Harclensis*). Das Problem ist noch nicht gelöst[40].

e) *Die syrisch-palästinensische Übersetzung.* In Palästina, das im 5. Jh. fast ganz christlich geworden war, war das Griechische Kirchensprache. Da aber viele Christen diese Sprache nicht verstanden, wurden nach dem Zeugnis der Aetheria (*Peregrinatio* 47,3f.) und des Eusebios (*Über die palästinensischen Märtyrer* 1,1) Schriftlesung und Predigt beim Gottes-

[39] Vgl. Anm. 33.

[40] Ungenügende Ausgabe von J. White, Oxford 1778–1803. Die Apokalypse und die kleinen katholischen Briefe in der Peschitta-Ausgabe von J. Gwynn, London 1905–1920; G. Zuntz, The Ancestry of the Heraklean New Testament, Oxford 1945. Weitere Literatur bei A. Wikenhauser a.a.O. 88.

dienst ins Syrische übersetzt. In ihrem Dialekt, der vom Ostsyrischen stark abweicht, entstand wohl im 5. Jh. im nördlichen Palästina eine eigene Übersetzung des Neuen Testamentes, die von den anderen syrischen Versionen ganz unabhängig ist. Leider besitzen wir kein einziges Buch vollständig. Wichtigste Zeugen sind drei Lektionare aus dem 11. und 12. Jh., zu denen noch Fragmente aus den Evangelien, der *Apostelgeschichte* und den Paulusbriefen kommen. Nach der neuesten Forschung ist diese Übersetzung aus dem cäsareensischen Text angefertigt. Besondere Beachtung verdient die Abhängigkeit von Tatians *Diatessaron*, die aber noch nicht genügend geklärt ist[41].

2. Die armenische Übersetzung

Über den Wert der armenischen Bibelübersetzung ist sich die Forschung noch nicht einig. Eine solche konnte erst entstehen, nachdem Mesrop (gest. 440) ein eigenes armenisches Alphabet geschaffen hatte. Nach Koriun (gest. um 450) und Lazarus von Pharpi (gest. nach 491) wurde sie auf Grund des griechischen Textes angefertigt; nach Moses von Choren (um 820) hat der Katholikos Sahak der Große (390–439) sie aus dem Syrischen übersetzt. Beide Auffassungen werden noch heute vertreten. Die sehr zahlreichen Handschriften sind ziemlich jung; die älteste ist das Moskauer Tetraevangelium von 887. Die Frage, ob diese Handschriften uns die älteste armenische Übersetzung des Neuen Testamentes überliefern, ist sehr umstritten. Nach A. VÖÖBUS, der sich auf die Zitate der armenischen Kirchenschriftsteller beruft, beruht die alte armenische Übersetzung auf dem Text der altsyrischen getrennten Evangelien. Nach LYONNET, COLWELL u.a. haben die Armenier zuerst ein syrisches *Diatessaron* übersetzt, bald darnach aber auf Grund der von Konstantinopel mitgebrachten griechischen Handschriften eine Übersetzung der getrennten Evangelien hergestellt. Daher steht der Text der Handschriften dem cäsareensischen Text nahe. Nach LYONNET gäbe es auch eine altarmenische Übersetzung der *Apostelgeschichte* und der Paulusbriefe. Die *Apokalypse* wurde erst von Nerses von Lampron (gest. 1198) in den Kanon der armenischen Kirche aufgenommen, ist aber auch in Handschriften, die wohl dem 5. Jh. an-

[41] A. S. LEWIS und M. D. GIBSON, The Palestinian Syriac Lectionary of the Gospels, London 1899; A. VÖÖBUS, Neuentdecktes Textmaterial zur Vetus Syra, in Th. Zs. 7, 1951, 30–38; A. WIKENHAUSER a.a.O. 90.

gehören, schon enthalten. Es sind «Prochoros»-Handschriften, die die apokryphen Johannesakten enthalten. Die Forschung wird noch dadurch erschwert, daß das *Diatessaron* anscheinend bis ins 7.Jh. hinein verwendet wurde. Vorerst wird es eine Aufgabe bleiben, den Ursprung dieser Übersetzung noch weiter zu klären[42].

3. Die georgische Übersetzung

Die georgische Übersetzung ist spät bekanntgeworden und noch wenig erforscht. Sie ist wahrscheinlich um 450 nicht aus dem griechischen, sondern aus dem armenischen Text angefertigt worden. Evangelien und Paulusbriefe stehen in getrennten Handschriften und haben daher auch eine getrennte Textgeschichte. Die älteste und beste Evangelienhandschrift ist die Adysch-Handschrift vom Jahre 897. Eine zweite Textgruppe wird von der Opiza-Handschrift (von 913) und der Tbet'-Handschrift (von 955) geführt. Alle anderen Handschriften bieten einen im 11.Jh. auf Grund byzantinischer Handschriften revidierten Text und haben für die Textgeschichte wenig Bedeutung. Die Vorlage der alten Übersetzung scheint einen besseren armenischen Text gehabt zu haben, als ihn die erhaltenen armenischen Handschriften überliefern. Die Adysch- und die Opiza-Handschrift lassen die letzten zwölf Verse des *Markusevangeliums* aus, die aber in der Tbet'-Handschrift vorhanden sind. Die *Apokalypse* wurde 978 zuerst übersetzt und blieb in der außerkanonischen Überlieferung[43].

4. Die koptischen Übersetzungen

Koptisch ist die alte Sprache Ägyptens, die einst hieroglyphisch, hieratisch und demotisch geschrieben wurde. Bald nach Beginn der christlichen Zeitrechnung wurde für sie das um sechs Buchstaben vermehrte griechische Alphabet verwendet. Obwohl sich von den Zeiten Alexanders des Großen an das Griechische immer mehr verbreitete, wurde doch für die einheimische Bevölkerung eine koptische Bibelübersetzung nötig, von der wenigstens große Teile handschriftlich überliefert sind.

[42] Ausgaben: J. ZOHRAB, Venedig 1805; F. MACLER, L'Evangile arménien, Paris 1914. Literatur bei A. WIKENHAUSER a.a.O. 92; H. HAAG a.a.O. 229.

[43] Literatur bei A. WIKENHAUSER a.a.O. 93; H. HAAG a.a.O. 229. Es gibt keine genügende Ausgabe.

Die wichtigen Dialekte verlangen eine besondere Behandlung. Die *sahidische oder oberägyptische Übersetzung* ist ungefähr vom Jahre 200 an nach und nach entstanden und liegt in so vielen Handschriften und Papyrusfragmenten vor, daß ein nahezu vollständiges Neues Testament herausgegeben werden konnte. Der Text ist in der Hauptsache alexandrinisch, hat aber in den Evangelien und besonders in der *Apostelgeschichte* einen Einschlag «westlicher» Lesarten. Der kanonische Markusschluß (16,9–20) fehlt. – Die *bohairische oder unterägyptische Übersetzung*, die in zahlreichen, sehr jungen Handschriften vorliegt, scheint viel jünger zu sein als die sahidische. Der Herausgeber, G. HORNER, konnte sich für die Evangelien auf 46, für die übrigen Bücher auf 34 Handschriften stützen, deren älteste aus dem Jahre 889 stammt. Während HORNER noch der Meinung war, diese Übersetzung sei zwischen 200 und 250 entstanden, schwankt die heutige Forschung zwischen dem 5. und 7. Jh. Die griechische Vorlage ist in allen Teilen mit dem Vaticanus (B) und dem Sinaiticus (א) nächst verwandt, so daß die bohairische Übersetzung als ein wichtiger Zeuge des alexandrinischen Textes gelten darf. Alle Handschriften haben den kanonischen Markusschluß (zwei nur den verkürzten). Die Verse vom Blutschweiß des Herrn (*Lk.* 22,43f.) und die Perikope von der Ehebrecherin (*Jo.* 7,53–8,11) fehlen in den alten Handschriften. – Die *mittelägyptischen Übersetzungen* teilen sich in den fajjumischen und den achmimischen Dialekt. Nur wenige Bruchstücke sind erhalten, deren Text fast ganz mit dem sahidischen übereinstimmt und den Textforscher kaum interessiert[44].

Die übrigen östlichen Übersetzungen (die äthiopische, arabische und persische) sind für die Textgeschichte des Neuen Testamentes ohne Bedeutung.

5. Die gotische Übersetzung

Von der gotischen Bibelübersetzung, dem ältesten Denkmal deutscher Literatur, sind nur Reste erhalten. Die wichtigste Handschrift ist der im 6. Jh. in Oberitalien geschriebene Codex argenteus, der 1648 als Kriegsbeute nach Schweden kam und in der Universitätsbibliothek zu Uppsala aufbewahrt wird. Er enthält die Evangelien in der Reihenfolge

[44] Ausgabe des bohairischen N.T. von G. HORNER, Oxford 1898/1905. Über Teilausgaben des A.T. und Teilausgaben der ganzen Bibel in anderen Dialekten vgl. H. HAAG a.a.O. 228; A. WIKENHAUSER a.a.O. 90–92.

Matthäus, *Johannes*, *Lukas*, *Markus*. Von den ursprünglich 320 Blättern sind nur 187 erhalten. Nächst verwandt mit ihm ist der altlateinische Codex Brixianus (s. u.). Daß es zweisprachige Evangelienhandschriften gegeben hat, beweist ein Pergamentblatt der Universitätsbibliothek Gießen mit lateinisch-gotischem Text (Verse aus *Lk.* 23–24). Die Paulusbriefe (außer dem *Hebräerbrief*) überliefern die Kodizes A und B der Ambrosiana in Mailand (6. Jh.). Der Codex Carolinus in Wolfenbüttel (5. Jh.) hat uns 40 Verse aus *Röm.* 11–15 in gotisch-lateinischem Text erhalten. Die gotische Übersetzung wurde von dem Bischof Ulfilas (gest. 383) um die Mitte des 4. Jh. aus dem Griechischen angefertigt. Vorauszusetzen ist daher der byzantinische Text dieser Zeit. Die Ausdehnung des Ostgotenreiches auf Italien machte die zweisprachigen Texte notwendig. Die im gotischen Text vertretenen «westlichen» Lesarten sind wahrscheinlich aus dem lateinischen Text eingedrungen[45].

6. Die lateinische Übersetzung

Die lateinische Bibelübersetzung wird nicht deswegen an den Schluß gestellt, weil sie als letzte der alten Übersetzungen angefertigt worden wäre, sondern weil aus ihr fast alle westlichen Übersetzungen geflossen sind und die abendländische Kultur befruchtet haben. Jeder Gebildete kennt bei uns die Begriffe «Itala» und «Vulgata»; wir haben also mindestens zwei lateinische Übersetzungen zu unterscheiden. Die Vulgata ist das Werk des Hieronymus (gest. 419 oder 420). Alle Überreste der lateinischen Bibel vor Hieronymus bezeichnete man früher als Itala, wofür sich heute der richtigere Name (versio) Vetus Latina durchgesetzt hat. In unserer Betrachtung wollen wir uns auf das lateinische Neue Testament beschränken.

a) *Die altlateinische Übersetzung* (Vetus Latina) weist in ihrer Geschichte noch recht viel Dunkel auf. Die Zeugnisse von Augustinus und Hieronymus sagen uns, daß mehrere altlateinische Übersetzungen im Umlauf waren; die modernen Textuntersuchungen haben dies bestätigt. Man unterscheidet heute allgemein eine afrikanische und eine europäische Textfamilie, wobei die letzte deutlich in einen italienischen

[45] W. STREITBERG, Die gotische Bibel, Heidelberg 1908/10, ³1950; JAN DE VRIES, Wulfilae Codices Ambrosiani Rescripti, 3 Bde., Florenz 1936; G. FRIEDRICHSEN, The Gotic Version of the Epistles. A Study of its Style and Textual History, London 1939.

und einen gallischen Zweig zerfällt. Die afrikanische Version ist um 240 in den Schriften Cyprians von Karthago sicher nachweisbar, wird aber wohl noch vor 200 entstanden sein. Es ist bezeichnend, daß in der afrikanischen Provinz das Bedürfnis einer lateinischen Übersetzung zuerst fühlbar wurde. Die Sprache der Gebildeten in Rom war noch lange das Griechische. Bis weit ins 3.Jh. hinein wurde der Gottesdienst, wie gesagt, in griechischer Sprache gehalten; bis etwa 250 sind die christlichen Grabinschriften in Rom griechisch. Man wird aber die Anfänge der europäischen lateinischen Bibel doch schon gegen 250 ansetzen müssen. Bei ihrer Anfertigung ist wahrscheinlich die afrikanische Version herangezogen worden. Die Vetus Latina gibt die griechische Vorlage möglichst wortgetreu wieder. Für das Alte Testament wurde ein nichtrezensierter, vorhexaplarischer Text zugrunde gelegt. Die Vorlagen für das Neue Testament gehören wie die syrischen Übersetzungen zum sog. abendländischen Text.

Die Handschriften der Vetus Latina werden mit den kleinen Buchstaben des lateinischen Alphabets bezeichnet. Für die Evangelien stehen uns etwa 20 Handschriften zur Verfügung, von denen aber die meisten nach der Vulgata revidiert sind. Nicht überarbeitete Zeugen der afrikanischen Version sind k (Codex Bobbiensis, 5./6.Jh., heute in der Nationalbibliothek zu Turin; enthält auf 96 Blättern Stücke aus *Mk.* und *Mt.*) und e (Codex Palatinus, 5.Jh., früher in der Hofbibliothek zu Wien, seit 1919 in Trient; Silberschrift auf Purpurpergament; der Text ist stark mit «europäischen» Lesarten durchsetzt). Eine wichtige Quelle dieser Version sind die Werke Cyprians und Pseudo-Cyprians. Die europäische Version liegt vor in a (Codex Vercellensis, 4./5.Jh., stark beschädigt, im Domschatz zu Vercelli aufbewahrt; wohl die älteste lateinische Bibelhandschrift), b (Codex Veronensis, 5.Jh., Silberschrift auf Purpurpergament, im Besitz des Domkapitels von Verona), j (Codex Sarzanensis, 5./6.Jh., Bruchstück einer Purpurhandschrift mit *Jo.* 1–11 und 18–20, in Sarezzano/Piemont aufbewahrt), f (Codex Brixianus, 6.Jh., Silberschrift auf Purpurpergament, in Brescia aufbewahrt; wie b aus einer lateinisch-gotischen Bibel abgeschrieben) u.a. Für die *Apostelgeschichte* besitzen wir etwa sechs Handschriften. Von der afrikanischen Version liegt nur etwa ein Viertel des Textes in h (Codex Floriacensis, Palimpsest, 7.Jh.) vor. Die europäische Version ist vor allem durch gig (Codex Gigas) vertreten; diese im 13.Jh. in Böhmen geschriebene Riesenbibel, die von den Schweden nach Stockholm verschleppt wurde, bietet für *Apostelgeschichte* und *Apokalypse* eine vor 350 entstandene altlateinische Übersetzung, deren Text mit den Schriftzitaten in den Werken des Bischofs Luzifer von Calaris (Sardinien) nächst verwandt ist. Für die paulinischen Briefe besitzen wir mehrere Handschriften, die nicht einzeln genannt werden sollen, und besonders die Kommentare und Zitate bei Marius Victorinus, Ambrosiaster, Pelagius, Hieronymus und Augustinus. Sie alle belehren uns, daß es nur *eine* altlateinische Übersetzung dieser Briefe gegeben hat. Der *Hebräerbrief* lag jedoch vor Hieronymus in mindestens zwei lateinischen Übersetzungen vor. Das spärliche Material für die katholischen Briefe läßt uns gerade erkennen, daß wir auch hier die afrikanische und die europäische Version zu unterscheiden haben. Gut bekannt hingegen ist uns der Text der *Apokalypse* durch die Handschriften gig und h und die Kommentare des Viktorin von Pettau (gest. 304), des Tyconius (älterer Zeitgenosse Augustins) und des Primasius von Hadrumet (gest. vor 567)[46].

b) *Die Vulgata.* Verschiedene Äußerungen der Kirchenväter zeigen uns, daß man in der 2. Hälfte des 4. Jh. die altlateinische Bibelübersetzung als unvollkommen und die Verschiedenheit des Textes sehr lästig empfand. Wenn Hieronymus nicht übertrieben hat, stimmte keine Handschrift mehr mit der anderen überein. Diese Not veranlaßte Papst Damasus (366–384), den gelehrten Hieronymus mit der Herstellung eines einheitlichen und zuverlässigen Textes der lateinischen Bibel zu betrauen. Der Papst dachte nur an eine Revision der im Umlauf befindlichen Texte, nicht an eine neue Übersetzung. Hieronymus begann 383 oder 384 mit der Revision des altlateinischen Evangelientextes. Seiner Arbeit legte er einen lateinischen Text des europäischen Typs zugrunde, den er nach unbekannten griechischen Handschriften verbesserte, wobei er den vertrauten Wortlaut möglichst zu erhalten suchte. Die griechischen Vorlagen scheinen zum alexandrinischen Typ gehört zu haben. Nach der gewöhnlichen Auffassung hat Hieronymus auch den Text der übrigen Schriften des Neuen Testamentes revidiert, dabei aber weit weniger in den Text eingegriffen als bei den Evangelien.

[46] Ausgabe: P. SABATIER, Bibliorum sacrorum latinae versiones antiquae seu vetus Italica, 3 Bde., Reims 1739/1751; A. JÜLICHER, Itala, Matthäus, Berlin 1938; Markus, Berlin 1940. Eine Neuausgabe erfolgt durch das Vetus-Latina-Institut in Beuron (Freiburg 1949 ff.); F. STUMMER, Einführung in die lateinische Bibel, Paderborn 1928; H. B. SWETE, An Introduction to the Old Testament in Greek, Cambridge 1902.

Zum besseren Verständnis der Vulgata müssen wir hier ein wenig über die Grenzen hinausgreifen und auch von seiner Behandlung des Alten Testamentes sprechen. Schon um 384 legte er ein nach der LXX verbessertes Psalterium vor. Dieses «Psalterium Romanum», das ziemlich oberflächlich bearbeitet war, scheint verloren zu sein. Nachdem er nach dem Tode des Papstes Damasus (384) nach Palästina übergesiedelt war und sich in Bethlehem dauernd niedergelassen hatte, nahm er zu Kaisareia Einsicht in die *Hexapla* des Origenes und verbesserte zwischen 386 und 392 alle protokanonischen Bücher des Alten Testamentes darnach. Veröffentlicht hat er aber nur *Hiob*, *Sprichwörter*, *Prediger*, *Hoheslied*, *Chronik und Psalmen.* Dieses «Psalterium Gallicanum» (weil es sich in Gallien zuerst durchsetzte) wurde in die offizielle Vulgata aufgenommen. Zwischen 390 und 406 übersetzte Hieronymus in Bethlehem das ganze Alte Testament (ausgenommen *Baruch*, *1. und 2. Makkabäer*, *Sirach und Weisheit*) aus dem hebräischen oder aramäischen Originaltext. Das so entstandene «Psalterium iuxta Hebraeos» konnte sich nicht durchsetzen. Die übrigen Bücher fanden in seiner Übersetzung Aufnahme in die Vulgata.

Welcher Erfolg war nun dieser Hieronymusbibel beschieden? In einem Brief an Damasus gibt Hieronymus der Befürchtung Ausdruck, daß seine Arbeit auf starken Widerstand stoßen werde. Die Geschichte hat seine Befürchtung bestätigt. Als er sein Werk im Jahre 405 fertiggestellt hatte, blieb ihm die amtliche Anerkennung versagt; sein Gönner Damasus war schon lange tot. Augustinus freute sich über die «Übersetzung» der Evangelien aus dem Griechischen, lehnte aber die Bibelübersetzung aus dem Hebräischen ab (*Epist.* 104,6). Man erinnere sich, daß unsere meisten Handschriften der Vetus Latina nach 400 geschrieben sind! Gregor der Große (gest. 604) benützte Vetus Latina und Vulgata nebeneinander. Isidor von Sevilla (gest. 636) wird wohl ein wenig übertreiben, wenn er meint, alle Kirchen aller Länder benützten die Hieronymusbibel (*De eccl. off.* 1,12). Erst im 8./9. Jh. hat sich der Text des Hieronymus fast allgemein durchgesetzt; aber erst am Ende des Mittelalters wird er alleinherrschend im Abendland und erhält den Namen «editio vulgata».

Dieses jahrhundertelange Nebeneinander des altlateinischen und des Hieronymustextes hatte zur Folge, daß die nach 400 geschriebenen Handschriften der Vetus Latina viele Vulgatalesarten aufnahmen, daß aber ebenso die Vulgatahandschriften altlateinische Lesarten übernahmen. Hieronymus selbst mußte noch gegen Veränderungen und Interpolationen seines Textes protestieren. Cassiodor (gest. um 570) versuchte, einen reinen Vulgatatext herzustellen. Diese Versuche hörten nicht mehr auf, hatten aber keinen durchschlagenden Erfolg. Hierher gehört die sog. *Alkuinbibel*, die Bibel des Theodulf von Orléans (gest. 821) und viele andere. Erst das Tridentinische Konzil bahnte eine wirksame Abhilfe an, indem es den Vulgatatext für authentisch, d. h. maßgebend für den kirchlichen Gebrauch erklärte und die Ausgabe eines reinen Textes anordnete.

Die wichtigste Forschungsaufgabe besteht heute immer noch in der Wiederherstellung des Hieronymustextes und ist erst zu einem kleinen Teil gelöst. Ein großes Handschriftenmaterial steht zur Verfügung, das nicht im einzelnen aufgezählt werden kann. Die Hauptschwierigkeit, die das langsame Voranschreiten der Ausgabe veranlaßt, besteht darin, daß die meisten Handschriften einen Mischtext bieten[47].

[47] Kritische Ausgaben: Biblia Sacra iuxta latinam Vulgatam Versionem, Rom 1926ff. (bisher 8 Bde., *Genesis* bis *Judith*); J. WORDSWORTH, H. J. WHITE und H. SPARKS-JENKINS, Novum Testamentum D.N.J.Chr. Latine, Oxford 1889ff. (Evangelien bis *Hebräer*); J. WORDSWORTH und H. J. WHITE, Novum Testamentum latine, editio minor, Oxford 1911, 1920. Literatur bei A. WIKENHAUSER a.a.O. 73–79; H. HAAG a.a.O. 234.

III. ARBEIT AM BIBELTEXT
IHRE ZIELE UND AUFGABEN

A. Das hebräische Alte Testament und die Septuaginta

Der hebräische Text der Masoreten ist relativ gut und in der neuesten Auflage der KITTEL-Bibel allgemein zugänglich. Die Hauptarbeit wird dem vormasoretischen Text, seiner Wiederherstellung und kritischen Bewertung gelten müssen. Die Funde vom Toten Meer haben zwar das Material erweitert, aber die Basis bleibt immer noch recht dünn. Eine wichtige Rolle wird weiterhin die Septuaginta spielen, weil sie aus einem nicht uniformierten Text hergestellt wurde. Doch sind hier noch viele Probleme zu lösen. Über die Urform der LXX haben sich die Forscher noch nicht einigen können. Wo bietet die LXX wortgetreue Übersetzung und wo paraphrasiert sie? Nächste Aufgabe ist es immer noch, die LXX des Origenes wiederherzustellen. Erst von da aus kann man in einzelnen Fällen auf den Anfang dieser Übersetzung zurücktasten. – Auch ein absolut gesicherter Text stellt noch eigene Probleme, die für jedes Buch des Alten Testamentes einzeln zu lösen sind. Wir meinen die Geschichte seiner Entstehung, die Quellenfrage, die Art der Redaktion, spätere Einschübe, Umstellungen, Änderungen usw. Vieles ist auf diesem Gebiet schon getan, und einige wenige sichere Ergebnisse sind gewonnen worden; weit mehr bleibt aber noch zu tun.

B. Die Arbeit am Urtext des Neuen Testamentes

Wer sich unbefangen mit der Überlieferung des Neuen Testamentes beschäftigt, wird zunächst überrascht sein. Er kennt das Heilige Buch in seiner kleinen, handlichen Ausgabe, und nun steht er plötzlich einem fast unüberschaubaren Überlieferungsstrom gegenüber, der nicht uniform ist. Die Überraschung wird zur Bestürzung werden, wenn er sich in eine Ausgabe mit großem textkritischem Apparat vertieft. Man hat schon ausgerechnet, daß es in diesem Text mehr Varianten als Worte gibt. Dies mag den Laien zur Resignation bringen; der Kenner weiß, daß die Zahl der inhaltlich wichtigen Varianten sehr gering ist. Können wir dem Text in unseren Druckausgaben vertrauen? Dürfen wir hoffen, den Originaltext wieder einmal sicher in die Hand zu bekommen? Welche Wege können zu diesem griechischen Originaltext führen?

Ein kleiner Überblick über die bisherige textkritische Arbeit scheint zum Verständnis unerläßlich. Die Buchdruckerkunst brachte der Bibel nicht nur eine ungeahnte Verbreitung, sondern gab die Möglichkeit und zwang zur textkritischen Arbeit. *Franz Ximenes de Cisneros* (1437–1517), der Erzbischof von Toledo, besorgte die erste Druckausgabe des griechischen Neuen Testamentes (1514); er benutzte einige junge, aber sorgfältig ausgewählte Handschriften und brachte einen guten Text, der leider in der Folgezeit wenig Einfluß gewann. Geschäftstüchtigkeit und Ehrgeiz veranlaßten den Basler Drucker Froben, *Erasmus von Rotterdam* mit einer griechischen Ausgabe des Neuen Testamentes zu beauftragen, das 1516 erschien und Leo X. gewidmet war. Nach Erasmus' eigener Angabe war dieser Text, dem er eine elegante lateinische Übersetzung beigab, sehr oberflächlich gearbeitet. Trotzdem wurde diese Ausgabe bis 1535 noch viermal aufgelegt und fand weite Verbreitung. Martin Luther benützte die zweite Ausgabe von 1519. Aus den zwei genannten Drucken schuf der Pariser Drucker *Robert Estienne* seine Ausgabe, die 1540 erschien und 1549, 1550 und 1551 Neuauflagen erlebte. Die «Editio Regia» von 1550 in zwei Foliobänden hat am inneren Rand einen textkritischen Apparat; ihr Text wurde für Jahrhunderte der «textus receptus» des Abendlandes. Die neun Ausgaben des dreibändigen Neuen Testamentes von *Theodor von Beza* (1565–1604) brachten textkritisch keinen Fortschritt. Dasselbe muß von den sieben Ausgaben der Leidener Drucker *Elzevier* gesagt werden, die von 1624 an erschienen.

Erst der Philologe KARL LACHMANN (1793–1851) rückte vom textus receptus ab und versuchte, auf Grund der ältesten Majuskeln und der ältesten Vulgatahandschriften den Text zu erarbeiten, der am Ende des 4. Jh. im Osten und Westen gebräuchlich war. Seine große kritische Ausgabe des Neuen Testamentes erschien in zwei Bänden 1842 und 1850. Sie bedeutete für seine Zeit einen großen Fortschritt, war aber doch auf zu dünner Basis aufgebaut. Da inzwischen viele Handschriften bekannt geworden waren und man mit ihnen auch kritisch umgehen konnte, war die Zeit für eine eigentliche kritische Ausgabe gekommen. Diese Leistung vollbrachte KONSTANTIN VON TISCHEN-

DORF (1815–1877). Seine editio octava critica maior (2 Bände, Leipzig 1869–1872) hat einen umfangreichen textkritischen Apparat, der heute noch unentbehrlich ist. Einen weiteren Fortschritt brachte die zweibändige Ausgabe von B. F. WESTCOTT und F. J. A. HORT (The New Testament in the original Greek, Cambridge und London 1881); die gelehrten Forscher unterscheiden die syrische oder antiochenische Textform (wohl gegen Ende des 3. Jh. von Lukian geschaffen, durch Joannes Chrysostomos nach Konstantinopel verpflanzt, der später allgemein verbreitete textus receptus), den westlichen Text (von Abschreibern des 2. Jh. geschaffen, liegt vor im Codex Bezae und der Vetus Latina), den alexandrinischen Text (um 300 von geschickten Gelehrten geschaffen, durch viele Majuskeln und die koptische Übersetzung bezeugt) und den neutralen Text, der keine absichtlichen Änderungen feststellen läßt. Einen ähnlichen Versuch stellt das große und verdienstvolle Werk von HERMANN VON SODEN dar: «Die Schriften des Neuen Testamentes in ihrer ältesten erreichbaren Textgestalt hergestellt auf Grund ihrer Textgeschichte», 4 Bände, Berlin 1902–1913. SODEN unterscheidet die Rezension K des Lukian von Antiochien, die viele Familien umfaßt; die Rezension H des Hesychios, in Ägypten beheimatet (= der neutrale und der alexandrinische Text bei WESTCOTT und HORT); die Rezension I, die aus Kaisareia in Palästina komme und viele Familien umfasse. Nach SODEN gehen diese drei Rezensionen auf einen Urtypus zurück, der rekonstruiert werden kann. Nach dem Urteil der Fachleute ist die Zeit für eine solche Rekonstruktion noch nicht gekommen. Vorher müssen möglichst alle Textzeugen vollständig und zuverlässig zugänglich gemacht werden. SODEN fand sehr viel Widerspruch; aber seine Forschungen haben doch bahnbrechend gewirkt. Ein genaues Studium der Handschriften und der Bibelzitate der Kirchenväter, besonders aber die wichtigen Handschriftenfunde der letzten Jahrzehnte haben manche These VON SODENS widerlegt oder in Frage gestellt. Mit Recht sieht die Fachwissenschaft heute ihre vordringliche Aufgabe in der genauen Klassifizierung der Handschriften und der Feststellung ihrer wechselseitigen Beeinflussung. Der heutige Stand der Forschung kann nur in kurzen Zügen aufgezeigt werden. Dabei ist zu beachten, daß die Aufteilung in Gruppen noch lange nicht abgeschlossen ist. Die meisten charakteristischen Familienmerkmale weist der Evangelientext auf, der auch am eingehendsten bisher untersucht wurde. Es scheint, daß der Text der übrigen neutestamentlichen

Schriften im ganzen in dieselben Gruppen eingeordnet werden kann. Die heutige Forschung unterscheidet folgende Gruppen:

B, nach dem Kodex B, dem wichtigsten Vertreter, benannt. Frühere Bezeichnungen: neutraler, alexandrinischer, ägyptischer (hesychianischer) Text. Er ist fast frei von Harmonisierung, strebt ein gutes Griechisch an, ist nüchtern und kurz, manchmal zu kurz. Nach allgemeiner Annahme steht B dem Urtext am nächsten. Die These von WESTCOTT und HORT, daß B nur der durch einige Schreibfehler entstellte Urtext sei, läßt sich nicht halten. Er stellt sehr wahrscheinlich eine sehr früh von alexandrinischen Philologen gefertigte Rezension dar.

D, nach dem Kodex D benannt, von anderen als abendländischer Text bezeichnet, weil die Vetus Latina die frühesten Zeugen stellt; doch ist er auch in der syrischen Übersetzung vertreten. Charakteristisch sind viele Zusätze und Auslassungen, Harmonisierung, Glättung von schwierigen Stellen und starker Einfluß der Volkssprache. Der Text ist sicher schon im 2.Jh. entstanden und fand bis Syrien und Ägypten (Clemens Alexandrinus, sahidische Übersetzung, einzelne griechische Papyri) Verbreitung. Einzelne Lesarten sind von besonderem Wert. Die Entstehung dieser Gruppe ist sehr umstritten. Sicher entfernt sich D weiter vom Urtext als B.

A, nach dem Codex Alexandrinus, dem wichtigsten Vertreter (im Evangelientext), benannt. Frühere Benennungen: antiochenischer oder Koinetext oder lukianische Rezension. Zu dieser Gruppe gehören bei weitem die meisten griechischen Handschriften und Kirchenväterzitate, aber auch die Peschitta. Mäßige Harmonisierung, gepflegte Sprache und Vollständigkeit zeichnen diesen Text aus. Er ist wohl um 300 in Antiochien unter Benützung von B entstanden, gelangte über Kleinasien nach Konstantinopel und wurde allmählich zum offiziellen Text der griechischen Kirche. Diesem Text gelang es, die übrigen Gruppen weitgehend zu verdrängen. Da Erasmus späte byzantinische Handschriften benützte, wurde er zum textus receptus der abendländischen Druckausgaben, der erst im 19.Jh. seine Alleinherrschaft einbüßte. Heute bevorzugen die Fachleute den B-Text, ohne sich sklavisch an ihn zu binden.

Ein Mischtext besonderer Art, der vor allem im Markustext erkennbar ist, scheint in Kaisareia entstanden zu sein und wird auch nach dieser Stadt benannt. Anscheinend stellt er einen Kompromiß zwischen

B und D dar. Genauere Aussagen über diese Gruppe sind noch verfrüht[48].

Was dürfen wir als Ergebnis der immensen Arbeit, die diese Gruppeneinteilung der Handschriften ermöglichte, festhalten? Sicher übersehen wir heute die Textgeschichte und den Bestand der einzelnen Textrezensionen viel klarer als unsere Vorfahren, die die ersten Schritte auf diesem Forschungsgebiet machten. Wir können die einzelnen Gruppen bewerten und stellen fest, daß der B-Text ganz nahe beim Original steht, aber dieses nicht selbst darstellt. Der zeitliche Abstand der frühesten Handschriften vom Original hat sich stark verringert. Das oben erwähnte Johannesfragment, das ja leider von so geringem Umfang ist, kann höchstens den Abstand einer Generation vom Tode des Verfassers des vierten Evangeliums haben. Andere Papyrusfunde aus dem 2.Jh. bestätigen unseren Eindruck, daß der Text der neutestamentlichen Bücher im wesentlichen unversehrt ist. Doch zeigen sie uns ebenso, daß der Text im 2.Jh. und später nicht uniform und gesichert war. Was wir an den Handschriften ablesen können, ist ein gutes Stück Kirchengeschichte, die uns verständlich macht, warum die Überlieferung der biblischen Bücher anders verlaufen ist als die der profanen Autoren. Die Werke der klassischen Literatur wurden mitten im Frieden geschaffen und von Berufsschreibern abgeschrieben. Die großen Bibliotheken sorgten mit einem Stab von geschulten Mitarbeitern für ihre getreue Überlieferung. Die Christen waren lange Zeit arme Gemeinden, die sich keine geschulten Abschreiber leisten konnten. Große Schulen und Bibliotheken, die über dem Text wachen konnten, entstanden nicht vor dem 3.Jh. Die einzelnen Gemeinden werden sich Abschriften einzelner Bücher beschafft haben, wie sie äußere Gelegenheit und finanzielle Möglichkeit dazu hatten. Vorhandene Abschriften sind sicher in den Verfolgungen zugrunde gegangen.

Erst nachdem die Kirche die Freiheit erlangt hatte, war die Möglichkeit zur Beschaffung guter Texte eigentlich gegeben. Zeugen dafür sind die großen Majuskelhandschriften, die der Vielfalt des umlaufenden Textes Einhalt gebieten sollten und dieses Ziel zu einem Teil auch erreicht haben. Wer diese Entwicklung berücksichtigt, wird sich

[48] Die wichtigsten Ausgaben des griechischen N.T.: K. VON TISCHENDORF, Editio octava critica maior, Leipzig 1869/72; B.F. WESTCOTT und F.J.A. HORT, [2]Cambridge-London 1896/1898; H. VON SODEN, Berlin-Göttingen 1902/1913; E. NESTLE, [18]Stuttgart 1960; H. MERK, [6]Rom 1948.

über die Entstehung der großen Textrezensionen und deren starke gegenseitige Beeinflussung kaum wundern. Zugleich ist damit gesagt, daß die moderne Textkritik mit ihrem methodischen Vorgehen auf dem rechten Wege ist, der zum Originaltext führen muß. Sie gibt uns die Gewißheit, daß wir dem Text unserer kritischen Druckausgaben vertrauen dürfen. Und doch muß man sich bewußt bleiben, daß die Überlieferung des heiligen Buches Menschenwerk ist und der Wandelbarkeit alles Irdischen immer unterliegen wird.

> «Cum consummaverit homo, tunc incipiet.
> Et cum quieverit, aporiabitur.» (*Sirach* 18,6)

> «Aber ein Mensch, wenn er gleich sein Bestes getan hat,
> so ist's noch kaum angefangen;
> und wenn er meinet, er habe es vollendet,
> so fehlet es noch weit.» (Übersetzg. v. Luther)

IV. DER WEG DER BIBEL ZUR ÜBERSETZUNG IN DIE DEUTSCHE SPRACHE

Wir haben bisher Bibelhandschriften in der Ursprache und in Übersetzungen als Zeugen des ursprünglichen Textes betrachtet. Ein großes Stück Kirchengeschichte ist dabei an uns vorbeigezogen. Mit voller Absicht haben wir bisher nur darnach gefragt, ob der Kopist seine Vorlage getreu und sorgfältig abgeschrieben hat und ob der Übersetzer wort- und sachgetreu übertragen hat. Die Handschriften lassen aber noch viel mehr erkennen. Manche Sonderlesart ist gewiß auf mangelnde Sprachkenntnis zurückzuführen. Eine andere verrät sektiererische Tendenzen, wie etwa enkratitische Färbung auf Tatian hinweist. Zu leicht übersehen wir die Schwierigkeiten, die ein Übersetzer in eine Landessprache zu bewältigen hatte, wenn er Begriffe und Vorstellungen verdolmetschen mußte, die seinem Volke fremd waren. Bisweilen haben auch seelsorgerliche Interessen zu Textänderungen geführt. So hat bekanntlich Ulfilas die *Königsbücher* nicht übersetzt, weil er wohl mit Recht annahm, daß die in diesen Büchern geschilderten Taten der israelitischen Helden die Kriegslust der Goten noch steigern würden. Die Literatur nicht weniger Völker fängt überhaupt mit einer Bibelübersetzung erst an; sie ist dann am biblischen Stoff gewachsen und hat die Menschen zu selbständigen Leistungen auf allen literarischen Gebieten geführt. Man kann mit gutem Recht sagen, daß die ganze abendländische Kultur von der Bibel sehr wesentlich beeinflußt worden ist. Es ist daher angezeigt, daß wir den Weg der Bibel in die volkssprachlichen Übersetzungen des Abendlandes wenigstens noch ein Stück weit verfolgen.

1. Spätere lateinische Übersetzungen

Mühsam hat sich die Vulgata des Hieronymus durchgesetzt, aber schließlich – nicht zuletzt dank ihrer Verwendung in der Liturgie – alle anderen lateinischen Versionen verdrängt. Aber selbst im hohen Mittelalter noch stellen wir den Wunsch nach einer besseren lateinischen Übersetzung fest. Einige noch nicht untersuchte Handschriften in Oxford beweisen, daß man im 13. Jh. eine Übersetzung des Alten Testamentes aus dem Hebräischen versuchte. Der Ruf der Reformatoren nach einer besseren Übersetzung sollte nicht ungehört verklingen. Der spanische Dominikaner *Santes Pagninus* gab als Frucht 25jähriger Arbeit eine vollständige, wortgetreue lateinische Übersetzung der ganzen Bibel aus dem Hebräischen bzw. Griechischen heraus, die sehr geschätzt, später aber auch hart kritisiert wurde (Lyon 1527, Köln 1541). Dieses Werk fand große Verbreitung und erlebte mehrere Revisionen und Neuauflagen, so durch Michael Servet (Lyon 1542), Robertus Stephanus (Genf 1557; das Neue Testament ist nach der Übersetzung Th. Bezas revidiert), Arias Montanus (1572 in der Antwerpener Polyglotte). Der bedeutende Hebraist *Sebastian Münster* gab eine hebräische Bibel mit sehr guter lateinischer Übersetzung heraus (2 Bände, Basel 1534/35); 1537 ließ er einen hebräisch-lateinischen Matthäustext folgen. Eine sehr gute Leistung ist auch die lateinische Bibelübersetzung des Zürcher Pfarrers *Leo Jud*, die nach seinem Tode von *Bibliander* vollendet und herausgegeben wurde, die sog. Zürcher Bibel (1524/29, 2. Auflage 1539/40). Dem Bedürfnis nach einem klassischen Latein kam die «Biblia sacra latina» des *Sebastian Castellio* entgegen (Basel 1551, noch weitere sechs Auflagen in Basel, Ausgaben in England, Schottland und Deutschland); diese selbständige, mit Anmerkungen herausgegebene lateinische Übersetzung übertrifft bei weitem Castellios französische Übersetzung der Bibel (Basel 1555). Die von *Theodor Beza* angefertigte wortgetreue, aber dogmatisch gefärbte lateinische Übersetzung erlebte mehr als hundert Ausgaben (Genf 1556). Die Übersetzung von *Immanuel Tremellius* und *Franciscus Junius* (Frankfurt 1575/79) wurde von Joannes Piscator revidiert und neu herausgegeben (Herborn 1602 ff.; vollständige Ausgabe 1643/45). *Erasmus von Rotterdam* übersetzte nur das Neue Testament und veröffentlichte sein Werk mit dem griechischen Text zu Basel 1516 (verbessert 1519, 1522, 1527, 1535). Seine Übersetzung fand die größte Verbreitung und wurde mehreren Übersetzungen in die Volkssprache zugrunde gelegt.

Nur die wichtigsten Übersetzungen der Reformationszeit konnten genannt werden. Neben den Übersetzungen in die Volkssprachen behält die lateinische Übersetzung noch lange ihre Herrschaft, weil Latein die Sprache der Hohen Schulen und des gelehrten Austausches war und noch lange blieb. Zugleich sehen wir aber auch, daß man in der Lage war, aus den Ursprachen zu übersetzen, und daß man das Bedürfnis hatte, die Bibel am Urtext zu kontrollieren.

2. Deutsche Bibelübersetzungen

Die erste Übersetzung der Bibel in eine germanische Sprache lieferte der Westgotenbischof *Ulfilas*; auf ihre Bedeutung wurde oben schon hingewiesen. Die deutschen Übersetzungen beginnen nach unserer Kenntnis im 9. Jh.; sie haben vorwiegend die Vulgata als Vorlage und beschränken sich in der Frühzeit auf einzelne Bücher, von denen die Psalmen und Evangelien am häufigsten vertreten sind. Die aus dem Jahre 748 stammenden sog. *Mondseer Fragmente* einer hervorragenden Matthäusübersetzung, von der sich 23 Blätter in Wien und zwei in Hannover befinden, sind das älteste erhaltene Zeugnis. Ins 9.–11. Jh. gehören Reste von altalemannischen, altbayrischen und rheinfränkischen Psalmenübersetzungen[49]. Von der Rezension des *Diatessaron*, die der Bischof Viktor von Kapua (gest. 554) herstellte, war oben schon die Rede. Sie kam handschriftlich nach Fulda und wurde hier um 830 von Mönchen ins Althochdeutsche übertragen; ihr Werk diente dem *Heliand*-Dichter, dem Verfasser der altniedersächsischen Evangelienharmonie und Otfrid von Weißenburg als Vorlage. Der erste geschichtlich greifbare deutsche Bibelübersetzer war *Notker Labeo* von St. Gallen (gest. 1022). Seine Hiobübersetzung ging verloren. Seine Übersetzung der Psalmen und des *Hohenlieds* fand viel Anerkennung und wurde oft abgeschrieben. Sie liegt in einer Handschrift der Stiftsbibliothek von St. Gallen vollständig vor; dazu kommen zahlreiche Handschriftenreste in anderen Bibliotheken[50]. Die sprachbildende Kraft, der Reichtum des Wortschatzes und die grammatischen Kenntnisse Notkers erregen mit Recht unsere Bewunderung. Seine Absicht, die lateinische Schulbuchliteratur durch eine deutsche zu ersetzen, hat er freilich nicht erreicht. Gleichwertig neben Notker steht *Williram von Ebersberg* (gest. 1085), dessen Hoheliedübersetzung noch in 19 Handschriften vorliegt. Er ordnete seine Arbeit dreispaltig an: In der Mitte steht der Vulgatatext,

[49] E. VON STEINMEYER, Die kleineren althochdeutschen Sprachdenkmäler, Berlin 1916; G. EHRISMANN, Geschichte der deutschen Literatur bis zum Ausgang des Mittelalters I, ²München 1932.

[50] Liste der Handschriften bei H. ROST, Die Bibel im Mittelalter, Augsburg 1939, 355; G. EHRISMANN a.a.O. 416–458.

links eine lateinische Umdichtung in leoninischen Versen, rechts die Paraphrase in lateinisch-deutscher Mischprosa[51]. Schon im 8.Jh. erscheinen vereinzelt die interlinearen Übersetzungen biblischer Bücher und werden vom 9.Jh. an zahlreich. Anfangs übersetzte man nur einzelne schwierige Wörter und schrieb sie zwischen die Zeilen; dann folgten einzelne Zeilen und ganze Übersetzungen zwischen den Zeilen des lateinischen oder griechischen Textes, denen Erklärungen beigefügt wurden. Diese reiche Glossenliteratur interessiert vor allem die Germanisten[52].

Wie viele deutsche Bibelübersetzungen es im Mittelalter gegeben hat, läßt sich nur ungefähr angeben, weil die Untersuchungen noch nicht weit genug fortgeschritten sind. Das von H. VOLLMER 1931 in Hamburg gegründete «Deutsche Bibelarchiv» hat sich die Aufgabe gestellt, alle Zeugen der deutschen Bibelübersetzung aus dem Mittelalter zu sammeln und den Einfluß der Bibel auf das deutsche Geistesleben zu erforschen. Leider hat es im letzten Krieg sehr große Verluste erlitten und ist erst wieder im Aufbau begriffen. Nach seinen Feststellungen müssen im Mittelalter weit mehr als 3000 deutsche Bibelhandschriften im Gebrauch gewesen sein. Das ist doch im Vergleich mit der übrigen Literatur eine erstaunlich hohe Zahl. H. ROST zählt 817 erhaltene deutsche Bibelhandschriften auf und kann dabei 43 Vollbibeln, 599 Übersetzungen aus dem Alten Testament und 165 aus dem Neuen Testament nachweisen. Es kann nicht auffallen, daß diese Übersetzungen von sehr verschiedener Qualität sind; nach dem Urteil der Germanisten sind aber nicht wenige hervorragende Leistungen dabei. Als Vorlage diente, wie schon bemerkt, allermeist die Vulgata. Aber die Vulgata des Mittelalters ist keine uniforme Größe, wie die etwa 8000 erhaltenen Vulgatahandschriften deutlich erkennen lassen. Bis man sich ein abschließendes Urteil über die Vorlage jeder Handschrift, die Qualität ihrer Übersetzung, ihre Abhängigkeit von anderen Über-

[51] J. SEEMÜLLER, Die Handschriften und Quellen von Willirams deutscher Paraphrase des Hohen Liedes, 2 Bde., Straßburg 1877/78 (mit kritischer Ausgabe nach der Münchener Handschrift); H. ROST a.a.O. 330f. Neuere Literatur in Lexikon für Theologie und Kirche X, 921f.

[52] Ein gutes Beispiel einer Interlinearversion bietet der Windberger Psalter von 1187. Literatur: H. LEWARK, Zur deutschen Interlinearversion der Psalter aus dem Kloster Windberg, Marburg 1914. Eine Liste von 101 Glossenhandschriften gibt H. ROST a.a.O. 84–102; E. VON STEINMEYER und E. SIEVERS, Die althochdeutschen Glossen I: Glossen zu biblischen Schriften, Berlin 1879.

setzungen usw. erlauben kann, ist noch eine immense Forschungsarbeit zu leisten[53].

Die Erfindung der Buchdruckerkunst brachte nicht nur neue Möglichkeiten der Bibelverbreitung, sondern regte zu Revisionen und neuen Übersetzungen an. Zwischen 1466 und 1522 sind 14 hochdeutsche und vier niederdeutsche Vollbibeln gedruckt worden; dazu kommen 34 Ausgaben einzelner Bibelteile. Den ersten vollständigen deutschen Bibeldruck lieferte *Johann Mentelin* zu Straßburg 1466, von dem heute noch 32 Exemplare bekannt sind. Der Übersetzer beabsichtigte nicht eine streng wörtliche Übertragung, sondern wollte einen allgemein verständlichen, leicht lesbaren deutschen Bibeltext schaffen. Man muß ihm das Lob erteilen, daß er dieses Ziel erreicht hat. Die anderen 13 oberdeutschen Ausgaben der «Biblia deutsch» erschienen zu Straßburg 1470, Augsburg um 1475, Augsburg 1475/76, Nürnberg 1476 und 1478, Augsburg 1477 (Zainerbibel), ebenda 1477 bei J. Sorg, bei demselben 1480, Nürnberg 1483 (A. Koberger), Straßburg 1485 (J. Grüninger), Augsburg 1487 (J. Schönsperger), von demselben 1490, Augsburg 1507 (Hans Otmar), Augsburg 1518 (Silvanus Otmar). Es ist immer noch eine Streitfrage, ob diese 14 Ausgaben demselben Übersetzerkreis zuzuschreiben sind oder alle anderen nur Abdrucke der ersten Mentelinbibel sind. Desgleichen ist noch nicht festgelegt, ob die Übersetzer nur die Vulgata als Vorlage benützten oder auch den Text in den Ursprachen herangezogen haben. Die niederdeutschen Übersetzungen beginnen mit der von *Heinrich Quentell* 1478 zu Köln herausgegebenen «Biblia», die zugleich die erste richtige Bilderbibel ist, in der Bild und Wort organisch verbunden sind. Zu dieser Kölner Bibel kam die von *Steffen Arndes* 1494 zu Lübeck herausgegebene Bibel. Durch eine besondere Sprachgewandtheit ist die *Halberstädter Bibel*, die 1522 erschien, ausgezeichnet[54].

Wir schließen unsere Betrachtung der deutschen Bibelübersetzung mit *Martin Luther* ab. Sein Neues Testament erschien 1522, die ganze Bibel 1534. Das Alte Testament ist nach den Originaltexten unter

[53] Es ist unmöglich, die zahlreichen Übersetzungen von Bibelteilen aufzuzählen. Man vergleiche die Veröffentlichungen des Deutschen Bibelarchives und das Werk von H. ROST, das in mühsamer und dankenswerter Weise sehr viel Material zusammengetragen hat, aber in den einzelnen Angaben nicht immer zuverlässig ist.

[54] Ausgabe der Mentelbibel von W. KURRELMEYER (10 Bde., 1902ff. Ein Nachdruck ist angekündigt). Über Ausgaben und Literatur zu den anderen genannten Bibeln vgl. H. ROST a.a.O. 364–366 (unvollständig).

Heranziehung der Septuaginta, der Vulgata, der Glossa ordinaria und des Santes Pagninus bearbeitet. Vorlage für das Neue Testament war die zweite Auflage der Ausgabe von Erasmus (Basel 1519). Seine nicht wörtliche, aber einfache und klare Übersetzung ist eine wirkliche Eindeutschung der Bibel. Darauf beruht ihr unbestrittenes Ansehen und ihr gewaltiger Einfluß auf die deutsche Sprache. Vom Neuen Testament erschienen zwischen 1522 und 1533 nicht weniger als 85 Ausgaben. Luther selbst hatte das Bedürfnis, sein Werk stetig zu vervollkommnen. Als amtlicher Text gilt die Ausgabe von 1545[55].

Es würde zu viel Raum erfordern, die Wege der Bibel in die übrigen europäischen Volkssprachen aufzuzeigen. Wie wir eine oberdeutsche und eine niederdeutsche Übersetzung kennenlernten, wobei die wichtigen niederländischen Versionen übergangen wurden, so sind die Übersetzungen auch in den anderen europäischen Sprachen nach Dialekten und konfessioneller Herkunft meist getrennt. Bisweilen finden sich interessante Überschneidungen und Beeinflussungen. Eine lange Liste der außerdeutschen Übersetzungen mit guter Literaturangabe hat P. H. VOGEL veröffentlicht[56].

[55] W. WALTHER, Luthers Deutsche Bibel, 1917; H. VOLZ in: Die Religion in Geschichte und Gegenwart I, ³Tübingen 1957, Sp. 1202–1207 (mit guter Literaturangabe). Über katholische Bibelübersetzungen vgl. TH. SCHWEGLER, Die deutsche katholische Bibelübersetzung seit Luther, in: Schweizer Rundschau, N.F. 49, 1949, 503–508. Über deutsche Bibelübersetzungen von jüdischer Seite vgl. W. STAERK und A. LEITZMANN, Die jüdisch-deutschen Bibelübersetzungen von den Anfängen bis zum Ausgang des 18. Jahrhunderts, Frankfurt a.M. 1923.

[56] Die Religion in Geschichte und Gegenwart I, ³1957, Sp. 1210–1219. Einen interessanten Überblick gibt auch R. KILGOUR, The Gospel in Many Years, London 1925 (mit Liste der Erstveröffentlichungen in 835 Sprachen).

Quellen der Abbildungen: M. BURROWS, The Dead Sea Scrolls of St. Marks Monastery, Vol. I: The Isaiah Manuscript and the Habakkuk Commentary, New Haven 1950. C. H. ROBERTS, Greek Literary Hands 350 B.C.—A.D. 400, Oxford 1955. H. J. VOGELS, Codicum Novi Testamenti Specimina, Bonn 1929.

ÜBERLIEFERUNGSGESCHICHTE DER GRIECHISCHEN KLASSISCHEN UND HELLENISTISCHEN LITERATUR

von Prof. Dr. HARTMUT ERBSE, Hamburg

Methodische Vorbemerkungen

DIE KLASSISCHE PHILOLOGIE hat keine Autographa ihrer Autoren zur Verfügung. Fast zweieinhalb Jahrtausende trennen den heutigen Betrachter von der Hochblüte der attischen Literatur. Die ältesten mittelalterlichen Handschriften aber, die uns mit jenen Werken bekannt machen, sind erst vor etwa tausend Jahren geschrieben worden. In vielen Fällen gingen auch sie verloren, und der Forscher, der den Text eines Autors rekonstruieren will, ist auf jüngere, oft mangelhafte Abschriften angewiesen. Wir besitzen zwar seit einigen Jahrzehnten zahlreiche Reste antiker Bücher auf Papyrus. Jedoch auch diese sind durch lange Zeiträume von den Originalen getrennt, und sie bieten nicht selten einen schlechteren Text als die mittelalterlichen Zeugen. Die Frage, wie es möglich ist, aus so späten und oft divergierenden Aufzeichnungen den ursprünglichen Wortlaut zurückzugewinnen, darf als ein zentrales Problem der Altertumswissenschaft bezeichnet werden. Das zu seiner Lösung entwickelte Verfahren ist die *Textkritik*. Sie hat die Aufgabe, die entstellenden Wirkungen der geschichtlichen Vorgänge durch Umkehrung wieder rückgängig zu machen und nach Kräften zu vernichten. Da ihr nur späte Spiegelbilder des Originals vorliegen, muß sie bei den mittelalterlichen Handschriften beginnen und dem verlorenen Manuskript des Autors, der Zeit entgegenschreitend und alle erreichbaren Nachrichten benutzend, Stufe um Stufe näherzukommen versuchen. Erst wenn alle Möglichkeiten dieser Methode ausgeschöpft sind, wird es möglich, eine historische Darstellung der erschlossenen Vorgänge zu geben, also *Textgeschichte* zu schreiben. Diese setzt die Ergebnisse der textkritischen Forschungen stillschweigend voraus, und sie ist gehalten, ihre Aussagen zurückzunehmen, wenn ihr durch argumentierende, auf dem erhaltenen Material fußende Untersuchungen neue Gesichtspunkte geliefert werden.

Die Prinzipien der Textkritik können wir hier nur im Vorbeigehen berühren. Wir tun es vor allem, um auf die engen Grenzen ihrer Möglichkeiten und damit auf die schmale Grundlage einer Textgeschichte hinzuweisen. Seit dem 9. Jh. n. Chr. haben sich Gelehrte, Dilettanten und Mönche des oströmischen Reiches in wechselnder Intensität, im ganzen jedoch mit erstaunlichem Eifer bemüht, die noch verfügbaren

Schriften der altgriechischen Autoren zu vervielfältigen und dadurch den späteren Generationen zu erhalten. Ihre Arbeiten sind in der Folgezeit oft abgeschrieben worden. Da es sich hierbei in der Mehrzahl der Fälle um mechanische Reproduktionen der jeweiligen Vorlage handelt, lassen sich die zeitlichen Beziehungen der einzelnen Handschriften zueinander bestimmen. Man kann junge Zeugen an Hand gemeinsamer Fehler als Abschriften älterer erkennen, indem man die Möglichkeit der Unabhängigkeit ausschließt. Letzteres gelingt nicht, wenn der jüngere Zeuge gegenüber dem älteren wenigstens eine richtige Lesart enthält, die er nicht selbständig (durch *Divination*) gefunden haben kann. Man bezeichnet den für diese Folgerung entscheidenden Fehler des älteren als *Trennfehler*. Die beiden Handschriften (A, B) müssen nun, wenn ihre Verwandtschaft durch gemeinsame Verderbnisse (*Leit-* oder *Bindefehler*) erweisbar ist, auf eine verlorene Vorlage (α) zurückgeführt werden. Diese stellt den ältesten mit Hilfe dieser Methode erreichbaren Text dar, wenn keine weiteren selbständigen Zeugen zur Verfügung stehen. Die Vorlage α heißt dann *Archetypus*. Tritt neben α ein dritter Kodex (C), dann wird die Relation α:C mit denselben Mitteln geprüft, und wenn C nicht aus A, B oder α ableitbar ist, muß eine noch ältere Vorlage (ω) erschlossen werden. Diese ist nun Archetypus, α dagegen *Hyparchetypus*. Wir erhalten folgendes *Stemma* (Stammbaum der Handschriften):

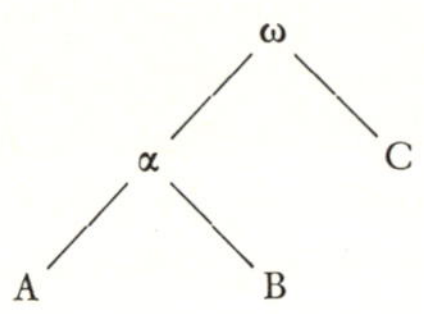

Sobald man erkennt, daß ein Schreiber mehrere Vorlagen benutzt (*kontaminiert*) oder gar den Text nach Maßgabe seiner eigenen Kenntnisse ändert (*konjiziert*), ist das beschriebene Verfahren nur noch dann durchführbar, wenn die Kontamination einer erkennbaren Regel folgte.

Diese Lehre von den Abhängigkeitsverhältnissen der Handschriften, in der nur die Fehler berücksichtigt werden dürfen (die sog. *Stemmatologie*), ermöglicht es, den ältesten mittelalterlichen (d. h. in Minuskeln geschriebenen) Text zu rekonstruieren. Ihr Ergebnis heißt *Recensio*. Sie ist auf die Überlieferungsverhältnisse der Antike nicht anwendbar; denn nicht nur der antike Buchhändler, sondern auch der interessierte Leser pflegten, überzeugt von der Fragwürdigkeit einer unkontrollierten Abschrift, ihre Exemplare mit anderen Kopien zu vergleichen und, um ihren Wert zu heben, mit deren Hilfe zu verbessern (sie pflegten zu *kollationieren*). Augenscheinlich war das, was im Mittelalter als Ausnahme gelten darf, im Altertum die Regel. Die Stemmatologie kann diese komplizierten Verhältnisse nur in ganz besonders günstig liegenden Fällen erfassen. Meist ist der moderne Betrachter gezwungen, den Text des Archetypus mit dem des Originals zu identifizieren, und nur diejenigen Stellen, die als gestört (*korrupt*, *interpoliert* oder *lückenhaft*) gelten müssen, auf Grund seiner Sprach- und Sachkenntnis durch Vermutung (*Konjektur*) zu berichtigen (*Emendatio*). Daß ein so kühner Rückgriff von einem mittelalterlichen Buch auf ein antikes Original gewagt werden darf, mag befremden. Man möge aber bedenken, daß den meisten unserer Texte die von den alexandrinischen Gelehrten der Ptolemaierzeit geschaffene Rezension zugrundeliegt. Diese hat sich vom Hellenismus bis zum frühen Mittelalter meist nicht wesentlich verändert. Bedenklicher ist der letzte Schritt von der alexandrinischen Ausgabe zu einem Text des 5. Jh. v. Chr. oder gar zu dem des homerischen Epos. In diesem dunkelsten Stadium der Überlieferung sind wir fast ausschließlich auf die Vorarbeiten der alexandrinischen Philologen angewiesen, und die Möglichkeit, daß ihnen Irrtümer unterliefen, läßt sich prinzipiell nie ausscheiden. Wir werden jedoch unten sehen, daß der moderne Kritiker der Präzision und Sorgfalt ihrer Arbeit vertrauen darf.

Der im Archetypus überlieferte Text (der Text der Recensio) läßt sich nicht selten durch die ältere Fassung eines Papyrus, in gewissen Fällen durch Übersetzungen (ins Lateinische, Syrische, Arabische, Armenische) oder durch die sogenannte *Nebenüberlieferung* kontrollieren. Zu ihr gehören Zitate bei anderen antiken, bisweilen auch byzantinischen Schriftstellern, Erörterungen der Erklärungsschriften (Scholien und Kommentare), schließlich auch Imitationen bei späteren griechischen oder lateinischen Autoren. Die genannten Zeugnisse gewähren also von Zeit zu Zeit einen Ausblick auf eine antike Station der Textgeschichte. Man muß aber stets von neuem prüfen, ob man eine sorgfältige Rezension vor sich hat oder eine willkürlich entstellte Fassung: manche Papyri wimmeln von Fehlern, mancher Übersetzer verstand den griechischen Wortlaut nicht recht, und fast jeder gute Autor pflegte fremde Zitate seinem eigenen Zusammenhang anzupassen. Das höhere Alter eines Zeugen hat also größere Qualität nicht notwendig zur Folge.

Aus diesen Bemerkungen ist ersichtlich, daß wir die von der neueren französischen Forschung empfohlene Auffassung von den Möglichkeiten der Stemmatologie und damit vom Gang der Überlieferungsgeschichte nicht zu teilen vermögen. Da das in Frankreich anerkannte System von einem hervorragenden Handschriftenkenner und Methodiker erarbeitet, auch schon in mehreren Werken seiner Schüler dargestellt und ausgebaut wurde, müssen wir hier kurz darauf eingehen.

Man ist bestrebt, an die Spitze des Stemmas die alexandrinische Ausgabe, vielleicht sogar das Manuskript des Autors zu stellen. Alle uns bekannten Stationen der Überlieferung sollen im Stammbaum ebenso fixiert werden wie eine mittelalterliche Handschrift. Die antike Kollationstätigkeit aber läßt man fast unberücksichtigt, da man unter Geschichte der Texte nur das Schicksal der Bibliotheksexemplare versteht. Diese hätten sich, so meint man, den verderblichen Einflüssen der schlechteren Abschriften entziehen können, und sie seien, von kundiger Hand hin und wieder erneuert oder nach Katastrophen mit Hilfe guter Vorbilder wiederhergestellt, aus Alexandreia auf dem Wege über Athen nach Konstantinopel gekommen. Die Überreste dieser wertvollen Bestände, meist nur je ein Exemplar eines Werkes, hätten den Schreibern des 9. Jh. als Vorlage bei der Umschrift in die Minuskel gedient. Standen aber mehrere Exemplare zur Verfügung, so seien diese gesondert transkribiert worden. Die Überlieferung wird jetzt als «offen» bezeichnet, da die einzelnen Zweige erst in einem früheren Punkte der Textgeschichte zusammentreffen.

Um die unten vorgelegte Darstellung zu rechtfertigen, müssen wir unsere Einwände gegen die skizzierte Hypothese in aller Kürze aussprechen.

1. Es ist nicht wahrscheinlich, daß die antiken Bibliotheken nur diejenigen Schriftsteller enthielten, deren Werke die Gelehrten des 9. Jh. vorfanden. Wenn aber ihr Bestand durch Katastrophen vermindert wurde, versteht man nicht, weshalb gerade die Exemplare der Klassiker erhalten blieben, während weniger geschätzte Autoren verlorengingen. Offenbar ist die Zahl der im 9. Jh. nachweisbaren Schriften nicht das Ergebnis einer lediglich zufälligen Auslese, sondern die Summe der noch im Ausgang der Antike gern, häufig und vielerorts gelesenen Bücher. In der Regel hatten nur diese, eben weil sie in genügen-

der Anzahl existierten, eine Chance, die Stürme des 7. und 8. Jh. zu überdauern.

2. Bei Anerkennung der Annahme, daß sich die Textgeschichte fast ausschließlich mit Bibliotheksexemplaren zu befassen habe, würden uns viele der zahlreichen Zitate aus dem Bereiche der Nebenüberlieferung, die eine bessere Gestalt aufweisen als der für den mittelalterlichen Archetypus nachweisbare Text, ein Rätsel aufgeben; denn wenn ein Autor, fern von den Bibliotheksstädten arbeitend, einen Passus in ursprünglicherer Gestalt zitiert, kann man nur zwei Möglichkeiten einräumen: entweder verfügte er über eine bessere Tradition als die Bibliothek, oder deren Ausgabe wurde erst in der Folgezeit entstellt. Beide Vermutungen haben wenig für sich, wenn man an der Voraussetzung festhält, daß die Bibliotheken die meisten Möglichkeiten zur Reinerhaltung der Texte hatten.

3. Der Schöpfer eines mittelalterlichen Archetypus war in der Regel nicht ein mechanisch arbeitender Schreiber, sondern ein philologisch interessierter Herausgeber. Die Zusammensetzung der Scholiencorpora gestattet den sicheren Schluß, die Textgestalt vieler Archetypi die wahrscheinliche Vermutung, daß die Gelehrten des 9. Jh. mit mehreren antiken Exemplaren arbeiteten, um eine neue, fortan maßgebende Ausgabe zu konstituieren. Nur seltene Schriften, von denen sich lediglich ein einziges Exemplar hatte finden lassen, wurden unverändert in die neue Schriftart transkribiert.

4. Wo uns Papyri oder Zitate der Nebenüberlieferung einen Einblick in die vormittelalterliche Textfassung gewähren, ergibt sich sehr oft folgendes Bild: der antike Zeuge enthält Bestandteile mehrerer byzantinischer Rezensionen, und zwar bietet er nicht selten den jeweils besten Wortlaut. Die späteren Fassungen, die man, der französischen These folgend, auf entsprechende antike Exemplare zurückführen müßte, sind also erst im Mittelalter geschaffen worden (Beispiele: Herodot- und Xenophonüberlieferung). Überhaupt darf man von mehrmaliger Transkription eines Werkes (von «offener» Überlieferung) nur dann sprechen, wenn sie sich durch echte Majuskelkorruptelen nachweisen läßt, d. h. durch Verderbnisse, die in der Minuskelschrift niemals vorkommen konnten (Beispiel: Platonüberlieferung).

5. Die Behauptung, Teile unserer Klassikertexte enthielten Korruptelen, die sich nur durch Verwendung des altattischen Zahlensystems erklärten, stützt sich auf einige wenige und umstrittene Belege. Sie

kann nicht zu der Folgerung benutzt werden, diese Texte seien Abkömmlinge attischer Exemplare, mit denen die alexandrinische Bibliothek nach dem Brande des Jahres 48 v. Chr. ihre Bestände ergänzt habe.

Natürlich muß jeder Betrachter der Überlieferungsgeschichte die wichtigsten Stationen in der Entwicklung des attischen Buchwesens stets vor Augen haben. Damit sind ihm jedoch nur die Voraussetzungen der Textgeschichte gegeben; denn deren Inhalt ist weder Buch- noch Bibliotheksgeschichte, sondern das Schicksal des vom Autor geprägten Wortes. Es gibt auch keine Zeugnisse dafür, daß die Entwicklungsphasen des Schriftträgers Umfang und Qualität oder gar die Auswahl der Texte wirklich nachhaltig beeinflußt haben sollten. Autoren, Schreiber, Buchhändler und Leser fanden fast stets dasjenige Material, das sie für ihre Zwecke benötigten.

Die oft gestellte Frage schließlich, ob der erhaltene Bestand an griechischen Schriften Ergebnis des Zufalls sei oder das Produkt einer bewußten Auswahl, läßt sich nicht eindeutig beantworten. Vermutlich war die zweitrangige Literatur unvorhergesehenen Einwirkungen und menschlicher Nachlässigkeit stets stärker ausgesetzt als das Erbe der anerkannten und beliebten Klassiker. In deren Überlieferungsgeschichte kann man sogar mehrmals eine Selektion beobachten, die auf Verbreitung des Besten abgestellt war. Insofern gilt, was schon Kant anmerkte (Einleitung zur *Logik* IX, D): «Da ... die Zeit alles sichtet und nur das sich erhält, was einen inneren Wert hat: so dürfen wir nicht ohne Grund annehmen, daß wir nur die besten Schriften der Alten besitzen.» Das Urteil der Auswählenden war freilich durch mancherlei Rücksichtnahmen bestimmt, und zahlreiche Papyrusfunde haben gelehrt, daß man auch erstklassiger Literatur die handfeste Brauchbarkeit absprach, wodurch man sie einem freilich unbeabsichtigten Untergang weihte. Andererseits aber ging ein großer Teil auch der niemals durch Auswahlen verkürzten, jedoch vom Publikum oft vernachlässigten Klassiker in den politischen Wirren des ausgehenden Altertums oder der frühbyzantinischen Epoche zugrunde, und wenn man den Umfang dieses Verlustes veranschlagt, wird man die Wirksamkeit geschichtlicher Zufälle nicht für gering halten.

Zur Textkritik vgl. P. MAAS, Textkritik, ³Lpzg. 1957, und die dort S. 4 zitierte Literatur. – Unentbehrlich zur Orientierung über Bibliotheken und Kataloge: M. RICHARD, Répertoire des bibliothèques et des catalogues de manuscrits grecs, ²Paris 1958. – Zur These der französischen Schule: A. DAIN, Les manuscrits, Paris

1949; B. HEMMERDINGER, Studi Italiani 25, 1951, 89; ders., Essai sur l'histoire du texte de Thucydide, Paris 1955 (dazu K. J. DOVER, Class. Rev. 71, 1957, 23). Zum einzelnen: Die bedeutsame Nachricht, daß Leon der Armenier nach 814 Handschriften aus allen Teilen des Reiches zusammentragen ließ, um ihnen Argumente für die Bilderstürmer zu entnehmen (Migne, Patrol. gr. 108, 1025 A), besagt nicht, daß alle Manuskripte, die es damals gab, nach Konstantinopel kamen. Sie setzt aber voraus, daß man mit Handschriftenfunden an allen Kulturstätten des Reiches rechnete, daß es also mehrere selbständige Traditionen gab. – Die Korruptel *δεκαδαρχία* bei Demosth. 6,22 (statt richtig *τετραρχία*) ist dadurch entstanden, daß man die Abkürzung *ΔΑΡΧΙΑ* verlas (*Δ* ist 4 im ionischen, 10 im attischen Zahlensystem). Man ist jedoch nicht zur Annahme verpflichtet, ein athenischer Schreiber sei für den Fehler verantwortlich; denn den falschen Schluß, im Manuskript eines attischen Klassikers müsse *Δ* «zehn» bedeuten, konnte man auch außerhalb Athens jederzeit ziehen, zumal das attische Zahlensystem auf Inschriften der frühen Kaiserzeit noch nachweisbar ist, also bekannt war (vgl. Harpokration 53,22 und 175,6).

Für die Bedeutung von Rolle und Kodex, Papyrus und Pergament sei auf den Artikel von HUNGER verwiesen. Unter der dort genannten Literatur sind die Werke von TH. BIRT, W. SCHUBART und C. H. ROBERTS für unsere Zwecke besonders wichtig. Vgl. noch W. SCHUBART, Einführung in die Papyruskunde, Bln. 1918, 36 (dort 48: «Die Theorie, Buch sei gleich Rolle, ist falsch, und praktisch wären solche Rollen ein Unding»). – Ein gutes Beispiel für eine kaiserzeitliche Edition liefert der Bericht des Porphyrios (*Vita Plot.* § 25f.) über seine Ausgabe der plotinischen Schriften in drei Kodizes (kurz nach 300). – Eine der nachhaltigsten Folgen der Übertragung aus den Rollen in die Kodizes war die Fixierung des Textumfangs. Bisher konnten Rollen mit gefälschten Texten nur zu leicht zwischen die echten Teile eines Werkes geraten. Jetzt war es nicht mehr möglich, anonyme Schriften einem bekannten Verfasser unterzuschieben, während umgekehrt das, was einem Autor im Kodex zugewiesen war, als sein Werk galt.

Aus der großen Zahl der Papyrusfunde berücksichtigen wir nur diejenigen Stücke, welche Reste der handschriftlich erhaltenen Texte aufweisen. Die übrigen literarischen Papyri, die neue Schriften in unversehrter oder in fragmentarischer Gestalt bieten, können hier nicht besprochen werden, da sie eine Überlieferung in dem jetzt interessierenden Sinne nicht besitzen. – Die Literaturangaben am Ende der einzelnen Abschnitte beschränken sich auf solche Werke, die den Leser rasch in die jeweiligen Probleme einführen und wichtige Spezialuntersuchungen nennen. Vollständigkeit wurde nicht erstrebt. Historische Einzelheiten liefern für alle genannten Autoren die Literaturgeschichte von WILH. SCHMID[7] (bzw. CHRIST-SCHMID[6]) und A. LESKY sowie die entsprechenden Artikel in PAULY-WISSOWAS Realenzyklopädie (RE.), die nur in begründeten Ausnahmefällen genannt werden.

1. *Archaische und klassische Zeit*

Über die Schicksale der griechischen Texte in voralexandrinischer Zeit liegen keine eindeutigen Nachrichten vor. Hinsichtlich vieler wichtiger Vorgänge, besonders im Laufe des 7. und 6. Jh., sind wir nur auf unbeweisbare Vermutungen angewiesen. Eine wirkliche Geschichte der Überlieferung gibt es erst seit Gründung der alexandrinischen Bibliothek durch Ptolemaios Soter (um 300 v. Chr.), deren Büchervorräte den Gelehrten des Museion die Möglichkeit boten, zuverlässige Texte herzustellen. Nur zögernd können wir versuchen, die Wege zu beschreiben, welche die großen Werke der Nationalliteratur zurücklegten, ehe sie in die Hände der Philologen gelangten.

Es steht heute fest, daß die Verfasser von *Ilias* und *Odyssee*, der beiden Epen, die für uns den Beginn der griechischen Literatur darstellen, ihre Dichtungen aufschrieben. Diese Manuskripte enthielten das fixierte Repertoire, dem jene Rhapsoden ihre einzelnen Vorträge nach Bedarf entnahmen. Sie selbst und ebenso die fahrenden Sänger der Folgezeit sorgten für rasche Verbreitung. Wo ihr Vortrag gefiel, war man bemüht, Abschriften ihrer Werke zu erhalten, vor allem wohl an den Tyrannenhöfen, den Kulturzentren der archaischen Zeit. Auch die Epen des homerischen Kyklos, die Dichtungen Hesiods und die Lieder der Lyriker werden auf ähnlichem Wege bekannt geworden sein. Besonders im archaischen Athen ist seit Beginn des 6. Jh. ein lebhaftes literarisches Interesse erkennbar, das durch die Leistungen des Tyrannen Peisistratos wesentlich gefördert wurde. Peisistratos führte musische Wettkämpfe an den großen Festen der Panathenäen und Dionysien ein, darunter Rhapsodenvorträge des ganzen Homer, und versammelte namhafte Dichter um sich. Die umstrittenen Nachrichten über die sagenumwobene peisistratische Rezension der homerischen Gedichte gestatten den Schluß, daß der Tyrann gute Handschriften herbeischaffte und staatlich verwahren ließ.

Neben der ionischen Poesie wurde aber auch die *Prosa* in Athen heimisch, die Werke der Philosophen und Periegeten, die im geistigen Leben des 5. Jh. eine so wichtige Rolle spielen sollten. Sie waren in Kleinasien entstanden, meist in Milet, wo der Hof Thrasybuls im Anfang des 6. Jh. ein ähnliches Kulturzentrum bildete wie später der des Peisistratos in Athen. Diese Prosaschriften der Ionier waren bereits echte Bücher, in denen der Verfasser, meist in stolzem Selbstvertrauen, seinen Leser anredete, wie etwa Hekataios im Einleitungssatz seiner Genealogien: «So spricht Hekataios von Milet: Folgendes schreibe ich auf, wie es mir der Wahrheit zu entsprechen scheint; denn die zahlreichen Behauptungen der Hellenen sind meiner Meinung nach lächerlich.» Der Autor wendete sich also an ein ihm unbekanntes Publikum, nicht an ein Auditorium wie der Rhapsode. Für die Verbreitung dieser Schriften sorgte freilich nicht ein Verleger, sondern der Verfasser selbst, der Abschriften zirkulieren ließ und Interessenten ermächtigte, das Werk zu kopieren. In ähnlicher Absicht dürfte Herakleitos ein Exemplar seines philosophischen Werkes im Tempel der Artemis von Ephesos deponiert haben. Man kannte also kein Verlagswesen im modernen Sinne, wohl aber einen lebhaften Handel mit Kopien. Daß die Schriften der ionischen Philosophen im Athen des 5. Jh. für einen verhältnismäßig niedrigen Preis verkauft wurden, ist bezeugt. Zu den Liebhabern solcher Bücher zählten Sokrates und seine Freunde, vor allem Platon, und später Aristoteles, der sich eine große Bibliothek zulegte. Auch die stilistisch vollkommeneren Arbeiten der Sophisten und attischen Redner wurden auf ähnliche Weise publiziert. Nach dem Vortrag, der ersten Veröffentlichung, ließ der Verfasser Abschriften des ausgearbeiteten Manuskriptes anfertigen, bewahrte natürlich, wenn er vom Wert seiner Leistung überzeugt war, ein besonders sorgfältig ausgeführtes Exemplar für eine spätere Gesamtausgabe auf.

Den Anstoß zur Erschaffung des Buches hat also nicht die *attische Tragödie* gegeben. Vielmehr war sie, ihrem ganzen Wesen nach, von einem Lesedrama zunächst weit entfernt und streng genommen nicht einmal ein Buch; denn der Dichter wandte sich durch Wort und Gebärde in der jeweiligen Aufführung an sein Publikum, und man darf annehmen, daß sich die Athener ihre Kenntnis der dramatischen Literatur vor allem im Theater erwarben, seltener aus den aufgeschriebenen Texten. Sicherlich kursierten Kopien derjenigen Dramen, die Beifall gefunden oder Interesse erweckt hatten. Aber solche Exemplare sind für die Überlieferungsgeschichte kaum von Belang. Unser Tragikertext geht über die Editionen der alexandrinischen Philologen wahrscheinlich auf das berühmte «Staatsexemplar» zurück, das der Redner Lykurg ums Jahr 330 anfertigen ließ. Es enthielt die Werke der drei großen Tragiker in einer Textgestalt, die für die häufigen Wiederaufführungen fortan verbindlich war. Der Staatsschreiber, so besagt unsere Nachricht, mußte den Schauspielern den Wortlaut ihrer Rolle aus dem öffentlichen Texte vorlesen, und sie hatten ihre Kopien entsprechend zu berichtigen. Diese ganze Maßnahme war augenscheinlich notwendig geworden, da die im Archiv aufbewahrten Exemplare, welche die Dichter ehedem bei der Bewerbung um Zulassung zum Agon eingereicht hatten, erneuert werden mußten. Offenbar konnte man aber als Ersatz nicht diejenigen Texte wählen, die der Buchhandel feilhielt; denn diese waren durch Lesefehler entstellt, oft auch durch Eingriffe der Regisseure und Schauspieler. Ob es Lykurg gelang, unverfälschte Kopien von den Nachkommen der Dichter zu erhalten, wissen wir nicht. Wir dürfen aber annehmen, daß er alles tat, um in jedem strittigen Falle die beste Fassung zu finden. Leider läßt sich nicht sagen, ob man sich in entsprechender Weise auch um die Werke der anderen Tragiker und um die bedeutenderen Komödien bemühte.

Schon diese wenigen Bemerkungen lassen erkennen, wie lückenhaft unser Wissen ist. Die Vorgänge, die sich bei der Redaktion der großen Geschichtswerke abspielten, sind ganz undurchsichtig, und auch die Schriftsteller des 4. Jh., die rechtzeitig für sorgfältige Fixierung und geregelten Vertrieb ihrer Schriften sorgen konnten, werden Störungen des Wortlautes nicht immer verhütet haben können. Wir dürfen nur hoffen, daß es Platon und Aristoteles gelang, sich fehlerfreie Exemplare der frühen philosophischen Schriften zu beschaffen, können das jedoch nicht versichern, und eine Vermutung über das Aussehen der Bücher, welche die alexandrinischen Gelehrten ihren Lyrikerausgaben zugrunde legten, ist kaum statthaft. In der Tat sind die eigentlich klassischen Jahrhunderte überlieferungsgeschichtlich dunkel. Immerhin zeigen unsere beiden Beispiele aus der Tradition des Homer- und des Tragikertextes, daß man die Werke der großen Autoren kontrollierte, und zwar offensichtlich besonders in solchen Situationen, in denen sie entstellt zu werden drohten. Die Kopien, die sich der Privatmann beschaffte, mögen oft fehlerhaft gewesen sein. Aber diese Vermutung berechtigt nicht zu dem Schluß auf eine allgemeine Korruption der Texte, und die Zitate sorgfältiger Autoren dieser Zeit, etwa die Homerverse, die Platon anführt, machen es, richtig interpretiert, wahrscheinlich, daß sich eine verhältnismäßig feste und einheitliche Form der Überlieferung herausgebildet hatte. Wesentliche Abschnitte der Nationalliteratur scheinen, wenigstens in Athen, unter staatlichem Schutze gestanden zu haben.

U. VON WILAMOWITZ-MOELLENDORFF, Einleitung in die attische Tragödie, Bln. 1907, 120; C. WENDEL, Die griechisch-römische Buchbeschreibung verglichen mit der des vorderen Orients, Halle 1949, 24; E. G. TURNER, Athenian books in the fifth and fourth centuries B.C., London 1951. – Daß die attischen Tragödien die «ersten wirklichen Bücher» gewesen seien, behauptet WILAMOWITZ in seiner mit Recht berühmten Darstellung. Die Bezeichnung «Buch» spricht er den Prosaschriften der Ionier ab, offenbar mit Hilfe einer nicht zureichenden Bestimmung jenes Begriffs (vgl. *Pauli Sententiae* 3,6,87: «librorum ... appellatione ... scripturae modus, qui certo fine concluditur, aestimatur»; auch Kant, *Metaphysik der Sitten*, Königsberg 1797,127 = Rechtslehre I, § 31, II: «Ein Buch ist eine Schrift ..., welche eine Rede vorstellt, die jemand durch sichtbare Sprechzeichen an das Publikum hält»). Unsere obige Darstellung lehnt sich eng an TURNERS vorzügliche Erörterung an. – Die Nachricht über Herakleitos steht bei Diog. Laert. 9,6, die über die von Lykurg veranlaßte Aufzeichnung des Tragikertextes in der pseudoplutarchischen Schrift vom Leben der zehn Redner (*Mor.* 841f). Beiläufige Bemerkungen über Bücher in Athen sind zahlreich, vgl. Platon, *Apol.* 26 d/e (Schriften des Anaxagoras im athenischen Buchhandel); Xenoph., *Mem.* 4,2,10 (der Büchersammler Euthydem); Athen. 1,3a (Euripides, Eukleides und Aristoteles als Bücherfreunde); Xenoph., *Anab.* 7,5,14 (Bücher als Schiffsladung).

Nur über die Entstehung der ältesten Ausgabe der *platonischen Schriften* darf man etwas zuversichtlicher urteilen. Platons Dialoge wurden wahrscheinlich nicht von den alexandrinischen Philologen ediert; denn ihr Text weist keine sicheren Spuren einer solchen Bearbeitung auf. Da das erforderliche Material, vor allem die Autographa des Meisters, von den Angehörigen der Schule aufbewahrt wurden, ist eine derartige Feststellung nicht verwunderlich. Eine Gesamtausgabe der bekannten Schriften könnte also kurz nach dem Tode des Philosophen innerhalb der Akademie unter sachkundiger Leitung geschaffen worden sein. Der Wunsch der Schulgemeinschaft, die Werke des Meisters in einer zuverlässigen Edition zu besitzen, dürfte die wesentliche Anregung gegeben haben. Und die Bemerkung des Antigonos von Karystos (3. Jh. v. Chr.), man habe die jüngst edierten platonischen Schriften gegen Bezahlung ausleihen können, setzt jedenfalls voraus, daß sich der maßgebende Text im Besitze eines Instituts befand. Auch über die Disposition des damaligen Korpus lassen sich einige Vermutungen vortragen. Für die heute übliche Einteilung in Tetralogien ist Thrasyllos, der Hofastronom des Kaisers Tiberius, unser ältester Zeuge. Dieser fand sie jedoch schon vor, da er annahm, Platon habe sich die tragischen Tetralogien (drei Tragödien und ein Satyrspiel) zum Vorbild genommen. In der Tat braucht die Anordnung nicht als hellenistisches oder kaiserzeitliches Arrangement angesehen zu werden; denn sie folgt einem durchaus plausiblen Prinzip: sie versucht, die zeitliche Relation der in den fingierten Rahmengesprächen vorkommenden Bemerkungen über Sokrates zu beachten. So stehen z. B. im Mittelpunkt der ersten Tetralogie (*Euthyphron*, *Apologie*, *Kriton*, *Phaidon*) die Ereignisse, die sich um den Prozeß des Sokrates gruppieren. Die zweite Tetralogie (*Kratylos*, *Theaitetos*, *Sophistes*, *Politikos*) schließt sich gefällig an, da der erstgenannte Dialog ein Gespräch mit Euthyphron erwähnt und der Sokrates des *Theaitetos* bereits angeklagt ist. Mit diesem Dialog aber gehören *Sophistes* und *Politikos* eng zusammen. Die Tetralogienordnung durfte sich sogar auf die Intentionen des Philosophen berufen; denn Platon hat zweimal beabsichtigt, je vier Dialoge zu einem Zyklus zusammenzufassen (*Theaitetos*, *Sophistes*, *Politikos* und *Staat*, *Timaios*, *Kritias*: den Abschluß der ersten Reihe sollte der *Philosophos* bilden, den der anderen ein Dialog *Hermokrates*). Platon wird freilich diese Ordnungsform nicht der Praxis des attischen Theaters entlehnt haben, wie Thrasyllos vermutete. Was sollte ihn hierzu veranlaßt haben? Vermutlich verhält es sich so: Vier selbständige Dialoge einem gemeinsamen Rahmen einzuordnen, ist eine platonische Erfindung, die seine Schüler veranlaßte, den Terminus «Tetralogie» zu prägen. Erst die alexandrinischen Grammatiker (nicht Aristoteles) scheinen ihn als Bezeichnung von vier zusammengehörenden Dramen verwendet zu haben.

Wahrscheinlich haben die Philosophen der Akademie ihren wichtigsten Lesetext auch späterhin überwacht und seine notwendigen Erneuerungen und Vervielfältigungen kontrolliert, auch dann, als man in der Kaiserzeit das Rollensystem aufgab und Platons Werke in zwei umfangreichen Kodizes unterbrachte. Es ließ sich allerdings nicht verhüten, daß mehrere unechte Schriften in das Korpus eindrangen, wie z. B. die gesamte vierte Tetralogie. Wann das geschah, steht nicht fest. Vielleicht gelangte im Jahre 529 n. Chr., als Justinian die Akademie schloß, ein solcher Schultext nach Byzanz. Er könnte, wenn er nicht verlorenging, die mittelalterliche Überlieferung beeinflußt haben.

Literatur zur Platonüberlieferung ist bei Besprechung der handschriftlichen Affiliation genannt (unten S. 262). Die eben verwerteten Zeugnisse bei Diog. Laert. 3,56 und 66; Albinos, *Eisagogé 4* (= Platon, ed. HERM., Bd. 6, 149). – Beste Darstellung bei WILAMOWITZ, Platon II (Bln. 1920), 324; vgl. H. ALLINE, Histoire du texte de Platon (Paris 1915), 46; PASQUALI 264. – Genaueres, als oben angegeben wurde, läßt sich über die Entstehungszeit der Tetralogienordnung nicht sagen. Bei Erweiterung und Neuordnung der ursprünglichen Sammlung hat möglicherweise der Akademiker Derkylides (1. Jh. v. Chr.), der neben Thrasyllos genannt wird, eine Rolle gespielt. Der Dialog *Kleitophon* (8. Tetralogie) dürfte übrigens schon in voralexandrinischer Zeit als platonisch angesehen worden sein. – Der Grammatiker Aristophanes von Byzanz (um 200 v. Chr.) hat der verständigen Disposition der Akademieausgabe eine sehr viel schlechtere, auch unvollkommenere in Trilogien entgegengesetzt, die ein leitendes Prinzip vermissen läßt: die aristophanischen Trilogien umfaßten nur 15 Dialoge; den größeren Teil der platonischen Schriften ordnete er also seinem Schema gar nicht ein («das übrige einzeln und ungeordnet», sagt Diog. Laert. 3, 62). Den Schluß, daß Aristophanes den Platontext neu ediert habe, wird man aus unseren dürftigen Nachrichten nicht ziehen dürfen, am wenigsten aus dem kurzen Abschnitt des Diogenes (3, 65f.), in dem von den kritisch-exegetischen Zeichen der Platonhandschriften die Rede ist. Es wird angemessener sein, die problematische Trilogienordnung der kritischen Schrift zuzuweisen, in der Aristophanes über die Ergebnisse der kallimacheischen Tätigkeit an der alexandrinischen Bibliothek handelte. – G. JACHMANN, Der Platontext (= Nachr. Akad. Gött. 1941, Nr. 7, 334), bestreitet die Existenz der Akademieausgabe und befürwortet die einer aristophanischen Edition. Zwischen den von Diog. Laert. 3, 65f. erwähnten kritisch-exegetischen Zeichen der Platonausgaben und dem uns bekannten alexandrinischen System (vgl. unten Kap. 2) bestehen jedoch wesentliche Differenzen. Sie sprechen nicht für JACHMANNS Folgerungen. – Ob man schließlich eine gelehrte Platonausgabe des Atticus (Ciceros Verlegers) postulieren darf (vgl. ALLINE a.a.O. 104), ist zweifelhaft.

2. *Hellenismus*

Erst zu Beginn des Hellenismus kamen die Texte der meisten bisherigen griechischen Autoren unter eine wirklich wissenschaftliche Aufsicht. Unsere Nachrichten lassen keinen Zweifel darüber aufkommen, daß die Wirksamkeit der Gelehrten am Ptolemaierhofe als wichtigste Etappe der Überlieferungsgeschichte zu gelten hat. Das entscheidende Ereignis, das diese Entwicklung ermöglichte, ist die Gründung der großen alexandrinischen Bibliothek. Ihre Anfänge gehören in die Regierungszeit des ersten Herrschers (Ptolemaios Soter, gestorben 280), der griechischer Bildung und griechischem Geiste in der neuen Hauptstadt eine Heimat zu schaffen versuchte. Demetrios von Phaleron, der vielseitige athenische Staatsmann, der seit 296 als Verbannter in Ägypten lebte, war anregend und beratend an der großartigen Schöpfung beteiligt. Die Bücherbestände wurden auch in der Folgezeit unablässig vermehrt, vor allem unter Ptolemaios II. Philadelphos (285/4–247), der Kunst und Wissenschaft nach Kräften förderte, und unter Ptolemaios Euergetes (247–221). Man sparte kein Geld, um alle wertvollen Exemplare aufzukaufen, und scheint zur List gegriffen zu haben, wo Geld nicht wirkte. Ob man wirklich alle in Alexandreia einlaufenden Schiffe zwang, ihre Bücher abzuliefern und mit eilig angefertigten Abschriften vorliebzunehmen, wie Galen berichtet, stehe dahin. Die Nachricht aber, daß es gelang, das lykurgische Staatsexemplar der drei großen Tragiker zu erwerben, werden wir nicht anzweifeln dürfen, und sicherlich war das nicht der einzige Erfolg dieser Art. Die Magazine der Bibliothek enthielten, wenn eine späte Angabe zutrifft, schon um das Jahr 280 eine halbe Million Rollen. Dazu kamen noch etwa 40000, die in der kleineren Bibliothek des Serapeions untergebracht waren.

Diese Schätze bildeten kein totes Kapital. Die Liste der Bibliotheksvorsteher zählt bis zur zweiten Hälfte des 2. Jh. nur namhafte Gelehrte auf, und schon die ältesten organisatorischen Leistungen des Museions zeigen, daß hier ein wahrhaft aristotelischer Geist am Werke war. Von Anfang an benutzte man die zahlreichen Handschriften, um gesicherte Texte herzustellen. Kallimachos verfaßte einen nach Sachgruppen geordneten umfangreichen Katalog des gesamten vorhandenen Schrifttums in 120 Büchern (um 350 v. Chr.), den Aristophanes von Byzanz später noch erweiterte. Die Editionstätigkeit wurde aber auch nach dieser ersten Bestandesaufnahme fortgesetzt. Man erwarb neues Material, verfügte bald über eine verfeinerte philologische Methode und sah sich veranlaßt, die Ergebnisse der eigenen Arbeit in Kommentaren und Monographien darzulegen. Zur Zeit Aristarchs (um 150 v. Chr.) waren die klassischen Texte fixiert, die mit ihnen verknüpften Überlieferungsprobleme erkannt und zum großen Teil gelöst, waren Möglichkeiten philologischer Kritik entwickelt, die in vielen Fällen nicht mehr übertroffen werden konnten. Die antike grammatische und lexikalische Forschung der Folgezeit nährte sich fast ausschließlich von den Früchten der Riesenarbeit, die von jenen energischen Generationen geleistet worden war. Wichtiger noch sind die Folgerungen für die Textgeschichte: die alexandrinischen Editionen gaben das Vorbild für alle späteren Ausgaben ab. Ihr Text wurde geradezu die fortan verbindliche Vulgata. Frühere Rezensionen unbekannter Herkunft begannen zu verschwinden und waren bereits den Gelehrten der augusteischen Zeit nur noch selten erreichbar. Der moderne Betrachter muß freilich die Schattenseite dieser Entwicklung, deren eben gezeichnetes Bild durch die neueren Papyrusfunde vollauf bestätigt worden ist, im Auge behalten: wir wissen nur wenig von den Vorlagen und Hilfsmitteln der Alexandriner, können also mit Hilfe unserer Textkritik in den meisten Fällen nur den von ihnen gebilligten Wortlaut ermitteln, indem wir spätere Entstellungen beseitigen. Nur in Ausnahmefällen gelingt es, ihre Entscheidungen zu verwerfen und durch den vermutlich originalen Text zu ersetzen. Wer den Wert der von den alexandrinischen Philologen benutzten Handschriften herabsetzt, müßte allenthalben an der Zuverlässigkeit unserer Texte irre werden. Allerdings ist eine so schrankenlose Skepsis nicht berechtigt; denn es gibt mannigfaltige Anzeichen dafür, daß die Alexandriner ihr Material verständig auswählten und mit Geschmack beurteilten.

Natürlich wurden nicht alle von der Bibliotheksverwaltung aufgekauften Schriften so intensiv bearbeitet wie die Texte der Autoren, die als klassisch galten. Diese sind jedoch mehrmals herausgegeben worden. An der Diskussion über ihren Text entwickelte sich die wissenschaftliche Philologie. Zenodot bearbeitete als erster das Epos (Ilias, Odyssee und die erhaltenen Gedichte des Hesiod), Alexander von Aitolien die Tragödie (Aischylos, Sophokles, Euripides, Achaios, Ion) und Lykophron die Komödie (wenigstens Kratinos, Aristophanes, Eupolis). Wenige Jahrzehnte später revidierte Aristophanes von Byzanz die Ergebnisse dieser gesamten Leistung und schuf außerdem, Zenodots Vorarbeiten benutzend, die grundlegenden Editionen der Jambographen (Archilochos, Semonides, Hipponax) und der neun Lyriker (Alkaios, Sappho, Stesichoros, Alkman, Ibykos, Simonides, Pindar, Bakchylides und Anakreon). Seit der Veröffentlichung des *Dyskolos* (P. Bodmer IV, Genf 1959) wissen wir, daß er auch die Komödien des Menander ediert hat. Aristarch (um 150 v. Chr.) besorgte den definitiven Homer- und Hesiodtext, verbesserte die Ausgaben einzelner Lyriker und widmete sich außerdem den Prosaikern (dem Herodot, dem Thukydides, den wichtigsten Rednern, vielleicht auch dem Xenophon). Apollodor schließlich, der Schüler Aristarchs, gab den Text des alten sizilischen Komödiendichters Epicharm heraus. Nicht jedes Werk der aufgezählten Autoren wurde kommentiert (was sich auch kaum hätte durchführen lassen), die meisten aber werden mit kurzen textkritischen Notizen ausgestattet worden sein. Es leuchtet ein, daß die Auswahl der Bücher, die ein einzelner erklären wollte, immer enger wurde, je mehr sich die gelehrte Diskussion ausweitete, je mehr die Forschung sich vervollkommnete.

Die von den Alexandrinern geschaffene und bereits im 2. Jh. meisterhaft gehandhabte Methode weist mehrere charakteristische Merkmale auf. Als wichtigste Voraussetzung einer fruchtbaren Arbeit scheint man die Auswahl guter Handschriften angesehen zu haben. Das läßt sich zwar unseren dürftigen Nachrichten nur selten entnehmen. Aber es ist undenkbar, daß die Alexandriner den Wortlaut der klassischen

Texte durch glückliche Kombination aus weit voneinander abweichenden Fassungen hätten gewinnen können, wenn sie nicht über eine verbindliche Grundlage, nicht jeweils über eine hervorragende Rezension verfügt haben würden. In der Tragikerüberlieferung spielte das athenische Exemplar Lykurgs diese wichtige Rolle, und die Tatsache, daß man sich gerade einen solchen Text zu verschaffen verstand, zeugt für die Einsicht und Treffsicherheit der leitenden Männer. Man darf vermuten, daß sie in anderen Fällen mit derselben Geschicklichkeit zu Werke gingen. – Die äußere Disposition des Stoffes entstammt fast ausnahmslos der Arbeit dieser Philologen: erst sie zerlegten die homerischen Gesänge, entsprechend den Buchstaben des Alphabets, in je 24 Rhapsodien, ordneten, wenigstens teilweise, den Nachlaß der Lyriker nach metrischen Prinzipien und teilten die prosaischen Texte in Bücher ein. Hierbei waren nicht äußerliche, vom Umfang der Papyrusrolle bestimmte Grundsätze maßgebend, sondern allein inhaltliche Kriterien. Von einigen Fehlgriffen abgesehen, wurde die wichtige Aufgabe, lange Texte übersichtlich zu gliedern, vortrefflich gelöst. Die Vorteile einer Bucheinteilung leuchteten allgemein ein: bereits Polybios hat seine großen Stoffmassen nach Maßgabe des neuen Prinzips organisiert und sein Geschichtswerk mit Buchgrenzen herausgegeben. In den lyrischen Gedichten kam jetzt erst die Wirkung des Versmaßes zur Geltung, da der formale Aufbau, vor allem die Responsion, sichtbar wurde. Die metrische Analyse war außerdem ein vorzügliches Hilfsmittel bei der Suche nach Textfehlern. Diese ganze Leistung, die man vor allem dem Aristophanes zuschreibt, ist um so bemerkenswerter, als sie eine gute Kenntnis der Versmaße voraussetzt. Aristophanes hielt es auch für notwendig, zweideutige Buchstabengruppen mit Akzenten zu versehen, die von nun an immer häufiger wurden und bald ein festes System der Lesehilfe bildeten. Auch orthographische Fragen hat er angeschnitten und in seinen Editionen systematisch zu lösen versucht. – Zur Kennzeichnung textkritischer Probleme (und das sind für den Herausgeber meist die schwierigsten Fragen) erfand man eine Skala besonderer Zeichen, die den Leser auf die jeweilige Unsicherheit aufmerksam machen und die Art der Anomalie andeuten sollten. Aufschluß bot die ausführliche Erörterung des zugehörenden Kommentars, der das handschriftliche Material vorlegte und die Entscheidung des Verfassers begründete. Diese textkritischen Teile der wissenschaftlichen Hypomnemata entsprachen also unserem kritischen Apparat. Sie fanden jedoch unmittelbar neben dem Text des Autors nur dann Platz, wenn sie knapp gehalten waren. Als wahrhaft gelehrte und argumentierende Erörterungen bildeten sie ein eigenes Buch, das in den *Lemmata* (d.h. in den dem Text entnommenen Stichworten) die Vulgatformen enthielt und in den Erläuterungen die Varianten anführte, mithin als wissenschaftliche Ausgabe (*Ekdosis*) bezeichnet werden konnte. Diese Kunst, einen komplizierten Überlieferungsbefund darzulegen und zu klären, vervollkommnete sich rasch. Ihr unbestrittener Meister wurde Aristarch, dessen Kommentare zu Homer fortan als klassische Werke philologischer Kritik respektiert worden sind.

Neben der Textkritik entwickelte sich die Exegese, die mit der Frage nach dem authentischen Wortlaut meist eng verknüpft war. Man befolgte recht gesunde Grundsätze, bemühte sich vor allem, unangemessene Vorstellungen fernzuhalten und die Prinzipien der Interpretation allein im Werk des Autors zu finden. Homer aus Homer zu erklären, lautet Aristarchs berühmter Leitsatz, und er bildet unzweifelhaft noch heute die Grundlage für ein geschichtliches Verständnis jedes Textes. Daß die Alexandriner, nicht zuletzt Aristarch selbst, an vielen Problemen scheiterten, hängt mit ihrer oft unzureichenden Kenntnis der griechischen Frühzeit zusammen. Da sie in allen Fällen Entscheidungen treffen mußten, konnten sie sich oft nur durch Gewaltmaßnahmen helfen. Nicht wenige ihrer textkritischen Manipulationen lassen die Grenze ihrer Methode deutlich erkennen. Man überspannte das analogistische Verfahren und operierte mit einem nach Maßgabe des eigenen Systems zugeschnittenen Idealbild des Autors. Die Reaktion auf diese Engherzigkeit tritt uns in den Antworten der pergamenischen Schule entgegen. Auch in Pergamon war, unter den ersten Attaliden, eine Bibliothek gegründet worden, augenscheinlich ein Konkurrenzunternehmen zum alexandrinischen Museion. Wortführer der dort wirkenden Gelehrten war Krates von Mallos, der sich besonders mit Homerexegese befaßte. Er versuchte vor allem, den sprachlichen und sachlichen Anomalien zu ihrem Rechte zu verhelfen und das stilisierte Homerbild der Alexandriner durch eine lebendigere Vorstellung zu ersetzen. Aber auch diese Methode überschritt ihre Befugnisse. Krates zog außerdem stoische, besonders allegorische Anschauungen in seine Dichterinterpretation und diskreditierte damit seine ganze Arbeit. Er und seine Schüler haben auf den Fortgang der Überlieferungsgeschichte kaum einen spürbaren Einfluß ausgeübt. Die Auseinandersetzung mit seinen Thesen spielte sich, während des ausgehenden Hellenismus, vor allem in den Schriften der Schülergenerationen ab, ohne den durch die alexandrinischen Meister konstituierten Text abändern zu können. Diese hatten eben in ihren Editionen ganze Arbeit geleistet: ihre Texte setzten nicht nur die älteren Mißbildungen außer Kurs, sondern hielten auch späteren Angriffen beinahe regelmäßig stand. Wer weiterhin produktiv tätig sein wollte, mußte sich bemühen, den Kreis der Editionen zu vergrößern. In der Tat hat man sich derartigen Aufgaben in der Folgezeit gewidmet: auch diese Herausgeber des ersten vorchristlichen Jahrhunderts waren Schüler der Alexandriner, oder sie haben wenigstens deren Methode anzuwenden gelernt.

Die oben genannte Galenstelle: In Hippocr. Ep. III, Komm. 2,4 (= C.M.G. V, 10,2,1, Lpzg. 1936, S. 79, Z. 8). – Die Liste der alexandrinischen Bibliothekare überliefert auf P. Ox. 1241 (Apollonios Rhodios, Eratosthenes, Aristophanes von Byzanz, Apollonios der Eidograph, Aristarch. Der Eidograph gehört vielleicht vor Aristophanes). Vgl. W. SCHUBART, Einf. 168. – Nachrichten über den Katalog (Pinakes) des Kallimachos: Fr. 429–53, ed. R. PFEIFFER. – Über die alexandrinischen Bibliotheken vgl. den Beitrag von Hunger (oben S. 63 f.). Sie haben nicht nur den Buchhandel nachhaltig beeinflußt, sondern das geistige Leben des östlichen Mittelmeerraumes bis zum Ausgang der Antike mitbestimmt. Diese führende Rolle Alexandreias wurde auch durch die Schicksale der beiden Bibliotheken nicht wesentlich beeinträchtigt: ein Teil der Museionsbibliothek verbrannte im Jahre 48 v.Chr., das Vermögen des Museions wurde 196 von Caracalla eingezogen, der größere Teil des Stadtviertels Brucheion 270 unter Aurelian zerstört. Das Serapeion bestand seit 391 nicht mehr. Weitere Einzelheiten bei C. WENDEL, Geschichte der Bibliotheken (= Hdb. d. Bibliothekswissenschaft III, Lpzg. 1940, 9).

Die Zahl der von den Alexandrinern edierten Klassiker läßt sich nicht exakt bestimmen; denn die erhaltenen Verzeichnisse, die den sogenannten alexandrinischen Kanon widerzuspiegeln vorgeben, sind jünger und erweitert. Für den Kanon der zehn attischen Redner steht das fest: Er ist erst zu Beginn der Kaiserzeit aufgestellt worden. Jedoch schon unter den Ptolemaiern scheint man die angesehensten Werke der einzelnen Redner in besonderen Ausgaben zusammengestellt zu haben. Vgl. z. B. E. DRERUP, Isocratis opera omnia I, Lpzg. 1906, CXIII. Man hat mit Recht vermutet, daß die Wahl der Alexandriner durch die allgemeine Geltung der jeweiligen Autoren vorgegeben war. Rücksicht auf praktische Bedürfnisse wird sie auch bei der Anfertigung der Kommentare bestimmt haben. Wir werden auf diese Frage im 3. Kap. zurückkommen. Wichtigste Literatur: WILAMOWITZ, Die Textgeschichte der griechischen Lyriker, Abh. Ges. Wiss. Gött., N.F. IV,3, Bln. 1900 (dort, 21, der Nachweis, daß die Gedichte der Korinna erst im 2. Jh. v. Chr. in den Kreis der übrigen Lyriker aufgenommen wurden).

Für die Bucheinteilung der homerischen Epen ist wahrscheinlich Zenodot verantwortlich: WILAMOWITZ, Homerische Untersuchungen (= Philol. Unters. 4), Bln. 1884, 369,47. Über die Disposition der alexandrinischen Sapphoausgabe vgl. D. PAGE, Sappho and Alcaeus, Oxf. 1955, 112. – Die Annahme TH. BIRTS, jedes klassische Werk habe auf einer einzigen Papyrusrolle gestanden (sog. Großrollensystem), ist mit Recht aufgegeben worden. Man sollte aber nicht den Teufel durch Beelzebub austreiben und nun postulieren, der Autor selbst habe die einzelnen Bücher nach dem Umfang der üblichen Kleinrollen abgeteilt. Die Analyse der Werke führt jeweils zu dem gleichen Ergebnis, daß für die äußere Disposition die Prüfung des Inhalts maßgebend war, der sich die Verteilung des Stoffes auf den Schriftträger von Fall zu Fall untergeordnet haben wird.

Eine hinreichende Vorstellung von der Bedeutung alexandrinischer Textkritik konnte man erst nach Edition der Homerscholien des Ven. A (Venedig 1788, s. Abb. 52) gewinnen, desselben Kodex, dessen Mitteilungen die Homerische Frage ins Leben gerufen haben. Diese Hs. enthält auf ihren Rändern Exzerpte aus dem sog. Viermännerkommentar. Zwei Bücher dieser antiken Sammlung, die Werke des Didymos und des Aristonikos, spiegeln umfangreiche Teile der aristarchischen Hypomnemata sehr getreu wieder. Sie bilden die Grundlage jeder Betrachtung der alexandrinischen Philologie. Vgl. K. LEHRS, De Aristarchi studiis Homericis, [3]Lpzg. 1882; A. LUDWICH, Aristarchs Homerische Textkritik I–II, Lpzg. 1884–5; L. COHN in RE., N.B., 2. Bd. 1896, Sp. 862 ff.

Aristarch verwendete hauptsächlich vier Zeichen: 1. die *Diplé* (>) zur Kennzeichnung bemerkenswerter Stellen, 2. die *Diplé periestigmene* (>̣) zur Hervorhebung einer auffälligen Lesart Zenodots, 3. den *Obelos* (—) zur Bezeichnung der Tilgung (*Athetese*), 4. den *Asteriskos* (⋇), um anzudeuten, daß derselbe Vers ohne Berechtigung an einer anderen Stelle noch einmal auftritt; dort wurde er als unecht markiert (⋇ —). Seltener waren *Antisigma* (Ↄ) und *Stigmé* (•), womit Doppelfassungen kenntlich gemacht wurden. Diese Erscheinung signierte Aristophanes von Byzanz durch *Sigma* (C) und *Antisigma* (Ↄ). – In der Exegese, besonders in derjenigen der Tragikerscholien, erscheint außerdem das Chi (X), dessen Funktion sich darin erschöpft, auffällige Verse oder erklärungsbedürftige Wörter hervorzuheben. Weitere Einzelheiten müssen hier beiseite bleiben, zumal bei dem trümmerhaften Zustand der einschlägigen Überlieferung manche Unklarheit nicht behoben werden kann.

Im letzten Drittel der hellenistischen Zeit schuf Meleagros von Gadara (in Palästina) den Grundstock unserer *Anthologie griechischer Epigramme*, der sogenannten *Anthologia Palatina* (A.P.), die man mit Recht als «goldenes Buch» bezeichnet hat. Meleagros gab um das Jahr 65 v. Chr. eine Sammlung mit dem Titel «Stephanos» («Kranz») heraus. Diese Edition war keine eigentlich philologische Leistung, sie war auch nicht beispiellos: Papyrusfunde haben gezeigt, daß es schon ältere Blütenlesen ähnlicher Art gegeben haben muß. Aber erst das Werk des Meleagros hatte nachhaltigen Einfluß. Sein Verdienst, alle Kostbarkeiten der epigrammatischen Poesie vereinigt zu haben, läßt sich kaum überschätzen. Er, der «griechische Ovid», gehörte der Phoinikischen Dichterschule an, die im 2. und 1. Jh. v. Chr. eine neue Blütezeit der Epigrammdichtung heraufführte. Diese Gattung blickte damals bereits auf eine lange Entwicklung zurück: besonders im 3. Jh. waren namhafte Dichter mit Epigrammen verschiedenen Inhalts hervorgetreten, so etwa Simias von Rhodos und Leonidas von Tarent aus der sog. Peloponnesischen Schule, später Asklepiades von Samos, Poseidipp von Pella und Kallimachos aus dem alexandrinischen Kreise (um nur einige bekannte Namen zu nennen). Meleagros zählte in den einleitenden Versen seiner Anthologie die Namen von 47 Dichtern auf: sie alle hatten die schönsten Blüten ihrer Poesie für seinen Liederkranz hergegeben. Seine Sammlung enthielt aber auch anonyme Produkte und schließlich seine eigenen Verse. Die Dichtungen, vorwiegend Weih-, Grab-, Trink- und Liebespoesie, waren vermutlich in fortlaufender alphabetischer Abfolge, also ohne Rücksicht auf die Namen der Autoren angeordnet. Meleagros' Unternehmen machte Schule: bereits wenige Jahrzehnte nach seiner Veröffentlichung erschien ein weiterer «Kranz» (40 n. Chr.), zusammengestellt von dem Thessaloniker Philippos, der das von Meleagros aufgenommene Material teilweise benutzte. Die neue Anthologie bevorzugte Dichtungen gnomischen Inhalts, war kürzer als die ältere und zweifellos alphabetisch geordnet. Im Laufe der folgenden Jahrhunderte entstanden dann immer wieder andere, oft recht einflußreiche Kollektionen, in denen die von den Vorgängern zusammengetragenen Dichtungen nach neuen Gesichtspunkten gruppiert und aus Sonderausgaben bereichert wurden.

Die verwickelte, zum Teil umstrittene Geschichte dieser Sammelwerke können wir hier nicht verfolgen. Über die Entstehung der byzantinischen Kompilation, der eigentlichen *Anthologia Palatina* vgl. das 4. Kap. Das oben erwähnte Prooimion des Meleagros ist erhalten A.P. 4,1. – Unter den älteren griechischen Elegiensammlungen müßten übrigens die unter dem Namen des *Theognis* überlieferten Gedichte (etwa 700 Distichen) genannt werden. Die Geschichte dieses Textes, der noch in klassischer Zeit zusammengestellt wurde, ist leider recht dunkel. Man weiß nicht, ob es je eine alexandrinische Edition der Anthologie gab. Haupthandschriften sind der Paris. Suppl. gr. 388 (A, 10. Jh.) und der Vat. gr. 915 (O, 13. Jh.). Außerdem gibt es 15 (teilweise wertlose) jüngere Zeugen. Ein Papyrusfragment: P. Ox. 2380 (2./3. Jh.). Vgl. die Ausgabe von T. HUDSON-WILLIAMS (London 1910; dort, 84ff., die Zitate der Nebenüberlieferung) und von A. GARZYA (Florenz 1958).

Etwa zu Lebzeiten des Meleagros wurden auch die Gedichte der *Bukoliker* gesammelt, vor allem die ihres wichtigsten Vertreters, die Theokrits. Der Schöpfer der Gesamtedition, die nicht nur die theokritischen, sondern auch die unter dem Namen des Moschon und Bion überlieferten Verse enthalten zu haben scheint, ist unbekannt. Wir können auch den zur Antike gehörenden Abschnitt der Geschichte

Abb. 52. Homer, *Ilias*, *B*, 136–148, rechts Exzerpte aus dem «Viermännerkommentar», links Diple, Diple periestigmene, Asteriskos, Obelos und Sigma; Cod. Ven. A = Marc. gr. 454, f. 27r (DE VRIES, tom. VI).

dieses Textes nicht rekonstruieren, dürfen aber annehmen, daß die Sammlung wenigstens einem Teil unserer in mittelalterlichen Handschriften überlieferten Texte zugrunde liegt. Eine Kollektion rein bukolischer Gedichte ist für den Grammatiker Artemidoros von Tarsos (1. Jh. v. Chr.) bezeugt, der das Ergebnis seiner Tätigkeit in einem Epigramm beschrieb. Außerdem muß es, wenigstens seit augusteischer Zeit, auch eine Spezialausgabe der echten (ja nicht nur bukolischen) Gedichte Theokrits gegeben haben, deren Nachwirkung in den umfangreichen Theokritpapyri sichtbar ist. Indessen läßt sich über die Anlage auch dieser Edition keine Klarheit gewinnen. Vielleicht darf man als ersten einflußreichen Theokritherausgeber den Sohn Artemidors, den Grammatiker Theon, bezeichnen. Von ihm ist freilich nur bekannt, daß er einen Kommentar zu den Gedichten schrieb, die als theokritisch galten. Diese Arbeit Theons lieferte jedoch das Material, das es jedem Interessenten ermöglichte, sich einen fundierten Text der Poesie Theokrits anfertigen zu lassen. Theon darf also wenigstens als mittelbarer Urheber der antiken Theokritausgaben angesehen werden.

Artemidors Epigramm in A.P. 9,205 (= Theokr. Ep. 26). Wir wissen übrigens nicht, ob Theokrit selbst eine Gesamtausgabe seiner Gedichte anfertigen ließ. – WILAMOWITZ (Die Textgeschichte der griech. Bukoliker = Philol. Unters. 18, Bln. 1906) verfocht, noch vor Bekanntwerden der wichtigeren Theokritpapyri, die Ansicht, daß Artemidor das größere Korpus schuf, Theon die eigentliche Theokritausgabe. Die Edition Artemidors habe auch die nichtbukolischen Gedichte unserer Hss. enthalten. Einwände bei R. REITZENSTEIN, Berl.philol.Wochenschrift, 27, 1907, 1540; A.S.F. GOW, Theocritus I (Cambridge 1952), LX. – Bei obiger Darstellung gingen wir von der Tatsache aus, daß (abgesehen von Idyll 9) Reste aller kommentierten Theokritgedichte (1–18.28.29) auf Papyri gefunden wurden, freilich auch solche der echten Gedichte 22, 24 und 26, zu denen Scholien nicht erhalten sind. Offenbar gab es in der Kaiserzeit mehrere Theokriteditionen. Anderenfalls ließe sich die jeweils verschiedene Anordnung der Gedichte auf den vier größten Papyri nicht erklären. – Die spätere Überlieferungsgeschichte der Bukoliker soll unten (Kap. 4) kurz behandelt werden. Dort wird auch vom Text der übrigen hellenistischen Dichter gesprochen, die (vielleicht im Gegensatz zu Theokrit) ihre Werke selbst edierten. Von diesen Dichtungen hat Theon ebenfalls mehrere kommentiert.

Wohl die bedeutendste wissenschaftliche Leistung des ausgehenden Hellenismus ist die *Aristotelesausgabe* des Peripatetikers Andronikos von Rhodos. Die Werke des Aristoteles zerfielen in zwei Gruppen, in die Dialoge, die dem Lesepublikum schon zu seinen Lebzeiten bekannt wurden, und in die Lehrschriften, welche die Grundlage seines Unterrichts bildeten und zunächst nur als Hilfsmittel für die Schüler verfaßt wurden. Mancherlei Anzeichen sprechen dafür, daß Aristoteles selbst seine Hauptwerke nicht veröffentlichte, mochte er auch große Teile des Textes sorgfältig ausgearbeitet haben. Die Ordnung des Nachlasses besorgten die Schüler, freilich bald ohne rechte Energie, wie überhaupt das wissenschaftliche Leben des Peripatos schon in der zweiten Hälfte des 3. Jh. zu erlahmen begann. Daß die aristotelischen Schriften nicht in Vergessenheit gerieten, sondern den Interessenten zugänglich waren, beweisen die von ihnen beeinflußten Diskussionen der anderen Philosophenschulen. Wichtige textkritische Probleme aber waren anscheinend ungelöst, und die verschiedenen Exemplare eines Werkes mögen im Textbestand und in der Anordnung auffällige Differenzen aufgewiesen haben. Hier schuf erst Andronikos Abhilfe. Er war Schulhaupt im zweiten Drittel des ersten vorchristlichen Jahrhunderts, war aber nicht nur Philosoph, sondern auch Philologe, und für seine Ausgabe stand ihm neues Material zur Verfügung, das durch die kürzlich erschienene Edition des Grammatikers Tyrannion bekannt geworden war. Erst der von Andronikos geschaffene Text vermochte sich durchzusetzen. Er bildete die Grundlage für die ungemein fruchtbare interpretatorische Tätigkeit der späteren Peripatetiker, die sich auch in der neuplatonischen Schule fortsetzte und die imponierenden Aristoteleskommentare ins Leben rief. Das weitere Schicksal des Aristotelestextes kann hier nicht verfolgt werden. Man müßte nicht allein die griechischen Erläuterungsschriften, sondern auch die zahlreichen Übersetzungen berücksichtigen. Es steht jedoch fest, daß unser Corpus Aristotelicum letzten Endes von der entscheidenden Edition des Andronikos abhängt. Die einzelnen Schriften freilich dürften in mehreren Gruppen und auf verschiedenen Wegen ins byzantinische Mittelalter gelangt sein.

Der Umfang der Andronikosausgabe läßt sich nicht mit Sicherheit bestimmen. Sie war nach Sachgruppen geordnet, wie Porphyrios (*Vita Plot.* § 24) berichtet, der sie sich bei seiner Edition der plotinischen Schriften zum Vorbild nahm. Ferner wurde sie von Untersuchungen über Anordnung und Echtheit, wahrscheinlich auch von einem Verzeichnis aller tradierten Titel, begleitet. Ob allerdings die drei handschriftlich erhaltenen Listen (abgedruckt in der Berliner Akademieausgabe 5,1463–73) die Aufstellung des Andronikos widerspiegeln, ist umstritten. Unsere mittelalterliche Überlieferung enthält jedenfalls nur diejenigen Hauptwerke, welche die Gelehrten der Kaiserzeit bevorzugten und zum größten Teil kommentierten.

Die Entstehungsgeschichte der so einflußreichen Edition des Andronikos ist mit dem berüchtigten Bücherfund zu Skepsis verknüpft. Nach Strabons Bericht (p. 608–9 C; vgl. Plutarch, *Sulla* 26,1–3) kamen die handschriftlichen Exemplare des Aristoteles mit der Bibliothek seines Schülers Theophrast an Theophrasts Erben Neleus von

Skepsis, dessen Nachkommen sie der Büchergier der pergamenischen Könige nur dadurch entziehen konnten, daß sie sie in einem Keller versteckten. Im 1. Jh. entdeckte sie der Bibliophile Apellikon, kaufte sie, brachte sie nach Athen und versuchte sich mit schlechtem Erfolg an einer Edition. Apellikons Bibliothek gelangte dann durch Sulla als Kriegsbeute nach Rom, wo das Material aus Skepsis dem Herausgeber Tyrannion zugänglich wurde. Dessen Mitteilungen hat Andronikos benutzt. Unsere Quellen verbinden mit diesem Bericht die Behauptung, in der Zeit zwischen dem Tode Theophrasts und dem Funde des Apellikon seien Aristoteles' Werke unbekannt gewesen. Sie versuchen, sich dadurch den Tiefstand der peripatetischen Philosophie während dieser Jahre zu erklären. Diese Hypothese hat schon E. ZELLER (Die Philosophie der Griechen II,2,[3]1879,139) durch Hinweis auf aristotelische Gedanken in der Literatur jener Zeit widerlegt. Strabons Mitteilung wird außerdem durch eine Nachricht des Athenaios (1,3b) verdächtigt, derzufolge die Bibliothek des Neleus nach Alexandreia gelangte, möglicherweise allerdings ohne die Schriften der Philosophen. Es ist also nicht völlig sicher, ob die in Skepsis gefundenen Hss. die Autographa des Aristoteles gewesen sind. Bestimmt aber haben ihre bisher unbekannten Lesarten neben dem übrigen im Besitze des Peripatos befindlichen Material stark auf die neue Ausgabe eingewirkt. Deren wichtigste Voraussetzung war allerdings das Talent des geeigneten Bearbeiters. Dieser hat übrigens auch Theophrast ediert. Vgl. ZELLER a.a.O. III,1, [5]1923,642; C. WENDEL, Nachr. Akad. Gött. 1946/7, 7; K. VON FRITZ, RE. s. v. Neleus, N. B., 16. Bd. 1935, Sp. 2280f.

Für die handschriftliche Überlieferung der einzelnen Schriften, die wir nicht wieder erwähnen, sei auf die Vorreden der neueren Einzelausgaben, besonders auf die von Sir D. ROSS verwiesen. Die Bedeutung der arabischen Tradition bei R. WALZER, Festschrift B. Snell, München 1956,189; vgl. auch dens. in Harv. Stud. in Class. Philol. 63, 1958,217. – Aristotelespapyri bei PACK Nr. 95–100; der bekannteste Fund ist P. Lit. Lond. 108 (1. Jh. n. Chr.), der einen großen Teil der verlorenen Schrift vom Staate der Athener enthält. – Alle älteren Hilfsmittel für die gesamte Aristotelesüberlieferung bei F. ÜBERWEG–K. PRÄCHTER, Die Philosophie des Altertums, [12]1926, 353.

3. *Kaiserzeit*

Zu Beginn dieser neuen Epoche war die Arbeit der hellenistischen Editoren abgeschlossen: die Klassiker und die namhaften Autoren der letzten Jahrhunderte lagen in vollständigen Ausgaben vor. Zu vielen Texten gab es wertvolle Kommentare. Die grundlegenden Literaturgattungen waren geschaffen, die wesentlichen Probleme auf allen Gebieten gestellt, ihre Lösungen in Angriff genommen worden. Kein Gebildeter konnte sich den Wirkungen dieses ungeheuren Erbes entziehen, und es ist nur zu verständlich, daß das Geistesleben der folgenden Generationen durch das Bemühen gekennzeichnet wird, die von der Vergangenheit aufgehäuften Schätze zu erhalten. Der Glaube an die Macht der Tradition bestimmte die Tätigkeit der griechischen Schriftsteller bis zum Untergang des byzantinischen Reiches, und er veranlaßte die geringeren Geister, auf eigenes Fortschreiten ganz zu verzichten. Aber auch die selbständigen Leistungen konnten sich nur in der Auseinandersetzung mit überkommenen Gedanken und vorgeprägten Formen entfalten: man denke an Plutarch, an die einflußreichen Rhetoren des 2. Jh., an die Philosophen, vor allem die Neuplatoniker, an die Autoren des Romans, an das späte Epos, schließlich an die Grammatiker und an sonstige Fachgelehrte wie Ptolemaios und Galen. Die Leistungsfähigkeit der einzelnen Generationen mochte zeitweilig nachlassen, Notzeiten konnten das Geistesleben hemmen: die Ehrfurcht vor dem Erbe der großen Vergangenheit, dessen Einfluß sich auch die Christen nicht entziehen konnten, ging während der ersten 600 Jahre nach Christi Geburt nicht verloren und lebte nach einer kurzen Zeit des völligen Niedergangs in der Renaissance des Photios (9. Jh.) wieder auf. Der Betrachter der Überlieferungsgeschichte darf diese konservative Einstellung jener Generationen nicht aus den Augen lassen. Anderenfalls könnte er sich die Tatsache nicht erklären, daß erlesene Schriften des sechsten und fünften vorchristlichen Jahrhunderts noch tausend Jahre nach ihrer Entstehung greifbar waren, etwa die Erdbeschreibung des Hekataios oder mehrere Bücher der frühen Philosophen. Man benötigte diese seltenen Werke für die eigene literarische Produktion; denn Belesenheit und Freude an Zitaten charakterisieren diese Epigonen, die nicht mehr über wahrhaft schöpferische Kräfte verfügten.

Es muß in dieser Zeit, in welcher Altertumskunde als besonders vornehme Disziplin angesehen wurde, zahlreiche gute Privatbibliotheken gegeben haben, die sich durch den blühenden Buchhandel ständig vermehrten. Aber auch Staat und Städte taten, was in ihren Kräften stand: Während sich vor Christi Geburt Bibliotheken nur in den geistigen Metropolen fanden (vor allem in Alexandreia, Athen und Pergamon), besaß jetzt fast jede größere Provinzstadt den Ehrgeiz, an den Schätzen der Vergangenheit teilzuhaben. Für die Geschichte der Überlieferung, die wir hier verfolgen, besitzt die kaiserliche Bibliothek zu Konstantinopel erhöhte Bedeutung. Sie erfreute sich schon bald nach der Gründung der neuen Hauptstadt (330) der liebevollen Aufmerksamkeit bildungsbeflissener Herrscher, des Constantius, ihres Stifters, des Julianos, der ihr seine Privatbibliothek überließ, und des Valens. Dieser Kaiser verordnete in einem Edikt des Jahres 372, daß mehrere Schreiber (vier griechische und drei lateinische) angestellt werden sollten, um den Bücherbestand zu erneuern und zu vermehren. Man darf vermuten, daß sie vor allem damit beschäftigt waren, die Rolleneditionen in Kodizes umzuschreiben. Während die profanen Bibliotheken des Westreiches, spätestens seit dem 5. Jh., allmählich verfielen, konnten diejenigen der oströmischen Hauptstadt, sicherlich auch manche in der Provinz, bis zum Jahrhundert des Bildersturms (726–842) meist unbehelligt fortbestehen, und ihre Bestände haben, bisweilen im Schutze der Klöster, auch die Zeiten der Barbarei wenigstens teilweise überlebt. Ihnen entstammen die Exemplare, aus denen die Gehilfen des Photios im 9. Jh. die Archetypi unserer Handschriften anfertigten.

C. Wendel, Das griechisch-römische Altertum (siehe oben Kap. 2), 32 (Privatbibliotheken), 40 (Bibliotheken in Rom), 56 (Konstantinopel; dort auch die Zeugnisse über Constantius und Julian); M. Ihm, Die Bibliotheken im alten Rom, Centr.bl. f. Bibl.wesen 10, 1893, 513; L. Traube, Vorlesungen und Abhandlungen I (München 1909), 103; F. Fuchs, Byz. Arch. 8, 1926, 1. Viel Material in den Arbeiten von E. Schemmel, Neue Jahrb. f. Päd. 11, 1908, 494; 12, 1909, 438.

Noch ein weiteres Merkmal der Epoche muß hervorgehoben werden. Die Literatur, die sich in den Bibliotheken der Kaiserzeit anhäufte, wurde bald unübersehbar, und sie stand im Begriff, immer weiter zu wachsen. Die Verlegenheit der Epigonen war groß, besonders gegenüber solchen Büchern, die nicht zu den anerkannten Meisterwerken der Vergangenheit gehörten, gegenüber den Schriften der Fachgelehrten aller Richtungen, den weitläufigen Exegesen hellenistischer Philologen und überhaupt allen Dichtungen und Prosawerken niederen Ranges. In dieser Situation entschloß man sich, einem Bedürfnis des Lesepublikums entgegenzukommen und einen großen Teil des literarischen Nachlasses der Vergangenheit zu epitomieren. Handliche Auszüge und kompilierte Sammlungen aller Art sind bezeichnend für die Folgezeit, und bald kam die Gepflogenheit auf, auch derartige Übersichten wiederum zu exzerpieren, die immer weiter abmagernden Überreste neu zu arrangieren, dem Leser also längst geprägte Gedanken in abgewandelter Ordnung und erwünschter Knappheit zu bieten. Man epitomierte beinahe alle Bereiche der Literatur, wie sich aus den Werken der sogenannten Buntschriftsteller ersehen läßt, aus den *Deipnosophisten* des Athenaios (Beginn des 3. Jh.) oder aus den Schriften des Aelian, aber auch aus den Philosophenbiographien des Diogenes Laertios (3. Jh.), aus dem geographischen Nachschlagewerk des Stephanos von Byzanz (das wir seinerseits nur in einem mittelalterlichen Auszug besitzen) und aus der Anthologie des Joannes Stobaios (beide 5. Jh.).

Die Kunst des Exzerpierens und Resümierens, anfänglich mit Eleganz geübt, verwandelte sich bald in eine mechanische Fertigkeit und war bei den Byzantinern des Mittelalters oft nicht mehr als ein stumpfsinniges Aneinanderkleben tradierter Textstücke.

Der bedeutendste Kompilator der Epoche war der unter Augustus lebende Gelehrte Didymos von Alexandreia. In seinen Kommentaren zu Homer, Hesiod, Pindar, zu den Tragikern, Komikern und attischen Rednern faßte er die wertvollsten Forschungsergebnisse der hellenistischen Gelehrten zusammen, seine lexikalischen Schriften bildeten einen unentbehrlichen Bestandteil der nun rasch emporblühenden Lexikographie, und auch seine grammatischen Werke blieben nicht ohne Einfluß auf Männer wie Apollonios Dyskolos und Herodian, die besten Grammatiker der ersten beiden Jahrhunderte n. Chr. Didymos darf als der Initiator der hier skizzierten Vorgänge bezeichnet werden; denn das von ihm auf so vielen Gebieten mit Geschick und Energie geübte Verfahren (er hieß Chalkenteros, «der Mann mit dem eisernen Gedärm», und die Zahl seiner Schriften taxierte man auf 3500 bis 4000) wurde vorbildlich für die wissenschaftliche Arbeit der Folgezeit, und die Tatsache, daß wir die eigenen Werke des klassischen Epitomators (von einem Papyrusfund abgesehen) nur in radikal verkürzter Form, meist nur in kläglichen Resten besitzen, kennzeichnet die Entwicklung besonders gut.

Die für die Weitergabe eines großen Teils der älteren Literatur so bedeutsame Erscheinung soll an drei charakteristischen Beispielen kurz erläutert werden.

1. Resümee eines umfangreichen vorgegebenen Stoffs. Die Epitome genügt den Ansprüchen des Publikums, die Originale scheinen bald verschwunden zu sein. Das trifft auf die *Inhaltsangabe des Epischen Kyklos* zu, die sich in der *Chrestomathie* des Proklos befand, einer Einführung in die griechische Literatur und ihre Gattungen. In den literarhistorischen Hauptteilen des Werkes war natürlich Material verschiedener Herkunft verarbeitet.

Wir kennen nur Auszüge aus Exzerpten der ersten Hälfte (Buch 1–2) des Werkes, erhalten in der sog. *Bibliothek* des Photios (*cod.* 239). Die erwähnten Inhaltsangaben stehen in einigen Homerhandschriften, u. a. im Ven. A. Darstellung der komplizierten Überlieferungsverhältnisse und beste Ausgabe bei A. SEVERYNS, Recherches sur la Chrestomathie de Proclos, Tome I–III, Liège-Paris 1938ff. – Proklos' Lebenszeit ist umstritten. Vielleicht aber ist der Autor unserer Sammlung mit dem Neuplatoniker des 5. Jh. identisch. Mit Chrestomathie bezeichnete man eine kurze Sammlung des

Wissenswerten, etwa ein Handbuch. Zum epischen Kyklos gehörten die nachhomerischen, den trojanischen Sagenkreis behandelnden Epen, deren Verfasser *Ilias* und *Odyssee* einzuleiten und fortzusetzen versuchten. Man weiß übrigens nicht, ob Proklos die Dichtungen las oder nur von größeren Auszügen zehrte.

2. Ein größeres Exzerpt wurde an einer weiteren Station der Überlieferung erneut verkürzt. Die Epitome trug jeweils zum Untergang der Vorlage bei. Berüchtigte Beispiele liefert die griechische Lexikographie. Wir betrachten hier die Entstehung unseres *Korpus der Paroemiographen* (Interpreten griechischer Sprichwörter). Den Grundstock bildete eine ehedem berühmte Sammlung des Didymos, der in 13 Büchern über Sprichwörter handelte. Sein Material entnahm er den Schriften der Atthidographen, den gelehrten Arbeiten des Aristoteles und seiner Schüler, ferner denen der Stoiker, des Aristophanes von Byzanz und anderer. Ein Sophist hadrianischer Zeit, Zenobios, vereinigte dann große Teile der didymeischen Abhandlung mit Auszügen aus einem ähnlichen, aber kürzeren Buch des Lukillos von Tarrha zu einer neuen Sammlung, die nochmals verkürzt und für Schulzwecke alphabetisch geordnet den ersten Teil unseres Korpus bildet.

Dieses enthält, von byzantinischen Auszügen abgesehen, noch zwei weitere Sammlungen von Sprichwörtern unter den Namen Plutarch und Diogenian: beide sind etwa zur selben Zeit entstanden wie die Epitome des Zenobios. Ein Teil des echten (nicht alphabetisch geordneten) Werkes des Zenobios wurde vor etwa hundert Jahren auf dem Athos gefunden (E. MILLER, Mélanges de littérature grecque, Paris 1868,349). Eine wissenschaftlich fundierte Ausgabe fehlt noch immer. Vgl. im übrigen Corpus Paroemiographorum I–II, Göttingen 1839/51; Paroemiographi Graeci, Oxford 1836; dazu die Arbeiten von O. CRUSIUS (Analecta critica ad Paroemiographos Graecos, Lpzg. 1883, und Paroemiographica, S.ber.Bayer.Akad.München, München 1910, Nr.4). – Lukillos von Tarrha (auf Kreta) lebte um das Jahr 100 n.Chr. Er sammelte Sprichwörter auf ausgedehnten Reisen wie ein moderner Folklorist aus dem Munde des Volkes und edierte sie in einem dreibändigen Werke. Die bisweilen geäußerte Vermutung, daß Zenobios das didymeische Material nur durch die Schrift des Lukillos gekannt habe, halte ich für unbegründet.

3. Der Sammler griff interessante Partien aus den Werken verschiedener Autoren auf und stellte sie, ohne zu kürzen, in einer Anthologie zusammen. Wenn die neue Kollektion Anklang fand, war die Erhaltung der bevorzugten Texte gesichert, während die übrigen Schriften nicht selten in Vergessenheit gerieten. Derartige Vorgänge lernten wir bereits kennen, als wir die Entwicklungsstufen jener Anthologien betrachteten, in denen die griechische Epigrammdichtung weiterlebte. Hier sei noch kurz an die einzigartige Sammlung erinnert, in der die

sog. *Homerischen* und *Kallimacheischen Hymnen* mit den *Orphischen* und mit denen des Neuplatonikers Proklos vereinigt und in diesem Verbande vor dem Untergang bewahrt wurden.

Die Sammlung, der auch die *Orphischen Argonautica* angehören, kann, da sie Proklos berücksichtigt, erst in spätantiker Zeit entstanden sein. Die Homerischen Hymnen, die zum größten Teil nach der Blütezeit des Epos gedichtet sind, waren allerdings vermutlich schon in hellenistischer Zeit zusammengefaßt worden. – Der Archetypus unserer Hymnenauswahl gehört dem 12. oder 13. Jh. an, das Sammelwerk entstand mithin zwischen dem 6. und 12. Jh. Die Vermutung, daß erst der Schreiber des Archetypus die Hauptteile vereinigte, läßt sich nicht widerlegen. Vgl. R. PFEIFFER, Callimachus II (Oxf. 1953), LXXXIV (dort auch vollständiges Stemma), ferner die Einleitungen zu den Ausgaben der Homerischen Hymnen von J. HUMBERT (Paris 1937) und T. W. ALLEN–E. SIKES ([2]Oxf. 1936), der Orphischen von W. QUANDT ([2]Bln. 1955), der Proklischen von E. VOGT (Wiesbaden 1957); zum Demeterhymnus vgl. P. Ox. 2379.

Die moderne Wissenschaft urteilte folgerichtig, als sie die Zeit des reproduzierenden und oft genug nur epitomierenden Klassizismus für die uns erhaltene *Auswahl* aus der reichen Produktion der drei großen *Tragiker* und aus dem Werk des *Aristophanes* verantwortlich machte. Von den nahezu 80 Dramen des Aischylos besitzen wir, durch Vermittlung der mittelalterlichen Handschriften, vollständig nur sieben, ebenfalls nur sieben von den 123 Werken des Sophokles und 19 von den etwa 90 Schauspielen des Euripides. Mit diesen 19 euripideischen Stücken hat es zudem eine besondere Bewandtnis. Wir können hier nur zehn berücksichtigen (die kommentierten Dramen, zu denen auch die *Bakchen* gehören), während die übrigen (*Helena*, *Elektra*, *Herakleiden*, *Herakles*, *Kyklops*, *Ion*, *Hiketiden* und die beiden *Iphigenien*) einer ganz anderen Tradition entstammen, über die unten (Kap. 4) gesprochen werden soll. Besser steht es um Aristophanes: man zählte 20 echte Komödien, unsere Texte umfassen elf. Die einflußreiche These, die wir im Auge haben, führt nun folgendes aus: Etwa um das Jahr 100 n. Chr. suchten geschickte Grammatiker aus dem großen Nachlaß der einzelnen Dichter die jeweilige Anzahl von Dramen aus und versahen sie mit handlichen Exzerpten aus den Kommentaren, wobei sie die Trivialerklärung den gelehrten Diskussionen der Philologen vorzogen. Während der für die Tragödie verantwortliche Mann namenlos blieb, sei uns der Gelehrte, der die besonders ansprechenden Komödien zusammenstellte, bekannt: es sei der in den Aristophanesscholien genannte Symmachos. Mit diesen Arbeiten, so folgert man, waren die fortan kanonischen Ausgaben der vier genannten Dichter geschaffen, praktische Auswahlen, welche die älteren Gesamteditionen bald ganz verdrängten. Die verantwortlichen Männer hätten ein scheinbar durchsichtiges Prinzip befolgt, mit dem sie dem Niveau ihres Jahrhunderts, vor allem aber den Bedürfnissen der Schule entgegenkamen. Daß die Leistung dieser nur durchschnittlich begabten Grammatiker so ungeheuere Folgen hatte, erkläre sich aus der Armut der späteren Jahrhunderte, die ihr nichts Besseres entgegenzustellen vermochten.

Diese vor etwa 70 Jahren entstandene These setzte sich durch, da sie mehrere befremdende Tatsachen mit einem Schlage zu erklären schien. Sie basiert aber auf Grundlagen, die sich seit Bekanntwerden zahlreicher Papyri als schwach erwiesen haben, und sie ist deshalb nur noch teilweise gültig. Einerseits war der Kreis der kommentierten Dramen im 2. Jh. n. Chr. noch nicht so klein, wie man meist annimmt, andererseits aber (und das scheint den Ausschlag zu geben) muß es eine von der Philologie bevorzugte, mit Erklärungen ausgestattete Gruppe dieser Texte schon viel früher gegeben haben. Wahrscheinlich beschränkten sich schon die alexandrinischen Gelehrten auf eine Anzahl erlesener Dramen, als sie ihre Kommentare verfaßten. Man kann sich auch kaum vorstellen, daß sie, die nicht auf wissenschaftliche Vorarbeiten zurückgreifen konnten, Hunderte von exegetischen Schriften hätten publizieren können. Die Auswahl der Stücke, die sie kommentierten, scheint durch den Spielbetrieb des frühhellenistischen Theaters bestimmt worden zu sein, sie entsprach also den Bedürfnissen des gebildeten Publikums, nicht etwa pädagogischen Gesichtspunkten.

Dagegen besteht die wesentliche Leistung der Symmachoszeit in vielseitigen, meist abschließenden Kompilationen, in denen die textkritischen und exegetischen Forschungen der hellenistischen Gelehrten zusammengefaßt wurden. Wir nannten bereits die Archegeten dieser anspruchsvollen Sammeltätigkeit: Didymos und Theon, der nicht nur die Gedichte Theokrits, sondern auch die *Odyssee*, die *Alexandra* des Lykophron und die *Argonautika* des Apollonios kommentierte. Symmachos selbst schrieb einen einflußreichen Kommentar zu Aristophanes, Epaphroditos und Seleukos verfaßten oft zitierte Exegesen zu Homer, und auch die Bücher der sog. Vier Männer sind damals entstanden. Alle diese fleißigen Sammler, deren Kreis noch weitaus größer war, trugen in hervorragender Weise zur Entstehung unserer Klassikerscholien bei: was wir über antike Textkritik und -geschichte wissen, geht meist auf ihre Arbeiten zurück. Wir besitzen diese nur in Bruchstücken, dürfen aber behaupten, daß eine beachtliche Anzahl ihrer gelehrten Kompilationen den mittelbyzantinischen Redaktoren noch zur Hand war. Das gilt nicht nur vom Viermännerkommentar, sondern auch von den didymeischen Büchern über die Dramatiker und von der Schrift des Symmachos. Die Byzantiner haben diese Werke mit Schriften ähnlicher Art verquickt. Soweit man aber derartige Konglomerate analysieren kann, zeigt sich regelmäßig, daß die jüngeren Bücher das Niveau der alten nicht erreichen. Aufs Ganze gesehen ist die antike Interpretation (und mit ihr die Textkritik) auf dem Stand des 2. Jh. n. Chr. verblieben. Die Werke, die sich nach dieser Zeit mit den Klassikertexten befaßten, empfahlen sich den Byzantinern auch nur deshalb, weil sie leicht lesbare Paraphrasen oder philosophisch ansprechende Ausdeutungen boten. Wir nennen hier, im Hinblick auf die Textgeschichte der Dramatiker, den Neuplatoniker Sallustios, der Sophokles erklärte, den Euripideskommentator Dionysios, den die Handschriften neben Didymos erwähnen, und den Aristophanesexegeten Phaeinos, vielleicht schon dem Mittelalter zugehörend. Auch die metrischen Erklärungen (*Kolometrie*), bekannt aus den Pindar- und Aristophanesscholien, sind in der Symmachoszeit entstanden.

Die oben skizzierte These hat WILAMOWITZ in seinem glänzenden Abriß der Geschichte des Tragikertextes (Einleitung in die attische Tragödie, Bln. 1907, 127) aufgestellt. Einwände wurden oft geäußert, aber in den gängigen Darstellungen selten berücksichtigt. Vgl. jetzt A. PERTUSI, Selezione teatrale e scelta erudita nella tradizione del testo di Euripide, Dioniso, N.S. 19, 3, 1956 (mit Literatur). – WILAMOWITZ führte folgende Argumente an: 1. Verfall der Kultur im 2. Jh. («die Zeit des Todes für die antike Welt»); 2. Abnahme der Zitate aus den uns nicht erhaltenen Dramen; 3. Rücksicht auf den Schulbetrieb der klassizistischen Zeit; 4. eine der auswählenden Arbeit des Symmachos entsprechende Tätigkeit müsse man auch für die Tragikerüberlieferung annehmen; da dort aber nur spätere Grammatiker neben Didymos genannt werden, sei man verpflichtet, eine unbekannte Person einzuführen. Dagegen darf bemerkt werden: Reste verlorener Tragödien erschienen auf Papyri selbst des 6. Jh. n. Chr.; die ins 2. und 3. Jh. gehörenden Papyrusbruchstücke sind ganz besonders zahlreich (zu 1 und 2); ein von der Rücksicht auf den Schulbetrieb bestimmtes Auswahlprinzip ist nicht erkennbar (zu 3); Symmachos ist uns nur als kommentierender, nicht als selegierender Grammatiker bekannt (zu 4). Vor allem aber sollte man beachten, daß die Zahl der von Didymos kommentierten Dramen der vier Klassiker von der unserer Auswahl nicht wesentlich verschieden gewesen sein kann. Wir wissen, daß Didymos Kommentare zu den Tragödien des Ion und des Achaios schrieb. Aber es gibt nur ein einziges Fragment, demzufolge der Grammatiker ein Wort aus einer verlorenen Tragödie des Sophokles erklärte (Soph. Fr. 718 P. bei Athen. 2, 70c, wahrscheinlich aus dem Lexikon über die tragische Sprache). Ähnlich steht es mit seinen Bemühungen um die Komödie. Er kommentierte Stücke des Kratinos, Phrynichos, Eupolis und Menander. Aber in den gesamten Aristophanesscholien erscheint nur einmal ein (keineswegs eindeutiger) Hinweis auf einen geplanten Kommentar zu einer nicht erhaltenen Komödie (Schol. Plut. 210, aus einer Bemerkung zu den *Danaiden*; vgl. auch Schol. Lys. 722). Auch die vordidymeischen Erklärungswerke scheinen, soweit das fragmentarische Material ein Urteil gestattet, den hier skizzierten Umkreis nur in Ausnahmefällen überschritten zu haben. –

Die Zahl der von den Exegeten bevorzugten Stücke hat sich in der späteren Kaiserzeit nicht weiterhin vermindert. Das wird nicht zuletzt damit zusammenhängen, daß die Texte im 3. und 4. Jh. aus den meist nur ein Drama enthaltenden Rollen in Pergament- oder Papyruskodizes übertragen wurden, in denen sieben, zehn oder auch elf Stücke Platz fanden. Vgl. C. H. ROBERTS, The Codex, Proc. Brit. Acad. 40, 1954, 202.

Was oben über die Auswahl der Tragödien- und Komödientexte ausgeführt wurde, gilt mit gewissen Einschränkungen auch für Hesiod und Pindar. Es gibt keine Anzeichen dafür, daß Didymos mehr kommentierte als die in unserem Korpus handschriftlich erhaltenen Gedichte Hesiods (*Theogonie*, *Erga*, *Aspis*). Von dem umfangreichen Werke Pindars (17 Bücher der alexandrinischen Ausgabe) besitzen wir nur die letzten vier, die *Epinikien*. Die vorzüglichen Kommentare wurden von Didymos bearbeitet. Didymos erklärte allerdings auch *Hymnen* und *Paiane*, die Kollektion der von Erläuterungen begleiteten Texte ist also umfangreicher gewesen als unsere Sammlung. Aber auch hier besteht keine Veranlassung, die Entstehung des auf vier Bücher reduzierten Textes der Symmachoszeit zuzusprechen. Die umfangreichere Pindarausgabe des Didymos wird ebenso wie die der kleinen Tragiker und Komiker noch lange Zeit nach dem 2. Jh. existiert haben.

Es ist angebracht, hier einen kurzen Blick auf die überaus komplizierte Überlieferungsgeschichte des *Corpus Hippocraticum* zu werfen. Unter dem Namen des Hippokrates ist uns eine Sammlung von 58 Schriften erhalten, die zu Beginn des Mittelalters noch etwas umfangreicher gewesen sein dürfte (der Pinax des Ven. gr. 269, das reichhaltigste Verzeichnis, zählt 62 Titel auf). Man weiß heute, daß hier die Werke sehr verschiedener Autoren zusammengestellt sind, kann aber weder den Anteil des echten Hippokrates genau bestimmen noch das Zustandekommen der Sammlung beschreiben. Es steht nicht fest, wie viele medizinische Schriften nach Alexandreia gekommen sind, auch darf man nur unter Vorbehalt vermuten, daß erst die dortigen Gelehrten diese ganze Fachliteratur unter den Namen des berühmten Arztes gestellt haben. Die heftigen Kämpfe, die in hellenistischer Zeit um die Echtheit der einzelnen Werke geführt wurden, legen diese Annahme allerdings nahe, wenn auch ein Zeugnis über die Katalogisierung in den *Pinakes* des Kallimachos fehlt. Das jetzige Korpus ist jedenfalls erst in der Zeit des Klassizismus nachweisbar und erreichte frühestens im 2. Jh. n. Chr. den fortan kanonischen Umfang. Als man damals alle Werke vereinigte, die hippokratischen Ursprungs zu sein schienen, stieß man auf viele verderbte und umstrittene Stellen. Auch der ionische Dialekt war bisweilen durch eine moderne Ausdrucksweise verdrängt worden. Diesem Übelstande suchten zwei Neuausgaben abzuhelfen, die des Artemidoros Kapiton und die des Dioskurides. Vor allem die erstgenannte Edition erfreute sich großer Beliebtheit, da sie schwer verständliche Passagen durch geläufigere Formulierungen ersetzte. Um 150 n.Chr. entstanden Galens Kommentare, die nicht nur sachliche, sondern auch textkritische Erläuterungen boten, da ihr Verfasser gegen die Emendationen der genannten Herausgeber begründete Einwände vorbringen konnte. Artemidoros' lesbare Ausgabe und Galens Kommentare setzten sich durch, und die von beiden empfohlenen Lesarten scheinen längere Zeit nebeneinander bestanden zu haben. In der ausgehenden Antike, als Galens Autorität immer größer wurde, begann man, die von ihm bevorzugten Varianten in den Artemidortext zu übertragen, natürlich nur innerhalb derjenigen Partien, die Galen kommentiert hatte. Diese Berichtigung des Textes unterblieb allerdings dort, wo das Vergleichsmaterial fehlte, weil manche Galenkommentare frühzeitig verlorengingen (z. B. im zweiten Buch der *Epidemien*, deren heutiger Wortlaut die Fassung Artemidors besonders deutlich widerspiegelt). Die Rezension des Archetypus unserer Handschriften ist also das Ergebnis eines Mischungsprozesses, der erst zu Beginn des Mittelalters zum Stillstand kam. Vermutlich haben auch die ältesten byzantinischen Herausgeber bei Fixierung des heutigen, durch die Recensio erreichbaren Wortlautes nicht unwesentlich mitgewirkt. Es gelingt freilich nicht, ihre Rolle genau zu beschreiben. Die im Altertum übliche Weise aber, den Text der Autoren durch Kollation immer wieder zu verändern, wird dieses Mal besonders deutlich, und man darf mit einiger Sicherheit schließen, daß jedes spätantike Hippokratesexemplar eine andere Fassung aufgewiesen haben wird. – Neben der eben behandelten Tradition muß es eine weniger bedeutsame, vom Text des Artemidor ganz unabhängige Überlieferung gegeben haben. Sie beruhte wohl nur auf einzelnen hellenistischen oder kaiserzeitlichen Handschriften, deren Lesarten sich teilweise bis ins Mittelalter retten konnten und nicht ohne Einfluß auf den in den Hauptkodizes erhaltenen Hippokratestext geblieben sind.

Um den Grundsatz zu illustrieren, daß sich die Tradition eines Textes während des Altertums stemmatologisch nicht erfassen läßt, ist die Hippokratesüberlieferung besonders geeignet. Die Recensio führt auch hier nur bis zum ältesten Minuskelexemplar, während der Herausgeber, der sich um den Wortlaut des Autors bemüht, eklektisch verfahren muß. – Vgl. E. LITTRÉ, Oeuvres complètes d'Hippocrate (Paris

1839), Introd. 80 (Überblick über die antiken Kommentare und Ausgaben). Klassische Darstellung bei J. ILBERG in: Hippocratis opera I (rec. H. KÜHLEWEIN, Lpzg. 1904), XXIX. ILBERG glaubte, den Text des Archetypus aus einer alexandrinischen Ausgabe ableiten zu dürfen. Er hielt ihn für identisch mit der von Galen benutzten Rezension. Diese Ansicht ist widerlegt, seit der arabische Text des Galenkommentars zum 2. Buch der *Epidemien* aufgefunden wurde: F. PFAFF, S.ber. Akad. Bln., 1931, 558. Vgl. K. DEICHGRÄBER, Abh. Akad. Bln., 3, 1933, 24; PASQUALI 329; ferner L. EDELSTEIN, Problemata 4, 1931, 116 (dazu die Berichtigungen von J. MEWALDT, Dt. Lit. Ztg. 53, 1932, 259; K. DEICHGRÄBER a.a.O. 146; WILAMOWITZ, Die Textgeschichte der griech. Lyriker 31); H. DILLER, Philologus, Suppl. 23, 3, 1932, 136; ders., Festschrift E. Kapp, Hambg. 1958, 31; ders., Jahrbuch 1959 der Akad. Wiss. u. Lit. Mainz, Mainz 1960, 271 (mit weiterer Lit.); F. PFAFF, Wien. Stud. 50, 1932, 67; U. FLEISCHER, Neue Dt. Forschungen 10, 1939, 108. – H. DIELS, Die Hss. der antiken Ärzte (Verzeichnis), Bln. 1906. – Papyri: PACK Nr. 401–406, 1819f.

Wir müssen es uns versagen, hier auf die Textgeschichte der kaiserzeitlichen Autoren einzugehen; denn die Masse des Erhaltenen übertrifft den Umfang der uns aus vorchristlicher Zeit bekannten Schriften um ein Vielfaches. Die Bedingungen für eine weite Verbreitung neuer Bücher waren eben jetzt, unter dem Schutze einer hochentwickelten Zivilisation, viel günstiger als früher, und da man, vor allem unter dem Einfluß des Attizismus, nur eine erwählte Zahl der überkommenen literarischen Werke an den technischen Vorteilen der Gegenwart teilnehmen ließ, konnte das moderne Schrifttum, ungeachtet seiner geringeren Qualität, die Menge des alten rasch überflügeln. Die politischen Wirren der Folgezeit haben aber den Werken auch der kaiserzeitlichen Autoren übel mitgespielt: manche kennen wir nur in verstümmelten Zustand, nicht wenige nur dem Namen nach. Die erhaltenen Nachrichten lassen gerade noch erkennen, wie umfangreich und vielfältig die Literatur selbst der ausgehenden Antike gewesen sein muß. Dann allerdings sind große Verluste eingetreten; denn die meisten der Bücher, die wir hier meinen, haben die Schwelle zum Mittelalter nie überschritten. Manche freilich waren im 9. Jh. noch bekannt, wurden gelesen, vervielfältigt und exzerpiert, und erst die wechselnden Schicksale des oströmischen Reiches haben ihren Untergang verschuldet.

Diese Vorgänge leiten unsere Betrachtung zur letzten, entscheidenden Epoche über. Mit dem Wiedererwachen des Humanismus im 9. Jh. beginnt die Geschichte der mittelalterlichen Handschriften. In vielen Fällen läßt sich erst jetzt eine zureichende Vorstellung von den Schicksalen der Texte gewinnen. Diese werden aber auch immer verschiedenartiger. Wir können nur noch wenige allgemeine Feststellungen treffen und müssen uns über die Einzelheiten an konkreten Beispielen orientieren.

4. Mittelalter (byzantinische ~~Zeit~~)

Wer die gesamte kulturelle Entwicklung des byzantinischen Reiches im Auge hat, ist berechtigt, sogar verpflichtet, den Beginn des 4. Jh. (Konstantins Alleinherrschaft) als Anfang des bis zum Jahre 1453 reichenden Zeitalters zu bezeichnen. In der Textgeschichte beginnt die eigentlich byzantinische Periode erst mit der Minuskelzeit, mit dem 9. Jh. Sie ist durch eine beispiellose Lücke vom literarischen Leben des ausklingenden Altertums getrennt, durch die «dunklen» Jahrhunderte (etwa 650–850), eine Zeit der Erschlaffung und Verödung, in der nur die kirchliche Literatur und Bildung weiterblühte. Leo III. (der Isaurier, 717–741) rettete zwar das oströmische Reich vor dem Angriff der Araber, aber er schloß die Hochschule von Konstantinopel, und die Wirren des Bildersturms (726–842) gefährdeten manche Bibliothek. Das Interesse an den Texten der antiken Autoren erlosch fast völlig, und damit drohte die Verbindung mit der Literatur der Vergangenheit abzureißen.

In letzter Stunde besann man sich. Die Zeit des Wiederauflebens der klassischen Studien ist äußerlich gekennzeichnet durch die Wiedereröffnung der Universität unter Michael III. (842–867), in ihrem Wesen bestimmt durch Photios, den Kirchenfürsten und Gelehrten, und durch das Wirken der Männer, die er um sich versammelte. Das neu erwachende Bewußtsein, Erben einer ehrwürdigen Vergangenheit zu sein, veranlaßte ihn und seine Freunde, wie ehedem die Angehörigen des alexandrinischen Museions, alle noch erhaltenen Handschriften aufzusuchen. Man transkribierte sie in die moderne Minuskelschrift oder schuf mit ihren Lesarten zeitgemäße Musterausgaben. Mit Hilfe der alten Kommentare versuchte man, die wiedergewonnenen Schriften dem Verständnis zu erschließen. Diese ganze Tätigkeit wurde mit großer Liebe ausgeführt: die schönen Pergamentfolianten, die der Photiosschüler Arethas anfertigen ließ und teilweise eigenhändig beschrieb, können eine Vorstellung von der Pracht der Bände erwecken, die damals entstanden. Die antike Literatur war freilich zusammengeschmolzen: manchen Klassiker hatten die Bilderstürmer zerstört, wie etwa die Komödien Menanders, die das ausgehende Altertum noch nahezu vollständig gelesen hatte. Aber die Menge dessen, was sich gerettet hatte, war noch immer groß, und in vielen Fällen konnte man ihrer nur dadurch Herr werden, daß man, wie ehedem in der Kaiserzeit, das Wissenswerte exzerpierte und nach praktischen Gesichtspunkten ordnete. Photios selbst leitete diese Tätigkeit ein. In seiner *Bibliothek* (auch *Myriobiblion* genannt) legte er teils kürzere, teils längere Referate über den Inhalt der zahlreichen Bücher nieder, die er las (die eigentlichen Klassiker, die nun wieder zum unentbehrlichen Bildungsgut gehörten, durfte er großenteils ausschließen), und in einem umfangreichen Lexikon wurden, unter Benutzung älterer Wörterbücher, nach seiner Anweisung solche Vokabeln erläutert, die bei der Lektüre der Autoren Schwierigkeiten bereiteten. Das Exzerpieren hat auch in der Folgezeit angedauert, vor allem im 10. Jh., das man geradezu als Epoche der Enzyklopädien bezeichnen kann. Ihm gehören die umfangreichen und wichtigen Sammlungen an, die der Kaiser Konstantinos VII. (Porphyrogennetos, 912–959) anlegen ließ. Von ihnen sei hier nur seine Enzyklopädie der Geschichte genannt, ein sachlich gegliedertes Werk, in dem Auszüge aus allen bedeutenden Historikern nach den praktischen Gesichtspunkten der Politik und Kriegführung untergebracht wurden. Von 53 Abschnitten sind vier (meist fragmentarisch) erhalten, und in ihnen auch Texte antiker Geschichtsschreiber, deren direkte Überlieferung unvollständig ist (z. B. große Teile der Werke des Polybios und des Dio Cassius). Andererseits hat die Tätigkeit dieser Exzerptoren, ebenso wie die der Lexikographen und Scholiasten, nicht selten zum Verlust der Originale geführt. Auch die folgenden Generationen setzten sich lebhaft mit der hellenischen Literatur auseinander, aber der Kreis der Autoren, für die man sich interessierte, wurde immer kleiner. Es ist deshalb nicht erstaunlich, daß in den unruhigen Jahren des 13. Jh. (1204 wurde Konstantinopel von den Venetianern und Franken erstürmt, 1261 von Michael VIII. Palaiologos zurückerobert) manch einzigartiger, aber wenig verbreiteter Schriftsteller abhanden kam. Das poetische Lebenswerk des Kallimachos z. B. scheint erst damals zugrunde gegangen zu sein.

Bald nach der Restauration der Palaiologen (ab 1261) setzte die lebhafte Tätigkeit der spätbyzantinischen Philologie ein. Man beschränkte sich jetzt darauf, wenige, besonders beliebte Autoren zu traktieren, und wandte sich vor allem textkritischen Fragen zu. Die Ergebnisse dieser Arbeit waren sehr einflußreich; denn sie gelangten über die italienischen Wiegendrucke in die späteren Ausgaben und bestimmten die Gestalt der Klassikertexte in manchen Fällen bis zum 19. Jh. Auch die Art byzantinischer Textbehandlung wurde von den Herausgebern der ältesten Renaissanceausgaben, vor allem von Musuros und Konstantin Laskaris, fortgesetzt.

Die hier skizzierte Entwicklung brach im Mai des Jahres 1453 jäh ab, als Mohammed II. in die Hauptstadt am Bosporus einzog. Wie viele Handschriften bei dieser letzten Eroberung Konstantinopels vernichtet worden sind, steht nicht fest. Wahrscheinlich aber war der Verlust geringer als die Schäden des Jahres 1204. Man hatte schon vor Jahrzehnten begonnen, Kodizes als wertvolle Handelsartikel nach Italien auszuführen, und mit einiger Zuversicht darf man behaupten, daß nahezu alle Autoren erhalten sind, die im Reich der Palaiologen bekannt waren. Übrigens wußten auch die Türken den Wert der Handschriften zu schätzen; denn sie setzten den von den Griechen eingeleiteten Handel noch geraume Zeit fort.

Das gesamte Material für eine Geschichte des Bildungswesens in Byzanz bei F. FUCHS, Byz. Arch. 8, Lpzg. 1926; vgl. V. BURR, Byzantiner und Araber (Hdb. d. Bibliothekswissenschaft 3, 1940, 65). Über die byzantinischen Bibliotheken außerhalb Konstantinopels sowie über die Verluste mehrerer Texte, welche die dunklen Jahrhunderte überdauert hatten (z. B. Ktesias, Theopomp, Kallimachos) belehrt P. MAAS bei PASQUALI 487. – Hier seien nur einige Daten hervorgehoben, die dem Betrachter der Überlieferungsgeschichte gegenwärtig sein müssen. Die Universität von Konstantinopel wurde von Kaiser Phokas (602–610) aufgehoben. Seit Herakleios (610–641) gab es eine kirchliche (oikumenische) Hochschule. Sie ging im Jahre 726 ein. Ihre Bibliothek aber blieb bestehen; denn die Nachricht, daß Lehrer und Bücher verbrannt seien, ist nicht verbürgt (FUCHS a. a. O. 10). Im Jahre 863 ernannte Cäsar Bardas, der unter dem Trunkenbold Michael III. (842–867) die Regierung des Reiches leitete, Leon den Philosophen zum Rektor der neueröffneten Hochschule. Diese kaiserliche Universität wurde später durch die Neugründung des Konstantinos Monomachos (1045) fortgesetzt. Ihre große Bibliothek litt am schwersten durch die Brände des Jahres 1204. Sie wurde aber von Michael Palaiologos (1261–1282) wiederhergestellt. – Neben diesem weltlichen Institut bestand, als Fortsetzung der alten oikumenischen Anstalt, die Patriarchatsschule, die ebenfalls über eine große Bibliothek verfügte (FUCHS a. a. O. 46.57). Einer ihrer berühmtesten Lehrer war Eustathios, der spätere Erzbischof von Thessalonike (zweite Hälfte 12. Jh.). – Schon seit dem Ende des 8. Jh. gab es, auf Anregung des Abtes Theodoros von Studios, Schreibstuben in den griechischen Klöstern, allerdings hauptsächlich zur Vervielfältigung theologischer Literatur. In der Palaiologenzeit erteilten gelehrte Mönche (z. B. Planudes) öffentlichen Unterricht in den Nebengebäuden der Klöster. Man verfügte nun auch dort über vielseitige Bibliotheken, die der Allgemeinheit zugänglich waren. – In den letzten Jahrzehnten des Reiches studierten viele Italiener in Konstantinopel, vor allem um Griechisch zu lernen. Unter ihnen befanden sich zahlreiche Bücherliebhaber und Handschriftenkäufer, auch Giovanni Aurispa. – Übrigens hat es an den Schulen des byzantinischen Mittelalters nie eine klassische Philologie modernen Gepräges gegeben, welche die griechischen Autoren nur um ihrer selbst willen behandelt hätte. Deren Studium gehörte den Fachwissenschaften an, nicht zuletzt der Rhetorik und Grammatik.

Ein besonders altes und eindrucksvolles Zeugnis für die Editionstätigkeit der Photioszeit ist der verlorene Archetypus der ANTHOLOGIA PALATINA, von deren Vorstufen schon die Rede war. Um 900 faßte Konstantinos Kephalas, ein hoher Geistlicher unter Leo dem Weisen (886–911), den für seine Zeit charakteristischen Plan, alle erreichbaren Florilegien antiker Epigrammdichtung in einer großen Sammlung zu vereinigen. Er benutzte die *Kränze* des Meleagros und des Philippos, beide vielleicht in epitomierter Form, das Florilegium eines Diogenian (um 150), die Gedichte des Straton (um 150), des Rufinos und des Palladas (um 400), ferner eine erweiterte Theokritausgabe, das Werk des Diogenes Laertios und eine Edition der Gedichte des Leonidas von Alexandreia, eines Hofpoeten der frühen Kaiserzeit. Die Disposition nach Sachgruppen übernahm er von Agathias, dem Verfasser einer spätantiken, *Kyklos* betitelten Anthologie. Kephalas' Kompilation umfaßte die heutigen Bücher 4–7, 9 und 10–12. Der Bearbeiter seiner Ausgabe, der unbekannte Redaktor der *Anthologia Palatina* erweiterte die Sammlung um die Bücher 1–3 (christliche Inschriften und Inschriften aus Kyzikos), um das Buch 8 (Gregor von Nazianz) und um die Bücher 13–15 (Anhänge, darunter Gedichte, die Kephalas ausgelassen hatte). – Unsere zweite Ausgabe, verfaßt von Planudes (abgeschlossen am 1. September 1299), ist aus zwei Vorlagen zusammengestellt, aus der wahrscheinlich gekürzten Kollektion des Kephalas und der als *Anthologia Palatina* bezeichneten, eben besprochenen Bearbeitung. Planudes hat vieles weggelassen, anderes erhalten, was der Redaktor der *Anthologia Palantina* überging. Im ganzen sind das 388 Gedichte, die heute als *Appendix Planudea* das 16. Buch unserer Ausgaben bilden. Die Besonderheiten in der Disposition des jüngeren Werkes müssen hier unberücksichtigt bleiben.

Das eben erwähnte 16. Buch könnte übrigens einen Nachtrag darstellen, den Kephalas selbst seiner Sammlung angehängt hätte. – Die beiden Hss. sind P (Palat. gr. 23 = 1. Hälfte, in Heidelberg; Paris. Suppl. gr. 384 = 2. Hälfte, in Paris, 10. Jh., s. Abb. 53) und Plan. = Marc. gr. 481 (Autographon des Planudes). P. ist beschrieben von PREISENDANZ in der Leidener Faksimileausgabe von 1911 (2 Bände). Vgl. die Einleitung in der Ausgabe von P. WALTZ (Paris 1928), XXXVIII. Vortrefflicher Abriß (Geschichte des Epigramms und Textgeschichte) bei H. BECKBY, Anthologia Graeca I, München 1957, 9 und 62.

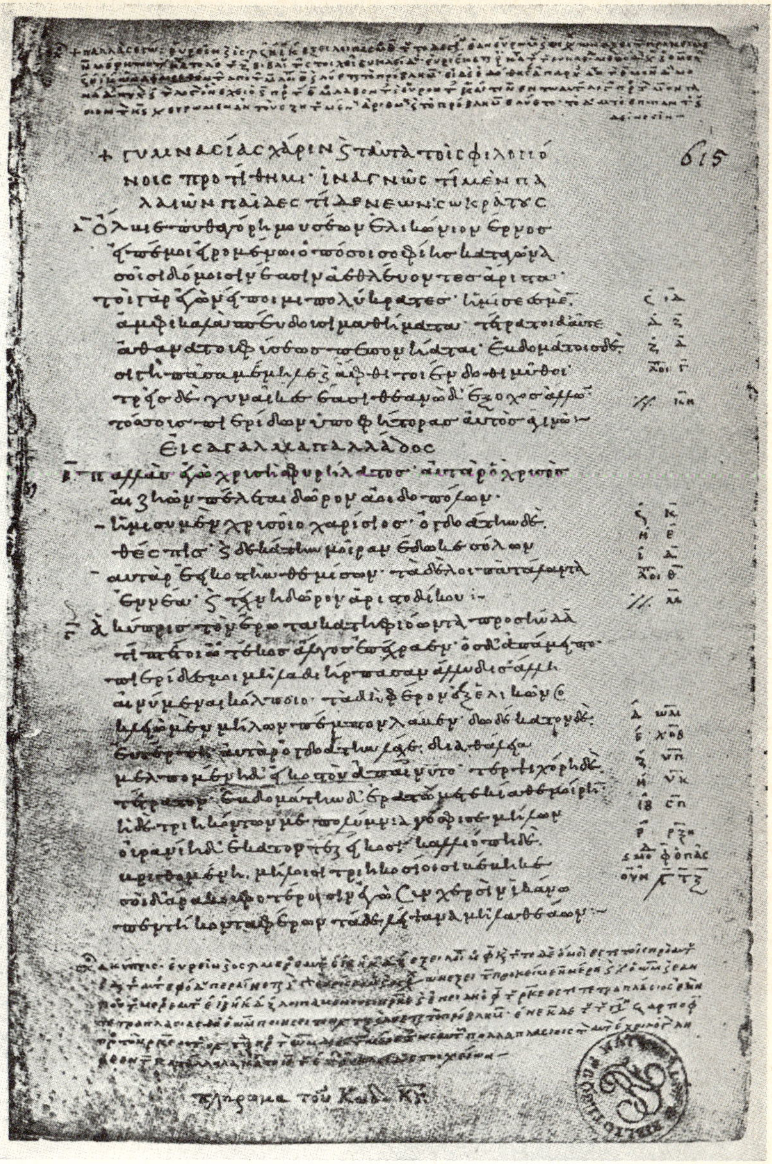

Abb. 53. *Anthologia Palatina*, *14,1-3* Pariser Kodex, f. 615 (WATTENBACH, tab. XXII).

Nur verhältnismäßig selten kann man sich eine Vorstellung von den antiken Büchern machen, die den Gelehrten der Photioszeit bei der Konstitution des Minuskeltextes zur Verfügung standen. Ein Musterbeispiel liefert die THEOKRIT-Überlieferung. Hier wird durch einen wichtigen Papyrusfund (P. Ant., etwa aus dem Jahre 500) eine Rezension bezeugt, die dem Archetypus der Handschriften sehr nahe steht. Wahrscheinlich ist die Vorlage des Papyrus gleichzeitig Vorlage jenes Archetypus. Vielleicht hat erst dessen Bearbeiter die sog. *Technopaignia* (Figurengedichte) mit den übrigen bukolischen Gedichten verbunden. Diese selbst lagen ihm wohl nur in einem einzigen Exemplar vor, das nach dem 5. Jh. am Ende des 24. Idylls verstümmelt wurde.

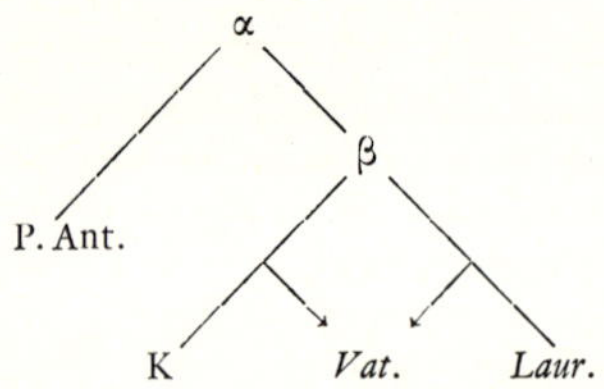

Zur Erklärung des Stemmas: K ist die wichtigste Hs. (Ambros. 886 = C 222 inf. 13. Jh.), bekannt auch aus der Aischylos- und Pindarüberlieferung. Mit ihr war ein verlorener Kodex des Paolo Capodivacca (= Codex deperditus Bucari) verwandt, den Musuros benutzte, um seinen Vulgattext des Theokrit zu berichtigen. Diese Verbesserungen wurden dem Herausgeber der Juntina (Florenz 1516) bekannt, deren Druck deshalb für die Textkonstitution von Bedeutung ist. – *Laur.* = Laurentinische Klasse der Hss., benannt nach den Florentiner Codd. P und W. – *Vat.* = Vatikanische Gruppe (Hauptzeugen die Hss. A, E und U). Dieser Klasse entstammt die Reihenfolge, in der man heute Theokrits Gedichte 1–18 zu numerieren pflegt (die weitere Zählung 19–30 wurde von Stephanus 1566 aufgebracht). Der Text *Vat.* steht, wie die Abbildung zeigt, an Wert hinter den übrigen Rezensionen zurück. – Die von Planudes angefertigte Ausgabe (abhängig von den Klassen *Laur.* und *Vat.*) liegt in der Hs. S (= Laur. plut. 32,16, um 1280) vor. Der Text seines Schülers Moschopulos, dem die Editio princeps (eine Aldina, Venedig 1495) folgte, ist aus mehreren Hss. bekannt (die älteste Vat. gr. 40), der des Triklinios aus dem Paris. gr. 2832 (Tr.).

Unser Stemma gilt nur für die Idyllen 1–18. In der Überlieferung der zur Hälfte nicht theokritischen Dichtungen 19–30 fallen wichtige Textzeugen aus. Die Einordnung der zur Verfügung stehenden Handschriften wird verschieden beurteilt und kann hier nur gestreift werden. Eine Gruppe Φ (für 17–23 und 25) scheint die Fortsetzung des Textes *Laur.* darzustellen, die andere Π (für 22, 24–29, auch für die Epigramme und *Technopaignia*) wird vor allem durch D (Paris. gr. 2726 aus dem 15. Jh.) und durch die Drucke der Giunta und Kallierges repräsentiert, die ihrerseits vom Codex Bucari beeinflußt sein können. Die übrigen teils dem Moschos, teils dem Bion zugeschriebenen bukolischen Gedichte sind in verschiedenen jüngeren Handschriften erhalten, zum Teil auch in den zuletzt genannten Gruppen.

Weitere Einzelheiten bei WILAMOWITZ, Die Textgeschichte der griech. Bukoliker (= Philol. Unters. 18), Bln. 1906; C. GALLAVOTTI, Theocritus, Rom 1946 (S. 319 vollständige Liste der Hss.); A. S. F. GOW, Theocritus, ²Cambridge 1952, Bd. I (bester Überblick). Ausführliche Beschreibung des oben genannten Papyrus bei HUNT-JOHNSON, Two Theocritus-Papyri, London 1930. Wir besitzen außerdem Reste von sieben weiteren Papyri: PACK Nr. 1164–69. Der Text des P. Ox. 1618 (5. Jh.) könnte dem Antinoebruchstück nahestehen (vgl. P. MAAS, Gnomon 6, 1930, 561). Ferner K. LATTE, Nachr. Akad. Gött., 1949, 225; über die Beziehungen der Epigramme zur *Anthologia Palatina* vgl. J. IRIGOIN, Revue de Philologie 33, 1959, 60.

Die mittelalterliche Überlieferung der wichtigsten hellenistischen Dichter möge hier folgen.

Über die Affiliation der Handschriften der *Argonautika* des APOLLONIOS RHODIOS können einige Anmerkungen genügen; denn das Gesamtbild der weitverzeigten Verwandtschaft wurde kürzlich in einer vorbildlichen Edition nachgezeichnet und nutzbar gemacht. Der Leser findet dort weitere Aufschlüsse. Typisch für diese Textgeschichte ist das rege Interesse der Humanisten, die für eine rasche Verbreitung der wenigen aus Konstantinopel geretteten Handschriften sorgten. Diese gehören drei Textklassen an, in die sich die unmittelbaren Abschriften des Archetypus aufgespaltet hatten. Wichtigster Vertreter der ersten Gruppe (*m*) ist der auch aus der Tragikerüberlieferung bekannte Laur. plut. 32,9 (L, 11. Jh.), den Giovanni Aurispa kaufte. Eng verwandt mit ihm sind die Codd. V (Palat. gr. 186, 11. Jh.) und A (Ambros. gr. B 98 sup., entstanden um 1400). Letzterer wurde in der Folgezeit oft abgeschrieben. Aus dem Nachlaß des Joannes Chrysolaras erwarb sein Schwiegersohn Francesco Filelfo den Laur. plut. 32,16 (S, geschrieben 1281), einen Repräsentanten der zweiten Klasse (*w*), der in dem Cod. G (Wolfenb. Aug. 2996, 14./15. Jh.) einen Zwillingsbruder besitzt. Der Hyparchetypus der dritten Gruppe (*k*) gelangte nach Kreta. Dort entstanden fünf Abschriften. Zwei von ihnen haben eine umfangreiche Nachkommenschaft, deren Glieder sich bisweilen wieder mit dem Text der anderen Familien kreuzen. Die Erstausgabe des Janos Laskaris (Florenz 1496) ist bemerkenswert, da ihr Text aus

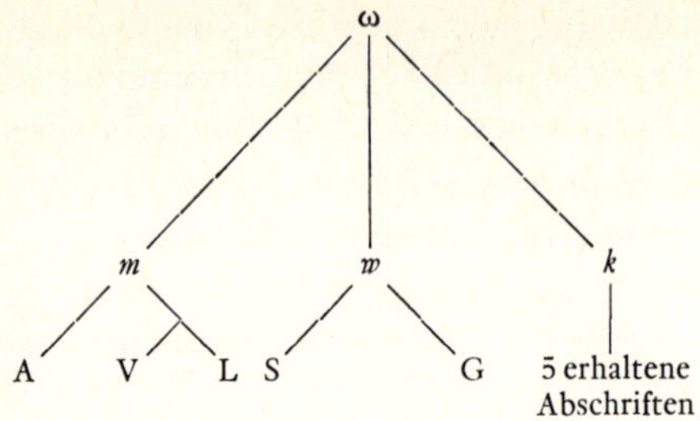

je einem Vertreter der drei Klassen kompiliert wurde. Auch hier bieten die Papyri oft bessere Lesarten als der Archetypus und bestätigen die Annahme, daß sich die ehedem einheitliche Tradition erst im Mittelalter aufspaltete.

H. FRÄNKEL, Nachr. Ges. Wiss. Gött., 1929, 164; ders., Apollonii Rhodii Argonautica, Oxf. 1961, Vorrede. – Papyri: PACK Nr. 52–56, 58–65 (sämtlich aus der Zeit n. Chr. G.).

Wichtigster Zeuge unseres ARAT-Textes ist der Marc. gr. 476 (M), geschrieben am Ende des 11. oder zu Beginn des 12. Jh. Dieser Kodex besitzt, was bei der Beliebtheit der *Phainomena* nicht erstaunlich ist, eine umfangreiche Nachkommenschaft, die sich stemmatologisch ordnen läßt. Erst vor kurzem ist es gelungen, eine dem Marcianus gleichwertige Rezension zu entdecken: sie liegt in einer jungen Handschrift des Eskorial (Σ III 3, aus dem 15. Jh.; Siglum S) vor. Diese entstammt augenscheinlich einer guten Vorlage. Ihr Wortlaut gibt dort, wo er nicht durch spätere Fehler entstellt ist, den Text des vor M liegenden Archetypus wieder.

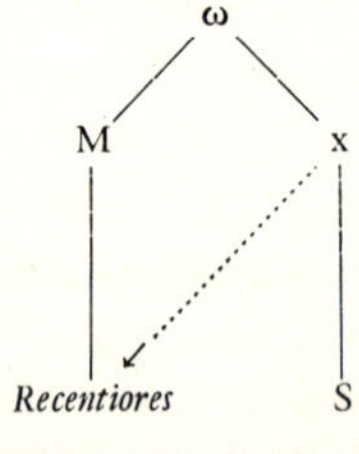

Unter den von M abhängigen Handschriften verdienen ein Pariser Kodex (A = Paris. gr. 2403, Ende des 13. Jh.) und die Ausgabe des Planudes (nach 1300), die in mehreren Zeugen vorliegt, Beachtung.

Beide Rezensionen berichtigen den Text M mehrmals. Vermutlich sind diese Verbesserungen durch Kollation mit der Vorlage der Handschrift S (= x) gewonnen worden. Mehrere von ihnen darf man indessen als Konjekturen bezeichnen, da es sich um Lesarten handelt, die teils durch das Metrum gefordert, teils durch die Erörterungen der Kommentare und Scholien nahegelegt wurden. Eine nicht zu verachtende Hilfe leistet außerdem der sog. *Aratus latinus*, eine im 6. Jh. entstandene Übersetzung, der ein antiker Text zugrunde liegt. Der lateinische Wortlaut erleichtert nicht selten die Wahl zwischen den Lesarten M und S.

Vorreden der Ausgaben von E. MAASS (Bln. 1893) und J. MARTIN (Florenz 1956). Das Verdienst, die Rezension S, die MAASS nur aus einer Pariser Abschrift (C) kannte, ins rechte Licht gerückt zu haben, gebührt MARTIN (Histoire du texte des Phénomènes d'Aratos, Paris 1956, 263; Stemma der Recentiores 283). MARTINS Versuch, die besseren Lesarten der jüngeren, von M abhängigen Fassungen durch nachträgliche Einwirkung einer in planudeischer Zeit aufgefundenen antiken Ausgabe zu erklären, überzeugt nicht, da die für diesen Nachweis erforderlichen Majuskelkorruptelen fehlen. – Die Geschichte des Arattextes im Altertum ist noch nicht völlig geklärt. Sie ist mit der komplizierten Überlieferung der Aratkommentare verknüpft. Allerdings darf man behaupten, daß alle antiken Vorschläge vom Text der alexandrinischen Ausgabe ausgingen, der hier wie in den meisten Fällen die Grundlage auch des byzantinischen Archetypus bildet. Vgl. R. KEYDELL, Gnomon 30, 1958, 575. – Papyri: PACK Nr. 67–71, dazu P. Hamb. 121. Vgl. MARTIN, Histoire 210.

Der Marc. gr. 476, der in der Aratüberlieferung eine führende Rolle spielt, ist auch für den Text von LYKOPHRONS *Alexandra* besonders wichtig. Er besitzt hier einen Bruder in dem etwas älteren Paris. Coisl. 345 (B, aus dem 10. Jh.), der das gesamte Gedicht in Form eines Lexikons enthält, und zwar so, daß einem Versteil jeweils die zugehörende Paraphrase folgt. Er ist mit dem Marcianus an mehreren Stellen durch Leitfehler verbunden. Neben dieser Rezension steht eine zweite, zu der neben unwichtigen jüngeren Handschriften die Codd. C (= Paris. gr. 2723, geschrieben 1282) und D (= Paris. gr. 2403, 13. Jh.) gehören. Die Zeugen dieser Gruppe, die den weitschweifigen Kommentar des Isaak Tzetzes mit sich führen, liefern, von Ausnahmen abgesehen, einen schlechteren Wortlaut als die beiden älteren Handschriften. – Auch der Lykophrontext geht auf eine gelehrte alexandrinische Ausgabe zurück. Das schwer verständliche Gedicht ist schon von dem aus der Theokritüberlieferung bekannten Grammatiker Theon kommentiert worden. Zitate aus diesem Werk und aus späteren Erklärungsschriften tragen zur Verbesserung des Wortlautes bei. Zwei kurze Papyri aus der frühen Kaiserzeit bestätigen die Einheitlichkeit des Textes und die höhere Qualität der älteren byzantinischen Rezension.

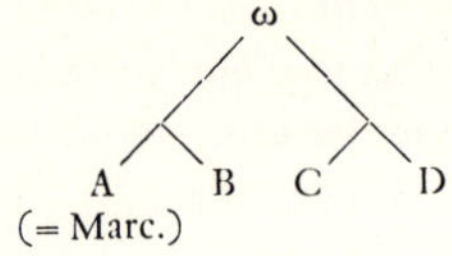

Der Marcianus wird hier mit A bezeichnet. Text und Paraphrase des Vat. gr. 1307 (V, Ende des 11. Jh.), direkte oder indirekte Abschrift von A, sind dort unentbehrlich, wo der Text A durch spätere Korrekturen unlesbar geworden ist. Vgl. E. SCHEER, Vorrede der Ausgabe (Bln. 1881). Aufzählung der jüngeren Hss. bei L. BACHMANN, Vorrede der Ausgabe von 1830. Über Niketas, den gelehrten Schreiber des Marcianus, siehe auch MARTIN a.a.O. 229, über das Verhältnis A–V ebendort 268. – Papyri: PACK Nr. 1007–8.

Der beste Text der beiden NIKANDER-Gedichte steht in der wertvollen, mit Miniaturen geschmückten Handschrift Π (= Paris, Suppl. gr. 247, 10./11. Jh.). Leider ist der Kodex lückenhaft und nicht fehlerfrei. Sein Wortlaut muß mit Hilfe des Hyparchetypus der jüngeren Handschriften ergänzt und verbessert werden. Nur vier von ihnen gehören noch dem 13. Jh. an, die übrigen wurden erst in der Renaissance angefertigt. M (Laur. plut. 32,16, geschrieben 1280, wahrscheinlich von Planudes) und G (Gotting. 29, 13. Jh.) nehmen in der Schar der Recentiores eine führende Stellung ein. Ein zuverlässiges Stemma läßt sich allerdings nicht zeichnen; denn die schwierigen Gedichte wurden stets mit Kommentar gelesen, boten allenthalben Anstöße und forderten zu Kollationen und Korrekturen jeder Art auf. Die spätere Überlieferung ist also getrübt, und die nachfolgende Skizze möchte nur eine unverbindliche Vorstellung von den Verwandtschaftsverhältnissen der ältesten Zeugen vermitteln.

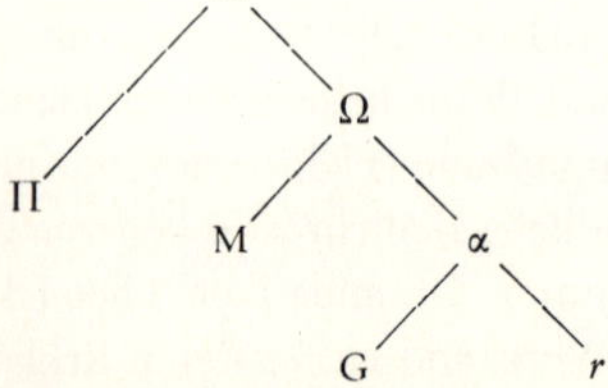

Nahe verwandt mit M (vielleicht aus M abgeschrieben) sind die Hss. V (Marc. gr. 480, 15. Jh.) und R (Flor. Riccard. 56, 15. Jh.), die nicht selten mit M bzw. mit MG die richtigen Lesarten bewahrt haben, aber auch oft Falsches aus den mit *r* bezeichneten Renaissance-Hss. (vor allem aus B, P und aus K, v) herübernehmen. Auch G schließt sich bisweilen an die Sonderfehler M an. – Das gesamte Material in der Ausgabe O. SCHNEIDERS (Lpzg. 1856), vortreffliche Darstellung der Überlieferung in der Edition A. S. F. GOWS (Cambridge 1953). Hier auch die Lesarten der beiden kaiserzeitlichen Papyri, deren einer noch unveröffentlicht ist. Der andere, ein Kommentar zu *Theriaka* 377–95 (PACK Nr. 1042) stellt in seinen Lemmata einige Male gute Varianten zur Verfügung. Vgl. A. COLONNA, Aegyptus 1954, 3.

Nicht immer sind die Affiliationen so durchsichtig wie in den genannten Beispielen. Sobald wir auf ausgedehntere mittelalterliche Kollationen stoßen, wird die Rekonstruktion der Vorgänge erschwert. Als Beispiel folge eine Beschreibung der THUKYDIDES-Überlieferung, deren verwickelte Zusammenhänge erst jüngst aufgehellt werden konnten.

Man unterscheidet ältere, vor dem Ende des 13. Jh. geschriebene, und jüngere, nach dieser Zeit entstandene Thukydideshandschriften. Zur ersten Gruppe gehören sieben Zeugen, die in einer festen Beziehung zueinander stehen. Sie zerfallen in zwei Klassen (b = ABEFM und c = CG), die sich beide aus einer gemeinsamen Vorlage a (etwa 9./10. Jh.) herleiten. Diese klaren Relationen werden jedoch durch folgende Besonderheiten gestört. 1. Einzelne Glieder beider Abteilungen versuchen, ihren Text durch Anleihen bei der Nachbargruppe zu verbessern, und zwar enthalten die Handschriften E und M Kollationen der Klasse c (diese wurden vielleicht aus dem Hyparchetypus c unmittelbar übernommen), der Codex G solche der Klasse b. – 2. In den Handschriften FGM finden sich mehrmals echte Lesarten an Stellen, die in der Vorlage der Klassen b und c verdorben sind. Jene Zeugen müssen also ein Kollationsexemplar benutzt haben, das von dem Text a unabhängig war. Da in solchen Fällen Majuskelkorruptelen fehlen, dürfte das Kollationsexemplar mit dem Hyparchetypus a auf eine gemeinsame mittelalterliche Vorlage (φ) zurückgehen. – 3. Im letzten Teil des thukydideischen Werkes (ab 6, 92, 5) erscheinen in B und in H, einer jüngeren Pariser Handschrift (Paris. gr. 1734, 14. Jh.), unversehrte Lesarten, denen Korruptelen in FGM und in a gegenüberstehen. Man hat lange Zeit angenommen, daß hier eine zweite, von den übrigen Zeugen unabhängige antike Überlieferung sichtbar sei. Diese Ansicht gilt jedoch als widerlegt, seit zahlreiche Papyri mit den Handschriften verglichen werden können: unter 32 antiken Fragmenten des Textes enthalten sechs zum Teil umfangreiche Stücke der beiden letzten Bücher, aber niemals solche Leitfehler, die auch in B und H erscheinen. Eine der Sonderfassung BH entsprechende antike Rezension existierte also nicht. Dagegen stimmen BH mit den übrigen Handschriften in Fehlern überein, die unter Umständen auf Majuskelverlesungen zurückgehen. Daraus folgt, daß alle mittelalterlichen Kodizes über Zwischenglieder von einem einzigen Exemplar (dem Archetypus) abhängen, das vielleicht schon in frühbyzantinischer Zeit angefertigt worden ist. Die Vorlage der Handschriften B und H (ζ) läuft jedoch nur mittelbar auf jenes ehrwürdige Buch zurück, und da die auffälligen Verbesserungen erst gegen Ende des 6. Buches einsetzen, darf man vermuten, der Redaktor ζ habe den Rest eines Thukydides-Kodex (ω) vor sich gehabt, der aus dem Archetypus abgeschrieben war. Erst vor kurzem ist der Versuch gelungen, Spuren des verstümmelten Buches ω auch in den oben erwähnten jüngeren Handschriften nachzuweisen. Es handelt sich bei diesen Büchern um Rezensionen, die um die Wende des 13. zum 14. Jh. in der Nähe von Konstantinopel, vielleicht im Kloster Chora, entstanden sind. Die Gelehrten, die sie schufen, schlossen sich den uns bekannten älteren Kodizes an, hatten jedoch von dem Torso ω wenigstens indirekt Kenntnis. Es würde zu weit führen, das hier näher zu begründen. Nachfolgend das Stemma der älteren Handschriften:

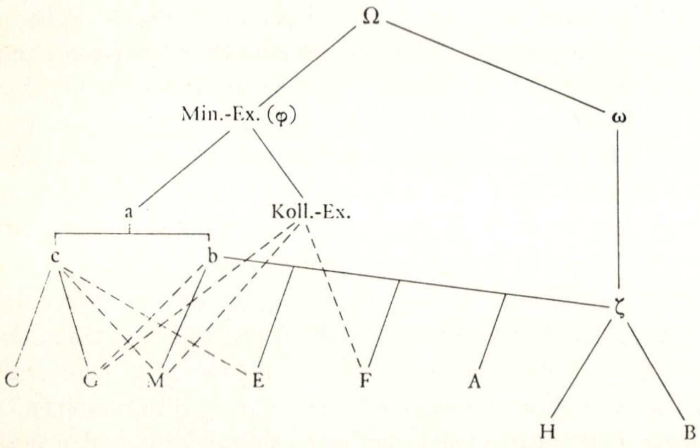

J. E. POWELL, Class. Rev. 52, 1938, 2; Class. Quart. 32, 1938, 75; Gnomon 15, 1939, 281. Bester Überblick bei O. LUSCHNAT in der Vorrede der neuen Teubnerausgabe ([2]Lpzg. 1960). Zur Entstehungszeit der einzelnen Hyparchetypi wichtige Vermutungen bei B. HEMMERDINGER, Essai sur l'histoire du texte de Thucydide, Paris 1955, 33; K. J. DOVER, Class. Rev. 71, 1957, 25. Zum Einfluß des Textes ω auf jüngere Hss.: A. KLEINLOGEL, S.ber. Heidelb. Akad. 1957, 1. Einen Versuch K. J. DOVERS (Class. Quart. 48, 1954, 76), auch in E durch Kollation gewonnene antike Lesarten festzustellen, halte ich nicht für gelungen: es handelt sich wohl in allen Fällen um Fehler oder um byzantinische Konjekturen. – Vollständige Liste der Hss. bei A. DAIN, Rev. Ét. Gr. 46, 1933, 20. Papyri: PACK Nr. 1176–1203, dazu P. Hamb. 163 und 164. Vgl. E. G. TURNER, Jl. Hell. St. 76, 1956, 98.

In der HERODOT-Überlieferung ist die Existenz eines einzigen mittelalterlichen Archetypus lange Zeit geleugnet worden. Die eigentümliche Beschaffenheit der Zeugen legte allerdings die Annahme einer «offenen» Tradition sehr nahe. Die mittelalterlichen Handschriften zerfallen in zwei deutlich geschiedene Gruppen, die unter den Namen *Stirps Florentina* (α oder a) und *Stirps Romana* (β oder d) bekannt sind. Die erstere ist nach einem Laurentianus A (plut. 70, 3) des 10. Jh. benannt (s. Abb. 54), die andere nach dem Vat. gr. 123 (= R), der ins 14. Jh. gehört. Die Beziehungen der übrigen Haupthandschriften zu den beiden genannten lassen sich mit Hilfe von Leit- und Trennfehlern klären. Schwieriger ist die Frage, wie beide Rezensionen zueinander stehen. Beide weichen bisweilen nicht unerheblich voneinander ab: β, die jüngere, ist teilweise überarbeitet und stilistisch geglättet, schwierigere ionische Formen sind durch die homerischen Äquivalente ersetzt, das anstössige Kapitel 1, 199 (über die Prostitution in Babylon) fehlt ganz. Andererseits gibt es zahlreiche Stellen, an denen nur β den originalen Wortlaut bietet, was sich durch Übereinstimmungen mit antiken Zitaten erweisen läßt. Und doch sind beide Rezensionen durch gemeinsame Fehler verbunden, die denselben Ausgangspunkt haben müssen. Dieser Befund verleitete zu der Vermutung, die Überlieferung habe sich schon frühzeitig in zwei Zweige gespaltet, vielleicht sogar noch vor der Wirksamkeit Aristarchs. Seit wir aber die Möglichkeit haben, 21 Papyri zu vergleichen, läßt sich eine solche Hypothese nicht mehr aufrecht erhalten. An den wenigen Stellen, an denen ein Papyrus mit den Handschriften in Fehlern harmoniert, liegen leichte (meist orthographische) Versehen vor. Wenn die Papyri den guten Text bieten, ergeben sich zwei Konstellationen: entweder war diese Lesart schon bekannt; dann treten die Papyri bald zu α, bald zu β. Oder die richtige Lesart ist neu; dann stimmen alle mittelalterlichen Handschriften in einem gemeinsamen Fehler überein. Der angemessene Schluß kann nur lauten, daß die Spaltung zur Zeit der uns bekannten

Papyri noch nicht bestand (das jüngste Fragment entstammt dem 3. Jh.). Man kann aber noch einen Schritt weitergehen: wären die Fassungen α und β jeweils gesondert aus der Scriptio continua in die Minuskel umgesetzt worden, dann müßten sich, in einem so umfangreichen Text, Versehen finden, die nur durch Mißdeutung der Majuskel entstehen konnten. Das ist nicht der Fall; denn die wenigen Musterstücke, die man in diesem Zusammenhang zu nennen pflegt, überzeugen nicht: Verwechslungen von *Θ* und *O*, *Θ* und *E*, *Θ* und *Φ*, *H* und *Π*, auch *Γ* und *Π* fehlen.

Es ist also ratsam, für Herodot einen byzantinischen Archetypus anzusetzen. Er wird allerdings zahlreiche aus den antiken Exemplaren herübergenommene Varianten enthalten haben. Das ist nur zu verständlich; denn die Unsicherheit über die Sprache Herodots ist zu allen Zeiten groß gewesen, und sie hat sich kaum verringert, seit man ionische Inschriften vergleichen kann. Der Dialekt des Historikers war vermutlich kein reines Ionisch, sondern in mancher Hinsicht eine persönliche Schöpfung, eine Kunstsprache, in der zwar keine Hyperionismen, wohl aber auswechselbare Doppelformen wie *πόλι – πόλει*, *θῶμα – θαῦμα*, *οὔνομα – ὀνομάζειν* nebeneinander begegnen. Der byzantinische Gelehrte, der den Archetypus schuf, handelte also klug und gewissenhaft, wenn er alle Varianten notierte, die ihm bemerkenswert erschienen.

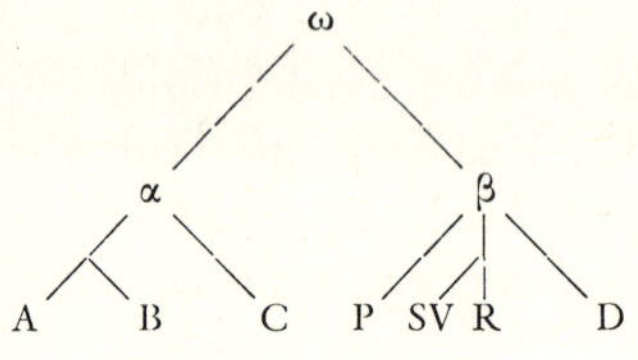

Vorreden der Ausgaben von H. STEIN (Bln. 1869) und C. HUDE (³Oxf. 1927). Dort auch Näheres über die Hss.: C ist ebenfalls ein Kodex der Laurentiana, B gehört der Bibliotheca Angelica in Rom, D und R sind Hss. der Vaticana, S liegt in Cambridge, V in Wien. P ist ein Codex mixtus: er folgt meist der Klasse β, tritt bisweilen aber auch zu *α*. Vgl. ferner PASQUALI 306. – Papyri: PACK Nr. 337–56 (1779). Das Verhältnis der Hss. zu den Papyri wurde geklärt von A. H. R. E. PAAP, De Herodoti reliquiis in papyris et membranis Aegyptiis servatis, Leiden 1948, 95. – Die mittelalterliche Textform entstammt einer alexandrinischen Ausgabe: im P. Amherst 2,12 (PACK 357; PAAP a.a.O. 37) sind Reste eines aristarchischen Kommentars zum 1. Buch erhalten.

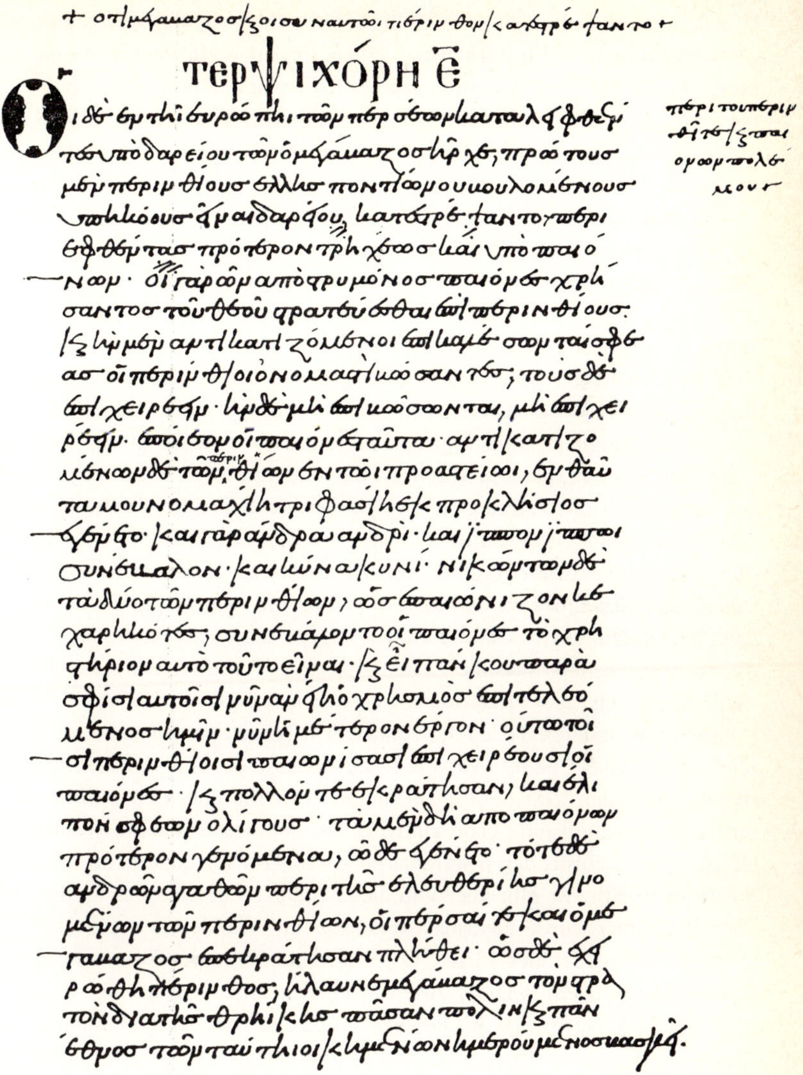

+ ὅτι μεγάβαζος ἐξ οἴσου αὐτῷ περινθίους κατεστρέψαντο +

ΤΕΡΨΙΧΟΡΗ Ε

Οἱ δὲ ἐν τῇ Εὐρώπῃ τῶν Περσέων καταλειφθέντες
ὑπὸ Δαρείου, τῶν ὁ Μεγάβαζος ἦρχε, πρώτους
μὲν Περινθίους Ἑλλησποντίων οὐ βουλομένους
ὑπηκόους εἶναι Δαρείου κατεστρέψαντο, περι-
εφθέντας πρότερον τρηχέως καὶ ὑπὸ Παιό-
νων. οἱ γὰρ ὦν ἀπὸ Στρυμόνος Παίονες χρή-
σαντος τοῦ θεοῦ στρατεύεσθαι ἐπὶ Περινθίους,
καὶ ἢν μὲν ἀντικατιζόμενοι ἐπικαλέσωνται σφέ-
ας οἱ Περίνθιοι ὀνομαστὶ βώσαντες, τοὺς δὲ
ἐπιχειρέειν, ἢν δὲ μὴ ἐπιβώσωνται, μὴ ἐπιχει-
ρέειν. ἐποίευν οἱ Παίονες ταῦτα. ἀντικατιζο-
μένων δὲ τῶν Περινθίων ἐν τῷ προαστείῳ, ἐνθαῦ-
τα μουνομαχίη τριφασίη ἐκ προκλήσιος
ἐγένετο· καὶ γὰρ ἄνδρα ἀνδρὶ καὶ ἵππον ἵππῳ
συνέβαλον καὶ κύνα κυνί. νικώντων δὲ
τὰ δύο τῶν Περινθίων, ὡς ἐπαιώνιζον κε-
χαρηκότες, συνεβάλοντο οἱ Παίονες τὸ χρη-
στήριον αὐτὸ τοῦτο εἶναι, καὶ εἶπάν κου παρὰ
σφίσι αὐτοῖσι· νῦν ἂν εἴη ὁ χρησμὸς ἐπιτελεό-
μενος ἡμῖν, νῦν ἡμέτερον ἔργον. οὕτω τοῖ-
σι Περινθίοισι παιωνίσασι ἐπιχειρέουσι οἱ
Παίονες, καὶ πολλὸν ἐκράτησάν τε καὶ ἔλι-
πον σφέων ὀλίγους. τὰ μὲν δὴ ἀπὸ Παιόνων
πρότερον γενόμενα ὧδε ἐγένετο· τότε δὲ
ἀνδρῶν ἀγαθῶν περὶ τῆς ἐλευθερίης γινο-
μένων τῶν Περινθίων, οἱ Πέρσαι τε καὶ ὁ Με-
γάβαζος ἐπεκράτησαν πλήθεϊ. ὡς δὲ ἐχει-
ρώθη ἡ Πέρινθος, ἤλαυνε Μεγάβαζος τὸν στρα-
τὸν διὰ τῆς Θρηίκης, πᾶσαν πόλιν καὶ πᾶν
ἔθνος τῶν ταύτῃ οἰκημένων ἡμερούμενος βασιλέϊ.

περὶ τοὺς περιν-
θίους ἐξ[...]αι
ὁμόσε πολε-
μοῦν

Abb. 54. Herodot, Buch 5, Anfang; Laur. plut. 70,3, f. 198, 10. Jh.
(WATTENBACH, tab. XIX).

Anders verhält es sich mit der PLATON-Überlieferung. Sie gehört zu den seltenen und interessanten Fällen, in denen ein dem Verfasser des Archetypus nicht bekanntes antikes Exemplar auf die späteren Zeugen einwirkte. Man muß demnach annehmen, daß der Text des Autors ein zweites Mal, vielleicht an einem anderen Ort, in die Minuskel transkribiert worden ist.

Der Platontext der Photioszeit verteilte sich auf zwei Kodizes, in denen die neun Tetralogien, die sog. *Definitionen* und die übrigen unechten Schriften enthalten waren, also alles, was im Altertum unter dem Namen des Philosophen tradiert wurde. Der zweite Band einer solchen Edition ist in dem prachtvollen Cod. A (Paris. gr. 1807, Ende des 9. Jh.) erhalten. Sein Text beginnt mit der achten Tetralogie, mit dem Dialog *Kleitophon*. Dieser trägt die Nummer 29; 28 Dialoge (d. h. sieben Tetralogien) standen in dem ersten, verlorenen Bande. Dessen Text liegt in einer späteren Abschrift, im Venediger Cod. T (11./12. Jh.), vor. Er enthält die Tetralogien I–VII, außerdem die ersten drei Bücher des *Staates* (bis 3, 389 d), also ein Stück aus der VIII. Tetralogie. Nach dem Dialog *Menexenos*, am Ende der VII. Tetralogie, findet sich die Bemerkung: «Ende des ersten Bandes» *(τέλος τοῦ πρώτου βιβλίου)*. Da sich die beiden Texte A und T in den angegebenen Partien des *Staates* überschneiden, läßt sich die Abhängigkeit A–T nachweisen: Trennfehler A, welche diese Relation stören würden, finden sich nicht.

Auch von anderen Teilen der Handschrift A existiert eine Abschrift, der vorzügliche Cod. O (Vat. gr. 1, s. Abb. 55), der mit den *Gesetzen* beginnt und den Rest der IX. Tetralogie sowie die unechten Schriften enthält. Allerdings folgt O bis zum 5. Buche der *Gesetze* (bis 746 b) einer älteren Handschrift, deren stemmatologische Position sich nicht mehr bestimmen läßt. Er gibt aber von dieser Stelle an den Text A wieder. Der Vaticanus wurde mehrmals revidiert, unter anderem von einem Korrektor des 11. oder 12. Jh. (O^4), der den «Text des Patriarchen» *(τοῦ πατριάρχου τὸ βιβλίον)* zitiert, vielleicht eine Ausgabe des Photios. Da diese Nachträge mit Fehlern des Parisinus A übereinstimmen, dürfte A von jenem Patriarchentext abstammen.

Der Vaticanus nun ist eine für Arethas geschriebene Handschrift. Ihre erste Lage war ursprünglich die 24., der Kodex umfaßte also, wie sich nachrechnen läßt, noch ungefähr 14720 Zeilen, d. h. noch die VII. und VIII. Tetralogie sowie den Dialog *Minos* (Anfang der IX. Tetralogie). Arethas selbst versah das Exemplar mit Korrekturen (O^3) und

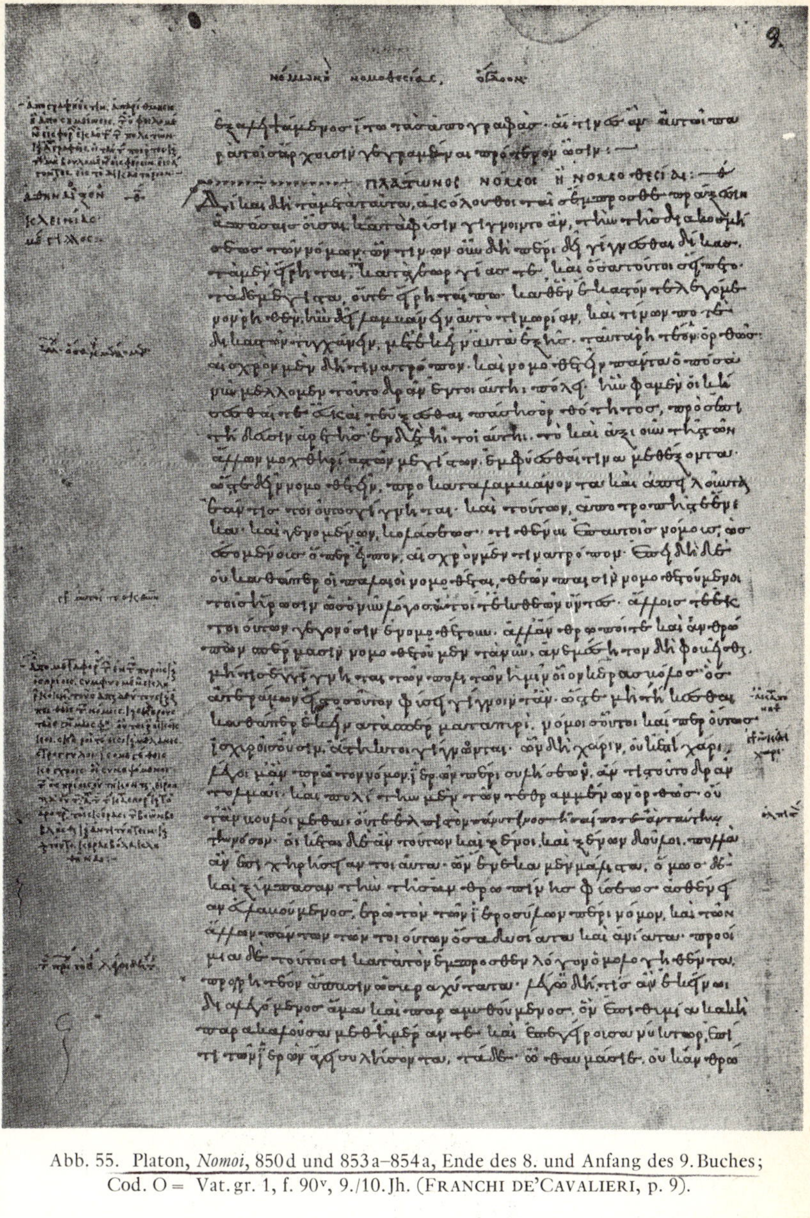

Abb. 55. Platon, *Nomoi*, 850d und 853a–854a, Ende des 8. und Anfang des 9. Buches; Cod. O = Vat. gr. 1, f. 90ᵛ, 9./10. Jh. (FRANCHI DE'CAVALIERI, p. 9).

Scholien, außerdem übertrug er seine Verbesserungen auch nach A (= A^3). Aus diesen Tatsachen ergibt sich, daß O der heute verstümmelte zweite Band derjenigen Platonausgabe ist, deren erste unversehrte Hälfte der berühmte Clarkianus (B = Bodl. gr. 39, geschrieben im Jahre 895 von Joannes Kalligraphos) darstellt. In ihm befinden sich die Tetralogien I–VI. Da sein Text in vielen Minuskelkorruptelen mit T übereinstimmt, wird B ebenfalls aus der Edition des Patriarchen herstammen. Auch in B finden sich Korrekturen (B^2, wahrscheinlich von der Hand des Arethas), die in Fehlern zu T treten, selbst dort, wo B das Richtige hat. Arethas scheint also bei der Revision des Textes den verlorenen Teil des Parisinus A zu Hilfe genommen zu haben.

An Hand der bisher aufgezählten Haupthandschriften lassen sich also wenigstens drei vollständige byzantinische Platonausgaben nachweisen: die des Photios (geteilt in die Tetralogien I–VI und VII–Ende), eine jüngere, die teilweise in A erhalten ist (geteilt in die Tetralogien I–VII und VIII–Ende) und die des Arethas. Deren erster Band hängt von der Photiosausgabe ab, der zweite zunächst von einem unbekannten Exemplar, dann von A. Offenbar war zur Zeit, als dieser Band angefertigt wurde, der entsprechende Teil des Photiostextes nicht verfügbar. Arethas hatte jedoch die Möglichkeit, Ersatz zu beschaffen. Bezeichnet man die teilweise im Parisinus erhaltene Ausgabe mit ⟨A⟩, das aus ihr abgeleitete Stück des Vaticanus mit O_{II}, die nur aus Randbemerkungen des Kodex K bekannte Edition des Patriarchen mit Φ, so läßt sich das folgende Stemma aufstellen:

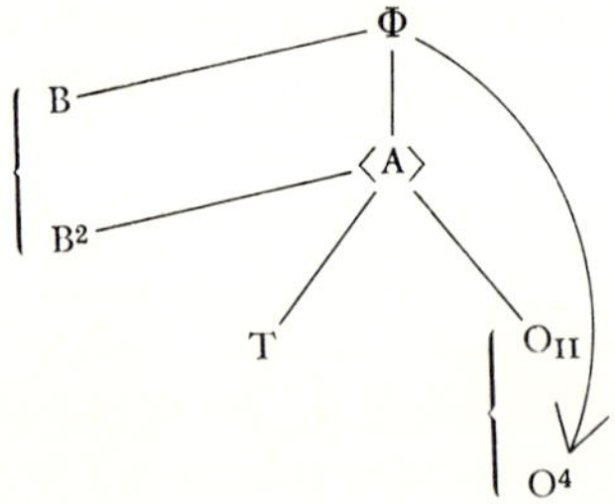

Der erste Teil des Vaticanus (O_I, enthaltend Buch 1–5 der *Gesetze* bis 746 b 8) ist in unserer Zeichnung nicht berücksichtigt. Wenn Arethas für diese Textpartie eine weitere, heute nicht mehr bestimmbare Vorlage heranziehen konnte, ist man zur Annahme berechtigt, daß um das Jahr 900 noch andere Platonausgaben existierten. Es muß aber auch antike Exemplare gegeben haben, die in den bisher genannten Editionen nicht berücksichtigt wurden. Diese Vermutung wird durch einige jüngere Handschriften bestätigt, die mehrmals ganz vorzügliche Lesarten aufweisen. Es möge genügen, hier den wichtigsten Kodex dieser Gruppe hervorzuheben, den F genannten Vind. Suppl. gr. 39 (13. Jh.). F enthält neben seinen ausgezeichneten Lesarten nicht nur Majuskelkorruptelen, sondern auch Fehler, die in antiken Platonzitaten, vor allem bei Schriftstellern der Kaiserzeit, wiederkehren. Dieser Befund zeigt, daß sich jene wertvollen Teile des Textes F nicht auf eine mittelalterliche Vorstufe des oben ermittelten Archetypus (Φ) zurückführen lassen. Sie spiegeln eine weitere antike Rezension wider. Da deren Lesarten auch in jüngeren Handschriften auftauchen, ist der moderne Herausgeber verpflichtet, alle Varianten solcher Zeugen auf ihren Wert zu prüfen. Oft zeigt sich freilich, daß der Einfluß der zweiten antiken Rezension auf wenige Stellen beschränkt ist.

Die Platonpapyri erfordern eine kurze Bemerkung, da ihre Einschätzung das Urteil über den Wert unserer handschriftlichen Tradition wesentlich bestimmt. Wir besitzen heute mehr als 35 Papyrusfragmente, außerdem die Reste eines größeren Kommentars zum Dialog *Theaitetos*. Die Bruchstücke der kaiserzeitlichen Exemplare besitzen nur geringes Interesse: sie bestätigen den Text unserer Handschriften und liefern einige Verbesserungen. Dagegen erregten die zwei ältesten Papyri (aus *Phaidon* und *Laches*) einiges Aufsehen. Ihr Text brachte neben wenigen evidenten Berichtigungen viele Fehler, und der Gedanke, daß sich die Akademieausgabe des Philosophen in einem so vernachlässigten Zustand befunden haben könnte, war enttäuschend. In Wahrheit dürfte es sich um Liebhaberabschriften handeln, die einen sicheren Rückschluß auf die Qualität ihrer mittelbaren oder unmittelbaren Vorlagen nicht gestatten. Man kann die beiden Fragmente mit den ptolemaischen Homertexten vergleichen, die ohne Kontrolle an maßgebenden Exemplaren entstanden sind. In der Textgeschichte Platons fehlt uns allerdings der Maßstab einer alexandrinischen Edition. Der Wert jener alten Papyri läßt sich also nur von Fall zu Fall durch Vergleich mit der Form des Vulgattextes bestimmen. Für dessen Beurteilung sind die häufigen und oft umfangreichen Zitate bei anderen Autoren wichtiger als die Papyrusfragmente. Die Lesarten der Nebenüberlieferung bestätigen den Eindruck eines verhältnismäßig einheitlichen und im ganzen festen Textbestandes. Der moderne Platonleser darf überzeugt sein, daß er, von wenigen Ausnahmen abgesehen, die Formulierungen der Akademieausgabe und damit wohl auch die Worte des Autors vor Augen hat.

Wichtigste Literatur bis 1925 bei F. ÜBERWEG-K. PRÄCHTER, Die Philosophie des Altertums I([12]1926)*67. Dazu H. ALLINE, Histoire du texte de Platon, Paris 1915; PASQUALI 247; Vorreden der französischen Gesamtausgabe; Edition des *Gorgias* von E.R.DODDS (Oxf. 1959), 34. Bester Überblick: WILAMOWITZ, Platon II (Bln. 1920), 324. – Es existieren etwa 150 Platon-Hss., aber nicht mehr als 10 gehören der Zeit vor dem 13.Jh. an. Zum Verhältnis A–T, das bereits von SCHANZ, dem Entdecker des Cod. T, erkannt wurde, vgl. ALLINE a.a.O. 272; E. CHAMBRY, Platon, Oeuvres complètes VI (Paris 1947), CXLI; auch J. BURNET, Class. Quart. 8, 1914, 231. – Zum Vat. O: F. LENZ, Nachr. Ges. Wiss. Gött. 1933, 193; ders., Gnomon 1936, 128; E. DES PLACES, Platon, Œuvres complètes XI, 1 (Paris 1951), CCVII (Lit.). – Gemeinsame Fehler O^4–A z.B. *Gesetze* 668b6; 676b7; 774d5. Zu den Übereinstimmungen B^2–T vgl. J. BURNET, Class. Rev. 16, 1902, 276 (Beispiel: *Charmides* 171c4). Minuskelkorruptelen in B und T z.B. *Gorgias* 493b1, auch 492b2 und 496e1. Dazu H. ALLINE a.a.O. 257.270; G.C. GREENE, Scholia Platonica (Haverford 1938, Vorrede). – Zum Vind. F. vgl. J. BURNET, Class. Rev. 16, 1902, 98.388, ebendort 17, 1903, 12; E.R. DODDS, Jl. Hell. St. 77, 1957, 24. DODDS macht es sehr wahrscheinlich, daß F unmittelbar auf eine Unzial-Hs. zurückgeht. Neben F steht die unbedeutendere Schwester-Hs. S (Marc. gr. 189). Wichtiger ist W (Vind. Suppl. gr. 7), ein Kodex, der bald T, bald B folgt, daneben aber gleichfalls bemerkenswerte Verbesserungen bietet. W tritt in der VII. Tetralogie für B ein. Genannt seien noch C (Tübingen), D (Marc. gr. 185), M (Cesena) und Y (Vind. gr. 21), die hin und wieder hervortreten (vgl. DODDS, Edition des *Gorgias* 54). Übrigens ist der Textbestand in den genannten Recentiores jeweils verschieden. – Papyri: PACK Nr. 1082–1117. Dazu P.S.I. 1392–3. PACK Nr. 1082 jetzt veröffentlicht in Jl. Jur. Pap. 4, 1950, 83. Ob PACK Nr. 1105 Überrest eines Kommentars zum *Phaidros* ist, steht nicht fest (K. PRÄCHTER, Hermes 42, 1907, 150). Zum *Phaidon-* und *Laches*papyrus ALLINE a.a.O. 65; WILAMOWITZ a.a.O. II, 331; W. SCHUBART, Einf. 92; PASQUALI 262. Ausgehend von beiden Papyri verdächtigt G. JACHMANN (Der Platontext, Nachr. Akad. Gött. 1941, 225) die Zuverlässigkeit der handschriftlichen Überlieferung. Seine Interpretationen sind nicht frei von Mißverständnissen. JACHMANN verkennt auch die umfangreiche Doppelfassung im *Kratylos:* (1) 438a1–b3 ∼ (2) 438a1 (*ἐάσωμεν*) und Zusatz W (*τάδε δὲ* bis *οὔ μοι δοκεῖ*) und 438b5–8. Beide Versionen sind zweifellos platonisch (Hinweis von E. KAPP). – Zu den Platon-Hss. des Galen und des Proklos vgl. PASQUALI 266. Zur armenischen Übersetzung WILAMOWITZ a.a.O. II, 333. Zu den arabischen Bearbeitungen R. WALZER, Festschrift B. Snell (München 1956), 191.

Sehr viel schwieriger ist es, über die Tradition der Reden des DEMOSTHENES Klarheit zu gewinnen. Die Mehrzahl der Handschriften, die den Text der sog. Vulgata liefern, pflegt man in zwei oder auch in drei Gruppen einzuteilen. Den Aussagen dieser Zeugen stehen die bisweilen auffällig abweichenden Lesarten des wertvollen Cod. S (Paris. gr. 2934, 10. Jh.) gegenüber: S bietet einen erlesenen, meist knapperen Text. Man pflegt ihn für ursprünglicher zu halten als die vollere Form der Vulgata, muß allerdings zugestehen, daß alle Zeugen eine einzige Rezension widerspiegeln. Das folgt aus zahlreichen Leitfehlern, vor allem aus der Tatsache, daß der Schluß der 32. Rede in allen Handschriften fehlt. Die Versuche, eine mit S übereinstimmende antike Demosthenesrezension zu finden, sind gescheitert. Der kaiserzeitliche Lexikograph Harpokration führt einige Male Demostheneszitate aus attischen (oder für den Verleger Atticus kopierten) Handschriften an. In diesen Exemplaren hat man eine Vorstufe des Textes S erblicken wollen. Aber die Varianten der in Frage kommenden Zitate harmonieren nur ein einziges Mal mit S, an einer zweiten Stelle weichen sie von der gesamten (hier einheitlichen) handschriftlichen Überlieferung ab, und in einem dritten Artikel ist ein Demosthenessatz in zwei Formulierungen angeführt, deren eine in S wiederkehrt, die andere in unserer Vulgata. Es läßt sich also lediglich behaupten, daß die einzelnen Lesarten der Rezension S in der Antike bekannt waren. Durch Vergleich der Papyri und der Demostheneszitate bei anderen Autoren mit dem handschriftlich überlieferten Text wird dieser Schluß noch zuverlässiger: jene von unseren Handschriften unabhängigen Formulierungen stimmen bald mit der Fassung S, bald mit der Vulgata überein, ohne daß sich die im Mittelalter geläufige Spaltung der Rezensionen jeweils nachweisen ließe. Der Befund ähnelt also den Verhältnissen, die wir in der Herodotüberlieferung antrafen.

Man darf in diesem Zusammenhang fragen, ob die Rezension S nicht doch überschätzt worden ist. Wenn man die Formulierungen beider Auflagen mit verwandten, einheitlich überlieferten Demosthenespartien vergleicht, kann man nicht selten nachweisen, daß die Vulgata dem Text S gleichberechtigt, sehr oft sogar überlegen ist. Die dritte Rede gegen Philipp (*or.* 9), in der sich die beiden Fassungen auffällig weit voneinander entfernen, stellt einen Musterfall für diese Demonstration dar: oft ist nicht der knappere, kompaktere Text demosthenisch, sondern die vollere und auch wuchtigere Formulierung der Vulgata. Man wird deshalb annehmen dürfen, daß der Text S von einem gelehrten Herausgeber geschaffen wurde. Er hatte zahlreiche alte Varianten zur Hand, zu denen die Kürzungen und Streichungen allerdings nicht zu gehören brauchen. Da die beiden Fassungen auch in den jüngsten Papyri noch nicht als selbständige Rezensionen auftreten, könnte der Text S erst am Ausgang der Antike entstanden sein. Wahrscheinlich wurde er von einem mittelalterlichen, rhetorisch geschulten Gelehrten geschaffen. Der Herausgeber verfügte entweder über ein antikes Korrekturexemplar oder (was ich für wahrscheinlicher halte) über ein gutes kritisches Hypomnema, in welchem über antike Varianten berichtet wurde. Man darf darauf hinweisen, daß auch in den erhaltenen, von der spätantiken Rhetorik redigierten und übel verkürzten Scholien gelehrte Bemerkungen über alte Varianten und Editionen angetroffen werden. In mehreren Handschriften der *Midiana* (*or.* 21), vor allem in S selbst, sind Teile des Textes mit Tilgungszeichen (Obeloi) ausgestattet. Auch diese Zeichen dürften auf die Anregung wissenschaftlicher Kommentare zurückgehen. Wenn aber die Fassung S als Produkt mittelalterlicher Gelehrsamkeit angesehen werden kann, darf man auch mit einem Archetypus etwa gleichen Alters rechnen, aus dem sich die drei oder vier oben genannten Klassen herleiten. Ob es allerdings bei der Vielzahl der in den Handschriften nachweisbaren Kollationen gelingen wird, ein vollständiges Stemma aufzustellen, ist zweifelhaft. Die Mitteilungen der bisherigen Editoren ermöglichen es leider nicht, diese Frage eindeutig zu beantworten.

Vorreden der Ausgaben von S. H. BUTCHER–W. RENNIE (Oxf. 1903–31) und C. FUHR–J. SYKUTRIS (Lpzg. 1914–37); A. CROISET, Démosthène, Harangues I (Paris 1946), XLIV; für die Reden in Zivilklagen L. GERNET, Démosthène, Plaidoyers civils I (Paris 1954), 13; F. ZUCKER, Gnomon 1958, 551. – Die Hss. F (Marc. gr. 416, 10. Jh.) und Q (Marc. gr. 418, 10. Jh.) stimmen so oft überein, daß FUHR sie unter einem Siglum (V) zusammenfaßte. Ihnen verwandt ist D, ein Ambrosianus des 11. Jh. (erst ab *or.* 29). Der Gruppe FQD steht die durch P (Laur. plut. 59, 9) und Y (Paris gr. 2935, beide 11. Jh.) vertretene Klasse nahe. Die letzte Rezension wird durch die Hs. A (Monac. gr. 485, 10. Jh.; ab Rede 27 oft die beste Fassung enthaltend) und U (Vat. gr. 113, 10./11. Jh.) repräsentiert. Dem Paris. S ist der Cod. Laur. plut. 56, 9 (L, 13. Jh.) nahe verwandt, vielleicht sogar aus ihm abgeschrieben. – Papyri: PACK Nr. 166–239, ferner 241 (Kommentar des Didymos). P. Heidelb. 207 (E. SIEGMANN, Griech. Texte der Heidelberger Papyrussammlung, Hdbg. 1956, 84). P.S.I. 1394–5. Dazu folgende Proben: P. Ox. 1182 (2. Jh. n. Chr., enthaltend *or.* 19, 53–7) stimmt zweimal mit der Vulgata, dreimal mit S, jeweils in richtigen Lesarten, überein; P. Ox. 1093 (2. Jh. n. Chr., enthaltend *or.* 39, 7–23) sechsmal mit der Vulgata, 13mal mit S. Die Zitate in der den Stil des Redners behandelnden Schrift des Dionys von Halikarnaß treten dort, wo sich die Rezensionen teilen, 23mal zur Vulgata, neunmal zu S. Die Spaltung in zwei Rezensionen liegt auch im P. Ox. 1094 (5. Jh., enthaltend *or.* 19, 274–80) noch nicht vor. – Wichtig und interessant sind die Scholien zu *or.* 21, 133 und 147; dazu H. ERBSE, Hermes 84, 1956, 135. – Zu den stichometrischen Angaben in S vgl. PASQUALI 277. Zur Frage nach der Echtheit der in mehreren Reden mitgeteilten Urkunden E. DRERUP, Jahrb. class. Phil., Suppl.-Bd. 24, 1898, 221; dazu P. Ox. 1377 (1. Jh. v. Chr.).

Ein ähnliches Problem kennzeichnet die ISOKRATES-Überlieferung. Der Vulgata, die durch mehr als 100 Handschriften vertreten ist, steht ein besonders wertvoller und alter Kodex (Γ = Urbin. gr. 111, 9./10. Jh.) gegenüber. Die Herausgeber pflegen sich seiner Führung anzuvertrauen, da sie annehmen, er sei unmittelbar aus einem antiken Exemplar, vielleicht sogar aus einem Buch hadrianischer Zeit abgeleitet. Diese Vermutung bestätigt sich jedoch nicht; denn Γ weist nicht selten Fehler auf, während die Vulgata die bessere Form bietet. Wo längere Partien beider Rezensionen voneinander abweichen, steht im Urbinas meist der kürzere Text, und die Interpretation vermag dann zu zeigen, daß derartige Kompressionen des Ausdrucks oft sekundär sind, also von einem Bearbeiter vorgenommen wurden, dem die Formulierung des Autors zu weitschweifig war. Nur selten kehrt sich das Verhältnis um, so daß dem volleren Wortlaut Γ ein skizzenhafter Ausdruck in der Vulgata gegenübertritt. Weder in Γ noch im Hyparchetypus der Vulgata finden sich reine Majuskelkorruptelen, wohl aber bald hier und bald dort Fehler, die nur durch Verwechslung mittelalterlicher Kompendien entstanden sein können. Aus diesem Befund folgt, daß der Archetypus in die Minuskelzeit, wahrscheinlich ins 9. Jh., gehört. Die mittelalterliche Isokratesüberlieferung läßt sich durch folgende Skizze verdeutlichen.

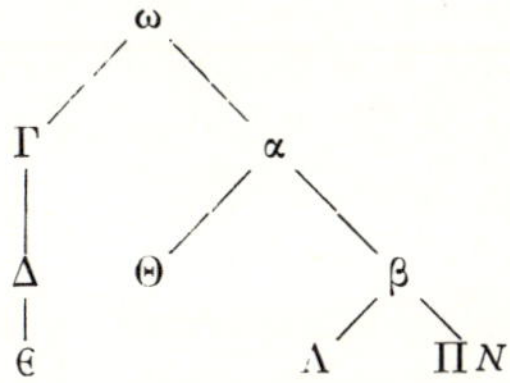

Δ = Vat. gr. 936 (14. Jh.); Є = Ambros. O 144 (15. Jh.); Θ = Laur. plut. 87,14 (13. Jh.); Λ = Vat. gr. 65 (geschrieben 1063); Π = Paris. gr. 2932 (15. Jh.); *N* = Laur. plut. 58,5 (15. Jh.). Notiert wurden diejenigen Haupthandschriften, die im Apparat unserer Ausgaben erwähnt zu werden pflegen. Neben Π *N* stehen zahlreiche junge Kodizes, zwischen Λ und Π *N* nicht wenige kontaminierte Hss. Die Isokratesbriefe sind im Zweig Γ erhalten, außerdem in Φ (Vat. gr. 64, geschrieben 1270), einer Hs., die zur Vulgatklasse gehört. Daß die Spaltung in zwei Klassen mittelalterlich ist, wird durch die Papyri sichergestellt (Pack Nr. 970–1005, dazu P. Heidelb. 208 [Siegmann, a.a.O. 84]; P. Hamb. II, 1954, P. Ibscher 4; P. Erlang. 5 [= Pack Nr. 2029; C. H. Roberts, Jl. Jur. Pap. 9–10, 1955/6, 135], alle kaiserzeitlich). In fast allen Papyri erscheinen neben Berichtigungen des Textes ω und neben Sonderfehlern die Lesarten beider Handschriftengruppen innerhalb derselben Textpartie. – An den oben erwähnten Stellen, an denen Γ und α in der Formulierung ganzer Abschnitte differieren, darf man nicht von Doppelfassungen (Autorenvarianten) sprechen, da ein so sorgfältiger Stilist wie Isokrates seine Schriften vermutlich nur einmal, und zwar vollkommen ausgearbeitet, edierte. Es muß vielmehr von Fall zu Fall entschieden werden, ob die kürzere oder die längere Version als Entstellung des Originals zu gelten hat. In der Regel lagen für den spätantiken oder byzantinischen Redaktor Kürzungen näher als Interpolationen. – E. DRERUP, Isocratis opera omnia I (Lpzg. 1906), IV; G. MATHIEU, Isocrate, Discours I (Paris 1956), XX; PASQUALI 294. Beispiele für Fehler in Γ in der Ausgabe von G. E. BENSELER–F. BLASS ([2]Lpzg. 1913), VI.

Ein byzantinischer Herausgeber stellte die ihm erreichbaren Werke der Redner ANDOKIDES, ISAIOS, DEINARCH, ANTIPHON und LYKURG in einer Sammelhandschrift zusammen. Diese Edition ist uns aus zwei selbständigen Abschriften bekannt, aus einem Kodex des Britischen Museums (Burnei 95 = A, 13. Jh.) und aus dem Oxoniensis Bodl. Auct. T II 8 (N, 14. Jh.), der allerdings nur Deinarch, Antiphon und einen Teil der einzigen geretteten Lykurgrede enthält. Das gegenseitige Verhältnis der beiden Handschriften war lange Zeit umstritten. Da A jedoch, wenigstens an drei Stellen, Korruptelen aufweist, die der Schreiber N schwerlich behoben haben könnte, empfiehlt es sich, beide Texte auf den verlorenen Archetypus unmittelbar zurücklaufen zu lassen. Dagegen beruht die Überlieferung des Andokides ebenso wie die des Isaios allein auf A; denn der Ambrosianus Q (D 42 sup.; 14. Jh.), in dem die vierte Rede des Andokides und die zwei ersten des Isaios erscheinen, bietet, von leichten orthographischen Verbesserungen abgesehen, einen minderwertigen, offenbar aus A abgeleiteten Text.

A selbst ist nicht nur korrigiert (A^2), sondern auch abgeschrieben worden (B = Laur. plut. 4,11, 15. Jh.). Aus B stammt der Marcianus L, der einerseits der Aldina (1513), andererseits dem Codex Burnei 96 (M) als Vorlage diente. Aus M schließlich leitet sich der Breslauer Kodex Z her. Wir erhalten das nachstehende Stemma.

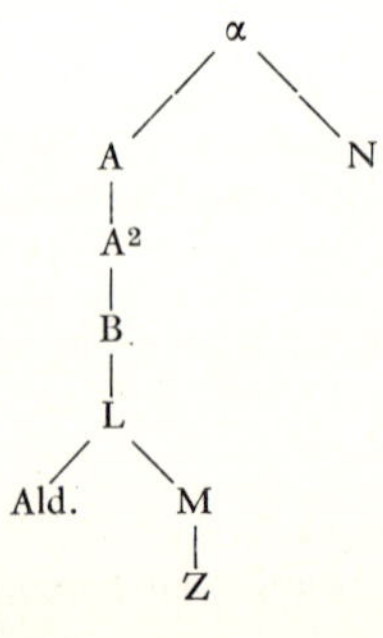

Noch einfacher ist die Überlieferung der Reden des LYSIAS, die in mehreren Handschriften stehen. Die jüngeren hängen alle, direkt oder indirekt von dem Palat. Heidelb. 88 (X, 12. Jh.) ab. Dieses Verhältnis gilt auch für den *Epitaphios* (*or*. 2), dessen Abschriften mit denen der übrigen Reden nicht identisch sind, aber ebenfalls aus X abgeleitet werden dürfen. Alle Versuche, die hervorragende Bedeutung des Heidelberger Kodex anzufechten, schlugen fehl.

Übrigens sind die beiden führenden Handschriften A und X auch noch in einer anderen Hinsicht von Interesse: sie erhielten uns die Musterreden der Sophisten GORGIAS, ALKIDAMAS und ANTISTHENES, und zwar, von unbedeutenden Ausnahmen abgesehen, als einzige Zeugen.

Verteilung: Gorgias' *Palamedes* (A), *Helena* (AX), Alkidamas' *Odysseus* (A), *Über die Sophisten* (X), Antisthenes' *Aias* und *Odysseus* (X). Die *Helena* taucht außerdem in einigen Hss. einer dritten Gruppe auf. – Die oben genannten Trennfehler A stehen Antiph. 5,39 und 6,6; Lyk. 28. – Die Papyri haben nur wenige Fragmente aus den handschriftlich überlieferten Reden gebracht: Isaios: PACK Nr. 968; Lykurg: PACK Nr. 1010; Lysias: PACK Nr. 1012–3 (ferner einige Zitate in anderen Zusammenhängen), wohl aber mehrere Bruchstücke aus verlorenen Schriften und einige vollständige Werke des HYPEREIDES (PACK Nr. 963–6). – Unter den Zeugnissen der Nebenüberlieferung sind hier, wie für die meisten Redner, die Auszüge bei Dionys von Halikarnaß von besonderer Wichtigkeit. – Vgl. die Vorreden der Ausgaben des Andokides von F. BLASS (^{4}Lpzg. 1913), des Isaios von TH. THALHEIM (^{2}Lpzg. 1903) und P. ROUSSEL (Paris 1922), des Deinarch von F. BLASS (^{2}Lpzg. 1888), des Antiphon von V. JERNSTEDT (Petersburg 1880), F. BLASS (^{2}Lpzg. 1881) und TH. THALHEIM (Lpzg. 1914), des Lykurg von F. BLASS (Lpzg. 1899), des Lysias von C. HUDE (Oxf. 1912), von TH. THALHEIM (^{2}Lpzg. 1913) und von U. ALBINI (Florenz 1955).

Die Überlieferung der drei Reden und der Briefe des AISCHINES erwähnen wir hier nur, um keine Lücke entstehen zu lassen. Sie zuverlässig darzustellen, ist nicht möglich, da eine moderne, das gesamte Material berücksichtigende Ausgabe noch nicht existiert. Es gelang, die zahlreichen Handschriften in drei verschiedene Gruppen (*ABM*) einzuteilen. Diese lassen sich jedoch nicht überall sauber voneinander abheben. Die Rezensionen entstammen einer mittelalterlichen Vorlage, deren Text durch die Lesarten von 15 Papyri mehrmals berichtigt wird. Einige Fehler der Papyri treten zwar auch in einzelnen mittelalterlichen Handschriften auf. Es handelt sich jedoch um belanglose Versehen, meist um naheliegende Umstellungen einzelner Wörter. Diese Vertauschungen besitzen keine bindende Kraft, stören also das postulierte

Verhältnis nicht. Mit der Möglichkeit, daß der Archetypus Varianten (bzw. textkritische Scholien) enthalten hat, muß man rechnen.

Die Klasseneinteilung wurde von WEIDNER (1872) aufgebracht. Bester Repräsentant der Gruppe *A*, in der die erste Rede fehlt, ist der Paris. gr. 2998 (k, 13./14. Jh.), führende Hs. der Klasse *B* der Angel. gr. 44 (a, 15. Jh.) und wichtigster Vertreter für *M* der Paris. Coisl. 249 (f, 10. Jh.), von dem alle übrigen Hss. dieser Gruppe abhängen. Die Briefe erscheinen nur in einigen Hss. der beiden letztgenannten Gruppen. Papyri: PACK Nr. 3–12, dazu: The Oxyrhynchus Papyri 24 (London 1957), S. 130. Erwähnenswert ist die Variante μεμνῆσθαι (Laur. plut. 57,45, 15. Jh.) statt μνησθῆναι (*or.* 3,182). Der Papyrus PACK Nr. 12 (5. Jh.) hat μεμνησθῆναι – ein Befund, der den Schluß gestattet, daß die beiden mittelalterlichen Lesarten möglicherweise schon in antiken Exemplaren miteinander konkurrierten. – Vorreden der Ausgaben von F. BLASS ([2]Lpzg. 1908) und V. MARTIN (Paris 1925); M. HEYSE, Die handschriftliche Überlieferung der Reden des A., Programm Ohlau 1912; E. D. GOLDSCHMITT, Gnomon 4, 1928, 212.

XENOPHON dürfen wir nicht übergehen, obwohl die Überlieferung seines Textes vernachlässigt, auch keineswegs sehr interessant ist. Das antike Korpus, das alle Werke umfaßte, wurde nach der Transkription aufgeteilt. Wir müssen also die Weitergabe der einzelnen Schriften in getrennten Abschnitten verfolgen.

Dabei empfiehlt es sich, mit den sog. Opuscula zu beginnen, mit den Schriften *Hieron*, *Agesilaos*, *Staat der Spartaner*, *Über die Einkünfte*, *Hipparchikos*, *Über die Reitkunst* und *Von der Jagd*. Wir beschränken uns zunächst auf die vier erstgenannten Werke, deren mittelalterliche Textgeschichte sich mit derjenigen der übrigen nicht durchaus deckt. *Hieron*, *Agesilaos*, *Staat der Spartaner* und der Anfang des Buches *Über die Einkünfte* (1–3,5) stehen in der wertvollen Handschrift A (Vat. gr. 1335, 12. Jh., am Ende verstümmelt), alle vier Schriften im Vat. gr. 1950 (D, 14. Jh.) sowie in einer Gruppe jüngerer Handschriften (d), und zwar ist D unmittelbar aus A abgeschrieben, während d eine spätere Entwicklungsstufe des Kodex A wiedergibt, auf welcher der Text durchkorrigiert wurde.

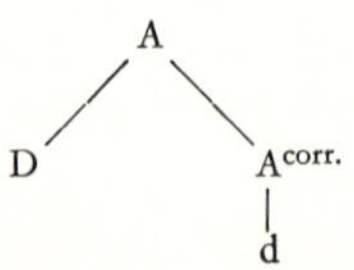

Für die drei restlichen Schriften fehlen die Handschriften A und D. Als Ersatz dient der Vat. gr. 989, ein Kodex, der neben anderen Abhandlungen über Kriegswesen auch die drei xenophontischen Bücher aufweist. Dieser Vaticanus stammt aus einer mit d gemeinsamen Vorlage. Die Schriften *Über die Reitkunst* und *Von der Jagd* wurden außerdem in einer jungen Wiener Handschrift des 16.Jh. (IV,37) gefunden, die neben zahlreichen Fehlern einen erstaunlich guten Text bietet und über Zwischenstufen auf eine noch bessere Rezension zurücklaufen muß. – Wenn man nun voraussetzen darf, daß sich der Kopist D auf die Abschrift der ersten vier Werke nur deshalb beschränkte, weil er sich für die übrigen nicht interessierte, dann ist die Annahme statthaft, daß die in der folgenden Abbildung mit y bezeichnete Vorlage der Zeugen Vat. 989 und d mit dem einst unverstümmelten Kodex A identisch ist. In A wäre uns dann der Rest einer ehedem vollständigeren Abschrift der ältesten byzantinischen Ausgabe der Opuscula (ω) erhalten.

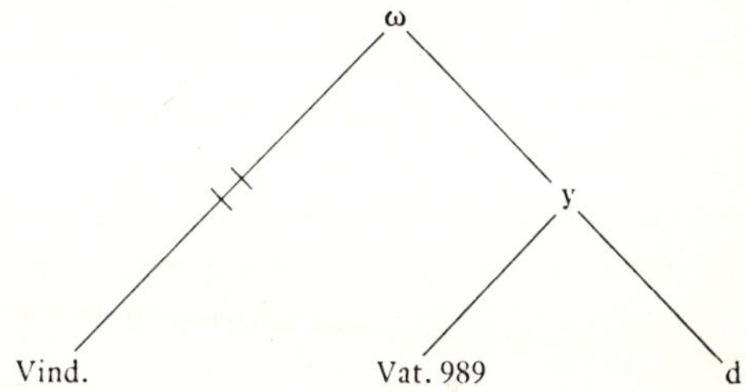

Vorreden der Ausgaben von TH. THALHEIM ([2]Lpzg. 1915) und F. RÜHL (Lpzg. 1912), G. PIERLEONI ([2]Rom 1937). Ein Kodex von Modena (C, 15. Jh.), der bisweilen als Repräsentant einer ursprünglicheren Textfassung genannt wird, bietet einen (wohl vor allem aus D) abgeleiteten Text. Ein Papyrusfragment der Schrift *Über die Einkünfte* (1,5–6: PACK Nr. 1233, 2. Jh. n. Chr.) bestätigt die handschriftliche Überlieferung, auch in einem Fehler. Dazu PACK Nr. 1229 (*Von der Jagd*); vgl. A. W. PERSSON, Zur Textgeschichte Xenophons, Lund 1915, 50. Über die beiden Fassungen des Prooimions der Schrift *Über die Jagd* siehe W. A. BAEHRENS, Hermes 62, 1927, 124. – In D, d und in einer jüngeren Partie des Vat. gr. 1335 steht auch das kleine Werk *Vom Staate der Athener*, die älteste attische Prosaschrift, die wir besitzen (entstanden kurz nach 430). Diese Schrift geriet durch ein glückliches Arrangement in das xenophontische Korpus und wurde dadurch vor dem Untergang bewahrt. Vorreden der Ausgaben von A. KIRCHHOFF ([3]Bln. 1889) und E. KALINKA (Lpzg. 1914).

Die Handschriften der *Kyropaideia* verteilen sich auf drei Klassen. Zwei von ihnen (y und z) besitzen dort, wo Varianten vorliegen, jeweils selbständige Fassungen, während die jüngere Gruppe x bald zu y, bald zu z tritt. Lesarten, die nur in x erscheinen, sind fast stets mittelalterliche Schreibfehler. Sie lassen sich auch in den zahlreichen Zitaten der Nebenüberlieferung nicht nachweisen. Wenn man den Wortlaut der Rezensionen y und z mit dem der Nebenüberlieferung und der Papyri vergleicht, erkennt man, daß die Gruppe y die Klasse z an Qualität bei weitem übertrifft. Die Varianten z waren aber, wie gerade die Papyri lehren, der Antike bekannt, sie erscheinen bisweilen sogar an derselben Textstelle neben der Fassung y, teils als Grundtext, teils als Korrektur oder Randscholion. Da jedoch die Lesarten der beiden mittelalterlichen Gruppen y und z nicht in gleichbleibender Anordnung auf Text und Varianten der Papyri verteilt sind, folgt mit Notwendigkeit, daß y und z erst im Mittelalter als gesonderte Rezensionen auseinandergetreten sind. Ihr Zustandekommen kann man sich nur folgendermaßen vorstellen: Der erste byzantinische Editor, der gelehrte Verfasser des Archetypus, stellte aus den ihm erreichbaren Kodizes den bestmöglichen Text her, der offenbar in der Mehrzahl der Fälle der späteren Fassung y entsprach. Die ihm bekannten Varianten vermerkte er über der Zeile oder am Rande, um sie nicht umkommen zu lassen. Da diese Nebenformen vom Redaktor z bevorzugt wurden, entstand eine neue, in ihrer Einseitigkeit dem Altertum unbekannte Rezension. Erst der jüngste Bearbeiter x schuf einen gewissen Ausgleich, indem er sich beiden Ausgaben anschloß und fallweise die eine der anderen nach Gutdünken vorzog.

Vorreden der Ausgaben von E. C. MARCHANT (Oxf. 1912) und W. GEMOLL (Lpzg. 1912). Haupt-Hs. der Klasse y ist der Erlanger Cod. 88 (F, 15. Jh., teilweise verstümmelt), wichtigster Vertreter der Klasse z der Paris. gr. 1635 (A, 14. Jh.), der Gruppe x der Paris. gr. 1640 (C, 14. Jh.). Zur Rezension z gehört auch der Vat. gr. 1335 (hier V genannt), der aber nur die letzten drei Bücher des Werkes enthält. Papyri: PACK Nr. 1213–9. Fassung y und z gleichzeitig auf Papyri: P. Ox. 697 (3. Jh.) und P. Rainer (Pack Nr. 1219, 2. Jh.). Vgl. A. W. PERSSON a.a.O. 20; K. MÜNSCHER, Philologus, Suppl. 13,2 (1920), 180. Der Versuch PASQUALIS (302), die Existenz einer selbständigen antiken Rezension zx nachzuweisen, ist schwerlich gelungen.

Die Überlieferung der *Apomnemoneumata* (*Memorabilien*) läßt sich nur in groben Umrissen skizzieren, da die Affiliation der zahlreichen, zum Teil wenig wertvollen jüngeren Handschriften noch nicht ermittelt ist. Es steht fest, daß der Text des Archetypus von den beiden Haupthandschriften A (Paris. gr. 1302, 13. Jh.) und B (Paris. gr. 1740, 13./14. Jh.) am getreuesten wiedergegeben wird. Die jüngeren Zeugen, die sich bald der einen, bald der anderen Textform anschließen, gewinnen im dritten und vierten Buch der Schrift an Bedeutung, da A hier aussetzt. Vier kaiserzeitliche Papyri stimmen mit dem handschriftlich überlieferten Text fast völlig überein, nicht dagegen der jüngst veröffentlichte Heidelberger Papyrus 206. Er stammt aus dem Anfang des dritten vorchristlichen Jahrhunderts und enthält Teile des Kapitels 1,3. Wenn es richtig ist, daß Xenophons Werke von den alexandrinischen Gelehrten ediert wurden, darf man den Heidelberger Text mit den von der Vulgata abweichenden ptolemaiischen Homer- und mit den oben hervorgehobenen Platonpapyri vergleichen. Das alte Fragment weist einen den Handschriften fremden Zusatz und mehrere, bisher unbekannte Formulierungen auf. Wichtige Verbesserungen findet man jedoch nur an zwei Stellen (1,3,8 und 1,3,12), während die übrigen Varianten wohl stilistisch glatter wirken, aber xenophontische Ausdrucksweise nicht getreuer wiedergeben als der bisher geläufige Wortlaut. Der Papyrus beansprucht erhöhtes Interesse, da er einen Einblick in die Frühgeschichte der Überlieferung Xenophons gewährt.

K. SCHENKL, S.ber. Akad. Wien 80,1875,102 und 175; Vorreden der Ausgaben von E.C. MARCHANT (Oxf. 1921) und C. HUDE (Lpzg. 1934). HUDE gelang es, sechs jüngere, miteinander nahe verwandte Hss. zu einer Gruppe Φ zusammenzufassen. Wenigstens in den Büchern 1–2 beruhen alle nur in den Recentiores erscheinenden guten Lesarten regelmäßig auf Konjektur. – Papyri: PACK Nr. 1225–8, vgl. A.W. PERSSON a.a.O. 11.46. Der P. Heidelb. 206 ediert und vorzüglich kommentiert von E. SIEGMANN a.a.O. 68.

Der Archetypus der *Hellenika* wird ebenfalls durch zwei Rezensionen repräsentiert, deren bessere vor allem in den Handschriften B (Paris. gr. 1738, 14. Jh.) und P (Palat. gr. 140, 14. Jh.) vorliegt. Vertreter der schlechteren Klasse sind die Codd. C (Paris. gr. 2080, 15. Jh.) und N (Neapol. gr. 22,1; 15. Jh.). Drei Papyri, deren wertvollster (3. Jh. n. Chr.) der Sammlung des Erzherzogs Rainer zugehört, beweisen, daß auch hier die Zweiteilung mittelalterlich ist: sie verbessern unseren Text mehrmals, weisen aber keine Sonderfehler der beiden genannten Gruppen auf.

Vorrede der Ausgabe von C. HUDE (Lpzg. 1930), wo die Hss. näher beschrieben sind. Papyri: PACK Nr. 1220–4; A.W. PERSSON a.a.O. 40.167. Ob der Lexikograph Harpokration (2. Jh. n. Chr.) eine von unseren Ausgaben abweichende Bucheinteilung gekannt hat, läßt sich mit Sicherheit nicht entscheiden. Zur subscriptio unter PACK Nr. 1220 siehe K. WESSELY in Mittlgn. Sammlg. Pap. Erzh. Rainer 6,1897,99. Vgl. im übrigen PERSSON a.a.O. 90; K. MÜNSCHER a.a.O. 165,6; 169,1, auch 223.

Wenig interessant ist auch die Überlieferung der *Anabasis*. Sie liegt in zwei mittelalterlichen Handschriftenklassen vor, die man bis zum

Jahre 1903, bis zur Veröffentlichung des ersten Papyrus, als «bessere» und «schlechtere» Gruppe zu bezeichnen pflegte. Das antike Manuskript zeigte jedoch auch hier, daß sich die Überlieferung im 3. Jh. n. Chr. noch nicht in jene aus den Handschriften bekannten Zweige aufgespaltet hatte: der Papyrus gibt bald den Lesarten der besseren, bald denen der schlechteren Gruppe recht. Man wird auch in diesem Falle gut beraten sein, wenn man den verlorenen Archetypus dem Mittelalter zuweist. Übrigens haben auch die neueren Herausgeber die Folgerungen, die sich aus den Papyrusfunden ergeben, nur verhältnismäßig selten beachtet: die verbreiteten Editionen der *Anabasis* geben an zahlreichen Stellen eine mittelalterliche Bearbeitung, nicht den Wortlaut des Autors wieder.

Wichtigste Hs. der besseren Klasse ist der Paris. gr. 1640 (C, 14. Jh.), der auch die *Kyropaideia* enthält. Über seine Abschriften (ABE und Berol. gr. 240) vgl. die Literatur. Die andere Rezension ist vor allem aus zwei Kodizes bekannt: F (Vat. gr. 1335, 12. Jh. = A in den Opuscula) und M (Marc. gr. 511, vgl. oben). Kollationen dieser Kodizes in der Ausgabe von P. MASQUERAY (Paris 1931). Vgl. die Vorreden der Editionen von A. HUG (Lpzg. 1878), E. C. MARCHANT (Oxf. 1904), W. GEMOLL (Lpzg. 1909) und C. HUDE (Lpzg. 1931); über die Recentiores L. CASTIGLIONI, Mem. Ist. Lomb., Ser. 3, 15, Fasc. 3 (1932). – Papyri: PACK Nr. 1210–2; siehe A. W. PERSSON a.a.O. 3.18. – Zum Problem der Interpolationen: C. HØEG, Class. et Med. 11, 1950, 151.

Der *Oikonomikos* ist nur in jungen Handschriften (13. bis 15. Jh.) überliefert. Sie ordnen sich, ähnlich wie die der *Kyropaideia*, in zwei Haupt- und eine zwischen beiden stehende Nebengruppe. Der einzige erhaltene Papyrus (P. Ox. 227, 1.–2. Jh. n. Chr.) liefert an mehreren Stellen bessere Lesarten, zeigt also, daß der aus den Handschriften bekannte Text an Wert eingebüßt hat. – Die Verhältnisse liegen, wenn man von geringen Unterschieden absieht, ganz ähnlich in der Überlieferung des *Symposion*, das etwa in denselben Handschriften tradiert wird wie der *Oikonomikos*. Reste eines antiken Exemplars verbessern zwei Fehler des Archetypus. – Die Textgeschichte der unter Xenophons Namen bekannten (wahrscheinlich echten) *Apologie* ist unproblematisch, da alle bekannten Handschriften vom Vat. gr. 1335 (12. Jh.) abhängen.

Vorrede der Ausgabe von TH. THALHEIM (Lpzg. 1915). THALHEIMS Mitteilungen fußen auf K. SCHENKLS Untersuchungen. – Papyri: PACK Nr. 1230–1; vgl. A. W. PERSSON a.a.O. 11.48. – Über die Vorlagen der Editio princeps aller xenophontischen Schriften (1516 bei Giunta in Florenz) vgl. E. KALINKA, Wien. Stud. 36, 1914, 330.

Die Texte der *drei großen Tragiker* und der des bedeutendsten Komikers, des *Aristophanes*, wurden ähnlich wie die des Hesiod, Pindar und Theokrit, von den Philologen der Palaiologenzeit erneut überarbeitet. Die Handschriften, die unter ihrem Einfluß entstanden oder von ihnen selbst geschrieben wurden, weisen charakteristische Änderungen des Dichtertextes und typische Scholien auf. Erst in jüngster Zeit ist es gelungen, die Wirksamkeit der einzelnen Gelehrten zu bestimmen und jene späten Kodizes denjenigen Rezensionen zuzuweisen, denen sie angehören. Diese Ergebnisse sind von großer Bedeutung, da man nun erst zwischen echter Überlieferung und byzantinischer Konjektur unterscheiden kann.

Alle mit Scholien ausgestatteten Handschriften der vier Dramatiker lassen sich jeweils auf einen in Minuskeln geschriebenen Archetypus zurückführen, der wahrscheinlich im 9. Jh. entstand. Da es sich in jedem einzelnen Fall um die antike Auswahl aus einer umfangreichen poetischen Produktion handelt, ist die Wahrscheinlichkeit, daß der Archetypus immer nur die Umschrift eines einzigen, durch glückliche Zufälle ins Mittelalter hinübergeretteten Exemplars darstellte, hier besonders gering. Man könnte sich die Wirksamkeit eines Schicksals nicht erklären, das die Werke gerade derjenigen Dichter verschonte, welche im gesamten Altertum besonders hoch geschätzt wurden, während es nachklassische Dichtungen in den «dunklen» Jahrhunderten umkommen ließ. Vielmehr wird man auch hier annehmen dürfen, daß die Humanisten der Photioszeit mehrere Exemplare jedes Dramatikers auffanden, die sie alle bei Anfertigung ihrer neuen Rezensionen verwendeten. Das Gegenbeispiel liefern die nichtkommentierten Stücke des Euripides, die, wie unten gezeigt werden soll, wirklich nur ein Zufall erhalten zu haben scheint. Die hier skizzierten Verhältnisse werden durch die Analyse der Tragiker- und Komikerscholien bestätigt: diese sind byzantinische Kompilationen aus heterogenen Kommentaren. Die Photioszeit muß also über mehrere Erklärungsschriften zu den einzelnen Autoren verfügt haben. Unter solchen Voraussetzungen empfiehlt sich die Annahme, man habe immer nur ein einziges Exemplar des wichtigeren Teiles, nämlich des Dichtertextes, zur Hand gehabt, keineswegs.

Die Namen der spätbyzantinischen Hss.-Sammler und Textkritiker sind *Maximos Planudes* (ca. 1250–1310), seine Schüler *Thomas Magister* (ca. 1270–1325) und *Manuel Moschopulos* (ca. 1265–1315), schließlich *Demetrios Triklinios* (ca. 1280–1340), Schüler des Thomas. Vgl. TH. HOPFNER, S.ber. Akad. Wien. 172,3, Wien 1912. Weitere Literatur ist tiefer unten aufgeführt. – Die entscheidenden Erkenntnisse, die sich erst nach Kollation aller Hss. einstellen konnten, werden hinsichtlich des Tragikertextes der Riesenarbeit A. TURYNS verdankt. Die Durchforschung des Aristophanestextes ist noch nicht abgeschlossen.

Da in den modernen Darstellungen der Tragikerüberlieferung die Vorstellung, nur je ein Exemplar habe sich zufällig durch die dunklen Jahrhunderte gerettet, immer wieder auftaucht, sei nachdrücklich auf eine wichtige Bemerkung H. FRÄNKELS hingewiesen (Nachr. Ges. Wiss. Gött. 1929, 189, 1). Man darf ergänzend hinzusetzen: Die mühsame Arbeit der Transkription wurde in der Regel nur einmal vorgenommen, dieses eine Mal aber (unter Benutzung aller erreichbaren Texte) so gründlich, daß die neue und leicht lesbare Edition das Fundament aller späteren Exemplare zu bilden vermochte. Ausnahmen von diesem normalen Vorgang bedürfen immer der Begründung. – Die Zahl der erhaltenen Hss. ist, wenigstens in der Tragikerüberlieferung, sehr hoch (für Sophokles z. B. sind es fast 200, für Euripides mehr als 260). Deshalb ist im folgenden auf eine detaillierte Darstellung der gesamten Affiliation verzichtet worden. Nur große lateinische Buchstaben bezeichnen einen einzelnen Kodex, griechische Lettern sind Sigla für Handschriftenklassen.

1. AISCHYLOS. Zum besseren Verständnis der auf den ersten Blick verwickelten Verwandtschaften sei das Stemma vorangestellt:

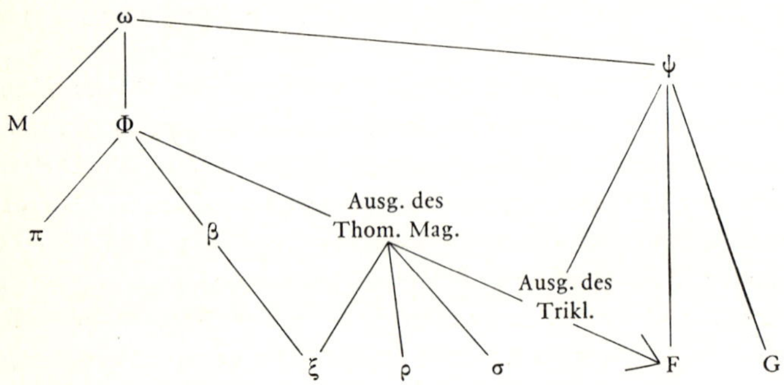

Die wichtigste Handschrift ist der berühmte Cod. Laur. plut. 32,9 (hier M, in der Sophoklesüberlieferung L genannt), aus dem Anfang des 11. Jh. stammend. Er umfaßt alle sieben Tragödien, während die Edition Φ und die des Thomas Magister nur die sog. byzantinische Trias (*Prometheus*, *Sieben gegen Theben* und *Perser*) enthält. M ist jedoch beschädigt: der 18. Quaternio und sechs Blätter des 19. fehlen, womit die Verse 311–1066 und 1160–1673 (Ende) des *Agamemnon* sowie die Hypothesis und ein Teil des Prologs der *Choephoren* verlorengingen. Ersatz bieten die Handschriften FG und die Trikliniosausgabe in einem Neapeler Kodex. Alle drei Zeugen laufen auf ein verlorenes Exemplar ψ (Abschrift des Archetypus) zurück, in dem fünf Dramen standen, die

Trias, *Agamemnon* und *Eumeniden*, letztere lückenhaft. Die ersten 348 Verse des *Agamemnon* finden sich außerdem in V, einem Venetus des 13. Jh. (nicht eingezeichnet), der außer diesem Supplement zu seinem eigentlichen Text, der Trias, auch ein Verzeichnis aller Tragödientitel des Aischylos enthält (ähnlich wie M). Der *Agamemnon*-Text V dürfte eine Mischfassung aus den Rezensionen M und ψ sein. Aus dieser Beschreibung ergibt sich, daß man für die Verse 349–1066 und 1160–1673 des *Agamemnon* nur auf die Vertreter der Gruppe ψ angewiesen ist, für *Choephoren* und *Hiketiden* lediglich auf M. Der Prolog der *Choephoren* ist infolgedessen nur durch zufällige Zitate, also nur fragmentarisch, erhalten.

Grundlegend ist die Einleitung der großen Ausgabe von WILAMOWITZ (Bln. 1914). Vgl. ferner A. TURYN, The manuscript tradition of the tragedies of Aeschylus, New York 1943; E. FRAENKEL, Aeschylus, Agamemnon I (Oxf. 1950), 1. FRAENKEL hat erkannt, daß die Fassungen F und G nicht (wie TURYN annahm) den Trikliniostext reproduzieren. Der Schreiber F nahm allerdings zusätzlich Trikliniosscholien auf. Eine Zwischenstufe μ zwischen ω und M anzusetzen, erübrigt sich, da V (in den Versen Agam. 1–348) neben dem unversehrten Mediceus die Rezension ψ benutzt haben kann. – Papyri: PACK Nr. 14–15 (2. Jh. n. Chr.), dazu P. Ox. 2333–4.

2. Die SOPHOKLES-Überlieferung zerfällt in zwei Hauptklassen, die ihrerseits auf einen mittelalterlichen Archetypus zurückgehen. Die eine wird durch den wichtigsten Kodex (Laur. plut. 32, 9, hier L) repräsentiert, der im Leidener Palimpsest Λ einen gleichalterigen Zwillingsbruder besitzt. Die andere Gruppe (ρ = *Classis Romana*) besitzt vier Hauptvertreter, die Handschriften G (Laur. Conv. soppr. 152, geschrieben 1282), R (Vat. gr. 2291, 15. Jh.), M (Mutin. [Estensis] α T 9.4, 15. Jh.) und Q (Paris, Suppl. gr. 109, 16. Jh.).

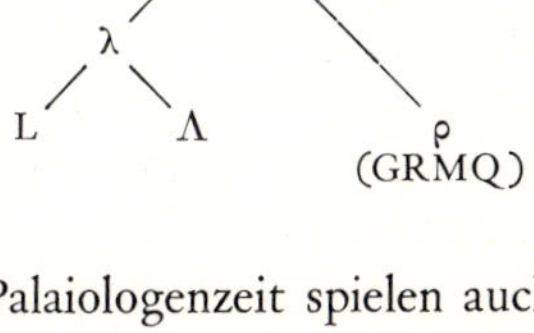

Die Gelehrten der Palaiologenzeit spielen auch in dieser Tradition eine wichtige Rolle: die älteste Ausgabe stammt von Moschopulos (entstanden um 1290), der sich auf die Dramen *Aias*, *Elektra* und *König Oidipus* beschränkte (auf die sog. byzantinische Trias). Noch vor der Jahrhundertwende folgten zwei Ausgaben des Thomas Magister: die erste, deren Abschrift im Vat. gr. 1333 (14. Jh.) erhalten ist, erweiterte die Trias des Moschopulos um die *Antigone*, die zweite, die in mehreren Handschriften vorliegt, vermehrte den Inhalt der ersten um den scholienlosen Text der drei übrigen Dramen. Triklinios schließlich erläuterte und emendierte den gesamten Dichtertext. Auch diese Edition ist nur aus Abschriften bekannt. Neben den spätbyzantinischen Rezensionen stehen zwei ältere, von der Philologie der Palaiologenzeit noch nicht beeinflußte Sammlungen (φ und ψ), die ihre Lesarten aus beiden Hauptklassen bezogen.

Zwei von A. TURYN näher beschriebene Fassungen (die Jenenser und die Barocci-Rezension) gehören erst ins 15. Jh. Kenntnis der Moschopulos- und Trikliniosausgabe ist für die Arbeit am Sophoklestext besonders wichtig, da der erstgenannte Text auf Umwegen die Aldina und später R. F. PH. BRUNCKS verbreitete Ausgabe beeinflußte, während der Humanist Turnebus nur der Fassung des Triklinios verpflichtet ist. Vgl. A. TURYN, Studies in the manuscript tradition of the tragedies of Sophocles, Urbana 1952. Das eigentliche Problem der Sophoklesüberlieferung können wir hier nur kurz berühren: L besitzt gegenüber ρ nur einen einzigen Trennfehler, nämlich Auslassung des Verses *O. R.* 800 (s. Abb. 56; er wurde in L vom Schreiber des Paris. gr. 2712 [= A] im 13. Jh. nachgetragen). Sieht man von dieser Stelle ab, so läßt sich ρ unmittelbar aus L (bzw. λ) ableiten (COBETS These). Wahrscheinlich ist das jedoch nicht zulässig. Vgl. P. MAAS, Gnomon 25, 1953, 441. – Papyri: PACK Nr. 1140–9 (2. bis 5. Jh. n. Chr.).

3. Der EURIPIDES-Text zerfällt, überlieferungsgeschichtlich betrachtet, in zwei ungleiche Teile, in die zehn kommentierten und in die neun scholienlosen Stücke. Die ersteren stellen die antike Auswahl dar. Nur sie erscheint, von einer Ausnahme abgesehen, in den mittelalterlichen Handschriften. Unter diesen können etwa sechs als Vertreter des älteren, von der Philologie der Palaiologenzeit nicht beeinflußten Textes gelten. Diese Kodizes gehören ins 12. bis 13. Jh., sie sind also, verglichen mit den wertvollen Zeugen des Aischylos- und Sophoklestextes, jung. Nur ein Palimpsest aus Jerusalem entstammt dem 10. oder 11. Jh. Er enthält aber nur Bruchstücke des Textes. Man unterscheidet zwei Klassen der älteren Euripideshandschriften. Eine dritte Gruppe späterer Zeugen (aus dem 14. Jh.) tritt hinzu. Deren Relation zu den eben genannten beiden Hyparchetypi ist jedoch nicht geklärt. Die meisten aller übrigen Kodizes sind Abschriften der spätbyzantinischen Editionen.

Die großen Byzantiner der Spätzeit edierten und kommentierten nur die sog. Trias (*Hekabe*, *Orest* und *Phoinissen*). Die Moschopulosausgabe scheint auch hier am ältesten zu sein, es folgten wahrscheinlich zwei Editionen des Thomas Magister und schließlich

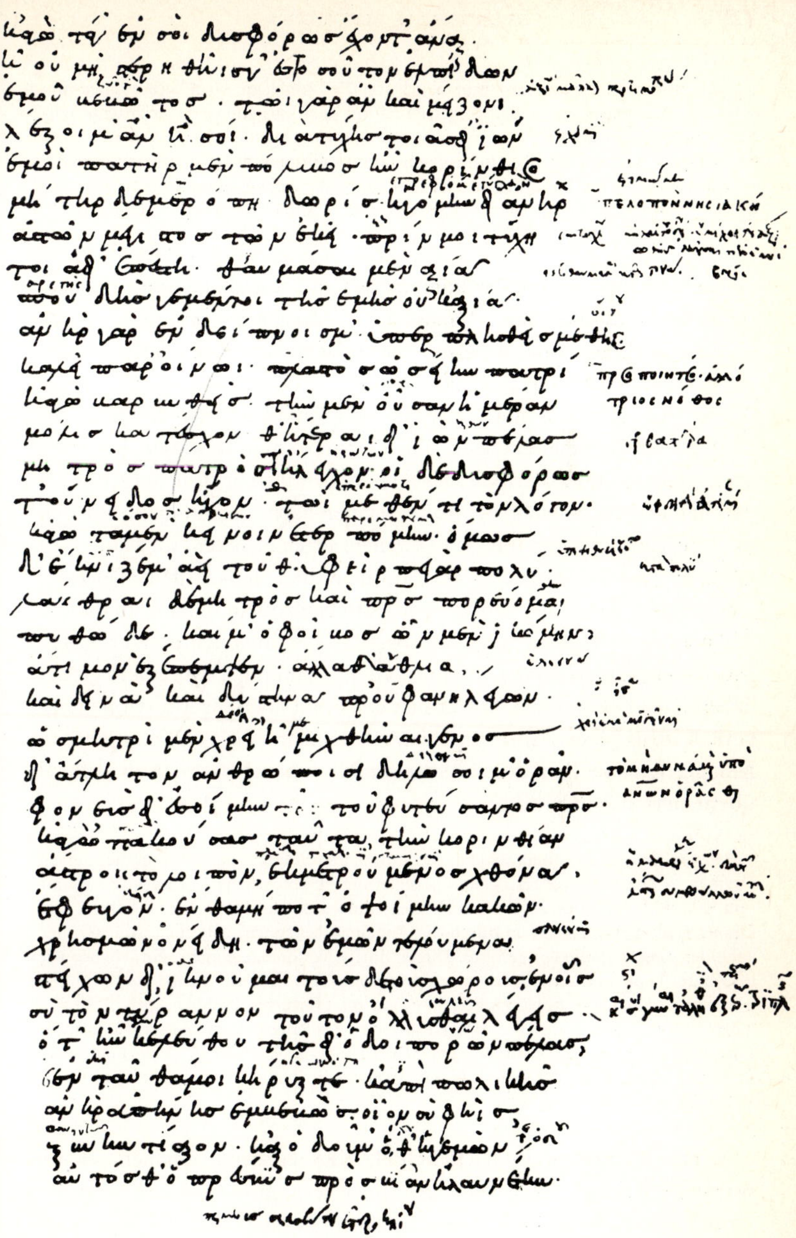

Abb. 56 Sophokles, *Oedipus Rex*, 770–805; rechts unten der vom Schreiber der Hs. A nachgetragene Vers 800; Laur. plut. 32,9, f. 41v (WATTENBACH, tab. XXVI).

die des Triklinios, die im Autographon erhalten ist (Angel. gr. 14). Planudes, der älteste dieser Philologen, regte die Beschäftigung mit dem Euripidestext durch seine Vorträge an. Von ihm selbst existieren, wie zu Sophokles, nur Scholien. Weitere Einzelheiten bei A. TURYN, The Byzantine manuscript tradition of the tragedies of Euripides, Illinois 1957. Beschreibung der älteren Hss. dort 83, Versuch eines Stemmas (das jedoch in mehreren Punkten nicht überzeugt) 308. Vgl. H. LLOYD-JONES, Gnomon 30, 1958, 503.

Die Titel der neun nicht kommentierten Tragödien lauten: *Ἑλένη, Ἠλέκτρα, Ἡρακλεῖδαι, Ἡρακλῆς* | *Ἱκετίδες, Ἰφιγένεια Αὐλ., Ἰφιγένεια Ταυρ., Ἴων, Κύκλωψ*. Die alphabetische Reihenfolge ist unverkennbar. Man hat deshalb vermutet, daß uns der Inhalt zweier Töpfe (*τεύχη*) mit je fünf (bzw. vier und fünf) Papyrusrollen oder der zweier Kodizes erhalten blieb. Ein Liebhaber müßte diesen Überrest einer vollständigen Euripidesausgabe in spätantiker Zeit aufgefunden und in eine einzige Handschrift übertragen haben. Heute befinden sich die Dramen, vereinigt mit den kommentierten Stücken, im Laur. plut. 32, 2 (L; geschrieben nach 1300), aus dem die Handschrift P (Palat. gr. 287 + Laur. Conv. soppr. 172) abgeschrieben zu sein scheint. In diesem besonderen Falle wird man, wie bereits oben angedeutet wurde, behaupten dürfen, daß wir die Kenntnis der genannten Texte einem glücklichen Zufall verdanken. Wenn sich der Fund noch im Altertum ereignete, wird L (über Zwischenstufen) von jenem einzigen Exemplar abhängen, das die Zeit des Bildersturms in einem geschützten Winkel überdauert haben müßte.

Die *Bakchen*, heute ohne Scholien, gehörten ursprünglich zu den kommentierten Dramen. – Die eben vorgetragene überlieferungsgeschichtliche Vermutung stammt von B. SNELL (Hermes 70, 1935, 119). Dem Einwand, die These berücksichtige das Drama *Ixion* nicht, kann man durch die Annahme begegnen, daß zur ersten Gruppe auch der *Theseus* (*Θησεύς*) gehörte. Dieser dürfte verlorengegangen sein, ebenso wie derjenige Topf, der die fünf Dramen *Θυέστης, Ἰνώ, Ἰξίων, Ἱππόλυτος* I und II umfaßte. – Über die Abhängigkeit L–P, ein oft erörtertes Problem, vgl. P. MAAS, Textkritik § 27 sowie die oben zitierte Literatur. – Papyri (kommentierte und nicht kommentierte Dramen): PACK Nr. 276–317, darunter sechs Verse des *Orestes* mit musikalischer Notierung (Nr. 300); ferner P. Heidelb. 205 (E. SIEGMANN a. a. O. 66), P. Ox. 2335–7, auch P.S.I. 1303.

4. Drei Komödien des ARISTOPHANES wurden in den Schulen des oströmischen Reiches gelesen. An ihnen lernten die Knaben attisches Griechisch. Aus der Beliebtheit des Autors erklärt sich die hohe Zahl der erhaltenen Handschriften (über 230). Die meisten enthalten freilich nur jene byzantinische Trias (*Plutos*, *Wolken*, *Frösche*). Als beste Reprä-

sentanten des verlorenen Archetypus gelten der Rav. gr. 137 (R, 10. Jh.), in dem alle elf Komödien stehen, der Marc. gr. 474 (V, 12. Jh.: sieben Stücke) und eine Gruppe Φ. Deren Zeugen (Γ = Laur. plut. 31,15 + Voss. gr. 52; A = Paris. gr. 2712; U = Vat. Urb. 141; Θ = Laur. Conv. soppr. 140) gehören dem 14. Jh. an. Mit V ist eine Handschrift von Modena (E = Estensis α, U 5.10, 14. Jh.) nahe verwandt, deren Bedeutung erst in jüngster Zeit erkannt wurde. Die Affiliation ist aus untenstehender Abbildung ersichtlich. Hinzu kommen über 3000 Zi-

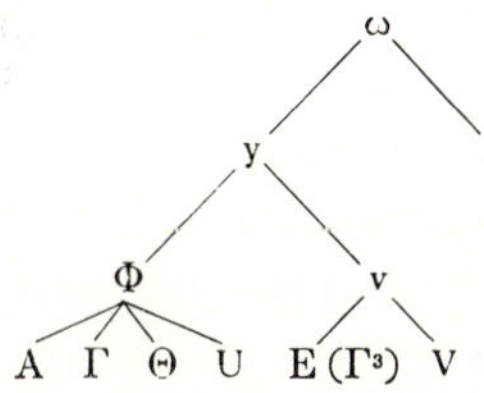

tate im Lexikon des Suidas (entstanden um das Jahr 1000). Ihr Wortlaut übertrifft den Text ω an Qualität recht oft. Da der Suidastext außerdem bald mit R, bald mit y in Fehlern harmoniert, dürften die Verfasser des Lexikons ihre guten Varianten den Scholien entnommen haben, an denen sie ja in erster Linie interessiert waren. Die Gelehrten der Palaiologenzeit (Moschopulos, Thomas Magister und Triklinios) befaßten sich vor allem mit Text und Erklärung der Trias. Nur Johannes Tzetzes (12. Jh.) überschritt diesen engen Kreis, und ebenso hat später Triklinios in seiner zweiten Ausgabe seine Aufmerksamkeit auch anderen Komödien zugewandt.

Verzeichnis der Hss. bei J. W. White, Class. Phil. 1, 1906, 1 und 255. Papyri: Pack Nr. 76–92, dazu P.S.I. Bd. 14, 1957, XV (ergänzt Pack Nr. 91). – D. Mervyn-Jones, Class. Quart. 46, 1952, 168; 49, 1955, 39. Die Darstellung in der Dissertation von V. Coulon (Straßburg 1908) ist veraltet, ebenso der von ihr abhängige Abschnitt bei Pasquali 194. – Die spätbyzantinischen Rezensionen sind erst neuerdings etwas besser bekannt geworden, vor allem durch W. J. W. Koster, Autour d'un manuscrit d'Aristophane écrit par Démétrius Triclinius, Groningen 1957 (S. XI wesentliche Literatur). Eine das gesamte Material umfassende Scholienausgabe, in der antike Gelehrsamkeit von byzantinischen Erläuterungen abgehoben wird, beginnt eben zu erscheinen, vgl. Jo. Tzetzae Prolegomena et Comment. in Plutum, ed. L. M. Positano (= Scholia in Aristophanem IV, 1), Groningen 1960. Weitere Einzelveröffentlichungen aufgezählt bei Koster, Scholia in Aristophanis Plutum et Nubes, Leiden 1927, S. I; dazu G. Stein, Scholia in Aristophanis Lysistratam denuo edita, Diss. Göttingen 1891. Siehe ferner G. Zuntz, Byzantion 13, 1938, 631; 14, 1939, 545.

Auch die Gedichte HESIODS gingen durch die Hände der genannten byzantinischen Philologen. Hier fehlen allerdings Untersuchungen, die es ermöglichen könnten, deren Anteil an der Gestaltung spätbyzantinischer Rezensionen abzugrenzen. Die Art ihrer Hesiodinterpretation kann man heute nur an den Allegorien des Joannes Diakonos zur *Theogonie*, an dem *Erga*-Kommentar des Joannes Tzetzes und an der Paraphrase des Moschopulos, sowie an der Hesiodrezension des Triklinios (im Marc. gr. 464, 14. Jh.) notdürftig erkennen. Leider sind auch diese Texte nicht hinreichend bekannt. – Der in der Photioszeit entstandene Archetypus enthielt die antike Auswahl (*Theogonie*, *Erga* und die vermutlich apokryphe *Aspis*), die einzelnen Werke pflanzten sich jedoch auf verschiedenen Wegen fort. Die älteren Handschriften der *Theogonie* verteilen sich auf zwei Gruppen. Zu der einen (δ) gehören die an Konjekturen reiche Gelehrtenhandschrift D (Laur. plut. 32,16, 13. Jh.) und zwei jüngere Kodizes (K = Marc. gr. 9,6, 14. Jh., und L = Paris. gr. 2708, 15. Jh.). Die andere (b) liegt nur in zwei Handschriften vor (E = Laur. Conv. soppr. 158, 14. Jh., und F = Paris. gr. 2833, 15. Jh.). Wertvolle Fragmente, etwa den neunten Teil des Gedichtes umfassend, fanden sich in C (Paris, Suppl. gr. 663, 12. Jh.), dessen Text möglicherweise unmittelbar auf den Archetypus zurückläuft:

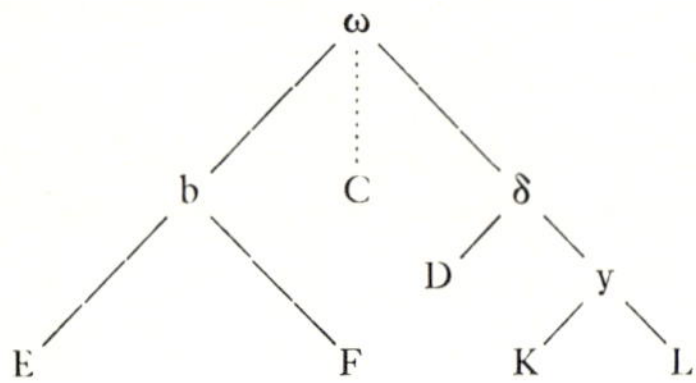

Für *Erga* und *Aspis* existieren jeweils nur zwei Hauptklassen (Ω und Ψ), neben denen eine kontaminierte Fassung besteht (Φ in den *Erga*, K und L in der *Aspis*), die keinen selbständigen Wert hat. Zahlreiche Papyri aus der Kaiserzeit ermöglichen es, den Text ω an vielen Stellen zu berichtigen.

Die grundlegenden Untersuchungen von A. RZACH sind genannt in der Vorrede zur großen Hesiodausgabe (Lpzg. 1902). Zur *Theogonie:* Ausgabe von F. JACOBY (Bln. 1930), 44. Zu den *Erga:* Ausgabe von WILAMOWITZ (Bln. 1928), 2, wo allerdings die Klasse Φ als Repräsentantin des Archetypus behandelt wird (mit Hilfe der Lesarten in 263. 422. 601 und 733 läßt sich das nicht beweisen). – Die oben genannten Hss. K und L heißen bei A. RZACH in der *Aspis* N und O. – Literatur zur Überlieferung der alten Scholien in der Vorrede zur Ausgabe von A. PERTUSI (Mailand o.J., etwa 1955). Vollständiges Verzeichnis aller mit Scholien ausgestatteten Hesiod-Hss. bei H. SCHULTZ, Abh. Akad. Gött., N.F. 12,4 (Bln. 1910), 6. – Papyri: PACK Nr. 360–77, dazu P. Heidelb. 204 (E. SIEGMANN a.a.O. 65).

Anders als im Falle Hesiods sind die Überlieferungsverhältnisse des PINDAR-Textes durch neuere Forschungen weitgehend aufgeklärt worden. Wir wissen heute, daß Planudes um 1280 die *Olympien* und *Pythien* edierte. Etwa 20 Jahre später folgten die Ausgaben des Thomas Magister (*Olympien* und *Pythien* 1–4) und die des Moschopulos (nur *Olympien*), in der ersten Hälfte des 14. Jh. schließlich zwei Editionen des Triklinios, deren erste alle vier Bücher der *Epinikien* umfaßt (die zweite beschränkt sich auf die *Olympien*). Mit Ausnahme des Triklinios interessierten sich die genannten Philologen also nur für die ersten beiden der im Mittelalter bekannten Bücher der pindarischen Gedichte. Dasselbe gilt für minder bedeutende Ausgaben der Spätzeit, die wir hier übergehen. Da nun die einzige Handschrift, die mit den genannten Rezensionen nicht in unmittelbarer Verbindung steht (A = Ambros. C 222 inf., 13. Jh.), nach *Ol.* 12 abbricht, und da uns Kodizes aus dem 9.–12. Jh. nicht zur Verfügung stehen, ist die Überlieferung für die folgenden Bücher, besonders für die *Nemeen* und *Isthmien*, dürftig. Gegen Ende sind wir ganz auf den Text des Triklinios angewiesen. Untenstehende Skizze gibt die Grundform des Stemmas für die *Olympien* und *Pythien* wieder. Die Zahl der Handschriften schwankt. Die byzantinischen Editionen, die wir eben kennenlernten, sind durchweg spätere Abkömmlinge der erschlossenen (mit griechischen Buchstaben bezeichneten) Hyparchetypi.

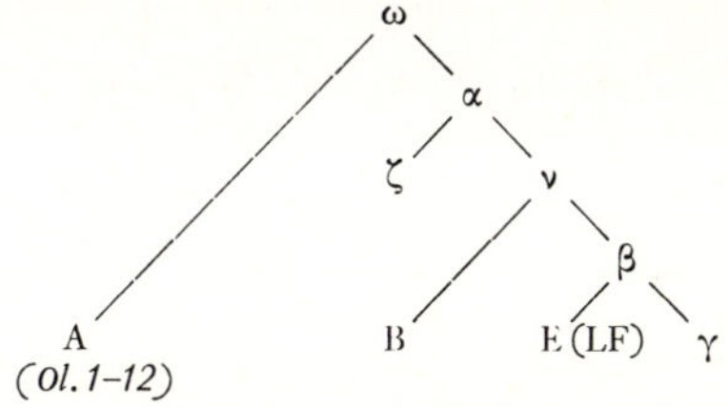

Für Einzelheiten vgl. die Vorrede der Ausgabe von B. SNELL (³Lpzg. 1959), zur Einordnung der Klasse ζ P. MAAS, Gnomon 9, 1933, 167; B. SNELL, Studi Italiani 27/8, 1956, 541; abweichend A. TURYN, Vorrede der Ausgabe (New York 1948,) VI. Ich halte ω für einen in Minuskeln geschriebenen Archetypus, da in A keine Majuskelkorruptelen erscheinen, die nicht auch in α stehen (und umgekehrt). – Das Verdienst, die zahlreichen spätbyzantinischen Hss. geordnet zu haben, gebührt J. IRIGOIN, Histoire du texte de Pindare, Paris 1952,146–399; hier sind die Korrekturen und Mißgriffe der byzantinischen Editoren zusammengestellt. IRIGOIN hat auch ihr Erklärungsmaterial gesichtet. – Wann der Schluß der *Isthmien* verstümmelt wurde, steht nicht fest. Eustathios scheint ihn noch in unversehrter Gestalt gelesen zu haben. Übrigens gehörten die *Isthmien* ursprünglich vor die *Nemeen*. Zeitpunkt und Motiv der Umstellung kennen wir nicht.

Wir haben bisher nicht vom Schicksal der HOMERISCHEN GEDICHTE in der Spätzeit gesprochen. Mit der Frage nach der handschriftlichen Überlieferung von *Ilias* und *Odyssee* rühren wir an ein Problem, das mit den Mitteln der Textkritik nur teilweise gelöst werden kann. Es ist gelungen, die zahlreichen Handschriften in größere Gruppen aufzugliedern und die jeweils schlechtesten Zeugen auszusondern. Die Frage aber, wie viele solcher Hyparchetypi durch Umschrift aus antiken Exemplaren entstanden und wie viele andererseits aus der Kollationstätigkeit der Byzantiner hervorgegangen sind, muß unbeantwortet bleiben. Da das in den Scholien tradierte Variantenmaterial außerordentlich groß ist, mithin die Möglichkeit zu selbständiger Korrektur der Texte stets gegeben war, bin ich geneigt, den Anteil der mittelalterlichen Philologen für sehr groß zu halten. Allerdings wird man einräumen müssen, daß die Humanisten der Photioszeit so verbreitete und beliebte Texte wie *Ilias* und *Odyssee* mehr als einmal transkribieren ließen.

Immerhin möchte ich vermuten, daß diese Umschriften unter einheitlicher Leitung entstanden sind, da es aus Scholien übernommene Interpolationen gibt, die allen Hss. eignen. Dagegen fehlen einwandfreie, nur für je einen Überlieferungszweig gültige Majuskelkorruptelen offenbar ganz. – Hss. und Papyri der *Ilias* sind (bis 1930) von T.W. ALLEN kollationiert worden, vgl. Homeri Ilias (Oxf. 1931) I. Im Anhang eine Tabelle der von ALLEN aufgestellten Untergruppen (in Einzelheiten berichtigungsbedürftig, vgl. F. JACOBY, Gnomon 9,1933,113). Für die *Odyssee* ist man auf das Material A. LUDWICHS (Ausgabe von 1889) und auf ALLENS Vorarbeiten (vgl. V. BÉRARD, L'Odyssée I, Paris 1924, XXXVI) angewiesen. Die Liste der Papyri bei PACK Nr. 412–962 (einschließlich der Kommentare) ist bereits wieder ergänzungsbedürftig. – Eine Geschichte des Homertextes im Mittelalter wird sich erst geben lassen, wenn diejenigen Rezensionen bestimmt sind, die unter dem Einfluß byzantinischer Erklärer (Eustathios, Tzetzes, Moschopulos) stehen. Vermutlich dürfte sich die Vulgata der Photioszeit von derjenigen der Antike nicht wesentlich unterschieden haben. – Brauchbare Hinweise bei PASQUALI 201–247.

Wir schlossen unsere Beispielreihe absichtlich mit einer Bemerkung über die Probleme der Homerüberlieferung ab; denn hier werden die

Grenzen unserer textkritischen Methode besonders deutlich; es gibt keine Möglichkeit, alle Nebenwege nachzuzeichnen, welche späte und späteste Rezensionen zurückgelegt haben. Trotzdem läßt sich gerade an der homerischen Tradition beobachten, daß die Substanz des von Varianten umrankten Textes, aufs Ganze gesehen, kaum beschädigt wurde. Da wir die mittelalterlichen Handschriften an den gelehrten Kommentaren ständig kontrollieren können, dürfen wir sicher sein, Aristarchs Ausgabe der Homervulgata ohne Schwierigkeiten zu erreichen. Wir dürfen sogar, im Vertrauen auf die Zuverlässigkeit und Umsicht des großen Forschers, behaupten, daß der gute Homertext im Athen des 5. Jh. v. Chr. von jener Vulgata nicht sonderlich abwich. Dann allerdings führen nur Vermutungen weiter; denn die drei Jahrhunderte, die den kulturellen Aufstieg Athens von der Blütezeit des Epos trennen, enthielten, wie wir oben sahen, die eigentlichen Gefahren für die Überlieferung des Homertextes, ähnlich wie später das 4. Jh. manche Entstellung der attischen Literatur verschuldet hat. Sobald aber die alexandrinischen Bibliotheken begründet waren, sobald man genügend Handschriften gesammelt und Methoden ausgebildet hatte, die zur Rekonstruktion verlorener Originale befähigten, war die Literatur der großen Zeit gerettet. Die Griechen der Folgezeit haben alles getan, um das Erbe ihrer glanzvollen literarischen Vergangenheit unversehrt weiterzugeben. Wenn man von den nachlässig geschriebenen Kopien ungebildeter Schreiber absieht, kann man allenthalben das ernsthafte Bemühen erkennen, die denkbar beste Form des jeweiligen Textes zu bieten («dem Text zu helfen», wie Herodian zu sagen pflegte). Die Verfasser der maßgebenden Ausgaben aller bedeutenden Autoren haben verantwortungsbewußt gehandelt, und wer sich mit ihrer philologischen Arbeit befaßt, kann sich der Folgerung nicht entziehen, daß sie ihren Gegenstand mit Ehrfurcht behandelten. Dieser Eindruck ist eindeutig und stark. Er erklärt das beinahe wunderbare Phänomen, daß wir literarische Texte, die vor etwa 2500 Jahren entstanden sind, in nahezu unverfälschter Gestalt besitzen.

ANHANG

Zur Überlieferungsgeschichte der nichtchristlichen griechischen Literatur der römischen Kaiserzeit

von Dr. MAX IMHOF, Bern

Beschränkung

Der vorliegende Beitrag, der mit einer Ausnahme die nichtchristlichen griechischen Autoren der römischen Kaiserzeit von Augustus bis Konstantin behandelt, sollte die Verbindung herstellen zwischen den Beiträgen zur Überlieferungsgeschichte der griechischen klassischen und hellenistischen und der byzantinischen Literatur, nachdem diese im Manuskript oder Satz schon fertig waren. Die Behandlung dieser Periode der griechischen Literatur in einem besonderen Beitrag ist zum Teil in der Sache selbst, zum Teil in der Anlage des Buches begründet, bringt aber eine Reihe von Nachteilen mit sich, die zusammen mit den äußeren Bedingungen die Form des Beitrages bestimmten und sein Ziel stark einschränken.

Die kaiserzeitliche griechische Literatur ist mit der klassischen Literatur und ihrer Überlieferung eng verbunden, indem sich die rückwärtsgewandte und vorbildgläubige Haltung dieser Zeit ganz auf die klassischen Autoren stützt; in ihrer Nachahmung baut man sein eigenes Werk auf. Nicht nur ihre Gedanken werden übernommen, sondern sehr häufig auch ihre Formulierungen in Zitaten. Somit wäre mit der kaiserzeitlichen Literatur auch die Nebenüberlieferung der klassischen Autoren zu behandeln. Diese Aufgabe wird recht umständlich dadurch, daß die kaiserzeitlichen Autoren oft aus dem Gedächtnis ungenau oder unvollständig zitieren, daß sie die Zitate ihrem eigenen Text anpassen, nach Ausgaben zitieren, die selber schon einen ganz bestimmten Textstand repräsentieren, endlich dadurch, daß diese Zitate in der Spätantike, im mittelalterlichen Byzanz und wieder im humanistischen Westen mit den jeweils gültigen Gesamtausgaben der zitierten klassischen Autoren verglichen und aus ihnen korrigiert werden. Auf diese Verbindung der klassischen und kaiserzeitlichen griechischen Literatur und Überlieferungsgeschichte ist hier nur hinzuweisen, sie wird in unserem Beitrag nicht mehr berührt.

Diese Verbindung wird noch enger in der byzantinischen Zeit. Nach der Gründung eines neuen Mittelpunkts für die griechische Bildung in Konstantinopel zieht sich die griechische Literatur und ihre Pflege immehr mehr aus dem Westen zurück; sie übersteht, wenn überhaupt, die Wirren der Übergangszeit (6. bis 8. Jh.) in den Klöstern und Bibliotheken des Ostens, soweit wir es verfolgen können, fast ausschließlich in Konstantinopel. Für diese Jahrhunderte gilt die griechische Literatur von den klassischen über die hellenistischen bis zu den kaiserzeitlichen Autoren, wenn auch jede Zeit ihre bevorzugten Autoren und Epochen hat, doch als eine Einheit, ebenso nach dieser rein tradierenden Periode für die Zeit der Neubelebung der griechischen Literatur und der kritischen Arbeit an ihren Texten im 9. und 10. Jh. Für die letzte Blüte der kritischen Ausgabetätigkeit in Byzanz im Übergang von 13. zum 14. Jh. erweitert sich diese Einheit noch um die byzantinische Literatur selber bis in die damalige Gegenwart. So gibt Photios in seiner *Bibliothek* Nachricht über klassische und kaiserzeitliche Autoren, stellen Arethas und Spätere in den Miszellan-Handschriften ähnliche oder auch zufällige, einfach raumfüllende Schriften aus der ganzen griechischen Literatur zusammen, so exzerpiert das Lexikon der *Suda* im 10. Jh. griechische Autoren bis in die Gegenwart – um nur die wichtigsten Beispiele zu bringen, die in der Überlieferungsgeschichte nahezu jedes griechischen Autors erscheinen. Auch da kann die Verbindung mit der byzantinischen Zeit und dem Beitrag über deren Literatur nur grundsätzlich angedeutet, nicht weiter verfolgt werden. Wie auch im Zeitalter von Renaissance und Humanismus die ganze griechische zusammen mit der lateinischen Literatur, obschon auf verschiedenen Wegen, so doch als Einheit neu zur Wirkung kommt, ist in dem Beitrag über diese Zeit ausgeführt.

Es konnte aus der Fülle – unser Zeitabschnitt erreicht oder übertrifft den vorangehenden sowohl an Zahl der Autoren wie vor allem an äußerem Umfang, wenn auch nicht an wertmäßigem Gewicht, des erhaltenen Werks – nur eine in manchem zufällige Auswahl an Autoren behandelt werden auf Grund der überlieferungsgeschichtlichen Angaben ihrer modernen Herausgeber. Diese Angaben im einzelnen nachzuprüfen, selbst wo sie widersprüchlich oder zweifelhaft erschienen, war ebenso unmöglich wie der völlige Ausgleich ihrer Einseitigkeiten und

Verschiedenartigkeit. Dies hätte beim Stand der Forschung bei den meisten Autoren einzeln so viel Zeit beansprucht, wie für die ganze Arbeit zur Verfügung stand.

Schmerzlicher noch wurde mit voranschreitender Arbeit der Verzicht auf das eigentliche fachwissenschaftliche Ziel der Arbeit in Überlieferungs- und Textgeschichte: die Textkritik. «Aufgabe der Textkritik ist Herstellung eines dem Autograph (Original) möglichst nahekommenden Textes» (MAAS). Aufgabe der *Textgeschichte* wäre demnach, dem Verderbnisprozeß der Jahrhunderte rückwärts nachzugehen, mit dem Ziel, aus diesem Gang möglichst viel für die Herstellung des Wortlauts im Autograph des Autors bzw. in der Erstausgabe seines Werkes zu gewinnen, konkreter: diejenige Textstufe zu erreichen, die diesem Ziel am nächsten kommt. Textgeschichte würde sinnvoll und fruchtbar erst in der Intensität des Einzelfalles, im einzelnen Wort eines einzelnen Autors. Ihre Richtung ginge in der Methode vom Allgemeinen zum Besonderen, in der Zeit rückwärts vom heutigen Textzustand zum Autograph des Autors. *Überlieferungsgeschichte* dagegen in dem Sinne, wie sie in dem Beitrag hier allein gegeben werden konnte und verstanden sein möchte, folgt dem Lauf der Zeit und zielt auf das Allgemeine. Sie sucht und bringt das, was im Schicksal der Werke überhaupt und beim einzelnen Autor von allgemeinem Interesse ist. Eine eigentliche Textgeschichte der einzelnen Autoren zu geben, war nicht möglich, geschweige denn die Grundlage für eine kritische Behandlung oder Ausgabe der einzelnen Texte. Der Beitrag gibt lediglich an ausgewählten Beispielen aus dem Material, welches die letzten hundert Jahre textkritischer und textgeschichtlicher Forschung an unseren Autoren bereitgestellt haben, in den Grundzügen eine Skizze zur allgemeinen Überlieferungsgeschichte der nichtchristlichen griechischen Autoren in der römischen Kaiserzeit, als ein Stück Wirkungsgeschichte in der allgemeinen Geistes- und Kulturgeschichte.

Bevor wir in chronologischer Reihenfolge die ausgewählten Autoren durchgehen, wollen wir in den vier Abschnitten, «Abfassung und Publikation», «Schicksal in vor- und frühbyzantinischer Zeit», «Byzantinische Textform», «Vom Manuskript zur Ausgabe», diese Grundzüge der Überlieferungsgeschichte der kaiserzeitlichen Literatur herausstellen, besonders im Hinblick darauf, was diese Abschnitte zur Erhaltung und zum Verlust der Werke und zur Textgestalt des Erhaltenen beigetragen haben.

1. Abfassung und Publikation

Die Abfassung und Veröffentlichung der behandelten Werke gehört in die Blütezeit des römischen Kaisertums, dessen Anziehungskraft die weltliche literarische Produktion auch der Griechen folgt. Viele unserer Autoren sehen wir mit römischen Kaisern in Freundschaft oder auch in Feindschaft verknüpft, wenn sie nicht sogar selber Kaiser sind wie Mark Aurel. So werden Epiktet und Dion Chrysostomos durch Domitian aus der Hauptstadt vertrieben und finden sich wieder mit seinen Nachfolgern Trajan und Hadrian in oder außerhalb Roms; bei denselben Kaisern steht auch Plutarch in Gunst. So geht später Plotin mit Gordian III. auf den Ostfeldzug und findet dann durch dessen Nachfolger Gallien und seine Gattin Salonina in Rom freundschaftliche Förderung. Nach der Weltstadt Rom, dem Zentrum dieses Kaisertums, kommen aus dem ganzen Reich die bedeutendsten schöpferischen Kräfte, um da zu arbeiten und zu publizieren, vor allem am Anfang (in republikanischer Zeit Polybios noch als Geisel, in der Zeit des Übergangs Dionysios aus Halikarnass und Diodor aus Sizilien), aber auch später immer wieder, wie Epiktet, Dion und Plotin zeigen.

So gut und so unmittelbar wie bei Epiktet und vor allem bei Plotin sind wir allerdings selten über Abfassung und Publikation der Werke unterrichtet. Meist sind wir für Zeit und Umstände auf knappe Erwähnung von datierbaren Ereignissen oder Personen in den Texten selber (Autorproömien z. B. bei Diodor, Herausgeberproömien z. B. Arrians zu Epiktet, Porphyrios' zu Plotin), auf Zitierung bei gleichzeitigen (Epiktet bei Gellius) oder biographische Angaben bei späteren Autoren (Dion bei Arethas) oder aber auf die Verbindung dieser Möglichkeiten angewiesen, häufig genug auch auf den Inhalt, Stil und Zustand des Textes selber, d. i. auf innere Kriterien (Pseudo-Longin). Manche der sachlichen Nachrichten gelten nur für die Abfassung, andere, wie die Zitierung bei Zeitgenossen, die nicht dem Freundeskreis oder der Schule angehören, setzen eine Publikation voraus. Diodor, Dionysios, Plutarch teilweise, Pausanias haben ihre Werke selber publiziert, bei Epiktet und Plotin taten es bekannte Schüler mit eigenem Platz in der Literaturgeschichte, bei Diogenes Laertios wenigstens die Schule oder die Erben aus dem Nachlaß. Dabei waren es durchaus nicht immer editionsreife Texte, die publiziert wurden. Epiktet hat selber nichts geschrieben; was Arrian herausgab, waren Schülerstenogramme aus seinen Vorlesungen. Manche Schriften Plutarchs sind ohne Zweifel aus Kollegnotizen im Nachlaß zusammengestellt; bei Diogenes Laertios läßt sich nicht ausmachen, ob die Schuld an den Unvollkommenheiten in der Disposition schon auf den Autor oder auf die Herausgeber zu schieben ist.

Die byzantinischen Gelehrten des 9. und 10.Jh. haben uns wie den Text selber so auch die meisten Nachrichten über seine äußere Form erhalten, die wohl häufig authentisch sind, wenn auch nicht ohne Fehler. Photios überliefert in seiner *Bibliothek* Titel von erhaltenen und verlorenen Werken u.a. von Epiktet, Mark Aurel, Sextus Empiricus. Freilich schafft bei Epiktet wie bei Sextus Empiricus diese Angabe gerade Verwirrung und Unsicherheit, weil sie schwer mit dem Erhaltenen und den vor Photios bezeugten Titeln in Übereinstimmung zu bringen ist. Titel sind recht häufig, Argumente der Einzelabschnitte selten vor der Photioszeit bezeugt und neben den erwähnten Ausnahmen immer nur vermutungsweise auf den Verfasser oder die Erstpublikation zurückzuführen; denn der Zeitpunkt der Bezeugung bedeutet an sich noch nichts für oder gegen die Authentizität, die Verifizierung bleibt auch hier auf immer neue kritische Prüfung des Materials angewiesen. Die Frage nach dem Aufbau und der Vollendung eines Werks – sofern es ganz erhalten ist – wird zumeist aus inneren Gründen aufgeworfen und beantwortet und nur in noch unvollkommenen Ansätzen mit der Überlieferungsgeschichte in Verbindung gebracht (Umfang einer Rolle, eines Kodex; Exzerptionstechnik). Falsche Werke und Zuschreibungen schleichen sich besonders gern im folgenden Zeitabschnitt ein, aber auch in Byzanz und in der Renaissance. Sie werden meist erst im Laufe der kritischen Auseinandersetzung seit der Editio princeps eindeutig oder bezweifelt als solche erkannt. Die Wirkungsgeschichte der *Moralia* Plutarchs in der Neuzeit etwa leitet ein unechtes Werk ein (*De liberis educandis*).

2. Schicksal in vor- und frühbyzantinischer Zeit

Die Überlieferungsgeschichte zeichnet das Wechselspiel von Erhaltung und Verlust der Texte im Laufe der Jahrhunderte nach. Zeiten der Bewahrung und Rettung für unsere Texte sind die «Renaissancen», in Byzanz diejenige unter Photios und Arethas im 9. und 10.Jh. und unter

Planudes und seinen Schülern im Übergang vom 13. zum 14.Jh., im Abendland die humanistische im 15. und 16.Jh. und die neuhumanistisch-philologische im 19. und 20.Jh. Zeiten der Vernichtung, des Verlustes sind die Völkerwirren und der Bildersturm im 6. bis 8.Jh., dann die Einnahme und der Brand von Konstantinopel im vierten Kreuzzug (1204); bei der Belagerung und Eroberung durch die Türken im Jahre 1453 waren die meisten noch erhaltenen Texte im Original oder in der Abschrift schon nach dem Westen gerettet. Erhaltung und Verlust, deren Wechselspiel einen besonderen Aspekt der Wirkungsgeschichte darstellt, können aber auch in derselben Zeit nebeneinander hergehen, sogar miteinander verknüpft sein, wie sich in dieser Periode gut verfolgen läßt.

Die 900 Jahre von den frühesten hier berücksichtigten Autoren bis zu Photios werden durch die Gründung von Konstantinopel im Jahre 330 in die spätantike und die frühbyzantinische Periode geteilt. Bis ins 4. und 5.Jh. lebt die griechische Bildung im Westen. Es ist die Zeit, in der unsere Autoren im römischen Reich, zumeist in Rom selber produzieren und publizieren. Manche unter ihnen werden auch gelesen und weiter ediert; dadurch bleiben ihre Werke erhalten. Aber je mehr ein Text gelesen und unkritisch ediert wird, um so schlechter wird er: der Text der vielgelesenen Autoren kommt in schlechtem Zustand ins 9.Jh. – wenigstens nach der communis opinio der Editoren bis in die dreißiger Jahre, in neuster Zeit scheint die Tendenz ins Gegenteil umzuschlagen. Daß die Werke eines Verfassers schon in dieser Zeit erst in der Bibliothek nebeneinandergestellt, dann auch wohl schon gesammelt ediert werden wie bei Plutarch (sog. *Lampriaskatalog* aus dem 3. oder 4.Jh.), ist freilich seltene Gunst. Der Charakter der Bildung, der Charakter und Umfang der Werke selber stellen eine andere Form der Benutzung, Wirkung und damit auch Überlieferung in den Vordergrund, sowohl für die spätantike wie besonders für die ganze mittelalterlich-byzantinische Zeit: die Auswahl und Exzerption. Was und wie ausgewählt und exzerpiert wird, hängt von der Absicht des Exzerptors, vom Geschmack der Zeit, auch einfach vom Zufall ab. Die Exzerption kann die Schuld dafür tragen, daß das ganze Werk verlorenging; es ist aber in vielen Fällen daneben ganz oder zum Teil erhalten geblieben. Andererseits wären wir froh, von gänzlich verlorenen Werken wenigstens einige Exzerpte zu besitzen.

Selbst bei Texten, deren Wirkung durch reichliche Erwähnung und

Zitierung bei späteren Autoren bezeugt ist, hören diese Zeugnisse nach dem 4. Jh. im Westen, im 6. Jh. auch im Osten auf. Die Bezeugung beginnt erst wieder mit Photios im 9. Jh. Immerhin hat die früheste byzantinische Zeit doch ein großes Verdienst um die Erhaltung nicht so sehr des Textes wie der ganzen Werke aufzuweisen: die Umschrift aus der Rolle in den Kodex. Diese Umschrift rettet die Werke materiell in eine neue und über eine dunkle Zeit.

3. Byzantinische Textform

Die Textgeschichte griechischer Autoren führt immer über Byzanz, und die byzantinische Textform ist die Grundlage unserer handschriftlichen Tradition und somit diejenige Textstufe, welche mit dem Handschriftenvergleich zunächst zu erreichen ist. Darüber hinaus auf vorbyzantinische Textstufen vorzudringen, ist Gegenwartsaufgabe textkritischer Arbeit, wobei die Hilfen (Unzial-Verderbnis, Nebenüberlieferung mit besserer Textform, byzantinische Varianten) vereinigt und die Methode auf den Einzelfall differenziert werden muß. Der Grundsatz-Streit um offene oder geschlossene Tradition beruht, so will uns scheinen, wenigstens zum Teil auf einem Unterschied im Personal- und Nationalcharakter und in der Perspektive und wird wohl auch hier nur im Einzelfall so oder so zu entscheiden sein. Wessen Interesse der Überlieferungsgeschichte gilt, der wird leicht die oft zufälligen Nachrichten zu einer geschlossenen und faßbaren Entwicklung zusammenrücken. Die zahlreichen Fälle, wo sich unser handschriftlicher Text auf den einzigen Archetypus, das Exemplar des Arethas, zurückführen läßt, gar wo dieser im Glücksfalle wie bei Klemens von Alexandrien erhalten ist, scheinen dem Gedanken von dem einen Bibliotheks- und Musterexemplar in Byzanz recht zu geben. Doch warnt die Textgeschichte anderer Autoren davor, daraus einen allgemeinen und übertragbaren Grundsatz zu konstruieren, sich in der Sicherheit des Wissens zu wiegen, wo verwickeltere Vorgänge der Textüberlieferung noch zu wenig geklärt, vielleicht kaum zu klären sind.

In diese Perspektiven-Täuschung zwischen Überlieferungs- und Textgeschichte gehört vielleicht auch die Verteilung der Rollen zwischen Photios und Arethas bei den kaiserzeitlichen Autoren. *Photios*' Bedeutung ist nur überlieferungsgeschichtlich zu fassen; er hat die damals noch erhaltenen Werke gelesen und die prosaischen in seiner *Bibliothek* resümiert. Durch ihn wissen wir von ihrer Existenz, von Titel und Inhalt. Auch *Arethas* bietet in seinen Proömien und Scholien Material von überlieferungsgeschichtlichem Interesse. Darüber hinaus aber ist seine Tätigkeit bei den meisten Autoren entscheidend für die byzantinische und damit die handschriftliche Textform. Er läßt die Majuskel-Kodizes in Minuskel umschreiben, die Textvarianten anmerken, er korrigiert die Abschriften selber durch, setzt neben übernommenen und eigenen sachlichen Bemerkungen aus Kollation gewonnene Lesarten und eigene Konjekturen hinzu. Nur bei Plutarch spielt *Planudes* wie bei vielen klassischen Texten die wichtige Rolle als Sammler und Herausgeber eines kritischen Textes.

Auf die Bedeutung der Exzerption für die Überlieferungsgeschichte auch in byzantinischer Zeit ist im vorigen Abschnitt hingewiesen. Nach der Art der Exzerption ließe sich eine Geschmacks- und Bildungsgeschichte dieser Zeit schreiben. Es sei hier nur das Musterbeispiel von Dion Cassius angeführt, dessen verlorene Bücher 1–35 und 61–80 aus den Exzerpten zweier byzantinischer Historiker des 11. und 12. Jh. in Fragmenten rekonstruiert werden müssen. Der Autor war also bis dahin ganz erhalten, ist dann wegen der Exzerption zum Teil verlorengegangen, andererseits doch gerade in den Exzerpten wieder so weit erhalten.

4. Von der Handschrift zur Druckausgabe

Mit den erhaltenen Handschriften – Zahl und Art der Zwischenstufen zwischen der Photios-Arethas-Zeit und ihnen sind nur selten genau zu bestimmen – setzt dieser Abschnitt zunächst mit einem Kapitel Buchgeschichte ein. Die Kreuzzüge hatten den Kontakt mit Byzanz wieder hergestellt, jetzt öffnete das wachsende Interesse für griechische Kultur und Literatur, Gegenstück zu der wachsenden Türkengefahr aus dem Osten, zur rechten Zeit die rettenden Kanäle nach dem Westen. Dieses Interesse findet seinen Ausdruck vorerst und dann immer wieder in den Abschriften, die seit dem 13. Jh. von den griechischen Texten in Konstantinopel und in den Klöstern Griechenlands für den Westen genommen werden. Immer häufiger werden sodann, sei es privat, sei es im Fürsten- oder Kaufherrenauftrag, dort die Kodizes selber gekauft und nach dem Westen verbracht, wo in den folgenden Jahrhunderten aus der Buchgeschichte Bibliotheksgeschichte wird. So können wir etwa den Weg einer Miszellan-Handschrift mit Exzerpten aus Diogenes Laertios verfolgen: aus Byzanz, wo sie um 1300 geschrieben wurde, wohl über den Athos in italienischen Privatbesitz, dann über die Fugger-Bibliothek nach Heidelberg und schließlich nach Rom, wo sie heute noch liegt (Vat. gr. 96). Als Abschreiber, dann als Besitzer oder Käufer im Auftrag finden wir wie bei der klassischen Literatur – oft vereinigt ja derselbe Kodex Werke aus verschiedenen Zeiten – die Griechen Kamariotes, Bessarion, Laskaris, Parrhasios, die Italiener Aurispa, Manetti, Orsini, um auch hier nur die markantesten Beispiele zu nennen. Fast gleichzeitig mit der Abschrift setzt eine weitere Form der Aneignung ein, die lateinische Übersetzung. In seltenen Fällen läßt sich eine solche Übersetzung schon im 13. Jh. nachweisen (Galen, Sextus Empiricus), meist erscheint sie im 15. Jh., hundert oder fünfzig oder zehn Jahre vor der Editio princeps. Textgeschichtliche Bedeutung erhält eine solche Übersetzung, wenn sie nachweisbar eine sonst nicht bezeugte Textgestalt vertritt (z. B. bei Sextus Empiricus).

Den markantesten Einschnitt auf dem Weg zur modernen philologisch-kritischen Ausgabe bringt die materiell-technische Neuerung, die auch hier mit der Neuentdeckung der griechischen Autoren verbunden ist, der Übergang von der Handschrift zum gedruckten Buch. Sehr unterschiedlich sind freilich Mühe und Erfolg, womit der Text für den Erstdruck, die Editio princeps, ausgewählt und kritisch behandelt wird, sehr unterschiedlich auch – im wirklichen Erfolg und in der Beurteilung – die kritische Arbeit, die von der Editio princeps bis zur hier beigezogenen Ausgabe an die Texte gewendet wurde. Es gibt Texte, bei denen in der Editio princeps und in den späteren Humanistenausgaben Vorzügliches geleistet ist – die Namen der großen Textkritiker des Humanismus sollen hier nicht wiederholt werden. Es gibt andere Autoren, deren Text seit der Editio princeps nach einer mangelhaften Abschrift bis ins 19. Jh. in kaum vermindert schlechtem Zustand immer wieder nachgedruckt wird. Die dreihundertjährige, bedeutsame Wirkungsgeschichte in der Neuzeit der Schrift *Vom Erhabenen* (Pseudo-Longin) beruht auf solch einem mangelhaften Text.

Eine systematische textkritische Methode entsteht mit der modernen philologischen Wissenschaft am Anfang des 19. Jh. Da zuerst wird der Text der meisten unserer Autoren auf eine feste handschriftliche, seit WILAMOWITZ auch textgeschichtliche Grundlage gestellt. Hauptkennzeichen dieser Entwicklung, in der wir noch drinstehen, ist die immer systematischere Beiziehung und differenziertere Auswertung des gesamten handschriftlichen Materials, Haupttendenz im Übergang vom 19. zum 20. Jh. das Mißtrauen gegenüber der Überlieferung und in der Folge die wuchernde Konjekturalkritik, in neuerer Zeit das kritische Vertrauen zur Überlieferung mit manchmal etwas zu konservativer Textbehandlung. Als Hauptbedenken gegen diese Entwicklung könnte man die Feststellung machen und die Befürchtung äußern, daß das eigentliche Ziel, die Textausgabe, um so weiter wegrückt, je differenzierter die Methode, je systematischer die Grundlage ausgebaut wird. Zudem ersetzt die Einsicht in die Textgeschichte und die Vollständigkeit des Materials weder die Gabe des kritischen Geistes noch die persönliche Leistung einer guten Textausgabe.

Die beschränkte Auswahl von Autoren, an denen im folgenden diese Grundzüge exemplifiziert sind, ergibt nur ein mangelhaftes Bild von der gesamten literarischen Produktion dieser Zeit. Zwar sind die drei nachchristlichen Jahrhunderte, die unsere Periode im ganzen umfaßt, etwa gleichmäßig vertreten, aber nicht die verschiedenen Gattungen der Literatur. Da die nennenswerten heidnischen Dichter dieser Spätzeit, wie Synesios und Nonnos, und damit die von ihnen vertretenen Gattungen des Hymnus und Epos im Beitrag von H.-G. BECK behandelt werden – das Epigramm findet sich wegen der gemeinsamen Überlieferung im vorangehenden *und* im BECKschen Aufsatz –, beschränken wir uns auf die Prosa. Aber auch innerhalb der Prosa ist fast nur die philosophische, philosophiegeschichtliche und historiographische Produktion vertreten, die rhetorische knapp mit Dion Chrysostomos, das Mischgenus der Perihegese mit Pausanias. Auf die Roman-, die Brief- und die wissenschaftliche Literatur dagegen ist nur mit einigen Namen im Katalog hingewiesen, wo auch die bibliographischen Angaben zu den behandelten Autoren zu finden sind.

Die Textüberlieferung einiger ausgewählter Autoren

Das vielseitige Schaffen des attizistischen Rhetors und Lehrers DIONYSIOS AUS HALIKARNASS läßt sich aus zwei Anspielungen in seinem Werk auf die Jahre zwischen 30 und 7 v. Chr. festlegen (vgl. *Ant. Rom.*, I,7 und praef.). Er wirkte, arbeitete und publizierte in Rom.

Aus der Textgestalt eines Fragments beim Rhetor Lachares (5.Jh.) glauben die Herausgeber auf zwei antike Ausgaben seines grammatischen Hauptwerks, *De compositione verborum*, schließen zu dürfen. Während die Textgrundlage des Lachares verloren wäre, ginge der Text unserer Handschriften auf eine andere Ausgabe des 4. oder 5.Jh. zurück, ebenso eine Epitome aus byzantinischer Zeit. Die drei handschriftlichen Überlieferungsstränge sind vertreten durch den Paris. gr. 1741 aus dem 12.Jh., den Paris. gr. 1742, der im 10.Jh. auf Veranlassung des Konstantinos Porphyrogennetos geschrieben wurde, sowie durch den Laur. plut. 59,15 aus dem 12.Jh., der von Janos Laskaris 1491 in Griechenland gekauft wurde. Eine Abschrift des Laskaris ist im Paris. gr. 1231 erhalten.

Bei der kleinen Schrift *Vom Erhabenen* (*Περὶ ὕψους*), die anonym überliefert war und erst von einem mittelalterlichen Schreiber einem Longinos oder Dionysios zugeschrieben wurde, führen sprachliche und inhaltliche Gründe auf die erste Hälfte des 1.Jh. n. Chr. als Entstehungszeit. Der Archetyp unserer Handschriften ist erhalten im Paris. gr. 2036 (P) aus dem 10.Jh. Dieser ist freilich schwer verstümmelt; da von sechs Quaternionen ein einziger vollständig ist, sind nur ungefähr zwei Fünftel des Textes erhalten, was für Inhalt und Aufbau schwere Probleme stellt. Die Erstausgaben von Robortello (Basel 1554) und Manutius (Venedig 1555, mit willkürlichem Text) stützten sich zudem auf Abschriften von P; erst SPENGEL legte in seinen Rhetores Graeci (I, 1853) die Grundlage für einen neuen kritischen Text, auf der die folgenden Editoren aufbauen. Dieser schlechte Zustand des Textes verhinderte nicht, daß die Schrift gerade in den dreihundert Jahren zwischen der Editio princeps und SPENGEL in der Geschichte der europäischen literarischen und ästhetischen Kritik eine wichtige Rolle spielte. Nicht immer gehen Wirkungsgeschichte und Textgeschichte parallel.

Aus dem umfangreichen Werk des DION VON PRUSA, genannt CHRYSOSTOMOS, kennen wir zahlreiche Titel aus Philostrat, Synesios und der *Suda*. Ganz und als Sammlung erhalten sind 80 Reden, von denen eine unecht ist (37, *Corinthiaca*) und eine wohl erst in byzantinischer Zeit zu der Sammlung hinzukam (7, *Euboica*). Die Vulgatüberlieferung des Textes und der Anordnung der 80 Reden geht auf das Exemplar des Arethas zurück, der auch die Scholien und die Prolegomena für diese Schulausgabe verfaßt bzw. zusammengestellt hat.

Im Text finden sich seine Konjekturen. Eine andere, sachliche und vielleicht ursprüngliche Anordnung scheint durch das Referat des Photios (*cod.* 209) hindurch. Die drei Stränge der Überlieferung, von denen zwei alle 80, einer 35 Reden enthält, weisen auf einen Archetypus nicht vor dem 5.Jh. hin.

Reich und vielfältig wie ihre Wirkungsgeschichte ist auch die Überlieferungsgeschichte der Schriften PLUTARCHS. Sie waren einzeln publiziert und hatten entsprechend einzeln oder in Gruppen ein besonderes Schicksal. So soll im Rahmen dieser Übersicht nur von den Sammlungen in der Überlieferungsgeschichte Plutarchs die Rede sein. Der sog. *Lampriaskatalog*, in der *Suda*, dem byzantinischen Lexikon des 10.Jh., als ein Werk von Plutarchs Sohn Lamprias, den es gar nicht gibt, bezeichnet und im 13. oder 14.Jh. mit einem fingierten Begleitbrief versehen, ist ein Verzeichnis der Werke, die in einer Bibliothek des 3. oder 4.Jh. unter Plutarchs Namen zusammengestellt waren. Somit gab es damals noch keine wissenschaftliche Gesamtausgabe. Der Katalog bietet Beispiele für Werke, welche die drei Jahrhunderte zwischen Agathias, dem Historiker Justinians und letzten Zeugen für die Benutzung aus der Antike, und Photios nicht überstanden haben. Andererseits sind Schriften, die uns erhalten sind, dort nicht angeführt. Was aber bis auf Photios kam, ist im wesentlichen auch bis auf uns gekommen.

Die Sammlung der *Viten* fällt wohl mit der Umschrift von der Rolle in den Kodex in frühbyzantinischer Zeit zusammen. Jedenfalls exzerpiert Photios im *cod.* 245 den zweiten Band einer zweibändigen Ausgabe, die die *Viten* nach der Lebenszeit der Griechen ordnete; die Tradition des ersten Bandes ist erhalten im Codex Seitenstettensis aus dem 11. oder 12.Jh., aus dem Stephanus über 50 ausgezeichnete Lesarten in seine Ausgabe übernommen hatte, der dann aber erst seit seiner Wiederentdeckung (1846) für die Herstellung des Textes verwendet wurde. Wohl noch älter als die von Photios benutzte ist eine zweite, dreibändige Sammlung, die vollständiger und besser bezeugt ist und deren Anordnung nach Landschaften auch Planudes folgt. Erst die Aldina von 1519 führte die Ordnung chronologisch nach den Römern ein, die bis in neueste Ausgaben gültig blieb (Abb. 57).

Die philosophischen Einzelschriften, größtenteils von Plutarch selber publiziert, einzeln auch aus Kollegnotizen im Nachlaß zusammengestellt, unvollendet oder gar gefälscht, hat erst Planudes im Übergang vom 13. zum 14.Jh. zu einer Sammlung vereinigt. Spuren von kleineren

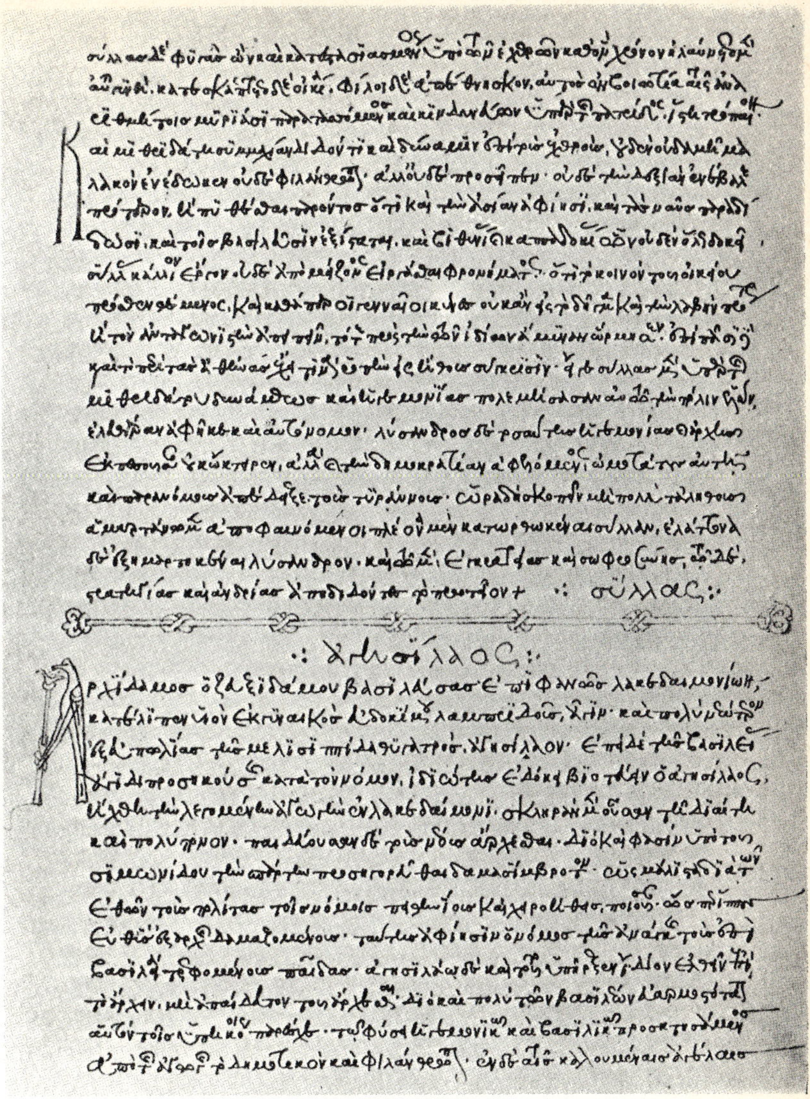

Abb. 57. Plutarch, *Vitae Parallelae*, *Sulla* (Ende) und *Agesilaos* (Anfang). Ambros. D 538 inf., f. 253 (STEFFENS, Taf. 19).

Gruppen finden sich freilich bereits in der Zitierung bei Stobaios; eine solche, wohl übernommene Gruppe von 21 Schriften moralischen Inhalts, die der ganzen Sammlung dann den Namen gab, hat Planudes an die Spitze des Ganzen gestellt. Aber für den Text ist doch die Einzelüberlieferung bestimmend und maßgebend. Für seine Ausgabe bearbeitet Planudes einen Text, der schon vor ihm kollationiert und korrigiert worden ist. Die erste Sammlung, in der er 69 Schriften zusammenbringt, ist erhalten im Codex Ambrosianus 859 aus dem Jahre 1295. In der Ausgabe von 1296 stellt er vor die *Moralia* die *Viten* nach der dreibändigen Ausgabe (Paris. gr. 1671), eine dritte Ausgabe nach der Jahrhundertwende fügt weitere neun unterdessen gefundene Schriften dazu (Paris. gr. 1672).

Die Wirkungsgeschichte Plutarchs im Westen beginnt im 15. Jh. mit lateinischen Übersetzungen der Römer-*Viten* und falscher Schriften (*Institutio Traiani*, *De liberis educandis*). Griechisch erschienen im Druck zuerst die *Moralia* (1509) bei Aldus Manutius in Venedig, besorgt von Demetrius Dukas unter Mitwirkung von Erasmus. Die Editio princeps der *Viten*, besorgt von Boninus, ist eine Juntina (Florenz 1517); die Aldina von 1519 wurde bereits erwähnt. Textkritisch die bedeutendste Leistung bis zu den kritischen Ausgaben des 19. und 20. Jh. war die Gesamtausgabe des Henricus Stephanus von 1572 durch Heranziehung vorzüglicher Handschriften, Auswertung der Beiträge hervorragender Gelehrter und dank eigener glänzender Emendationstätigkeit.

Nur bei Plotin sind wir über die Umstände der Publikation noch so gut unterrichtet wie beim Werk EPIKTETS. Der Inhalt dieses Werks, heitere, von einer reichen und liebenswürdigen Persönlichkeit ausgehende Popularphilosophie, ebenso wie seine Form, vom Autor nicht schriftlich fixierte, aber zumeist wohl in ihrem ursprünglichen Wortlaut vom Schüler ohne strengen Plan aneinandergereihte Aperçus (*Dissertationes*), bestimmten die Wirkungsgeschichte und damit die Überlieferungs- und Textgeschichte und unsere Kenntnis von ihr. So erlaubt das vielfältige Material der testimonia, der Bezeugung bei späteren Autoren, eine recht sichere Rekonstruktion der Umstände um die Erstpublikation; andererseits ist diese häufige Benutzung verantwortlich dafür, daß der Text schon ziemlich verdorben nach Byzanz gekommen ist. Über die Umstände der Publikation orientiert uns vor andern Simplikios (6. Jh.) in seinem Kommentar zum *Encheiridion* Epiktets, vor allem dadurch, daß er den Widmungsbrief des Schülers und Herausgebers Arrian überliefert. Danach gibt es hier gar keinen Autortext, da Epiktet wie sein Vorbild Sokrates nichts geschrieben hat. Nach seinem Tode wurde sein Schüler Arrian dadurch zur Herausgabe der wohl sorgfältigen Kollegnotizen gezwungen, daß die im Freundeskreise zirkulierenden Skripten zu Raubdrucken verwendet worden waren. Dies muß zwischen dem Todesjahr Epiktets um 140 und dem Aufenthalt des Gellius in Athen um 160/64 – der ebenso wie bald darauf Mark Aurel aus dieser Ausgabe zitiert – geschehen sein. Die Ausgabe Arrians wurde maßgebend und der Ausgangspunkt für unseren Text.

Sicherlich ist nicht das ganze Werk Epiktets damals publiziert worden und in unserem Text erhalten. Aber es hält schwer, aus den Titeln von Werken Epiktets, die in antiken Zitaten, bei Photios, in der handschriftlichen Überlieferung erhalten sind, Anzahl, Art und Titel der von Arrian und möglicherweise von andern Schülern publizierten Bücher zu erschließen. Das *Encheiridion* ist eine Art Epitome aus dem größeren Werk von der Hand des Herausgebers Arrian selber; es wird häufiger gelesen und zitiert als der ganze Text, vor allem in der philosophischen Diskussion mit den Christen und selbst in christianisierter Form. Arethas läßt das ganze Werk aus einem einzigen Majuskelexemplar in Minuskel umschreiben, wobei er den Text selber korrigiert und kommentiert. Der erhaltene Archetypus aller unserer Handschriften, der Bodleianus (Veronensis) gr. misc. 251 geht geradeswegs, vielleicht sogar ohne Zwischenglied, auf diese Abschrift des Arethas zurück.

Titel und Umfang des Werks ebenso wie die Reihenfolge der Bücher der *Römischen Geschichte* APPIANS, welcher unter Hadrian und Antoninus Pius in Rom lebte und schrieb, sind erst bei Photios bezeugt (*cod.* 57), der noch das ganze Werk las. Aus dem Proömium des Autors, welches die Bücher 1 bis 9 und 13 bis 17 erwähnt, ist zu schließen, daß er das Werk selber publiziert hat, aber wohl kaum nur die erwähnten Bücher. Der Inhalt der einzelnen Bücher – jedes behandelte die Geschichte eines einzelnen Volkes, einer Landschaft – zusammen mit der byzantinischen Auswahl und Exzerption bestimmt das Schicksal des Werkes. Die Bücher werden bis in die Neuzeit einzeln ediert und in verschiedenem Zusammenhang überliefert und sind so nur zum Teil erhalten, von den verlorenen Büchern die Fragmente aus byzantinischen Historikern und Lexika. Wo der Text erhalten ist, bleibt wegen des Stils des Autors die Herstellung des Wortlauts oft unsicher.

Bei MARK AUREL wissen wir aus Hinweisen in seinem Werk einiges über Zeit und Ort der Entstehung – das zweite Buch ist im Quadenland, das dritte in Carnuntum zwischen 171 und 173 geschrieben, die «Inventuraufnahme» des ersten Buches erst später dem Ganzen vorangestellt (vgl. die Ausg. von W. THEILER, 307) –, aber nichts Sicheres über die Publikation. Vielleicht haben auch da erst die Erben die Notizen aus dem Nachlaß herausgegeben. Die sehr spärliche Benutzung und Bezeugung, welche den Text verhältnismäßig gut in die byzantinische Zeit hinüberkommen läßt, hört zu Anfang des 5. Jh. auf. Erst Arethas gibt uns in einem Brief vor 907 den wohl authentischen Titel des Werkes an (*Τὰ εἰς ἑαυτόν*). Aus dem vor Alter fast zerstörten, einzigen (uns bezeugten) Exemplar läßt er den Text abschreiben, der in der Folge weite Verbreitung findet, wie die Fragmente bei byzantinischen Autoren und in Lexiken zeigen, manchmal in besserer Textform.

Ebenso selten gelesen und zitiert wird in der Antike die Beschreibung Griechenlands, die PAUSANIAS zwischen 173 und 180 geschrieben und veröffentlicht hat. Die Verweise zeigen, daß die zehn Bücher in der Reihenfolge verfaßt wurden, in der sie jetzt stehen. Umstritten ist, ob Buch I zuerst gesondert publiziert und ob das ganze Werk vollendet ist. Namentlich bezeugt ist Pausanias allein bei seinem Zeitgenossen Aelian (*Var. hist.* XII, 61 – Paus. VIII, 27, 14), so daß die Überlieferungsgeschichte weitgehend im Dunkeln bleibt. Für die Textgeschichte und -rezension hat das 19. Jh. zwischen der Ausgabe von BEKKER 1826 und der dreibändigen Teubner-Edition von SPIRO 1903 die Grundlagen gelegt. Die Handschriften sind durchweg jung. SPIRO stützt seinen Text vorwiegend auf den Paris. gr. 1410, der 1491 von Suliardes geschrieben ist und über Zwischenstufen auf das Exemplar des Arethas zurückgeht. Aus derselben Vorlage stammt eine andere Abschrift: Lugdun. 16 k. Über Arethas zurück führen nur die etwa 80 Zitate im geographischen Lexikon des Stephanos von Byzanz. Es scheint, daß die meisten der Lücken, die jetzt den Text entstellen, damals schon

Abb. 58. Klemens von Alexandrien, *Protreptikos*, 2, 11, 2–12, 2. In den beiden linken Kolumnen die von Baanes eingetragenen Scholien, unter dem Haupttext von der dritten Zeile an die Scholien des Arethas von seiner eigenen Hand. Zur zweiten Zeile des Haupttextes Nachtrag von späterer Hand (Paris. gr. 451, f. 6ᵛ; STÄHLIN, Bd. III, Taf. I).

vorhanden waren. Auch die Bucheinteilung lag damals schon vor, umstritten ist aber, ob sie auf den Autor selber zurückgeht.

KLEMENS, der Begründer der christlichen Katechetenschule in Alexandrien und Lehrer des Origenes, sei als einziger christlicher Schriftsteller hier erwähnt, weil für einen Teil seines Werks (*Protreptikos* und *Paidagogos*) der Archetyp unserer Handschriften erhalten ist in einer datierten Apologetenhandschrift des Arethas aus dem Jahre 914 (Paris. gr. 451; Abb. 58), geschrieben von seinem «Notarios» Baanes (Notiz in f. 401^{v}). Die Handschrift gibt uns Einblick in die Arbeitsweise der Byzantiner. Die Scholien, von denen der Text begleitet ist, sind teilweise von Baanes aus der Vorlage abgeschrieben. Sie stammen von einem christlichen Grammatiker ungefähr des 5. Jh., der seinerseits kaiserzeitliche Grammatiker für seine Glossierung seltener Ausdrücke und Namen benutzte. Diese Glosseme zeigen, daß der *Protreptikos* als Schullektüre diente. Zum andern Teil sind die Scholien von Arethas geschrieben, der sie unter Benutzung der Bibel, von Kirchenvätern, klassischen Autoren, Photios und Pollux selbst verfaßte; vielleicht benutzte er auch noch Notizen der Vorlage, die Baanes nicht berücksichtigt hatte. Aber nicht nur Scholien, sondern auch textliche Korrekturen hat Arethas selber hinzugeschrieben; er gewann sie einerseits aus der Kollation mit der Vorlage, andererseits jedoch ohne Benutzung von Handschriften aus eigener Konjektur. Beispiel in anderer Richtung ist die Überlieferung des Hauptwerks, der *Stromateis*. Es ist nur in zwei Handschriften erhalten, wobei die jüngere (Paris. Suppl. gr. 250) aus der älteren (Laur. plut. 5, 3) abgeschrieben ist. Letztere, eine flüchtige Abschrift des 11. Jh., diente als Vorlage für die Editio princeps des Petrus Victorius in Florenz 1550. Im Jahre darauf erscheint ebenfalls in Florenz die lateinische Übersetzung des Gent. Hervet, die, obschon unter Zeitnot in großer Eile hingeschrieben, oft nachgedruckt wird.

Vom Werk des ATHENAIOS aus Naukratis in Ägypten sind die Bücher über die syrischen Könige verloren. Das Schicksal der 30 Bücher der *Deipnosophistai*, deren Entstehung sich vielleicht nach einer erwähnten Persönlichkeit vor 228 datieren läßt, ist ganz durch die Epitomierung bestimmt. Der Autor hatte den einzelnen Büchern Vor- und Nachworte beigegeben, von denen Reste erhalten sind. Das Proömium aber, welches dem Werk jetzt voransteht, wurde dadurch nötig, daß die 30 Bücher zwischen Macrobius (Anf. 5. Jh.) und Stephanos oder Hermolaos (7. Jh.) in 15 Bücher zusammengeschrieben wurden. Reste der ursprünglichen Fassung finden sich bei Grammatikern der Kaiserzeit und bei Macrobius. Manche nehmen eine weitere Epitomierung an zwischen Hesych (6.Jh.) und der *Suda* (10.Jh.). Die Fassung der byzantinischen Zeit war ursprünglich vollständig erhalten im Marc. gr. 447 (A), der im 10.Jh. im Osten, evtl. in Konstantinopel selber, im ganzen gut, manchmal sogar sklavisch – der Schreiber hängt Varianten der Vorlage im Text aneinander – aus dem unzialen Archetypus oder aus einer Minuskelkopie (DESROUSSEAUX) abgeschrieben wurde. Schon im Osten sind die zwei ersten Bücher sowie einige Stellen im dritten Buch aus unserer Handschrift verlorengegangen. Aber vielleicht hat gerade dieser Verlust eine weitere Epitomierung in der Zeit des Eustathios veranlaßt, die möglicherweise von Eustathios selber stammt (MAAS bei DESROUSSEAUX) und die jedenfalls beweist, daß es zu dieser Zeit neben A noch eine weitere Textquelle gab. Die Grundlage für die wenigen Handschriften im Westen ist aber A, die, im Jahre 1423 durch Giovanni Aurispa nach Venedig gebracht, von Bessarion angekauft wurde und nach dessen Tod mit seiner Bibliothek in den Besitz der Stadt überging (1472). Die Editio princeps ist eine Aldina von 1514, von Musurus nach einer Abschrift des 15.Jh. aus A herausgegeben.

Die 80 Bücher, in denen CASSIUS DION COCCEIANUS aus Nikaia in Bithynien am Anfang des 3.Jh. die römische Geschichte von Äneas bis in seine Gegenwart darstellte, lagen den byzantinischen Epitomatoren noch ganz vor. Joannes Xiphilinos schrieb im 11.Jh. die Bücher 36 bis 80 aus, Joannes Zonaras benutzte ein Jahrhundert später für sein Kompendium der Geschichte die Bücher 1 bis 21 und schrieb bei den Büchern 44 bis 80 die Epitome seines Vorgängers aus. Diese Exzerpte sowie zahlreiche Fragmente aus anderen Sammlungen und Handschriften derselben Zeit sind unser Text für die verlorenen Bücher; denn ganz erhalten sind nur die Bücher 36 bis 60 (68 v.Chr. bis 47 n.Chr.). Im Text kommen wir bis auf dreihundert Jahre an den Autor heran: in Bruchstücken aus den Büchern 79 und 80, die in einem Unzialkodex (Vat. gr. 1288) aus dem 5. oder 6.Jh. erhalten sind; schon da ist der Text durch viele Fehler entstellt. Der Kodex befand sich im Besitz von Fulvio Orsini und gelangte nach dessen Tod in die Vaticana (Abb. 59).

Ein Glücksfall auch für die Überlieferungsgeschichte ist das Werk PLOTINS. Die Einleitung, die sein Schüler Porphyrios der Erstausgabe vorangestellt hat und die seither mit dem Werk überliefert wird, gibt erschöpfend Auskunft über die näheren Umstände der Entstehung der einzelnen Schriften und über die Publikation des ganzen Werks. Plotin begann erst in seinem 49. Lebensjahr zu schreiben, in dieser Tätigkeit vielleicht von Anfang an, später jedenfalls stark behindert durch ein Augenübel. Die Schriften, deren Entstehungsfolge Porphyrios angibt, sind ohne System aus dem mündlichen Schulbetrieb herausgewachsen, sind seine Vorlesungen in knapper Zusammenfassung durch den Meister selber. Diese eigenhändigen Kollegskripten zirkulierten im Schüler- und Freundeskreis und wurden auch an weitere Interessenten verschickt. Eine Einzel- oder Gesamtausgabe der Schriften gab es zu Lebzeiten nicht; daß Plotin an eine solche gedacht hat und dem Schüler einen Auftrag dazu gegeben hat, läßt sich vielleicht aus zwei Stellen in der *Vita Plotini*, der Einleitung des Porphyrios, erschließen. Die Ausgabe des Porphyrios kam im Jahre 301, 30 Jahre nach dem Tode des Lehrers, heraus. Nach Vorbildern wie der Aristoteles- und Theophrast-Ausgabe des Andronikos ordnete er die Schriften nach einem recht äußerlichen Sachprinzip in drei «Bände», wobei der erste in dreimal neun Schriften die Varia, der zweite zweimal neun Schriften zu Seele und Geist und der dritte Band neun Schriften über die Kategorienlehre und das Eine enthielt. Diese sechs Neunergruppen oder *Enneaden* ergaben später den bis heute gültigen «Titel» des Werkes. Die runde Zahl der Neunergruppen war nicht ohne einige Gewalttätigkeit, nämlich durch willkürliches Unterteilen und sogar Auseinanderzerren einiger Schriften zu erreichen. Auch die Titel der Einzelschriften stammen vom Herausgeber, vorher und zum Teil noch bei ihm und nach ihm liefen die Schriften unter verschiedenen Titeln um, ein Beispiel für viele, daß einzelne Schriften, Bücher und ganze Werke keinen authentischen Titel haben.

Porphyrios' Ausgabe ist maßgebend geworden. Die meisten Zitate der späteren Zeit (indirekte Überlieferung) gehen ebenso wie unser Text der direkten Überlieferung auf sie zurück. Die Spuren mündlicher Überlieferung, die von dem Schüler Amelios ausgingen, sind umstritten. Dagegen finden sich Reste der Kommentierung reichlich in den Platon- und Aristoteles-Kommentaren der Folgezeit sowie in einer arabischen Übersetzung von Stücken aus den *Enneaden* IV bis VI aus dem 10. Jh. Die 54 Schriften sind im ganzen echt und ganz erhalten. Eine Lücke in IV, 7/8, die durch die Parallelüberlieferung bei Euseb ausgefüllt werden kann, beweist, daß alle vollständig erhaltenen Handschriften, zumeist im 13. Jh. geschrieben, aus demselben Archetypus, einer

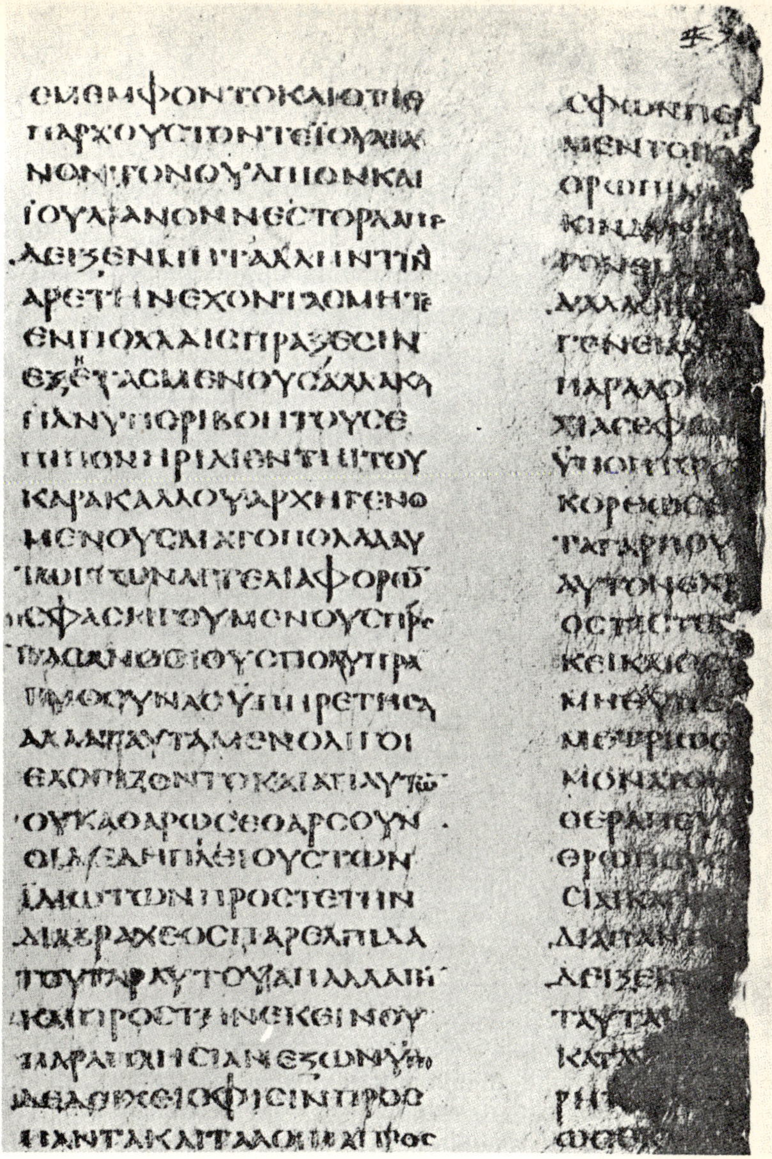

Abb. 59. Cassius Dion, *Historia Romana* 78, 15,1–16,1
(Vat.gr. 1288, f. 4r; Steffens, Taf. 5).

frühestens im 9., spätestens im 12. Jh. in zwei Kolumnen geschriebenen Minuskelhandschrift stammen. Zahlreiche Handschriften aus dem 15. Jh. beweisen ein steigendes Interesse und die zunehmende Wirkung des spätantiken Philosophen. Die lateinische Übersetzung des Marsilio Ficino von 1492 bringt zuerst die noch heute gebräuchliche Kapiteleinteilung. Sie ist für die Rekonstruktion des Archetypus wertlos, bringt aber die ersten Konjekturen, deren Urheber zu benennen ist. Die Editio princeps des griechischen Textes erscheint 1580 in Basel bei Petrus Perna, zusammen mit Übersetzung und Kommentar des Ficino.

Die Herausgeber des neuesten Plotin-Textes, HENRY und SCHWYZER, machen die Annahme einer Ausgabe des Eustochios, eines anderen Schülers Plotins, zur wichtigsten Stütze für ihre konservative Textbehandlung und für ihr Verdammungsurteil über die Editionen des 19. Jh. Spuren dieser Ausgabe des Eustochios, die vor derjenigen des Porphyrios herausgekommen wäre, fänden sich in einem Scholion sowie in der Textform der Zitate bei Euseb. Diese Spuren lieferten den Beweis für die Zuverlässigkeit der Editionstätigkeit des Porphyrios, dessen sorgfältig redigierter Text gut erhalten und deshalb weitgehend in der überlieferten Form zu halten sei. Gegenüber diesem sehr pointierten Vertrauen in die Überlieferung bewahren sich Plotinkenner wie THEILER, HARDER u.a. (vgl. HENRY-SCHWYZER, Plotini Opera II, praef. X, Anm. 2) die kritische Freiheit, auf der Grundlage der nun wiederhergestellten Überlieferung mit Hilfe der Textarbeit auch des 19. Jh. soweit möglich – wo nötig sogar gegen Porphyrios – den Wortlaut Plotins wiederherzustellen.

Die zehn Bücher zur Geschichte der griechischen Philosophie des DIOGENES LAERTIOS wurden im letzten Viertel des 3. Jh. wohl aus dem Nachlaß herausgegeben und im 9. Jh. in Konstantinopel in einem einzigen Exemplar mit schon sehr verdorbenem Text neu entdeckt. Der Text dieser Zeit ist grundsätzlich erhalten in zwei Überlieferungssträngen mit den Haupthandschriften B (Neapol. Burb. III B 29) und P (Paris. gr. 1759) einerseits, F (Laur. plut. 69,13) andererseits. Aber die mittelalterliche Vulgatüberlieferung des Diogenes Laertios mit ca. 30 Handschriften ist gekennzeichnet durch fast unentwirrbare Kontamination der verschiedenen Zweige; diese Situation wird verschärft durch die reiche und vielgestaltige Sekundärüberlieferung mit ebenso undurchsichtigen und ungeklärten Verwandtschaftsverhältnissen.

Weiter müsste die textgeschichtliche Stellung der lateinischen mittelalterlichen und Humanisten-Übersetzungen (Ambrogio Traversari 1431, Editio princeps des Textes in Basel bei Froben 1533) geklärt werden. Die letzte Gesamtausgabe durch Cobet (Firmin-Didot, Paris 1850) beruht, wenn auch ohne vollständige und ganz zuverlässige Kollationen, auf den besten Handschriften. Nach mehr als einem Jahrhundert bisheriger Arbeit am Text in Teilausgaben, umfangreichen Kollationen und Untersuchungen zur Textgeschichte steht die moderne Textausgabe immer noch aus – eines der Beispiele für die erwähnte Entwicklungstendenz in der philologischen Wissenschaft. Immerhin ist die Ausgabe von Buch VI durch von der Mühll eben jetzt angezeigt.

Quellen der Abbildungen: P. Franchi de'Cavalieri u. J. Lietzmann, Specimina Codicum Graecorum Vaticanorum, Bonn 1910; O. Stählin, Clemens Alexandrinus, 3. Band, Leipzig 1909; F. Steffens, Proben aus griechischen Handschriften und Urkunden, Trier 1912; Codices Graeci et Latini photographice depicti duce Scatone de Vries, Band VI, Leiden 1901; W. Wattenbach, Scripturae Graecae Specimina, [3]Berlin 1897.

ÜBERLIEFERUNGSGESCHICHTE DER LATEINISCHEN LITERATUR DES ALTERTUMS

von Prof. Dr. KARL BÜCHNER, Freiburg i. Br.

1. *Textgeschichte und Überlieferungsgeschichte*

TRADITION ODER ÜBERLIEFERUNG ist nicht nur eine philologische Erscheinung, sondern die eine Hälfte des Lebens. Wer nicht durch Überlieferung etwas geliefert erhält, bleibt ein armer Teufel, denn so original, daß er alles aus sich erzeugte, ist niemand, weil das Leben kurz, die Kunst aber lang ist. So viel sei gesagt gegen alle Humanismen, die sich der Bürde der Überlieferung einfach zu entledigen suchen. Aus dieser Erwägung erkennt man, daß Überlieferung eine eminent humanistische Sache ist. Überlieferung ist, wenn es mit Betonung gesagt wird, etwas anderes als bloßes Weitergeben des usus. Sie bezeugt als Faktum schon Überlegenheit und Freiheit menschlichen Geistes.

Handelt es sich um die Überlieferung von Geisteswerken, so liegt ein erlauchter Sonderfall von Tradition vor, der aber nicht ganz zu Unrecht häufig allein als Überlieferung verstanden wird.

Hier sollen und müssen aber noch weitere Einschränkungen gemacht werden. Es geht um schriftliche Überlieferung. Schriftliche Überlieferung ist umfassender und beschränkter als Überlieferungen in den Künsten: in ihr hat sich der Geist auch des Alltäglichen bemächtigt, aber sie ergreift nur das, was zu irgendeiner Zeit irgend jemand des Aufschreibens für wert gehalten hat. Schon im Begriff der schriftlichen Überlieferung ist damit der Zufälligkeit ein ziemlicher Spielraum zugestanden.

Im Raum unserer schriftlichen Überlieferung – d.h. jener Schriften, die dank ihrer Erhaltung unser Gedächtnis ausmachen und damit unser Leben und unsere Kultur formen – ist weiter umständehalber hier die Überlieferung der Schriftwerke in lateinischer Sprache, soweit sie zur alten Welt gehören, herausgegriffen. Damit wird in diesem Artikel ein bedeutender Teil der Überlieferungsleistung der Römer selbst ausgelassen: ihre Kultur ist seit dem 2. Jh. v. Chr. (Ende) zweisprachig. Damit hat sie Erinnerung und Sehnsucht nach dem Griechischen nie untergehen lassen. Erasmus konnte an Cicero anknüpfen, als er weiter zu den Quellen vorstieß. Und noch heute sind die römischen Schriftwerke die beste Vorbereitung für das Griechische. Als das Verständnis des Griechischen gefährdet war, konnte ein Boëthius (um 480–524) den Plan fassen, den ganzen Platon und Aristoteles zu übersetzen, führte einen

Teil des Planes durch und hat damit eine der wichtigsten Überlieferungstatsachen geschaffen. Hier kann Römertum als Überlieferer von Griechentum nur insoweit gewürdigt werden, als in Übersetzungen Griechisches zu lateinischem Schriftwerk geworden ist, und es erhebt sich zum ersten Mal im Abendland die interessante Frage, wie es mit dem Lebensrecht und der Lebensdauer von Übersetzungen steht.

Wenn so die Überlieferung hier auf ein enges Gebiet beschränkt und eingegrenzt worden ist, auf dem sie dargestellt werden soll, so führt eine notwendige Besinnung die Geschichte der Überlieferung in ein weiteres und fruchtbareres Feld – fruchtbarer, weil wesentlicher dem Menschsein zugeordnet – als das, was man jetzt unter dem Begriff der Textgeschichte versteht und was die letzte Stufe des Textverständnisses und der methodischen Textbehandlungen heute darstellt. Das Hauptdokument dieser letzten Errungenschaft der Textkritik ist das Buch von G. PASQUALI, Storia della tradizione e critica del testo, Florenz 1934 (2. Auflage 1952). Es empfiehlt sich, den Begriff der Überlieferung von Schriftwerken und ihrer Geschichte an einer Besinnung auf die Entwicklung der Textbehandlung bis zur Erfindung der Textgeschichte zu klären und Überlieferungsgeschichte von Textgeschichte abzuheben. Es ist vielleicht jetzt an der Zeit, diesen letzten Schritt von der Textgeschichte zur Überlieferungsgeschichte bewußt zu tun.

Hätte man den Unterschied von Textgeschichte und Überlieferungsgeschichte früher bewußt gefaßt und hätte man beides im Zusammenhang betrieben, hätte es nicht geschehen können, daß man die lateinische Überlieferung ganz nach den Kategorien der griechischen Überlieferungsgeschichte, die unter anderen geschichtlichen Bedingungen verlief, angesehen und rekonstruiert hat, wie sich zeigen wird.

Daß die Renaissance letztlich nur auf einen neuen Text aus war, der am eigenen Verständnis gemessen wurde, beweist der Verlust so vieler Handschriften (berühmt der Verlust des Poggianus des Lukrez): der Kodex – es handelte sich meist um frühmittelalterliche Minuskelkodizes – wurde wertlos, wenn er abgeschrieben war. Man machte sich offenbar keine Vorstellung darüber, welche Schlüsse aus dem Original über die Qualität der Handschrift des Schreibers, mithin über die Güte der Lesart, möglich waren und was sich aus der Art oft auch unscheinbarer Korruptelen und Besonderheiten über das Schicksal und die Herkunft der Überlieferungsmasse erkennen ließ: das heißt, der Gedanke einer Rezension der Handschriften und die Vorstellung, daß auch der

Text eine Geschichte hat, waren noch nicht gefaßt. Das erste ist mit dem Namen K. LACHMANNS, das letzte mit dem von U. VON WILAMOWITZ-MOELLENDORF verbunden. LACHMANNS Grundgedanke (Vorrede der Lukrezausgabe von 1850) ist der, daß die vorhandenen Handschriften des herauszugebenden antiken Autors durch Feststellung von Korruptelgemeinschaft auf den erhaltenen oder zu rekonstruierenden Archetypus zurückgeführt werden müssen. Das Verfahren, dem hernach das Verstehen, die interpretatio, und die Verbesserung, die emendatio, zu folgen hatte, nannte er die recensio. Wie dieser Archetypus ins Mittelalter gekommen war, das kümmerte ihn nicht[1].

Hier hat WILAMOWITZ[2] weitergefragt. Wie man von LACHMANN an die Epoche der Textrezension, so kann man von WILAMOWITZ an die Epoche der Textgeschichte rechnen.

Einen Archetypus rekonstruieren konnte man mit Gewinn nur in dem nicht zu häufigen Fall, daß eine ganze Überlieferung auf einem einzigen geretteten antiken Exemplar beruhte. Diese Methode versagte, wenn mehrere «Archetypi» ins Mittelalter gerettet und dort abgeschrieben worden waren. Und sie wurde noch unzureichender, wenn diese antiken Ströme miteinander ausgeglichen, kontaminiert, worden waren. Denn hier bewies Korruptelgemeinschaft nicht mehr Abhängigkeit von der gleichen Vorlage; konnten doch Korruptelen eingeschleppt worden sein. Das sicherste Mittel der Erkenntnis blieb darum die Lücke und wird es bleiben. Konnte auch bei der LACHMANNschen Methode nur festgestellt werden, was als überliefert zu gelten hatte, was nur ein blind Überlieferungsgläubiger ohne weiteres für richtig halten konnte, so ließ sich in dem Falle, wo die Handschriften nicht auf einen einzigen Archetypus zurückgeführt zu werden vermochten, das Überlieferte von den Handschriften aus in einem gere-

[1] Dies Verfahren LACHMANNS hat mit mathematischer Exaktheit P. MAAS, Textkritik, ³Leipzig 1957, dargestellt. Es gilt nur für die Zurückführung unvermischter Kodizes auf die erhaltene oder zu erschließende Vorlage. Über Vorgänger des LACHMANNschen Verfahrens in der Theologie vgl. PASQUALI 9. Auch die Hermeneutik, die Lehre vom Verstehen, verdankt der Theologie, die im 19. Jh. trotz allem Historismus doch an der Heiligkeit der Schrift festhielt, mehr als man denkt. Vgl. J. WACH, Das Verstehen, Tübingen 1926; neuerdings auch H.-G. GADAMERS wichtige Hermeneutik: Wahrheit und Methode, Tübingen 1960.

[2] Die unbezweifelbare Bedeutung von U. VON WILAMOWITZ als Beginner einer neuen bewußten Art der Textbehandlung ist nicht gesehen in dem Buche von A. DAIN, Les manuscrits, Paris 1949, wie auch der Beginn der Textkritik bei LACHMANN bestritten und verkümmert dargestellt wird.

gelten Verfahren nicht mehr erkennen. Denkbar war es, daß der Schreiber seine Lesart von der Vorlage, einer unkontrollierbaren anderen Handschrift, direkt oder indirekt oder aus eigener Konjektur hatte.

Dabei ist es so, daß meist zwischen zwei Lesarten zu wählen ist. Die Überlieferung spaltet sich. Dieses Sichspalten verdeckt mit seiner gleichförmigen Struktur und ihrem Heilmittel, daß man nämlich die lectio difficilior bevorzugt, eine Unzahl von Erklärungsmöglichkeiten über das Zustandekommen der Spaltung. Denkbar ist auch, daß drei verschiedene Lesarten vorhanden sind. Da es selten ist, daß sich das Diskutable gleich dreifach ausdrücken läßt, ist es meist verhältnismäßig leicht, zumindest eine davon zu eliminieren, oft auch zwei oder alle drei als Verlegenheitshilfen an einer korrupten Stelle zu erkennen.

Um das Richtige zu finden, kann das Sprach- und Formvermögen, dem die Hauptrolle der Entscheidung zufällt, aus den Schicksalen der Texte vor dem Mittelalter Unterstützung holen. Für die Textherstellung und die vorausgehende notwendige Fehlerbeurteilung sind dabei die typischen Fehlermöglichkeiten von Wichtigkeit, also etwa, ob Schauspieler des größeren Effektes willen geändert, die Schule banalisiert, die gelehrte Ausgabe normalisiert hat usw. Die Fruchtbarkeit solcher Untersuchungen erwies U. v. WILAMOWITZ in der Ausgabe des Euripideischen *Herakles* (1889). In weiteren Arbeiten – s. H. ERBSES Essay – hat U. v. WILAMOWITZ diese methodisch bedeutendste Entdeckung seiner an Entdeckungen reichen philologischen Tätigkeit ausgebaut (Bukoliker). Ihre Frucht war vor allem die Einsicht in die gelehrte Tätigkeit der Alexandriner.

Das Altertum unterscheidet sich vom Mittelalter für die Textbehandlung grundsätzlich dadurch, daß man da Fehler nur in den seltensten Fällen auf Abschreibversehen und die Zufälligkeiten eines Exemplares zurückführen kann. Die Beherrschung der Sprache als einer lebenden konnte Sinnloses schwer ertragen und hatte jederzeit die Möglichkeit, auf maßgebende Texte zu rekurrieren, deren es in jeder Stadt in den Bibliotheken genügend gab. Wir haben antike Handschriften und Palimpseste: selten, daß sie ganz Sinnloses stehen ließen, selten, daß sie, wie so häufig mittelalterliche Handschriften, durch sinnlose Lücken entstellt sind (in Ciceros *De republica* hat der Schreiber wohl manchmal Zeilen übersprungen, der Korrektor hat sie samt und sonders nachgetragen). Vielmehr muß man hier mit anderen Formantien rechnen: in erster Linie mit Ausgaben, dabei wieder mit dem gering ausgebildeten Sinn für Authentizität, mit Autoritätsgläubigkeit, mit bestimmten Tendenzen in bestimmten geistigen Bereichen, der Banalisierung der Schule, der Dramatisierung des Theaters, der Kommentierung, Normalisierung, Trivialisierung und Rationalisierung der Gelehrten.

Es ist deutlich, daß wir Textverschiedenheiten, wofern sie schon im Altertum angenommen werden müssen, nicht mehr mit mechanischen Korruptelen und der Methode berechenbarer Filiationen von Kopien entscheiden können und daß bei der Bewertung solcher Divergenzen außer der Kenntnis des Textes ein Eindringen in seine Schicksale eine unschätzbare Hilfe sein kann.

Diese Schicksale aber sind ihrerseits wieder abhängig von den Bedingungen der Zeit in ihrem ganzen Umfang. Es ist möglich, von der Ausgabe eines Autors auszugehen und mit Hilfe meist recht verstreuter Nachrichten des Altertums, seiner indirekten Wirkung und durch Rückschlüsse aus den Handschriften sich eine Vorstellung zu machen, was mit der Ausgabe im Laufe der Zeiten geschehen ist. Ebenso ist es möglich, dem Geist der Zeiten auf die Sprünge zu kommen und dabei das, was wir von den einzelnen Textgeschichten wissen, als Indizien und Material zu benützen. Aus dieser letzteren Methode, die den eigentlich humanistischen Beitrag zu spenden vermag, wird auch die einzelne Textgeschichte Gewinn ziehen können und müssen. Um Überlieferungstatsachen so im Sinne der Geschichte des bewahrenden Geistes zu behandeln, sind die verschiedenen Epochen in ihren extremen Möglichkeiten zu bestimmen[3].

2. Die römische Geisteswelt bis zu ihrer philologischen Betreuung

Eine erste Epoche wird man von den Anfängen bis zur wissenschaftlichen Betreuung und Untersuchung der Texte reichen lassen können, d. h. bis zum Beginn der lateinischen Philologie. Aelius Stilo Praeconinus (um 100 v. Chr.) ist ihr Begründer.

[3] Daß Textgeschichte ein Stück Geistesgeschichte ist, betont schon PASQUALI – F. WIEACKER geht von derselben Überzeugung aus –, bleibt freilich bei der Untersuchung einzelner Textgeschichten stehen. Das Gemeinsame, das bei ihnen hervorgehoben wird, liegt bei PASQUALI meist im Technischen, s. S. 373 ff.

Seit dieser Zeit kann man mit einer kontrollierten Betreuung der Literatur wenigstens in vielen Fällen rechnen. Wie sah es vorher aus? Was wurde bewahrt, wie wurde es bewahrt?

Der Römer, ein sparsamer Bauer, wirft ungern etwas weg. Er hat den Sinn für die Liste, das Hausbuch, die Notizensammlung. So haben in vorliterarischer Zeit die Archive größte Bedeutung. In den *Priesterarchiven* wurden außer den Kommentaren ihrer Obliegenheiten und erfüllten Leistungen auf Tafeln (album, weil sie geweißt war) Kalender, Beamtenliste und Chronik aufbewahrt. Die Chronik ist so wichtig und selbständig geworden, daß sie 123 v. Chr., in der Zeit einer entwickelten Geschichtsschreibung, als *Annales maximi* eine Gesamtausgabe erfuhr[4]. Wichtig sind noch in bestimmter Hinsicht die *Familienarchive*. Sie führten zwar dazu, daß durch dorther stammende Nachrichten, wie Cicero erkannte (*Brut.* 16,62: «historia est facta mendosior»), die römische Geschichte tendenziös gefärbt wurde (vgl. z. B. die wechselnde Bewertung der Claudier im Laufe der römischen Geschichte), zugleich aber verband sie die regierenden Häuser aufs engste mit der römischen Vergangenheit. Besonders gilt das für die laudationes funebres, die beim Tod des pater familias, später (Ende des 2. Jh. v. Chr.) auch der mater familias von einem Familienmitglied – womöglich vom ältesten Sohn – gehalten und dann im Archiv aufbewahrt wurden. Aber auch anderes hob man dort auf. So kann der alte Cato beim Vorbereiten einer Rede die früher gehaltenen zu Hilfe holen lassen. Später hat man dann auch so wenig verwendbare Dinge wie Gedichte aufbewahrt: man kann es sich kaum anders vorstellen, als daß die Gedichte der Sulpicia samt den anderen, die sich an die beiden Gedichtbücher des Tibull angeschlossen haben, aus dem Archiv des toten Freundes Messalla, ihres Oheims, stammen.

Von unschätzbarem Werte ist die dritte Art der Überlieferung, die im Unterschied zu den ersten beiden der Öffentlichkeit zugewendet ist. Während die ersten beiden durch Geheimnis und Verschlossenheit als arcana imperii oft Macht stärken und erhalten, will sie vor allen Mitbürgern und der Geschichte repräsentieren. Ich meine natürlich die *Inschriften*. An Gewicht und Bedeutung nehmen sie zu mit der Bedeutung des Urhebers und ihrem Alter, das in vorliterarische Zeit führen kann.

[4] Auf Sonderfälle wie die Überlieferung der sibyllinischen Bücher in griechischer Sprache mit oft abenteuerlichen, vom Staat gelenkten, auf die Schriftwerke einwirkenden Schicksalen sei hier nur hingewiesen.

Wenn auch hier der Unterschied zwischen staatlichen und privaten Inschriften gemacht werden muß und kann, die einen dargestellt von so wichtigen Dokumenten wie dem *SC. de Bacchanalibus* (186 v. Chr.) oder dem *Monumentum Ancyranum*, die andern beginnend mit der ersten lateinischen Inschrift, der *fibula von Praeneste*, einer Spange mit der Aufschrift «Manios med fhefhaked Numasioi (Manius hat mich für Numerius gemacht)», so ist hier Leben in jeder Form gültig komprimiert und am wenigsten zerstörbar aufgehoben worden.

Schließlich ist auch das *Gedächtnis* eines unverbrauchten, auf weniges konzentrierten, hochbegabten Menschenschlages nicht zu unterschätzen. Die XII-Tafel-Gesetze wurden ebenso wie dann die *Odusia* des Livius Andronicus, das erste lateinische große Gedicht – eine Übersetzung der Odyssee –, bis in Ciceros Zeit auswendig gelernt[5].

Gedächtnismäßig müssen auch die *Lieder* weitergegeben worden sein, die jene Sagen enthielten, welche die römische Geschichte nach Vertreibung der Könige bei Livius so farbig macht. Radikaler Zweifel an ihrer Existenz scheint ebensowenig erlaubt wie die Rekonstruktion eines Epenzusammenhanges aus Livius, wie sie NIEBUHR wagte. Bei radikaler Leugnung müßten Cato, Cicero und Varro gelogen haben, denen wir sehr präzise Nachrichten über die Sitte, beim Gelage Taten der Vorfahren reihum zu besingen, verdanken. Freilich sieht man hier, wie trügerisch der Verlaß auf das Gedächtnis ist, sobald es sich um größere Zeiträume handelt. So ist es uns ganz unmöglich, aus Livius etwa zu erkennen, wieviel echte Sage in seiner Erzählung stecken mag.

Es ist mehr als interessant, zu fragen, wie lange die einzelnen Möglichkeiten der Traditionen gehalten haben. Die mündliche Tradition der XII Tafeln geriet gerade zu Ciceros Zeit in eine Krise – wie so vieles übrigens. Auf der Schule wurden sie nicht mehr gelernt. Ihre Erhaltung verdanken sie der indirekten Überlieferung, den Zitaten in Rechtskommentaren und bei den Philologen, z.B. gleich dem ersten, L. Aelius Stilo. Freilich kann sich der Umfang der Überlieferung nicht mit anderen Rechtsquellen messen, da diese erste und für 1000 Jahre einzige Kodifikation des römischen Rechtes nicht mehr das war, was die Rechtsüberlieferung so eigenartig machte, ein Gebrauchswerk. Ihre Aufstel-

[5] Cicero bezeugt das Auswendiglernen für seine Jugend, das Aufhören der Übung in einer Schrift um 50 v.Chr.: *De leg.* 2,23,59: «Discebamus pueri XII ut carmen necessarium, quas iam nemo discit» («Wir lernten als Kinder die XII Tafeln als unerläßliches Spruchwerk; jetzt lernt sie niemand mehr»).

lung auf Bronzetafeln – nach der Tradition 451/49 v. Chr. – hat ihnen nicht die erhoffte Dauer verliehen: im Galliersturm – 387/6 v. Chr. – wurden sie zerstört. Und ob sie wiederhergestellt wurden, ist nicht sicher[6]. Sonst ist natürlich die gemeißelte Inschrift die beste Garantie für Erhaltung der Überlieferung. Bei den Archiven individualisiert sich die Frage. Die Priesterarchive ebenso wie die Staatsarchive werden uralte Akten möglichst lange aufbewahrt haben. Von Vernichtung von Akten nach bestimmter Zeit scheint nichts bekannt zu sein. Aber die wenigsten wird man erneuert haben, wenn kein Interesse mehr an ihnen bestand. Und von den Kultliedern ist das Lied der Arvalbrüder durch eine Inschrift aus dem Jahr 218 n. Chr. bekannt, das anläßlich eines Kaiserbesuches und seiner Aufnahme in das Kollegium zufällig auf seinen Wunsch in die Wände gemeißelt wurde. Der Sinn für das Dokument ist selbst bei einem Historiker oft für uns unverständlich gering.

Überblickt man die Literatur bis zur Einführung der Philologie als einer Technik, so bestand zwar schon vorher die hellenistische Verbindung von Dichter und Philologe, aber weil es an dem bewußten Vorsatz wissenschaftlicher Betreuung der Werke in eigener Sprache zu fehlen schien, haben alle ein eigenes Überlieferungsschicksal haben können. Livius Andronicus, Schöpfer der Odysseeübersetzung und der ersten Tragödien und Komödien nach griechischem Vorbild sowie des religiösen Liedes, Naevius, der große Komiker und Epiker, Ennius, der Hellenist mit seiner Vielfalt und Subjektivität, Meister der Tragödie vor allem und Schöpfer des großen römischen Epos, das bis Vergil das römische Monument war, die Komödien des Plautus, Caecilius, Terenz, die Tragödien des Pacuvius und Accius, die Geschichtswerke in griechischer Sprache von Fabius Pictor bis Albinus, die *Origines* des alten Cato, das erste lateinische Geschichtswerk, seine Reden, seine pädagogische Schriftstellerei: alle haben besondere Schicksale gehabt, sind auf verschiedene Weise erhalten worden.

Offenbar kam es darauf an, daß die zufällig vorhandenen Exemplare, vielleicht Originale, die Zeit erreichten, wo sie liebhaberisch und wissenschaftlich betreut wurden. So hat Cicero, selber großer Dichter, vor allem natürlich Interesse an der alten Redekunst, besonders der urwüchsigen des alten Cato gehabt. Er hat sich auf die Suche nach Cato-

[6] SCHANZ-HOSIUS I,34: Cyprian, *Ad Donatum* 10, beweist nicht, daß sie wiederhergestellt worden sind: O. LENEL, Sav. Zs. 26, 1905, 500.

reden gemacht – ersichtlich hatte sie Cato jedenfalls nicht in einem Korpus veröffentlicht, sie waren aber in einzelnen Exemplaren abgeschrieben worden – und deren mehr als 150 zusammengebracht[7]. Was wüßten wir alles von der Krise des römischen Volkes, wenn uns diese Reden erhalten wären! Wir haben Fragmente und 80 Titel, die sich vermindern, weil gleiche Reden unter verschiedenen Titeln zitiert werden.

Zu Ciceros Zeit gab es also keine Gesamtausgabe der catonischen Reden. Anders sah es aus mit Naevius und Ennius. Zwar mußten sie eine Zeit unkontrollierter Verbreitung und Verwilderung über sich ergehen lassen, dann aber fanden sich, für ihre Epen jedenfalls, wie noch besonders hervorzuheben ist, philologische Betreuer. Von unschätzbarer Bedeutung ist es aber auch hier, daß ein geistiger Mensch wie Cicero ganz in Ennius lebt und den vaterländischen Dichter – nicht ohne Spitzen gegen die neue Lyrik – vielfach zitiert. Ihm verdanken wir darum, nachdem Ennius der Vergessenheit verfallen war und nur noch von Grammatikern zitiert wurde, eine Fülle von auch umfangreicheren Fragmenten[8]. Es könnte wie Zufall aussehen, daß so Geist der Vergangenheit nur durch singuläres Zitat erhalten ist. Was aber Zufall scheint, ist letztlich Freiheit des Geistes, Wahlverwandtschaft, Begegnung, die allein Geistiges auf die Dauer zu erhalten vermag. Dringt man noch so sehr in die Gesetze der Mechanik der Überlieferung ein, es wird einem immer klarer zum Bewußtsein kommen, daß Wahrheit erhalten, gefunden, erkannt werden kann nur in der Begegnung mit dem besonderen Wort.

Auch Naevius war in Vergessenheit geraten. Cicero, der einen feinen Geschmack für sein herbes Epos über das eigene Erleben, den punischen Krieg, hatte, empfand ihn doch kaum noch als lebendig und darum zitierfähig. Wie sind uns die Naeviusfragmente erhalten? Von Gellius angefangen, sind es Grammatiker und Lexika, in denen sie stehen[9].

[7] Cicero, *Brutus* 17,65: «Refertae sunt orationes amplius centumquinquaginta, quas quidem adhuc invenerim et legerim, et verbis et rebus illustribus» («Angefüllt sind seine mehr als 150 Reden, soweit ich sie bis jetzt gefunden und gelesen habe, mit glänzenden Worten und Gedanken»). Vgl. auch Cicero, *Cato maior* 11,38.

[8] Cicero scheint übrigens manches aus dem Gedächtnis zu zitieren: *De rep.* 1,49 (vgl. auch O. SKUTSCH, Class. Quart. 1948,94) stellt er das Wort «regni» beim Zitat eines Enniusverses anders als in *De officiis* 1,26.

[9] Interessant ist, sich die Liste, wie Naevius erhalten ist, zu vergegenwärtigen. Es genügt, sich dies an einigen Stellen deutlich zu machen: *Aesiona:* Gellius 10,25,3. *Andromache:* Servius, Dan. Georg. 1,266. *Danae:* Nonius, p. 274, 753, 401, 731, 810,

Plautus muß als Komiker einen mythischen Ruhm besessen haben. Wir wissen aus dem *Casina*-Prolog zu einer späteren Aufführung, daß man seine Komödien auch nach seinem Tode noch – ähnlich wie die Stücke des Terenz – aufführte. Aber nicht nur das. In einem kurzen Zeitraum hatten sich an seinen Namen 130 Theaterstücke gehängt, ein Zeichen äußerster Textverwilderung und Unsicherheit im Echten, die den Ordnungswillen hervorrufen mußte. Bei Terenz (Abb. 60), der in hellerer und bewußterer Zeit lebte, lagen die Dinge nicht so schlimm. Aber der zweite Schluß der *Andria*, der in einer Handschriftengruppe angefügt wurde, muß aus früher Zeit stammen[10], als der Text noch in den Händen der Schauspieler war und diese den verhalteneren Schluß der *Andria* durch einen sentimentaleren ersetzen wollten. Hier gab es ein Mittel, das Echte zu erreichen, wenn nur das Bedürfnis erwachte. Es ist bezeichnend, daß der erste Philologe in Rom, der diesen Namen verdient, Aelius Stilo, mit plautinischer Echtheitskritik begann. Ob er die Archive der Ädilen benützte, als er seine 25 echten Stücke aussonderte, können wir nicht mehr sagen. Varro hat dann jedenfalls dieses Mittel ausgenutzt.

In dieser Zeit ist vieles nicht nur unverständlich geworden, sondern darum auch verdorben.

Alles drängte dazu, Verrottetes wiederherzustellen, Unverstehbares wieder zu verstehen und dem Gedächtnis nicht entschwinden zu lassen. Das führte zur nächsten Periode, in der die Philologie ihre bedeutende Rolle für die Geschichte der Texte spielt. Denn nichts deutet darauf hin, daß die Dichter, von denen wir sprechen und die – Accius ist das vornehmste Beispiel, aber man könnte ebenso Livius Andronicus wie Ennius nennen – nach alexandrinischer Weise sprachliche und metrische Interessen hatten und philologisch tätig waren, sich um Texte und Ausgaben gekümmert haben.

476, 581, 449, 178, 201, 157 L. *Equos Troianus:* Macrobius 6,1,38. *Hector proficiscens:* Priscian, G.L. II,400,1; Cicero, *Tusc.* 4,31,67. *Iphigenia:* Nonius, p. 588 L. *Lycurgus:* Nonius, p. 763, 281, 506, 10, 21, 33 L. Das Verhältnis bleibt auch für das Epos ziemlich dasselbe. Es sind vorwiegend späte Philologen, Grammatiker und Lexikographen, die uns noch einen Begriff von Naevius geben.

[10] Über den zweiten Schluß der *Andria* vgl. PASQUALI 372. Hier erreichen wir die Zeit kurz nach Terenz und staunen, daß keine kritische Ausgabe diese Verse, die in wenigen alten deutschen ma. Hss. erscheinen, hat unterdrücken können.

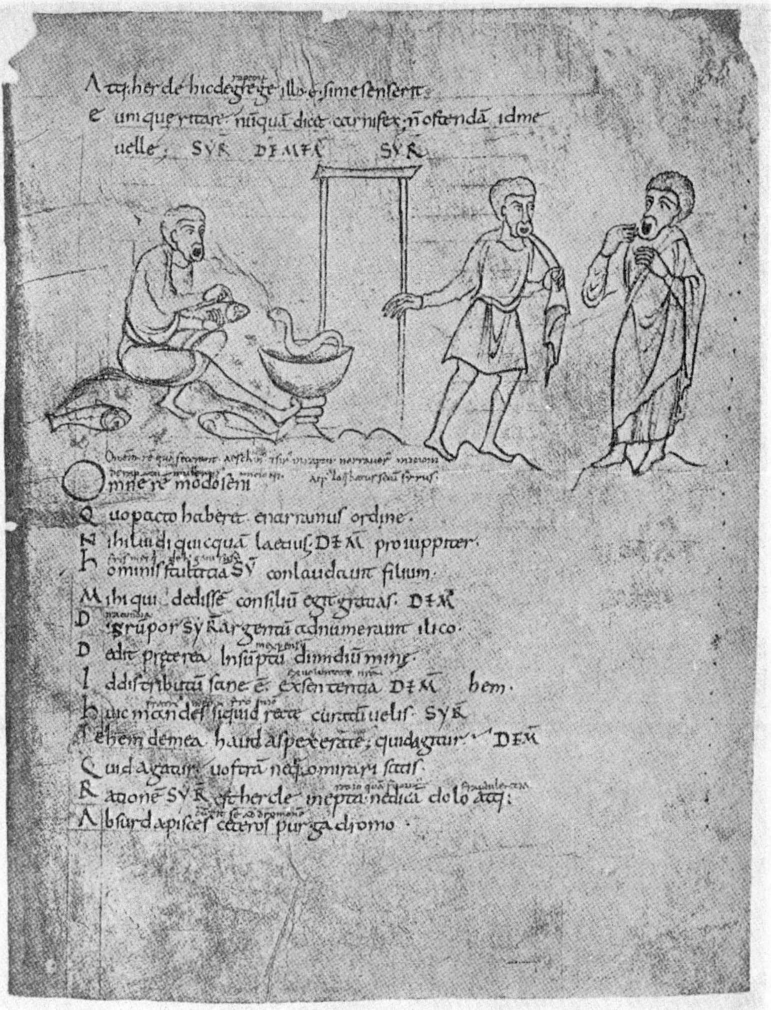

Abb. 60. Terenz, *Adelphoe* 3,3,8–22; Calliopius-Rezension mit Scholien (Ambros. H 75 inf., f. 84; CHATELAIN, pl. VIII), s. auch S. 357 u. 378f.

3. Von Aelius Stilo bis zur Höhe der Überlieferungstechnik (ca. 100 bis 20 v. Chr.)

Für die Entwicklung der Philologie in Rom steht uns *Suetons* unschätzbarer Abriß über die Philologen, *De grammaticis*, zur Verfügung[11].

Sueton stellt zunächst fest, daß in der ungebildeten und auf andere Aufgaben konzentrierten römischen Welt für Philologie kein Raum war. Die «Halbgriechen» Livius Andronicus und Ennius taten nichts weiter, als griechische Werke zu verdolmetschen oder eigene vorzutragen (interpretari und praelegere)[12]. Der Anstoß zu philologischer Tätigkeit wird auf ein zufälliges Ereignis zurückgeführt. Der große, stoisch orientierte Grammatiker Krates von Mallos kam als pergamenischer Gesandter nach Rom (Sueton täuscht sich über die Zeit: «zur Zeit des Todes des Ennius» – 169 – kann nicht dasselbe sein wie «unter Attalus», der erst 159 zur Regierung kam; es wird sich um die Gesandtschaft des Jahres 168 handeln, die Livius 45, 13, 12 erwähnt), brach sich dort in einer Kloake ein Bein und hielt während der erzwungenen Ruhe philologisch-sprachwissenschaftliche Vorträge. In der Folge haben die Römer dieses Tun nachgeahmt. Freilich hielt es sich in bescheidenem Rahmen: Dichtwerke, die noch wenig bekannt waren, von verstorbenen Freunden oder aus sonstigen Gründen gebilligter und geachteter Fremder, wurden mit schätzenswerter Akribie (in dem «diligentius» [etwas genauer] ist das verzeihende Lächeln der ausgebildeten Methode der späten Zeit zu spüren) durchgearbeitet (retractare) und durch erklärende und rezitierende Tätigkeit (legendo commentandoque) bekanntgemacht. Es ist schwer zu fassen, was Sueton im einzelnen meint, klar ist jedoch, daß er sich bemüht, den privaten Charakter dieser Behandlung sprachlicher Schöpfungen zu betonen. Als Beispiele nennt Sueton C. Octavius Lampadio, der das *Bellum Poenicum* des Naevius, das eine einzige Rolle in nicht abgeteilter Schrift umfaßte, in sie-

[11] Die Fragmente sind gesammelt von H. FUNAIOLI, Grammaticae Romanae fragmenta, Leipzig 1907. Dazu die Nachträge bei A. MAZZARINO, Grammaticae Romanae fragmenta aetatis Caesareae, Turin 1955, 385 ff.

[12] Selbst wenn Ennius die zwei Bücher über Buchstaben und Silben und das über Metrik geschrieben haben sollte – die Probleme mußten für ihn als Dichter akut sein –, würde es unsere Feststellung nicht berühren. Vgl. die Diskussion bei SCHANZ-HOSIUS I, 97. Über das Anecdotum Parisinum, von dem die Annahme eines «zweiten» Ennius abhängt, s. S. 329 f.

ben Bücher zerlegte – ein Zeichen, daß das volumen nicht ohne weiteres mit einem bestimmten Umfang etwa eines späteren Epenbuches gleichgesetzt werden kann –, Q. Vargunteius, der an festgesetzten Tagen die *Annales* des Ennius deklamierte, und Laelius Archelaus und Vettius Philocomus, die Lucilius' Satiren mit später angesehenen Philologen wie Pompeius Lenaeus und Valerius Cato «gelesen» haben (legere apud aliquem).

Als eigentlichen Begründer der Philologie nennt Sueton dann mit Recht *L. Aelius Stilo Praeconinus.* Vielleicht ist für die Textbewahrung eine Tätigkeit wie die des Lampadio und Vargunteius oder des Archelaus und Philocomus – bei letzteren bestand die Kühnheit darin, daß sie einen modernen Text in ihrer Schule zugrunde legten – noch wichtiger. Aber Aelius Stilo hat nicht nur für das Ansehen der philologischen Wissenschaft Entscheidendes getan, sondern für die Pflege des geistigen Bestandes durch seine Echtheitsforschungen und seine sprachlichen Erklärungen alter, nicht mehr verstandener Denkmäler gewirkt.

Er stammt aus Lanuvium, war römischer Ritter, stand den Optimaten nahe, und nicht selten verfaßte und korrigierte er ihre Reden. Den Metellus Numidicus hat er im Jahre 100 v. Chr. ins Exil begleitet. Seine vielseitigen Interessen – Altertumskunde, Echtheitskritik, Etymologie stoischer Prägung, Sprach- und Satzlehre – machten ihn zum Inbegriff sprachlicher Bildung. Ein anderer «Privatmann» ähnlichen Schlages, Coelius Antipater, widmete ihm sein Geschichtswerk über den zweiten Punischen Krieg. Sein Hauptausweis: seine Schüler Cicero und Varro gedenken seiner mit hoher Achtung.

Nicht mit Unrecht wird man mit ihm und den genannten Vorgängern eine neue Epoche in der Bewahrung schriftlicher Werke ansetzen, die sich dann mit der Klassik zu einem normalisierten geistigen Betrieb verfestigt und so lange hält, bis eine neue Geschmacksrichtung aus der Rückwendung zu den Alten neues Leben schöpft.

Wir dürfen moderne Maßstäbe von Buchhandel, wissenschaftlicher Arbeit, dichterischer und wissenschaftlicher Produktion an diese Zeiten nicht anlegen. Der geistigen Initiative ist in jeder Richtung ein weiterer Spielraum gelassen.

Bei dem Versuch, die Möglichkeiten der Überlieferung abzugrenzen, kommt es darauf an, das hervorzuheben, was für die faktische Erhaltung und die Güte des Erhaltenen wichtig geworden ist. Wir verfolgen die Schriftwerke vom Schöpfer über den Abschreiber, seine verschiedenen Ausgaben zum Buchhandel, zu ihrer Verwendung und Aufbewahrung bis zur wissenschaftlichen Betreuung und ihrer Sicherung in den am Ende der Epoche entstehenden großen staatlichen Bibliotheken.

Jeder, der schreibt, will Verbreitung und Dauer. Die Theaterproduzenten legten dabei natürlich mehr Gewicht auf den Bühnenerfolg. Aber auch Atellane und Mimus, von der Togata und der Tragödie zu schweigen, wurden doch literarisch. Und so mag die Spruchsammlung des Publilius Syrus nicht nur etwa vom Hören im Theater, sondern aus Exemplaren zusammengestellt worden sein. Das Epos jedenfalls des Ennius hatte seinen Platz in Schule und Deklamation[13], und seine Nachfolger – sie sind uns bis auf ganz wenige Bruchstücke verloren – konnten mit festen Einrichtungen in der Rezitationsübung und mit der Tatsache, daß jeder das Werk als zur Verbreitung bestimmt und zur Veröffentlichung gedacht ansah, rechnen. Bei anderen Erzeugnissen war das nicht so selbstverständlich, z. B. bei Epigrammen. Sie waren schnell gemacht, liefen überall herum, waren aber doch für den Tag bestimmt. Seit Naevius' Metellerfehde gibt es das Pasquill, das man irgendwo anschlägt[14]. Unter den Freunden schrieb man sich Briefe, sogar poetische, wie der Bruder des Korinthzerstörers Mummius. Die wurden sicher im Archiv aufgehoben und auch von Interessierten abgeschrieben, waren aber nicht eigentlich für die Veröffentlichung gedacht.

Zwischen den Graden der Publizität ist ein großer Unterschied, mit dem auch diplomatisch gespielt werden kann[15]. So wird es mit manchen Billets Catulls stehen. Zwar sind natürlich die einzelnen Werke hellenistischen Stils, die Epyllia der Neoteriker, an denen sie jahrelang feilen, zur Verbreitung als Buch, d. h. als Rolle bestimmt. Man muß sie lesen, wenn man sie genießen will, und überhaupt versteht man die Neoteriker, ja auch Lucilius und manches von den noch Älteren nicht, wenn man sich nicht bewußt ist, daß diese Poesie gelöst ist von der «Gelegenheit», d.h. Buchpoesie ist. Aber manches hatte sein Leben nur im Freundeskreise, und ob da an Veröffentlichung gedacht ist, ist zweifelhaft, in einer Gesellschaft, die man brüskiert. Das Widmungsgedicht der Catullschen Gedichtsammlung an Cornelius Nepos zeigt zwar, daß

[13] Über Dichterlesungen erfahren wir durch Horaz' *Satiren*, vgl. *Sat.* 1,4,73ff.

[14] «proponere» ist der terminus technicus.

[15] Cicero gibt z. B. dem Metellus gegenüber vor, daß das Epos *De temporibus suis* noch nicht veröffentlicht sei und nicht zur Veröffentlichung bestimmt sei. Dabei hat es Caesar gelesen, und Sallust verspottet es in seiner Invektive (*Fam.* 1,9,23).

Catull seine kleinen Gedichte in einem libellus herausgegeben hat, aber ob zu den nugae, den Kleinigkeiten, wie er sie nennt, schon ein so großes und umfangreiches Epyllion wie das 64. Gedicht gehörte, darf der Prüfung unterzogen werden. Das 68. Gedicht aber ist von einem Briefe eingeleitet, der sich von den andern Gedichten dadurch unterscheidet, daß er auf einen Brief des Allius sowohl in der Form wie im Inhalt so Bezug nimmt, daß man ihn nur versteht, wenn man diesen kennt. Ein solches Gedicht mit ungeschmälerter Brieffunktion zu veröffentlichen, konnte Catull nicht einfallen. Die Freunde haben also die Sammlung des schon hoch gefeierten Dichters aus dem Nachlaß herausgegeben[16]. Die antike Philologie ist nicht gewillt und in der Lage gewesen, diesen Zustand kenntlich zu machen oder festzustellen, so daß wir mit unserem Text hier nun direkt bis in die Bedingungen der Zeit Catulls hinabreichen.

Nicht anders steht es mit dem grandiosen Werk des Lukrez. Lukrez ist über ihm dahingestorben. Cicero, der große Redner, hat es in hoher Verantwortung gegenüber dem Geist, wie uns überliefert wird, herausgegeben[17]. In diesem Gedicht finden sich im 4. Buche hintereinander zwei Überleitungen vom Proömium zum Werk, die einmal das 4. Buch an das 2., das andere Mal an das 3. Buch anknüpften, sich also ausschließen. Auch hier erreichen wir den Zustand des Autorexemplars bzw. des Herausgeberexemplars. Freilich sieht man dabei besonders deutlich, wie die Fragen des Erhaltungs- und Überlieferungszustandes, von dessen Beurteilung wiederum die Textbehandlung abhängig ist, Ergebnis schärfster Textkritik sind. Wer sich ihrem Resultat nicht anschließt, wird notwendig eine andere Auffassung von der Entstehung des Werkes, dem Tod des Lukrez, der Herausgebertätigkeit des Cicero, dem Zustand unseres Textes und auch noch der antiken Philologie bekommen müssen. Denn die Lage hat J. MEWALDT erst am Anfang unseres Jahrhunderts richtig durchschaut. Probus, von dem wir wissen, daß er eine Lukrezausgabe mit kritischen Zeichen gemacht hat, hat die so aufschlußreiche Unstimmigkeit nicht bemerkt, oder, wofern es ihm gelang, sie zu entdecken, hat sich seine Ausgabe nicht durchgesetzt.

[16] Anders O. WEINREICH in seiner schönen Catullausgabe bei Rowohlt (1960). WEINREICH weist bestimmte Ordnungsprinzipien nach. Warum aber sollten die Freunde die Sammlung ungeordnet herausgegeben haben?

[17] An der Notiz des Hieronymus ist nicht zu zweifeln: der Redner hat Lukrez herausgegeben. Wir haben darüber noch eine Stelle aus der Korrespondenz mit Quintus, dem Bruder (Cicero, *Ad. Qu. fr.* 2,9 [11],3; s. S. 388f.).

Aber in den Händen des Autors hat natürlich ein Text auch schon seine bedeutsamen und ganz anderen Schicksale. Änderungen waren bei dem fließenden Charakter der Veröffentlichung («edere» heißt alles, vom Prozeß des Verfassens über zufälliges Bekanntmachen bis zur Ausgabe fast in unserem Sinne) leichter möglich als in unseren Tagen. In seinem Werk über das Gemeinwesen hatte Cicero den Plural «Phliuntii» für die Einwohner von Phlius, den er danach als falsch erkannte, gebildet. Er bittet den Freund und «Verleger» Atticus, statt dessen «Phliasii» in den Text zu setzen. Atticus hat es sicher getan. Wir lesen aber in unserem Palimpsest die falsche Form. Uns interessiert hier nicht das Problem, was der Herausgeber in diesem Falle tun muß – sicher in Ciceros Sinne «Phliasii» schreiben –, sondern daß unsere Überlieferung, die durch ein Prachtexemplar der Spätantike repräsentiert wird, eine Fortsetzung der ersten, mit diesem Fehler behafteten Exemplare ist (wobei dieser Befund wieder mehrere Deutungen zuläßt: entweder geht der Palimpsest auf zufällige wilde Abschriften zurück, oder die Grammatiker selbst haben keine Notiz von Ciceros Briefwechsel genommen und nicht die verbesserten Exemplare ihrer Tätigkeit zugrunde gelegt).

Nicht so sehr das «Vergriffensein» der ersten Auflage – das ist ja ein Begriff, der nur in moderner Zeit auf der Irreparabilität der ersten Auflage beruht, deren Satz nun einmal gestanden hat und dessen Abzüge erst verkauft sein müssen, ehe der Verleger unabdingbare Änderungen zuläßt –, sondern der Wunsch des Autors oder auch des «Verlegers» führen vielfach zu einer zweiten Auflage[18]. Bei Ovid ist der Fall der *Metamorphosen* schwierig, aber um so klarer liegt die Sache bei den *Amores*. Der Dichter hat der zweiten Auflage ein Gedicht vorausgeschickt. Er hat die erste, die aus fünf Büchern bestand, auf drei gekürzt. Wenn der Leser keinen Geschmack an ihnen findet, darf der Dichter wenigstens darum mit seiner Dankbarkeit rechnen, weil er weniger zu lesen hat. Von der ersten haben wir keine Spur mehr. Da haben also die für die Überlieferung Verantwortlichen den Willen des Autors respektiert. Nicht so bei einem anderen, überaus klaren Fall, der vielleicht mit den individuelleren, weniger organisierten Verhältnissen der ersten Periode, der Zeit, von der wir sprachen, zusammenhängt. Als Cicero in den *Academica* seine philosophische Position darlegen wollte, schrieb er zunächst einen Dialog in zwei Büchern, in dem er die schwierigen

[18] Siehe H. EMONDS, Zweite Auflage im Altertum, Leipzig 1941.

Probleme der akademischen skeptischen Philosophie den würdigen Konsularen Q. Lutatius Catulus (cos. 78) und L. Licinius Lucullus (cos. 74) in den Mund legte. Hortensius und Cicero kamen als Nebenpersonen hinzu. Die beiden Bücher wurden nach den Hauptpersonen Catulus und Lucullus genannt. Cicero merkte bald, daß sich diese diffizilen Probleme im Munde dieser Männer recht unpassend ausnahmen. Er dachte daran, sie durch Cato und Brutus zu ersetzen; als Atticus aber, gemeinsamer Freund und «Verleger», auf den Wunsch des Polyhistors Varro aufmerksam machte, in Ciceros Dialogen eine Rolle zu spielen, erweiterte er die erste Auflage auf vier Bücher und führte als Gesprächsteilnehmer vor allem Varro, Atticus und sich selbst ein. Er hatte Atticus schon die erste Fassung geschickt, freilich wohl etwas zerstreut, Proömien kamen später noch dazu[19]. Und bei der veränderten zweiten Fassung mußte er sich entschuldigen, daß die erste nun vergeblich abgeschrieben worden war und daß Atticus einen Verlust erlitten hatte[20]. Die «iactura» meint sicher nicht nur den Materialschaden, das nicht billige Papier und die Arbeitszeit, sondern auch den entgangenen Verdienst, der aber durch die bessere Fassung ausgeglichen werden wird. Cicero wollte also den *Lucullus* und *Catulus* nicht veröffentlicht sehen und nahm an – sonst wäre ja auch die Widmung an Varro nicht die hohe Ehre gewesen, die sie sein sollte –, daß sie nicht bekannt waren. Wir haben von der ersten Fassung den ganzen *Lucullus* (*Academica priora*, 2. Buch), und Fragmente aus den anderen Büchern. Obwohl also Quintilian[21] richtig empfindet, wenn er schreibt: «M. Tullius zögerte nicht, einige schon herausgegebene Bücher durch andere, später geschriebene, selber zu verdammen, wie den *Catulus* und *Lucullus*», hat sich die verdammte erste Auflage und Fassung doch erhalten. Vielleicht

[19] *Ad Att.* 13,32,2 (29.5.45): «Torquatus Romae est: misi, ut tibi daretur. Catulum et Lucullum, ut opinor, antea: his libris nova prooemia sunt addita, quibus eorum uterque laudatur» («Torquatus ist in Rom: ich habe Leute geschickt, daß er dir gegeben werde. Den Catulus und Lucullus, meine ich, [habe ich] vorher [gesandt]: diesen Büchern habe ich neue Einleitungen vorausgeschickt, in denen beide jeweils gewürdigt werden»).

[20] *Ad Att.* 13,13,1: «Tu illam iacturam feres aequo animo, quod illa quae habes de Academicis, frustra descripta sunt; multo tamen haec erunt splendidiora, breviora, meliora» («Du wirst jenen Verlust, [den du dadurch erlitten hat,] daß das, was du von den Academica hast, umsonst abgeschrieben worden ist, mit Gleichmut tragen; das Vorliegende wird aber dafür strahlkräftiger, kürzer, besser sein»). Daß Cicero annahm, die erste Fassung, bei Atticus wohl verwahrt, sei unbekannt geblieben, scheint uns der erhaltene Widmungsbrief an Varro – *Ad fam.* 9,8 – zu zeigen.

[21] Quintilian, *Inst. or.* 3,6,64.

hat Cicero selbst Möglichkeit zur Abschrift geboten, oder Atticus hat oder hatte seine Exemplare doch weggegeben. Nur daß Quintilian die Dinge von einem bedeutend entwickelteren Standpunkt des Buchwesens aus ansieht. Die erste Ausgabe war eben keine erste Auflage im Sinne Quintilians gewesen. Die antike Überlieferung, wohl auch die betreuende Philologie, hat sich um Ciceros Willen nicht geschert.

Der Fall der *Academica* führt uns auf Atticus und damit auf die Möglichkeiten des Buchhandels und der Verbreitung. Lange herrschte die Ansicht, Atticus sei der repräsentative Verleger der Epoche, der seinen offenbar enormen Reichtum durch Verkauf literarischer Werke erworben habe, bis R. SOMMER in einem scharfsinnigen Hermesartikel (61, 1926, 389ff.) durch genaue Interpretation nachzuweisen suchte, daß Atticus sein Vermögen aus ganz anderen Quellen gehabt habe, daß man mit Büchern nichts verdienen konnte, daß man eine Neposstelle falsch verstanden habe und daß Atticus nicht den Titel eines Verlegers verdiene, sich wohl aber wie mit anderen Freundschaftsdiensten, etwa der Einrichtung von Bibliotheken für Cicero, um die Verbreitung seiner Schriften verdient gemacht habe. Daran ist viel Richtiges. Aber das Verfolgen der einen negativen These hat auch zu Überspitzungen geführt. Die Wahrheit wird in der Mitte liegen. Atticus hatte wirklich einen Stab geschulter Abschreiber; wir sehen: Er erlitt Verluste, wenn eine Fassung eines Werkes zurückgezogen wurde, er vermag es, ein Gedicht wie das über Ciceros Konsulat und das über seine Verbannung in kürzester Zeit in der gebildeten Welt bekanntzumachen; Exemplare griechischer Werke waren als Attikiana (*Ἀττικιανά*)[22] noch bis ins späte Altertum berühmt. Bücher waren schon Wertobjekte, für die man vor allem bares Geld bekam. Daß wir darüber so wenig erfahren, liegt daran, daß die Freunde selten über Geldangelegenheiten in ihren Briefen, von denen wir nur die eine Seite haben, sprechen, bzw. den persönlichen Gefallen und die angewandte Mühe stets über selbstverständliche Bezahlung stellen.

Zuzeiten ist es dabei vorgekommen, daß griechische Bücher in einem besseren Zustande zu haben waren als lateinische[23]. Doch eine einzelne

[22] Über *Ἀττικιανά* PASQUALI 267 und A. DAIN a.a.O. 101.
[23] Vgl. den Cicerobrief über lat. Texte *Ad Qu. fr.* 3, 5 u. 6, 6: «De Latinis vero (sc. libris) quo me vertam, nescio; ita mendose et scribuntur et veneunt» («Was die lateinischen Bücher angeht, so weiß ich nicht, wohin ich mich wenden soll; so fehlerhaft werden sie abgeschrieben und verkauft»).

Klage Ciceros reicht nicht hin, dies die Regel sein zu lassen. Interessant ist aber die verständliche Suche nach den besten Exemplaren. Das entspricht dem, daß Tacitus noch beim Bericht über den Brand Roms unter Nero hervorhebt, daß auch kostbare, weil unverdorbene Exemplare alter Schriftsteller verlorengingen (s. S. 341). Man wußte also um solche guten Exemplare und wünschte, wie natürlich, Abschriften von ihnen zu haben.

Die Texte nämlich, die älter und schon klassisch waren und nicht direkt vom Autor zu den Abschreibern gingen – diese gab es übrigens nicht nur bei Privatleuten, Verlegern, sondern servi publici als Vervielfältiger brauchte auch der Staat –, waren inzwischen in wissenschaftliche Betreuung genommen worden. Die philologische Methode, in Alexandreia entwickelt, kam jetzt auch den Texten zugute. Wir besitzen ein anonymes Fragment, das *Anecdotum Parisinum*, in dem die Zeichen aufgezählt sind, mit denen der Text von offenkundigen Korruptelen bis zu besonderen Schönheiten kenntlich gemacht wurde[24].

	Der Text des Anecdotum Parisinum lautet folgendermaßen:	Bedeutung:
—	obelus	schlecht oder nichthomerisch
※	asteriscus	richtig an diesem Ort
※—	asteriscus cum obelo	Verse nicht am Ort
>	simplex ductus	zur Trennung von Sachen
>	diple	Singularia
>:	diple periestigmene	Kritik an Zenodot
Ͻ	antisigma	Reihenfolge der Verse ist zu ändern
Ͽ	antisigma cum puncto	Doppelfassung
⸎	coronis	am Buchende
>—	diple obelismene	Trennung von Perioden in Tragödien und Komödien
⋜	aversa obelismene	bezieht sich auf etwas zurück
✱	ceraunion	viele Verse schlecht; statt vieler Obeloi
÷	obelus adpunctus	vielleicht korrupt
—<	obelus cum aversa	Antistrophe entspricht
⋝	diple superne obelata	Ort, Zeit oder Person geändert
⋝ ⋜	recta et aversa superne obelatae	Tautologien?
ᴾ✕	chi et ro	NB!
φρ	fi et ro	Vorsicht!
⸔	ancora superior	egregie, besonders hervorragend
⸕	ancora inferior. alogus.	Pfui!

[24] Anecdotum Parisinum: Grammatici Latini ex recens. HENRICI KEIL, Leipzig 1854–1880, Bd. VII, 533,3; Grammaticae Romanae Fragmenta, coll. et recens. HYGINUS FUNAIOLI, Leipzig 1907, Vol. I, 54.

Horaz

his solis in adnotationibus Ennii Lucilii et historicorum usi sunt Varro, Servius(?), Ennius, Aelius aeque et postremo Probus, qui illas in Virgilio et Horatio et Lucretio apposuit, ut Homero Aristarchus.

Diese Zeichen allein haben in den Anmerkungen zu Ennius, Lucilius und den Dramatikern(?) Varro, Servius(?), Aelius in gleicher Weise und zuletzt Probus angewendet, der sie an Vergil, Horaz und Lukrez anbrachte, wie Aristarch an Homer.

Eine Interpretation würde sich lohnen. Bezeichnend für die zunehmende Wachsamkeit und Erweiterung des Beobachtungsbereiches ist die Vermehrung der Zeichen seit Aristarch (s. S. 227). Hier sei vor allem auf die coronis (Ꞇ) hingewiesen, die das Buchende bezeichnet. Ein solches Zeichen hat nur Sinn, wenn Buch und Rolle nicht zusammenfielen.

Aus dem korrupten Schluß ergibt sich so viel mit Sicherheit, daß Probus diese Zeichen zuletzt[25] angewendet hat, und zwar im Vergil, Horaz und Lukrez. Ebenso sicher ist, daß die alten Texte – Ennius, Lucilius und das Drama (? historicorum = Geschichtenschreiber) – von Vorgängern in ähnlicher Weise bearbeitet wurden, kaum von Ennius, wohl aber von Aelius Stilo, Varro und vielleicht Servius, dem Schwiegersohn des Aelius Stilo, wie S. F. BONNER, Hermes 88, 1960, 354ff., zu beweisen versucht.

Es ist also eine Fehlkonstruktion im Banne der sich so logisch entwickelnden griechischen Überlieferungsgeschichte, wenn man in Rom nach einer alexandrinischen Epoche sucht und sie womöglich (s. S. 335ff.) mit Probus ansetzt: die Philologie ist ein einziges Mal erfunden worden und wird in Rom wie andere Kulturtechniken übernommen. Seit Aelius Stilo ist sie in ununterbrochener Anwendung.

Vielleicht scheint es überflüssig zu fragen, wie die Bücher gebraucht wurden. Aber einige Tatsachen sind doch aufschlußreich. In der Schule beim grammaticus lernt man auch die Realien aus den großen literarischen Werken. Diese werden diktiert. Die Exemplare sind zahlreich, sicher nicht sehr gut. Die Lektüre ist zweisprachig. Versteckte man noch allzu breite literarische Kenntnisse am Anfang des Jahrhunderts (Cic., *De orat.* 2,4), so rühmt sich Sallust, daß er sozusagen alles gelesen hat, für Horaz ist es selbstverständlich, daß er die großen Griechen, Plato, Menander auf seine Villa mitnimmt, Catull bedarf seiner Bücher als poeta doctus[26], von Ciceros Lektüre zu reden würde uferlos. Der

[25] «Zuletzt», nicht zuerst jedenfalls. Was «zuletzt» heißt, dürfte schwer bestimmbar sein. Wenn die Quelle, wie angenommen wird, Suetons *De signis*, genau wiedergegeben wurde, dann in der Reihe bis Sueton zuletzt.

[26] Catull, *Carm.* 68,33ff. Der vorzügliche Artikel im Hdb.d.Bibl.wiss. III., Wiesbaden

Bildungshunger, bisweilen schon Bildungssnobismus, findet seinen Ausdruck in den Privatbibliotheken[27]. Die reichen Fürstengeschlechter Roms legen Wert darauf, großartige Bibliotheken, oft mehrere, zu besitzen; Asinius Pollio stellt die seine aus der illyrischen Beute der Öffentlichkeit im Atrium Libertatis zur Verfügung. Man muß schon in ciceronischer Zeit mit einer Menge der besten Bibliotheken in Privatbesitz rechnen (wohl im Unterschied zu den griechischen Verhältnissen). Praktisch war alles vorhanden und verfügbar, wenn wohl auch nach eigenem Geschmack und Interesse ausgewählt. Das setzt eine Fülle der auf verschiedenste Weise redigierten Texte voraus. Dabei wußte man die maßgebenden Ausgaben sehr wohl von den geringeren auch im gebildeten Publikum zu unterscheiden (so die Frontostelle S. 338). Auch dort, wo Cicero schreibt, es sei schwer, lateinische Bücher für eine Bibliothek zu erhalten, weil sie so fehlerhaft geschrieben und verkauft würden, sollte man nicht so sehr auf den Mangel und einen fehlenden Buchhandel, sondern auf das wählerische und kritische Urteil Ciceros schließen.

Wieviel weiter gelesen wurde und bekannt war, erkennt man etwa an Überblicken der römischen Literatur, wie sie Cicero gibt. Im *Brutus* schildert er den Gang der römischen Redekunst bis zur Höhe der klassischen Vollendung in Hortensius und sich selbst. Aber schon vorher in *De legibus* kann die römische Geschichtsschreibung in ihren Vertretern Gegenstand eines Gespräches sein[28]. Eine solche Fiktion fordert, daß die Geschichtsdarstellungen von den Anfängen an bekannt, zugänglich und Bildungsgut sind, das man voraussetzen darf. Die besondere pietas, mit der Cicero, aber auch andere die Alten zitieren, hat für diese Zeit zwar keine überlieferungsgeschichtliche Bedeutung – alles war zugänglich –, wohl aber aufs Ganze gesehen. Letztlich ist Überlieferung ein humanistisches Problem, eine Frage des Ranges. Dinge höchsten Ranges geraten selten oder seltener in Vergessenheit, während anderes längst der Zerstörung der Zeit anheimgefallen ist, einschließlich noch

1955, gr.-röm. Altertum von C. WENDEL, ergänzt von W. GÖBER, 51–145, gibt über alle Bibliotheksfragen Auskunft. Abschn. 49 ist Catull und sein Kreis nicht berücksichtigt, wenn formuliert wird: «... gesellten sich in der Kaiserzeit die docti poetae».

[27] Paulus hatte 168 die Bibliothek des Perseus, Sulla 84 die des Appellikon, M. Licinius Lucullus die des Mithridates und Tigranes nach Rom gebracht (*De fin.* 3,3,10 läßt Cicero den jungen Lucullus in dieser [?] Bibliothek auf dem Tusculanum seines Vaters studieren).

[28] Vgl. *De legibus*, Proömium zum 1. Buche.

so sicher scheinender Einrichtungen der Technik. So hat die besondere Liebe eines Mannes, weil er selber alle Fährnisse der Zeit überstand, schließlich doch vieles von den alten Dingen bewahrt.

Zunächst aber kamen weitere Sicherungen für den Bestand der Überlieferung hinzu. Die Bibliotheken des Staates sind in Rom zweisprachig aufgebaut. Sie können überleiten zur zweiten Hälfte der augusteischen Zeit und zum ausgebildeten Bildungs- und Überlieferungsbetrieb des 1. Jh. n. Chr. Auf Cäsars Plan, eine öffentliche Bibliothek, an deren Spitze der Polyhistor Varro stehen sollte, einzurichten, auf die Bibliotheken im Apollotempel des Palatin und in der Porticus Octaviae ebenso wie auf die des Vespasian in dem Tempel der Pax, des Trajan auf seinem Forum braucht nur hingewiesen zu werden, da der Artikel von H. HUNGER alles Nötige bringt (s. o. S. 65). Hier kommt es darauf an, zu betonen, daß schon in der ersten Hälfte der Regierungszeit des Augustus alles für die Erhaltung und eine sorgfältige wissenschaftliche Betreuung der geistigen Güter getan wird.

Überblickt man diese Zeit, wird man sagen müssen: Im Unterschied zur griechischen Überlieferung ist lange vor der Klassik das Geistesgut der lateinischen Sprache in wissenschaftliche Hände genommen und für seine Erhaltung alles getan. Dies alles vollzieht sich in einer historisch so hellen Zeit, daß es höchstens etwa 100 Jahre sind, von denen man keine direkte und lebendige Überlieferung mehr haben konnte, Jahre, die aber doch nicht etwa mit der Zeit vor den Alexandrinern vergleichbar sind, weil deren Errungenschaften von Anfang an bekannt waren, eine Zeit, durch Akten erreichbar, durch Selbstzeugnisse stolzen Selbstbewußtseins erhellt. Hier ist es undenkbar, daß ein Mann vor die Aufgabe eines Zenodot gestellt und in seine Lage versetzt wird. Es ist unmöglich, in Rom eine «alexandrinische» Epoche zu entdecken. Was sich in der Folgezeit ereignet, ist Festigung, Systematisierung, Vervollkommnung nach verschiedener Richtung.

4. Bildungsbetrieb der Kaiserzeit

In der römischen Geistesgeschichte ist es die Zeit (31 v. Chr. bis Ende des 2. Jh.), in der die großen Klassiker – Vergil, Horaz, Livius, die Elegiker: Gallus, Tibull, Properz, Ovid – trotz großer Widerstände der pietätvollen Konservativen das alte Epos, die neoterische Dichtung zum Teil, die Annalistik verdrängen. Die Dichter schießen in ihrem Gefolge wie die Pilze aus dem Boden[29]. Sie und die Redner bilden neben dem Kaisertum immer mehr einen autonomen Bereich, auch mit Machtansprüchen (Ovid). Die Religion – Staatskult, Kaiserkult, Philosophie, Astrologie – ist in gärendem Umbruch begriffen. Neben der Fachschriftstellerei mit Bildungsambitionen nehmen die zur Gattung gewordenen Formen eine logische Entwicklung. Das Epos in Lucan, Statius, Valerius Flaccus, Silius Italicus, das Lehrgedicht in Germanicus und Manilius, die Philosophie und die Bukolik (Seneca, Bukolik der Nerozeit) verwandeln sich der Zeit gemäß, die Elegie klingt in Ovid aus, neue Formen bilden sich in der Fabel (Phaedrus), in der Satire (Persius und Juvenal: beide sind etwas anderes als die Satiren des Lucilius und Horaz) und im Epigramm (Martial). Es leben noch große schöpferische Kräfte in dieser Epoche der «silbernen» Latinität. Sie ist aber nicht mehr so ursprünglich wie Vorklassik und Klassik, sie will, nicht ohne Epigonengefühl, das literarisch Neue. Alle diese Dichter dürfen damit rechnen, in die Bibliotheken zu kommen und literarisch betreut zu werden, sie dürfen, da sie die Sprache der Zeit sprechen, selber Schüler der Rhetorenschule, damit rechnen, benützt zu werden von einer Gesellschaft, die ganz auf Rede und geformtes Wort ausgerichtet ist.

Die Schule, die Wissenschaft der Philologie, die Kaiser und ihre Institutionen sind neben den Richtungen des literarischen Geschmackes darauf hin zu befragen, was am vorliegenden und neuen literarischen Gut geschehen ist und worin diese Zeit ihre Spuren in der Geschichte der Überlieferung hinterlassen hat.

Die hellenistische Schule[30] ist in dieser Zeit überall beherrschend geworden. Sie besteht aus der Grundschule – dem grammatista –, der höheren Schule – dem grammaticus – und schließlich der Ausbildung beim Redelehrer, dem Studium beim Rhetor. Das Besondere ist, daß man auf der Stufe, die unserem Gymnasium entspricht, die Dichter

[29] Horaz scherzt mehrfach darüber. H. BARDON (La littérature latine inconnue, 2 Bde., I: Paris 1952, II: Paris 1956) hat das Wagnis unternommen, die Verfasser der Schriftwerke, von denen wir nichts oder fast nichts haben, zu charakterisieren. Man wird P. BOYANCÉ zustimmen, der in einer Rezension (Rev. Ét. Anc. LV, 1953, 202–204) feststellte, daß die Zeit das Beste erhalten hat.

[30] Über Entwicklung und Anfänge des römischen Schulbetriebes sowie über die pädagogischen Institutionen überhaupt ist zu vergleichen H.-I. MARROU, Histoire de l'éducation dans l'antiquité, ²Paris 1950, 313ff.

– griechische und lateinische – liest und an ihnen die Realien lernt; die Prosa ist meist der letzten Stufe vorbehalten[31]. Und hier hat nun zu Anfang unserer Epoche Caecilius Epirota[32], ein Freigelassener des Atticus, eine wichtige Neuerung eingeführt: Er hat in der Schule die zeitgenössischen Dichter gelesen. Diese Übung wurde beibehalten[33] So sind außer den Klassikern Vergil und Horaz, Ovid, Lucan, Nero, Statius in der Schule gelesen worden. Gegen das Ende des 1. Jh. normalisiert sich das unter dem Motto «ne varietur» («man soll nicht experimentieren»). Der Zeuge für das Bildungswesen der Zeit ist der erfahrene Pädagoge und Redelehrer Quintilian. Livius, den er so empfiehlt – *Inst. or.* 2, 5, 19 – hat sich freilich nicht durchgesetzt. Man kommt schließlich zu dem, was Arusianus Messius die Quadriga nennt: Vergil, Terenz, Sallust, Cicero. Was bedeutet die Schule für die Überlieferung? Sicher sind unzählige Texte der Schulautoren benötigt worden, nicht immer die besten wahrscheinlich. Aber sie werden kaum als Texte für die Überlieferung in Frage kommen: soviel ich sehe, stützt sich kein Überlieferungsstrom dieser Autoren auf ein ausgesprochenes Schulexemplar wie etwa die Unterrichtsexemplare des Aristoteles, die freilich etwas ganz anderes sind. Wichtiger ist dies, daß die Schulautoren im gebildeten Bewußtsein als unentbehrlich galten und darum auch am ehesten mit in die Klöster genommen wurden. Aus Augustin kann man lernen, wie sehr etwa Sallust, von Vergil zu schweigen, durch die Schule zu einem unverlierbaren Schatz fürs Leben wurde.

Wichtiger ist die Philologie, die Ausgaben und jetzt auch in größerem Umfange Kommentare macht. Dabei überwiegen allerdings

[31] Prosa beim Rhetor: Quint. 2,5,1.

[32] Vgl. H.-I. MARROU a.a.O. 373f.

[33] H.-I. MARROU setzt die Tat des Caecilius Epirota in das Jahr 26, das Todesjahr des Gallus. Das gibt aber der Text Suetons, *De gramm.* 16,2, nicht her: «Post deinde damnationem mortemque Galli scholam aperuit, sed ita ut paucis et tantum adulescentibus praeciperet, praetextato nemini, nisi si cuius parenti hoc officium negare non posset. Primus dicitur Latine ex tempore disputasse, primusque Virgilium et alios poetas novos praelegere coepisse, quod etiam Domitii Marsi versiculus indicat:

Epirota, tenellorum nutricula vatum.»

(«Nach der Verdammung und dem Tode des Gallus eröffnete er eine Schule, aber in der Weise, daß er nur wenige und nur junge Männer unterrichtete, keine Knaben, außer wenn er dem Vater diesen Gefallen nicht abschlagen konnte. Er soll als erster auf lateinisch aus dem Stegreif Diskussionen gehalten und als erster Vergil und andere moderne Dichter zu interpretieren begonnen haben, was auch die Zeile des Domitius Marsus anzeigt: ‚Epirota, du Amme zärtlicher Lyriker!'») Für Lucan ist das bezeugt von Tacitus, *Dial.* 20,5–6; C.I.L. 13,3654, für Nero Schol. Persius 1,29, für Statius *Theb.* 12,815.

immer mehr die Kommentare zu den Schulautoren: Vergil, Terenz, Sallust, Horaz, Cicero. Für die Textgeschichte im engeren Sinne, aber auch für die Überlieferungsgeschichte, für die ja der authentische Wortlaut, die Qualität und Echtheit des Überlieferten, der Maßstab ist, sind freilich die Ausgaben von noch entscheidenderer Bedeutung.

Hier nähern wir uns der überaus schwierigen *Probusfrage*, die wir beim Anecdotum Parisinum schon zu berühren hatten. Von der Klärung dieses Problemkomplexes hängt nicht wenig ab. F. LEO hatte in dem berühmten Philologen Probus (von etwa 20–30 n.Chr. bis 105 n.Chr., dem vermutlichen Datum von Suetons Werk *De grammaticis*) die Stelle in der römischen Überlieferungsgeschichte zu entdecken geglaubt, die an Bedeutung mit der Leistung der Alexandriner vergleichbar sei. Noch die vorzügliche jüngste Behandlung formuliert: «Mag Probus dabei auch im einzelnen geirrt haben, so beginnt mit seiner Arbeitsweise doch ein neues Kapitel in der Geschichte der antiken Textkritik», und: «Jedenfalls hat Probus als erster nach der von Aristarch ausgebildeten Methode lateinische Texte kritisch behandelt» (s. Anm. 41). Und vielfach wird die Güte und Einheitlichkeit unserer Überlieferung auf die kritischen Editionen des Probus zurückgeführt.

Nimmt man aber, wie alle mit Recht tun, das Anecdotum Parisinum ernst, dann kann keine Rede davon sein, daß Probus als erster die von Aristarch ausgebildete Methode angewandt hätte, vielmehr als letzter. Und auch wo im Anecdotum darüber hinaus ein Zeichen bei seiner Erklärung ausdrücklich für Probus bezeugt wird, wird er in Verbindung mit den Alten genannt. Nichts deutet weiter darauf hin, daß er etwa Text*vergleichung* im großen oder gar methodischen Stil betrieben hätte[34]. Für seine *Georgica*-Ausgabe hat er ein Exemplar zugrunde gelegt, das von Vergils eigener Hand korrigiert war[35]. Durch das Anecdotum Parisinum sind für ihn Ausgaben des Vergil, Horaz und Lukrez gesichert. Nach seiner knappen Würdigung durch Sueton[36], der sich hauptsächlich für die pädagogischen Qualitäten der behandelten Philologen interessiert, heißt dies in Übereinstimmung mit dem Anecdotum,

[34] Gar etwa «exemplaria contracta» im Suetonzeugnis als terminus technicus zu fassen, wäre ganz verkehrt.

[35] Gellius 13,20,4: «In primo georgicon quem ego, inquit (sc. Probus), librum manu ipsius (sc. Vergilii) correctum legi» («Beim ersten Buch der Georgica, das ich, sagt Probus, in Vergils eigenhändiger Korrektur gelesen habe»). Ganz am Ausgang der Antike hat auf diese Art, wie wir erfahren, Boëthius sein Werk korrigiert.

[36] Sueton, *De gramm.* 24.

daß er seine Zeichen in die Exemplare setzte[37] und wohl auch entsprechende Bemerkungen hinzufügte, nicht aber etwa die Texte selbst schrieb, wie es Usus war, und sie auch nicht herausgab. Erschlossen werden «Ausgaben» des Plautus (weniger sicher), des Terenz und des Persius. Selbst wenn man diese als sicher zugibt, ist der Umfang des Opus nicht zu groß. Und das wird man von einem Manne, der lange eine Hauptmannsstelle zu bekommen suchte, ehe er, der vielen Zurückweisungen überdrüssig, sich der Philologie zuwandte, auch da offenbar haushaltend mit seinen Kräften, nicht anders erwarten.

Von der Frage der Existenz und Qualität der Probustexte ist die andere zu trennen, inwieweit diese aus besonderen Gründen maßgebend geworden sein sollen. Sehr wichtig, ja entscheidend für ihre Beantwortung scheint mir folgendes zu sein: Die mitunter etwas gewaltsame Konjekturalkritik des Probus, von der wir durch die Kommentare Kenntnis haben, ist in unseren Vergilhandschriften nicht zu finden; gute Gründe wurden vorgebracht[38], daß die Terenzüberlieferung erst später vereinheitlicht wurde; in der Horazüberlieferung wird das Stück vor der *Sat.* 1,10, das sicher unecht ist, aber sehr früh in den Text geraten sein muß, nur in einem Teil der Handschriften (in vier) gelesen; und der Codex Blandinius weicht an zwei Stellen (*Sat.* 1,3,130f. und *Sat.* 1,6,126) einmal richtig, das andere Mal falsch so von unserer Überlieferung ab, daß man an die Maßgeblichkeit einer Probusausgabe nur glauben kann, wenn ihre Wirkung darin bestanden hätte, daß er Lesarten und Konjekturen kritiklos gesammelt hätte. Soll man ferner glauben, daß Probus umgestellte Verse wie in der 16. *Epode* oder Interpolationen wie in *Carm.* 4,8 nicht erkannt hätte? Und weist es auf einheitliche Wirkung, wenn der erschlossene Archetypus des Lukrez eine Fülle von Varianten gehabt hat? Wenn Seneca Vergilhandschriften mit schlechterem Text hatte als wir heute – er hatte die unvollendeten Verse ergänzt –, so heißt das nicht, daß erst Probus die Vergilüberlieferung gereinigt und so die Einheitlichkeit unserer Vergilüberlieferung geschaffen hat, sondern daß Seneca sich nicht die Mühe gegeben hat, ein gutes Exemplar zu finden.

Überhaupt ist an der vergleichenden, grundsätzlichen Tätigkeit des Probus zu zweifeln. In den Fragmenten ist kein Hinweis auf andere

[37] In diesem Zusammenhang ist es interessant, daß «distinguere» bei Hieronymus der terminus technicus für das Setzen von Zeichen ist: vgl. E. ARNS (s. Anm. 55).
[38] Von PASQUALI 354ff. nach G. JACHMANN.

Lesarten oder Handschriften – was man dann erwarten müßte –, vielmehr eine fast Bentleysche Verachtung des allgemein gelesenen Richtigen zu finden. Der Satz aber, auf dem alles beruht: «Multaque exemplaria contracta emendare ac distinguere et annotare curavit, soli huic nec ulli praeterea grammatices parti deditus» («Und bei vielen Exemplaren, die er zusammengebracht hatte, sorgte er für die Verbesserung der Schreibfehler, die Wort- und Satztrennung und die Setzung kritischer Zeichen, allein diesem und keinem anderen Bereich der Philologie zugewandt», Sueton, *De gramm.* 24), scheint seine Tätigkeit anders zu beleuchten, als man ihn glaubte auslegen zu können. Sueton geht aus von Probus' Vorliebe für die alten Schriftsteller, die er in der Provinz noch auf der Schule lesen konnte, während in Rom bekanntlich seit Caecilius Epirota das Moderne zugrunde gelegt wurde, und zwar von dem bei Sueton zeitlich am nächsten vor Probus rangierenden Remmius Palaemon mit besonderem Nachdruck. Probus greift in Suetons Darstellung seine Schullektüre auf und sucht auch weitere Schriften kennenzulernen. Und dann beginnt der Satz. Er unterscheidet nicht zwischen Exemplar und Autor, und nichts gibt uns das Recht, wie USENER wollte, «multaque exemplarium copia (sc. singulorum auctorum)» zu konjizieren, nichts auch das Recht, so zu verstehen. Probus hat vielmehr viele Exemplare gesammelt, sicher auch verschiedener Autoren, aber der Text läßt ebensogut an die selben denken, er hat sie von Versehen befreit (emendare[39]), was freilich ohne Nachdenken und gute Vorlage, womöglich des Exemplars des Autors, nicht geht, hat sie durch Interpunktion lesbar gemacht (distinguere[40]), was der Lehrer auch sonst beim praelegere zu tun pflegte, und hat schließlich seine kritischen Zeichen mit Anmerkungen an den Rand des Textes gesetzt (annotare), also weder neu geschrieben noch einen eigenen Kommentar verfaßt.

Wozu das alles? Hier werden wir nach der vom Text geforderten Interpretation, die auf vergleichende Textkritik im großen Stile nach der Art der Alexandriner keineswegs hinweist, zur Vermutung greifen müssen, aber, wie ich meine, einer sehr wahrscheinlichen. Nichts deutet

[39] G. FUNAIOLI: «Emendatio: recorrectio errorum qui per scripturam dictionemve fiunt» («Verbesserung: Richtigstellung der Irrtümer, die durch Schreiben oder Diktieren entstehen»). Nach Varro bedeutet «emendare»: die Fehler des Abschreibens beseitigen (*Fr.* 236).

[40] doch s. auch Anm. 37.

darauf hin, daß Probus begütert gewesen ist. Er bewarb sich lange um einen bescheidenen Dienst, selbst wenn er das nur als Ritter tun konnte[41] und vom Gelde hätte leben können. Unterrichtet hat er nicht: seine Haupterwerbsquelle muß das Korrigieren von Büchern gewesen sein[42], die dadurch natürlich im Preis gewannen. Handgeschriebene Exemplare zu korrigieren und ihre Lektüre zu erleichtern war sein Broterwerb. Das waren bei dem Range eines Mannes wie Probus sehr gute Texte, aber keine maßgebenden Ausgaben. Sie gehören in die Rezensionstätigkeit, von der wir vorher, vor allem dann aber beim Symmachuskreis hören. Wäre Probus der römische Aristarch, könnte ein Fürst des Geistes und Stilist wie Fronto ihn schließlich in seiner Aufzählung maßgebender Ausgaben nicht übergangen haben (Fronto, p. 20 N).

Aber die gute Überlieferung und Einheitlichkeit unserer Texte? Wenn Probus für seine Textherstellung einen von Vergil selbst korrigierten Text benutzte, konnte das natürlich auch ein anderer. Bei Cicero ging man auf Tiros Exemplare zurück und korrigierte nach diesen (Fronto, p. 20 N). Mit anderen Worten: Der Unterschied zur griechischen Entwicklung besteht darin, daß man vielfach auf die Erstausgaben oder das Autorexemplar zurückgehen konnte, daß man in historisch heller Zeit und vertraut mit alexandrinischen Prinzipien, von Anfang an die Autorexemplare gehütet hat. Sie waren begehrt, wurden um Geld ausgeliehen, nach ihnen wurde korrigiert, sie werden einen Ehrenplatz in den Bibliotheken gehabt haben.

Die Diskussion des Probuskomplexes stärkt das Vertrauen in die Überlieferungsgeschichte, aber in anderer Weise: Nicht *ein* kritischer Geist hat gesammelt und gesichtet, sondern der Ursprung ist von Anfang an behütet und beachtet, und der verantwortliche Korrektor weiß daraus Vorteil zu ziehen.

[41] Der vorzüglich argumentierende Artikel über Probus von R. Hanslik, RE., 2.R., 15. Hbb. 1955, Sp. 195–212, ist überall zu vergleichen.

[42] Nach dem Motto aus späterer Zeit: «Scribantur libri, ut et manus operetur cibum et animus lectione saturetur» («Bücher sollen geschrieben werden, daß die Hand sich ihre Speise erarbeitete und der Geist sich an der Lektüre sättige.»), Hieronymus, *Epist. ad Rust.* 125, 11 (Migne, Patrol. lat. XXII, 1079, C.S.E.L. 54, 131, 2). Die Bücher waren, wie derselbe Hieronymus bezeugt, um so kostbarer, wenn der Schreiber, Autor oder Rezensent Bemerkungen an den Rand geschrieben hatte.

Probus wurde von F. LEO, der im Banne von WILAMOWITZENS Entdeckung der alexandrinischen Zeit stand, zu übermäßiger Bedeutung gesteigert (Plautinische Forschungen, 23ff.; vgl. auch Gr.-röm. Biographie, 18f.). Vorsichtiger als HANSLIK in der Schätzung der Bedeutung des Probus ist PASQUALI (339ff.). Hauptquelle ist Sueton, *De gramm.* 24, der oben interpretiert wurde. Die Fragmente bei J. AISTERMANN, De M. Valerio Probo Berytio (1910). Sueton sagt ausdrücklich, Probus habe außer Kleinigkeiten nur «non mediocrem silvam observationum sermonis antiqui» hinterlassen («eine nicht unbedeutende Sammlung von Beobachtungen zur alten Sprache»).

Fronto zeigt, wie viele alte maßgebende Ausgaben es zu seiner Zeit gab und daß Probus nicht der maßgebende Kritiker war. Hier hat das argumentum e silentio einmal großes Gewicht. Fronto, p. 20N (vgl. E. HAULER, Wien. Stud. 31, 1909, 264; Mélanges Chatelain, Paris 1910, 622) nach Grammaticae Romanae fragmenta aetatis Caesareae (coll. A. MAZZARINO, Turin 1955), Addenda zu FUNAIOLI: «Quid tale M. Porcio aut Quinto Ennio, C. Graccho aut Titio poetae, quid Scipioni aut Numidico, quid M. Tullio tale usu venit? Quorum libri pretiosiores habentur et summam gloriam retinent, si sunt Lampadionis aut Staberii, Plautii aut D. Aurelii Autriconis (überschr. «ex Baecola») aut Aelii manu scripta exempla aut a Tirone emendata aut a Domitio Balbo (aus «Barbi» verb.?) descripta aut ab Attico aut Nepote. Mea oratio extabit M. Caesaris manu scripta» («Ist etwas Derartiges dem M. Porcius Cato oder dem Quintus Ennius, dem Gaius Gracchus oder dem Dichter Titius, ist dem Scipio oder dem Metellus Numidicus, ist dem Marcus Tullius etwas Derartiges widerfahren? Deren Bücher gelten als kostbarer und behalten höchsten Ruhm, wenn sie von der Hand des Lampadio oder Staberius, des Plautius oder Decimus Aurelius geschriebene Exemplare sind oder von Tiro durchgesehene oder von Domitius Balbus oder Atticus oder Nepos abgeschriebene [Exemplare sind]. Meine Rede wird von des Marcus Caesar Hand geschrieben vorliegen!»).

Man hat sich auch zu wenig Gedanken darüber gemacht, daß keine subscriptio von Probus irgendwo in einer Handschrift aufgetaucht ist. «... a Tirone emendata ...», «... Aelii manu scripta ...», «... a Domitio Balbo descripta ...» klingt so, als ob damit typische Formeln der subscriptiones aufgenommen würden. Mit Sicherheit kann man schließen: Erstens, daß diese «Herausgeber» ihre Abschrift oder Revision signiert haben, zweitens, daß diese Signaturen auch in die später von ihnen abgeleiteten Abschriften übernommen wurden.

Probus ist einer unter andern in einer Kette, die mit Aelius Stilo beginnt. Und so gehen ihm auch bei Sueton noch eine Reihe anderer Philologen voraus, von denen wir zum Teil wissen, daß sie Ausgaben oder Kommentare gemacht haben. SCHANZ und HOSIUS I, 627ff. und II, 857ff. haben in den Schlußzusammenfassungen diese philologische Tätigkeit gut gewürdigt.

Scheint sich in der Auffassung von der Herstellung eines guten Textes nicht viel geändert zu haben – man suchte eben ein möglichst gutes Exemplar zu finden, wo möglich das Autorexemplar (Gellius spricht an drei Stellen, 1,21,2; 9,14,7; 13,21,4, von Handschriften, die ins Haus Vergils zurückgehen) – und suchte man höchstens den Text zu ändern, wenn man ihm mißtraute, wodurch die Fülle der Lesarten nur wuchs, so ist die anfangs angedeutete Perfektionierung vor allem zunächst im Bibliothekswesen zu greifen. Eine Stelle wie Seneca, *De tranquillitate animi* 9,4ff. diene hier zum Beweis, mit welchem Umfang und welcher Pracht allein der Privatbibliotheken gerechnet werden muß: «Quo innumerabiles libros et bibliothecas, quarum dominus vix tota vita indices perlegit?» («Wozu zahllose Bücher und Bibliotheken, deren Besitzer in seinem Leben mit Mühe die Kataloge durchliest?»)

Die Sorge um die großen Bibliotheken aber ließen sich die Kaiser angelegen sein. So hat Augustus etwa die ersten Bibliotheksdirektoren ernannt, erst Pompeius Macer, dann C.Iulius Hygin für die palatinische Bibliothek, den Gaius Melissus für die Bibliothek in der Porticus Octaviae. Überhaupt ist jetzt der jeweilige Kaiser bei der Überlieferungsgeschichte stärker in Rechnung zu setzen. Der «princeps» gibt eben in vielem den Ton an und kann so entscheidend werden für das, was «man» liest, was «man» im Gedächtnis behält[43]. Dem Bildungsanspruch der Zeit freilich können sie selber sich nicht entziehen. Ob wir den Verlust des Gallus, des Begründers der Elegie, dessen *Lycoris* etwas Bedeutendes gewesen sein muß, auf die Tatsache zurückführen dürfen, daß er der damnatio memoriae unter Augustus verfiel (26 v.Chr.)? Ein Hinweis auf Grenzen und Möglichkeiten allerhöchsten Einflusses kann für uns der verrückte Caligula sein. Er wollte den Homer aus den Bibliotheken hinauswerfen: ihm wäre doch wohl dasselbe erlaubt wie Plato, der Homer bekanntlich nicht in seine *Politeia* aufnahm! Dasselbe Schicksal dachte er aber auch dem Vergil und dem Livius zu, dem einen wegen mangelnden Genies und Wissens, dem andern wegen seiner Geschwätzigkeit, wie er glaubte sagen zu dürfen. Dagegen zeigte er sich mit einer recht annehmbaren Begründung gnädig gegen die Historiker, deren Werke unter Tiberius der Senat der Vernichtung preisgegeben hatte (Sueton, *Calig.* 16,1): «Titi Labieni, Cordi Cremuti, Cassi Severi scripta senatus consultis abolita requiri et esse in manibus lectitarique permisit, quando maxime sua interesset, ut facta quaeque posteris tradantur» («Die Schriftwerke des Titus Labienus, des Cremutius Cordus, des Cassius Severus, die durch Senatsbeschlüsse vernichtet worden waren, erlaubte er aufzusuchen, zu besitzen und zu lesen, da er das größte Interesse habe, daß alle Tatsachen der Nachwelt überliefert würden»). Das ist nicht ohne Großartigkeit und zeigt übrigens, daß

[43] Vgl. jetzt H. BARDON, Les empereurs et les lettres latines, d'Auguste à Hadrien, Paris 1940.

man in solchen Fällen, die hier wohl zum ersten Male auftauchten, mit der Vernichtung im Gedächtnis Ernst zu machen versuchte, daß aber Möglichkeiten des Entgehens natürlich immer da waren. Eine solche damnatio memoriae braucht Zeit, um sich auszuwirken. Offenbar aber hat die Vernichtungsaktion doch ausgereicht, um auf die Dauer und für uns diese Historiker verlorengehen zu lassen.

Wie es zu gehen pflegt: Mehr Gewicht hat schließlich die Organisation und dauernde Institution. Daß Claudius ein Amt a studiis einrichten ließ, ein Kultusministerium, hatte entscheidendes Gewicht für Pflege und Bewahrung der Schriften. In Polybius hatte er zudem einen überaus fähigen Mann für diesen Posten gefunden. Und Vespasian hat Professuren für lateinische und griechische Redelehrer eingerichtet. Was das für die Pflege und Erhaltung der Literatur bedeutete, kann man aus Quintilians 10. Buch ermessen, desselben Quintilian, der der erste aus dem fiscus bezahlte öffentliche Professor wurde[44].

In einer solchen Lage kann durch Katastrophen dem Bestand im ganzen ernstlich nichts gefährlich werden. Unmöglich daher die Vorstellung F. Leos, daß, bevor Probus sie wieder in Rom einführte, Plautusexemplare dort nicht mehr existiert hätten. Brandkatastrophen unter Tiberius und im Dreikaiserjahr hatten allerdings schwerwiegende Folgen, am meisten der berüchtigte Brand Roms unter Nero. Selbst ein Tacitus (*Ann.* 15,41,1) gedenkt hier der Bücherverluste: «... iam opes tot victoriis quaesitae et Graecarum artium decora, exim monumenta ingeniorum antiqua et incorrupta, ut quamvis in tanta resurgentis urbis pulchritudine multa seniores meminerint quae reparari nequibant» («... gar Schätze, durch so viele Siege erworben, und Schmuckstücke der griechischen Künste, dann alte und unverdorbene geistige Denkmäler, so daß trotz der so glänzenden Schönheit der neu erstehenden Stadt die Älteren sich an vieles erinnern, was nicht ersetzt werden konnte»). Der gebildete Historiker – es ist eine der nicht zahlreichen kulturhistorisch wichtigen Stellen der antiken Geschichtsschreibung – weiß um die Unersetzlichkeit eines exemplar incorruptum, und offenbar hat sich von den Autorexemplaren der Bibliotheken, um Tacitus'

[44] Sueton, *Vesp.* 18: «Primus e fisco Latinis Graecisque rhetoribus annua centena constituit» («Als erster hat er für die lateinischen und griechischen Redelehrer aus der Staatskasse jährlich 100000 Sestertien festgesetzt»). Hieronymus z. J. 2104: «Primus Romae publicam scholam et salarium e fisco accepit» (über Quintilian; «als erster hat er in Rom eine öffentliche Schule und ein Gehalt aus der Staatskasse gehabt»).

aufs Wesentliche gehende Redeweise ins Konkrete umzusetzen, nicht alles durch ganz getreue Abschriften ersetzen lassen, aber nach seinem Urteil doch offenbar das meiste. Gellius bezeugt das Überleben von Handschriften aus dem Hause Vergils. Und wie man sich bemühte, zeigt eine Notiz Suetons, die uns zugleich einen Blick in den Betrieb Alexandreias tun läßt (Sueton, *Domitian* 20): «Liberalia studia imperii initio neglexit, quamquam bibliothecas incendio absumptas impensissime reparare curasset exemplaribus undique petitis missisque Alexandream, qui describerent emendarentque» («Bildung vernachlässigte er mit dem Beginn seiner Regierung, obwohl er die durch Brand vernichteten Bibliotheken unter größten Kosten hatte herstellen lassen, indem er von überall her Exemplare zu holen befahl und Leute nach Alexandreia schickte, die welche abschreiben und verbessern sollten»). Es gab also gute Exemplare, und man suchte sie an kompetenter Stelle. Übrigens kamen auch die Provinzen schon in Frage, in denen sich seit Anfang der Kaiserzeit ein nicht zu verachtendes kulturelles Leben entwickelte, Gallien voran.

Der Buchhandel und das Verlegertum stehen in höchster Blüte. Martials Werk ist voll davon. Er bekennt selbst, daß sein Glück und Erfolg von seinem Verleger gemacht wurde[45].

Vielleicht stellt man sich, wenn man auf die Bibliotheken sieht, den Umlauf der Bücher zu uniformiert vor. Jedenfalls müssen wohl in verschiedener Weise in diesen Jahrzehnten die Korpora der großen Autoren entstanden sein: das Tibull-Korpus, wohl aus dem Nachlaß des Messalla und durch Echtheitsforschungen der Bibliothekare nicht kontrolliert, das Caesarkorpus, das Ovidkorpus. Bei Vergil können wir noch sehen, wie sich die unechten Schriften der Appendix vermehren. Die Tatsache, daß die Rolle das Feld beherrscht, erleichtert das. Später, als der Kodex ein Gesamtwerk einschloß, war das schwerer möglich. Die Tendenz, von den Klassikern ein möglichst abgerundetes Bild zu haben, führt auch zu Veröffentlichungen wie den Atticusbriefen Ciceros, die ein Fronto dann über alles stellen wird.

[45] Vgl. Art. Valerius Martialis, RE., 2.R., 15.Hbb. 1955, Sp. 55–85 (R. HELM).

5. *Die Archaisten*

Die Zeit des 2. Jh., die Zeit der Adoptivkaiser, ist in erster Linie darauf hin zu befragen, was in ihr noch lebendig und erreichbar war. Das Ergebnis ist sehr günstig.

Es ist eine Zeit, in der die eigentliche Produktivität nachläßt, vor allem in der Dichtung. In der Prosa sind die beiden großen Gestalten des Anfangs Tacitus und in weitem Abstand Plinius der Jüngere. Dafür aber wachsen Raffinesse und Geschmack. Der Philologe, vor allem aber der Meister der Rede werden hoffähig. Sprachliche und stilistische Untersuchungen leben im gebildeten Gespräch. Es ist die Zeit der Kommentare, die beginnen, das für den Redner Nützliche hervorzuheben. Scaurus, Velius, Asper, Arruntius Celsus, Haterianus, vielleicht Urbanus und Marcius Salutaris schreiben Kommentare zu Vergil, Scaurus, Acro, Porphyrio, Polio zu Horaz, Acro vielleicht auch zu einem so schwierigen Satiriker wie Persius. Scaurus scheut nicht vor einem Kommentar zu Plautus zurück. Daß Terenz immer noch wie eh und je Schulautor ist, bezeugt der Umstand, daß sich gleich drei Grammatiker mit ihm kommentierend beschäftigen: Acro, Arruntius Celsus, Asper. Asper schreibt auch zu Sallust einen Kommentar, was nicht ohne Bücherfülle möglich ist[46].

Jener Zug zur klassischen Läuterung der Sprache, der das Lateinische seit den Augusteern in ihrer Hochsprache kennzeichnet, setzt sich im 2. Jh. fort, fast in der Weise einer Sprachakademie, indem die Philologen zuständig sind für das korrekte Wort und die korrekte Konstruktion. Aufgelockert wird das auf der anderen Seite dadurch, daß die alten Schriftsteller für den eigenen Wortgebrauch ausgebeutet werden. Darum spricht man von der Zeit der Archaisten. Der Besinnung auf das Alte entspricht auf der griechischen Seite das, was man als zweite Sophistik bezeichnet. Auf der lateinischen ist Fronto, der Lehrer Mark Aurels, die herrschende Gestalt. Das Aufsuchen der Wirklichkeit und Wahrheit in der Sprache hat zu einer gewissen Abneigung gegen die Philosophie geführt. Es ist für Fronto eine tragische Enttäuschung, als sich Mark Aurel der Philosophie zuwendet.

Die Bewegung hin zu den Alten beginnt schon vorher. Sie ist als

[46] Vgl. SCHANZ-HOSIUS III, 239f., wo gut über die Philologie der Zeit geurteilt wird.

Reaktion gegen die zugespitzte, figurierte, geistreich-nervöse Sprache der Senecazeit zu verstehen. Probus beginnt am Anfang gegen den Strom zu schwimmen, als er die Alten liest. Aber offenbar hatte er einen feinen Spürsinn für das, was die Zeit brauchte, nämlich Ursprüngliches, Frisches, eher Herbes als Glattes. Der *Dialogus* des Tacitus[47] kennt für jene Zeit Leute, die statt des Vergil den Lukrez, statt des Horaz den Lucilius lesen.

Auch Quintilians Ciceroklassizismus entspringt denselben Ursachen. Für die Geschichte der Überlieferung ist die Bewegung darum wichtig, weil mit dem neuen Interesse die wissenschaftliche Beschäftigung mit den Texten, wie wir sahen, wächst, Ausgaben und Kommentare gemacht werden und vieles ins Bewußtsein und die Erinnerung gerufen wird, was sonst allmählich in Vergessenheit und dann wohl auch in Verlust geraten wäre. Diesem Schicksal sind die Alten später doch nicht entgangen. Ihr Verständnis war zu schwer für eine schwächer werdende Zeit. Und als man sparen mußte, wurden vielleicht selbst in den Bibliotheken ihre Rollen – man schätzt die Lebensdauer einer Rolle auf höchstens 200 Jahre (C. WENDEL) – zuletzt erneuert. So geht es ähnlich wie bei Cicero: Wie seine Liebe zur Kraft der altertümlichen Dichtung zur einzigen Quelle für manches von Ennius oder der Tragödie wurde, so hat uns Gellius' emsige Begeisterung für die kernigen Alten vieles von der vorklassischen Zeit erhalten, was sonst verlorengegangen wäre.

Gellius' Werk, die *Noctes Atticae*, ist ein typisches Produkt dieser Zeit. Auszüge, Kompendien, Lexika werden immer mehr verlangt. Sueton, dessen Sammeleifer wir so viel verdanken, darunter auch einen Abriß über die Philologen, der uns schon beschäftigte, gehört mit seinen *Prata* ebenso wie Apuleius in diese Reihe der Sammler.

Hier kommt es nicht darauf an, Gellius an sich zu würdigen – er ist einer ihrer besten Vertreter –, sondern einmal ihn als Symptom zu nehmen, zum andern seine Nachrichten für die Geschichte der Überliefe-

[47] Tacitus, *Dial.* 23: «Sed vobis utique versantur ante oculos isti, qui Lucilium pro Horatio et Lucretium pro Virgilio legunt, quibus eloquentia Aufidii Bassi aut Servilii Noniani ex comparatione Sisennae aut Varronis sordet, qui rhetorum nostrorum commentarios fastidiunt, Calvi mirantur» («Aber euch kommen doch überall zu Gesicht, die den Lucilius statt Horaz und Lukrez statt Vergil lesen, denen die Beredsamkeit des Aufidius Bassus und Servilius Nonianus nichts ist im Vergleich zu der des Sisenna oder Varro, die unserer Redelehrer Schriften hochmütig verschmähen, die den Calvus bewundern»).

rung zu verwerten. Und da ist man denn erstaunt zu sehen, daß er nicht nur von Vergilhandschriften spricht, die auf das Haus Vergils zurückgehen (1,21,2; 9,14,7; 13,21,4, s. o. S. 339), sondern daß er beim Buchhändler etwa die *Annales* des Fabius Pictor, des ältesten römischen Historikers, wohl nicht von ihm selbst ins Lateinische umgesetzt, ausgestellt sieht (5,4,1: «ibi expositi erant Fabii annales»), was gegen C. WENDELS Annahme spricht, daß die Buchhändler die Bibliotheken nur mit Gängigem hätten versorgen können; wir sind noch mehr überrascht, daß er eine ganz alte Ausgabe des Ennius für teures Geld entleiht, um einen einzigen Vers zu verifizieren (18,5,11: «[Enni annalium] librum summae atque reverendae vetustatis ... studio pretioque multo unius versus inspiciendi gratia conduxi»), ja daß er nach langem Suchen in der von Vespasian gegründeten Bibliothek der Pax – die Bibliotheken, nur in Rom zweisprachig, sind mit einer porticus, mit einem Tempel oder Thermen verbunden – schließlich ein so abgelegenes Buch wie den *Commentarius de proloquiis* («über die Sätze») des Aelius Stilo findet und liest (16,8,1). In Griechenland, wo die Bibliotheken zwar nicht zweiteilig nach den Sprachen angelegt waren, aber doch lateinische Bücher besaßen, hat er in Patrae gar das Werk des Livius Andronicus, die *Odusia* (er schreibt den Titel griechisch) gefunden und eingesehen (18,9,5: «Offendi enim in bibliotheca Patrensi librum verae vetustatis Livii Andronici, qui inscriptus est *Ὀδύσσεια* in quo erat versus primus cum hoc verbo sine u litera [nämlich das Wort ‚insece'']»). In Tibur, das wie manche andere italische Stadt eine eigene Bibliothek besaß, entdeckt er den Annalisten Claudius Quadrigarius, der durch Livius ganz verdrängt worden war (9,14,3). Dazu stimmt gut, um wieder einmal Fronto anzuführen, dessen Kennerschaft in guten alten Ausgaben wir schon zu bewundern hatten, daß Mark Aurel im Jahre 149 aus der Palatinischen Bibliothek die Reden des alten Cato entleihen kann (Fronto, *Epist.* 4,5).

Bedenkt man diese Einzelnachrichten, die für uns den Wert von Stichproben haben, bedenkt man, daß wir aus der Beschreibung der Regionen der Stadt unter Konstantin wissen, daß es dort 28 Bibliotheken gab, von denen wir zehn nachweisen können (C. WENDEL, a.a.O. 124f.), denkt man an die große Zahl der Provinzbibliotheken, wird man sagen müssen, daß im 2. Jh. praktisch alles an geistigen Schätzen erreichbar und aufs beste behütet war. Den Ausschlag für die Erhaltung wenigstens in Bruchstücken hat die bewahrende Liebe weniger Männer gegeben, ein selten nachdrücklicher Beweis, daß Überlieferung letztlich ein humanistisches Problem ist.

Es scheint, daß die Einheitlichkeit der Terenzüberlieferung dieser Zeit verdankt wird. Denkbar ist, daß die Zweisträngigkeit der Horazüberlieferung auf die beiden Kommentare des Helenius Acro und des Porphyrio (etwas später) zurückzuführen ist.

6. Die Übergangsperiode des 3. und 4. Jahrhunderts

Stellten wir schon in der glücklichen und bildungsfreudigen Zeit der Antonine eine Verdünnung und eine Konzentrierung auf die Schule fest, so macht die Verengung auf die Schule in der folgenden Zeit (3. und 4. Jh.), einer Zeit der Not und Dürftigkeit, weitere Fortschritte. Da freilich ist man der Schule als einem letzten Bollwerk für ihre erhaltende Kraft dankbar.

Einige von den genannten Grammatikern reichen noch ins 3. Jh. oder sind in ihm anzusetzen. Es gibt auch noch gelehrte Enzyklopädisten wie Sammonicus Serenus[48] unter Septimius Severus (193–211), von dessen vielen gelehrten Werken die *Rerum reconditarum libri* dem Titel nach und in einigen Fragmenten faßbar sind. Er besaß eine Privatbibliothek von 62000 Büchern, die sein Sohn Gordianus II.[49] vermachte. Cornelius Labeo schrieb wohl etwas später über Sakrales, schon in Front gegen das sich ausbreitende Christentum.

Sieht man von der Jurisprudenz ab, so schweigt die Literatur bzw. wird immer dürftiger. Kein Wunder in einer Zeit, wo die Anstürme von außen, die Machtkämpfe im Innern und das Selbständigwerden der Provinzen zu einem Chaos führen. Diese Zeit, das «große Loch», ist oft geschildert[50] worden, von keinem eindringlicher von der ökonomischen und soziologischen Seite als von M. ROSTOVTZEFF.

[48] Über Sammonicus Serenus vgl. SCHANZ-HOSIUS III, 180.

[49] Vgl. Jul. Capitolinus, *Gordianus* 18,2.

[50] PASQUALI (340) charakterisiert sie so: «Ma ci fu un periodo dell'età imperiale nel quale, mentre il livello economico si abbassava rapidamente, anche la letteratura tacque del tutto, il periodo tra la caduta della dinastia dei Severi e la fondazione del dominato, 235–284» («Aber es gab eine Periode der Kaiserzeit, in der, zugleich mit einem raschen Absinken des ökonomischen Niveaus, auch die Literatur gänzlich erlahmte: die Periode zwischen dem Fall der Severerdynastie und der Schaffung des Dominats, d. h. von 235 bis 284»).

Das zu verfolgen kann nicht die Aufgabe dieser Skizze sein. Uns käme es darauf an, zu wissen, was und wieviel wirklich verlorengegangen ist. Aber besonders hier ist das Spiel der Zufälle schwer zu überblicken. Aus den Panegyrici lernen wir, wie sich etwa in Gallien im Unterschied zur Hauptstadt Rom ein reges geistiges, rhetorisches Leben entwickelt und sich die entsprechenden Bücher und Ausgaben beschafft haben wird. Und einen plötzlichen Ausblick eröffnet eine Notiz über den Kaiser Tacitus[51], an deren Glaubwürdigkeit zu zweifeln mir kein ausreichender Grund vorzuliegen scheint[52]. Danach fürchtet der Kaiser, der seinen Stamm auf den berühmten Historiker zurückführt, daß die Schriften seines Ahnherrn, weil sich die Leser nicht um ihn kümmern (das ist wohl mit «incuria lectorum» gemeint), aus dem Bewußtsein schwinden und damit verkommen könnten. Darum gibt er den Befehl, sie auf Staatskosten jedes Jahr zehnmal abschreiben zu lassen und die Exemplare in den Bibliotheken aufzustellen. Sie müssen also wohl auch dort knapp geworden sein. Wichtig ist, daß es, wie selbstverständlich vorausgesetzt werden kann, entsprechende Abschreiber gibt, noch gibt, daß also der Staat Vervielfältigungsstätten unterhält, Skriptorien, wenn man will.

In diese Zeit, und sicher aus ihr mit zu erklären, fällt aber nun eine Neuerung, deren Folgen sehr schwer abzuschätzen sind, die aber sicher von großer Bedeutung war: die allmähliche Umschrift der Literatur aus den Rollen in den billigeren, handlicheren und zum Zitieren praktischeren Kodex. Die Bedeutung dieser Umwälzung für die Überlieferungsgeschichte ist jüngst für einen Sonderbereich untersucht worden, der in seinem Charakter als Tradition maßgeblicher lebensregelnder Schriften mit der der biblischen Schriften verglichen werden kann. F. WIEACKER[53] hat diesen Prozeß in seinen Voraussetzungen durchdacht und fruchtbar gemacht, um Textstufen der klassischen juristi-

[51] Vopiscus, *Tacitus* 10,3: «Cornelium Tacitum, scriptorem historiae Augustae, quod parentem suum eundem diceret, in omnibus bibliothecis conlocari iussit, ne lectorum incuria deperiret, librum per annos singulos decies scribi publicitus in evicos(?) archiis iussit et in bybliothecis poni» («Den Cornelius Tacitus, den Verfasser der Kaisergeschichte, ließ er, weil er ihn seinen Ahn nannte, in allen Bibliotheken aufstellen, damit er nicht durch die Lässigkeit der Leser verlorenginge; das Buch ließ er jährlich zehnmal öffentlich in den Archiven[?] abschreiben und in die Bibliotheken stellen»).

[52] E. HOHL, Vopiscus und die Biographie des Kaisers Tacitus, Klio 11, 1911, 178; ders., Über den Ursprung der Historia Augusta, Hermes 55, 1920, 300.

[53] F. WIEACKER, Textstufen klassischer Juristen, Göttingen 1960, 93ff.

schen Schriften vor der endgültigen Redaktion im Korpus Justinians faßbar zu machen. Sein Buch stellt die letzte Zusammenfassung auch aller philologischen Bemühungen vor allem der Kodikologie, der Handschriftenkunde, dar, so daß für weitere Literaturangaben auf ihn verwiesen werden darf.

Kodizes[54], meist mit dem neuen Material des Pergaments verbunden – in Ägypten finden sich, wie seltener auch sonst, Papyruskodizes, doch ließ sich Papyrus schlecht falten –, gibt es, von Unsicherem abgesehen, schon Ende des 1.Jh. Zeuge für diese antiken «Taschenausgaben» ist Martial[55]. Ehe sich die offiziellen Institute der neuen Technik anbequemten, hat es länger gedauert. Man nimmt jetzt an, daß zuerst die christliche theologische Literatur, spätestens seit der Mitte des 2.Jh., die juristische Literatur seit Mitte des 3.Jh., die literarischen Werke ab 300 in Kodexform geschrieben wurden. Die ersten Konstitutionensammlungen des Hermogenianus und Gregorius (nach F. WIEACKER, a.a.O. 95, im Jahr 293 und 296) waren, wie schon der Name *Codex*

[54] Über die großen Vorteile des Kodex in praktischer Hinsicht zusammenfassend F. WIEACKER a.a.O. 96ff. Vgl. im übrigen F.G. KENYON, Books and Readers in Ancient Greece and Rome, ²Oxford 1951, und H. HUNGER, hier S. 47ff.

[55] Martial, 14,184: Ilias et Priami regnis inimicus Ulixes
multiplici pariter condita pelle latent.
(«Die Ilias und der dem Reich des Priamus feindliche Odysseus sind gleicherweise in der vielfachen Haut verborgen.»)
14,186: Quam brevis immensum cepit membrana Maronem!
Ipsius et vultus prima tabella gerit.
(«Welch kleines Pergament umfaßt den ungeheuren Vergil! Und sein Antlitz selber trägt die erste Tafel.»)
14,188: Si comes ista tibi fuerit membrana, putato
carpere te longas cum Cicerone vias.
(«Wenn dir diese Haut freundlich ist, denke, du machtest mit Cicero einen langen Weg.»)
14,190: Pellibus exiguis artatus Livius ingens,
quem mea non totum bibliotheca capit.
(«Der mächtige Livius ist in schmale Häutchen eingezwängt, den meine Bibliothek nicht ganz faßt.»)
14,192: Haec tibi multiplici quae structa est massa tabella,
carmina Nasonis quinque decemque gerit.
(«Diese Masse, die aus vielfältigen Blättern aufgeschichtet ist, trägt die 15 Gedichtbücher Ovids in sich.»)
Literatur s. H. HUNGER, hier S. 146f. Vgl. außerdem TH. BIRT, Antikes Buchwesen, Berlin 1882; ders., Die Buchrolle in der antiken Kunst, 1907. K. DZIATZKO, RE., N.B., 3.Bd. 1899, Sp. 939ff. (Art. Buch). E. BICKEL, Gesch.d.röm.Lit., Heidelberg 1937, 7ff. A. DAIN, s. Anm. 2. J. MALLON, Emerita 17, 1949, 1ff. E. ARNS, La technique du livre d'après saint Jérome, Paris 1953.

Hermogenianus und *Gregorianus* besagt, als Erstausgaben Kodizes. Daneben wird es längere Zeit den Gebrauch der Rolle, die nicht unbedingt mit einer geistigen Einheit, einem liber, gleichzusetzen ist (siehe S. 323), gegeben haben, vor allem außerhalb Roms. Die berühmte Erneuerung der Bibliothek von Kaisareia durch Acacius und Euzoius um 350 n. Chr. war eine Erneuerung durch Umschrift in Kodizes[56]. Die frühesten uns erhaltenen Fragmente oder Werke der lateinischen Literatur sind alle Kodizes gewesen.

Sicher ist also, daß, beginnend in dem zur Diskussion stehenden Zeitraum, alles Schriftwerk aus den Rollen in Kodexform umgeschrieben wurde, ein Prozeß, der um 400, einer Zeit, die uns noch besonders wichtig werden wird, abgeschlossen ist.

Sichere Schlußfolgerung scheint uns dabei zu sein, daß nach der Umschrift die alten Rollen, die teilweise schon morsch und verdorben gewesen sein werden, viel größeren Gefahren ausgesetzt waren als vorher. Das mußte um so mehr der Fall sein, wenn die Umschrift in den Kodex an zentraler Stelle ein maßgebendes Exemplar geschaffen hatte, an das sich die übrigen Abschriften dann hielten.

Ist es erlaubt, an eine Rezension bei Gelegenheit der Umschrift zu denken? G. PASQUALI scheint geneigt, es zu tun, und manches spricht dafür. Dann ist anzunehmen, daß durch Selektion ein Teil der Lesarten sowohl wie der Noten verlorenging. Freilich sind Schlüsse aus diesem technischen Vorgang bei der Verbreitung der Kultur über das ganze Reich – mit der Verlegung der Hauptstadt nach Konstantinopel durch Konstantin ist ein Vordringen der lateinischen Sprache im Osten verbunden[57] – nicht möglich. Auch bei der kurzen Lebensdauer einer Rolle konnten Rollen die kritischen Jahre um 400 erreichen. Das Faszinierende am Buche G. PASQUALIS ist gerade dies, daß man erkennt, wie jedes geistige Werk bis ins einzelne Wort hinein von höchster Individualität ist. Nur der Rückschluß vom sicheren Wortbefund der Handschriften, des oder der Archetypi, der noch zuletzt erreichbaren antiken Ausgabe könnte uns in Glücksfällen den Vorgang der Umschrift fassen lassen, der zweifellos von epochaler Bedeutung ist[58]. Anzunehmen ist

[56] Hieronymus, *Epist*. 141: «... ex parte corruptam ... in membranis instaurare» ([Sie hatten den Auftrag,] «die zum Teil verrottete [Bibliothek] ... auf Pergament zu erneuern»).

[57] H. ZILLIACUS, Zum Kampf der Weltsprachen im oströmischen Reich, Helsingfors 1935.

[58] Darüber PASQUALI (340) anläßlich der Plautusüberlieferung: «Il palimpsesto am

auch, daß sich gelegentlich an verschiedenen Orten die Umschriften desselben Werks unabhängig voneinander vollzogen haben.

7. *Nachblüte um 400; Symmachuskreis, Christentum*

Jedenfalls ist die Umschrift in den Kodex vor dem letzten Erstarken des geistigen Lebens, das seit der Mitte des 4. Jh. festzustellen ist, erfolgt. Da mag manches passiert sein, was uns heute befremdet. Seit der Wiederkehr der Ordnung haben die Kaiser sich der Pflege der geistigen Güter angenommen. Konstantin hat die Privilegien der Professoren bestätigt, und die Nachfolger haben besonders das Christentum gefördert. Das kurze Zwischenspiel Julians (361–363) kam vor allem der griechischen Literatur zugute. Um die Mitte des Jahrhunderts hat der Grammatiker Donat seine Grammatik und seine Kommentare zu Vergil und Terenz geschrieben. Vom Vergilkommentar ist die *Vita* (nach Sueton, um ein paar Zusätze vermehrt) erhalten, vom Terenzkommentar fehlt uns der zum *Heautontimorumenos*. Donat ist der Lehrer des Hieronymus. Um diese Zeit (gegen Ende hin) sind noch so bedeutende Werke wie die des Dichters Claudian, des Verehrers Stilichos, und das Geschichtswerk des Ammianus Marcellinus entstanden. An ihnen sieht

brosiano è, al più tardi, del quarto secolo; e le differenze tra A e P sono tante e tali che convien supporre che tra l'edizione da cui derivano, l',archetipo', ed essi sia trascorso un certo lasso di tempo. Non sorprenderebbe che in quegli anni di decadenza un codice sfigurato da tanti errori si fosse fatto largo, che a esso facessero capo i trascrittori del quarto secolo. Non a caso ho parlato di codice: è possibile che tali ‚archetipi' fossero già codici e non più rotoli, che proprio l'uso nuovo di trascrivere insieme più rotoli in un libro, libro nel senso moderne, abbia portato l'occasione a un lavoro che, in un significato modesto, si potrebbe chiamare editoriale. Di qui la storia della tradizione ricomincia di bel nuovo» («Der ambrosianische Palimpsest stammt spätestens aus dem 4. Jh.; und die Unterschiede zwischen A und P sind der Art und Menge nach so beschaffen, daß man zwischen der Edition, von der sie abstammen, dem ‚Archetypus', und ihnen selbst eine gewisse Zeitspanne annehmen muß. Es wäre nicht verwunderlich, wenn in diesen Jahren der Dekadenz ein von so vielen Fehlern entstellter Kodex in die Breite gewirkt hätte, so daß sich die Abschreiber des 4. Jh. an ihn gehalten hätten. Nicht zufällig rede ich von einem Kodex: es ist sehr gut möglich, daß solche ‚Archetypi' schon Kodizes und nicht mehr Rollen waren, daß gerade die neue Sitte, mehrere Rollen zusammen in ein Buch im modernen Sinne abzuschreiben, die Gelegenheit zu einer Arbeit bot, die man eine bescheidene Herausgebertätigkeit nennen könnte. Hier beginnt dann die Überlieferungsgeschichte von neuem»). Alles unter der Voraussetzung, daß A und P tatsächlich auf einen «Archetypus» zurückgehen. S. auch u. S. 375ff.

man, welche Anziehungskraft die römische Welt und Sprache noch besitzt; sind doch beides Griechen, die hier lateinische Kunstprosa und poetische Sprache am meisten bereichert haben[59].

Den durch die Erholung im Geistigen verursachten Fortschritt möchte man am Niveauunterschied zwischen der *Compendiosa doctrina* des Nonius, halb Lexikon, halb Onomastikon, und den vorzüglichen Werken des Donat ablesen. Für die Überlieferung wichtig aber wird gegen Ende dieser Zeit der römische Adel. Im Senat zusammengefaßt, ist er politisch machtlos, aber durch seine Existenz von Einfluß, zumal er den Grund Italiens besitzt. Er hat sich im Wandel der Zeiten am besten erhalten und spielt noch im 6. Jh. eine nicht zu verachtende Rolle. Die Existenz dieser großen Reichtümer und dieses Adels unterscheidet die Geschichte des Ostens von der des Westens. Vor allem ist aber die Geschichte der Überlieferung im Osten und Westen durch ihn zu etwas Verschiedenem geworden. Er hat nämlich Sinn und Aufgabe seines Lebens darin gesehen, die römische Erinnerung und das römische Geisteserbe zu pflegen und zu schützen. Im Kampfe mit dem jetzt nicht nur offiziell anerkannten, sondern auch geförderten Christentum ist sein Selbstbewußtsein wacher geworden. In dem berühmten Streit um den Altar der Victoria[60], der als Symbol der alten Herrlichkeit in der Kurie stand und im Jahre 382 von Gratian entfernt wurde, prallen die gegensätzlichen Weltanschauungen in großer Form aufeinander: Symmachus als praefectus urbi richtet an Valentinian II. eine Relation, in der er um Aufhebung der Dekrete Gratians bittet. Der Brief des Symmachus (*Rel.* 3) in seiner Formvollendung, mit der er Roma zum letzten Male ihre Stimme erheben läßt, und die Erwiderung des Ambrosius, der in diesem Kampf Sieger bleibt, mit ihrer Entschiedenheit und Glaubenskraft gehören zu den bedeutendsten und ergreifendsten Denkmälern dieser Zeit.

Der heidnische Bildungsbesitz ist im Kampf um die Behauptung des Eigenen eine Waffe. Wie das Christentum sehr bald die antike Bildung erwerben mußte – zuletzt wird Cassiodor die septem artes liberales als notwendige Vorstufe für das Verständnis der heiligen Schriften würdigen –, wenn es die Gebildeten der Altgläubigen gewinnen wollte, so

[59] Über das Geistesleben dieser Zeit vgl. F. KLINGNER, Vom Geistesleben im Rom des ausgehenden Altertums, Römische Geisteswelt, [3]München 1956, 475 ff.

[60] Zum Streit über den Altar der Victoria vgl. außer F. KLINGNER a.a.O. noch G. BOISSIER, La fin du paganisme 2, Paris 1891, 231 ff.

läßt sich nicht verkennen, daß das Christentum mit seiner Heiligen Schrift zurückwirkt, wenn bei Macrobius Vergil als die Heilige Schrift der Gebildeten proklamiert wird.

In diesem Wettstreit sind es vor allem die Familien der Symmachi und Nicomachi, die sich der Überlieferung dadurch annehmen, daß sie reine Texte herstellen lassen. Wir lernen weitere Mitglieder dieses Kreises des überlieferungsbewußten Adels und den gravitätischen Stil dieser Männer kennen, die sich mit ihrem literarischen Interesse für das geringste Wort bis zur Frage nach dem Wesen der Götter in Macrobius' *Saturnalien* als Nachfahren der Scipionen fühlen. Da ist vor allem noch der ehrwürdige Vettius Agorius Praetextatus. Und als Fachmann und Vergilinterpret ist zugelassen der staatlich angestellte grammaticus der Stadt, der schon berühmte Philologe Servius, dem wir den bekannten Vergilkommentar verdanken. Macrobius selbst, der die Früchte einer ausgiebigen Lektüre nach einer alten Schriftstellersitte Roms seinem Sohn zukommen lassen will, gehört gleichfalls zum Amtsadel und ist nicht nur im Lateinischen belesen, sondern kennt viel, mehr als man ihm bisher zutraute, auch vom Griechischen[61] aus eigener Lektüre, allen voran Porphyrios, den Neuplatoniker.

Die Hauptfrage für uns muß sein, was sich über das «große Loch» des 3. Jh. und die Umschrift in den Kodex hinübergerettet hat. In zweiter Linie ist zu fragen, was diese Renaissance, wenn man es so will, für den Gang der Überlieferungsgeschichte bedeutet. An Erkenntnismitteln stehen uns Nachrichten, etwa die von der Existenz der Bibliothek des Symmachus, Zitate und die Subskriptionen[62], die uns erhalten sind und in dieser Zeit anfangen, zur Verfügung.

Von den Nachrichten sind die wichtigsten die, welche auf einem höchst bedenkenswerten Grundzug der Zeit beruhen. H.-I. MARROU[63] hat besonders die Aufmerksamkeit darauf gelenkt, daß sich in der Zeit

[61] Über Macrobius' Griechischkenntnisse P. COURCELLE, Les lettres grecques en occident, De Macrobe à Cassiodore, Paris 1943, 1. Kapitel.

[62] Vgl. noch O. JAHN, Die Subscriptionen in den Handschriften römischer Classiker, Abh. sächs. Akad. Wiss. Lpzg. 3, 1851, 327–372; Zusätze bei FR. HAASE, Progr. Breslau 1860, A. REIFFERSCHEID, Breslau 1872–73. E. ARNS berichtet, daß B. BISCHOFF eine Arbeit über die Subskriptionen vorbereitet; sie wird ein dringendes Bedürfnis erfüllen. Die Bedeutung der Zeit ist gut, wenn auch konventionell, und mit Anführung einiger Subskriptionen dargestellt von E. LOMMATZSCH, Zs. f. vergl. Lit. gesch., 15, 1904, 177–192.

[63] H.-I. MARROU, Saint Augustin et la fin de la culture antique, ²Paris 1949, 18 ff. und 91 ff.

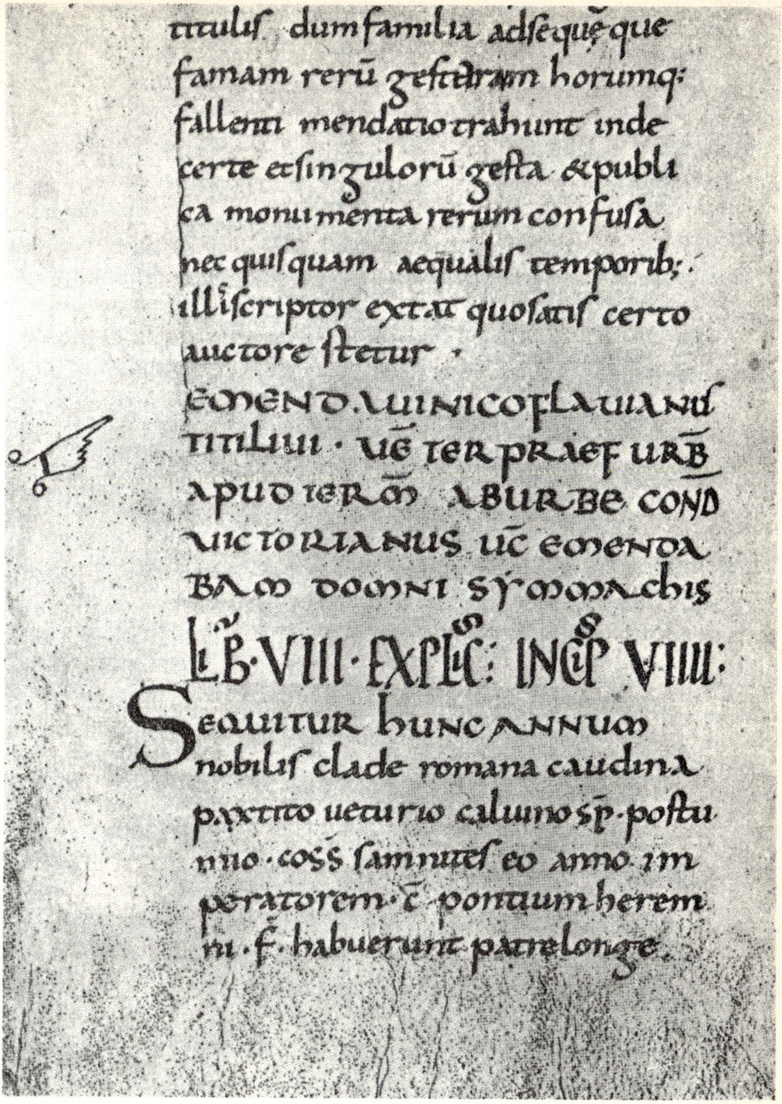

Abb. 61. Titus Livius, Übergang von Buch 8 zu Buch 9 mit Subskription (Laur. plut. 63,19, f. 170v, Ausschnitt aus der linken Kolumne; CHATELAIN, pl. CX).

Augustins etwas vollendet, was lange vorher angelegt war, die Verschulung des Lebens. Es besteht kein Unterschied zwischen dem, was man beim grammaticus und Rhetor lernt und dem, was später das Leben erfüllt. Man spricht in der Gesellschaft – siehe Macrobius – über sprachliche, philologische, rhetorische Probleme, man schreibt immer wieder über den Weg zum gebildeten Redner. Traktate über Rhetorik sind geradezu das Kennzeichen der Zeit. Cicero ist das Vorbild für den Redner wie Varros Gelehrsamkeit für den Gelehrten. Gewidmet werden die Traktate hochgestellten Persönlichkeiten zum Gebrauch, nicht etwa einem Kollegen, ja, vornehme Herren schreiben selbst welche. Die Schilderung MARROUS ist vielleicht, bei einem Franzosen als Reaktion auf akute Gefahren der eigenen Bildung verständlich, nicht ohne Ressentiments und daher Übertreibungen. Keine Zeit verzichtet ja auf die Lösung der höchsten Probleme, und gerade um 400 gibt es wieder enorme geistige Rangunterschiede: man wird Boëthius' *Trost der Philosophie*, der die Motive der beiden Strömungen der Zeit der Auseinandersetzung vereint, nicht ein Produkt der Schule nennen wollen. Etwas Wichtiges hat MARROU dennoch berührt. Er erkennt den einen Vorzug dieser in Büchern lebenden Zeit: daß der philologisch-antiquarische Wissensdurst auf die Wirklichkeit und die Tatsache, daß es ungeklärte Probleme gibt, hinweist, über die eine Philosophie, die alles weiß, hinweggleitet. Pietät und Bewahrung aber gewinnen in Zeiten der Barbarisierung zudem eigenen Wert. Für die Überlieferung kann diese Grundhaltung nicht hoch genug angeschlagen werden. Und man kann sicher sein, daß immer wieder die Werke der Schulautoren, allen voran der Quadriga, in unzähligen Exemplaren abgeschrieben wurden, daß der Wissensbestand und der Reichtum der sprachlichen Welt immer wieder überprüft wurde, wobei das Nachschlagen der Sammelwerke und Lexika, aber auch der originalen Schriften durch die neue Form des Kodex erleichtert wurde.

Ausdruck dieser pietas, der Behütung eines kostbaren Besitzes, sind u.a. die *Subskriptionen* (Abb. 61) der Handschriften. Sie beginnen im vierten Jahrhundert und reichen nicht nur bis zum sechsten, sondern bis zum siebten[64], ja weiter[65], und gewinnen so den Anschluß an die

[64] Eugenius von Toledo (gest. 657) schreibt unter seine Rezension des Dracontius: «Dracontii ... libellos ... pro tenuitate mei sensuli subcorrexi» («Des Drakontios ... Bücher ... habe ich nach dem Vermögen meiner winzigen Einsicht leicht verbessert»).
[65] Der Codex Bambergensis der *Institutionen* Cassiodors aus dem 8.Jh. trägt die sub-

karolingische Renaissance, mit der durch die Transkription in die Minuskel etwas Neues beginnt. Sicher sind sie keine Erfindung dieser Zeit, sondern stammen aus alter Übung, nach der der verantwortliche Garant für die Richtigkeit des Textes sich nannte und, war er ein bedeutender Mann, durch seine Autorität maßgebend werden konnte. Wenn der Ciceroforscher und Herausgeber Statilius Maximus[66], der nach Gellius und vor Julius Romanus (3. Jh.) lebte, unter seine Ausgabe schrieb – die subscriptio haben wir in unseren Handschriften der Reden Ciceros –: «Statilius Maximus rursus emendavi ad Tyronem et Laetanianum et Dom. et alios veteres. III oratio eximia» («Ich, Statilius Maximus, habe [den Text] ein zweites Mal verbessert nach Tiro, Laetanianus, Dom[itius] und anderen Alten. Es ist die dritte, ausgezeichnete Rede»), so kann es nicht anders sein, als daß er in den Rollen, die er verglich, die Subskriptionen des Tiro, Ciceros Sekretär, des Laetanianus(?), des Domitius und anderer fand. Er bezeugte das in seiner Rollenausgabe am Ende des 2. Jh., und der Umschreiber, der sich hier offenbar die besten Exemplare verschafft hat, trug es voll Stolz in seinen Kodex ein. Nicht immer wird das geschehen sein. Und so könnte die Tatsache, daß für uns die Subskriptionen gegen Ende des 4. Jh. beginnen, darauf beruhen, daß sie bei der Umschrift in den Kodex vielfach nicht erwähnt wurden, sondern der Verantwortliche nur sich selbst nannte.

Nicht die Tatsache der subscriptio als solche ist für uns wichtig, sondern ihr häufiges Auftreten in dieser Zeit und ihr Inhalt.

Faute de mieux soll nach SCHANZ–HOSIUS' Handbuch ein Überblick über die subscriptiones um 400, die datierbaren späteren und die späteren undatierbaren gegeben werden.

Um 400 sind datiert:

Caesar: Iulius Celsus Constantinus v.c. legi (4. Jh.).
Auctor ad Herennium: Romaniane (Gönner Augustin) vivat.
Livius: Victorianus v.c. emendabam domnis Symmachis (zu allen 10 Büchern).

---

scriptio: «Cassiodori Senatoris institutionum divinarum et humanarum rerum libri duo explicuerunt feliciter / codex archetypus ad cuius exemplaria sunt reliqui corrigendi» («Die beiden Bücher der Unterweisung über die göttlichen und menschlichen Dinge des Senators Cassiodor sind glücklich zu Ende gegangen / [dies ist der] Archetypus, nach dessen Abschriften die andern Kodizes zu korrigieren sind.»). Vom 6. Jh. an ist also diese subscriptio bis ins 8. weitergetragen worden. Übrigens ist es interessant, daß hier der Ausdruck «archetypus» auftaucht, den LACHMANN also nicht als erster gefunden hat.

[66] Über Statilius Maximus SCHANZ-HOSIUS III, 164 f.

Nicomachus Flavianus v.c. III praef. urbis emendavi apud Hennam (zu Buch 6,7,8). Nicomachus Dexter v.c. emendavi ad exemplum parentis mei Clementiani (zu Buch 3, 4, 5).

Persius: Flavius Iulius Tryfonianus Sabinus v.c. protector domesticus temptavi emendare sine antigrapho meum et adnotavi Barcellone coss. dd. nn. Arcadio et Honorio V (d. h. im Jahre 402).

Lucan: Paulus Constantinopolitanus emendavi manu mea solus (zw. 375 und 550).

Martial: Emendavi Tor(quatus) Genn(adius) in forum divi Augusti Martis consulatu Vincencii et Frangicii vv. cc. feliciter (Konsuln 401).

Juvenal: Legi ego Niceus apud Servium magistrum Romae et emendavi.

Quintilian (*größere Dekl.*): Legi et emendavi ego Dracontius cum fratre ierio incomparabili arrico urbis rome in scola fori Traiani feliciter (379 n. Chr.).

Apuleius (*Met.*, *Apol.*, *Flor.*): Ego Sallustius legi et emendavi Romae felix Olibrio et Probino v.c. cons. (d. h. im Jahre 395) in foro Martis controversiam declamans oratori Endelechio. rursus Constantinopoli recognovi Caesario et Attico coss. (d. h. im Jahre 397).

Solin: Iulius Solinus explicit feliciter studio et diligentia domni Theodosii invictissimi principis.

Nonius: Iulius Tryfonianus Sabinus protector domesticus legi meum dominis nostris Arcadio et Honorio quinquies coss. (d. h. im Jahre 402) prout potui sine magistro emendans adnotavi anno aetatis XXX et militiae quarto in civitate Tolosa.

Weiter sind folgende datiert:

Caesar (2. Buch): Flavius Licerius Firminus Lupicinus legi bellum gallicum (6. Jh.).

Vergil (im Medic. 39,1, 4./5. Jh., nach *Buc.*): Turcius Rufius Apronianus Asterius (Er hat als consul ordinarius 494 das Exemplar seines Bruders Macarius rezensiert).

Horaz (8 Hss., nach den *Epoden*): Vettius Agorius Basilius Mavortius v.c. et inl. excom. dom. excons. ord. legi et ut potui emendavi conferente mihi magistro Felice oratore urbis Romae (527 n. Chr.).

Valerius Maximus: C. Titi Probi finit epitoma historiarum diversarum exemplorumque romanorum. feliciter emendavi descriptum Rabennae Rusticius Helpidius Domnulus v.c. (6. Jh.).

Pomponius Mela: Fl. Rusticius Helpidius Domnulus v.c. et spectab. com. consistor. emendavi Rabennae (6. Jh.).

Vegetius: Fl. Eutropius emendavi sine exemplario Constantinopolim consul. Valentiniano Augusto VII et Avieno (450 n. Chr.).

Prudentius (im Paris. lat. 8084, 6. Jh., in Kapitalschrift, f. 45^r): Vettius Agorius Basilius (527 Konsul).

Hilarius (*Tractatus super Psalmos*, Röm. Hs., 6. Jh.): Contuli apud Casulas constitutus anno XIV Thransamund regis (im Jahre 509 und 510).

Martianus Capella: Securus memor Felix v. sp. com. consist. rhetor R. ex mendosissimis exemplaribus emendabam contra legente Deuterio scholastico discipulo meo Romae ad portam Capenam cos. Paulini v.c. sub d. non. Martiarum Christo adiuvante (Felix ist aus der Mavortius-Subskription bekannt, Paulinus ist Konsul 534).

Priscian: Fl. Theodorus Dionysii v̄. d̄. memorialis sacri scrinii epistularum et adiutor v̄. m̄. quaestoris sacri palatii scripsi artem Prisciani eloquentissimi grammatici doctoris mei manu mea in urbe Roma Constantinopoli olybrio v̄. c̄c. consule, die tercio iduum Ianuar̄ Mavortio v. c. consule indictione V (Also von 526 bis Juni 527 schrieb der Kalligraph und Hofkanzlist Theodorus die Grammatik Priscians, seines Lehrers, eigenhändig ab).

Spätere undatierbare:

Terenz: Calliopius recensui feliciter / Calliopio bono scholastico.

Lucan: Gemblacensis
Feliciter Gaio Scholastico Bono Primo Musion.

Statius (*Thebais*, 4. Buch): Codex Iuliani v.c. (Adressat Priscians?).

Juvenal (Paris. lat. 9345, Ende 2. Buch): Incipit lib. III legente aepicarpio scribentis exuperantio servo.

Plinius Sec. (*Nat. hist.* IV): Feliciter Iunius Laurentius relegi.

Fronto (Cod. rescriptus, 6. Jh., 3. Buch *ad M. Caesarem*): Caecilius s(ae)pe (r)ogatus legi emendavi.

Boëthius: Martius Novatus Renatus v.c. et sp. relegi meum; Contra codicem Renati v.s. correxi qui confectus ab eo est Theodoro antiquario qui nunc Palatinus est. (Kommentar zu Ciceros *Topik*:) Conditor operis emendavi (TH. STANGL, Boethiana 9; hier hat der Autor sich selbst genannt).

Vornehme Herren, schlichte Leute im Kriegsdienst, Philologen von Beruf sind es, die ihr Exemplar lesen und verbessern, mit oder ohne Hilfe eines Gegenexemplars, selbstbewußt oder die eigenen Grenzen erkennend, in Rom, in Ravenna, in Frankreich, in Spanien, für sich oder im Auftrag des vornehmen Gönners, Hand- und Gebrauchsbücher, Schulautoren, aber auch Dichter, Klassiker, moderne, archaische wie Terenz, vor allem um 400 so schwere wie Juvenal, den man also in dieser Zeit lesen wollte. Ein buntes Bild und wohl nur ein kleiner Ausschnitt aus einem überaus eifrigen und weiträumigen Streben.

Man wird weder H.-I. MARROU[67] zustimmen, der sagt, im Altertum sei kein Buch dem andern gleich, also jedes Buch eine Ausgabe gewesen, noch seinem Antipoden A. DAIN[68], der glaubt, daß um 400 die Archetypi geschaffen worden seien, die in der Regel als maßgebliche Exemplare die Einheit unserer Überlieferung verursacht hätten, sondern man wird einen Mittelweg gehen. Es sind offenkundig in dieser Zeit wichtige Texte hergestellt worden, an die man sich halten konnte und die Autorität gewannen. Dabei wird man sich aber bewußt halten, daß das nicht Ausgaben in unserem Sinne waren, daß sie an ein Buch geknüpft waren, daß es aber auch nicht beliebige Sonderexemplare mit allen möglichen Privatfehlern gewesen sein können. Die Begriffe «Ausgabe, Handschriftenvergleich, Fehlerverbesserung» sind noch ebensowenig klar definiert und maßgebend wie etwa der der Veröffentlichung, der Auflage.

Schließlich ist für die Frage der Überlieferung, für die Feststellung dessen, was vorhanden war und was gelesen wurde, wichtig, was in

[67] H.-I. MARROU a.a.O. 22.

[68] A. DAIN, Les manuscrits., bes. 106ff.

den *Saturnalien* des Macrobius zitiert wird[69]. Im vorigen Jahrhundert suchte man die eine Quelle, aus der Macrobius abgeschrieben hätte. Man sah, daß er Gellius benützte, auch ohne ihn zu nennen, und meinte, daß er wie manche um diese Zeit[70] die Dinge nur aus zweiter oder dritter Hand hätte. Von diesem Bilde ist man abgekommen. Ein so vornehmer Mann, der in einer ganz auf das Historische gerichteten Zeit als Freund der Gebildetsten im Vorwort schreibt, daß er die Früchte seiner lebenslangen Lektüre für seinen Sohn schon vor dessen Geburt gesammelt habe, müßte ein Lügner sein, wenn er nur ein Sammelwerk wie etwa das des Sammonicus Serenus (*Res reconditae*) geplündert hätte. Eine eben fertiggestellte Arbeit[71] hat die Stellen bei ihm untersucht, an denen der Leser aufgefordert wird, die zitierte Stelle im Originaltext weiterzulesen. Das beweist an sich noch nicht zwingend, daß sie Macrobius auch gelesen hat, aber er hätte sich lächerlich gemacht, wenn diese Dinge überhaupt nicht mehr greifbar gewesen wären. Gewiß, es gibt Zitate, die immer weitergetragen werden, aber sie passen um so weniger, je bestimmter Ordnung und Fragestellung eines Werkes ist. Und zusammen mit Nonius scheinen mir die obengenannten Hinweise auf die Originaltexte zu zeigen, daß sicher nicht mehr die Literatur in ihrem ganzen Umfange gelesen wurde, daß aber eigentliche Verluste[72] nicht nachgewiesen werden können. Etwas anderes ist die Frage der Qualität.

Die Literatur scheint sich also über das 3. Jh. und über die Umschrift in den Kodex ganz erhalten zu haben. Begünstigt wurde dieser Umstand dadurch, daß die Adelskreise besonderes Interesse an der republikanischen Zeit hatten. Die Bedeutung dieser Epoche genau abzugrenzen, dürfte uns beim Stande unserer Überlieferung immer verwehrt sein, ist jedenfalls bei dem jetzigen Stande der Wissenschaft noch nicht möglich. Es sieht so aus, als ob es diese letzte große Anstrengung gewesen wäre, die, fußend auf den gerade noch erreichbaren Hilfsmitteln, Verkommenes und Verwildertes wieder geradegerückt hätte.

[69] Eine Arbeit über die Quellen des Serviuskommentars ist ein dringendes Erfordernis, steht aber noch aus.

[70] So haben – mit gutem Recht – die Grammatiker die Ergebnisse ihrer Vorgänger übernommen; nicht recht war nur, daß sie selten eigene hinzubrachten. Anders Priscian.

[71] E. Türk, Über die Quellen des Macrobius; eine Arbeit, die hoffentlich bald als Freiburger Dissertation zugänglich wird.

[72] Anders steht es auf dem Felde des Rechts.

Die Selektion, die mit einer so umwälzenden Neuerung wie der Umschrift in den Kodex verbunden gewesen sein wird, dürfte kaum den Bestand getroffen haben, wohl aber die Fülle der Varianten und Nachrichten beschnitten haben. Eine interessante Frage wäre, ob Donat in seiner Vergilvita die Quellen Suetons, was er bequemerweise nicht getan hat, noch hätte nachschlagen können. Vielfach werden die guten Ausgaben, vor allem die Bibliotheksexemplare, auch maßgebenden Einfluß auf unsere Überlieferung gehabt haben. Daß es aber allein die Archetypi dieser Zeit seien, welche unsere Überlieferung zur Grundlage hat, so daß die späteren Zweige nur durch Entstellung und Auswahl aus den Varianten dieser Archetypi entstanden wären, ist kaum zu glauben, ebensowenig, daß die Umschrift in den Kodex nur an einer Stelle erfolgt sei. Selbst die Umschrift in die karolingische Minuskel war entfernt nicht so schwierig wie die in die griechische, da sich ähnliche Schriftformen schon in der Spätantike ausgebildet hatten[73]. Auch hier steht mehrfacher Umschrift kaum etwas im Wege. Denn bedacht muß doch werden, daß Philologie und Redekunst, d. h. aber Pflege und Ausnutzung der Literatur – wieviel kennt nicht allein Claudian! –, über ganz andere Räume verteilt waren als im Osten.

In dieser Zeit hat der letzte große Philologe des Altertums gelebt. Er war ein Christ. Es ist der hl. Hieronymus (gest. 420). Hier ist darum ein erster Blick auf die Entwicklung der christlichen Literatur der Kirchenväter zu werfen. Vom Höhepunkt aus wird sich nämlich am ehesten rechtfertigen lassen, daß zwar vielleicht nicht die Tradition der Bibel, wohl aber die der lateinischen Väter in einem Abriß der lateinischen Überlieferungsgeschichte mit behandelt werden muß.

Aus der Schule P. COURCELLES gibt es eine Arbeit über die Technik des Buches beim hl. Hieronymus[74]. Dieses vorzügliche Buch von E. ARNS hat sich notwendigerweise auf den Kirchenvater beschränkt. Weitere Spezialuntersuchungen werden – das kann nach seinen Resultaten sicher vermutet werden – ergeben, daß die Technik des Büchermachens, angefangen von der eigenhändigen Skizze oder dem Diktat, der Korrektur, der Reinschrift, bis zur Deponierung im Archiv

[73] R. MARICHAL, De la capitale romaine à la minuscule, in: M. AUDIN, Somme typographique, Paris 1948, 61ff.

[74] E. ARNS, s. Anm. 55. Dort weitere Literatur. DZIATZKOS Arbeiten in der RE. über Bibliotheken und Buch sind zur Ergänzung heranzuziehen.

oder der Bibliothek, was oft dasselbe ist, sich jetzt von der Art, wie sie zu Ciceros Zeit im Schwange war, so gut wie nicht unterscheidet. Es herrscht auf diesem Gebiete eine erstaunliche Konstanz. Die christliche Wissenschaft hat sich ganz in diese Tradition eingelebt. Daß Hieronymus in seinen Erklärungen, die es mit der Heiligen Schrift zu tun haben, neue Aspekte der Philologie eröffnet – hinfort ist es interessant zu beobachten, wie sich bis zur Gegenwart Verstehensprobleme profaner und heiliger Schriften gegenseitig befruchten –, gehört nicht mehr in den gegenwärtigen Zusammenhang.

Nach der maßgebenden Auffassung[75] hatte sich im Ringen des zweiten nachchristlichen Jahrhunderts ein Kanon von Schriften gebildet, zu denen die heiligen und liturgischen Schriften gehörten, aber auch die Aufzeichnungen der Geschehnisse, die Märtyrerakten. Im 3. Jh. hatte jede christliche Gemeinde ihre Bibliothek. Die erste nachweisbare Privatbibliothek, ohne die wissenschaftliche Behandlungen christlicher Probleme nicht denkbar sind, ist die Bibliothek Tertullians[76]. Zu ihr gehörten bei der rhetorischen und juristischen Schulung ihres Besitzers auch die weltlichen Schriften, auf die er sich in seinen Darlegungen bezog. Sie müssen sein Privatbesitz gewesen sein, denn sein Nachfolger Cyprian kennt sie nicht als der Bibliothek von Karthago zugehörig. Die Gebrauchsbibliotheken der Kirchen sind freilich zum größten Teil dem gegen sie gerichteten Vernichtungskampf Diokletians zum Opfer gefallen (303 n.Chr.). Mit allen möglichen Mitteln hat man aber bewußt versucht, die kostbaren Texte zu retten und zu verbergen. Und als unter Konstantin das Christentum gleichberechtigt wurde, haben sich die Bibliotheken daraus aufbauen können. In Rom hatte die letzte Bibliotheksgründung, von der wir wissen, im Pantheon[77], an deren Spitze Alexander Severus den christlichen Chronographen und Enzyklopädisten Julius Africanus gestellt hatte, auch christliche und jüdische Literatur enthalten. Das scheint übrigens zu zeigen, daß ein offiziell anerkanntes Bibliotheksethos[78] bestand, das die Werke des menschlichen Geistes möglichst

[75] Vgl. Hdb.d.Bibl.wiss. (s. Anm. 26). Grundlegend für die Bibliotheken im alten Rom: M. IHM, Zentr.bl.f.Bibl.wiss. 10, 1893, 513–532. Das MA. ist im Hdb. von C. CHRIST, ergänzt von A. KERN, behandelt auf S. 243–498.

[76] Vgl. A. v. HARNACK, Tertullians Bibliothek christlicher Schriften, S.ber.Akad. Bln. 1914, I, 303–334.

[77] Über diese Bibliothek im Pantheon C. WENDEL a.a.O. 124f.

[78] Ich kenne keine Studien über Bibliotheksethos. Wichtig dafür wäre wohl das römi-

vollständig überblicken wollte. Im Osten waren wichtig die Bibliotheken von Jerusalem und Alexandreia.

Besonderer Rang gebührt der von Kaisareia. Sie war von Origenes gegründet worden, Pamphilos (310 Märtyrertod) hat sie erneuert. Planmäßig hat sie die älteren christlichen Schriften beider Sprachen – Latein wurde zuerst in Afrika in der Kirche gesprochen, während in Rom noch das Griechische herrschte – gesammelt und damit gerettet. Das textkritische Riesenwerk des Origenes wurde so bewahrt, aus dem Pamphilos und Eusebios den Septuagintatext auszogen. Eusebios, seit 313 Bischof von Kaisareia, konnte auf dieser Bibliothek seine Kirchengeschichte aufbauen. Man kann sagen, daß Kaisareia für das christliche Schrifttum eine ähnliche Bedeutung erlangte wie das Museion in Alexandreia einst für die griechische Literatur. Und hier sieht man auch den Unterschied zur lateinischen Überlieferungsgeschichte. Da hat es zwar immer Schwankungen im Bewußtsein, der Bewährung im geistigen Leben, dem Gedächtnis gegeben, aber nie eine Zeit, in der der Bestand ernstlich gefährdet war. In Kaisareia dagegen hat eine weitausschauende geistige Tat Rettung gebracht und Maßstäbe gesetzt. Der Unterschied, der uns gerade bei der Erhaltung der christlichen Literatur bewußt wird, muß auch unser Schlußurteil über die lateinische Überlieferungsgeschichte bestimmen.

Nicht unbedeutend müssen auch die Klosterbibliotheken gewesen sein, die natürlich viel stärker auf Christliches beschränkt waren. 386 ist des Hieronymus Bibliothek in sein neugegründetes Kloster in Bethlehem eingegangen. Im maius monasterium des Martin von Tours (372) gehört die Tätigkeit der scriptores, wie uns Sulpicius Severus[79] berichtet, zu den unerläßlichen Tätigkeiten. Augustin gibt im Jahre 390 Regeln für Bibliotheksbenutzung in den Klöstern[80]. Und E. Arns hat dargestellt, ein wie lebendiges Hin und Her sofort beim Erscheinen der Schriften der großen Autoren zwischen den geistigen Zentren einsetzt. In Rom beziehen sich die Päpste seit Innozenz I. (401–417) auf das

sche *Decretum de libris recipiendis et non recipiendis* vom Jahre 496, das z.T. Kodifizierung älterer Maßnahmen war.

[79] Sulpicius Severus, *Vita S. Martini* 10, 6;

[80] *Regula ad servos dei*, 9 (Migne, Patrol.lat. 32, 1383): «...qui codicibus praeponuntur, sine murmure serviant fratribus suis. Codices certa hora singulis diebus petantur; extra horam qui petierit, non accipiat» («Wer über die Kodizes gesetzt ist, diene ohne Murren seinen Brüdern. Die Kodizes sollen am Tage zu einer bestimmten Stunde geholt werden. Wer außerhalb der Stunde nachsucht, soll keinen empfangen»).

Lateranarchiv. Fortsetzung alter Übung ist es, wenn Gelasius dort die Schriften gegen Nestorius und Eutyches, Gregor d. Gr. (590–604) seine Homilien, Vigilius (536–555) das ihm gewidmete Epos des Arator, *De actibus apostolorum*, deponiert. Hier waren Institutionen zur Aufnahme geistiger Güter in jeder Weise bereit. Es hing davon ab, von welchem Geiste sie beseelt waren.

Die christlichen Autoren jedenfalls, mit inbrünstiger Liebe begrüßt, sind an diesen Stätten ununterbrochen gepflegt und erhalten worden. Und es können nicht Gründe rein äußerlicher Art sein, durch die so vieles von den alten römischen Dingen verlorenging; war doch an den entferntesten Enden der Welt Möglichkeit der Bewahrung gegeben, da sie mit dem Zentrum in regem Pilgerverkehr standen. Es ist daran zu erinnern, daß Patricius in Irland, der «Bücherheilige», noch ins 4. Jh. gehört. Dort und an anderen Orten entstand eine Kultur, der die Überlieferung viel verdankt.

8. Die Zeit des Verfalls und Endes der antiken Welt (5. und 6. Jahrhundert)

Mit dem zuletzt Gesagten haben wir vorgegriffen. Es gilt, erst noch das 5. Jh. und das Ende Roms zu betrachten, das man nicht mit einem Ereignis, etwa dem Ende des Romulus Augustulus, sondern mit der Verwüstung Italiens in den Gotenkriegen und dem Beginn der Langobardenherrschaft ansetzen wird.

Es ist eine Zeit des politischen Zerfalls und der Sonderentwicklungen der Provinzen. Franken, Westgoten, Ostgoten, Vandalen gründen ihre Reiche. Angst und Schrecken wechseln mit Zeiten des Aufatmens, in denen man hofft, etwas aufbauen zu können. Je nachdem blüht die eine Provinz vor der andern. Die lateinische Sprache und Kultur, der die Barbaren doch ihre kindliche Bewunderung zollen, gibt den Zusammenhalt, ja M. SCHANZ wird recht haben, daß diese Gegner der römischen Kultur, die germanischen Stämme, ihr Selbstbewußtsein eher geschärft als vernichtet haben. Freilich, auch hier lauert der Feind im eigensten Gebiet! Die Volkssprache bricht ein mit den neuen Schichten. Orthographie, Aussprache, Metrik werden unsicher. Schlimmer für die römische Kultur ist der endgültige Sieg des Christentums. In dieser

Zeit werden die führenden Geister und der Adel in Rom und den Provinzen christlich.

Männer wie Ambrosius, Hieronymus, Augustin, Prudentius, Claudian, Ammianus Marcellinus, wie die des Symmachuskreises sucht man in ihr vergeblich. Der Bildungsbetrieb freilich hält sich zum Glück. Die Schule, die Rede mit neuen Aufgaben ist das Fundament, auf dem sich das andere aufbaut. Es wird vielfältig[81]. Es ist, als ob dem verschiedenartigen Verlangen der Eroberer mit allen möglichen Reizen entgegengekommen würde, wobei sich in allen Formen der Rede sogar noch Virtuosität zeigt. Philologie und Redekunst, das ist lateinische Domäne, für die auch Cassiodor nicht die Hilfe griechischer Bücher braucht.

Erst gegen Ende folgt noch eine letzte Blüte in Rom, die auch die Spätblüte und Nachblüte, der sich Gallien im 5. Jh. erfreuen durfte, übertrifft.

Maßstab kann hier das Niveau des griechischen Bereichs in dieser zweisprachigen Kultur einer kosmopolitischen Gesellschaft sein. Gewiß, den griechischen grammaticus, der Homer und Menander expliziert, wird es bis zuletzt immer gegeben haben. Aber im 5. Jh. gehen die griechischen Studien, die bis zum Jahre 400 – Zeugen dafür sind vor allem Macrobius und Hieronymus – selbstverständlich gewesen waren[82], ja eine bedeutende Höhe erreicht hatten, entschieden zurück. P. COURCELLE hat diese Entwicklung dargestellt und auf ihre Paradoxien hingewiesen. In dieser Zeit ist in Gallien und Afrika die Kenntnis der griechischen Schriften so zurückgegangen, daß im 6. Jh. die griechische literarische Kultur aus diesen Provinzen überhaupt verschwunden ist. In Italien dagegen hat die Ostgotenherrschaft eine Wiederaufrichtung begünstigt, in der das lateinische Bildungswesen auf Grund der griechischen Schulung sich völlig erneuert. Das alles geht in den Gotenkriegen verloren, als Justinian von Byzanz aus durch Belisar und Narses Italien zurückerobert. Nachdem der «Kampf um Rom» für die Goten verloren ist, sind die Kräfte zu erschöpft: die byzantinische Herrschaft hat nicht zu einer Erneuerung der griechischen Studien führen können[83].

[81] Die Zusammenfassung von SCHANZ-HOSIUS IV, 2. Hälfte, 308–359, ist stoffreich und wird mit Recht noch eifrig benutzt.

[82] Im 2. Jh. hatten sie sogar durch die sog. zweite Sophistik ein besonderes Gewicht bekommen, im dritten waren sie wohl in den allgemeinen Rückgang mit einbezogen.

[83] Vgl. das Résumé bei P. COURCELLE a.a.O. XVI.

Die Schriftwerke dieser Zeit bilden eine nicht geringe Verlegenheit des Literaturgeschichtlers[84], wofern er nicht nur eine Bestandsaufnahme in Handbuchform geben will. Mißt er, wie er doch soll, mit dem Maßstab der in Weltbild und Form ganz originalen Klassik, wird er diesen Werken nicht mehr als eine Aufzählung zubilligen. Hier kann nicht einmal das gegeben werden. Ein paar Hinweise müssen genügen. Am besten schneidet die Dichtkunst ab, rhetorisch und den Unterricht verratend, virtuos alle Formen beherrschend, dort in fruchtbare Spannung zwischen der hochgetriebenen, aber vielfach erstarrten und ausgehöhlten Form und der Wirklichkeit geratend, wo sie das Ruhmbedürfnis, das die Helden der Einwanderer beseelt, in Epos, Hochzeitsgedicht und poetischen Panegyriken befriedigt. Eine gesunde Prosa, immer Zeichen des gesunden Gedankens, findet sich dagegen kaum, am ehesten noch bei aller Verschnörkelung und Künstelei in Rede und Brief, kaum in der Geschichtsschreibung (es ist die Zeit der Chroniken). Dagegen erfüllen die Fachschriftsteller weiter und erneut die Bedürfnisse der neuen Aufgaben. Hier hält sich der griechische Einfluß am längsten bzw. wird wieder fruchtbar gemacht. Die «Wissenschaft» bleibt griechisch, bis zu Cassiodor reichen die lateinischen Übersetzungen dieser Werke[85].

Das Weiterleben der Rhetorik[86] ist für die Überlieferung darum wichtig, weil sie ohne die Lektüre nicht auskommt. Ihre Figuren und ihre Mythologie in Bildern und Gleichnissen sind ein Bollwerk der alten Kultur, das auch die Christen mit besetzen. Und die Dichtung geht damit Hand in Hand. Was sich in der silbernen Latinität anbahnte, die Vermischung von Poesie und Prosa, erreicht hier vielleicht seinen Höhepunkt. Aus den Zitaten der Dichter erkennen wir, was bekannt und im Bewußtsein war. In den Ausgaben der Schriftsteller dieser Zeit und in unzähligen Einzelarbeiten sind die Zitate verifiziert worden. Es

[84] Doch vgl. das Werk von P. COURCELLE, Histoire littéraire des grandes invasions germaniques, Paris 1948.

[85] Vgl. F. BLATT, Remarques sur l'histoire des traductions latines, Class. et Med. 1, 1938, 217–242.

[86] Überall muß es Schulen der Grammatiker und Rhetoren gegeben haben (Sidonius, *Epist.* 4, 21, 4; 5, 5, 2; *Carm.* 23, 211). Berühmt war die Universität Rom, wo nach dem Gesetz von 425 (*Cod. Theodos.* 14, 9, 3) drei Lehrer der Beredsamkeit, zehn lateinische Grammatiker, fünf griechische Sophisten, zehn griechische Grammatiker, einer, «der die Geheimnisse der Philosophie erforscht» (SCHANZ-HOSIUS IV, 2. Hälfte, 314), zwei Rechtsprofessoren angestellt waren.

ist der Traum, vielleicht Alptraum des Betrachters vor allem dieser Zeit, alle diese Zitate einmal, auf Sicherheit und Herkunft geprüft, zusammengestellt zu sehen. Aus Form und Häufigkeit ließe sich ein Bild des Bestandes der Werke, ihrer Wirkkraft, ihrer Rezension unendlich differenzieren. M. SCHANZ (IV, 2, 311 ff.) stellt fest, daß Sidonius und Ennodius Vergil, Horaz, Ovid, Lucan, Persius, Statius, Plautus, Terenz, Martial, Juvenal, vielleicht Petronius, Cicero, Sallust, Livius oder Justin, die beiden Plinii, Fronto, Apuleius, Tacitus (wenigstens, um zu renommieren), Ausonius, Symmachus, Claudian, Seneca, die Grammatiker, Donat mit Kommentatoren, Quintilian, Celsus, Victorinus, Fortunatianus kennen. Und wenn er auch des Sidonius Liste (*Carm.* 9, 259) für eitel Blendwerk hält, glaubt er doch dem Mamertus Claudianus, der (C.S.E.L. 11, p. 205, 30) den Rhetor Sapandus brieflich mahnt, die Alten zu lesen und dabei außer Cicero und Fronto Naevius, Plautus, Cato, Varro, Gracchus und Chrysipp aufführt; wurden doch die Bibliotheken noch von einem fähigen Buchhandel unterstützt. Priscianus' Beispiele lehren uns, daß seine Kenntnis der Schriftsteller mit der doch recht reichen Auswahl des Sidonius übereinstimmt.

Offenbar konnte man noch alles finden. Schlimmer ist die Schrumpfung des Bewußtseins, am allerschlimmsten dies, daß immer weniger Menschen für Eigentliches Sinn haben, wie Boëthius seinem Schwiegervater Symmachus gegenüber klagt.

Die Philologen und die philologischen Bemühungen der Vornehmen im späteren Leben blühen weiter, wobei der christlich gewordene Adel sich auch um die Alten bemüht und das Werk der Generation um 400 fortsetzt [87]. Auch die christlichen Gelehrten wetteifern mit ihnen. Symbolisch dafür ist, daß der Enkel des Symmachus die *Saturnalien* des Macrobius mit einem Verwandten des Macrobius durchsieht [88]. Andere aus dieser Zeit sind oben genannt. Darunter auch die subscriptio, in der Boëthius eigene Emendation bezeugt (s. S. 357). Sicher ist dabei kein Grund zum Verwundern: der Fall muß nach der Lage der Dinge seit den Anfängen der lateinischen Literatur viel häufiger gewesen sein, als diese Singularität, sieht man von dem oben genannten, von Vergil selbst korrigierten Exemplar ab, an sich vermuten ließe. – Die Entwicklung der Grammatik und der sieben artes liberales, die mit Martianus

[87] SCHANZ-HOSIUS IV, 2. Hälfte, 311 f.

[88] Die subscriptio lautet (vgl. O. JAHN a.a.O. 347): «Aurelius Memmius Symmachus v.c. emendabam vel disting. meum Ravennae cum Macrobio Plotino Eudoxio v.c.»

Capellas symbolischem Werk so stark auf das Mittelalter wirkten, kann hier beiseite bleiben.

Den Anfang des 6. Jh. haben wir mit dem Grammatiker Priscian schon einmal berührt. Er ist in gewissem Sinne ein Höhepunkt wie Justinians Gesetzgebungswerk im eminentesten Sinne, wie Boëthius, wie Cassiodor. Alle haben für die Überlieferung wesentliche Bedeutung.

Justinian hat sich – und er wußte darum – unsterbliches Verdienst dadurch erworben, daß er durch seine Kommission mit Tribonian an der Spitze im *Kodex* das geltende Recht in 12 Büchern sammelte, daß er in den *Digesten* oder *Pandekten* in 50 Büchern das ius der Alten, vor allem derer, die das ius respondendi hatten, kompilieren ließ und schließlich in den vier Büchern der *Institutionen* ein einführendes Lehrbuch des Rechts mit Gesetzeskraft schuf. Nicht die hohe und für das Abendland unabsehbar folgenreiche juristische Leistung, sondern das Faktum der Bewahrung so vieler juristischer Schriften ist für das Problem der Überlieferung von Bedeutung.

Im *Codex Iustiniani* wurden der *Codex Gregorianus*, *Hermogenianus*, *Theodosianus* und die späteren Konstitutionen zum einheitlichen Werk zusammengefügt, in den *Digesten* aber sind etwa 2000 juristische Werke, angefangen von Mucius Scaevola, dem Lehrer Ciceros, aufgegangen. Justinian hatte Anweisung gegeben, daß sie durch Hinzufügung und Tilgung dem gegenwärtigen Rechte angepaßt werden sollten. Die Interpolationenforschung hat sich mit diesen Veränderungen befaßt. Aber auch frühere Interpolationen und die Textgeschichte der Werke sind zu bedenken. Systematisch ist das zum ersten Male in dem genannten Werke von WIEACKER geschehen.

Es handelt sich hier um einen andern Typus von Überlieferung. Sind es doch für Gebrauch und Leben notwendige, mit Autorität ausgestattete Werke. Auch sie sind, wofern sie nicht reinen Schulzwecken dienten – einen besonderen Rang nimmt dabei die Rechtsschule von Beyrut ein –, natürlich dem Tagesstand angepaßt worden, die Umschrift in den Kodex, die hier früher erfolgt und von erheblicher praktischer Bedeutung ist, hat wohl schärfer selegiert, ist wohl auch eher mit ausgabemäßiger Redaktion verbunden gewesen. Hier ist die nächste Parallele die der Gebrauchsschriften der Kirche, vor allem der Bibel, die vor der Vulgata, der Übersetzung des Hieronymus, im Sprachlichen der Sprache der Gemeinde angepaßt wurde (Vetus Latina, die in Beuron neu herausgegeben wird: s. S. 192). Die Palimpsestforschung kann, wie

Pater Alban Dold mitteilte, Stellen in vorjustinianischen juristischen Schriften nachweisen, an denen nicht mehr Gültiges radiert wurde, sicher um die neue Bestimmung aufzunehmen. Erstaunlich aber ist, wieviel noch vorhanden war und durch die Kodifizierung im Corpus Iuris gerettet wurde. Nach allem wird man C. CHRIST[89] zustimmen, wenn er sagt: «Noch im 6. Jh. muß es in Italien in Laienhänden zahlreiche Bücher und auch Sammlungen von solchen gegeben haben.»

Hauptzeugen dafür sind aber unter der Blütezeit der Regierung Theoderichs des Großen in Rom Boëthius und Cassiodor. Wie selbstverständlich vergleicht Boëthius am Anfang seines *Trostes der Philosophie* seinen Aufenthalt im Kerker mit seiner kostbaren Bibliothek daheim. Er hat, wohl im Bewußtsein, daß er der einzige und letzte ist, der das könnte, den gewaltigen Plan gefaßt, den ganzen Platon und den ganzen Aristoteles ins Lateinische zu übersetzen. Und seine Kommentare und das Vollendete[90] zeigen, daß er der Mann gewesen wäre, den Plan durchzuführen, wäre er nicht 524 hingerichtet worden. Seine *Consolatio* aber faßt souverän mit gewaltiger Kenntnis der Werke die Gedanken der antiken Philosophie zusammen und denkt sie weiter.

Die Verwüstung kommt mit den Verheerungen bei der Wiedereroberung Italiens durch Justinian. Da fangen dann die bangen Fragen an, ob ein Buch die Eroberung Roms überstanden hat, oder eine lebenslange Suche nach einem Buch, dem weiter nachzuforschen Cassiodor[91] seinen Mönchen nahelegt. Die Greuel und Leiden dieser Zeit hat uns Prokop in seinem Werke deutlich gemacht.

Cassiodor stellt ähnlich wie Boëthius jenen aus hoher Geistigkeit und politischer Fähigkeit geformten Menschen des römischen Adels dar. Das zeigen die Sammlung der von ihm redigierten Erlasse der Gotenkönige (*Variae*) und die große Geschichte, die er mit seiner Gotengeschichte (uns durch Jordanus faßbar) noch einmal zu verwirklichen in der Lage ist. Für die Überlieferung ist er durch seine Klostergrün-

[89] A.a.O. 302.

[90] Übersetzungen der *Analytica* des Aristoteles, sowohl der *priora* als auch *posteriora*, der *Topica*, der *Elenchi sophistici*. Kommentare zu den *Kategorien* des Aristoteles, zu *Περὶ ἑρμηνείας*, zwei Kommentare zu Porphyrios' *Eisagoge*, Kommentar zu Ciceros *Topik*.

[91] Cassiodor, *Inst.* 1, 3, 6 (MIGNE, Patrol. lat. 70, 1115): «Quae (commentaria des Ambrosius zu den Propheten) tamen adhuc nullatenus potui reperire, quae vobis magno studio quaerenda derelinquo» («Diesen Kommentar habe ich freilich bis jetzt auf keine Weise auffinden können. Ich überlasse es euch, ihn mit großem Eifer zu suchen»).

dung in Vivarium[92] (in Squillace in Kalabrien auf den eigenen Gütern bald nach 540) bedeutend geworden.

Die Benediktiner, später die Hauptträger der Kultur, scheinen am Anfang (529 Monte Cassino gegründet) kaum auf die weltlichen Schriften oder auf Wissenschaft geachtet zu haben. Erst als nach der Zerstörung von Monte Cassino 581 durch die Langobarden die Mönche nach Rom flohen, hat sie der Papst Gregor d. Gr. auf die Studien gewiesen. Cassiodor hingegen hat auf Bildung, auf das Abschreiben und die Bibliothek größten Wert gelegt. Bekannt ist sein Hymnus auf das Abschreiben der Bücher[93]. Entscheidend für die nichtchristliche Literatur war, daß Cassiodor, selber im Besitze der Bildung der Zeit, erklärte, daß die artes liberales notwendige Ergänzung der Theologie seien. Und er hat selber eine Einführung für die Mönche zum Gebrauch seiner Bibliothek gegeben, in der er, symbolisch fast für die Vereinigung beider Schriftbereiche, im ersten Buche die christlichen, im zweiten Buche die weltlichen Schriften behandelt. Man hat nicht ohne Grund dieses Werk Cassiodors den ersten erhaltenen Bibliothekskatalog genannt; denn er spricht in der Hauptsache von den Schriften, die in der Bibliothek sind, und R. A. B. Mynors hat in seiner vortrefflichen Ausgabe[94] am Schluss eine Liste der Bücher gemacht, in der man das sicher Vorhandene erkennen kann. Die Bibliothek ist auf einen bestimmten Zweck abgestellt, aber man sieht, wieviel den Eingang ins Kloster fand. Die Dichter fehlen, auch jene, die Cassiodor kennt und häufig zitiert.

Man[95] hat vermutet, daß die Bibliothek von Vivarium nach dem Tode Cassiodors vom 30 Jahre später (614) von Columban gegrün-

[92] Über die Bibliothek von Vivarium vgl. P. Courcelle a.a.O. (Anm. 61) 313 ff.

[93] *Inst.* 1,30: «Felix intentio, laudanda sedulitas, manu hominibus praedicare, digitis linguas aperire, salutem mortalibus tacitam dare et contra diaboli subreptiones illicitas calamo atramentoque pugnare (‚tacita salus' Lukrezreminiszenz?)! Tot enim vulnera Satanas accipit, quot antiquarius Domini verba describit» («Eine fruchtbare Anspannung, ein löbliches Bemühen, den Menschen mit der Hand zu predigen, mit den Fingern Zungen zu öffnen, schweigendes Heil den Sterblichen zu geben und gegen die unerlaubten Anfechtungen des Teufels mit Rohr und Tinte zu fechten! So viele Wunden nämlich empfängt Satan, wie der Archivar Worte des Herrn abschreibt!»). Vgl. *Variae* 9,21: Studium der alten Autoren für den Senat notwendig. *Variae* 12,21: Würde und Bedeutung eines Schreibers.

[94] Cassiodori senatoris institutiones, ed. R. A. B. Mynors, Oxford 1937.

[95] R. Beer, Bemerkungen über den ältesten Handschriftenbestand des Klosters Bobbio, Anz. Öst. Akad. 48, 1911, 78–104. Dagegen Kard. G. Mercati in der Vorrede zur Reproduktion des *De republica*-Palimpsestes, Rom 1934. Ausführlich darüber P. Courcelle a.a.O. 343 ff.

deten Kloster Bobbio übernommen worden sei[96]. Hier hätte man einen direkten Übergang zu den mittelalterlichen Klosterbibliotheken. Nach den Forschungen P. COURCELLES scheint es mir immer mehr, als ob diese These aufgegeben werden müßte. Teile der Bibliothek sind vielmehr in die Sammlung des Lateran übernommen worden und von dort, wie der Codex grandior der Bibel nach Jarrow, als Originale in die Kulturzentren des Abendlandes gelangt; denn hier sind nicht nur wie bei Vergil antike Handschriften aus dem 4. Jh., sondern für eine Bibliothek geschriebene Originale erhalten.

Cassiodors Wirken kann für die Erhaltung der antiken Werke nicht hoch genug angeschlagen werden[97]. Vergessen wir dabei aber auch nicht Irland, von wo aus Bobbio gegründet wird, mit seiner Bücherkultur im Auge zu behalten. Auch unter den Westgoten in Spanien hat die Kultur weitergeblüht. Isidor von Sevilla (570–636)[98], vor allem auf Cassiodor und Donat fußend, ist dort eine Brücke zum Mittelalter geworden. Im sechsten Buche *De libris et officiis ecclesiasticis* handelt er im dritten Kapitel über die Bibliotheken, auf die er größten Wert legte.

Wieviel aber außerhalb der Klöster vorhanden war und verkam, mochten das nun gute Ausgaben oder schlechte sein, die sonst wohl auch ohne Unterschied fortgepflanzt wurden, kann die junge Wissenschaft der Palimpsestforschung[99] nach ruhmreicher Tradition seit ANGELO MAI weiter lehren. Ihr gelingt es jetzt mit der Palimpsestphotographie[100], die Tierhaut zum Glänzen zu bringen, die von der Tinte angegriffene dagegen, weil sie nicht mehr im Ultralicht leuchtet, sich abheben zu lassen. Es kommt ihr zunächst natürlich auf Entzifferung an.

[96] Cassiodor starb hochbetagt 583; was aus Vivarium wurde, ist unbekannt.

[97] Für den Geist seiner Gründung vgl. vor allem *Inst.* 1,28,4: «Quos nos imitantes (nämlich Cyprian, Lactantius, Victorinus, Optatus, Hilarius, Ambrosius, Augustinus, Hieronymus und viele andere innumerabiles Graeci, die die profanen Wissenschaften studiert haben) cautissime quidem sed incunctanter utrasque doctrinas, si possumus, legere festinemus» («In deren Nachfolge wollen wir uns zwar sehr vorsichtig, aber ohne Rast bemühen, beide Geisteswelten, wenn wir können, zu lesen»). Über großzügige Textkritik in diesem Sinne *Inst.* 1,15,14.

[98] Über ihn vgl. das materialreiche Buch von J. FONTAINE, Isidore de Séville et la culture classique dans l'Espagne visigothique, Paris 1959; dazu I. OPELT, Gnomon 32, 1960, 437–442.

[99] Palimpseste, Wiederbeschriebenes, gibt es seit ältester Zeit. Platon hat Dionys von Syrakus mit einem Palimpsest verglichen: seine Tyrannennatur scheine immer wieder durch (Plutarch, *Mor.* 779C). Vgl. den Artikel «Palimpsestus» in der RE., N.B., 36. Hbb., 2. Drittel 1949, Sp. 123f. (W. SCHUBART).

[100] R. KÖGEL, Die Palimpsestphotographie, Halle 1920.

Aber ein Katalog aller, auch der kleinsten wiederbeschriebenen Kodexschnitzel zeigt für die Überlieferung, was noch vorhanden war und was aus den verschiedensten Gründen – das geistige Niveau spielt dabei eine Hauptrolle – nicht mehr gelesen wurde. In Bobbio allein haben sich 22 Palimpseste gefunden. Und wenn man mangels der jetzt wohl noch nicht möglichen Gesamtliste den SCHANZ-HOSIUS, das deutsche Standardwerk der römischen Literatur, durchblättert, findet man etwa folgende Werke, die der Benutzung nicht für wert gehalten wurden: Cicero, *Pro Scauro*, *De republica* (Abb. 62), Scholia Bobiensia; Scholia Veronensia zu Vergil; Livius, *3. Dekade*; Hygin; Seneca, *Tragödien*; Lucan; Juvenal; C. Plinius Secundus; Fronto; Gellius; Gaius; *Alexanderroman*; Symmachus, *Reden*; Pelagonius; Vegetius; Hilarius, *Homilien über Lukas*; Hieronymus, *De viris illustribus*; Merobaudes; Boëthius, *Quadrivium*; *Codex Theodosianus*; *Institutionen*; Pompeius, *Kommentar zu Donat*. Und zwar reichen sie vom 4. bis 8. Jh. Unmöglich, die Lebensläufe aller Handschriften zu erforschen![101]

9. Schluß

Damit sind wir am Ende für ein paar Schlüsse gerüstet.

1. Überblickt man die griechische und römische Geschichte der Überlieferung, so drängen sich Unterschiede auf. Hier die weltweite Entwicklung der offiziellen Reichssprache, die selbst unter Justinian ihre Würde behauptet, dort die Wirkung der griechischen Lehrer und Wissenschaften, aber ein gradlinigeres Weitertradieren und -kommentieren der klassischen Zeiten. Dort die Rettungstat der Alexandriner, die Entstehung der wissenschaftlichen Philologie und ihre großartig-konsequente Entfaltung und Ausdehnung auf alle großen Autoren, hier die Benützung und Übung aller alexandrinischen Errungenschaften in historisch hellerer Zeit von Anfang an. Dort intakte Erhaltung über die Stürme der Völkerwanderung und nach abnehmendem Interesse und der Lähmung durch den Bildersturm die Rettung durch die Umschrift in die Minuskel im 9. Jh., hier nach Sinken des Niveaus im 3. Jh. und dem langsamen Aufwärtssteigen des 4. Jh. eine nationale Erneue-

[101] Die ältesten erhaltenen Kodizes findet man jetzt bei E. A. LOWE, Codices Latini antiquiores, A palaeographical guide to latin manuscripts prior to the ninth century, Bd. I, Oxford 1934, bis Bd. IX, 1959.

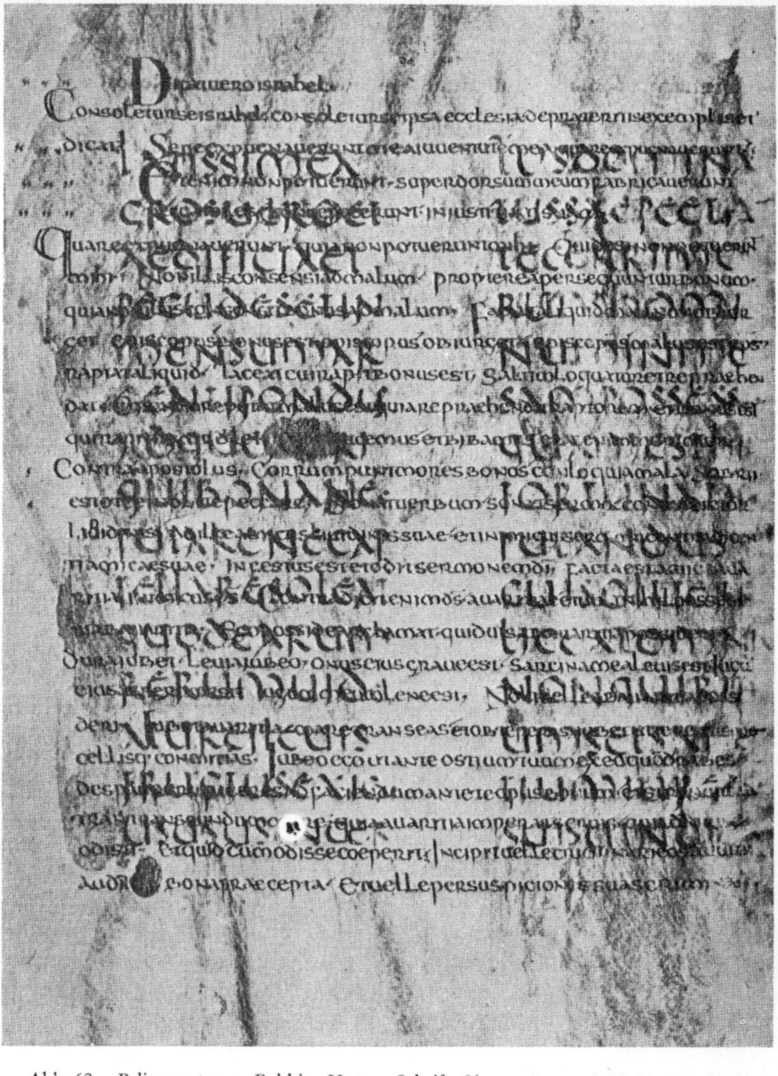

Abb. 62. Palimpsest von Bobbio. Untere Schrift Cicero, *De rep.* 1,17,26–27, obere Schrift Augustin, *Enarr. in psalmos* (Vat. lat. 5757, f. 122). Der Cicerotext lautet: LATISSIME A/GROS VERO ET/AEDIFICIA ET/PECUDES ET IN/MENSUM AR/GENTI PONDUS/ADQUE AURI/QUI BONA NEc/PUTARE NEC AP/PELLARE SOLEAT/QUOD EARUM/RERUM VIDE/ATUR EI LEVIS/FRUCTUS EXIGU/US USUS INCER (rechte Kolumne:) TUS DOMINA/TUS SAEPE ETIA-/TEC^TERRIMO/RUM HOMI/NUM INME-/SAM POSSESSio/QUAM EST HIC/FORTUNATUS/PUTANDUS/CUI SOL^I VERE/LICEAT OMNIA/NON QUIRITI/UM SET SAPIE-/TIUM IURE PRo/SUIS VINDICA (CHATELAIN, pl. XXXIX).

rung der alten Schriften im Geisteskampf mit dem Christentum und ein hartes Leiden unter den Stürmen der Geschichte, zugleich aber ein geistiges Überstehen im Kloster und ein physisches in den Büchern an disparaten Stellen, verbunden mit einer Entwicklung der Schrift, die den Einschnitt der Umschrift in die karolingische Minuskel nicht so gravierend macht, daß man die früheren Kodizes etwa nicht mehr hätte lesen können. Darum ist hier eine einmalige Umschrift aus geistig-ökonomischen Gründen wenig wahrscheinlich. So wird man mehr L. HAVET und G. PASQUALI zustimmen, welche den tiefen Unterschied im Schicksal der griechischen geistigen Werke betont wissen wollen, weniger A. DAIN, der mit denselben Begriffen und Vorstellungen in beiden Bereichen arbeitet und das grundsätzlich Gleiche mehr hervorhebt.

2. Es hat sich bei unserem Überblick keine Epoche gezeigt – im Unterschied zur griechischen Seite –, die sich durch ihre grundsätzliche Bedeutung als entscheidend für Erhaltung oder Güte der Überlieferung besonders herausgehoben hätte. Vielmehr ist die Konstanz erstaunlich, die beim Büchermachen und ihrer kritischen Erhaltung von Anfang an bis zum späten Altertum waltet. Pietas und fides erscheinen als bestimmende Faktoren. Das schließt nicht aus, daß einzelne Epochen mehr Kraft und Mittel oder eine besondere Vorliebe hatten. Für die letzte, wie es scheint, entscheidende Zeit, muß die Fülle und die Vielfalt der Möglichkeiten betont werden. Sie unterscheidet sich von den früheren nicht dadurch, daß sie keine Bücher gehabt hätte, sondern daß Niveauunterschiede in der Behandlung der Tradition ebenso wie in der eigenen Produktion vorhanden sind, daß der Kreis der «Zeitgenossen» immer kleiner wird.

3. Nicht die äußere Technik der Institutionen und der Wissenschaft, sondern der Mensch mit seiner ganzen seelischen und geistigen Spannweite erweist sich zum Trost und als Appell an die eigene Verantwortung als wirklich bestimmend mit seinen Grenzen und seinen Plänen. Das Ende der antiken Schulen bedeutet den Todesstoß für die antike Literatur. Es bleiben die Reste, doch ein so ungeheures Gebilde wie die römische Welt geht groß zugrunde. Und es bleibt das Werk von Männern wie Cassiodor und Boëthius. Auch hatten zum Glück etwa die Männer des anfangenden 2. Jh. wie Gellius u.a. die republikanischen Schriftwerke wieder so zu schätzen gewußt, daß sie im Bewußtsein blieben und in ihren Werken, welche für eine spätere Zeit, die das Alte nicht

verstand und es verachtete, praktischer waren, wenigstens fragmentarisch erhalten wurden, besonders als die Institutionen sie nicht mehr retteten. Der Mensch ist entscheidend auch durch seinen Rang, der von der Zeit mit bedingt, aber letztlich doch unableitbar ist. Von dem Werk eines Aelius Stilo, eines Varro haben Jahrhunderte gezehrt, ein Priscian, ein Boëthius sind Glücksgeschenke für die späte Zeit. Und so mag manche Rezension, deren Urheber wir nicht kennen, mancher Kommentator, der in ein paar Bemerkungen weiterlebt, viel für die Verbesserung der Tradition getan haben. Daß Probus hier eine besondere Ausnahmestellung eingenommen hätte, wird durch das Faßbare nicht bewiesen.

4. Ein Überblick über die Geschichte der Überlieferung läßt sich nicht ersparen. Er zeigt Möglichkeiten und Grenzen der Methoden, Übungen, Institutionen, des Niveaus, der Ausbreitung usw. Er läßt einen Mann wie Probus klassifizieren und läßt einen sich davor hüten, moderne Vorstellungen ungeprüft auf ferne Zeiten zu übertragen – etwa den Begriff der Ausgabe, die weder nur ein Exemplar noch eine wissenschaftliche Edition war, die alle früheren nach einer wissenschaftlichen Norm verdrängt hätte – oder Vorstellungen aus anderen Bereichen wie dem griechischen herüberzunehmen. Ein solcher Überblick, der zu einer immer differenzierteren Geschichte ausgebaut werden muß, zeigt für das Römische jedenfalls die Vielfalt einer geistigen Welt, wo vom Vorgang des Schreibens und Verbesserns bis zur Erhaltung der kostbaren Schätze in fürstlicher Privathand oder in Staatsbibliotheken oder Kirchenbibliotheken viel mehr möglich ist als in den mittelalterlichen Klosterbibliotheken oder dem modernen wissenschaftlichen Ausgaben- und Kulturbetrieb. Es ist darum die Hoffnung zu begraben, daß auch die differenzierteste Geschichte der römischen Überlieferung der Schriftwerke je für die Textgeschichte eines Werkes einen zwingenden Schluß, daß es so oder so gewesen sein müsse, zulassen könnte. Diese Geschichte der Überlieferung ist nicht die Summierung der Textgeschichten und die aus ihr folgenden Konsequenzen (das ist letzten Endes doch PASQUALIS Storia della tradizione). Die Textgeschichte eines Werkes kann allein aus der Tradition, d. h. aus den Handschriften, aus sicheren Indizien erschlossen werden, ob sie sich in unser Bild fügen oder nicht. Die Summe der Beobachtungen und Schlüsse aus den Handschriften ist dann mit dem Ganzen dessen zu verbinden, was wir über das Verhältnis der Zeiten zu dem jeweilig gegen-

wärtigen Geist, zur Vergangenheit und zur Verantwortung vor der Zukunft zu sagen vermögen. Überlieferungsgeschichte ist ein Stück der unberechenbaren, schicksalhaft zwischen Ewigem und Zeitbedingtem eingespannten Geschichte.

5. Diese Erkenntnis läßt die Bedeutung der Paläographie, der Kodikologie, der Bibliothekswissenschaft usw. in verschiedenem Grade als normierender Wissenschaft zurücktreten. B. BISCHOFFS Wort: «Es kommt auf jeden einzelnen Fall an[102]», erinnert an G. PASQUALIS Grundhaltung, der sich im übrigen auch A. DAIN nicht verschließt, wenn er an das Genie des Herausgebers appelliert. Vor allem wird man sich dabei vor einer sehr folgenschweren allgemeinen Behauptung hüten, die auch schon für das Griechische nicht in vollem Umfange gilt, wie H. ERBSE zeigt (s. S. 212ff.). Es ist die Vorstellung, daß für unsere Überlieferung und ihre Einheitlichkeit ein spätantiker Archetypus des 4. oder 5. Jh. verantwortlich zu machen sei. Hier wird das unberechenbare Spiel der Fortuna zu wenig mit einbezogen, aber auch das, was wir wissen, zu wenig berücksichtigt. Es ist schwer vorstellbar, daß eine Ausgabe, und sei es eine der Symmachi, über deren Qualität uns ein Urteil verwehrt ist, über das ganze Mittelmeer hin alle anderen verdrängt haben sollte. Die Tatsache, daß wir im Lateinischen viel mehr «offene» Überlieferungen haben als im Griechischen, die nicht etwa alle auf einen Archetypus mit Varianten zurückgeführt werden können, zeigt, daß dieser Ausdruck überhaupt für die antike Welt inadäquat ist (wenn man darunter nicht das autorisierte Autorexemplar versteht) und nur für die mittelalterliche Welt gilt.

Wie wir schon bisher bei jeder Epoche ein bezeichnendes Beispiel nannten, das auf sie zurückzugehen scheint, so bleibt nun übrig, an den Hauptbeispielen der lateinischen und christlich-lateinischen Schriftsteller anhand der Stemmata ihre Erhaltungs-, d. h. ihre Textgeschichten als im obigen Sinne zu fassende Proben anzufügen.

[102] Eine Bemerkung, die er in einem denkwürdigen Freiburger Vortrag machte.

10. *Ausgewählte Textgeschichten einzelner Autoren*

Bei dem Überblick über die Textgeschichten kann weder Vollständigkeit noch eine wirkliche Geschichte versucht werden. Nach F. JACOBYS Urteil haben wir trotz G. PASQUALIS Werk noch keine Überlieferungsgeschichte. Und es fragt sich nun freilich, ob es sie überhaupt geben wird. Denn sie hängt ab von einer endgültigen Einigung über Textgestalt und Textverständnis – entscheidet doch die Annahme einer umstrittenen Korruptel oft über ganze Zusammenhänge – und muß darum von einem einzigen Philologen von höchstem Range durchgeführt werden. Dessen Amt ist aber unendlich erschwert dadurch, daß er nicht nur ein gültiges Verständnis des Textes erreichen muß, sondern, von ihm ausgehend, alle Mißverständnisse und Fehler der Zeiten abwägen müßte. Eine wirkliche Geschichte hätte man ja erst, wenn man die Grenzen der Zeiten abstecken könnte: wann die Horazische Ironie, das Ciceronische Gemeinschaftsdenken usw. nicht mehr erschwingbar waren und darum Fehler auch in wissenschaftlichen Ausgaben entstehen konnten, und vieles andere mehr. Schätzungsweise wird die Überlieferungsgeschichte auch über diesen abgeschlossenen Abschnitt der Weltgeschichte immer in Bewegung bleiben. Das ermutigt zu einer Auswahl, die Hauptautoren umfaßt, prinzipiell Verschiedenes herausgreift und Erreichtes von den Aufgaben sondert. Dieser Überblick, der nicht nach bestimmten Gesichtspunkten außer den angegebenen gesteuert ist und darum auch mancherlei enthält, was bei PASQUALI nicht erwähnt wird, erlaubt, die eigene Stellungnahme zu Problemen wie der alexandrinischen Methode, der Probusfrage, den Ausgaben der Spätantike, des Niveaus dieser Zeit und dergleichen weiter zu unterbauen.

PLAUTUS

Plautus und Terenz sind ähnlich überliefert (vgl. auch Seneca): Bei beiden steht ein antikes, erhaltenes Exemplar einer Gruppe ma. Hss. gegenüber.

Bei Plautus ist das antike Exemplar der ambrosianische Palimpsest (A), von A. MAI veröffentlicht (Mailand 1815), von W. STUDEMUND am besten gelesen (Berlin 1889). Man setzt den Ambrosianus ins 3./4. Jh. Daneben kann aus Hss. des 10.–11. Jh., der palatinischen Rezension, ein weiteres antikes Exemplar (P) erschlossen werden. Es ist das gelungen, obwohl der eine Band dieser Komödien mit 8 Stücken ein anderes Schicksal hatte als der zweite Band mit 12 Komödien. Die palatinische Rezension hat nämlich nur 20 überliefert. Da aber B (Vat. Palat. 1615; im weiteren kann auf die Namen der einzelnen Hss. verzichtet werden) den Namen des letzten Stückes, der *Vidularia*, bewahrt hat, hat P ebenfalls 21 Stücke gehabt. Es sind die, welche Varro als sicher echt in eine erste Klasse zusammengefaßt hatte. Im 4. Jh. ist uns schließlich eine dritte antike Ausgabe faßbar, die Nonius vorgelegen hat. Man sieht also, daß nicht etwa *ein* «Archetypus» maßgebend war oder geworden ist.

Daß es sich um Ausgaben handelt, wird mit Recht allgemein angenommen: A hat teilweise Didaskalien, ursprünglich keine Argumente, was beides auf den wissenschaftlichen Charakter der Ausgabe hinweist; A hat weniger Szeneneinteilungen als P, häufigere, z.T. berechtigte Weglassungen wie *Bacch.* 519a–c, ältere Lesarten wie *Bacch.* 519, aber auch schlechtere usw. Daß beide Ausgaben auf eine Grundausgabe zurückgehen, zeigt schon die Tatsache, daß die Stücke in derselben Reihenfolge geordnet sind (die C-Gruppe z.B.: *Captivi*, *Curculio*, *Casina*, *Cistellaria*). Da P offenbar aus chronologischen Gründen den *Epidicus* vor die *Bacchides* gestellt hat und in der M- und P-Gruppe eigene Wege geht, muß zwischen der gemeinsamen Grundausgabe noch eine Zwischenausgabe liegen. Die Verschiedenheiten der Reihenfolge bei gleichzeitiger überraschender Gleichheit (C-Gruppe) dürfte mit der Umschrift der Rollen in den Kodex zusammenhängen. Die Gleichheit der Anordnung der C-Gruppe setzt dann voraus, daß auch die gemeinsame Grundausgabe ein Kodex war, da Überlieferung in Rollen eine so zufällige Behandlung des Alphabets kaum garantiert hätte. Sie dürfte also nicht weit vor A und P liegen, worauf auch schwere Korruptelen des Sinnes, die man der guten Zeit nicht zutraut (*Poen.* 670), hinweisen.

Das Altertum kannte 130 Plautuskomödien, mit deren Echtheit sich Accius beschäftigte. Das Ende dieser Echtheitsforschung war Varros Werk *De comoediis Plautinis*. Uns sind (im 5./6. Jh. noch erweitert Placidus aus seit frühester, wohl sogar republikanischer Zeit tradiertem Glossenbestand unsere Kenntnis durch neue Titel) 52 namentlich faßbar. Die varronische Auswahl, wie sie immer gemeint war, ist für unsere Überlieferung bestimmend geworden (die Zahl 21 kann kein Zufall sein). Aber wie? Hat Probus sie etwa einer zu erschließenden Plautusausgabe zugrunde gelegt? Die relativ starke Verschiedenartigkeit der drei Ausgaben des 4.Jh., die vorprobianische gute und schlechte Lesarten aufweisen, spricht sogar dagegen, daß Probus, der ja keine seiner Ausgaben selber geschrieben hat, solchen Einfluß erlangt oder auch nur so viel Material gesammelt hatte. Was vorher liegt, ist in noch stärkeres Dunkel gehüllt. G. PASQUALI (351) meint, die Kenntnis von 130 Komödien (Gellius 3,11) setze eine Gesamtausgabe voraus, und weist sie Accius zu. Aber von einer Herausgebertätigkeit des Accius wissen wir gar nichts (F. MARX, RE., N.B., 1.Hbb. 1893,146). Dafür spricht auch nicht die relativ selbständige Textentwicklung der einzelnen Komödien. Wir können noch teilweise die Entstehung von Textschäden in dieser Zeit erkennen (A. THIERFELDER, De rationibus interpolationum Plautinarum, Leipzig 1929). Dagegen hat Varro, wie das Anecdotum Parisinum zeigt, kritische Zeichen gesetzt – an welchen anderen Text als an den von ihm so oft behandelten Plautus? Daß sich in unserer Überlieferung gute Lesarten nicht finden, die Varro ausdrücklich bezeugt (*Pseud.* 955), kann kein entscheidendes Gegengewicht haben. Wägt man ab, ist eine maßgebliche Varroausgabe glaublicher als eine maßgebende Probusausgabe.

W. M. LINDSAY, The Ancient Editions of Plautus, Oxford 1904; PASQUALI 331ff.; F. LEO, Plautinische Forschungen, ²Berlin 1912.

TERENZ

Dem Ambrosianus des Plautus entspricht der Bembinus des Terenz (A = Codex Bembinus, Vat. lat. 3226, 4./5.Jh.). Dieses Exemplar, dessen Schicksal wir über längere Zeit in der Antike selbst verfolgen können, ist mehrfach durchkorrigiert worden. Der wichtigste, dritte Korrektor ist uns mit Namen bekannt. Es ist der wahrscheinlich dem 6.Jh. angehörende Jovialis. Er ist nicht nur wichtig durch seine Selbständigkeit, sondern auch als Symptom: damals hatte der Besitzer eines kostbaren Kodex das Bedürfnis, auf der Höhe der Zeit zu bleiben und das Richtige durch Korrektur einzutragen oder eintragen zu lassen.

Hat man hier ein Exemplar mit allen seinen Zufälligkeiten, aber direkter antiker Provenienz vor sich, so ist die weitere antike Überlieferung aus vielfach kontaminierten ma. Hss. zu rekonstruieren, unterscheidet sich Terenz doch von Plautus dadurch, daß er durchs ganze Altertum und Mittelalter hindurch in der Schule gelesen wurde. Das erklärt auf der einen Seite sorgfältige Betreuung und reiche Erklärung, zum andern weiten, horizontalen und vertikalen Austausch von Textformen jeder Art.

Es lassen sich bei diesen Hss. zwei Klassen unterscheiden, nämlich einmal die γ-Gruppe (C = Vat. lat. 3868, 9. Jh.; P = Paris. lat. 7899, 9. Jh.; F = Ambros. H 75 inf., alle drei mit Bildern; dazu λ, E, ν, π, η, ε), zum andern die δ-Gruppe (D = Victorianus, Laur. plut. 38,24, 10. Jh.; G = Decurtatus, Vat. lat. 1640, 11. Jh.; und L, p, V, α). Vgl. Abb. 60.

Beide Gruppen, die man wegen ihrer subscriptio als Calliopius-Rezension zusammenfaßt, sind stärker als A von einer nivellierenden Tendenz in der Behandlung des Wortlauts erfaßt. Offenbar ist der Text durch interpretierende und banalisierende kleinere Einschübe entstellt gewesen, obwohl sich nicht mehr genau abgrenzen läßt, was auf die Zufälligkeiten und auch denkbares Mißverstehen von Glossen im antiken Exemplar, was auf nivellierende Ausgabe zurückzuführen ist. Vielfach zerstören diese meist verwässernden Einschübe zum leichteren Verständnis gewisser Eigentümlichkeiten der altlateinischen Dichtersprache das Metrum. Das wäre undenkbar bei für die Aufführung bestimmten Ausgaben.

Daß es sich bei A, γ und δ um Vertreter dreier Ausgaben handelt, nicht um dieselbe eine nach der Umschrift in den Kodex, beweist der Umstand, daß alle drei – ein Kunststück bei sechs Komödien – die Stücke in verschiedener Ordnung bringen:

A	γ	δ
Andria	*Andria*	*Andria*
Eunuchus	*Eunuchus*	*Adelphen*
Heautontimorumenos	*Heautontimorumenos*	*Eunuchus*
Phormio	*Adelphen*	*Phormio*
Hecyra	*Hecyra*	*Heautontimorumenos*
Adelphen	*Phormio*	*Hecyra*

Über Einzelabweichungen vgl. die Ausgabe von W. M. Lindsay-Kauer, Oxford 1926. Es kann nicht bestritten werden, daß wenigstens drei antike Exemplare das MA. erreicht haben, von denen zwei auf jeden Fall weiterwirkten.

Lassen sich die relative Einheitlichkeit unserer Überlieferung, deren Begründung, die Schicksale vor 400 weiter klären? Hier ist die Forschung noch stark im Fluß.

Viel hängt davon ab, wie man die Qualität einschätzt. Kann man Probus Interpretamente wie *Hec.* 543, 746, *Eun.* 351, 625 zutrauen? Sind wir sicher, daß sein Urteil sich überall durchgesetzt hat? Ist es sicher, daß eine Rezension im 5. oder 6. Jh. notwendig schlecht sein muß? Das ist eine Prämisse G. PASQUALIS, die nach den neuesten Forschungen bedenklich erscheinen muß. G. JACHMANN hat erkannt, daß die Bilder – hier spielt ein neues interessantes Kriterium eine Rolle – abhängig sind von der Szeneneinteilung. Diese Szeneneinteilung aber ist einheitlich in A, γ und δ (nach der Hypothese, daß Szenenabteilungen nicht neu geschaffen wurden, sondern nur weggelassen wurden und daß sie so willkürlich nach Auftritt und Wechsel des Metrums getroffen wurden, daß $^1/_5$ Unterschied die Einheitlichkeit nicht beeinträchtigt). Dann muß die gesamte Tradition auf eine Ausgabe zurückgehen. Da die Bilder, die man mit dieser Ausgabe zusammenbringt, nicht den Bühneneindruck wiedergeben (Nichtberücksichtigung der stummen Personen), müssen sie auf eine Zeit gehen, in der Terenz nicht mehr aufgeführt wurde. Probus bietet sich an, freilich wissen wir, daß er nur notae an den Rand von Exemplaren gemacht hat. Und kann man sich Bilder anders gemalt vorstellen als nach dem Papier? Welcher Maler kann Bilder malen nach dem einmal gesehenen Theaterstück? Selbst wenn Terenz eine vermutete eigene Ausgabe veranstaltet hätte, wäre der Maler so verfahren, wie man es für eine spätere Zeit voraussetzen zu müssen glaubt. Zwischen das Probusexemplar und die drei Ausgaben schiebt man aber noch eine andere (Φ), weil man Probus die gemeinsamen Fehler törichter Art – gemeinsame Korruptelen sollen andrerseits die Einheitlichkeit unserer Überlieferung beweisen – nicht zutrauen könne. G. JACHMANN setzt Φ an den Anfang, G. PASQUALI (361) hingegen ans Ende des 3. Jh. Eine Verwässerung dieser Ausgabe stelle δ dar, während γ eine Neuausgabe voraussetze, die an der Wende vom 3. zum 4. Jh. entstanden sei. Für JACHMANN hat Calliopius dann nichts weiter zu tun, als den Text leicht zu überarbeiten. PASQUALI hingegen ist geneigt, mit der angelsächsischen Forschung auf Grund der Tatsache, daß die Bilder vom Text γ abhängig sind und diese Bilder, wie die Kunstgeschichtler, ausgehend von einer Beobachtung G. RODENWALDTS, nachweisen, ihrem Stile nach ins 5. Jh. gehören, diese ins 5.Jh. und Calliopius wieder in seine Rolle als Herausgeber zu setzen. S. 379 aber kommt er zum Schluß, daß Lesarten eines karolingischen Manuskripts sich aus dem MA., aus Φ oder δ oder infolge von Kontamination aus A oder dessen Familie ableiten können oder über γ, δ, A und Φ auf Probus oder sogar auf die Zeit vor ihm – durch die Vulgata – auf Lesarten, die er verschmähte, zurückgehen können.

Cicero und Varro haben einen schlechteren Text gelesen als wir, vgl. *Phorm.* 243 ~ *Tusc.* 3,14,30; *Ad.* 117 ~ Varro, *De lingua latina* 7,84; denn «scortatur» ist an dieser Stelle keineswegs, wie G. PASQUALI (357) will, besser als unser Text: Micio darf sich dem Bruder gegenüber nicht als sittenloser Nihilist geben.

Man sieht: Verhältnismäßig gute Überlieferung eines Textes, der sogleich nach dem Tode des Autors vielfach von den Grammatikern behandelt wurde – wir wissen es aus der auf Sueton zurückgehenden *Vita* – und die weiteste Verbreitung erhalten hatte, erschweren die Festlegung des genauen Ganges über das Prinzipielle hinaus ungemein. So ist es auch nicht möglich, ein genaues Stemma zu geben.

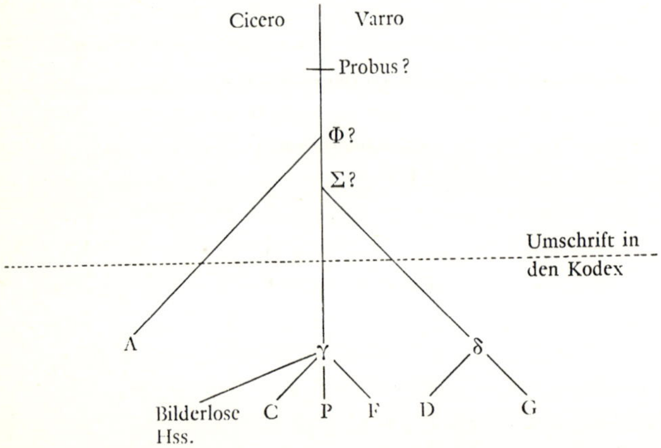

F. LEO, Plautinische Forschungen, ²Berlin 1912; G. JACHMANN, Die Geschichte des Terenztextes im Altertum, Rekt.-Progr. Basel 1924; J. D. CRAIG, Ancient editions of Terence, Oxford 1929; P. FEHL, Die interpolierte Rezension des Terenztextes, Berlin 1938; E. BETHE, Buch und Bild im Altertum, Leipzig 1945; G. PASQUALI 354ff.; S. PRETE, P. Terenti Afri comoediae, Heidelberg 1954.

CICERO

Ob einmal eine Textgeschichte Ciceros im Altertum geschrieben werden kann, ist fraglich. Wir wissen von Sonderausgaben von Werkgruppen zu Lebzeiten Ciceros und nach seinem Tode, kennen Herausgeber und Kommentatoren schon im 1. Jh. n. Chr., haben, man darf wohl sagen, eine Fülle von Palimpsestfetzen, ja Papyri, kennen Überlieferungen durch einen einzigen Archetypus und durch mehrere Traditionsströme. Das alles weist darauf hin, welche Bildungsmacht Cicero in der Schule und im geistigen Haushalt der Redner war. Zunächst ist in bewundernswerter Weise die handschriftliche Grundlage für die einzelnen Werke geklärt worden, aber vieles ist noch zu tun.

Mit welchen Mühen da zu rechnen ist, zeigt die Überlieferung der *rhetorischen Schriften*, um die sich J. Stroux besonders verdient gemacht hat (Handschriftliche Studien zu Cicero, De oratore; eine Rekonstruktion der Hs. von Lodi, Leipzig 1921). Cicero nennt in dem imperialen Überblick über seine Schriftwerke (*De div.* 2,1,4) von den Schriften, die die Redekunst betreffen, nur *De oratore*, den *Brutus* und den *Orator*. Es ist sicher kein Zufall, daß diese drei Werke auch eine gemeinsame Überlieferung gehabt haben. Es handelt sich um zwei Familien, einmal die mutili (vertreten durch den Abrincensis 238, den Harleianus 2736, den Erlangensis 848). Sie enthalten den Text nicht vollständig, haben mehr Fehler, haben aber offenbar einen ungetrübten Text treu wiedergegeben. Auf der anderen Seite steht der Kodex von Lodi, der 1421 vom Bischof Landriani dort veröffentlicht wurde. Nachdem flüchtige Abschriften von dem schwer lesbaren Kodex genommen worden waren, ist er verlorengegangen, aber erst nachdem in üblicher Weise noch zahlreiche weitere Hss. mit ihm kollationiert worden waren. Die Vetusnoten, wie man diese Kollationsvermerke nennt, sind, wie J. Stroux und J. Martin festgestellt haben, die besten Zeugen für den Codex Laudensis. Diese Überlieferung ist besser und glatter, aber offensichtlich für den Geschmack des rhetorischen Publikums geglättet, so daß wir mit den mutili näher an Cicero herankommen.

In einer antiken Ausgabe dagegen haben wir die *Tuskulanen*. Es war ein Exemplar in scriptio continua (ξ). Da die daraus abgeleiteten Hss. in Abtrennungsfehlern übereinstimmen, ist zwischen ihnen und dem antiken Exemplar, das sich nach einer Übung des Junilius Africanus betreffs der Personenbezeichnung ins 6. Jh. oder später datieren läßt, ein Hyparchetypus anzusetzen. Also:

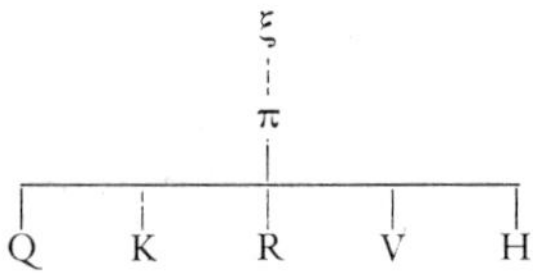

Im karolingischen MA. sind die Hss. zudem eifrig kontaminiert worden (nach Pasquali 147ff.).

Ein besonderes Schicksal hatte Ciceros bestes und größtes Werk, *De republica*, erfahren. Nachdem es im Altertum bis zuletzt – Laktanz, Ambrosius, Augustin, von Macrobius und Eulogius abgesehen, sind seine Bewunderer – hochgeschätzt und gelesen war, war das Werk verloren, bis A. Mai 1819 den wohl berühmtesten Palimpsest, der aus Bobbio stammt, fand (Abb. 62). Er enthielt bedeutende Teile des Werkes, reißt freilich im vorletzten Buch ganz ab, nachdem schon vom dritten Buch ab nur einzelne Blätter erhalten sind. In ihm haben wir ein Buch des 4. Jh. mit allen Zufälligkeiten. Ein Schreiber, der oft die törichtesten Versehen begangen hat, hat diese Prachtausgabe geschrieben. Ein Korrektor muß den Text dann nach einer vorzüglichen Ausgabe durchkorrigiert haben. Wieder fassen wir damit zwei antike Ausgaben (vgl. K. Ziegler, Praefatio der Teubnerausgabe). Die Textkritik stellt fest, daß auch er – d. h. die andere Ausgabe – nicht fehlerlos war. Im Ringen um die Interpretation scheint sich zu zeigen, daß eher geringfügige Interpolationen (Wortkonjekturen, Verdeutlichungen) anzunehmen sind als Lücken. Lücken fielen auf und mußten und konnten ausgefüllt werden, Interpolationen entgingen leichter. Übrigens sehen wir, daß 2,4,8 eine Änderung, die Cicero wünschte (*Ad. Att.* 6,2,3) und die wohl durchgeführt wurde, nicht erhalten ist, daß wir also wie bei den *Academica* (s. S. 327f.) eine Überlieferung haben, die nicht die letzte, vom Autor gewünschte ist.

Der Schlußteil, der Traum Scipios, wurde von Macrobius kommentiert. Er schrieb so, daß er an Lemmata seine Erklärungen fügte, die übrigens nicht Cicero erklären, sondern des Verfassers neuplatonische Weltansicht aus ihm begründen wollen. Dann wurde an diesen Kommentar der zusammenhängende Text gefügt. So war das *Somnium Scipionis* allen Zeiten bekannt. Die Lemmata des Macrobius, *sein* Text also, und der später angefügte Text weichen voneinander ab. Wie unterscheiden sie sich voneinander? Die Übersetzung aus dem *Phaidros* § 27–28 hat Einfluß derselben Übersetzung aus den *Tuskulanen* erfahren. Die Annahme, daß Cicero selbst in seinem Handexemplar, das Macrobius noch zur Verfügung gehabt hätte, die Übersetzung des *Somnium* durchkorrigiert hätte, hat wenig für sich. Ein späterer Grammatiker wird das getan haben. Warum sollte es Macrobius nicht selbst sein (M. SICHERL)? Was aber die Beziehung der Texte angeht, so hat eben M. SICHERL (Rh. Mus. 102, 1959, 266–286 und 346–364) im Sinne A. DAINS einen gemeinsamen Archetypus, d. h. ein auf einer Ausgabe beruhendes Exemplar, postuliert. Beweis waren vier Korruptelen. Wo Macrobius also die bessere Lesart hat, hätte dieser pietätvolle Mann konjiziert. In Wirklichkeit sind die vorausgesetzten gemeinsamen Korruptelen gar keine: 130, 25 (SICHERL 279) ist «summum» nicht gewichtiger und kräftiger, sondern sinnstörend, weil mit der wirklich äußersten Sphäre konkurrierend, und «unum» entspricht einem allmählichen stilistischen Durchgehen der andern sieben Sphären; 128, 19 ist «oportet» anders als das vorhergehende und entspricht der allgemeineren Aufforderung, weswegen die Konjektur «oportebit» auch nicht von einem Manne wie R. HARDER aufgenommen wurde; 131,15 ist schwer zwischen dem «disiunctus» des Macrobius und Eulogius und dem «coniunctus» der ma. Hss. (seit dem 10. Jh., G. PASQUALI noch anders) zu unterscheiden. Ich halte «disiunctus» für richtig – das «tamen» spezifiziert das mit «distinctis», die Betonung der gleichzeitigen Verbindung ist hier fehl am Platze und sprachlich so nicht ausdrückbar –; dann hat Macrobius gegen die andern Hss., bestätigt durch Eulogius – ein Kunststück, wie SICHERL dieses Zeugnis weginterpretiert! –, das Richtige bewahrt, das er nicht aus Konjektur haben konnte. Sollte «coniunctus» richtig sein, dann müßte Macrobius das demnach unsinnige «disiunctus» konjiziert haben – wozu? – und Eulogius wäre ihm gefolgt. 131, 13: «Quid hic?, inquam, quis est qui complet aures meas?» ist wahrscheinlich ebenfalls keine Korruptel: «Was ist das hier?, sage ich, was ist das für ein Ton?» Die Verwirrung wird im sprachlichen Ausdruck nachvollzogen (vgl. Terenz, *Eun.* 171: «Quid istic, Phaedria?»). Und so ist diese Lesart auch verteidigt worden. Sollte die Stelle korrupt sein, kann die Korruptel sehr weit zurückgehen. Da die angenommenen Korruptelen also nicht einen gemeinsamen Archetypus beweisen, fassen wir auch hier wieder zwei Ausgaben, wobei die nichtmakrobianische durchaus ihr Recht behauptet, wenn sie auch glatter zu sein scheint. Der Text ist eklektisch, d. h. mit Anwendung des kritischen Urteils zu konstituieren. (Zitiert ist nach den Seitenzahlen der Ausgabe von K. ZIEGLER, [4]Leipzig 1958.)

Wie die beiden Ausgaben des Palimpsestes und die beiden des *Somnium* zueinander stehen, ist nicht auszumachen.

Macht man sich dies klar, wird die Unhaltbarkeit der Konjektur von E. KAPP, Deum te scito esse, Hermes Klingnerianus, 1959, 129ff., offenkundig. Nicht nur, daß 135,5 ein unvorstellbarer Überlieferungsvorgang angenommen werden muß – eine zufällige(?) Änderung des «eum» in «deum» und die Interpolation einer halben Zeile: [siquidem est deus] –, nicht nur, daß eine banale Aussage entsteht, nicht nur, daß die den Gedanken weiterführende, letzte Enthüllung sozusagen geköpft wird: alles das soll in zwei selbständigen Überlieferungsströmen ohne Grund gleichzeitig entstanden sein. Eine unmögliche Annahme, deren halsbrecherische Kühnheit M. SICHERL nur deshalb nicht erkannt hat, weil er glaubte, in der Stelle eine weitere «gemeinsame Korruptel» zu bekommen. (Ich verdanke der Arbeit den Hinweis, daß «sese ipsum» unmöglich ist.)

NEPOS

Der Autor, dem der Schüler früher die erste Lektüre verdankte, Cornelius Nepos, wurde mit seinen Feldherrenviten und denen Catos und des Atticus sowie einem Briefe der Cornelia, der Mutter der Gracchen, eigentlich eindeutig überliefert. Weil aber hinter den Feldherrenviten sechs Distichen folgen, in denen ein Buch angeredet wird, das seinen Weg zu Kaiser Theodosius nehmen soll und das ein Probus als sein Eigentum ausgibt, hat man die *Viten* zunächst einem Aemilius Probus aus der Zeit der zwei Theodosii (Spielraum 379–450) beigelegt. Diese Zuschreibung ist erledigt. Für die Textgeschichte ist der Schluß zu ziehen, daß das Werk des Cornelius Nepos in der Zeit von 379 bis 450 einmal durch die Hände eines Mannes gegangen ist, der diese Verse wohl am Schluß skizzierte. Später, als man noch um die Autorschaft des Nepos wußte, sind dann die beiden anderen *Vitae* und der Brief der Cornelia angefügt worden. An ein solches Exemplar als Archetypus zu denken würde dem Schicksal des Werkes des Cornelius Nepos entsprechen, der mit den erhaltenen und verlorenen Werken zu Lebzeiten und unmittelbar darauf vor allem wirkte, dann aber von Besserem ersetzt wurde. Auf gemeinsame zufällige Fehler eines Exemplares weisen auch gemeinsame Korruptelen wie *Att.* 3,2, wo sich ein törichtes «et Phidiae» für das zweifellos richtig konjizierte, wenn auch widerrufene «et Midiae» gehalten hat, oder *Att.* 6,2, wo ein «geri» wohl durch Abschreiberversehen in allen Hss. verlorengegangen ist. Bei Nepos besteht also ein Spielraum für Konjekturalkritik, wenn auch der Text öfter gehalten werden kann, als man denkt (so z.B. *Att.* 4,5: «quem diem»; die Ausgabe von E. MALCOVATI ist meist zu konservativ, bisweilen aber folgt sie wie hier zu kühnen Konjekturen).

Die meist sehr späten – aus der Humanistenzeit, vgl. jetzt die Liste in der Ausgabe von E. MALCOVATI im Corpus Paravianum – Hss. teilen sich in zwei Klassen, von denen die erste nach Verlust der letzten Hs. im 1. Weltkrieg uns durch Kollationen erreichbar ist, die zweite vom Gudianus 166 angeführt ist und von E. MALCOVATI in vier Familien eingeteilt wird, wobei R, M, F, V offenbar in einer humanistischen Verwässerung in *Timoleon* 5,3 näher zusammengehen.

CÄSAR

Cäsar, dessen Schriften im Altertum kein großes Glück hatten, weil sie von den Historikern in den Hintergrund gedrängt wurden – noch immer ist es zweifelhaft, ob Lucan das *Bellum Gallicum* gelesen hat, und Orosius glaubt, sein Verfasser sei Sueton –, liegt in zwei antiken Rezensionen vor, die dem späten Altertum angehören, eine (α) das *Bellum Gallicum* und eine (β) das ganze Korpus der Schriften Cäsars samt Fortsetzern enthaltend. Diese beiden Klassen haben sich in karolingischer Zeit, in der man Cäsar viel las, fruchtbar fortgepflanzt. Der Stammvater von α hat doppelte Lesarten gehabt, von denen die eine Klasse mit β übereinstimmt, die andere davon abweicht, z.B. *Bell. Gall.* 2,8,3: α: «castigatus», β: «castigatus castratus». Hier sieht man den Textvergleicher an der Arbeit, wie uns auch subscriptiones erhalten sind. Vgl. PASQUALI 391 und die Teubnerausgabe von A. KLOTZ.

LUKREZ

In seiner Lukrezausgabe hat K. LACHMANN 1850 seine Methode der Reduktion der geschriebenen Kodizes auf den Archetypus entwickelt.

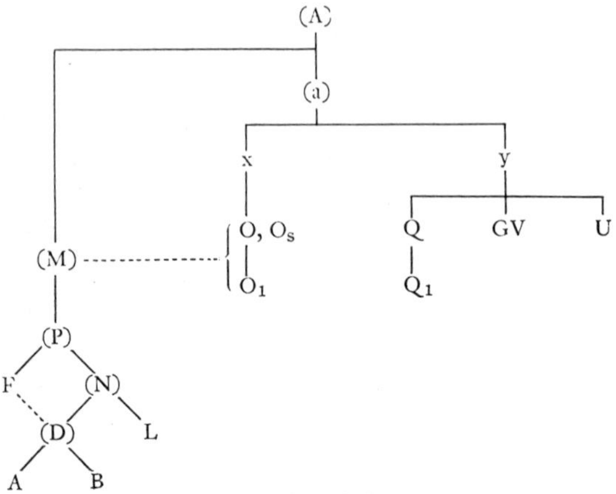

Auch hier hatte sich nur ein (erschlossenes) Exemplar aus der Antike gerettet (A, fränk. Kodex, 4./5. Jh.), dessen Majuskelcharakter sich aus der Art der Fehler erschließen läßt (ORALATUM statt ORNATUM). Aus ihm sind über Zwischenglieder vier ganz oder fragmentarisch erhaltene Kodizes gespeist, die von Korrektoren verschiedenen Wertes korrigiert wurden: O (Leid. 30, Oblongus, 9. Jh., Abb. 63), Q (Leid. 94, Quadratus, 9. Jh.), G (Schedae Gottorpienses) und V (Schedae Vindobonenses, 9. Jh.), von GOEBEL als zu *einem* Kodex gehörig erkannt, und U (Schedae Vindobonenses), der andere Teil der Wiener Einzelblätter, 9. Jh. Das verlorene Exemplar des Poggio (P), das wahrscheinlich aus einem alten Kodex des Klosters Murbach abgeschrieben wurde (M), hat wohl den – oft bezweifelten – selbständigen Wert. M hat unseren Oblongus gekannt – d. h. ist nach ihm verglichen worden –, hat aber ein Mehr an Überlieferung, das sich daraus erklärt, daß es den

Abb. 63. Lukrez, *De rerum natura* 2, 1166–3, 9 (Leid. Voss. lat. F 30, f. 59; CHATELAIN, pl. LVII).

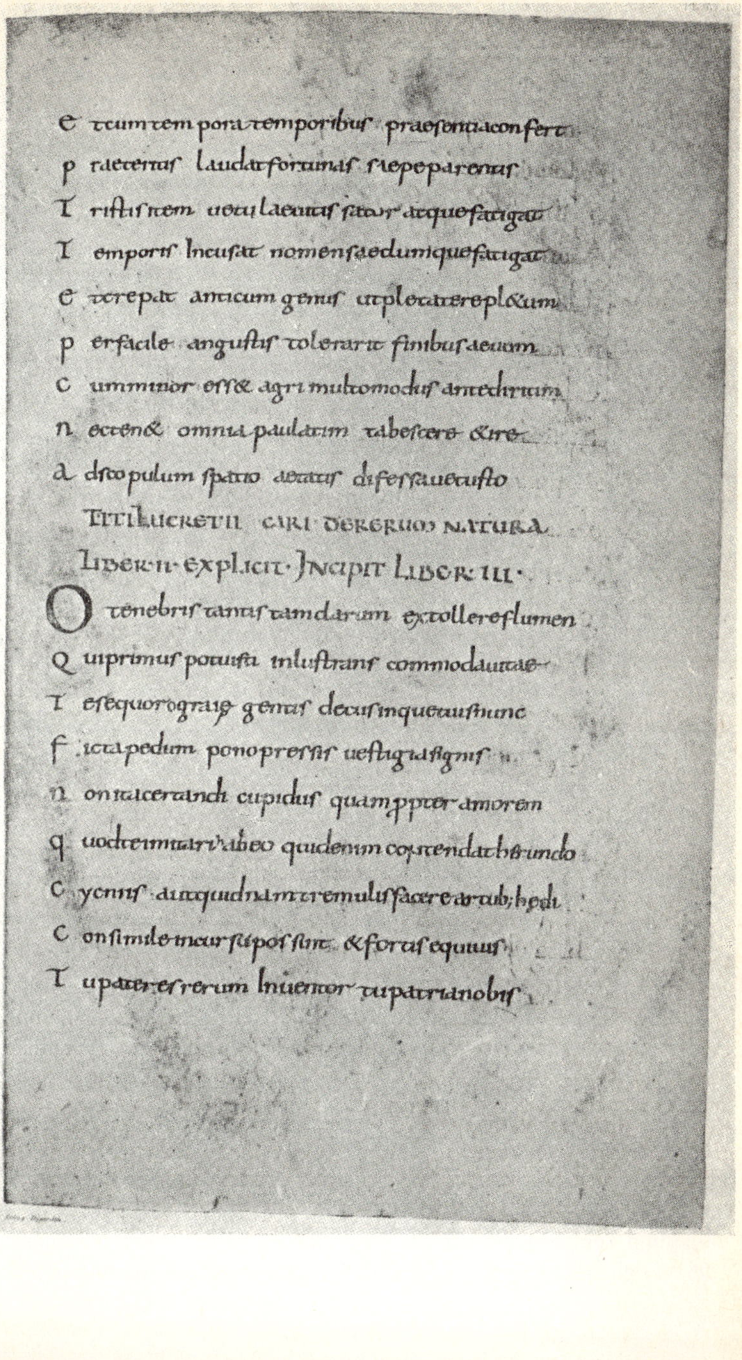
e tcum tempora temporibus praesentia confert
p raeteritis laudat fortunas saepe parentis
T ristis item uetulaeuitis sator atque fatigat
T emporis incusat nomen saeclumque fatigat
e t crepat anticum genus ut pletate repletum
p erfacile angustis tolerarit finibus aeuom
c um minor esset agri multo modus ante uiritim
n ec tenet omnia paulatim tabescere et ire
a d scopulum spatio aetatis defessa uetusto
TITI LUCRETII CARI DE RERUM NATURA
LIBER II EXPLICIT INCIPIT LIBER III
O tenebris tantis tam clarum extollere lumen
Q ui primus potuisti inlustrans commoda uitae
T e sequor o graiae gentis decus inque tuis nunc
f icta pedum pono pressis uestigia signis
n on ita certandi cupidus quam ppter amorem
q uod te imitari aueo quid enim contendat hirundo
c ycnis aut quidnam tremulis facere artub; hedi
c onsimile in cursu possint et fortis equi uis
T u pater es rerum inuentor tu patria nobis

Archetypus, der seinerseits Varianten hatte, an früherer Stelle als O und die etwas spätere Q-Gruppe erreichte. Das verlorene Exemplar des Poggio muß aus den humanistischen Handschriften erschlossen werden, etwa 30, aus denen C. Hosius die besten, F, L, A, B, ausgewählt hat. Der Hauptbeweis für die einheitliche Überlieferung sind die überall gleichen Lücken.

Einigkeit über die Textgeschichte im Altertum ist noch nicht erzielt. Probus hat eine Ausgabe (s. S. 325 über die Art dieser Ausgaben) herausgebracht. Ihre Spuren sind jedoch nicht mehr faßbar. Das 2. Jh. wird die Überschriften, die sich im Archetypus fanden, beigesteuert haben (sie verraten gute Kenntnis der epikureischen Philosophie. Eine Untersuchung müßte hier freilich weiter klären). Daß es neben unserem Archetypus (A) andere, bessere Überlieferung gegeben hat, zeigen die Grammatiker: Priscian hat 1,70 allein das richtige «effringere», 1,84 allein das richtige «Triviai», das freilich auch im Archetypus schwer leserlich gestanden haben wird, 1,207 Laktanz allein das richtige «possint», 1,715 scheint Boëthius mit seinem «gignuntur» statt «procrescere» einen geglätteten Text gelesen zu haben. Auch Macrobius hatte einen anderen Text, der ebenfalls geglättet war (*Sat.* 6,2,5). Das ließe sich weiter verfolgen. Schon diese Tatsachen sprechen gegen eine maßgebende Ausgabe um 400. Trotz allem hat sich der Text vorzüglich, bis auf archaische Formen (Priscian), gehalten, wenn man nicht schwere Interpolationen annimmt. Hier sieht man, wie die Vorstellung von der Textgeschichte abhängig ist vom Kampf um das Textverständnis. Dabei scheint mir die Annahme einer Interpolation 1,44–49 unerläßlich (wohl in christlicher Zeit, Randglosse eines christlichen Kritikers), eine andere (4,45–53, W. Schmid) völlig unbegründet und so, daß man das festeste Faktum der Textgeschichte aus der Hand verliert, die von 1,50–61 (J. Kroll, Die Mahnung an Memmius im ersten Proömium des Lukrez, Studien zur Textgeschichte und Textkritik, hg. von H. Dahlmann und R. Merkelbach, 1959, 89–122) fast lächerlich, weil sie die Schwierigkeiten der Interpretation durch Annahme eines Fremdkörpers umgeht, ohne den Vorgang plausibel zu machen. 4,45–53 ist vielmehr der Beweis, daß Lukrez, wie Hieronymus z. J. 94 v. Chr. sagt, sein Werk nicht selbst vollendet hat. Cicero hat es, wie Hieronymus schreibt, herausgegeben – «emendavit»; da Cicero kein Philologe und kein Abschreiber ist, kann dies nur auf den Freundesdienst der Veröffentlichung gehen – und dabei diese unendlich aufschlußreiche

Doppelfassung, die zwei Pläne des Werkes voraussetzt, pietätvoll stehenlassen.

Freilich hat sich das Wort des Dichters nicht immer halten können. 4,43 sehen wir, wie sich an Stelle von «summo de corpore eorum» (wie 4,64 und 31: «summo de corpore rerum») das scheinbar erlesenere «summo de cortice eorum» gesetzt hat. Aber «cortice» wird nicht durch 4,936f. geschützt, weil es sich da um Dinge der sichtbaren Wirklichkeit spezieller Art handelt; es ist sinnlos, die ausströmende Außenseite der Dinge mit «summo» noch einmal zu differenzieren («die äußerste Rinde»), und der zu Hilfe gezogene Vers 4,50f. macht es völlig unmöglich, das überlieferte «summo de cortice eorum» zu halten; denn dort – auch ich halte den Vers wie H. Dahlmann gegen W. Schmids Meinung für echt und Lukrezisch – ist «cortex nominitandast» feminin gebraucht. Das schließt einen maskulinen Gebrauch kurz vorher aus. H. Dahlmann (Studien zur Textgeschichte und Textkritik, 1959, 41, Anm. 10), der das Überlieferte halten zu können glaubt, hat vielmehr einen antiken Kollegen gehabt, dem das «corpore» zu blaß war und der aus Vers 51 «cortice», das er wahrscheinlich männlich sprach, einsetzte, ohne sich um die Lehre zu kümmern, die nicht von einer äußersten Rinde der Dinge spricht. Hier ist also mit K. Lachmann zu ändern. Man sieht, wie komplex die Vorgänge der Überlieferung sind. Dieser bewußten Änderung wohl eines antiken Grammatikers sieht man ein energisches Suchen nach dem Richtigen an, ohne daß er aber Besseres als das wahrscheinlich bis dahin richtig Überlieferte bieten konnte. Dem Probus sähe sie ähnlich. Aber die Entstehung der Fehler läßt sich sehr schwer datieren, ebenso, wann der Vers 2,43a, den Nonius noch hatte und allein überliefert, verlorengegangen ist, ob er überhaupt in den maßgebenden Exemplaren verschwunden ist und wir nicht nur eines der vielen anderen in seinen Wirkungen besitzen (andere Auffassung von 4,43a in der Ausgabe von J. Martin, [3]Leipzig 1957).

CATULL

Mit Isidor von Sevilla verlieren sich die Spuren Catulls im Altertum. Ein Exemplar hatte sich erhalten. Im 9. Jh. (R. A. B. Mynors, Ausg., Oxf. 1958, VIII) hat das sog. *florilegium Thuaneum* aus ihm das 62. Gedicht genommen (Paris. lat. 8071), 965 las Rather von Verona (Migne, Patrol.

lat. 136, Sp. 752) Catull. Gegen Ende des 13. Jh. ist das Exemplar, aus dem das Gedicht im *florilegium Thuaneum* stammt, in Verona ans Licht gekommen. Aus diesem Kodex, der später verlorenging, stammt unsere gesamte Überlieferung. Aus den etwa 110 letztlich auf ihn zurückgehenden Kopien ragen drei an Zuverlässigkeit und Alter hervor. Aus ihnen muß und kann der Codex Veronensis rekonstruiert werden. Dieser Musterfall für die LACHMANNsche Methode konnte von LACHMANN in seiner Catullausgabe (1829) noch nicht geklärt werden, da er nicht die wertvollen Hss. auswählte. Das Stemma sieht so aus:

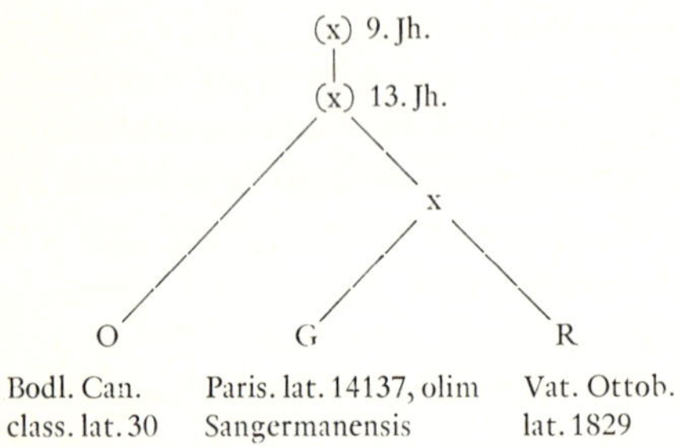

Die Fülle der weiteren Kopien steuert teilweise sehr gute Textheilungen bei.

Aus der Überlieferungsgeschichte ist es verständlich, daß sich nur ein Exemplar gerettet hat, das wir nachweisen können (ob Rather dieses Exemplar gelesen hat, ist noch nicht zwingend bewiesen). Die übrigen Daten der Textgeschichte müssen aus dem Text selbst erschlossen werden. Die Textgeschichte ist noch nicht geschrieben. Properz zeigt, daß er 68, 136 noch das Richtige las (K. BÜCHNER, Humanitas Romana, Heidelberg 1957, 120).

SALLUST

Von dem Autor, der in der Schule im Altertum und im MA. mit am meisten gelesen wurde, haben wir nicht so zahlreiche Überlieferungsströme, wie man erwarten möchte. Hier hat der Zufall seine Hand stark im Spiele gehabt. Die Hss. der *Bella* zerfallen in zwei Klassen, die mutili – gekennzeichnet durch die Lücke im *Jugurtha* 103, 2 bis 112, 3: «et ratam» – und die integri. Zu den mutili gehören vor allem Paris. lat. 16025 und 6085, Palat. lat. 887 und 889, Berol. lat. 205 und mit später ergänzter Lücke Vat. lat. 3325 und Paris. lat. 5748. Die integri werden vertreten durch Voss. lat. 73, Paris. lat. 6086, Monac. lat. 14477. Der mechanische Ausfall im *Jugurtha* weist mit Sicherheit (s. A. ERNOUT, Ausgabe, Paris 1947, 36) darauf hin, daß alle diese Hss. auf einen Archetypus zurückgehen. Die andere Gruppe geht wohl auf einen anderen antiken Überlieferungsstrom zurück, als der war, dem dieser Kodex angehörte. Er ist schlechter, weil banalisiert.

Während die *Historien* einmal zusammen mit den *Briefen an Caesar* in einer Sammlung der Reden Sallusts im Vat. lat. 3864 überliefert sind, zu denen noch ein paar Palimpseste und Papyri kommen (vgl. Teubnerausgabe von AHLBERG-KURFESS), und die *Invektive* eine eigene Überlieferung hat, sind für die *Bella* die zahlreichen Zitate von Wichtigkeit, welche die Verbreitung des Sallusttextes bezeugen. Den besseren Text der Zitate bei Fronto gegenüber dem der Zeit vorher wollte man (PASQUALI 346 im Gefolge von E. HÖHNE, Geschichte des Sallusttextes im Altertum, Diss. München 1927) auf die reinigende Wirkung einer Probusausgabe zurückführen. Diese Hypothese ist aber von R. HANSLIK, der sich R. ZIMMERMANN (Der Sallusttext im Altertum, München 1929) anschließt, aufgegeben worden. Daß sich die Texte, auf verschiedenen Ausgaben basierend, unterscheiden, war von vornherein anzunehmen. *Cat.* 6 ist der Satz: «Ita brevi multitudo divorsa atque vaga concordia civitas facta erat», in keiner unserer Hss., wohl aber von Augustin und P. Ox. 6, 884, 2 erhalten. PASQUALI (393) hält ihn für eine erklärende Interpolation und schließt entsprechend, daß Augustin einen schlechteren Text gelesen habe. Aber Sallust mußte es auf den Begriff «concordia» ankommen, und der zugespitzte Abschluß eines Abschnittes ist wie die Sprache ganz in seinem Stile. Also las Augustin wie der Papyrus, der uns übrigens einen Blick in den jämmerlichen Zustand der kursierenden Sallusttexte tun läßt, einen vollständigen Text. Kann man daraus schließen, daß die beiden Ströme, die sich im 4. Jh. gebildet haben mögen, auf eine gemeinsame Quelle mit den gemeinsamen Fehlern dieser Auslassung zurückgehen und sich dann durch Zustrom weiteren Materials differenzierten (A. ERNOUT, Vorrede 46)?

Die Hauptarbeit an den Hss. hat A. W. AHLBERG geleistet (Prolegomena in Sallustium, Göteborg 1911).

VERGIL

Mehr als alle wurde Vergil gelesen und gelernt. Die Zahl der Hss. muß Legion gewesen sein. Es ist daher verständlich, daß wir von ihm so viele antike Kodizes haben wie von keinem anderen Autor. Acht antike Majuskelkodizes sind bruchstückhaft oder fast vollständig erhalten:

A Cod. Augusteus, Vat. lat. 3256, Berol. lat. 2° 416, 4. Jh., aus St-Denis, 8 Blätter, enthaltend Fragmente der *Georgica* und *Aeneis* 4,302–305.

G Cod. Sangallensis, Sammelkodex 1394, 4. Jh., 11 Blätter; Fragmente aus *Georgica* und *Aeneis*.

V Cod. Veronensis (Verona 40,38), rescriptus, 4. Jh., 51 Blätter erhalten; Fragmente aus *Bucolica*, *Georgica*, *Aeneis*, Veroneser Scholien.

B Cod. Mediolanensis, Arab. Kod., 81 Verse aus dem 1. Buch der *Aeneis*, lat. und griech., 4./5. Jh.

F Cod. Fulvii Ursini schedae bibliothecae Vaticanae (Vat. lat. 3225), 4. Jh., mit Bildern. 75 Blätter erhalten, verloren die *Bucolica*, die *Georgica* I u. II und *Aeneis* X–XII.

R Cod. Romanus (Vat. lat. 3867), 5. Jh., mit Bildern; *Bucolica*, *Georgica*, *Aeneis* mit Lücken.

P Cod. Vat. Palat. lat. 1631, 4. Jh., alle Werke mit Lücken (Abb. 64).

M Cod. Mediceus (Laur. plut. 39,1), 5. Jh. Außer *Eclogae* 1–6,47 alles enthaltend. Der zweite Korrektor ist Turcius Rufius Apronianus Asterius (s. S. 356), Konsul 494.

Hinzu kommen zahlreiche ma. Hss., die vielfach auf direkt aus dem Altertum ins Mittelalter gerettete Kodizes zurückgehen. Sie haben sich bei der Vorzüglichkeit der Überlieferung ebensowenig wie die antiken Hss. in klare Verhältnisse bringen lassen. Zur Konstituierung des Textes werden vor allem die antiken Handschriften herangezogen (R. SABBADINI hält P für die beste Handschrift).

F. LEO schreibt in den «Plautinischen Forschungen» (2. Aufl., Berlin 1912,43): «Es ist doch eine der Erwägung werte, wichtige und erfreuliche Tatsache, daß unser Text mit keiner der interpolierten Ausgaben etwas zu tun hat, sondern sowohl in seiner ganzen Verfassung als fast überall, wo es durch besondere Zeugnisse zu kontrollieren ist, den authentischen Text des Varius darstellt. ... Hier hat die Einsicht und der Wille eines Mannes gewaltet; es kann keine Frage sein, wessen Wille und Einsicht. Probus hat eine kritische Ausgabe Vergils veran-

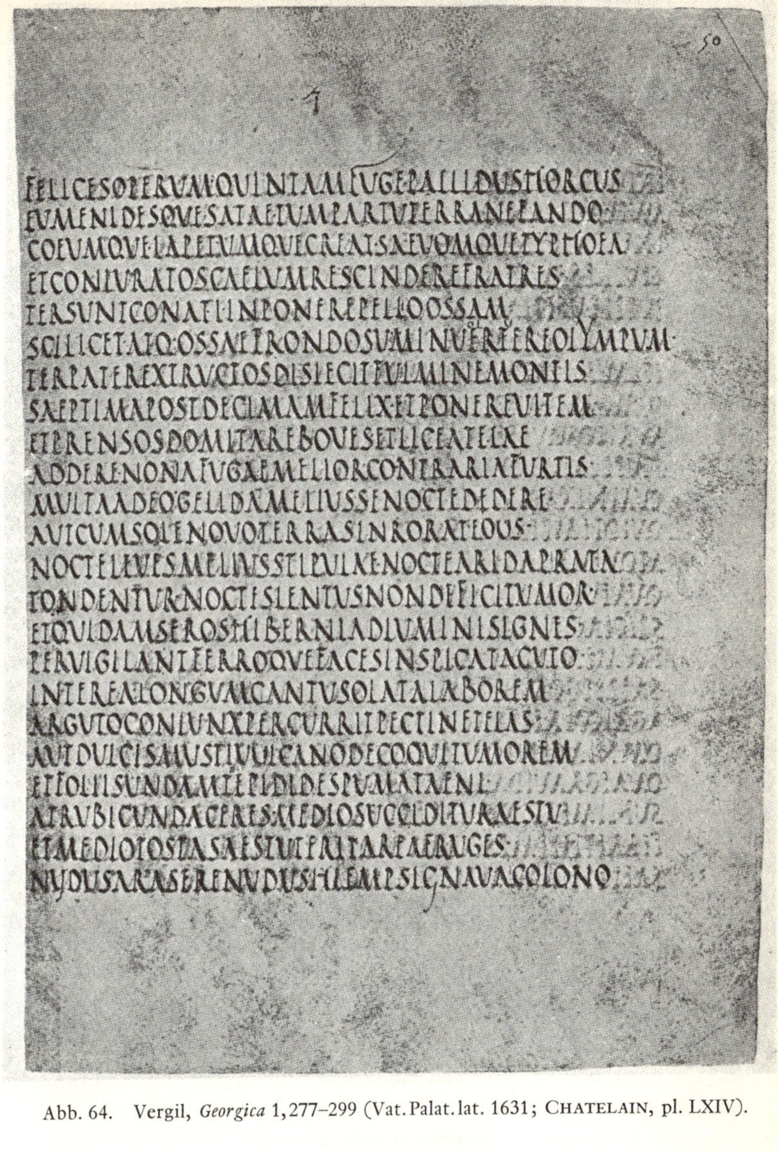
FELICESOPERVMQVINTAMFVGEPALLIDVSHORCVS
EVMENIDESQVESATAETVMPARTVTERRANEFANDO
COEVMQVEIAPETVMQVECREATSAEVOMQVETYPHOEA
ETCONIVRATOSCAELVMRESCINDEREFRATRES
TERSVNTCONATIINPONEREPELIOOSSAM
SCILICETATQOSSAEFRONDOSVMINVOLVEREOLYMPVM
TERPATEREXTRVCTOSDISIECITFVLMINEMONTIS
SAEPTIMAPOSTDECIMAMFELIXETPONEREVITEM
ETPRENSOSDOMITAREBOVESETLICIATELAE
ADDERENONAFVGAEMELIORCONTRARIAFVRTIS
MVLTAADEOGELIDAMELIVSSENOCTEDEDERE
AVTCVMSOLENOVOTERRASINRORATEOVS
NOCTELEVESMELIVSSTIPVLAENOCTEARIDAPRATA
TONDENTVRNOCTISLENTVSNONDEFICITVMOR
ETQVIDAMSEROSHIBERNIADLVMINISIGNES
PERVIGILATFERROQVEFACESINSPICATACVTO
INTEREALONGVMCANTVSOLATALABOREM
ARGVTOCONIVNXPERCVRRITPECTINETELAS
AVTDVLCISMVSTIVVLCANODECOQVITVMOREM
ETFOLIISVNDAMTEPIDIDESPVMATAENI
ATRVBICVNDACERESMEDIOSVCCIDITVRAESTV
ETMEDIOTOSTASAESTVTERITAREAFRVGES
NVDVSARASERENVDVSHIEMPSIGNAVACOLONO

Abb. 64. Vergil, *Georgica* 1,277–299 (Vat. Palat. lat. 1631; CHATELAIN, pl. LXIV).

staltet. Unser Text ist von vollkommener Einheitlichkeit, eine einzige alte Ausgabe. Es ist der Text des Probus, und Probus hat den des Varius, d.h. die Urkunde selbst, zugrunde gelegt.» Das ist richtig, wenn Probus weggelassen wird. Denn wenn Probus die Urkunde – wie auch Gellius s.S. 335, Anm. 35 – zugrunde gelegt hat, kann man nicht gut ihm die Einheitlichkeit des Textes als Verdienst zuschreiben.

Gewiß, Seneca scheint einen schlechteren Text als wir gelesen zu haben (Seneca, *Epist.* 94,28), das besagt aber nichts für die maßgebenden Exemplare. Die gewaltsame Konjekturalkritik des Probus hat nur geringfügige Spuren in den Hss. hinterlassen (zu G. PASQUALI 47: «Phoebigenam» ist nicht Konjektur des Probus, sondern Lesart anderer, darunter des Probus). Manche Hss. lassen die Interpolation *Aen.* 1,1–4 weg, ebenso in der überwiegenden Mehrzahl *Aen.* 2,566–588 (Helenaszene). Beide Stücke erwähnt die Serviusvita als von Varius und Tucca weggelassen. Die ersten vier Verse vor der *Aeneis* stammen sicher nicht von Vergil, bei der Helenaepisode scheint uns die Unechtheit nicht erwiesen. Hier eine maßgebende Ausgabe – Probus und noch eine im 2. Jh. (R. HIRTZEL) – zu fordern, welche die Einheitlichkeit nach den Interpolationen wiederhergestellt hätte, verkennt wohl die Macht einer solchen Ausgabe und die Fülle der existierenden «Ausgaben», Kommentare, Untersuchungen zu Vergil.

So wird man PASQUALI (21) beistimmen, der geneigt ist, bei Vergil an eine Überlieferung recta via zu glauben. Die Geschichte des Vergiltextes (vgl. G. FUNAIOLI, Esegesi Virgiliana antica, Mailand 1930) bleibt eine große Aufgabe.

HORAZ

Auch an Horaz hat Probus seine Zeichen gesetzt. Hier zeigt sich besonders die Widersprüchlichkeit in der Erforschung dieses Faktums. Auf der einen Seite können wir eine einheitliche Quelle der Überlieferung nur durch gemeinsame Korruptelen erschließen, also im Negativen, zum anderen müßte Probus' Ausgabe von so hervorragender Qualität gewesen sein, daß er alle andere Überlieferung aus dem Felde geschlagen hätte.

Sicher ist jedenfalls, daß von den überaus zahlreichen Hss. auf zwei antike Ausgaben geschlossen werden muß, nach der Benennung von

F. KLINGNER Ξ (A, B, C, K) und Ψ (F, λ', δ, π). Die Frage war lange, wie eine andere sich abhebende, bessere Klasse zu verstehen sei (Q = a, γ, D, E, M). F. KLINGNER ist es gelungen, zu zeigen, daß diese Klasse wie die Handschrift R eine Kontamination aus Ξ und Ψ ist, die einmal mehr zu Ξ, das andere Mal mehr zu Ψ neigt (KELLER-HOLDER haben sie «Klasse I» genannt, VOLLMER glaubte, sie einsparen zu dürfen, und ließ sie in seinen Klassen (I) und (II) aufgehen).

Kriterium der Entscheidung wurde die Entdeckung, daß die Klasse Q die Überschriften der beiden anderen Klassen, die sich teilweise ausschließen oder überschneiden, töricht gemischt hat. Dies und die Tatsache, daß die Klasse Q keine charakteristische Eigenüberlieferung hat, schließt es wohl aus, bei ihr an eine antike Ausgabe zu denken (im 6. Jh. hat Mavortius, s. S. 356, eine Rezension gemacht). Selbst wenn sie einiges Gut hat, das man für antik halten möchte (das versuchte W. PETERS zu zeigen: Die Stellung der Handschriftenklasse Q in der Horaztradition, Diss. Hamburg 1954), kann sie das aus andern Horaz-Hss. haben, die bis ins MA. drangen. Denn neben den fruchtbar gewordenen Exemplaren hat es andere, uns verlorene Exemplare gegeben, wie das der Blandinius zeigt (aus dem Kloster Blandigny bei Gent).

Der Horaztext ist vorzüglich überliefert, was es sehr schwer macht, seine Schicksale im Altertum zu erkennen. Die Klassen Ξ und Ψ heben sich deutlich durch verschiedene Reihenfolge der Werke und die verschiedenen Kommentare des Acro und Porphyrio, die mit ihnen zusammengehören, ab und durch die Reste der gelehrten Tätigkeit, die sich in den Überschriften, vor allem der Bestimmung der Personen, erhalten haben (die Durchforschung der Kommentare hat kein Werk wie das G. FUNAIOLIS – Esegesi Virgiliana – aufzuweisen und harrt noch des Bearbeiters). Die Ausgaben mit Kommentar im 2. und 3. Jh. werden vor, die Ausgaben Ξ und Ψ nach der Umschrift in den Kodex liegen. Maßgebend sind sie sicher nicht gewesen, da uns der Blandinius trotz ihnen bestes Gut als einziger hat erhalten können. Auf eine einzige Ausgabe wird die im MA. fruchtbar gewordene und vorliegende Überlieferung durch gemeinsame Korruptelen zurückgeführt, die auch sie nicht hat beseitigen können, z. B. eine so törichte wie den interpolierten Vers *Carm.* 4, 8, 17 (Ich halte wegen der Meinekeschen Regel auch den Vers 4, 8, 33 für interpoliert, der zudem den Zusammenhang stört und eine lästige Wiederholung ist. Weitere Annahme von Interpolationen in diesem Gedicht schneidet in gesundes Fleisch). Ebenso scheinen umgestellte Verse – *Epod.* 16,61/62; *Epist.* 2,1,101 (vor Porphyrio) –, obwohl wir hier nicht wissen, ob der Blandinius sie gehabt hat, darauf hinzuweisen, daß in relativ früher Zeit Interpolationen, Versumstellungen, falsche Lesarten (*Epod.* 7,12 ist die Aussage allein mit «nunquam» nachvollziehbar) nicht restlos beseitigt werden konnten, wenn man sich auch nicht anmaßen wird, ihre Zahl genau anzugeben. Also vielleicht eine nachprobianische oder probianische Ausgabe als Quelle unserer ganzen Überlieferung (außer dem Blandinius), die wir uns nicht allzu vorzüglich vorzustellen haben. Das Autorexemplar ist von unserer Überlieferung offenbar nicht mehr erreicht worden.

Als Probe für die Verhältnisse der Hss., bei denen der Textgestalter aus der Übereinstimmung von Ξ und Ψ das einhellig – für uns – Überlieferte herauszuschälen hat, soll nach F. KLINGNER (Horazausgabe, [3]Leipzig 1959) das Stemma der Verhältnisse gegeben werden, wie sie in den *Oden* vorliegen:

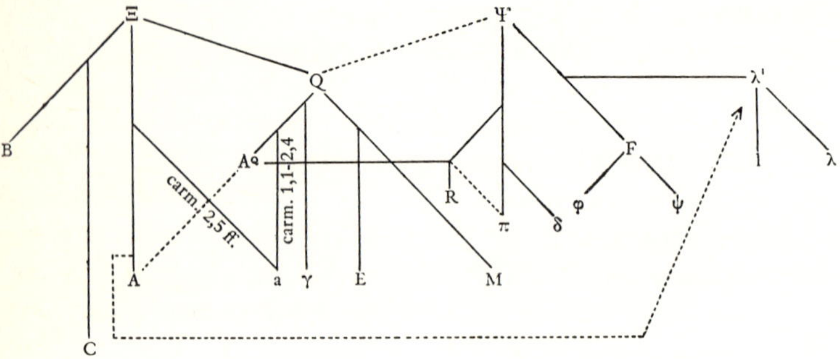

A	Paris. lat. 7900	γ	Paris. lat. 7975
B	Bern. lat. 363	δ	Harl. lat. 2725
C	Monac. lat. 14685	λ	Paris. lat. 7972
E	Monac. lat. 14685	π	Paris. lat. 10310
M	Mellic. lat. 177	φ	Paris. lat. 7974
R	Vat. Reg. lat. 1703	ψ	Paris. lat. 7971
a	Ambros. O 136 sup.		
l	Leidensis lat. 28		

TIBULL

Als LACHMANN in seiner Ausgabe (Berlin 1829) an Tibull zum ersten Male seine Methode erprobte, scheiterte er daran, daß er nicht die besten Hss. wählte, und behielt auch damit Unrecht, daß er sagte, bessere würden nicht an den Tag kommen.

Der Tibulltext ist einmal überliefert in Exzerpten und Florilegien, dann in einer besonders wertvollen, aber erst mit 3,4,65 einsetzenden, jetzt verlorenen Hs., dem fragmentum Cuiacianum (F), und einer Gruppe von jüngeren Hss., von denen keine älter als das 14. Jh. ist.

F. W. LEVY faßte in der Teubnerausgabe 1927 ([2]1937 ließ F. W. LENZ das Stemma weg) die Beziehungen in folgendes Schema:

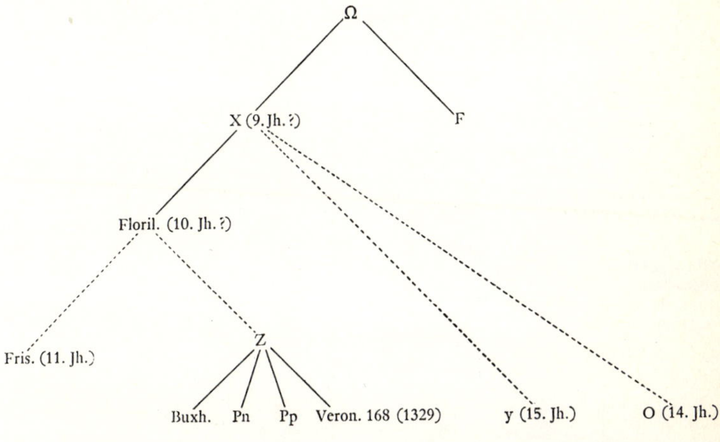

Fris.	Excerpta Frisingensia, Monac. lat. 6292, f. 117r–118r (10./11. Jh.)
Buxh.	Excerpta Buxheimiana, Monac. lat. 29110a, f. 3r (13. Jh.)
Pn	Excerpta Parisina, Paris. lat. 17903, f. 25r (olim Nostradamensis 188)
Pp	Excerpta Parisina, Paris. lat. 7647, f. 66v–67v (Cod. Thuaneus)
y	Cod. Eboracensis, verloren, im Jahre 1425 geschrieben, von N. HEINSIUS verglichen (H. BELLING, Progr. Berlin 1894, 21–25).
O	Quelle folgender Kodizes:
A	Ambros. R 26 sup., 14. Jh.
V	Vat. lat. 3270, 15. Jh.
Ber.	Berianus Genovensis D bis–11–6–51, 15. Jh.
Q	Brixianus Quirinianus A VII 7, 15. Jh.

Das hier Wichtige: Der Elegiker Tibull beruht nicht auf mehreren antiken Überlieferungsströmen, sondern ein Exemplar hat sich ins MA. hinein gerettet. – Inzwischen haben Neufunde unser Bild erweitert, aber nichts deutet darauf hin, daß im frühen MA. etwa andere, unabhängige Quellen zur Verfügung gestanden hätten. So mag das Stemma, obwohl es LENZ in seiner neuesten Ausgabe (Leiden 1959) vorsichtshalber wegläßt, doch vielleicht im großen und ganzen das Richtige treffen, wenn auch heute kein Mensch sagen kann, wie die Exzerpte und die übrigen Hss. zusammenhängen. Die neuen Erkenntnisse lassen sich graphisch etwa folgendermaßen verdeutlichen, wobei man sich bewußt bleiben mag, daß ein Strich nur eine Hilfskonstruktion für die Aussage der Abhängigkeit ist:

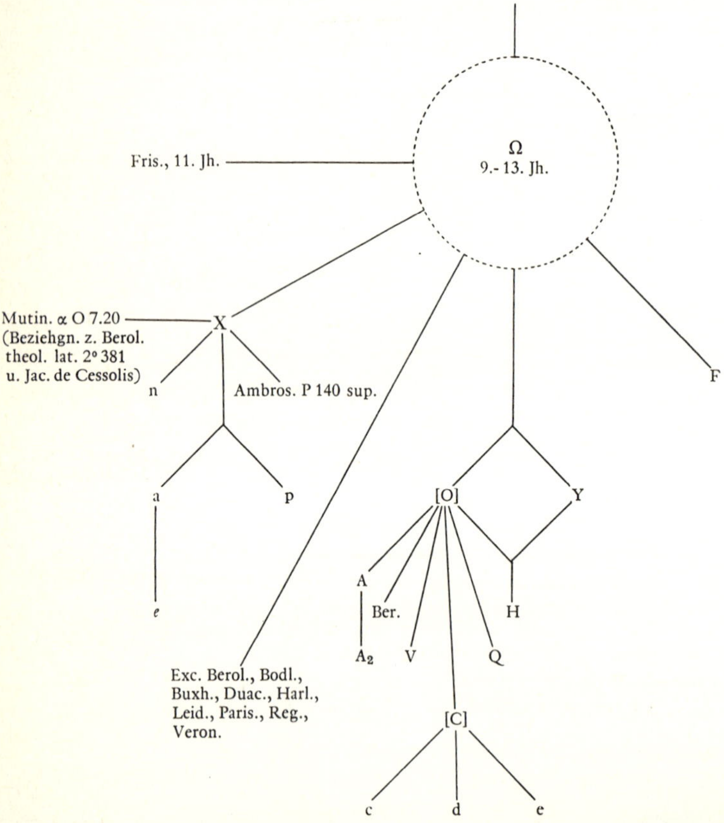

Hinzu kamen seit 1927 bei den Florilegien:

a Arras. 64, f. 23^{r}–24^{r}, 13. Jh.

e Scor. Q I 14, f. 39^{r}–40^{r}, 13./14. Jh.

Die Exzerpte haben sich um sieben vermehrt, die sich in folgenden Kodizes finden:

Berol. Berol. theol. lat. 2° 381, f. 172^{v}, 15. Jh.

Bodl. Bodl. Add. A 208, f. 37^{r}, 13. Jh.

Duac. Duac. 690, f. 76^{v}, 14. Jh.

Harl. Harl. 2745, f. 76^{v}, 14./15. Jh.

Leid. Leid. Vulc. lat. 48, f. 33, 13. Jh.

Paris. Paris. lat. 13582, f. 166^{r}, 13. Jh.

Reg. Vat. Reg. lat. 2120, f. 11–12^{v}, 13. Jh.

Veron. Veron. 168 (s. erstes Stemma), geschr. 1329.

Bei den Hss. sind die wichtigsten in ihren Beziehungen aufgeführt. Es werden hier (Weiteres bei LENZ, 1959, 28f.) außer den obengenannten angeführt:

H Hamb. scrin. 139, 15. Jh.

c Wittianus (verloren), 15. Jh., in der Editio Gryphiana (1551) verglichen von BROUKHUSIUS

d Datanus Berol. Diez. B. Sant. 39b, 15. Jh.

e Askewianus Berol. Diez. B. Sant. 21, 15. Jh.

A_2 Anmerkungen des Coluccio Salutati in A

Pn ist zu n, Pp zu p und y zu Y geändert (nach der Praefatio von LENZ in der Ausgabe von 1959).

Die Verwandtschaftsverhältnisse der jüngeren Hss. bedürfen weiterer, entsagungsvoller, weil sicher ergebnisarmer Untersuchungen.

LIVIUS

Die 142 Bücher *Ab urbe condita* – heute sind außer Fragmenten noch die Bücher 1–10 und 21–45 erhalten – sind sicher, wie die Auszüge zeigen, selten im ganzen gelesen worden, natürlich vor allem nicht im dunklen 3. Jh. Die Symmachi und Nicomachi wollten dennoch einen ganzen Livius haben: «Munus totius Liviani operis, quod spopondi, etiam nunc diligentia emendationis moratur» («Das Unternehmen des gesamten Livianischen Werkes, das ich gelobt habe, verzögert sich durch die Sorgfalt der Korrektur», Symmachus, *Epist.* 9,13). Diese Rezension läßt sich für die erste Dekade durch die subscriptiones (s. S. 355) ermitteln. In einem Briefe des Papstes Gelasius (496) läßt sich zum ersten Male die nicht von Livius stammende Einteilung in Dekaden nachweisen: «Livius secunda decade loquitur...» Diese Dekadeneinteilung ist für die Überlieferungsgeschichte wichtig geworden: jede Dekade hat hinfort ihre eigene Überlieferung. Von der vierten wissen wir, daß drei antike Kodizes ins MA. gekommen sind (PASQUALI 83f.).

Was die Rezension des altgläubigen Adels geleistet hat, läßt sich beim Vergleich mit dem Veroneser Palimpsest (V) ermessen, der voller Korruptelen ist (4. Jh.). V ist von der Symmachusrezension unabhängig, weist aber durch gemeinsame Korruptelen auf eine gemeinsame Quelle hin, die ohnehin – Umschrift in den Kodex – wahrscheinlich wäre.

Vgl. außer PASQUALI die Vorreden der Oxforder Ausg. (CONWAY–WALTERS–JOHNSON) und die der Budé-Ausgabe von J. BAYET, 1940 ff.

Die Schicksale des Livius im Altertum werden sich erst überblicken lassen, wenn eine vollständige kritische Gesamtausgabe vorliegt.

PROPERZ

Catull, Tibull, Properz sind im MA. so gut wie nicht gelesen worden. Auch das späte, christlich gewordene Altertum wird sich zum Schluß nicht mehr sehr um sie gekümmert haben (im MA. gibt es dann das, was L. TRAUBE «christliche Interpolation» genannt hat).

Properz freilich ist nicht nur das ganze 1. Jh. n. Chr. bis Juvenal eifrig gelesen worden, sondern man weist seine Lektüre auch bei Nemesian, Ausonius, Claudian, Venantius Fortunatus nach (vgl. R. HELM, RE., N.B., 45. Hbb. 1957, 793). Dennoch überrascht es nicht, daß sich von den drei Elegikern je ein Exemplar in die karolingische Zeit gerettet hat. Das Problem bei allen dreien ist dies, zu erkennen, was im karolingischen Archetypus gestanden hat. Das karolingische Exemplar (LEO, G.G.A. 1898, 722–750) hat zwei Klassen aus sich erzeugt, x und y. x wird durch N repräsentiert = olim Neapolitanus, nunc Guelferbytanus Gudianus 224 (um 1200), y durch:

A Voss. lat. 28 (1300)
F Laur. plut. 36,49 (um 1380)
H Holkhamicus 333 (1421)
D Daventriensis I 82 (15. Jh.)
V Ottob. lat. 1514 (15. Jh.)

Dem karolingischen Archetypus liegt vielleicht ein interpoliertes (wie weit, muß die Interpretation entscheiden) Leseexemplar des Altertums zugrunde (KNOCHE, Gnomon 12, 1936, 260–272). Bedenkt man, daß die zunehmenden Korruptelen und ma. Interpolationen der y-Klasse einen jüngeren Hyparchetypus anzunehmen nahelegen, kann sich jeder das prinzipiell einfache Stemma selbst aufstellen.

LACHMANN hat zuerst aus Properz seine Methode gegen die Willkür der Geschmacksauswahl der Lesarten zu entwickeln gesucht, den überragenden Wert von N aber noch nicht klar erkannt. Neueste Versuche, einzelne abgeleitete Hss. in den Vordergrund zu rücken (BONAZZI den Palatino-Vaticanus) sind abgelehnt worden; vgl. Vorrede von M. SCHUSTER, Ausgabe, Leipzig 1954, XIII). Es gibt über 100 Properz-Hss.

OVID

Die Überlieferung der einzelnen Werke Ovids ist verschieden, je nach ihrer Bedeutung und ihrer Verbreitung. Die *Ibis* geht auf einen Archetypus, der dem MA. angehört, zurück. Er wird aus acht Hss. rekonstruiert. Die *Epistulae ex Ponto* sind in zwei Gruppen außer einem Fragment des 6. Jh., die *Tristien* in drei Klassen überliefert. Die *Liebesgedichte* wurden auf einen Archetypus dieser Sammlung zurückgeführt. Aber das Problematische einer solchen Rekonstruktion ist erkannt. Die Ausgabe der *Amores* von F. MUNARI (Florenz 1955) berücksichtigt 74 Hss. Diese recentiores haben neben den Hauptzeugen Regius (R), Puteanus (P) und Sangallensis (S) eigenen Überlieferungswert, wie U. KNOCHE schon in der Rezension der Ausgabe von H. BORNECQUE vermerkt hat (Gnomon 8, 1932, 518 ff.). Bei den *Heroides* hat die sicher echte Sappho-Epistel ein eigenes Überlieferungsschicksal gehabt.

Die *Fasten* waren besonders geschätzt, so daß die antiken Zitate neben der handschriftlichen Überlieferung eine Rolle spielen. «Auch bei der Rezension der Fasten gelangen wir in wenigstens zwei Strängen ins Altertum zurück» (W. KRAUS, s. v. Ovidius Naso, RE., N.B., 36. Hbb. 1942, Sp. 1983). Folgende Hss. stehen zur Verfügung:

A Vat. Reg. lat. 1709 (sive Petavianus), 10. Jh.

U Vat. lat. 3262 (sive Ursinianus), 11. Jh.

D Monac. lat. 8122 (sive Mallersdorfianus), 12. Jh.

Y Berol. lat. 8° 134, 12. Jh.

G Brux. 5369–5373 (sive Gemblacensis), der, wie E. H. ALTON (Hermath. 20, 1926) entdeckt hat, identisch ist mit dem Zulichemianus des N. HEINSIUS (12. Jh.).

M Mazarinianus, nunc Bodl. Auct. F 4,25, 15. Jh. (von ALTON wiedergefunden)
I Fragmentum Ilfeldense, 11./12. Jh.
Hinzu kommen:
B Voss. lat. 27, 12./13. Jh.
C Vossianus, nunc Bodl. Auct. F 4,29, 12./13. Jh.

Die gegenseitige Durchdringung der Hss. ist sehr stark, so daß die Frage der Abhängigkeit der Hss. wieder stark in Fluß gekommen ist. Doch scheint sicher, daß GMI eine eigene Gruppe bilden, der am charakteristischsten die Hs. A entgegengesetzt ist, zu der U und D Beziehungen haben, freilich nicht ohne öfter in Fehlern mit GMI zu gehen. B und C stehen zwischen ihnen und der Gruppe GMI. Ohne die Frage präjudizieren zu wollen, ob sich außer in A auch in U, das durch die Abschrift Y ergänzt wird, und in D antike Exemplare fortsetzen, scheint eine Stelle wie 4,209, wo alle Hss. schreiben:

Pars clipeos manibus, galeas pars tundit inanes,

GM dagegen:

Pars clipeos rudibus, galeas pars tundit inanes,

zu beweisen, daß GM auf eine antike, bessere Überlieferung zurückgeht, die auch Laktanz 1,21,40 vorlag, der das «richtige» «sudibus» bietet. Und wenn 5,25 GM allein das schwierige und richtige

Hinc sata Maiestas, hos est dea censa parentes,

hat, während alle wichtigen übrigen Hss. und G²

Hinc sata Maiestas, quae mundum temperat omnem,

lesen, so mag die Annahme einer Doppelfassung Ovids unbegründet sein, aber man muß an antiker Entstehung dieser verwässerten Variante festhalten. Im Bilde mag man sich die Tatsache der «offenen» Überlieferung noch besser verdeutlichen (s. folgende Seite).

Vgl. F. PEETERS, Les Fastes d'Ovide, Histoire du texte, Brüssel 1939; F.W. LENZ, Bursian-Bericht, Bd. 264, 1939; W. KRAUS, a.a.O.; F. BÖMER, Die Fasten, Heidelberg 1957, 51 ff.

Die Überlieferung der *Metamorphosen* ist womöglich noch offener. PASQUALI (387–390) glaubte 1934, auf den Untersuchungen von H. MAGNUS (Ausgabe, Berlin 1914) aufbauend und sie weiterführend, vier antike Ausgaben zu erkennen. Wenn sich zeigen ließe, daß, wie mir wahrscheinlich scheint, die ganze Daphnegeschichte von Ovid umgeformt und vertieft worden ist (wir wissen, daß die *Metamorphosen* gegen den Willen des Dichters ins Publikum drangen: «... adhuc cres-

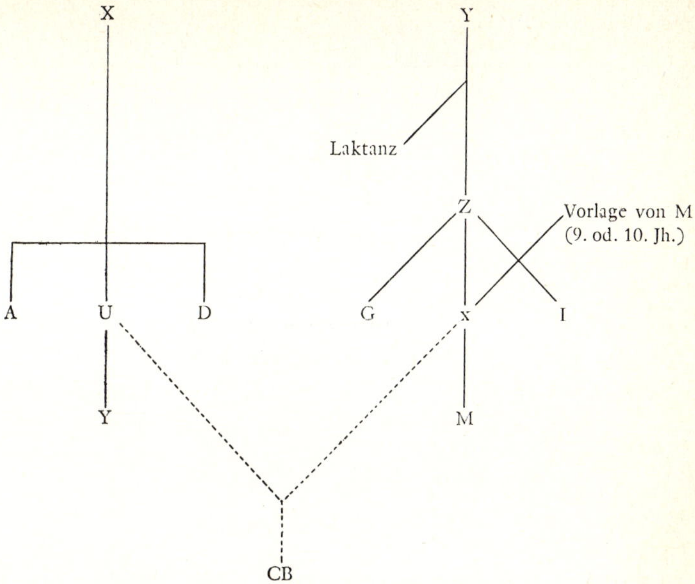

cens ... carmen», *Trist.* 1,7,22, «... incorrectum», *Trist.* 3,14,23), könnte man bei 1,544ff. an eine Autorenvariante denken und die Spaltung der Überlieferung bis zum Autor zurückverfolgen. Daß sich durch die Verschiedenheit der Varianten in den Zweigen O und X zwei antike Ströme fassen lassen (vgl. 1,70; 8,186; 5,541; 9,347), wird von ihm nicht bezweifelt; und wie er sich MAGNUS anschließt in der Annahme, daß das fragmentum Harleianum aus dem 9. Jh. eine eigene antike Überlieferung ist, dem X-Strom verwandt, so fügt er als vierte ähnliche Ausgabe ein Fragment ρ aus dem 12./13. Jh. mit MAGNUS hinzu. Freilich scheint ihm die Textgeschichte der *Metamorphosen* noch weit entfernt von festen Resultaten.

E. K. RAND (Class. Phil. 11, 1915, 46–60) glaubte dagegen, die ganze Metamorphosenüberlieferung auf einen Archetypus zurückführen zu können, und R. T. BRUÈRE hat 1936 diese Ansicht, daß man ohne die Annahme einer ungetrübten und einer interpolierten Ausgabe im Altertum auskommen könne, durch die Aufstellung eines Stemmas weiterentwickelt, das ich nach LENZ' Bericht (a. a. O.) gebe. BRUÈRE hat zwar in Harv. St. in Class. Phil. 50, 1939, 122, sein Stemma ergänzt und verbessert, das Prinzipielle kommt aber beim ersten Stemma noch deutlicher heraus:

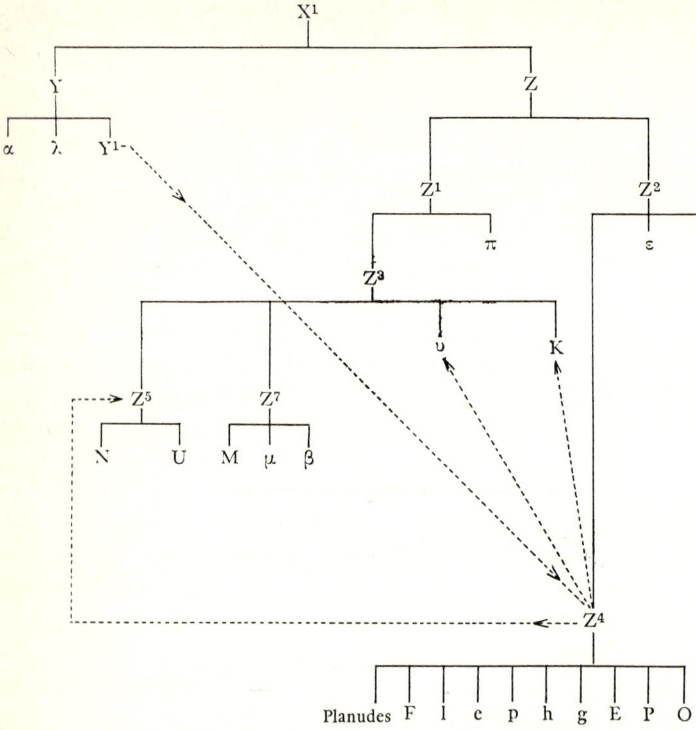

Die Diskussion ist noch im Flusse. Für die Frage der «offenen Überlieferung» ist die Überlegung wichtig, daß man, folgt man BRUÈRE, ein Exemplar annehmen müßte, das zu viele und sich ausschließende Varianten hätte haben müssen.

SENECA

Bei Senecas Tragödien erhebt sich die Frage, ob ältere ma. Hss. besser sind als jüngere. In einem berühmten Kapitel hat PASQUALI (126ff.: Senecas Tragödien) die Unterscheidung von «guten» und «schlechten» Hss. bekämpft: es kommt darauf an, ob eine Hs. selbständige Überlieferung hat. Darum sein Schlachtruf: «recentiores, non deteriores» («jüngere, nicht schlechtere» Hss.!). Schon die verschiedene Reihenfolge, in der die Stücke erhalten sind, das Hinzukommen der Praetexta *Octavia* in einer Gruppe zeigen, daß wir zwei antike Überlieferungsströme und Ausgaben vor uns haben. Vertreter der einen ist der Etruscus (Laur. plut. 37,13, 11./12. Jh.). Hinzu kommen Blätter des ambros. Palimpsestes und Exzerpte des Miszellenkodex Paris. lat. 8071 (9./10. Jh.). Der Etruscus muß teilweise ergänzt werden durch Hss. der anderen Klasse, die nach den Vertretern der Etruscusklasse durchkorrigiert wurden. Die ältesten Hss. der anderen Klasse, wohl auf eine Ausgabe des 4. Jh. zurückgehend, gehören der 2. Hälfte des 14. Jh. an: Neapol. lat. IV D 47 = n, Laur. plut. 24 sin. 4 = b und der dem Kommentator Treveth (zw. 1308 und 1321) vorliegende Text. Lange hat der Kampf um den Etruscus getobt. F. LEO war der Meinung, daß allein er Anspruch auf Berücksichtigung verdiene. Aber PASQUALI zeigte auf Grund der Forschungen G. CARLSSONS (Die Überlieferung der Seneca-Tragödien, Lund 1925; Zu Senecas Tragödien, Lund 1929) mit Recht, daß die Klasse A, obwohl offenbar bewußt einem nivellierten Zeitgeschmack angepaßt, eigenes Gut gehabt hat (eindrucksvoll *Herc. fur.* 799, PASQUALI 128). Nach inneren Kriterien also sind die Lesarten der beiden Klassen abzuwägen. Bei solcher Lage zeigt sich die Grenze der LACHMANNschen Methode.

VALERIUS FLACCUS

Daß die Überlieferung eines schwierigen Epigonen wie Valerius Flaccus nicht umfangreich ist, ist zu erwarten. Seine Überlieferung ist der des Silius ähnlich.

Die Haupths. ist der Vat. lat. 3277 (= V, 9. Jh.) mit zahlreichen Lükken und sonstigen Korruptelen, kein Wunder bei einem so schwierigen Text. Daneben ist wichtig der Sangallensis, von Poggio 1416 in St. Gallen gefunden (enthält 1–4, 317), aber verlorengegangen. Wahrscheinlich liegt die Abschrift Poggios im Matritensis X 81 vor, wie man z. T. annimmt. Abschriften sind außerdem noch gemacht worden, so daß man wie so häufig das Exemplar des Poggio rekonstruieren muß. Verloren ist auch ein anderer Kodex, den Carrio in Belgien gefunden hat. Auf ihm hat er seine 1. Auflage des Valerius Flaccus (1565) aufgebaut, und ebenso wie in den castigationes der 2. Auflage (1566) teilt er in den Scholien zur 1. Auflage aus ihm Lesarten mit. In einem solchen Falle ist es natürlich überaus schwer, das Verhältnis der Hss. zueinander zu bestimmen. Das Problem ist noch umstritten.

Das Gedicht bricht im 8. Buch mitten im Vers ab. Hat der Tod den Dichter so abrupt enden lassen? Vom frühzeitigen Tode des Dichters wissen wir, und ebenso ist wahrscheinlich, daß das Werk nicht zu seinem Ende gekommen ist (vgl. KURFESS in der RE., Z.R., 15. Hbb., 1955, 15). Das Abbrechen mitten im Satz sieht wie ein Überlieferungsfehler aus. Das wäre beweiskräftig für einen Archetypus, der sich ins MA. gerettet hat. Einen Minuskelarchetypus alter Überlieferung nimmt auch KRAMER an (Ausg., Leipzig 1913). Carrio müßte sehr genial konjiziert haben, wenn sein meinetwegen später Kodex keine weitere Überlieferung gehabt hätte (z.B. 1,38; 1,100; seine bona fides scheint unantastbar zu sein. Gemeinsame, sinnstörende und leicht zu durchschauende Korruptelen weisen auf gemeinsamen Archetypus, nicht anderen antiken Strom).

PLINIUS DER ÄLTERE

Die *Naturgeschichte* des Plinius, diese ungeheure Sammlung aus besten Quellen, die nicht zur Einheit bewältigt sind, war als unerschöpfliche Fundgrube des Wissens in ununterbrochenem Gebrauch und hat mannigfaltigste Benutzungen, Exzerpierungen, Umarbeitungen erfahren. Das ist in allen Jahrhunderten des Altertums der Fall und setzt sich im MA. fort. Auch hier entspricht der Befund dem Handschriftenbestand: 200 etwa werden gezählt.

Die Textgeschichte ist noch nicht geschrieben. A. DAIN, der seine kodikologischen Ansichten vor allem an den griechischen Poliorketikern gebildet hat, macht darauf aufmerksam, wie wichtig es ist, auch die Fachschriftsteller in den Kreis der Betrachtung zu ziehen, weil hier das Inhaltliche eine bestimmte Form von Konstanz garantiert, und E. BETHE hat in seinem Buch über die Buchillustration (S. 22ff.) gezeigt, wie sich die Illustrationen gerade in Fachbüchern besonders gut halten, also auf älteste Zeiten führen. Eine Betrachtung solcher Überlieferungen läßt oft anders ponderieren, wenn es gilt, die Phänomene der antiken Überlieferung abzuwägen. Bei PASQUALI wird Plinius nicht genannt, obwohl auch hier das Problem «recentiores, non deteriores» eine Rolle spielt und Plinius in der Erhaltung antiker Hss. fast mit Vergil konkurrieren kann.

Man unterscheidet zwei Gruppen von Hss., die vetustiores und die recentiores. Die erste Gruppe ist nur sehr fragmentarisch erhalten (keine Hs. enthält den ganzen Plinius), die zweite geht auf einen Archetypus zurück, in dem 2,187–4,67 hinter 4,67–5,34 gestellt war.

Zur ersten Gruppe gehören der Voss. lat. F 4 (9. Jh., subscriptio nach Buch 4: «Feliciter Iunius Laurentius [?] relegi»), der Bambergensis (10. Jh.) und die Fragmente: 1. Moneus, Wiener Palimpsest, 5./6. Jh.; 2. Sessorianus, Palimpsest (Rom), 5. Jh.; 3. Paris. lat. 9378, 5./6. Jh.; 4. Vind. lat. 233, 6. Jh. (die Fragmente stammen aus vier verschiedenen, ehemals vollständigen Hss.); 5. Palimpsest aus dem 4./5. Jh., aus Autun stammend, der Archetypus des Riccardianus. Hinzu kommen Exzerpte. Da die antiken Fragmente nicht voneinander abhängen, gehören sie verschiedenen Ausgaben an, die aber in ihrem Verhältnis noch nicht bestimmt werden können.

PERSIUS

Persius, der so jung verstorbene sublime Satiriker, der uns nur sechs überaus schwierige Satiren geschenkt, damit aber sogleich einen großen Ruhm selbst bei einem Lucan errungen hat, ist nach allgemeinem Urteil (vgl. die Ausgabe von O. SEEL, Die Satiren des Persius, München 1950, 80 ff.) so vorzüglich überliefert, daß jede Konjekturalkritik unnötig erscheint und Persius zu den bestüberlieferten Autoren gezählt werden muß. Das kommt daher – wir wissen das aus der schon im Cod. Leidensis 78 stehenden *Vita* –, daß nach der Korrektur des postumen Werkes durch den wie alle antiken Herausgeber pietätvoll vorgehenden väterlichen Freund Cornutus der berühmte Grammatiker Caesius Bassus die wissenschaftliche Ausgabe gemacht hat. Wenn wirklich Valerius Probus, der Zeitgenosse des Persius, bald hernach einen Kommentar verfaßt hat (so R. HANSLIK zuletzt in der RE., 2. R., 15. Hbb. 1955, 207), so kann sich am Text, sollte man meinen, nichts geändert haben. Die Überschrift der *Vita*, «Vita Aulis Persi Flacci de commentario Probi Valerii sublata», nicht antik, ist für die Existenz eines Kommentars des Valerius Probus kein strenger Beweis, und die Probusvita Suetons erwähnt keine Kommentare. Daß der Hinweis auf das folgende Buch nicht für Probus gegen Suetons Verfasserschaft entscheidet, für die man plädiert hat, ist selbstverständlich – die *Vita* ist überarbeitet, jeder konnte die *Vita* für seine Zwecke mit einem «hunc librum» zurecht machen –, ebensowenig der Rest, der einer andern *Vita* angehört und mit einem Scholion zusammenhängt, das die Lesart der *Vita* bringt. Beide *Viten* deuten nur auf zwei Ausgaben hin. Die Einheitlichkeit und Vorzüglichkeit des Textes muß daher wohl auf die Ausgabe des Caesius Bassus zurückgeführt werden.

Aus der Menge zahlloser Persius-Hss. heben sich einige besonders heraus. Aus ihnen erschließen wir zwei antike Ausgaben: α = Montepessulanus 212 und Vat. tab. bas. H 36 sind die Rezension des Sabinus (402 n. Chr.), P = Montepessulanus 125 (olim Pithoeanus) und L = Laur. plut. 37,19 bilden eine durch gemeinsame Fehler zusammengeschlossene Klasse β; hinzuzuziehen ist als ältester Zeuge für 1,53–104 das fragmentum Bobiense rescriptum aus dem 4./5. Jh. (E).

Antike kommentierende Tätigkeit hat sich in den Scholien erhalten. Eine Ausgabe dieser Art scheint dem 3. Jh. anzugehören.

Auch Persius ist also in mindestens zwei antiken Ausgaben auf uns gekommen (ob E eine selbständige Ausgabe war, ist schwer zu entscheiden), die gleicherweise zu berücksichtigen sind. Es ist bedenkenswert, daß sich ein so schwieriger Text über so lange Zeit so gut auch über die Umschrift in den Kodex hat halten können.

QUINTILIAN

Die Überlieferung der *Institutio oratoria* beruht auf zwei Handschriftenfamilien, deren eine – die mutili – stark zerstört ist, während die andere vollständig ist. Die mutili werden hauptsächlich vertreten durch den Bernensis 351 und den Paris. lat. 18527, die integri durch den Ambros. E 153 sup. (ohne 9,4,135–12,11,22; dafür der Bambergensis M. 4,14, der aus dem defekten Bernensis 351 abgeschrieben ist, der aber von einer jüngeren Hand aus einer dem Ambrosianus ähnlichen Hs. ergänzt worden ist). L. RADERMACHER unterscheidet davon eine dritte Klasse der kontaminierten Hss., deren Hauptvertreter der Paris. lat. 7723 aus dem 15. Jh. ist. Die kontaminierte Klasse trägt manches zur Textgestaltung bei. Julius Victor, der Rhetor des 4. Jh. – er ist uns im Vaticanus Ottobonianus, 12. Jh., erhalten –, hat Quintilian so ausgebeutet, daß er fast die Stelle einer Hs. vertreten kann. Die beiden Familien beruhen ihrerseits auf einem Archetypus, der sich aus einer antiken Ausgabe mit Varianten herleitet. Die posteriores sind nicht zu verachten, weil sie noch zahlreiche im MA. durch Exzerpte usw. erhaltene Varianten zu haben scheinen.

Es überrascht, daß bei dem Interesse für Rhetorik Quintilian nur in einem Exemplar auf uns gekommen ist. Es ist aber zu bedenken, daß der schlichte Ciceronianismus ihn nicht hat zu rechter Wirkung kommen lassen.

LUCAN

Lucan gehört zu den vielgelesenen Autoren der Kaiserzeit, die für die Wirkung aufs MA. besonders wichtig sind. Seine *Pharsalia*, von der er nur die drei ersten Bücher selbst herausgegeben hat, ist postum veröffentlicht worden. Entsprechend seiner Verbreitung – von Servius an wird er auch von den Grammatikern viel zitiert; vgl. die analoge Erscheinung bei Juvenal –, die entsprechende Ausgaben und Kommentare gezeitigt hat, haben wir außer drei Palimpsesten (fragm. Palat.-Vat. 24, 4. Jh.; fragm. Vind. 35; fragm. Neapol. 4 IV 8) etwa 150 Hss., die überaus häufig kontaminiert sind. Subskriptionen weisen auf antike Ausgaben hin. Die Ordnung der Hss. konnte bis jetzt weder mittels der Unterschriften noch der Kommentare durchgeführt werden. E. FRAENKEL, Gnomon 1926, 517, zeigt unter Anerkennung von PASQUALI, daß manche Varianten auf den Autor oder das erste kritische Exemplar zurückgehen können (vgl. SCHANZ-HOSIUS II, 503).

STATIUS

Während die *Silven* uns durch einen Kodex erhalten sind, den Poggio von einem schlechten Schreiber hatte abschreiben lassen, ist die Überlieferung der *Thebais* und *Achilleis* interessanter und vielfältiger. Statius ist erst in der Spätantike – ab 400 – häufiger gelesen und nachgeahmt worden. Das teilt er mit andern, z. B. Juvenal. In dieser Zeit sind auch die Scholien entstanden. Die Überlieferungsgeschichte zeigt den Wert des geographischen Kriteriums (PASQUALI 175 ff.). An Güte ragt hervor der Puteanus (Paris. lat. 8051, 9. oder 10. Jh.). Er war im Besitze des Klosters Corbie und ist dort wohl geschrieben worden. Er leitet sich nach der subscriptio aus dem Altertum her: «Codex Iuliani viri clarissimi». Julian mag zum Symmachus- und Cassiodorkreis gehören. Der Text stimmt mit dem des Grammatikers Priscian zusammen, der zu diesen römischen Herren Beziehungen hatte. Zwischen dem Ms. des Julianus und P, dem Puteanus, muß nach den Korruptelen noch ein Zwischenglied in insularer Schrift angenommen werden. Da wir wissen, daß Aelberht, der Bischof von York (767–778), aus Italien einen Kodex des Statius nach Britannien gebracht hat, hat A. Klotz (vgl. Teubner-Ausgabe) geschlossen, daß P eine Kopie des Kodex von York war.

Von der *Achilleis* allein ist in Eton (E, Etonensis) ein Kodex in beneventanischer Schrift erhalten, der sicher in Süditalien geschrieben wurde (11. Jh.). E geht gegen die anderen Hss. des 10. Jh. oft mit P zusammen, wenn er auch kontaminiert ist und sich von der karolingischen Vulgata ableitet. Eine Reihe vorzüglicher Lesarten können nur aus der Kollation mit einem vorzüglichen Exemplar stammen, das unabhängig von P, aber P sehr ähnlich war. Im 11. Jh. oder etwas früher hat sich also in Süditalien ein Kodex der *Achilleis* erhalten, der P ähnlich war. So ist in der *Achilleis* eine reinere Tradition nur deshalb auf uns gekommen, weil der Kodex schnell nach Britannien kam, während die Überlieferung in Süditalien von eifrigen Vergleichern teilweise verdorben wurde. An der Peripherie – Britannien und Süditalien – haben sich also reinere Traditionen gerettet. Sie gehen auf die Grammatikertradition der Spätantike zurück. Die karolingische Vulgata hat zahlreiche Vertreter, die nicht auseinander abgeschrieben sind, aber auf ein Exemplar mit spezifischen Fehlern wie Versausfall (*Theb.* 9, 759) zurückgehen. Sie scheint sich im 5. und 6. Jh. in Gallien gebildet zu haben (A. Klotz a.a.O. LXXI). Es handelt sich also wieder um zwei antike Ausgaben, eine Grammatikerausgabe und eine Vulgata, die beide Abkömmlinge in insularer Schrift erzeugten.

MARTIAL

Der «verwegne» Martial ist zu Lebzeiten berühmt gewesen und während der ganzen heidnischen wie christlichen Antike gelesen worden. Vier Buchhändler haben gewetteifert, ihn berühmt zu machen, er selbst hat mehrere Ausgaben seiner Epigramme veranstaltet (vgl. R. Helm, RE., 2. R., 15. Hbb. 1955, Sp. 55–85).

Die Hss. gliedern sich in drei Familien:

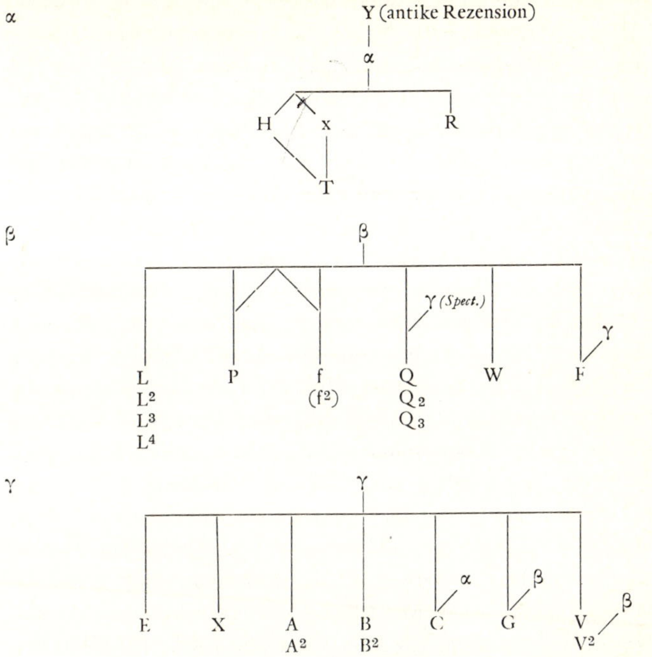

A	Voss. lat. primus Q 56	L	Berol. lat. 2° 612 (olim Lucensis)
B	Voss. lat. secundus Q 121	P	Vat. Palat. lat. 1696
C	Voss. lat. tertius F 89	Q	Brit. Mus. 136 (olim Arondellianus)
E	Edinburgensis	R	Voss. lat. Q 86
F	Florentinus (verloren)	T	Thuaneus, Paris. lat. 8071
f	Laur. plut. 35,39	V	Vat. lat. 3294
G	Gudianus (Wolfenbüttel) 157	W	Wittiana fragmenta (verloren)
H	Hauptii Vind. lat. 277	X	Puteanus, Paris. lat. 8067

α besteht nur aus Florilegien (2/3 der Epigramme), dafür hat es allein den *Liber spectaculorum* vollständig, β hat die subscriptio des Torquatus Gennadius (401) und spätantike Lemmata, γ ist die Vulgata. Obwohl die gleiche Reihenfolge der Gedichte und die einheitliche Stellung der *Xenia* als Buch 13 und der *Apophoreta* als Buch 14 auf eine gemeinsame Grundlage weisen, besteht doch kein Zweifel darüber, daß drei Rezensionen des Altertums vorliegen. α hat dabei seine Selbständigkeit durch die Erhaltung der *Spectacula* erwiesen und zeigt die Eigenart, daß es obszöne und grobe Wörter durch euphemistische ersetzt, was nicht unbedingt auf Christentum, sondern allgemein auf gute Gesellschaft weist; β beweist seine Selbständigkeit durch die subscriptio des Gennadius. Obwohl auch vornehme Dilettanten in dieser Zeit, zumal wenn sie Fachleute heranziehen, philologisch Gutes zustande bringen können, gehört Gennadius offenbar nicht zu den Erwählten; man vermutet, daß die Rezension, die vor allem durch die Lemmata und Titel vor den Epigrammen sich als solche ausweist, trotz ihrer späten Sprachform vor ihm hergestellt wurde (vgl. Calliopiusrezension und PASQUALI 417); γ, die Vulgata, ist viel lückenhafter. Nicht so sehr die äußerst geringe Zahl gemeinsamer Korruptelen, aber die Anordnung der Gedichtbücher weisen auf den Willen eines Herausgebers. Die Klassen unterscheiden sich zudem so in den Lesarten, deren Änderung nicht ohne weiteres klar ist und nicht auf Martial zurückgeführt werden kann, daß man die Gesamtausgabe bald nach Martial ansetzen wird. Diese wird Varianten der Originalausgaben Martials gehabt haben. In einzelnen Fällen muß man sie auf den Autor selbst zurückführen (PASQUALI 420ff., nach LINDSAY). Vermutlich ist der *Liber spectaculorum* bei der Umschrift in den Kodex verlorengegangen, als man den Epigrammatiker Martial haben wollte und der Zeitbezug auf das Kolosseum eher störte als aktualisierte. Weiteres bei W. M. LINDSAY, Ancient editions of Martial, Oxford 1903; W. HERAEUS, Rh. Mus. 74, 1925, 314ff.; E. LEHMANN, Antike Martialausgaben, Diss. Jena 1931; PASQUALI 415ff.; R. HELM a.a.O. Sp. 84f.

TACITUS

Die Überlieferung der Tacitus-Hss. entspricht dem, was wir von seiner sonstigen Überlieferungsgeschichte wissen. Die Sorge des Kaisers Tacitus scheint sich bewahrheitet zu haben. Die Zeiten haben nicht mehr das Niveau und die Geduld, den größten römischen Historiker zu lesen. Ein einziges Exemplar ist von jedem Werk ins MA. gekommen.

Für die ersten 6 Bücher der *Annalen* ist der einzige Zeuge der Mediceus I = Laur. plut. 68,1, 9. Jh. Bücher 11–16 der *Annalen* – der Schluß des 16. Buches ist bekanntlich nicht erhalten – und Bücher 1–5 der *Historien* sind allein im Mediceus II = Laur. plut. 68,2 überliefert (der Kodex wurde im 11. Jh. in langobardischer Schrift im Kloster Monte Cassino geschrieben und von Boccaccio um 1370 entdeckt).

Die kleinen Schriften gehen alle auf einen aus Fulda stammenden Hersfelder Kodex zurück, der außer *Germania*, *Agricola*, *Dialogus* noch Sueton, *De grammaticis et rhetoribus* enthielt. Die abenteuerlichen Schicksale dieser Hs. gehen die humanistische Entdeckungsgeschichte an (s. S. 541f.). Ein bedeutendes Stück des verlorenen Hersfeldensis hat sich 1902 in der Bibliothek des Grafen Balleani in Jesi bei Ancona gefunden (s. R. Till, Handschriftliche Untersuchungen zu Tacitus' Agricola und Germania, Berlin 1943). Es gilt, aus einer beträchtlichen Menge von Abschriften den Hersfeldensis zu rekonstruieren.

Hier muß die Textgeschichte ganz aus den Eigenarten je einer Hs. erschlossen werden. Um 400 ist auch Tacitus gelesen worden. Orosius zitiert ihn, der Symmachuskreis und Ammianus Marcellinus sehen in ihm ein Vorbild. Wenn Tertullian *Apol.* 161 zitiert: «Cornelius Tacitus in quinta historiarum suarum», wird er einen Tacitus in Rollen vor sich gehabt haben. Hieronymus dagegen (*Komm. zu Zach.* 3,14 = Migne, Patrol. lat. 25,1522) hat eine Ausgabe gehabt, in der die *Historien* auf die *Annalen*, also in der Reihenfolge der Ereignisse, nicht der Entstehung folgten, wenn er schreibt: «Cornelius Tacitus, qui post Augustum usque ad mortem Domitiani vitas Caesarum, (so wird Tacitus im Sinne der Suetonischen *Viten* interpretiert) triginta voluminibus exaravit» («Cornelius Tacitus, der nach Augustus bis zum Tode Domitians die Lebensläufe der Kaiser in 30 Büchern ausgearbeit hat»). In diesem Zusammenhange scheint es wichtig, daß der Medic. II das erste Buch der *Historien* als «liber decimus septimus ab excessu divi Augusti» zählt (vgl. den Apparat der Oxford-Ausgabe zum Anfang der *Historien*). Das weist, wie auch der Inhalt der *Annalen*, auf 16 Bücher *Annalen*, auf 14 Bücher *Historien*. Wer des formalen Prinzips der Komposition in 6 Büchern wegen 12 Bücher *Historien* annimmt (R. Syme, Tacitus, Oxford 1958, 211, Anm. 2 u. App. 35), müßte sich mit dieser subscriptio auseinandersetzen.

Die Korruptelen der singulären Texte auf die Zeiten zu verteilen – manche nehmen zu viele Lücken des Kodex an – und sie genau zu bestimmen ist abhängig vom Stande der Tacituskritik. Manche sind auch durch die Humanisten erst hineingekommen wie *Germ.* 36 «nomina superioris» statt des vorzüglichen, überlieferten «nomine superioris». *Ann.* 15,44,4 zeigt sich, daß eine Interpolation, die den Text inzwischen entstellt hatte – ein in den Text gedrungenes juristisches Interpretament –, Sulpicius Severus (*Chron.* 2,29,2) bekannt war (geb.

um 360). Wenigstens hier fassen wir – wenn auch entstellendes – Leben, sagen wir, um 300.

PLINIUS DER JÜNGERE

Der *Panegyricus* ist im Korpus der Panegyriker erhalten, das 10. Buch der Briefe, der Briefwechsel mit Trajan, ist allein in einem verlorengegangenen Parisinus auf uns gekommen, die Hss. der anderen Briefe teilen sich in drei Familien, die ein teilweise abenteuerliches Schicksal gehabt haben, aber alle auf einen Archetypus zurückgehen. Eine Unzialhs. aus dem 6. Jh., die 2,20,13–3,5,4 enthält (aus dem Besitz von Pierpont Morgan: M 462), könnte nach der Vermutung RANDS und LOWES ein Rest des Parisinus sein. Er zeigt ein ziemlich tiefes Niveau. Die Kärglichkeit der Überlieferung entspricht der Tatsache, daß wir so gut wie kein Zitat haben, das auf die Lektüre der Pliniusbriefe deutete.

Bei Plinius fängt die Problematik mit der Rekonstruktion der ma. Überlieferung aus den Hss. an. Der Kompliziertheit wegen bleibt ein Stemma besser weg. Der Archetypus müßte, wenn M 462 der Parisinus ist, ins ausgehende Altertum gesetzt werden.

G. CARLSSON, Zur Textkritik der Pliniusbriefe, Lund 1922; ders., Gnomon 5, 1929, 134ff.; E. A. LOWE and E. K. RAND, A sixth-century fragment of the letters of Pliny the Younger, Washington 1922.

JUVENAL

Die Beurteilung der Juvenalüberlieferung hat durch den letzten Aufsatz F. JACOBYS, Hermes Klingnerianus 87, 1959, 449–462, eine neue Wendung genommen.

Juvenal ist viel schlechter überliefert als Persius. Er ist nicht wie dieser in der Schule gelesen worden. Ja, das Interesse für ihn ist erst gegen das Ende des 4. Jh. lebhaft geworden (Zeugnis Amm. Marc. 28,4,14).

Das Problem, wir dürfen wohl sagen: war, Ordnung in die Fülle der Hss., die alle kontaminiert sind, zu bringen. Einen Begriff von der Fülle der Hss. erhält man durch das Verzeichnis in der Ausgabe von U. KNOCHE, München 1950, XII–XXXII. KNOCHE ist es gelungen, die Überlieferungsmasse, trotz ihrer durchgängigen Vermischung, mit neuen

Kriterien auf eine spätantike Ausgabe zurückzuführen (vgl. PASQUALI 179ff.; U. KNOCHE, Handschriftliche Grundlagen des Juvenaltextes, Philologus, Suppl. 33, Heft 1, 1940; vgl. auch S. PRETE, Kritik der Ausgabe Knoches, Gnomon 24, 1952, 328ff.). Diese Ausgabe stammt aus der Schule des Servius. Sie ist nach U. KNOCHE (vgl. Einführung zur Übersetzung, München 1951) bis in die Varianten, ja Orthographika rekonstruierbar, d. h. wir fassen hier das eine spätantike Exemplar, von dem alles Weitere ausgeht, einmal die Π-Kodizes – dazu gehört in erster Linie der auch für Persius nicht unwichtige Montepessulanus Med. H 125 – und eine nicht viel später (noch gegen 400) hergestellte, auf Lesbarkeit und Gefälligkeit ausgehende Vulgata Ω. Diese Vulgata ist in ihrer Wirkung schon in den drei erhaltenen antiken Fragmenten spürbar (U. KNOCHE, Einleitung zur Übersetzung 21).

Die Schäden der Juvenalüberlieferung liegen nach KNOCHE nicht so sehr in der Form des Wortlautes, sondern in größeren Korruptelen, die Auslassung oder Hinzufügung ganzer Verse betreffen. Diese Schäden sind in den 250 Jahren entstanden – nach KNOCHE –, in denen Juvenal so gut wie nicht gewirkt hat, jedenfalls philologisch nicht geschützt war. Nach 400 dagegen ist Juvenal Modeautor, die Grammatiker wimmeln von Zitaten (alle selbständig oder aus früheren Grammatikern ?). Nun ist einmal die Annahme von Grabesruhe um Juvenal, zum andern die Entstehung der schlimmsten Schäden nicht ganz einsichtig. Und es gibt Stellen (vgl. PASQUALI 426), wo die beiden Überlieferungsströme, die durch das Exemplar des Nicaeus, eben jenes Serviusschülers, gegangen sein müssen, verschiedene Eigennamen überliefern. Hier nahm PASQUALI nach LEOS Vorgang Autorenvariante an, widerrief das aber in der 2. Auflage. Und nun verteidigt F. JACOBY Autorenvarianten in *Sat.* 3,10–21 und 7,36–61. Er hat mich nicht überzeugt: z. B. schreitet 3,17 mit «descendimus» im Asyndeton die Handlung, wie sonst nirgends belegt, nicht fort, sondern nach einer leicht erkennbaren Ortsbeschreibung wird das Spannung erweckende «substitit» – der Singular ist ausgezeichnet, weil Umbricius, nicht der Begleiter Juvenal, für ein Haltmachen verantwortlich ist – mit «descendimus» expliziert. Und G. JACHMANN (Studien zu Juvenal, Göttingen 1943) erklärt LEOS sichersten Fall einer Doppelfassung, d. h. einer Autorenvariante, *Sat.* 8,1–10, für eine Interpolation (6–8 ist interpoliert). Auch hier glaube ich, im Sinne HOUSMANS mit Verbalkritik auskommen zu können, von den ganz großen «Interpolationen» *Sat.* 6,365,1–34 und dem Verlust – oder der Hinzufügung? – der *Sat.* 16 zu schweigen. Juvenal muß auch in Kodizes umgeschrieben worden sein. Daß um 400 eine kritische Ausgabe über das Handexemplar des Dichters verfügte – F. Jacoby a.a.O. 458 –, wird man kaum glauben. Woher die Varianten, woher die Scholiengelehrsamkeit, wenn nicht etwa im 2. Jh. ein Kommentar und Ausgaben hinzukommen? Man kann auf den Ausgang des philologischen Kampfes gespannt sein. Auf keinen Fall wird man sich auf eine Interpolations- oder Autorenvarianten-«Doktrin» festlegen: beides muß vom speziellen Fall her entschieden werden und ist durchaus vereinbar.

TERTULLIAN

Tertullian, der erste christliche Apologet großen Formats, der im Unterschied zur griechischen Seite der Apologie literarischen Rang durch einen kunstvollen Aufbau hinzugewinnt, ist seit Lebzeiten bis zu Augustin, ja dem Ausgang der Antike viel gelesen worden. Für das 5. Jh. lassen sich mindestens zwei antike Ausgaben nachweisen.

Ein besonders aufschlußreiches Schicksal, das die Rezension erweist und die Stilkritik sichert, hat das *Apologeticum* erfahren. Die Gedanken des *Apologeticum* hatte Tertullian zunächst in den zwei Büchern *Ad nationes* formuliert. Vom *Apologeticum* selber arbeitete er zuerst eine Fassung aus, darauf eine endgültige, die in stilistischen Kleinigkeiten, aber auch in der schärferen Fassung der Gedanken einen Fortschritt brachte, der – es handelt sich um wenige Monate – weniger auf ein Reifen als auf tiefer dringende Besinnung zurückgeführt werden mag.

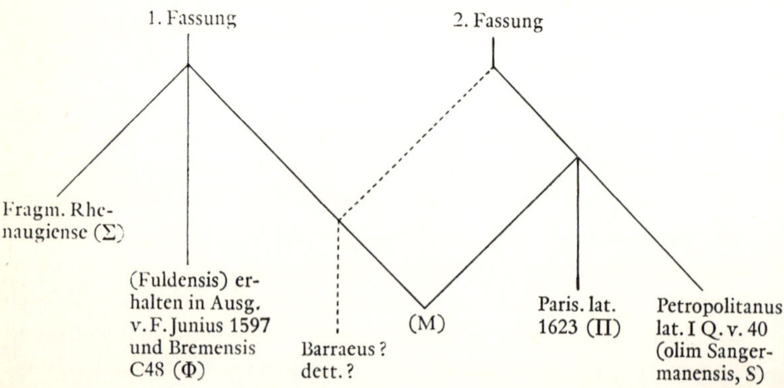

Beide Fassungen sind, wie nach G. THÖRNELL (De Tertulliani Apologetico bis edito, Uppsala 1926) C. BECKER auf hohem Niveau erwiesen zu haben scheint (C. BECKER, Tertullians Apologeticum, München 1954, bes. 142), auf uns gekommen, die frühere sogar recta via in einem jetzt verlorenen Kodex des Klosters Fulda. Das Stemma für das *Apologeticum* (s. vorangehende Seite) macht diese Überlieferungsverhältnisse deutlich.

MINUCIUS FELIX

Minucius Felix ist als 8. Buch des Arnobius (*Adv. nationes*) im Paris. lat. 1661 überliefert worden. Auf Grund von Notizen bei Laktanz und Hieronymus (Laktanz, *Div. inst.* 5, 1, 22; 1, 11, 55; Hieronymus, *De viris illustribus* 58) erkannte 1560, 17 Jahre nach der Editio princeps, Franciscus Balduinus in diesem 8. Buch den *Octavius* des Minucius Felix. Der einzige Kodex – der Bruxellensis 10847 ist eine Abschrift aus ihm – geht über ein Minuskelexemplar auf einen Unzialkodex zurück. Der Schreiber des Parisinus (Anfang 9. Jh.) scheint, was er schrieb, vielfach nicht verstanden zu haben – die beste Sorte Schreiber, die es gibt. Deshalb ist man von einer maßlosen Konjekturalkritik wieder abgekommen. Minucius Felix mit seinem Ciceronianismus teilte das Schicksal der Apologeten, die immer weniger gelesen wurden. So hat sich nur ein Exemplar erhalten.

LAKTANZ

Von den *Institutionen* des Laktanz sind etwa 200, von *De opificio dei* etwa 150, von *De ira* noch mehr Hss. erhalten. Kurze Zeit nach seinem Tode wurden die Schriften, die ins Christentum einführten – *De opificio dei*, die *Institutiones*, die *Epitoma* und *De ira* –, zu einem Korpus von 10 Büchern zusammengestellt. Diese Ausgabe ist viel gelesen worden, während die andern Schriften zurücktraten und zugrunde gingen (SCHANZ-HOSIUS III, 435f.; außer dem Gedicht auf den Vogel Phoenix und *De mortibus persecutorum*). Eigentümlich ist das Schicksal der Schriften *De opificio dei* und der *Institutiones*. Es wurden nämlich wahrscheinlich noch im 4. Jh. die dualistischen Stellen darin, die anstößig waren, und die Anreden an Konstantin, die man als lästig empfand, gestrichen. Neben der Urausgabe entstand also eine revidierte Ausgabe. Beide lassen sich in unserem Handschriftenbestand unterscheiden und sind auf uns gekommen. Und zwar ist die revidierte Ausgabe in den ältesten Hss. erhalten, der Gruppe I, bestehend aus dem Bononensis 701 (B) und dem Palimpsest Sangallensis 213 (G).

Der Überlieferungsstand spiegelt die Tatsache einer eifrigen Beschäftigung und Diskussion und unterstützt die Behauptung, daß es nicht der äußere Geschichtsverlauf, sondern der Erhaltungswille bewußter Menschen ist, der die Bücher rettet.

AUGUSTIN

Wenn hier die noch nicht aufgearbeitete Überlieferung Augustins (selbst H.-I. Marrou zitiert nach der Ausgabe der Mauriner in seinen Arbeiten) überhaupt angerührt wird, so nur, um an ein paar Tatsachen die Weite der Überlieferung anzudeuten, die der Bedeutung Augustins im Kampf der Geister entspricht. Und wie zwischen 2. Auflage und 2. Auflage, zwischen Interpolation und Interpolation ein tiefer Unterschied bestehen kann, so jetzt in den «Pseudepigrapha», den fälschlich zugeschriebenen Schriften. Zur Zeit der Republik mochte man aus politischen Gründen jemandem eine Schrift unterschieben, im Laufe der Überlieferung mochte aus Unachtsamkeit oder Ruhmsucht manches unter einen falschen Namen kommen (vgl. im allgem. E. H. Clift, Latin Pseudepigrapha, Baltimore 1945); jetzt wurden Schriften gefälscht, um Autoritäten für die eigene Glaubenssache zu gewinnen. Von diesem Betrieb gibt E. Arns (La technique du livre d'après saint Jérôme, Paris 1953, 154 ff.) ein anschauliches Bild.

Ein paar Tatsachen für die Wirkung und Weite der Überlieferung: Von den 94 in den *Retractationes* aufgeführten Schriften Augustins sind nur 10 verlorengegangen. Bis zum 12. Jh. sind nach A. Kalb und A. Wilmart für *De trinitate*, *Confessiones*, *De civitate dei* folgende Anzahl von Hss. erhalten:

	De trinitate	*Confess.*	*De civ. dei*
6. Jh.			1
7. Jh.		1	4
8. Jh.	2		1
9. Jh.	12	9	19

	De trinitate	*Confess.*	*De civ. dei*
10.Jh.	9	8	20
11.Jh.	15	21	22
12.Jh.	53	52	80

Auch die Interpolation gewinnt einen neuen Sinn. Noch aus dem 6. oder dem 7.Jh. stammen zwei Ausgaben, repräsentiert durch L und C, aus einer unbekannten früheren Quelle.

L ist frei von Interpolationen, C ist interpoliert, hat aber öfter die bessere Lesart. Die recentiores haben weniger Interpolationen als C. Sie müssen also mit C auf eine frühere gemeinsame, noch antike Ausgabe zurückgehen. Das Stemma für *De civitate dei* nach DOMBART-KALB weist auf die komplizierte gegenseitige Durchdringung der Hss. hin (Buch 1 und 2):

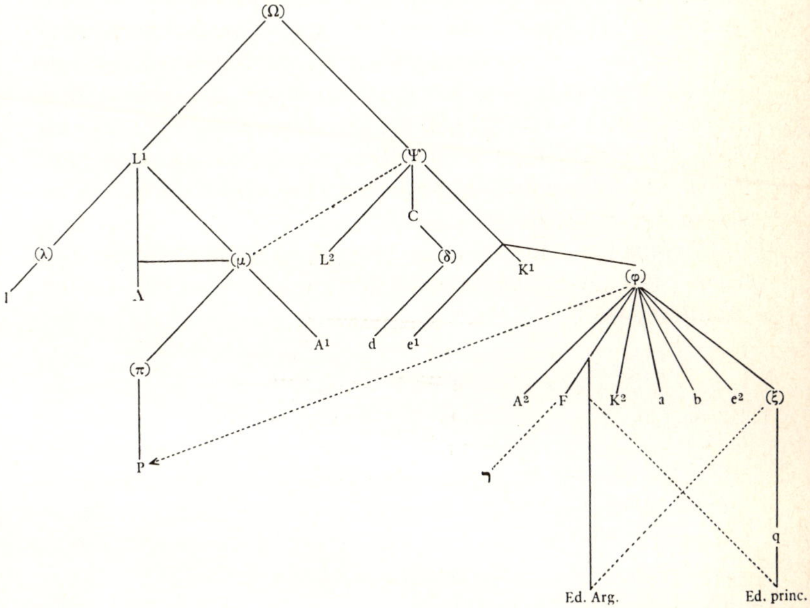

A	Monac. lat. 3831	F	Monac. lat. 6267
C	Paris. lat. 12214 (olim Corbeiensis)	K	Colon. lat. 75
		L	Lugdun. lat. 606

Λ	Lugdun. lat. 606	e	Paris. lat. 11638	
S	Sangall. lat. 178	l	Lugdun. lat. 606	
ר	Monac. lat. 13024	p	Patav. lat. 1469	
a	Paris. lat. 2050	q	Patav. lat. 1490	
b	Paris. lat. 2051	s	Spec. cod. S. Crucis 138	Rom,
d	Paris. lat. 2053	t	Spec. cod. S. Crucis 391	B.N.

Ed. princ. anno 1467 Sublaquei excusa
Ed. Arg. = Argentoratensis typis J. Mentelini anno 1468 expressa

PRUDENTIUS

Der berühmteste christliche Dichter, noch nicht in dem Katalog der christlichen Schriftsteller enthalten, den Hieronymus 392 veröffentlichte, wird zwar von Hieronymus und Augustin nicht erwähnt, wird aber seit dem 5. Jh. eifrig gelesen und hinfort in seiner Geltung nicht angetastet. Die erhaltenen etwa 300 Hss. sind von BERGMANN verglichen worden. Zwei, der Puteanus aus dem 6. Jh. und der aus Bobbio stammende Ambrosianus aus dem 7. Jh., gehören in die Übergangszeit von Altertum zum Mittelalter. Man sieht, wie die Grenzen fließender sind als für die griechische Überlieferung. Spuren von Autorenvarianten zeigen sich *Lib. cath.* 10,9ff.; 3,100; *Psychom.* 727–729; *Harmatig.* 862(?). Wie sich die zwei spätantiken Klassen, die auf einen Archetypus zurückgehen und ihre beiden ma. Unterklassen zueinander verhalten, bedarf weiterer Klärung.

J. BERGMANN, Ausgabe 1926 (C.S.E.L. 61); F. KLINGNER, Gnomon 6, 1930, 39–52; G. MEYER, Philologus 87, 1932, 249ff. u. 322ff.; PASQUALI 435ff.

BOËTHIUS

Die Überlieferung der einzelnen Werke des Boëthius ist verschieden. Ein Turiner Palimpsest aus dem 6. Jh., enthaltend Stücke der *Institutio oratoria*, führt in die Nähe des Autors ebenso wie die subscriptiones zu den logischen Arbeiten des Boëthius: Cod. von Orléans 223, 10./11. Jh., in Verbindung mit dem Ashburnhamensis Nr. 31 du fonds Libri: «Martius Novatus Renatus v. c. et sp. relegi meum; Contra codicem Renati v. s. correxi qui confectus ab eo est Theodoro antiquario qui nunc Palatinus est.» MONTFAUCON, Bibl. bibliothecarum 2,1130d, bemerkt zu einem Cod. Sangermanensis 481: «Ex codice vetustissimo quem Theodorus Mavortio consule indictione V propria manu exscripserat ex authentico Flaviani, qui Flavianus Prisciani discipulus fuerat. Mavortii autem consulatus cadit in annum 527.» Nach diesen Subskriptionen hat ein Kopist Theodorus 527 die logischen Abhandlungen des Boëthius abgeschrieben, Martius Novatus Renatus sie revidiert (SCHANZ-HOSIUS IV, 2. Hälfte, 151).

Das berühmteste Werk des Boëthius, die *Consolatio philosophiae*, ist uns in 400 Hss. erhalten, die aber nicht über das 9. Jh. zurückgehen. Während man andere Werke auf verschiedene antike Exemplare, d. h. Ausgaben im weiteren oder engeren Sinne, zurückführen kann, gehen nach Annahme der Herausgeber (A. ENGELBRECHT, W. WEINBERGER) alle auf einen Majuskelarchetypus zurück, der in Minuskeln umgeschrieben wurde (d. h. neben dem antiken Majuskelarchetypus wird ein zweiter, ein Minuskelarchetypus angenommen). Man könnte die Hoffnung hegen, mit dem Majuskelarchetypus zum Autorexemplar vorzudringen. Weisen die Boëthiusbilder des Bambergensis und einer Hs. des 13. Jh., die jedenfalls ein antikes Motiv variiert, darauf hin (vgl. E. BETHE, Buch und Bild..., 90; 140,17; 142,39)? Aber der Archetypus unserer Hss. war nicht das Autorexemplar. Wir erschließen ein antikes Buch mit seinen individuellen Fehlern, also auch nicht nur eine maßgebende antike Ausgabe, aus den Bemerkungen eines philosophisch interessierten, aber nicht sehr verständigen philosophischen Lesers, die in den Text gerieten, aus Glossierungen ungewöhnlicher Wörter, die bei der Umschrift in den Text aufgenommen wurden, aus mechanischen Korruptelen, bei denen über der Zeile geschriebene Wörtchen doppelt in die Zeile selbst herunterrutschten. Der Text ist vorzüglich überliefert, die gemeinsamen Fehler äußerst selten, aber doch so differenziert, daß der Schluß auf ein Exemplar bald nach dem Autor gesichert erscheint (vgl. K. BÜCHNER, Bemerkungen zum Text der consolatio philosophiae des Boëthius, Hermes 75, 1940, 279 ff.; L. BIELER, Ausgabe im C.C. 1957; K. BÜCHNER, Ausgabe, ²Heidelberg 1960).

Die Beispiele, um zum Schluß zu kommen, haben ihr Ziel erreicht, wenn klar geworden ist, wie vielfältig und individuell die Überlieferung besonders des lateinischen Bereiches ist. Sie unterscheidet sich hierin von der des griechischen. Für bestimmte Erscheinungen wie «die Interpolatoren» ist hier kein Raum. Gewiß, es gibt interpolierte Texte im Altertum, bei den Karolingern, bei den Humanisten. Das ist am Text zu erweisen und im Motiv zu begründen. Die Unterscheidung zwischen «ungewollter» und «gewollter» ist primitiv und nichtssagend. Gemeint ist einmal böswillige Entstellung der Texte. Sie ist in den seltensten Fällen anzunehmen. Man gewinnt gerade aus dem breiteren Überblick das Gefühl, daß mit höchster pietas und fides auch das Unverstandene bewahrt wird. «Ungewollt» aber ist ein Begriff, der ungeheuer viel umschließt; denn Wollen und Können sind aufeinander bezogen. Vieles, was wie böser Wille, Leichtfertigkeit, Anpassung an die Zeit aussieht, ist vielleicht nur mangelndes Können. Keinesfalls soll man aus solchen Dingen Weltanschauungsfragen machen. Bei den flüssigen Begriffen des Altertums ist zweite Auflage, Autorenvariante, Ausgabe, Rezension, Interpolation usw. etwas sehr Verschiedenes. Die Erkenntnis dessen, was gerade passiert ist und was der Autor geschrieben haben muß, ist das Ziel einer mit allen Techniken zu erreichenden Methode. Philologische Methode hat aber immer das Besondere zu ihrem Gegenstand. Jede Doktrin – wie etwa die Gleichsetzung des Probus mit der alexandrinischen Periode, die Annahme des einzigen Archetypus in der Spätantike statt der so oft zutage tretenden offenen Überlieferung – ist zunächst mit äußerster Skepsis zu betrachten. Erst wenn man alles Individuelle in die unberechenbaren großen kulturellen Bewegungen eingeordnet hat, kann man von einer Geschichte der Überlieferung sprechen. Sie wird eine dauernde Aufgabe und eine der spezifischsten Leistungen der Philologie bleiben.

Quelle der Abbildungen: E. CHATELAIN, Paléographie des classiques latins, 2 Bde.; Paris 1884–1900.

ÜBERLIEFERUNGSGESCHICHTE DER BYZANTINISCHEN LITERATUR

von Prof. Dr. HANS-GEORG BECK, München

Franz Dölger zum 70. Geburtstag

Je stärker ein Volk ererbten klassischen Werten verhaftet ist, um so größerer geistiger Spannweite bedarf es, wenn es denen gerecht werden will, die in seinen Reihen Eigenes schaffen wollen. Mag dieses Eigene im Augenblick eine gewisse mißtrauische oder auch vergnügte Anerkennung finden, die große Sorge um seine Erhaltung, wie man sie dem Klassischen widmet, bleibt ihm versagt. Byzanz, das durch den Mund eines seiner bedeutendsten Literaten, Theodoros Metochites, erklärt, es habe und vermöge nichts mehr zu sagen – «*ὅτι οὐκ ἔστι νῦν λέγειν*» –, das durch denselben Mund die klassische Antike mit einem bestens belieferten Markt vergleicht, auf dem alles und alles viel vorzüglicher zu haben ist als in der Gegenwart, die besten Stoffe, die beste Form und die beste Methode – dieses Byzanz ist wohl das Musterbeispiel einer solchen Verhaftung. Die unmittelbare Folge ist denn auch, daß sich die byzantinische Gelehrten- und Schreiberwelt, um nicht zu sagen die byzantinischen Verleger, wesentlich mehr um die Tradition der antiken Literatur bemühte, wobei sie sich unsterbliche Verdienste erwarb, als um die Pflege des Eigenen. Dies drückte sich gar nicht so sehr in der Zahl der jeweils erhaltenen Handschriften aus als vielmehr in der Sorgfalt, die man dem Text selbst angedeihen ließ. Dabei ist die byzantinische Literatur durchaus nicht unbeachtlich, ja sie weist Leistungen von hohem Rang auf. Der großen byzantinischen Historiographie hat der mittelalterliche Westen lange nichts Entsprechendes an die Seite zu stellen, und die abendländische Chronistik lebt lange Zeit von Übersetzungen aus dem Griechischen, wenigstens da, wo die Interessen über die eigenen Münstertürme hinausreichen. Aber auch das byzantinische Heldenepos kann sich mit dem abendländischen messen, während die byzantinische Kunstprosa überhaupt ein Gebiet bleibt, das im wesentlichen außer Konkurrenz steht.

Wenn nun die Einstellung der Byzantiner zu ihrem Eigenbesitz an Literatur schon von vornherein eine Überlieferungsgeschichte erwarten läßt, die alles eher als befriedigend ist, so kommt für die Darstellung dieser Überlieferung noch der Umstand hinzu, daß diese Literatur auch unter der Mißachtung der Neuzeit zu leiden hatte. In dem Augenblick, wo man kritisch zwischen Antike und Byzanz unterscheiden lernte, versank das byzantinische Erbe im Bodenlosen des Unklassisch-Verächtlichen. Die Schar derjenigen, welche durch solche Vorurteile nicht zu beirren waren, blieb immer sehr klein, so daß z. B. die Editionsarbeit, die geleistet werden konnte, in keiner Weise dem Bestand an Texten gerecht wurde. Die wichtigsten Autoren dieser Literatur benützen wir heute noch in Ausgaben, deren Hersteller sich um keine Textgeschichte kümmerten. Auf ein Dutzend repräsentativer Historiker treffen höchstens drei oder vier, die einen Editor gefunden haben, der sich nicht damit begnügte, die nächste beste und vielleicht noch eine zweite Handschrift in der Offizin abzuliefern und das übrige der Göttin des Glücks anzuvertrauen. – Sie war selten hold. So ist das Bild, das von dieser Überlieferung gezeichnet werden kann, zu einem nicht geringen Teil ein Ergebnis des Zufalls und auf jeden Fall ein Fragment. Was angestrebt werden kann, ist weniger ein geschlossenes Ganze als eine Sammlung von Beispielen, an denen sich die verschiedenen verschlungenen, manchmal bizarren, manchmal jeder kulturgeschichtlichen Aussage baren Weisen zeigen lassen, wie es kam, daß dies oder jenes Werk den Weg aus der Werkstätte des Verfassers bis in unsere Zeit fand[1].

1. *Die historische Literatur*

Wenn man mit einem gewissen Recht in Historiographie und Chronistik eine der Hauptleistungen der byzantinischen Literatur[2] sieht, so

[1] Die beste und immer noch unentbehrliche Literaturgeschichte bleibt K. KRUMBACHER, Geschichte der byzantinischen Litteratur, ²München 1897. Man kann auch noch K. DIETERICH, Geschichte der byzantinischen und neugriechischen Literatur, ²Leipzig 1909, heranziehen. Vgl. auch G. MONTELATICI, Storia della letteratura bizantina, Milano 1916. KRUMBACHER bietet in seinem Werk nicht nur in den einleitenden, zusammenfassenden Übersichten, sondern auch bei den einzelnen Autoren zahlreiche wertvolle Hinweise zu unserem Thema. Zur großen Bedarfsfrage an Editionen und kritischen Untersuchungen vgl. F. DÖLGER, Aufgaben der byzantinischen Philologie von heute (Das Altertum 1, 1955, 44–58) und H.-G. BECK, Stand und Aufgaben der theologischen Byzantinistik, Ostkirchl. Stud. 6, 1957, 14–34.

[2] Auch bei der historischen Literatur ist zunächst auf KRUMBACHER zu verweisen, sodann auf M. E. COLONNA, Gli storici bizantini dal IV al XV secolo I.: Storici profani, Napoli 1956, sowie auf G. MORAVCSIK, Byzantinoturcica I: Die byzantinischen Quellen der Geschichte der Turkvölker, ²Berlin 1958. Da so gut wie jeder byzantinische Historiker da oder dort auf ein Turkvolk zu sprechen kommt, bildet das Werk von MORAVCSIK eine Art Neuauflage KRUMBACHERS für die byzantinische Historiographie. – Unter Historiographie verstehe ich die pragmatische, der «Zeitgeschichte» gewidmete Geschichtsschreibung der Byzantiner, unter Chronistik die auf einem prädominierenden, oft theologisch konzipierten chronologischen Schema basierende Annalenschreiberei.

sind die Folgen einer ruinösen Überlieferung kaum irgendwo schwerer wiegend als auf diesem Gebiet. Zugleich aber sind die Schicksale dieser Überlieferung geradezu paradigmatisch für die Schicksale und Eigenart der byzantinischen Tradition überhaupt.

Was vor dem bedeutendsten Historiker des 6. Jh., Prokopios von Kaisareia, also aus jenen so wichtigen Zeiten des Umbruchs, ganz auf uns gekommen ist, gleicht, sieht man von *Zosimos* ab, null. Die Ausnahme Zosimos ist freilich nicht ohne Interesse, denn er ist Zeuge für das Vorhandensein einer noch heidnischen Geschichtsschreibung im 6. Jh.[3]. In seiner *Νέα Ἱστορία*, die bis 410 reicht, geht er von der pragmatischen Idee aus, daß der Verfall des Reiches die Strafe für den Verrat an den alten Göttern sei. Der Text wurde noch im 10./11. Jh. abgeschrieben, und Kopien dieses Vat. gr. 156 wurden auch später immer wieder angefertigt. Man möchte gern wissen, was diesem Historiker, dessen reizlose Schreibe kaum einen Stilisten angeregt haben wird, ein solches Interesse verschafft hat. Wie immer es mit dem Vaticanus bestellt sein mag, von einigen der Kopien, die davon angefertigt wurden, wissen wir jedenfalls, daß sie auf humanistische Interessen des 15. Jh. zurückgehen. So entstammt der Marc. gr. 390 (15. Jh.) der Bibliothek des Kardinals Bessarion, während der Laur. plut. 70, 22 im Jahre 1490 für Lorenzo Medici geschrieben wurde. Freilich war nicht jeder Leser mit einer solchen Toleranz einverstanden, und am Rande der Handschriften finden sich erboste Äußerungen über die Tendenz des Autors, eine Tendenz, die selbstverständlich auch Photios nicht entgangen war (*cod.* 98), der sich dadurch freilich in seinem Urteil über Zosimos nicht beirren ließ.

Läßt man also Zosimos beiseite, so kennen wir aus der Literatur byzantinische Historiker dieser Zeit, von denen kaum noch ein paar Zeilen erhalten geblieben sind. Ich nenne nur die Schilderung der Taten Konstantins durch den Kappadokier *Bemarchios*, die unersetzliche Beschreibung der Germanenkriege des Cäsar *Julianos* aus seiner eigenen Feder und die Chronik des christlichen Sophisten *Helikonios*, die bis auf Theodosios den Großen reichte.

Eine Reihe von wichtigen Autoren kennen wir nur aus Fragmenten, die dem Lese- und Sammeleifer von zwei Humanisten zu verdanken

[3] Zur Überlieferungsgeschichte einzelner Autoren gebe ich nur dann bibliographische Hinweise, wenn sie nicht aus vorhandenen kritischen Ausgaben abgelesen werden kann.

sind, denen ein Ehrenplatz in der byzantinischen Überlieferungsgeschichte gebührt. Es sind dies der Patriarch *Photios* (Patriarch von 858–867 und 877–886) und der Kaiser *Konstantinos Porphyrogennetos* (913–959). Photios[4] hat, noch bevor er Patriarch wurde, an die 300 «notices et extraits» gesammelt – man nennt sie *codices* – über und aus Autoren, die er gelesen hat und deren Lebenszeit zwischen Herodot einerseits und einem seiner Vorgänger auf dem Patriarchenthron, Nikephoros (806–815), liegt. Manchmal wird kaum mehr als der Name genannt, manchmal eine genaue Inhaltsübersicht gegeben und nicht selten eine beträchtliche Anzahl von Fragmenten mitgeteilt. Mag sein Hauptinteresse auch auf dem Gebiet der Stilkritik liegen, seine Fragmente sind für die Rekonstruktion der frühbyzantinischen Historiographie eine Hilfe ersten Ranges. Der *Bibliothek* des Photios verdanken wir Fragmente aus *Olympiodoros von Theben* in Ägypten, der in 22 Büchern eine Materialsammlung für die Jahre 407 bis 425 vorgelegt hatte, sodann Fragmente aus den *Βυζαντιακά* des Sophisten *Malchos* aus dem palästinensischen Philadelphia, Fragmente, die uns den Verlust des Ganzen, d. h. einer wichtigen Hofkritik des ausgehenden Altertums, besonders bedauern lassen. Zu nennen sind ferner die Fragmente aus den *῾Ιστορικά* des *Theophanes Byzantios* für das 6. Jh. und die historisch nicht unwichtige *Vita Isidori* des *Damaskios*.

Über das Einzelne hinaus ist jedoch auch nach der grundsätzlichen Bedeutung der *Bibliothek* des Photios für die Überlieferungsgeschichte zu fragen. Bedeutet diese *Bibliothek* einen Querschnitt durch das Bildungsgut, das einem geistig regen Gelehrten des 9. Jh. wie selbstverständlich zu Gebote stand, oder macht uns Photios in dieser *Bibliothek* mit den Rarissima des antiquarischen Marktes in Byzanz bekannt? Man hat letzteres behauptet[5]. Der allgemein und leicht zugängliche Bestand an Literatur sei damals kaum größer gewesen als heute, und Photios sei sozusagen jener Connoisseur, der uns mit Seltenheiten bekannt macht, die außer ihm schon damals nur noch wenige gekannt haben werden. Freilich ist inzwischen eine Hypothese aufgetaucht, welche die Rolle von Konstantinopel für die Erhaltung dieser seltenen

[4] Zur *Bibliothek* des Photios siehe oben H. ERBSE, S. 244. Besonders sei verwiesen auf K. ZIEGLER, s. v. Photios, RE., N.B., 39. Hbb. 1941, Sp. 667–737, und auf die Einleitung zum ersten Band der im Erscheinen begriffenen Ausgabe der *Bibliothek* durch R. HENRY, Paris 1959.

[5] Zum Beispiel G. GOOSSENS, Rev. belge de phil. et d'hist. 38, 1950, 516ff.

Literatur noch wesentlich verringern könnte. Bekanntlich behauptet Photios im Widmungsbrief an Tarasios, er habe, um diesen seinen Bruder über die Trennung, die durch eine Gesandtschaftsreise des Photios nach dem Kalifat notwendig wurde, hinwegzutrösten, die Früchte der Lektüre während dieser Reise durch einen Sekretär niederschreiben lassen, damit Tarasios wenigstens nachträglich daran teilhabe. Der Text legt nahe, daß Photios damit sagen will, er habe diese Bücher auf der Gesandtschaftsreise gelesen. Das würde ein nicht unerhebliches Diplomatengepäck voraussetzen. Man kann zwar dem Gepäck eines reisenden Gesandten des 9. Jh. kaum von der Sicht des 20. Jh. her Grenzen setzen; immerhin würde es mehr einleuchten, könnte man die Lektüre in die Zeit vor der Reise versetzen und annehmen, Photios habe etwa auf der Reise letzte Hand an seine Notizen gelegt, wenn man nicht gleich, wie geschehen, die Gesandtschaftsreise ins Reich der literarischen Fiktion verweist. Es besteht jedoch kein Grund, an dieser Gesandtschaft zu zweifeln, da die *Bibliothek* kaum der einzige Beleg dafür ist[6]. Wenn nun, so argumentiert B. HEMMERDINGER neuerdings[7], Photios damals etwa nach Bagdad kam, so konnte er dort, wo es eine bedeutende griechische Kolonie mit berühmten Schreibern und Übersetzern und eine beträchtliche griechische Bibliothek gab, sehr wohl eine große Anzahl jener Bücher gelesen haben, deren Inhalt er in der Bibliothek wiedergibt. Gerade die Tatsache, daß sich unter den *codices* viele finden, welche häretische Schriften behandeln, könnte diese Hypothese unterstützen; denn in Bagdad, das dem Zugriff der amtlichen Orthodoxie fernlag, mochte die Möglichkeit, an solche Bücher heranzukommen, sehr viel leichter gegeben sein als im Reich. Die Bibliothek von Bagdad wurde wahrscheinlich das Opfer der Vernichtung, als im Jahre 1258 die Stadt durch die Mongolen erobert und geplündert wurde. Würde sich diese Hypothese bewahrheiten, dann wäre der Glücksfall, den die *Bibliothek* des Photios für die Überlieferungsgeschichte ohnehin darstellt, noch größer, ja phantastisch, und die Überlieferungsgeschichte selbst wäre um ein denkwürdiges Kuriosum reicher.

Aber wie gering der lebendige byzantinische Bestand zur Zeit des

[6] Vgl. F. DÖLGER, Regesten der Kaiserurkunden des oströmischen Reiches, 1. Teil, München 1924, nr. 451 zum Jahr 855.

[7] B. HEMMERDINGER, Les «notices et extraits» des bibliothèques grecques de Bagdad par Photius, Rev. Ét. Gr. 69, 1956, 101–103.

Photios etwa in Konstantinopel auch gewesen sein mag, ganz mit dem unsrigen dürfen wir ihn doch nicht vergleichen; denn ein Jahrhundert später war eine ganze Anzahl der angeblichen Rarissima immer noch nicht vom Markt verschwunden. Anders läßt sich das Ergebnis der Sammlertätigkeit des Kaisers *Konstantinos VII.* nicht erklären. Jahrelang von der Regierung ferngehalten und den Studien ergeben, gehört er zu den großen Literaturkennern unter den byzantinischen Kaisern. Wie sehr er in dieser Literatur lebt, zeigt die Tatsache, daß es nicht nur literarhistorische oder stilkritische Gründe sind; die seinen Sammeleifer anregen, sondern wohl ebenso stark praktische, vor allem politische Zielsetzungen. Der Stab von Gelehrten, der für ihn arbeitet, sammelt Exzerpte und Fragmente nicht zuletzt auch deshalb, weil das Wissenswerte und Verwertbare der klassischen Literatur in «Enzyklopädien» für den praktischen Gebrauch bereitgestellt werden soll. Die Kriegskunst kann von den Alten lernen, die Agrikultur, die Medizin, vor allem aber die auswärtige Politik und die Diplomatie. So entstanden – um hier nur die für uns wichtigste Sammlung zu nennen – die *Excerpta de legationibus (Περὶ πρεσβειῶν)*, ein historisch-praktisches Handbuch für den byzantinischen Politiker und zugleich eine der kostbarsten Fragmentensammlungen frühbyzantinischer Historiker.

Da ist an erster Stelle *Eunapios von Sardeis* zu nennen (ca. 345–420), berühmt wegen seiner *Vitae sophistarum*, aber auch Verfasser eines Geschichtswerks, das im Anschluß an Dexippos die Jahre 270 bis 404 behandelte. Schon in der *Bibliothek* des Photios (*cod.* 77) ist das Werk kurz charakterisiert. Er sah noch zwei Handschriften, die zwei verschiedene Editionen repräsentierten, eine heidnische und eine purgierte. Die Hauptmasse der Fragmente aber steht in *De legationibus.* Wichtiger noch der Historiker *Priskos aus Panion*, dessen *Ἱστορία βυζαντιακή* in acht Büchern wohl bis 472 reichte und aus vielfältiger persönlicher Anschauung schöpfte. Für die Mitte des 5. Jh., vor allem für die Geschichte der Beziehungen des Reiches zu Attila, sind die Fragmente unsere einzige nennenswerte griechische Quelle. Da ist *Menandros*, im militärischen Rang eines Protector, der mit seiner *Ἱστορία* für die Jahre 558 bis ca. 582 die historiographische Lücke zwischen Agathias und Theophylaktos Simokattes schließt, leider eben nur fragmentarisch. Zwar finden sich die einen oder anderen Fragmente der genannten Historiker auch anderwärts, aber wenn sie sich zu einem leidlichen Gesamtbild zusammenfügen, dann nur dank Konstantin VII. Die Überlieferung der

Texte in den *Excerpta* kann im großen und ganzen als treu bezeichnet werden, wenn auch gewisse Umstilisierungen, verbindende Texte, Kürzungen und Auslassungen nicht fehlen. Dabei sind die *Excerpta de legationibus Romanorum* selbst nur in Kopien aus dem 16.Jh. erhalten, deren Archetypus, der Scor. Θ I 4, im Jahre 1671 verbrannt ist. Anmerkungsweise sei darauf hingewiesen, daß auch andere Werke des Kaisers bedeutsame Reste älterer Literatur erhalten haben. Die Fragmente des *Petros Patrikios*, welche bis auf die Regierungszeit des Kaisers Justinianos I. reichten, finden sich in *De legationibus.* Aber Stücke aus dem wichtigen Traktat desselben Verfassers über die staatlichen Einrichtungen des römischen Reiches *(Περὶ πολιτικῆς καταστάσεως)* sind im Zeremonienbuch des Kaisers gerettet worden[8].

Unter den Fundgruben historischer Fragmente darf auch noch die bekannte *Suda* genannt werden, ein enzyklopädisches Lexikon aus dem 10.Jh., ebenfalls ein Werk jenes Sammeleifers, dessen bester Repräsentant Kaiser Konstantin VII. ist. Eunapios etwa und Menandros, aber auch Malchos und Priskos sind hier mit Fragmenten vertreten, welche das Bild aus Photios und Konstantin glücklich abrunden.

Noch manch anderer Kanal wäre zu nennen, durch den wir eine gewisse Kenntnis dieser im ganzen leider verlorenen Geschichtsschreibung erhalten, Sammelhandschriften etwa disparatester Texte, deren Inhalt dem Staunen gewidmet war («Paradoxographen»), ohne daß sich der Redaktor über den historischen Wert seiner Stücke hätte Rechenschaft geben wollen. So hat die berühmte Heidelberger Paradoxographen-Handschrift, der Palat. gr. 398 des 10.Jh., einen Abschnitt aus der Chronik des *Hesychios Illustrios* (6.Jh.) aufgenommen, der die Gründungsgeschichte Konstantinopels behandelt, und damit das längste Fragment dieses Werkes gerettet, von dem wir sonst nur einige kleinere Texte kennen.

[8] Zwar gehört das berühmte Zeremonienbuch nicht eigentlich zur historischen Literatur. Doch ist hier vielleicht der Platz zu einem Wort über seine Überlieferungsgeschichte. Wir kennen nur eine Hs., den Cod. I 17 der Leipziger Ratsbibliothek (12.Jh.), die einst zur berühmten Bibliothek des Königs Matthias Corvinus von Ungarn gehörte. Nur ganz kleine Bruchstücke finden sich in der Patriarchalbibliothek von Jerusalem (Cod. 29, 12./13.Jh.), im Laur. plut. 55,4 (10.Jh.) und im Cod. Chalki, Hag. Triad. 133 (125). Dieser Zustand ist nicht weiter verwunderlich, denn wer außer dem byzantinischen Protokoll-Büro konnte früher ein aktuelles Interesse an diesem Werk haben? Übrigens ist meines Wissens die Leipziger Hs. im letzten Weltkrieg trotz entgegenstehender Meldungen nicht zugrunde gegangen. Außerdem liegen Photokopien vor.

Neben dieser Überlieferung in Lesefrüchten, Enzyklopädien und Sammelhandschriften kaum weniger wichtig ist die indirekte Überlieferung durch andere Historiker und Chronographen, die ihre Vorgänger ausschrieben und verarbeiteten. So steckt ein gutes Stück des schon genannten Olympiodoros auch in den Kirchengeschichten eines *Philostorgios*, eines *Sokrates* und *Sozomenos*. Der Chronist *Malalas* stützt sich stark auf Priskos, seine Hauptquelle aber ist der Chronograph Domninos, sein Zeitgenosse; *Eunapios* benützt für die Geschichte von Julians Germanenkriegen die Darstellung, welche Julians Leibarzt Oreibasios den Ereignissen gewidmet hatte usw. Die Wandlungen der Texte, die dabei von vornherein anzunehmen sind, belegt auf interessante Weise ein alter Text selbst. Der oben genannte Petros Patrikios ist der Verfasser einer Denkschrift über eine Gesandtschaftsreise nach Persien. Sie enthielt unter anderem auch die dabei gehaltenen Verhandlungsreden, und zwar in der von Petros gebrauchten, allgemein verständlichen Umgangssprache, eben der Koine der Zeit. Menandros hat die Denkschrift zwar verkürzt, aber doch ausgiebig verwertet. Leider fühlte er sich bemüßigt, wie er selbst gesteht, das kostbare Sprachdokument «*εἰς τὸ ἀττικώτερον*» (in attischeres Griechisch) zu übersetzen.

Die fragmentarische Überlieferung macht trotz der anerkannten stark theologisch orientierten Interessen der Byzantiner auch vor den kirchenhistorischen Werken nicht halt. So ist Photios der letzte, der die *Χριστιανικὴ ἱστορία* des *Philippos von Side* nachweislich in Händen gehabt hat. Erhalten sind nur Fragmente in der Exzerptensammlung des Bodl. Barocc. gr. 142 aus dem 14. oder 15. Jh. Der Verlust ist um so bedauerlicher, als bei Philippos offenbar Nachrichten verwertet waren, die Eusebios nicht berücksichtigt hatte. Von der Kirchengeschichte des *Hesychios von Jerusalem* (gest. nach 450) oder des Verfassers, den man vielleicht zu Unrecht mit diesem Hesychios identifiziert hat, ist überhaupt nur ein Kapitel in den Akten der Synode von 553 gerettet worden. Die Rekonstruktion der Kirchengeschichte des Eunomianers *Philostorgios*, die bis 425 reichte, verdanken wir in der Hauptsache den Auszügen bei Photios, in der *Passio* des Märtyrers Artemios und in ein paar anderen späteren Werken. Die Kirchengeschichte des *Theodoros Anagnostes* – nicht zu verwechseln mit seiner *Historia tripartita* – ist ebenfalls als Ganzes verloren. Einen Ersatz dafür bietet eine Epitome aus dem 7./8. Jh., die freilich wiederum nur in allerdings großen Auszügen in der Chronographie des 9. Jh. greifbar geblieben ist[9].

Die Kenntnis mancher kirchenhistorischer Werke der Zeit beruht einzig auf Übersetzungen in fremde Sprachen, mit anderen Worten, die Überlieferung verläßt den Raum der byzantinischen Kultur. Der bekannteste Fall ist die *Chronik* des *Eusebios*. Griechisch ist sie nur fragmentarisch überliefert, doch blieb sie in armenischer Übersetzung erhalten. Für den zweiten Teil, die synchronistischen Tabellen, haben wir außerdem eine freie lateinische Bearbeitung durch Hieronymus als Überlieferungszeugen. Die jüngsten Rekonstruktionsarbeiten galten dem Fortsetzer der Kirchengeschichte des Eusebios, *Gelasios von Kaisareia* (gest. 395). Sein Werk ist verloren. Sicher wissen wir nur, daß es für das 10. und 11. Buch der lateinischen Kirchengeschichte des Rufinus von Aquileia als Vorlage diente. Ob es sich daraus teilweise rekonstruieren läßt, wie P. HESELER meinte[10], ist umstritten. Nur syrisch greifbar, und zwar in einer anonymen Weltchronik, ist die Kirchengeschichte des *Zacharias Rhetor* aus dem 6. Jh.

So bleiben auf dem Gebiet der Kirchengeschichte im vollen Licht der handschriftlichen Überlieferung im Grunde nicht recht viel mehr als fünf Namen: der «Vater der Kirchengeschichte», *Eusebios von Kaisareia*, der Rechtsanwalt *Sokrates*, sein Kollege *Sozomenos*, der mehr apologetisierende als historisierende *Theodoretos von Kyros* und – wiederum ein Rechtsanwalt – *Euagrios*. Wenigstens auf die interessante Überlieferung des Eusebios sei mit ein paar Worten eingegangen, denn sie wirft ein Licht auf das Problem der «Auflagen» in der Antike[11]. Es waren keine literarischen Überlegungen und wohl auch kaum der Buchmarkt und seine Anforderungen, welche die neuen Auflagen verlangten, sondern die rasche Folge der welthistorischen Ereignisse. «Die Kirchengeschichte des Eusebios gehört zu den Büchern, die ihre größten Schicksale erfahren haben, als ihr Verfasser noch lebte» (E. SCHWARTZ). Ursprünglich ein stolzes Zeugnis einer freien Kirche, wird sie am Ende zum Hymnus auf die Gewalt des Alleinherrschers Konstantin. Die erste Auflage liegt vor 303, d. h. vor der diokletianischen Verfolgung, und

[9] Zu dieser wichtigen Epitome vgl. H. G. OPITZ, RE., 2.R., 10. Hbb. 1934, Sp. 1869–1881.

[10] Bibliographie bei B. ALTANER, Patrologie, [5]1958, 213.

[11] Zu den magistralen Einleitungsaufsätzen von E. SCHWARTZ zur Ausgabe in den Berliner Kirchenvätern ziehe man noch wenigstens R. LAQUEUR, Eusebius als Historiker seiner Zeit, Berlin 1929, zu.

umfaßte sieben Bücher, die Ausgabe in acht Büchern ist zwischen 312 und dem Sturz des Kaisers Maximian im Sommer 313 anzusetzen, vielleicht aber auch schon 311, wenn man annimmt, daß die Erzählung der Ereignisse von 311 bis 313 einen Anhang darstellt. Eine Erweiterung auf mehr und schließlich auf zehn Bücher muß 317 abgeschlossen worden sein, angeregt durch den Tod Diokletians und die Kirchweihe in Tyrus. Die letzten Ergänzungen mit der damnatio memoriae des Kaisers Licinius schließlich gehören frühestens ins Jahr 323. Selbstverständlich lassen sich diese Ausgaben nicht mehr alle handschriftlich nachweisen, sondern müssen aus Inhalt und Stilisierung erschlossen werden. Immerhin zerfallen die Handschriften in zwei deutlich zu unterscheidende Gruppen. Die eine Gruppe (B, D, M), repräsentiert z.B. durch den Paris. gr. 1431 des 11.Jh., geht offensichtlich auf eine Ausgabe letzter Hand (mit der damnatio Licinii) zurück. Die andere Gruppe (A, T, E, R), vertreten u.a. durch den Laur. plut. 70, 20, aus dem 10.Jh., verdankt ihr Dasein einer zwar sehr alten, aber doch nacheusebianischen Textrezension. In der BDM-Gruppe fehlt eine Reihe von einzelnen Stellen und größeren Stücken, die in ATER noch nicht ausgemerzt sind. Trotzdem darf das Vorhandensein dieser Stücke nicht zur Ansicht verleiten, als gehe ATER auf ein Original zurück, das noch direkt eine Ausgabe vorletzter Hand repräsentierte. Dieses Original war auch eine Ausgabe letzter Hand, in welche aber das Plus der vorletzten Ausgabe aus einer geretteten Handschrift eingetragen wurde; und man darf annehmen, daß dies zwar nach dem Tode des Eusebios geschehen ist, aber doch sehr bald; denn soweit Eusebios nicht noch selbst die Vernichtung der vorletzten Auflage hatte durchsetzen können, dürften seine Schüler als Testamentsvollstrecker alles getan haben, um diese Vernichtung zu Ende zu führen.

Nach diesem Beispiel kirchenhistorischer Überlieferungsgeschichte zurück zur Profangeschichte. Es bleiben, wie wir gesehen haben, außer Zosimos an vollständigen Texten nur das große Geschichtswerk des Prokopios von Kaisareia, Agathias und Theophylaktos, auf dem Gebiet der Weltchronik Malalas und die Osterchronik (*Chronicon paschale*). Die Chronik des *Malalas* ist aber zur Gänze nur in einer einzigen Handschrift von selbständigem Wert erhalten, dem Bodl. Barocc. gr. 182 aus dem 12.Jh. Eine Gegenüberstellung des Textes dieser Handschrift und der Exzerpte, die sich bei späteren Chronisten finden, führt sogar zu der Überzeugung, daß der Baroccianus wohl nur einen Auszug aus dem Original darstellt. Einen vollständigeren Text liefert dagegen die slawische Übersetzung aus dem 10./11. Jh. Geringere Schwierigkeiten bietet die Überlieferung des *Chronicon paschale*, das bis 628 reichte. Wir besitzen im Vat. gr. 1941 des 10. Jh. den Archetypus aller übrigen Handschriften. Er reicht freilich nur bis zum Jahre 627.

Wesentlich reicher und vielfältiger ist die Überlieferung des großen Geschichtswerkes des *Prokopios*. Gewisse Probleme werden durch die Tatsache aufgegeben, daß die Überlieferung zumeist in zwei Bänden erfolgte, daß sich aber der Handschriftenmarkt darum offenbar nicht gekümmert hat, so daß eine der ersten Arbeiten war, die zusammengehörigen Bände herauszufinden. So gehören wohl der Paris. gr. 1702 und der Laur. plut. 69,8 (14. Jh.) zusammen, ebenso der Ambros. A 182 sup. und der Ottob. gr. 82. Alle bekannten Handschriften gehen auf einen Archetypus zurück, der allerdings verloren ist, aber nachweislich schon eine Reihe von Fehlern enthielt; die Abschriften zerfallen in zwei Familien, und man darf annehmen, daß die eine, welche durch den Paris. gr. 1702 und den Laur. plut. 69,8 dargestellt ist, die ältere und zugleich die bessere ist, wenn auch die zweite Familie, in der freilich die Kopisten gekürzt zu haben scheinen, nicht außer acht gelassen werden kann. Auch in der Schrift *De aedificiis* ist eine vollständige und eine gekürzte Rezension aufgedeckt worden. Die Handschriften der *Anecdota* stammen mit einer einzigen Ausnahme (Vat. gr. 1001, 14. Jh.) aus dem 15. bis 18. Jh., was der Echtheitskritik nicht förderlich gewesen sein mag. Immerhin hat man es nicht für nötig gehalten, den interessant-skandalösen Inhalt des Werkes irgendwann auf eine Epitome zusammenzudrängen!

Bei *Theophylaktos Simokattes* ist der Vat. gr. 977 aus dem 11./12. Jh. nicht nur die älteste, sondern auch die vollständigste Handschrift, welche dem Herausgeber (C. de Boor) vorlag. Aber auch bei den übrigen Handschriften läßt sich der Nachweis führen, daß sie auf einen gemeinsamen Archetypus zurückgehen, der schließlich und letztlich auf dem Vaticanus gründet. Unlösliche Probleme sind also der Überlieferungsgeschichte dieser Texte nicht aufgegeben.

Die *mittelbyzantinische Zeit*, jedenfalls bis tief in das Jahrhundert der Komnenen, ist die Zeit der Chronographien, jener Weltchroniken also, die gern bei Adam und Eva beginnen, um dann für die eigenen Jahrhunderte sich einer größeren Ausführlichkeit zu befleißigen. Es handelt sich dabei um eine volkstümlich-mönchische Literaturgattung. Mönche und Geistliche werden wohl zumeist die Verfasser sein, wenn auch gelegentlich hohe byzantinische Beamte in diese Regionen herniedersteigen. Hauptsache ist die «genaue» Zeitfolge einerseits, das Paradoxon, das Mirakel, barocke Haupt- und Staatsaktionen andererseits. Es besteht kein Zweifel, daß sich diese Chroniken beim Durchschnitt der Byzantiner höherer Beliebtheit erfreuten als die höfischen Werke der gelehrten Historiographie. Sie waren so wenig «Literatur», d. h. «klassisch», und so sehr Eigentum der Leser, daß ihre Tradierung bei allem Reichtum der Überlieferung von einer seltsamen Anonymität und einer seltsamen Mißachtung jeglichen literarischen Eigentumsbegriffes ist. Man übernahm sie, kürzte sie, epitomierte sie, schrieb sie aus, fügte ein neues Jahrhundert hinzu und gab ihnen daraufhin den Ergänzernamen als Verfassernamen usw.

Eine rühmliche Ausnahme macht dabei die Weltchronik des Bekenners *Theophanes*, entstanden zwischen 810 und 814 für die Zeit zwischen 284 und 813. Das Werk ist für seine klösterlichen Mitbrüder bestimmt und verzichtet auf eine kritische Sichtung der Geschehnisse und Quellen. Aber das Werk hat doch so viele uns nicht mehr bekannte Quellen verarbeitet und ist im allgemeinen so nüchtern und zuverlässig, daß es zu den allerbesten Erzeugnissen der Chronographie gezählt werden darf. Es sieht so aus, als hätten die Zeitgenossen ein Gefühl für den kanonischen, ausgeglichenen Charakter dieser Chronik gehabt, denn im allgemeinen erlaubten sich die Abschreiber mit ihr nicht jene Freiheiten, die sonst gang und gäbe waren. Weder wurde sie sonderlich exzerpiert noch interpoliert oder mit Zusätzen versehen. Eine Ausnahme macht lediglich die älteste Handschrift, der Paris. gr. 1710 aus dem 10. Jh. – eine Tatsache, die aber nur jene andere bestätigt, daß das kanonische Ansehen des Theophanes erst nach der Überwindung einer gewissen Konkurrenz des Georgios Monachos im 10. Jh. ein fait accompli wurde. Was der Parisinus weggelassen hat, ist vor allem das komplizierte chronologische Gerüst, mit dem Theophanes die einzelnen Jahre einleitet. Der Kopist begnügt sich mit den Welt- und Inkarnationsjahren. Andere Auslassungen scheinen eine gewisse Tendenz zu verraten. Es fehlen nicht nur weströmische Ereignisse und Erzählungen über Sektierer, es fehlen auch Berichte über kirchliche Streitigkeiten vor allem dann, wenn sie eine fatale Verflechtung mit politischen Interessen verraten. Nichts als eine Abschrift des Paris. gr. 1710 ist der Paris. gr. 1709 des 16. Jh. Aber trotzdem behält er einen besonderen Wert, weil seine Vorlage im 16. Jh. noch vollständiger gewesen sein muß als heute. Der nächste Zeuge, der Vat. gr. 155 (10. od. 11. Jh.) verrät schon eine gewisse Tendenz, ein Korpus der Chronographie zu schaffen, da er Theophanes mit der Chronik des Georgios Synkellos verbindet, die bis 284 reicht – ein logisches Unternehmen, denn die Chronik des Theophanes war gerade als Fortsetzung des Synkellos gedacht. Ein umfangreicheres Korpus der byzantinischen Chronographie bildet der Paris. gr. 1711, eine Handschrift des 11. Jh. von unschätzbarem Wert, da einige der darin vertretenen Chroniken hier ihren einzigen Textzeugen haben. Am Text des Theophanes ist wenig auszusetzen, doch ist es bemerkenswert, mit welch geringen Sachkenntnissen und wie mechanisch die Kopisten ans Werk gingen. Vom komplizierten chronologischen Gerüst des Theophanes war schon die Rede. Theophanes schrieb seine chronologischen Daten kolumnenartig nebeneinander, etwa in der Form:

Κόσμου	*Τῆς θείας*	*Ῥωμαίων βασιλεὺς*	*Περσῶν βασιλεὺς*
ἔτη	*σαρκώσεως*	*Κωνσταντῖνος*	..... usw.
,εωις'	*ἔτη τις'*	*ἔτη λβ'*	
		κ'	

Der Kopist des Paris. gr. 1711, von keiner Sachkenntnis getrübt, las die Zeilen durch und kam damit zu Ergebnissen wie: *κόσμου τῆς θείας Ῥωμαίων βασιλεὺς Περσῶν*, was ihm aber offenbar kein Kopfzerbrechen verursachte. Der nächste Zeuge von selbständigem Wert, der Vat. gr. 154 aus dem 12. Jh., gibt Theophanes einmal zur Abwechslung im Gefüge einer unselbständigen «neuen» Chronik der Welt bis zum Regierungsantritt des Kaisers Justinian. Der erste Teil wird von Georgios Monachos bestritten, dann folgt Georgios Synkellos (bis Diokletian), während Theophanes die Jahre bis Markianos bestreitet, um wieder von Georgios Monachos abgelöst zu werden. Wieder eine Art Korpus stellt der Coisl. 133 aus dem 12./13. Jh. dar. Er enthält Teile des Breviariums des Nikephoros, einen Teil der Chronik des Synkellos und schließlich Theophanes, den ein nichtgriechischer Kenner des klassischen Griechisch nach den Regeln seiner Idealgrammatik korrigiert hat – Korrekturen also, welche nicht etwa auf einen anderen byzantinischen Textzeugen zurückgehen, sondern reine Textkonjekturen sind, welche für die Überlieferungsgeschichte ohne Bedeutung bleiben. Neben diesen Haupthandschriften wären noch sechs Papierhandschriften des 16./17.Jh. zu erwähnen. Sie stehen in einem engen Verhältnis zueinander und haben Besonderheiten gemein, von denen vor allem jene zu nennen ist, daß sie die zahlreichen arabischen Eigennamen anders transkribieren als die besten Theophaneshandschriften und daß sie überhaupt ein besonderes Interesse an arabischen Angelegenheiten verraten. Wenn DE BOOR, der Herausgeber des Theophanes, recht hat, daß dieser Umstand auf eine Entstehung der Handschriften im Machtbereich des Kalifen hindeute, so hätten wir in diesen späten Texten doch einen sehr interessanten Beleg für eine außerbyzantinische Überlieferung des Theophanes in griechischer Sprache, die man wohl in ihren Ursprüngen tief in die mittelbyzantinische Zeit zurück datieren müßte.

Hat somit das kanonische Ansehen der Chronik dem Theophanes zu einer verhältnismäßig klaren Überlieferung verholfen, so steht es mit den übrigen mittelbyzantinischen Chroniken nicht gleich gut. Das *Breviarium* des Patriarchen *Nikephoros* (gest. 829), im Original *Ἱστορία σύντομος* geheißen, kennen wir vollständig nur aus einer selbständigen Handschrift, dem Vat.gr. 977 des 11./12.Jh. Der Lond. (Brit.Mus.) Add. 19390 aus dem 9.Jh. enthält nur die Ereignisse bis 713, während das *Breviarium* bis 769 reicht. Außerdem weicht auch in den gemeinsamen Teilen die Londoner Handschrift von der vatikanischen beträchtlich ab, so daß wir zur Annahme gezwungen sind, den vollständigen Text nur in einer späteren Bearbeitung zu besitzen. Die Vorlage, welche der Schreiber des Vaticanus benützte, scheint einige Schwierigkeiten geboten zu haben. Offenbar war der Kopist nicht imstande, die Ligaturen aufzulösen. Statt zu phantasieren, hat er dankenswerterweise seine Unkenntnis eingestanden und vor allem Endungen unausgeschrieben gelassen. Immerhin: hätte er das, was er schrieb, auch nur einigermaßen verstanden, so hätten ihm die Auflösungen in einer Reihe von Fällen selber gelingen können. Manche dieser Kürzungen waren offenbar tachygraphischer Natur. So konnte er *λίτραι* (Pfunde) überhaupt nicht entziffern. Vielleicht stand in der Handschrift eine Zeichen wie ˥ı. Er selbst gebraucht so gut wie keine Ligatur, es sei denn für nomina sacra. Ein späterer Korrektor hat sich der Lücken angenommen und die entsprechenden Endungen und Auflösungen eingefügt. Daraus zu schließen, er habe eine andere Handschrift vor sich gehabt, ist überflüssig, denn ein halbwegs gebildeter Byzantiner mußte mit dieser Arbeit ohne Hilfsmittel fertig werden. Immerhin ist das Detail von einigem Interesse für die Beurteilung der Kopisten.

Der sog. *Theophanes continuatus*, jene Chronographie also, die im Auftrag des Kaisers Konstantinos VII. entstanden ist, um Theophanes fortzusetzen *(οἱ μετὰ Θεοφάνην)* – Buch fünf und sechs sind etwas späteren Datums und sollten ursprünglich die Geschichte wohl bis 663 fortführen –, ist wiederum nur in zwei Handschriften erhalten, dem Vat. gr. 167 aus dem 11. Jh. und dem Barb. gr. 232 aus dem 16. Jh., der jedoch nur eine Kopie des Vaticanus ist.

Ein besonders typischer Vertreter der Mönchschronistik ist *Georgios Monachos*, genannt ἁμαρτωλός (der Sünder). Seine Chronik beginnt bei Adam und bricht mit dem Jahr 842 ab. Sie entsprach so sehr dem byzantinischen Empfinden, daß sie zeitweise mit Theophanes konkurrieren konnte. Ihre handschriftliche Überlieferung ist reicher als die des Theophanes, ohne mehr Probleme aufzugeben als sie. Auch Georgios hat seinen Kontinuator gefunden, der mit dem Jahre 842 beginnt und mit dem Tode des Kaisers Romanos Lakapenos 948 endet – gewisse Zusätze stammen von fremder Hand. Der Kontinuator ist überlieferungsgeschichtlich insofern von Interesse, als er nun auch die Chronographie – und nicht nur, wie bekannt, die Historiographie – im Dienste dynastischer Interessen, hier der Lakapenoi gegen Konstantinos VII., zeigt. Die Überlieferung verrät vielleicht mehr als jede andere jene Lässigkeit in der Behandlung literarischen Eigentums, von der schon die Rede war. Eine Reihe von Handschriften kombiniert den Kontinuator mit Georgios selbst, in anderen ist die Fortsetzung zugleich der Abschluß der sog. Chronik des Symeon Magistros, und wo dieses letztere Werk unter dem Namen des Leon Grammatikos oder des Theodosios Melitenos geht, steht der Kontinuator in den entsprechenden Handschriften unter diesem Namen.

Wer die Chronik des *Joannes Skylitzes* benützen will, eine der wertvollsten Quellen aus dem 11. Jh., verfaßt von einem hohen Militär, dessen Ziele andere sind als diejenigen eines Georgios Monachos, muß sich, greift er nicht zu Handschriften, mit jener Bearbeitung begnügen, die Georgios Kedrenos seiner eigenen Chronik einfügte. Der Originaltext ist noch nicht ediert, obwohl er in mehr als zwanzig Handschriften überliefert ist. Die Chronik des *Kedrenos* selbst, eines vielleicht etwas jüngeren Zeitgenossen des Skylitzes, ein Werk von verblüffender Unselbständigkeit, ist ebenfalls in mehr als einem Dutzend Handschriften vertreten. Leider ist die von K. SCHWEINBURG angekündigte Überlieferungsgeschichte des Kedrenos nie erschienen. Was er jedoch aus ihr mitgeteilt hat[12], verdient größtes Interesse, denn sie zeigt offenbar, wie Schritt für Schritt der ursprüngliche Text durch Randnotizen bereichert wurde, die schließlich in den eigentlichen Text eindrangen und in den älteren und veralteten Ausgaben (eine neue kritische besitzen wir nicht) nicht mehr als solche erkannt oder, wenn erkannt, nicht deutlich gemacht wurden, so daß wir auch bei Kedrenos keinen Urtext, sondern nur eine interpolierte Fassung zu lesen bekommen.

Die wichtigste Chronik des 12.Jh., von der Weltschöpfung bis 1118 reichend, ist die des kaiserlichen Beamten *Joannes Zonaras*. Diese *'Επιτομὴ ἱστοριῶν* hat den besonderen Wert, daß sie auf eigenem Quellenstudium beruht. Um nur ein Beispiel zu nennen: Zonaras ist einer der wichtigsten Überlieferungszeugen für gewisse Partien des Dion Cassius. Verlorene wertvolle Quellen standen ihm auch für die Zeit von 322 bis 450 und von 457 bis 565, ebenso aber auch für die römische Kaisergeschichte zu Gebote. Da Zonaras zugleich die umfangreichste byzantinische Chronik ist (18 Bücher) und da die Interessen der Kopisten nicht immer aufs Ganze gingen, ist mit einer großen Zahl von Handschriften zu rechnen, welche nur einen Teil wiedergeben. Im ganzen ist die Überlieferungsgeschichte wohl erst angebrochen, aber nicht befriedigend durchgeführt[13]. Möglich ist, daß jene Handschriften, welche nur die vorbyzantinische Geschichte kopierten, dazu bestimmt waren, die Dürftigkeit der übrigen Chroniken auszugleichen, während man für die byzantinische Zeit über genug Originalquellen verfügte oder sich mit Theophanes und Kedrenos begnügte. Die Gesamtzahl der Handschriften ist für byzantinische Verhältnisse enorm, es sind mehr als siebzig. Auffällig ist, daß unter den Aufbewahrungsorten zum erstenmal in einem größeren Ausmaß auch Klosterbibliotheken (Athos und Patmos) erscheinen. Von den Handschriften, welche nur einen Teil enthalten, befaßt sich die weitaus überwiegende Anzahl mit der vorbyzantinischen Geschichte.

[12] K. SCHWEINBURG, Die ursprüngliche Form der Kedrenchronik, Byz.Zs. 30, 1929–1930, 68–77.

[13] Ich verweise auf Th. BÜTTNER-WOBST, Studien zur Textgeschichte des Zonaras, Byz.Zs. 1, 1892, 202–244, und 594–597, und U. PH. BOISSEVAIN, Zur handschriftlichen Überlieferung des Zonaras, a.a.O. 4, 1895, 250–271.

In ein neues Stadium tritt die Chronographie mit *Konstantinos Manasses*, einem wohl jüngeren Zeitgenossen des Joannes Zonaras (12. Jh.). Er führt den byzantinischen Allerweltsvers, den Fünfzehnsilber, in die Geschichtsschreibung ein. Manasses ist aber auch Romanschriftsteller und verleugnet dieses sein Talent auch nicht in seinem Geschichtswerk. Er entsprach mit diesen Gaben so sehr dem Geschmack der Byzantiner, daß man z. B. Sammlungen sentenziöser Stellen aus seiner Chronik anlegte, daß man sie fortführte, illustrierte Prosabearbeitungen anfertigte usw. Dieser byzantinische Geschmack ist nicht etwa nur in den niederen Volksschichten zu suchen: das Werk ist offenbar auf Anregung und unter tatkräftiger finanzieller Förderung der Schwägerin des Kaisers Manuel I. entstanden. Die handschriftliche Überlieferung ist von einer bunten Fülle und einem großen Reichtum, ein künftiger kritischer Editor muß sich durch mehr als siebzig Textzeugen durchfinden[14].

Eine eigene Note führt auch *Michael Glykas*, ebenfalls ein Vertreter der Komnenenzeit, in die Chronistik ein. Er lockert den Stoff durch den *Physiologos* und durch theologische Erörterungen andererseits auf, geht in der Auswahl der Quellen seine eigenen Wege, zitiert neben Ailianos (Aelian) den Roman von *Barlaam und Joasaph*, aber auch Psellos und die *Vita des Patriarchen Ignatios*. Was er schaffen will, ist offenbar eine Weltgeschichte für die Jugend. Wenn man aus der Zahl der Handschriften auf den Erfolg schließen darf, so ist ihm dieser nicht versagt geblieben. Doch hat er noch keinen kritischen Herausgeber gefunden[15]. Das erste griechische Stück, das ediert wurde, trug übrigens in der Handschrift als Verfassernamen den des berühmten Logotheten Theodoros Metochites (Berol. Phill. 235, 16. Jh.). Das Kuriosum wiederholt sich im Bodl. Can. 90 aus dem 16. Jh. Daß etwa, wie man vermutet hat, Metochites die Chronik abgeschrieben und sich angeeignet hätte, verrät eine so geringe Kenntnis vom Geschmack dieses Ästheten, daß man sich dabei nicht aufzuhalten braucht.

Die Misere der indirekten Überlieferung reißt auch in der mittelbyzantinischen Zeit nicht ab. Daß diese Misere in manchen Fällen ihr

[14] Einiges Detail zur Überlieferung bei O. LAMPSIDES, *Ἱστορία τῆς κριτικῆς τοῦ κειμένου καὶ τῶν ἐκδόσεων τῆς χρονικῆς συνόψεως τοῦ Κ. Μανάσση*, Ὁ Βιβλιόφιλος 13, 1959, 3–8.

[15] K. KRUMBACHER, Michael Glykas, S.ber. Bayer. Akad. 1894, Heft 3, München 1895.

Gutes hat, beweist z. B. Theophanes. Die Texte, welche Theophanes der Chronik des Malalas entnimmt, sind besser erhalten als in der direkten Überlieferung. Theophanes ist auch eine der Quellen, aus denen sich jene bedeutsame kirchengeschichtliche Epitome erschließen läßt, von der schon im Zusammenhang mit Theodoros Lector die Rede war. Da wo sich der Theophanes-Text mit dem des Breviariums des Nikephoros deckt, vermutet man den sog. *Μέγας χρονογράφος*, ein Werk aus dem Ende des 8.Jh., oder auch die Chronik des *Traianos Patrikios*, die bis 713 reichte und von der vielleicht die Nikephoros-Handschrift aus London (siehe oben S. 438) ein Textzeuge ist. Besonders interessant ist unter diesem Gesichtspunkt die schon erwähnte Chronik des *Symeon Logothetes*, des *Leon Grammatikos* und des *Theodosios Melitenos*. Es geht nicht so sehr um diese Namen als um die Tatsache, daß hinter ihnen die Geschichte einer nicht unbedeutenden Chronik steht, die aber keine selbständige Überlieferung besitzt. Man nennt sie die *Epitome*, und vielleicht bildet ihren Kern der genannte Traianos. Uns liegt das Werk jetzt in einer Chronik vor, die bis 842, also bis zum Ende des Ikonoklasmus reicht. Der Grundstock ist bald verkürzt, bald erweitert und ergänzt. So bildet, wie schon erwähnt, der Kontinuator des Georgios Monachos in manchen Handschriften den Abschluß dieser Chronik. An einem nicht allzu frühen Punkt der Überlieferungsgeschichte ist der Name Symeon einzureihen, dem also im Bestfall die Rolle eines Redaktors zukommt. Ebenso bedeuten die Namen Leon Grammatikos und Theodosios Melitenos nichts als weitere Redaktionen und Umarbeitungen desselben Werkes, auch wenn die Handschriften den Anschein erwecken, als handle es sich um eigene Leistungen.

Auch Joannes Skylitzes hat Quellen gelesen und verwertet, die wir in selbständiger Überlieferung nicht mehr kennen. Neben Theophanes nennt er Theodoros Daphnopates (vielleicht zugleich der Verfasser des 6. Buches des Theophanes continuatus), dann Niketas Paphlagon, Manuel, Theodoros von Sebasteia und andere. Wahrscheinlich benützte er auch Theodoros von Side, Joannes Lydos und Demetrios von Kyzikos, Autoren, welche das 11.Jh. behandeln, von denen wir aber sonst kaum Kenntnis haben.

Neben dieser bunten Fülle der Welt der Chroniken wirkt das Gebiet der gleichzeitigen höfischen Historiographie, trotz der Höhe ihres Ranges, überlieferungsgeschichtlich sonderbar ärmlich. Die *Βασιλεῖαι* des *Joseph Genesios* aus dem Kreis um Kaiser Konstantinos VII. sind vollständig nur in der Leipziger Universitätsbibliothek (Cod. 16,4) in einer Handschrift des 12.Jh. erhalten. Man las wohl lieber den Theophanes continuatus. *Leon Diakonos*, der den kurzen Abschnitt der byzantinischen Geschichte zwischen 959 und 976 behandelt – er ist Zeitgenosse der Ereignisse und schrieb um 992 – ist durch einen einzigen Textzeugen, den Paris. gr. 1712, aus dem 12.Jh. vertreten, denn der Paris. Suppl. gr. 858 ist eine Kopie, die sich C. B. HASE, der erste und letzte Herausgeber des Werkes (1828) anfertigte. Besonders erstaunlich ist, daß auch die Chronographie des *Michael Psellos*, das Meisterwerk voreingenommener Geschichtsschreibung höfischer Natur im 11.Jh., nur den eben genannten Paris. gr. 1712 als vollständigen Textzeugen aufzuweisen hat. Das Werk des *Michael Attaleiates*, das ungefähr denselben Zeitraum behandelt wie Psellos, freilich aus einer anderen, objektiveren Sicht der Verhältnisse heraus, hat es ebenfalls auf nicht mehr als zwei Handschriften (Hauptzeuge: Coisl. 136, 13.Jh.[16]) gebracht. Man kann also kaum von einer Verdrängung des einen Historikers durch den anderen, etwa aus politischen Erwägungen heraus, sprechen.

Die Familiengeschichte der ersten Komnenen ist bekanntlich nicht nur durch das Geschichtswerk der Prinzessin *Anna Komnene*, die *Alexias*, für die Zeit von 1069–1118, vertreten, sondern für 1070–1079 auch durch die *Ὕλη ἱστορίας* ihres Gatten *Nikephoros Bryennios*. Nachdem die Handschrift, welche der Editio princeps des P. Possinus (1661) zugrunde liegt, verschollen ist, bildet Possinus unseren einzigen Zeugen für Bryennios. In diesem Falle läßt sich freilich die Möglichkeit ins Auge fassen, daß die fragmentarische Geschichte des Prinzen, der zwar durchaus literarische Ambitionen nährte, aber den Klassizismus nicht so weit trieb wie seine Gattin, durch das geschmäcklerisch so anspruchsvolle Werk der letzteren, die zudem den ganzen Zeitraum behandelte, verdrängt worden ist. Aber auch der große Historiker der Kaiser Joannes II. Komnenos und Manuel I. Komnenos, *Joannes Kinnamos*, der die Zeit von 1118 bis 1176 behandelt, ist nur durch eine Handschrift, den Vat. gr. 163 aus dem 13.Jh., eindeutig vertreten, denn die übrigen Handschriften sind Kopien des Vaticanus aus dem 16. und 17.Jh. Die Hauptzeugen der *Alexias* der Prinzessin und verhinderten Kaiserin Anna Komnene, in der sie die Heldentaten ihres Vaters Alexios Komnenos (1081–1118) schildert, sind der Laur. plut. 70,2 (noch aus dem 12.Jh.)

[16] Auf den Wert des zweiten Zeugen (Scor. T III 9) wies erst jüngst hin A. PERTUSI, Jahrb. Öst. Byz. Ges. 7, 1959, 59–73.

und der gleichzeitige Coisl. 311. Ohne Zweifel ist die Florentiner Handschrift die bessere, aber es fehlt nicht nur ein großer Teil der Vorrede, sondern auch am Schluß mehr als ein ganzes Buch. Die Vorrede läßt sich aus dem Text der Epitome des Monac. gr. 355 wiederherstellen, ja sie ist zum Großteil auch separat im Paris. gr. 400 (14. Jh.) überliefert. Die Wichtigkeit des Coisl. 311 besteht in den Diensten, die er für die Ergänzung des letzten Teiles leistet. Freilich ist er so verdorben, daß die Editoren immer wieder Lücken stehen lassen müssen.- Mag der Coislinianus als Textzeuge auch weniger Vertrauen einflößen als der Laurentianus, so ist er kulturgeschichtlich von hohem Interesse; denn er befleißigt sich offenbar im Ausdruck einer höheren Loyalität gegenüber den Komnenen als Anna Komnene selbst für nötig hielt. Anna zögerte nicht, das Verhalten ihres Vaters und Onkels dem Kaiser Nikephoros Botaneiates gegenüber als Abfall *(ἀποστασία)* zu bezeichnen. Der Coislinianus wagt dies nicht mehr. Er ersetzt ein *ἀποστασία* durch ein neutrales *πρᾶξις* (Tun) und ein *ἀποστάται* (Abtrünnige) durch ein klares *οἱ Κομνηνοί* (die Komnenen). Es geht kaum an, das Prioritätsverhältnis umzukehren, denn trotz allem guten Willen widerfuhr dem Kopisten des Coislinianus gelegentlich eine Unachtsamkeit, so daß der Ausdruck *ἀποστασία* doch ein paarmal auch in seinem Text stehen blieb.

Die *spätbyzantinische Geschichtsschreibung* läßt sich wohl durch die Tatsache charakterisieren, daß die Chronographie, welche in der mittelbyzantinischen Zeit trotz aller Oberflächlichkeit und kuriosen Wundersucht einen gewissen Hochstand besaß, jetzt ins Schematische, in die vollständige Dürre einer bloßen Datensammlung absinkt, wie wir sie am deutlichsten in den sog. *Βραχέα χρονικά* vor uns haben[17]. Ihr Wert beruht in erster Linie darin, daß sie uns gewisse Daten lokaler Ereignisse, etwa aus der Familienchronik der lateinischen Feudalherren Griechenlands, liefern, die wir sonst nicht besäßen. Ihre Überlieferungsgeschichte ist so wirr wie nur denkbar und ihrem Wesen nach wohl unentwirrbar. Denn jedes Stück dieser Chroniken gehörte keinem und allen. Man trug hier ein Stück davon in eine Handschrift ein, kopierte ein anderes einige Folien später, faßte gelegentlich zwei zusammen, ergänzte, interpolierte und strich nach völlig freiem Ermessen. Ein Edi-

[17] SP. LAMBROS, *Βραχέα χρονικά*, ed. K. I. AMANTOS, Athen 1932.

tor, der hier nach einem schönen Stammbaum mit Archetypus und sauber geschiedenen Familien suchen würde, griffe nach lichtlosen Sternen. Was daneben an Chroniken mit Verfassernamen zu nennen ist, spielt für die Geschichtsschreibung keine bedeutsame Rolle. Man ergänzte und führte unter Ausplünderung der Historiographie weiter. Ein Musterbeispiel ist *Theodoros Skutariotes*, der dem Freundeskreis des Kaisers Theodoros II. Laskaris (1254–1258) angehörte[18]. Er ergänzte Joannes Skylitzes und Georgios Akropolites, schrieb aber auch eine Weltchronik, früher als *Synopsis Sathae* bekannt, die bis 1261 reichte, aber nur im letzten Teil, der auf Niketas Choniates und Georgios Akropolites basiert, auch eigenes Material verarbeitet. Immerhin erfreute sich auch diese *Synopsis* einer gewissen Beliebtheit über die Lebenszeit des Verfassers hinaus. Wir kennen jedenfalls vier Handschriften des 15. und 16. Jh. Aber auch Exzerpte daraus sind überliefert (Vat. gr. 1889 des 14. Jh.), und andere Kopisten haben sich ihrer bedient, um ältere Chronisten, die sie abschrieben, anzureichern. Die Verschronik des *Ephraim*, um 1313 verfaßt und bis 1261 reichend, ist wiederum nur durch einen Textzeugen vertreten, den Vat. gr. 1003 aus dem 14. Jh., von dem der Barb. gr. 146 nur eine Abschrift aus dem 17. Jh. darstellt. Selbständigen Wert erhält die Chronistik der Zeit, wo sie sich mit Regionalgeschichte befaßt. Das sprechendste Beispiel ist *Michael Panaretos*, wohl ein Trapezuntier, der eine Chronik über die Herrscher aus dem Hause der Großkomnenen in Trapezunt für die Zeit von 1204 bis 1426 schuf. Aber hier reduziert sich die ganze Überlieferung wiederum auf einen einzigen Textzeugen, den Marc. gr. 608 des 15. Jh.[19].

Der Vorrang der großen Historiographie der spätbyzantinischen Zeit vor allen übrigen Versuchen, Geschichte festzuhalten, kommt in der Überlieferung deutlich zum Ausdruck. Der erste große Historiker, der zu nennen ist, *Niketas Choniates*, behandelt die Zeit von 1118 bis 1206, sozusagen aus der Rückschau auf die Komnenenzeit nach einer großen welthistorischen Katastrophe (1204). Leider ist die Geschichte seiner Überlieferung noch nicht untersucht bzw. die entsprechende Untersuchung von M. LEICHT nicht veröffentlicht. Immerhin ist bereits festgestellt, daß die Handschriften in zwei Hauptgruppen zerfallen, die eine mit einer kürzeren, die andere mit einer ausführlicheren Fassung. Die beiden Redaktionen scheinen aber in diesem Falle auf

[18] Vgl. bes. A. HEISENBERG, Analecta, München 1901.

[19] Erst jüngst neu herausgegeben durch O. LAMPSIDES, Athen 1958.

den Verfasser selbst zurückzugehen, wie sich aus gewissen chronologischen Angaben widersprüchlicher Natur ergibt, die er in seinem Werk macht, die sich aber auflösen lassen, wenn man annimmt, daß er seinen ursprünglichen kürzeren Entwurf nach 1204 nochmals vornahm, überarbeitete und ergänzte. Die kürzere Fassung ist sicher noch im Text des Vind. hist. gr. 53 (13. Jh.) und im Vat. gr. 169, ebenfalls aus dem 13. Jh. erhalten. Die Überlieferung der erweiterten Fassung ist reicher, geht aber auch bis ins Jahrhundert des Verfassers zurück.

Das Problem verschiedener Redaktionen gibt auch die Überlieferungsgeschichte des nächsten großen Historikers, *Georgios Akropolites*, auf, der die Geschichte des nikänischen Reiches behandelt. Die Mehrzahl, etwa ein Dutzend, der Handschriften bietet das ursprüngliche Werk. Der Vat. gr. 163 gehört noch dem Zeitalter des Verfassers an. Aber auch er ist nur die Abschrift aus einem verlorenen Archetypus, der nicht ohne Fehler war. Das Interesse am Werk des Großlogotheten kann also nicht gering gewesen sein. Es manifestiert sich auch im Ambros. A 202 inf. (15. Jh.), der das Geschichtswerk nicht unwesentlich erweitert. Es sind große Partien eingeschoben und ein Schlußteil ist angefügt. Die Erweiterung kann nicht von Akropolites selbst stammen. Bemerkenswert ist, daß der Interpolator sehr gewissenhaft arbeitete und seine Einschübe jeweils als solche kennzeichnete. Wir haben Anlaß, im Interpolator einen Freund des Patriarchen Arsenios zu sehen, der es für nötig hielt, diesen Patriarchen im Geschichtswerk des Akropolites besser wegkommen zu lassen. Die Interpolationen sind übrigens wertvoll genug, auch wenn sie da und dort tendenziös bleiben. Andere Handschriften, z. B. der Vat. gr. 981 des 14. Jh. und der Marc. gr. VII 38 des 16. oder 17. Jh., bieten eine Umarbeitung des Geschichtswerkes, deren Ziel die Verkürzung ist. Das Erstaunliche an dieser Bearbeitung ist wiederum eine kaum verhüllte Tendenz. Wo immer es angeht, wird alles, was Akropolites, der schließlich ein Protagonist der Geschichte seiner Zeit war, über sich selbst erzählt, ausgemerzt oder auf ein Minimum zusammengestrichen. Wir wissen nicht, was den Redaktor zu dieser Art von damnatio memoriae veranlaßte. Zwei der drei bekannten Handschriften der *Epitome* stammen aus dem Familienbesitz der Kantakuzenoi; aber es wäre bloßes Spiel, irgendeine Familienfehde als Agens zu unterstellen.

Auch bei *Georgios Pachymeres*, der mit seinem Geschichtswerk sicherlich bewußt Akropolites fortführt und die Ereignisse bis 1308 behandelt – er selbst starb um 1310 –, reicht die Überlieferung bis nahe an den Autor zurück[20]. Aber schon da, wo unsere Überlieferung einsetzt, müssen die Hefte, in denen Pachymeres seine Aufzeichnungen gemacht hat, so unleserlich gewesen sein, daß sich von allem Anfang an in die Überlieferung zahlreiche Fehler und Unklarheiten einschleichen konnten. Im übrigen weist die Überlieferungsgeschichte seines Werkes einige hübsche Einzelzüge auf. Zum Beispiel bezeugt sie die Tatsache, daß manche Kontaminationen der Zeugen erst in nachbyzantinischer Zeit vorgenommen wurden und auf merkwürdigen Zufällen beruhen. Der Monac. gr. 442, mit dem sich schon Hieronymus Wolf beschäftigte, kam 1544 durch Antonios Eparchos nach Venedig. Damals wurde das Geschichtswerk gerade aus der Handschrift des Kardinals Bessarion, dem Marc. gr. 404 (15. Jh.), für einen spanischen Buchliebhaber kopiert. Entweder wurde diesem Bibliophilen nun der Monacensis (aus dem im 15. Jh. der Marcianus abgeschrieben worden war) zum Kauf offeriert, oder er lieh sich ihn vom Besitzer aus, jedenfalls nahm er die Gelegenheit wahr, ihn mit seiner Kopie aus dem Marcianus zu kollationieren. Selbständigen Wert hat jedenfalls nur die Münchener Handschrift. Dazu kommen als weitere selbständige Zeugen die Barb. gr. 198 und 199 sowie 203 und 204, die jeweils zusammengehören. Die übrigen Handschriften haben keinen selbständigen Wert. Schon beim Barb. gr. 198/199 hat sich ein Schreiber bewogen gefühlt, das kapriziöse Griechisch des Pachymeres durch Interlinearglossen verständlicher zu machen. In den Handschriften Vat. gr. 1775 (16. Jh.) und Urbin. gr. 80 (14./15. Jh.) haben wir Zeugen dafür, daß dieser Weg folgerichtig weitergegangen wurde, indem man den Text im Sinne einer Vulgarisierung überarbeitete. Der Urbin gr. 80 des 14./15. Jh. ist dann überhaupt nicht mehr als ein Skelett des ursprünglichen Werkes.

Die Überlieferungsgeschichte des *Nikephoros Gregoras*, der die Zeit von 1204 bis 1359 behandelt, könnte sich zwar auf eine Reihe von Textzeugen stützen, sie ist jedoch noch nicht untersucht. Das gleiche gilt von seinem Gegner *Joannes Kantakuzenos*, dem Kaiser der Jahre 1341 (1347) bis 1354. Bei ihm, der trotz seiner Abdankung 1354 eine beherrschende Figur im politischen Spiel der folgenden Jahre blieb, der jene theologische Linie verfolgte, die er selbst zugunsten seines Freun-

[20] V. LAURENT, Les manuscrits de l'histoire byzantine de Georges Pachymère, Byzantion 5, 1929/30, 129–205; Ergänzungen dazu vom selben Verf. a.a.O. 6, 1931, 355–364, und 11, 1936, 43–47.

des Gregorios Palamas zum Sieg brachte, während Gregoras ins Gefängnis wanderte – bei ihm fällt auf, daß die Überlieferung wesentlich spärlicher ist als bei Gregoras. Vielleicht ist der Grund dafür darin zu suchen, daß das Werk gegen Ende seines Lebens in der Einsamkeit des Berges Athos entstand, die für seine Verbreitung kaum ein günstiger Ausgangspunkt gewesen sein dürfte.

Eine Crux der Geschichte bildet das nächste Werk der Historiographie, das *Georgios Sphrantzes*, den treuen Diener des letzten byzantinischen Kaisers, zum Verfasser hat. Unter seinem Namen gehen zwei Werke, die man als «Minus» und «Maius» unterscheidet. Im vulgärgriechischen Minus sieht man gewöhnlich tagebuchartige Aufzeichnungen des Verfassers, im Maius eine unter Zugrundelegung des Minus angefertigte, weiter zurückgeführte und ausgeweitete Chronik in der Reinsprache, die – das ist bis zu einem gewissen Grad umstritten – ebenfalls Sphrantzes zum Verfasser hat. Daß die Verfasserschaft des Sphrantzes für das Maius bestritten werden konnte, liegt daran, daß in der Überlieferungsgeschichte des Werkes Fälscher am Werk waren. Einen jedenfalls kennen wir mit Namen: Es ist der Metropolit Makarios Melissenos von Monembasia, der 1585 gestorben ist. Makarios fälschte zur größeren Ehre seiner Familie, zur größeren Ehre seiner Metropole Monembasia und wohl auch im Interesse seines Avancements. Er fälschte die Chronik nicht nur durch Zusätze, die mit dem Text nichts mehr zu tun haben und die in sich selbst Falschmünzerei sind (Chrysobullen und dergleichen), sondern auch durch sachliche Veränderungen des Textes. Übrigens glaubte der Metropolit offenbar, die Chronik auch sonst aufpolieren zu müssen. So gab er ihr ein Prooimion, das nichts anderes ist als das Prooimion des Akropolites zu seinem Geschichtswerk. Daß wieder Makarios am Werk ist, läßt sich durch die Tatsache stützen, daß dabei der Akropolitestext des Upsal. 92,6 verwendet wurde, einer Handschrift, die voll von Fälschungen aus der Werkstatt der Melissenoi ist. Es hat sich weiter herausgestellt, daß auch die Randglossen des Pachomios Rhusanos aus der gleichen Fälscherwerkstatt stammen, und zwar, um Unstimmigkeiten in den primären Fälschungen noch autoritativ auszugleichen. Manche Fälschungen dieser Randnotizen scheinen sogar von späteren Kopisten bemerkt worden zu sein, denn sie wurden dort so gekürzt, daß der Kern der Fälschung offenbar bewußt entfernt ist.

Die meisten Handschriften des Maius stammen aus dem 18. Jh. Für eine kulturgeschichtlich interessante Tradition im Westen kaum noch relevant, offenbart dieser Umstand für den Osten, dem die meisten dieser Kopien angehören, etwas von der nationalen Renaissance, die sich unter der Führung der Phanariotenfürsten bemerkbar machte[21].

Zuletzt noch ein Wort über die Gesellschaftsschichten, innerhalb deren sich die Überlieferungsgeschichte dieser historischen Literatur abspielt. Was die nachbyzantinische Zeit anlangt, so ist es natürlich – sieht man von Ausnahmefällen wie der eben zitierten Sphrantzes-Geschichte ab – der philologische Eifer der Humanisten, der am meisten zur Vermehrung der Handschriften beigetragen hat, ein Eifer, der teils desinteressiert war, teils aber doch wohl, wenn es sich um die spätbyzantinische Historiographie handelte, mit von jener Begierde angestachelt wurde, die wir auch sonst feststellen, möglichst viel «de origine et moribus Turcorum» zu erfahren, deren politische Macht die große Bedrohung der Zeit darstellte.

Zwischen der Chronistik und der Historiographie der Byzantiner besteht ein nicht zu leugnender Unterschied der Ansprüche, welche die Werke stellen. Darf man die oft recht dürftige Überlieferung der besten Werke dieser Historiographie als Zeichen dafür ansehen, daß sie sehr wenig Leser fanden? Ich wage die Frage nicht zu bejahen. Immerhin sei auf die vulgären Paraphrasen solcher Werke verwiesen, die sicher einem echten Bedürfnis ihre Entstehung verdankten. Freilich entstammen einige dieser Paraphrasen der nachbyzantinischen Zeit und spiegeln Bildungsbedarf und Bildungsniveau des 17. oder 18. griechischen Jahrhunderts. Der vulgärgriechische Auszug aus Skylitzes im Paris. Suppl. gr. 467 gehört dem 17. Jh. an, derselben Zeit gehört der Kodex der Leidener Universitätsbibliothek Gronov. 61 an, der die vulgäre Paraphrase der *Alexias* enthält. Solange nichts anderes dargetan wird, ist wohl daran festzuhalten, daß diese Paraphrasen nicht älter sind als die Handschriften, in denen sie stehen.

Die Handschriften aber, welche den unerträglich archaisierenden

[21] An wichtigen Arbeiten zu Sphrantzes nenne ich nur: J. PAPADOPULOS, *Διαστρέβλωσις τοῦ ἐκ τῆς Μικρᾶς χρονογραφίας τοῦ Γεωργίου Φραντζῆ εἰς τὴν Μεγάλην διαβιβασθέντος ὑλικοῦ, Πρακτικὰ ᾿Ακαδημίας ᾿Αθηνῶν* 12, 1937, 498–502, dazu F. DÖLGER, Byz. Zs. 38, 1938, 489–491; sodann wieder J. PAPADOPULOS, Über «Maius» und «Minus» des Georgios Phrantzes, Byz. Zs. 38, 1938, 323–331; F. DÖLGER, Ein literarischer und diplomatischer Fälscher des 16. Jh.: Metropolit Makarios von Monembasia, in: F. DÖLGER, Byzantinische Diplomatik, Ettal 1956, 371–383.

Stil des Pachymeres durch ein eingängigeres Griechisch ersetzen, beginnen damit bereits im 14. Jh. Aus demselben Jahrhundert stammt der Monac. gr. 450, der eine volkstümlichere Fassung des Niketas Choniates bietet. Das beweist doch wohl, daß auch Kreise an diesen Darstellungen der Zeitgeschichte interessiert waren, die nicht über die Fülle klassizistischer Bildung verfügten, welche die Autoren vor ihnen ausbreiteten. Das Nächstliegende wäre, die Interessenten in Kreisen der hohen Bürokratie und der hauptstädtischen Gesellschaft zu suchen. Besieht man sich z. B. die Grammatik der späteren Kaiserurkunden etwas genauer, dann stellt man fest, daß ihre Gräzität einem Klassizisten fahrlässig erscheinen müßte. Selbst höhere Kanzleibeamte der Zeit, welche Chrysobullen und Auslandsbriefe stilisierten, scheinen nicht mehr im Vollbesitz des «Attischen» gewesen zu sein. Der «Stilverlust» zeigt sich nicht nur in Urkunden, die an einfachere Kreise gerichtet sind, sondern auch in solchen an höchstgestellte Persönlichkeiten.

Wenn andererseits aus manchen Erörterungen byzantinischer Literaturerzeugnisse in der modernen Literatur der Eindruck entsteht, die byzantinische Chronistik habe sich an die ungebildeten, einfachen Leute, kleine Pappades und Mönche, Handwerker und Bauern gewandt, so wie die Kalender des 19. Jh. etwa, und ihre Verfasser entstammten analogen Kreisen, so geht dies meines Erachtens viel zu weit. Männer wie Theophanes stammen aus höchsten Kreisen, und wenn er sich auch an seine Mönche wendet, ihr Glück machte seine Chronik doch bei seinesgleichen, gebildeten Chronisten und Historikern. Joannes Skylitzes gehört zu den hohen Gardeoffizieren, Joannes Zonaras war Chef der kaiserlichen Kanzlei. Solche Autoren wenden sich nicht ans «einfache Volk», sondern an ihre eigenen Kreise. Die Chronik des Konstantinos Manasses wird von einer Komnenenprinzessin angeregt, und die Fortsetzer des Theophanes arbeiten für Kaiser Konstantin VII. Das besagt doch meines Erachtens, daß auch die Chronistik sozial nicht allzu tief angesetzt werden darf.

2. *Die klassizistische Literatur*

Neben der repräsentativen Historiographie und Chronistik umfaßt die byzantinische Literatur eine verwirrende Fülle verschiedenartigster Erzeugnisse, verschieden nach Stoff und Motiv, Stil und Konzeption[22]. Sie reicht vom grammatischen Traktat bis zum geschliffenen Epigramm, vom Reiseführer bis zum preziösen Liebesroman, vom theokritischen Idyll bis zur saftigsten Satire. Aber man kann alles ohne allzu schlimme Vergewaltigung unter dem Namen «klassizistische Literatur» zusammenfassen – vorausgesetzt, daß man weiteren Raum für ein Kapitel «Volksliteratur» ausspart –; denn schon die Sprache dieser Literaturerzeugnisse ist bei aller Nuancierung klassizistisch, eine «Hochsprache», die von der Umgangssprache wesentlich weiter entfernt ist, als dies in anderen Kulturen der Fall war und ist. Auch von den Themen her ist diese Literatur zumeist klassizistisch, und noch mehr von der literarischen Form her, die sich hier in besonders hohem Ausmaß der *μίμησις* klassischer Vorbilder befleißigt. Auf die Überlieferungsgeschichte dieser Genera einzugehen, und sei es auch nur der wichtigeren Vertreter, würde viel zu weit führen. Es möge genügen, an einigen Beispielen die verschlungenen Wege zu zeigen, auf denen diese Überlieferung wandelte. So wie das *παράδοξον* (das Unglaubliche), das *ἐκπληκτικόν* (das Staunen Erweckende) und die *πολυμορφία* (Vielgestaltigkeit) untrennbar vom literarischen Geschmack der Byzantiner sind, so zeichnen sie auch die Überlieferung dessen aus, was ihnen gefiel. Zunächst ist zu bemerken, daß diese Überlieferungsgeschichte in den seltensten Fällen wirklich abgeschlossen ist. Jeder Tag kann neue Überraschungen bringen, was an zwei Beispielen illustriert werden kann.

Patriarch *Photios* hat uns nicht nur seine unschätzbare *Bibliothek* hinterlassen (s.o. S. 428f.), sondern auch eine *Λέξεων συναγωγή*, ein Nachschlagewerk lexikalischer Natur, besonders für die Lektüre der Klassiker. Noch KRUMBACHER schrieb in seiner Literaturgeschichte, wir

[22] Neben der Literatur in Anm. 1 und 2 nenne ich hier noch F. DÖLGER, Die byzantinische Dichtung in der Reinsprache, Berlin 1948; Zur Epistolographie: J. SYKUTRIS in PAULY-WISSOWA, RE., Suppl. V, 186–220; zur Rhetorik bes. die Praefationes von M. RABE zu seinen Ausgaben des Aphtonios, des Hermogenes und der *Prolegomenon sylloge*.

besäßen davon nur eine einzige, höchst lückenhafte Handschrift, die nach ihrem früheren Besitzer, Thomas Gale, der Galeanus genannt werde, geschrieben um das Jahr 1200. Ein gutes Jahrzehnt nach KRUMBACHER entdeckte R. REITZENSTEIN im Berol. Phill. 8° 22 (11./12. Jh.) den bisher fehlenden Anfang des Lexikons. Ein weiteres Fragment fand sich im Kodex 1083 der Nationalbibliothek von Athen. Trotzdem besaß man immer noch nicht mehr als die Lemmata *α* bis *ἄπαρνος* und *ἐπώνυμος* bis *ὦ Ἥρακλες*. Als LINOS POLITIS im Jahre 1959 im Kloster Hosios Nikanor bei Kozane in Westmakedonien einen Stoß bisher unbekannter Handschriften katalogisierte, war die Überraschung nicht gering, als sich in der Handschrift Nr. 95 das ganze Lexikon des Photios fand, das nun der Edition harrt.

Das zweite Beispiel betrifft den Polyhistor und Hypochonder *Joannes Tzetzes* (12. Jh.), einen krausen Philologen, dem aber ein ganz bestimmter Wert für die Kenntnis der Pflege klassischer Literatur nicht abgesprochen werden kann. Er schrieb neben abertausend anderen Versen auch Allegorien zur *Ilias* und zur *Odyssee*, nicht unwichtige Zeugnisse zum Thema «Fortleben der alten Götter». Man kannte bisher die Allegorien zur *Ilias*, von denen zur *Odyssee* nur jene zu Buch 1–13. Die Edition MATRANGAS aus dem Vat. Palat. gr. 316 brach bei 13,69 ab wie die Handschrift selbst. Erst jüngst fand HERBERT HUNGER im Vind. phil. gr. 118 den nahezu vollständigen Text der fehlenden Teile und konnte feststellen, daß dieser Text außerdem, wenn auch nicht so vollständig, im Barb. gr. 30 zu finden sei[23].

Was die Formen der Überlieferung dieser klassizistischen Literatur anlangt, so kann man wohl behaupten, daß sie da und dort und vielleicht nicht immer unbeabsichtigt ihr Glück im Fahrwasser der eigentlichen klassischen Literatur machte. Man denke an die reichen Schätze philologischen Wissens und kulturgeschichtlicher Bemerkungen, welche sich in den Scholien des Erzbischofs *Arethas* von Kaisareia finden, des größten Bibliophilen des 9./10. Jh. Erhalten sind sie uns auf den Rändern der klassischen und frühchristlichen Autoren; welche er benützte. Die Arethas-Überlieferung ist sozusagen identisch mit der Überlieferung der Klassiker, denen er sich widmete. Das Segeln im klassischen Fahrwasser wird uns noch beschäftigen als Signum der Tradition des kirchlich-theologischen Schrifttums. Aber auch einige

[23] Vgl. H. HUNGER, Byz. Zs. 48, 1955, 4ff.

besonders pikante Stücke byzantinischer Satire sind auf diese Weise bis zu uns gekommen. Erwähnt sei der Dialog *Philopatris*, der wohl aus dem 10. Jh. stammt, ein Wortgefecht zwischen Heiden und Christen in sophistischer Manier, dessen frivoler Grundcharakter kaum geleugnet werden kann. Der Dialog ahmt bewußt Lukian nach und ist denn auch in einer Lukian-Handschrift, dem Vat. gr. 88 (14. Jh.), als Werk des geistreichen Spötters überliefert, vielleicht weil dies der einzige Weg zur Absicherung der Satire gegenüber dem Zugriff engstirniger Orthodoxer war. Denn von einer weiteren Satire byzantinischen Ursprungs, dem *Timarion*, wissen wir es von Konstantinos Akropolites selbst, daß er ihn am liebsten öffentlich verbrannt gesehen hätte[24]. Dieser *Timarion* ist wiederum in Lukians Art abgefaßt, eine Nekyomantie, in der der ikonoklastische Kaiser Theophilos als Totenrichter fungiert und die Unterwelt einem Klub von Humoristen und Satirikern gleicht. Auch dieses Stück fand seine Überlieferung im Gefolge der Dialoge Lukians im Vat. gr. 87 (14./15. Jh.). Offenbar bedurfte es der wachen Humanistenkritik des letzten byzantinischen Jahrhunderts, bis derartige Erzeugnisse aus der antiken Schutzzone entlassen werden konnten: der satirische Dialog *Mazaris' Hadesfahrt* aus der Zeit Manuels II. ist selbständig überliefert im Paris. gr. 2991 A und im Berol. Phill. 1577.

Aber auch weniger gefährdete Erzeugnisse dieser klassizistischen Art segelten am sichersten im Kielwasser der Alten. Es gibt ein in der Manier des Theokrit angefertigtes Idyll des Mönches *Maximos Planudes* (gest. 1330). In zwei Handschriften, die es überliefern, dem Rav. gr. (Bibl. Class.) 138 und dem Neapol. gr. 165 II F 9 steht es zwischen dem Dichtungen Hesiods und Theokrits, auch wenn es den Verfassernamen Planudes nicht verleugnet[25].

Gang und gäbe war die Art, sich mit erlauchten Namen zu schmükken, in der Homiletik. Daher die Unmasse von Spuria unter den Werken des Athanasios und des Joannes Chrysostomos. Aber auch dichterische Erzeugnisse, deren Tradierung auch in Byzanz die Mühe nicht gelohnt hätte, nahmen zu dieser Lüge Zuflucht. Klassisches Beispiel der *Christus Patiens (Χριστὸς πάσχων)*, jener unglückselige Cento aus klassischen Tragikerversen, mit denen ein von allen guten Geistern

[24] M. Treu, Ein Kritiker des Timarion, Byz. Zs. 1, 1892, 361–365.

[25] Über die Überlieferungsverhältnisse der vom Herausgeber C. v. Holzinger nicht benützten Berliner Hs. 411 (Hamilton 555) weiß ich nicht Bescheid.

verlassener Philologe eine «Marienklage» zusammenstellte, die er mit einigen dramatischen Dialogen verbrämte. Das Machwerk bringt es auf ein Dutzend Handschriften. Die Tatsache, daß es sich im Titel *Στίχοι Γρηγορίου τοῦ Θεολόγου* (Verse Gregors des Theologen, d. h. von Nazianz) nannte, dürfte zu dieser Zahl nicht unerheblich beigetragen haben.

Von viel höherem Wert und für die Überlieferungsgeschichte besonders aufschlußreich ist ein Vorgang von Verbindung zwischen klassisch und byzantinisch auf dem Gebiet des Epigramms. Er knüpft sich an den Namen *Anthologia Palatina*. Sammlungen von Epigrammen hat es in Griechenland sehr früh gegeben. Der Grundstock der überlieferten Anthologie wurde von einem Meleagros von Gadara kurz vor der Zeitenwende gelegt. Sie wurde ein Jahrhundert später ergänzt. Nach weiteren Zwischenstufen tritt die Sammlung in die byzantinische Zeit ein, und wir erfahren, daß der Historiker *Agathias* (6. Jh.) ein Zirkular verschickte, in dem er zur Einsendung von bekannten Epigrammen aufforderte, die er dann sammelte und unter dem Titel *Kyklos* publizierte. Neu gegenüber früheren Sammlungen war die Einteilung nach Sachgebieten. Agathias nahm in die Sammlung auch Gedichte aus der Zeit unmittelbar vor ihm auf, also frühbyzantinische Dichter. Vielleicht kamen damals Dichter wie der Praefectus Aegypti Julianos, der Rechtsanwalt Julianos, der Bischof Diogenes von Amisos, der berühmte Präfekt Kyros von Panoplis und Paulos Silentiarios sowie Agathias selbst in die Anthologie. Dieser *Kyklos* erfreute sich ungemeiner Beliebtheit, und einiges spricht dafür, daß er auf dem konstantinopolitanischen Buchmarkt noch im 12. Jh. zu haben war. Er stellt jedenfalls eines der wichtigsten Kettenglieder an der Verbindungsstelle zwischen antiker und byzantinischer Literatur dar.

Einen großen Schritt weiter in der Tradition der Epigramme bedeutet dann die Sammlung des Chefs des kaiserlichen Palastklerus, *Konstantinos Kephalas*, kurz vor 900. Auch sie ist im Original nicht mehr erhalten, doch genügen die Nachrichten der Überlieferung, um uns eine ungefähre Vorstellung davon zu machen. Kephalas griff auf die alten Anthologien zurück, rettete aber auch die byzantinischen Bestandteile der Sammlung, weil er den *Kyklos* des Agathias mit übernahm. Er ließ aber auch neu sammeln, z. B. Bauinschriften, und hat vielleicht sogar frühbyzantinische Autoren, wie Palladas, Tiberios Illustrios, Kaiser Julian und andere als erster der Anthologie einverleibt. Auch Kephalas war ein schöner Erfolg beschieden. Ein Chartophylax Michael veranstaltete eine Epitome, und eine Epitome davon ist im Grunde auch die *Planudea*, von der noch zu sprechen sein wird. Aber auch weitergebaut wurde daran. Der wichtigste Zeuge dafür ist die berühmte *Anthologia Palatina*, benannt nach dem Palat. Heidelb. gr. 23, entstanden um 980. Es handelt sich um eine erweiterte Neuauflage des Kephalas, und zwar erweitert um Buch 1 bis 3 und 8 sowie vielleicht um 13 und 14. Jetzt kamen die Epigramme des Gregorios von Nazianz in die Sammlung (Buch 8), sodann eine Anthologie christlicher Dichter (Buch 1) mit Klaudianos von Alexandreia (5. Jh.), Neilos Scholastikos (5. Jh.), Gregor von Nazianz, Agathias, Menandros Protector, ein Ignatios Magistros aus dem 9. Jh., der schon erwähnte Michael Chartophylax aus dem 10. Jh., der berühmte Patriarch Sophronios von Jerusalem und viele Namenlose. Buch 2 enthält die Beschreibung der Statuen im Zeuxippos in Konstantinopel durch Christodoros von Koptos (um 500) und Buch 3 Epigramme aus einem Tempel in Kyzikos. Insgesamt umfaßt diese größte Epigrammsammlung der byzantinischen Zeit nicht weniger als 3700 Dichtungen. Ihr verdanken wir noch mehr an eigentlich byzantinischer Dichtung als der Sammlung des Kephalas.

Eine Art Epitome des Kephalas ist, wie schon angedeutet, auch die *Planudea*, d. h. jene Epigrammsammlung, welche der Humanist und Mönch *Maximos Planudes* (gest. um 1308) zusammengestellt hat. Zum erstenmal begegnet uns die autographe Überlieferung: der Marc. gr. 481, der am 1. September 1301 vollendet wurde, ist die Originalniederschrift des Planudes. Im großen und ganzen, wie gesagt, ist die Sammlung eine Kürzung des Kephalas. Aber sie enthält auch 388 Gedichte, *Appendix Planudea* (Buch 16 der Anthologie) genannt, die sich im Palatinus nicht finden. Man nimmt jedoch an, daß sie doch zum ursprünglichen Bestand der Sammlung von 980 gehörten. Es gäbe noch andere, kleinere Sammlungen zu nennen, doch ist die große Anthologie mit ihren Entwicklungsphasen eines der sprechendsten Beispiele für die Tradition byzantinischer Texte im Zusammenhang mit klassischer Literatur. (Zur Überlieferung der A.P. s. auch o. S. 227f. u. 246.)

Auch die sozialgeschichtliche Seite dieser Überlieferungsgeschichte ist nicht ohne Interesse. Der *Kyklos* des Agathias stammt von einem Manne aus dem Juristenstand, der über der Jurisprudenz weder seine historischen noch seine poetischen Interessen verleugnete und sich in seinen eigenen Epigrammen als witziger Mann von Welt verrät. Warum immer wieder behauptet wird, diese Epigramme projizierten Schemen dichterischen Spiels in die Außenwelt, ist mir unerfindlich, und man scheint damit doch die Lebendigkeit des Byzantinischen allzu rasch ins Literarische abzuschieben. Kephalas, der nächste große Sammler, ist hoher Kleriker im Kaiserpalast. Was er gesammelt hat, hat er sicher auch gelesen, und seine Unvoreingenommenheit war so groß, daß er keinen Extrakt ad usum Delphini herstellte. Michael, der Epitomator des 10. Jh., ist Chartophylax, d. h. er gehört der hohen kirchlichen Aristokratie an, welche die Hagia Sophia und den gewaltigen wirtschaftlichen Komplex, den diese darstellt, in der Hand hat. Maximos Planudes ist Mönch, aber oft genug distanziert er sich vom theologischen Parterre seiner Zeit, um sich in die Loge des Humanismus zurückzuziehen. Er gehört zu den Abbés der Zeit, welche Zutritt zum Hof haben und mit den Chefs der meisten Ministerien auf vertrautem Fuße stehen. Mit anderen Worten: Die *Anthologia* verdanken wir jener nicht in allen Jahrhunderten gleich starken und einflußreichen, aber nie machtlosen Gruppe aristokratischer Kleriker, deren Weltaufgeschlossenheit das dialektische Gegenstück der zelotischen Mönchsgruppe im Rahmen der byzantinischen Kulturgeschichte darstellt.

Daß die Anthologie frühbyzantinische Dichtung verschiedensten Inhalts in solchem Reichtum überlieferte, hängt natürlich auch damit zusammen, daß diese Dichtung einer Epoche angehört, die der «klassischen» am nächsten stand und am ehesten mit ihr verwechselt werden konnte. Die Einstellung zu dieser gemischt heidnisch-christlichen Epoche ist für die Überlieferung von Bedeutung. Die heidnischen Autoren dieser Zeit finden kaum weniger Beachtung als ein Thukydides oder Platon. Nur dann, wenn sie sich polemisch gegen das Christentum ereifern, droht ihnen das überlieferungsgeschichtliche Verderben. Es gibt dafür eine Reihe interessanter Belege. Genannt sei an erster Stelle *Kaiser Julian*, der «gottlose *παραβάτης* (Apostat)», wie er fast immer genannt wird. Seine Schrift *Κατὰ Γαλιλαίων*, in der er das Christentum frontal angreift, ist uns nur aus den Fragmenten bekannt, welche durch Gegenschriften erhalten geblieben sind. Briefe und Ordonnancen, auch wenn die Spitze gegen die Christen unverkennbar ist, bleiben für den Byzantiner historische Dokumente und Kaiserakten, an deren Tradierung man keinen Anstoß nimmt. Erst recht überliefert man die Reden und sonstigen Schriften des Kaisers, wenn aus keinem anderen Grund, so wenigstens als Zeugnisse der Rhetorik, eines Genus, das sich jederzeit und in jeder Form des byzantinischen Wohlwollens erfreute. Daß auch diese Überlieferung reichlicher fließt, wenn weltanschauliches Interesse vorhanden ist, beweist gerade Julians *Rede auf den Sonnengott*. Seit dem 14. Jh. vermehren sich die Handschriften dieser Rede, und zwar steht hinter dieser Vermehrung die paganisierende Bewegung, welche der Philosoph Georgios Gemistos Plethon ausgelöst hat. Einer seiner Schüler, Demetrios Kabakes, hat sich der Sonnenrede Julians besonders angenommen, und seine Randnotizen verraten seinen ganzen Enthusiasmus für die Einstellung Kaiser Julians. Wie sein kaiserliches Vorbild, so ruft auch er zu diesem Gott[26].

Ein weiteres Beispiel ist der neuplatonisch-heidnische Philosoph *Proklos* (410–485). Er griff die christliche Lehre in einer Schrift über die Ewigkeit der Welt an. Sie ging verloren, weil man solche Texte nicht abschreiben zu dürfen glaubte. Wenn wir sie trotzdem kennen, dann deshalb, weil Joannes Philoponos sie widerlegte und zu diesem Zweck ausgiebig zitierte. Was Proklos dagegen als System neuplatonischer Theologie schrieb, seine *Στοιχείωσις Θεολογική*, erfreut sich der reichsten Überlieferung in drei Gruppen, vertreten in einem Dutzend von Handschriften, zu denen noch zahlreiche mit Exzerpten hinzukommen. Wenn auch manche Handschriften der Humanistenzeit entstammen, so repräsentiert eine große Gruppe doch einen Typ, der schon im 12. Jh. von Bedeutung war und auch im 13. Jh. kopiert wurde. Die Komnenenzeit muß sogar eine Art Proklos-Schwärmerei gekannt haben, und Nikolaos von Methone fühlte sich darob bemüßigt, die *Στοιχείωσις* zu widerlegen, was aber der Weitertradierung der *Στοιχείωσις* in Byzanz keinen Abbruch tun konnte. Auch den *Götterhymnen* des Proklos geschah kein Harm. Die 33 Handschriften stammen allerdings ausnahmslos aus dem 15. und 16. Jh. Und eine ganze Klasse von ihnen, repräsentiert durch den Cod. 0 (Marc. gr. 406), der sie zwischen orphischen Hymnen und Werken des Georgios Gemistos Plethon enthält, geht wiederum auf die neopagane Bewegung in Mistras zurück. Trotzdem ist das Gros der Überlieferung einem älteren Archetypus verpflichtet, von dem die Mistras-Überlieferung unabhängig ist.

Kaum geringerer Beliebtheit erfreuten sich jene Erzeugnisse der ausgehenden Antike, welche sich auf einem zwielichtigen Terrain zwi-

[26] Vgl. J. BIDEZ, La tradition manuscrite et les éditions des discours de l'empereur Julien, Gent 1929, und dazu H. GRÉGOIRE, Byzantion 5, 1929/30, 730ff.

schen Heidentum und Christentum ansiedelten und gediehen. Die Hymnen des *Synesios* sind in fast zwanzig Handschriften überliefert, die in zwei Klassen zerfallen. Die ältesten dieser Handschriften entstanden zwar erst im 13. Jh., aber die Edition, auf der sie basieren, läßt sich wohl schon ins 9., spätestens ins 10. Jh. zurückverlegen. Die Überlieferung geht sogar durch monastische Kreise, denn der Bodl. Barocc. gr. 56 des 14. Jh. geht auf ein Original zurück, das ein Mönch, einer der schwer zu unterscheidenden Georgios *ἁμαρτωλός* (Sünder), schrieb, der sich in der subscriptio stilgerecht *ἀλιτρός* (sündig) nennt. Dazu ein Detail: Erst in den Jahren 1907 und 1913 gelang WILAMOWITZ und TERZAGHI der Beweis, daß der sog. 10. Hymnos des Synesios nicht von diesem stammen kann. Aber erst die Heranziehung des genannten Barocc. 56 durch TERZAGHI im Jahre 1937 brachte den Nachweis, daß dieser Georgios auch der Verfasser des Hymnus 10 ist. Noch reicher als die Überlieferung der Hymnen ist die der verschiedenen kleinen Schriften des Synesios. Hier übersteigt die Zahl der Handschriften das Hundert.

Es ist dann weiter nicht mehr erstaunlich, wenn sich bei Autoren von Doppelcharakter, solchen also, deren Schrifttum sowohl an der antik-heidnischen Literatur wie am Christentum orientiert ist, nicht feststellen läßt, daß sich die Byzantiner späterer Zeit des christlichen Teils eifriger und gewissenhafter angenommen hätten als des heidnischen. Das zeigt sich sehr schön bei *Nonnos von Panoplis* (5. Jh.). Das große Epos, das seinen Namen in der klassischen Philologie verewigt hat, sind die *Διονυσιακά* in 48 Gesängen. Er hat aber auch eine metrische Paraphrase des *Johannesevangeliums* geliefert. Die Byzantiner haben der letzteren durchaus nicht den Vorzug vor der ersteren gegeben. Die handschriftliche Überlieferung beider hält sich etwa die Waage. Die Überlieferung der *Διονυσιακά* geht sogar teilweise sicherere Wege, da im P. Berol. 10567 eine Anzahl von Fragmenten entdeckt wurde, die neben der auf Maximos Planudes zurückgehenden Edition eine zweite Handschriftenfamilie erkennen lassen. Die Bearbeitung des Planudes ist auch kulturgeschichtlich nicht ohne Interesse. Die Originalhandschrift, der Cod. Laur. plut. 32, 16, den Francesco Filelfo 1423 nach Italien brachte, ist noch vorhanden. Planudes muß für sein Exemplar eine Vorlage benützt haben, welche das Werk ohne Verfassernamen bot. Ein solches Exemplar darf aber schon in den Händen des Eustathios von Thessalonike (12. Jh.) vermutet werden. Wenn Planudes Lücken im Zusammenhang entdeckte, so scheute er sich nicht, einen verbindenden Vers hinzuzudichten – ein Vergehen, das man ihm nicht stärker ankreiden darf als den Archäologen der nächsten Jahrhunderte die Nasen und Arme, die sie antiken Statuen anarbeiten ließen. Außerdem war Planudes gewissenhaft genug, dazu am Rande jeweils *ἐμὸς στίχος* (mein Vers) zu bemerken[27].

In etwa kann man sagen, daß das Verhältnis der byzantinischen Orthodoxie gegenüber der profanen Philosophie in Byzanz ähnliche Züge aufweist wie das gegenüber den spätantiken heidnischen Autoren. Wo kein unmittelbarer Konflikt mit dem Glauben konstatiert wurde, lag einer oft reichen Tradierung nichts im Weg, auch wenn eine exakte Analyse der Schriften dem Werk in den Augen der Kirche sicher geschadet hätte. Musterbeispiele sind *Michael Psellos*, der Platoniker des 11.Jh., und sein Schüler *Joannes Italos*. Die Allerweltsphilosophie des Psellos, gespeist aus den verschiedensten Quellen und getragen von einem echten Enthusiasmus für antike Ideen, sei es Platons, sei es der Neuplatoniker und «Zoroasters», fand zwar zu seinen Lebzeiten manchen Kritiker, behinderte aber die Überlieferung seiner Werke keinesfalls. Vielleicht ist der sprechendste Vertreter seiner besonderen Art eine Sammlung von philosophischen Einzelproblemen, die *Διδασκαλία παντοδαπή*. Der jüngste Herausgeber, L. G. WESTERINK[28], kennt mehr als ein halbes Hundert von Handschriften. Die Überlieferung ist so nuanciert, daß es ihm gelang, drei Stufen herauszuarbeiten: die ursprüngliche, als die Sammlung nur die «physikalischen» Fragen enthielt, eine zweite, als zunächst selbständig erschienene theologische Fragen einigermaßen mechanisch angehängt wurden, und eine dritte, welche das Ganze organisch verarbeitet. Daneben steht zwischen II und III eine Zwischenstufe mit einem Appendix, der in III wieder weggelassen wird. Die Varianten zwischen den Familien beziehen sich mehr auf die Gruppierung als – abgesehen von den theologischen quaestiones – auf den Text selbst. Auch die übrigen Werke des Psellos sind leicht greifbar. Schon bald veranstaltete man Sammelausgaben seiner Schriften, wie sie sich im Paris. gr. 1182 (13.Jh.) oder Laur. plut. 57,40 u.a. zeigen. Allein zehn Handschriften standen E. KURTZ und F. DREXL für die Textkonstitution der scripta minora zur Verfügung, und kaum geringer ist die Zahl der Textzeugen für seine Briefe[29]. Sein

[27] Darüber C. WENDEL s. v. Planudes in 22F. RE., N.B., 40. Hbb. 1950, Sp. 2222f.
[28] De omnifaria doctrina, Nijmegen 1948.
[29] Scripta minora I–II, Milano 1936–41.

Schüler Joannes Italos war aus anderem Holz geschnitzt. Sein philosophischer Impetus war mächtiger, seine Vorsicht geringer. So kam er in Konflikt mit dem kirchlichen Gericht, wenn dahinter wohl auch gewisse familienpolitische Überlegungen im Kaiserhaus standen, d.h. man wollte ihm unter den Komnenen seine Treue zur Dukas-Familie nicht verzeihen. Es ist nicht ausgeschlossen, daß in dieser Familie, vielleicht durch Michael VII. Dukas, die erste Ausgabe seiner Schriften veranstaltet wurde. Aus dieser Edition flossen zwei Rezensionen, eine purgierte, in der alle der Ketzerei verdächtigen Sätze und Abschnitte gestrichen wurden, und eine unpurgierte, vielleicht nicht allgemein zugängliche, von der wir nur einen Teilzeugen besitzen. Jedenfalls ist die Überlieferung des Italos ruinös; aber selbst wenn man dies zum Teil auf Konto seines Griechisch setzt, das den literarisch beflissenen Zeitgenossen mißfiel, dürfte die Hauptursache doch sein Konflikt mit dem Ketzergericht gewesen sein[30].

Der Vorgang wiederholt sich bei *Georgios Gemistos Plethon.* Daß er tatsächlich mit der Orthodoxie nichts mehr zu tun haben wollte, unterliegt keinem Zweifel, und daß deshalb der Patriarch Gennadios Scholarios seine Schriften, insbesondere sein Hauptwerk, die *Νόμων συγγραφή* überall aufspüren und verbrennen ließ, ist aktenmäßig überliefert. Der Patriarch hatte Erfolg, so daß die handschriftliche Überlieferung dieses platonisierenden Heiden des 15. Jh. fragmentarisch geblieben ist und bleiben wird, trotz mancher Funde, die gelegentlich gemacht werden. Dies bezieht sich auf seine *Νόμων συγγραφή*. Man darf annehmen, daß die meisten der erhaltenen Fragmente auf die pietätvolle Schläue seines Schülers und Verehrers Demetrios Kabakes zurückgehen. Das Autograph der *Νόμων συγγραφή* hatte der Despot Demetrios Palaiologos, getreu dem Befehl des Patriarchen, konfiszieren lassen. Da die darin vertretene Lehre geheimgehalten wurde, war das Werk in der Öffentlichkeit ohnedies fast unbekannt. Es sollte aber auch die Möglichkeit einer künftigen Verbreitung abgeschnitten werden. Eine Hoffnung, einmal ein vollständiges Exemplar auftauchen zu sehen, wäre tollkühn. Der größte erhaltene Abschnitt, über die *εἱμαρμένη* (Schicksal), liegt immerhin in etwa zwanzig Handschriften vor, wohl weil er noch zu Lebzeiten des Verfassers unter der Hand in Umlauf gebracht wurde. Nicht angetastet wurde dagegen sein übriges philo-

[30] Joannes Italos: Quaestiones quodlibetales, ed. P. JOANNOU, Ettal 1956, Einleitung.

sophisch-politisches Oeuvre, obwohl z. B. die Denkschriften über die Verhältnisse in der Peloponnes kaum einen Zweifel an seiner antikirchlichen Einstellung lassen. Für die Ausgabe der beiden Denkschriften standen Sp. Lambros drei bzw. acht Kodizes zur Verfügung. In einzelnen Fällen ist die Überlieferung Plethon sogar so hold, daß man ihn bei der Arbeit überraschen kann. Von seiner berühmten Antwort auf die Einwände des Scholarios gegen seine Schrift über die Unterschiede zwischen Aristoteles und Platon – ein Manifest des Humanismus – besitzen wir nicht nur den ersten autographen Entwurf, d. h. die Bemerkungen, die er an den Rand des Scholarios-Textes schrieb (Marc. gr. IV 31 von 1316), sondern auch – wiederum autograph – die Reinschrift der Replik im Marc. gr. 517. Der Verdienste des Kardinals der römischen Kirche, Bessarion, um die Überlieferung Plethons muß dabei eigens gedacht werden. Seiner Pietät vor allem ist es zu danken, daß diese und andere Autographa des Philosophen erhalten geblieben sind, und nur durch seine handschriftlichen Bemerkungen erfahren wir, daß es sich beim Schreiber wirklich um Plethon handelt. Überhaupt zeigt das Beispiel Plethons, daß man die Hoffnung auf Ergänzung der Überlieferungsgeschichte nicht vorschnell – wie es bei Plethon tatsächlich geschehen ist – aufgeben darf. Dem verdienten Plethon-Forscher F. Masai gelang nicht nur die Entdeckung der genannten Autographa, sondern auch die des Originals und der allatianischen Abschrift einer ausführlicheren Schrift über das Dogma von Florenz (1439), die nicht mit der edierten zu verwechseln ist, die Entdeckung des Autographs seiner Schrift *Über die zoroastrischen und platonischen Dogmen* und eines völlig neuen Traktats *Περὶ τύχης* im Vat. gr. 1413[31].

Leichter freilich hatte es die Überlieferung bei hausbackenen Werken der Schulphilosophie, kleinen Lehrbüchern, Kompendien usw. Der Name *Nikephoros Blemmydes* stehe hier für viele andere. August Heisenberg kennt von seiner *Epitome der Logik* nicht weniger als 71 Handschriften, von der *Epitome der Physik* immer noch 47[32]. Diese Masse geht nicht auf Konto etwa eines umfassenden Ansehens, das der Autor genossen hätte. Vielleicht kann man sich gerade am Fall Blemmydes ein

[31] R. et F. Masai, L'œuvre de Georges Gémiste Plethon, Acad. Roy. Belg., Bull. V, 40, 1954, 536–555, und F. Masai, Plethon et le platonisme de Mistra, Paris 1956, bes. Appendix 4 und 5.

[32] A. Heisenberg, Nicephori Blemmydae curriculum vitae et carmina, Leipzig 1896.

Grundgesetz der Überlieferung klarmachen: Die Vorliebe der Traditoren gehört nicht dem Individuellen, schon gar nicht dem Kapriziösen, dem, das aus der Reihe tanzt, sondern dem Allgemeinen, das den Kreis der überkommenen Vorstellungen nicht sprengt. Blemmydes ist einer der seltenen Autobiographen der byzantinischen Epoche. Die byzantinische Autobiographie zählt nur wenige Vertreter, am verbreitetsten ist das autobiographische Epigramm und Gedicht *εἰς ἑαυτόν* (an sich selbst), gearbeitet nach dem Vorbild Gregors von Nazianz. Die Prosa-Biographie, die Blemmydes sich selbst im Stil hagiographischer Enkomien widmete und zu der er zweimal ansetzte, blieb in einer einzigen Handschrift versteckt, dem Monac. gr. 225 des 14. Jh., einer Handschrift, die, wenn nicht selbst im Kloster des Autobiographen entstanden, m. E. sicher auf eine Vorlage aus diesem Kloster zurückgeht; denn der Verfasser wird hier jeweils als *κτήτωρ* d. h. als Klostergründer ohne weiteren Zusatz, um welches Kloster es sich handelt, bezeichnet. Wiederum bemerkenswert ist, daß einige Handschriften des 14. Jh. ein paar Fragmente der Autobiographie bieten; aber ihre Absicht ist es nicht, wenigstens mit einzelnen Phasen dieses interessanten Lebenslaufes bekannt zu machen, sondern ein Ereignis aus der Geschichte der Kontroversen zwischen der päpstlichen und der orthodoxen Kirche festzuhalten, d. h. Streitgespräche, die Blemmydes mit lateinischen Abgesandten gehabt hat. Um so weniger ist es verwunderlich, daß die autobiographischen, mit heftigen Angriffen gegen die orthodoxen Theologen verbundenen *Apologien* des *Demetrios Kydones* (14. Jh.) von G. MERCATI aus einer einzigen Handschrift, allerdings einem Autograph, herausgegeben werden mußten (*Apologie* I: Vat. gr. 1102; II: Vat. gr. 1879)[33]. An der relativ großen Verbreitung seiner Abhandlung *De contemnenda morte* scheinen eher die westlichen Humanisten als die Byzantiner interessiert gewesen zu sein.

Wenn der bekannte Humanist *Georgios Kyprios*, der spätere Patriarch Gregorios II. (1283–1289), mit seiner literarischen Selbstbiographie, der *Διήγησις μερική*, überlieferungsgeschichtlich mehr Glück hatte, dann offenbar deshalb, weil er sie als Introductio der Sammlung seiner rhetorischen Schriften und Briefe vorausschickte. Diese Literaturgattung aber entsprach dem byzantinischen Geschmack ganz besonders. Von Libanios und Kaiser Julian bis zu Kaiser Manuel II. und einigen

[33] G. MERCATI, Notizie di Procoro e Demetrio Cidone, Manuele Caleca e Teodoro Meliteniota ed altri appunti..., Vaticano 1931, 359 ff.

spätesten Byzantinern zieht sich die *rhetorische Überlieferung* in einem staunenswerten Reichtum durch die ganze byzantinische Literaturgeschichte. Zwar gehen von den Handschriften des *Libanios* nicht viele über das 13. Jh. zurück. Um so bemerkenswerter, daß sie dann doch die Zahl 500 erreichen. Das gelingt aber keinem der späteren Rhetoren mehr, denn Libanios genoß kanonisches Ansehen. Die Zahl der Handschriften mit rhetorischen Werken des Erzbischofs von Athen, *Michael Choniates* (12./13. Jh.), ist dagegen verschwindend[34]. Immerhin bieten sechs davon eine Art Korpus seiner ausgewählten Schriften, und in sechzehn weiteren sind einzelne oder mehrere dieser Werke erhalten geblieben. Dabei reicht die Überlieferung bis nahe an die Lebenszeit des Autors heran. Im Laur. plut. 59,12 haben wir eine chronologische Gesamtausgabe des nichttheologischen Schrifttums des Choniaten vor uns, die für spätere Abschriften maßgebend geworden ist. Da die Vorrede, welche die Anordnung begründet, von Michael selbst stammt, geht die Ausgabe auf ihn selbst zurück. Sie ist seinem jüngeren Bruder, dem Historiker Niketas, gewidmet und sicher vor der Verbannung des Erzbischofs veranstaltet worden (etwa 1194/95). Wir können die Schicksale dieser ersten Ausgabe ziemlich genau weiterverfolgen und tun es hier, weil sie als Paradigma gelten können. Eine zweite Ausgabe bekam die späteren Reden und Briefe angehängt, wobei auf die zeitliche Anordnung nicht mehr dasselbe Gewicht gelegt wurde. Eine dritte Ausgabe fügte noch kleinere rhetorische Schriften und Gedichte hinzu. Wahrscheinlich hat man sich dieser Schriften besonders in Epeiros angenommen, wo des Michael beste Freunde saßen.

Die Zeit, in der diese Arbeit vor sich ging, das 13. Jh., widmete der rhetorischen Überlieferung besonders großes Interesse. Damals entstand z. B. der berühmte Scor. Y II 10, eine wahre Fundgrube für die Rhetorik des 12. Jh. Wahrscheinlich haben wir eine Sammlung des ausgehenden 12. Jh. vor uns, welche sich bemühte, die Kunst der Rede, wie sie in der Komnenenzeit gepflegt wurde, in vollem Glanz erstrahlen zu lassen. Der Kopist unserer Handschrift, die etwa zu Beginn der Palaiologenära abgeschrieben wurde, begnügte sich, aus seiner eigenen Zeit ein einziges Stück hinzuzufügen. Die Sammlung ist sicher nicht für die Schule gedacht, sondern als Pflege der hohen Literatur verstanden. Wahrscheinlich hat der Bruch der Überlieferung im Jahre 1204 die

[34] G. STADTMÜLLER, Michael Choniates, Metropolit von Athen, Rom 1934, 213–236.

Schuld daran, daß dieses Korpus keine weitere Verbreitung gefunden hat. Eine ganze Anzahl von Schriften und Rhetorennamen verdanken wir einzig diesem Kodex.

Auch die Weitergabe der *Briefsammlungen* gehört zur rhetorischen Überlieferungsgeschichte, denn der byzantinische Brief dient ja nicht in erster Linie der Nachrichtenvermittlung, sondern der Weitergabe eines kunstvollen Kabinettstücks freundschaftlichen (oder auch spöttischen) Gefühlsaustausches. Wer vom Rang seiner Schriftstellerei überzeugt war, behielt sich von abgehenden Briefen Kopien ein, die er in ein Kopialbuch eintrug, und meist ging er selbst daran, diese Kopien zu veröffentlichen. Genau dieser Vorgang läßt sich z. B. bei Libanios aus der Überlieferungsgeschichte rekonstruieren. Eine erste Sammlung hat er vielleicht Kaiser Julian bei der Thronbesteigung gewidmet.

Auch von Joannes Tzetzes wissen wir, daß er seine Briefe selbst ordnete und in zwei Büchern veröffentlichte. Hier finden sich im Korpus auch eine Reihe von fingierten Briefen, die als solche gekennzeichnet sind und wieder einmal den Beweis für die enge Verbindung zwischen Epistolographie und rhetorischer Progymnastik erbringen. Aus einem Brief des Maximos Planudes wissen wir, daß er sich mit dem Gedanken der Herausgabe seines commercium epistolare mit dem General Alexios Philanthropenos trug (*Epist.* 119). Die Ungnade, in die Philanthropenos fiel, dürfte der Grund dafür gewesen sein, daß Planudes diesen Plan nicht mehr ausführen konnte. So blieben auch die übrigen Briefe des Planudes zunächst liegen, und als sich zwei Dezennien später ein Herausgeber an den Nachlaß machte, lag ihm offenbar kein Zeitregister mehr vor[35].

Besonders aufschlußreich ist die Sammlung der Briefe des Demetrios Kydones[36]. Seine Korrespondenz erstreckt sich über die Jahre 1346 bis 1391, und da er bei aller stilistischen Sorge und bei aller rhetorischen Bildung den Briefen mehr als nur artistische Bedeutung beimißt, bilden sie zugleich eine hervorragende historische Quelle für diese Jahre. Auch Kydones veröffentlicht seine Briefe selbst, hat also Kopien der Originale einbehalten. Um 1373/74, in einer Zeit, in der er sich in einer Art Ungnade befand, veröffentlichte er eine erste Sammlung, die im Original nicht mehr erhalten ist, aber von Kopisten benützt wurde. Auch nachher sammelte Kydones weiter und schrieb sich die Kopien

[35] C. WENDEL (s. Anm. 27), Sp. 2209.

[36] R. J. LOENERTZ, Les recueils de lettres de Démétrius Cydonès, Vaticano 1957.

in Hefte, von denen 28 erhalten geblieben sind (Vat. gr. 101; der Urbin. gr. 133 ist daraus eine direkte Abschrift). Gegen Ende seines Lebens ging er daran, den Text dieser Briefe durchzukorrigieren und die Adressen anzufügen. Er kam damit nicht zu Ende und begnügte sich, kleinere Sammlungen daraus zu veröffentlichen. Dann ließ er die frühere Sammlung durch seinen Schüler Manuel Kalekas abschreiben, wobei die Adressen weggelassen wurden. Das Resultat ist eben der zitierte Urbin. gr. 133, ein Autograph also des Kalekas mit autographen Korrekturen des Kydones. Schließlich ließ Kydones nochmals eine Briefauswahl veröffentlichen, die im Urbin. gr. 80 vorliegt. Nach dem Tod veranstaltete man im 14. Jh. im Kloster der Xanthopuloi, das wohl Kydones verpflichtet war, neue Sammlungen mit zum Teil neuem Material (Brit. Mus., Burn. 75; Paris. gr. 1213). Spätere Sammlungen (z. B. Laur. plut. 59,24; Neapol. Orat. gr. XXII – I.) kombinieren das vorgefundene Material. Daneben gab es immer noch «Extravagantes», Briefe, die z. B. von den Adressaten aufbewahrt und veröffentlicht wurden, so durch Nikephoros Gregoras und Nikolaos Kabasilas.

Die klassizistische *Unterhaltungsliteratur* der Byzantiner geht nicht nur formal, sondern auch inhaltlich weit in die hellenistische Zeit zurück. Der Roman des Hellenismus blieb auch der Roman der gebildeten Byzantiner. Man müßte den Alexanderroman des Pseudo-Kallisthenes nennen, dessen Rezensionen β und γ vielleicht schon frühbyzantinisch sind. Von seinem Vers-Derivat aus mittelbyzantinischer Zeit wird noch zu sprechen sein. Man müßte von der byzantinischen Arbeit am Äsop-Roman sprechen und an den äsopischen Fabeln. Man dürfte sogar den Syntipas-Roman erwähnen, dessen byzantinischer Text zwar auf ein persisches Original zurückgeht, dessen Stoff jedoch auf einem hellenistischen Grundstock basiert, ja, dessen Rahmenerzählung sich sogar im Hellenismus nachweisen läßt. Aber so byzantinisch diese Themen der Überlieferungsgeschichte sind und so erregend sie für jeden kulturgeschichtlich Interessierten sein mögen: die älteren Rechte der klassischen Philologie sollen hier nicht angetastet werden.

Dafür sei hier ein Werk der mittelalterlichen Weltliteratur angeführt, das zwar stark volkstümliche Stileigentümlichkeiten aufweist, sprachlich aber doch nicht gut unter die Werke der *δημοτική* (Volkssprache) versetzt werden kann: die Geschichte von *Barlaam und Joasaph*. Wie immer es mit den unleugbar buddhistischen Wurzeln des

Stoffes bestellt sein mag, wie auch die Wege gewesen sein mögen, auf denen der Stoff in den Westen kam: am Anfang der mediterranen Überlieferung steht der Mönch und Theologe *Joannes Damaskenos* (8. Jh.), dem die griechische Bearbeitung zu verdanken ist. Damit hat der byzantinische Osten dem Mittelalter einen Lesestoff geschenkt, dessen Verbreitung und Beliebtheit die Grenzen des Gewöhnlichen sprengt. Beweis dafür zwei Kuriosa: Die Romanhelden finden 1583 Aufnahme ins Martyrologium Romanum, und Venedig verkauft ihre «Reliquien» für sündhaftes Geld an König Sebastian von Portugal. So ist die Überlieferungsgeschichte dieses Werkes ein Thema der Weltliteratur. Aber auch der byzantinische Zweig dieses Themas ist aufregend genug. Vom 10. bis 18. Jh. wurde der Roman 140mal abgeschrieben, teilweise auch in vulgärgriechischer Paraphrase. 95 Abschriften nennen den Verfasser und davon wiederum die überwältigende Mehrheit einen Joannes Damaskenos oder Joannes vom Kloster des hl. Sabas; ein paar nennen ihn Joannes vom Sinai oder von Tabennisi. Ein einziger Textzeuge, der Marc. gr. VII 26 (12. Jh.), nennt den georgischen Athos-Mönch Euthymios, der den Roman aus dem Georgischen ins Griechische übersetzt habe. Ein zweiter, später Zeuge, der Paris. gr. 1771 (15. Jh.) kombiniert Joannes und Euthymios ungeschickt in ein ähnliches Lemma. Das Problem der Überlieferung eines «Joannes vom Sinai» hat die Paläographie gelöst: Verlesung eines *Σαυα* (Genitiv von Sabas) in *Σινα* (Sinai)! Der «Tabennisiote» ist wohl eine Konjektur angesichts einer unleserlichen Vorlage. Daß der Sabaite Joannes, für den die nubes testium plädiert und der tatsächlich der Verfasser sein muß, kein anderer ist als der berühmte Theologe Joannes von Damaskos, läßt sich eindeutig beweisen.

Überlieferungsgeschichtlich interessant allein ist, wie Euthymios ins Lemma kam – und vielleicht auch die Art und Weise, wie man dieses Lemma retten wollte. Ein Versuch dazu bestand in dem Hinweis darauf, daß die handschriftliche Überlieferung erst mit dem Jahrhundert des Euthymios (10.!) einsetze. Das Argument rechnet nicht mit der Tatsache, daß eine Überlieferungslücke gerade zwischen dem 7./8. und 10. Jh. für byzantinische Verhältnisse völlig irrevelant ist. Es handelt sich um jene dunklen Jahrhunderte der byzantinischen Geistesgeschichte, die zwar Ausnahmen wie Photios hervorgebracht haben, die aber im großen und ganzen derart in den Lebenskampf gegen die Araber und auch in die schwersten inneren Auseinandersetzungen (Bilderstreit und seine Folgen) verstrickt waren, daß wenig Platz für Schreibstuben und Kopistenarbeit blieb. Die Überlieferungsgeschichte des authentischen Joannes Damaskenos selbst geht bei manchen seiner Schriften nicht über das 12. Jh. zurück. Die lateinische Überlieferung kennt zwei Versionen, die eine, darunter 19 Handschriften des 12. Jh., nennt bereits vor dem ersten griechischen Zeugen den Verfasser Joannes ausdrücklich Joannes Damascenus. Völlig isoliert steht die zweite, welche nur durch den Neapol. lat. VIII B 10 vertreten ist, mit ihrem «... translata in eolico per Eufinium». Der Veranlasser dieser Übersetzung, die ins Jahr 1048 gehört, ist wohl ein Amalfitaner Leo. Da die Amalfitaner auf dem Athos ein Kloster hatten, ist die Möglichkeit sehr leicht gegeben, daß er ein Exemplar vor sich hatte, das bereits die athonitische Lokaltradition vertrat. Diese Lokaltradition, wiederum ein Kuriosum der Überlieferung, fand im Kloster des Euthymios, soviel wir sehen, kaum einen schriftlichen Niederschlag von Bedeutung. Wir kennen zwei alte Handschriften aus dem Iberon-Kloster aus dem 11. Jh., die heute in Moskau sind (Mosq. 399 und 400 [Vladimir]), und zwei, die an Ort und Stelle verblieben sind, aus dem 13. Jh. Alle vier nennen Joannes und nicht Euthymios als Verfasser. Aber es muß in diesem Kloster trotzdem eine vielleicht sehr kleine Gruppe von Propagandisten gegeben haben, die sich nicht genug tun konnten in der Sammlung von Ruhmestiteln für ihren Stifter und für ihre georgische Heimat. So wurde denn Georgisch die Originalsprache des Werkes und Euthymios der ruhmreiche Übersetzer. Die ganze folgende byzantinische Überlieferungsgeschichte hat sich dadurch nicht beirren lassen. Dies blieb dem 20. Jh. vorbehalten[37].

Neben solchen großen, weltbeherrschenden Literaturwerken, die das Mittelalter erbauten, ergötzten und bildeten, noch jene paar Nachahmungen spätantiker Sophistenromane im 12. Jh., wie sie Theodoros Prodromos, Niketas Eugenianos, Eustathios Makremboltes und Konstantinos Manasses verfaßten, zu nennen, ist unnötig. Denn ganz offenbar handelte es sich um eine kurze Modeströmung, die nicht über das Jahrhundert hinauswirkte. Die Tradition ist unbedeutend. Der Roman des Manasses ist nicht einmal als Ganzes erhalten geblieben. Wir kennen nur Bruchstücke aus einer großen Anthologie des Chrysokephalos (14. Jh.) und aus einer anonymen Anthologie.

Wie die *epigrammatische Dichtung* der frühen byzantinischen Jahrhunderte erhalten blieb, wurde schon behandelt. Gerade in diesem

[37] Vgl. F. DÖLGER, Der griechische Barlaam-Roman, ein Werk des hl. Johannes von Damaskos, Ettal 1953.

Genus arbeitete die Folgezeit eifrig weiter, hatte aber doch Schwierigkeiten, die eigenen Produkte der Nachwelt zu erhalten. Einer der großen Epigrammatiker der mittelbyzantinischen Zeit ist *Joannes Geometres Kyriotes*, dessen Gedichte nicht nur formal, sondern auch als Ausdruck echten Gefühls eingeschätzt werden müssen. Dabei scheint er mit diesen Epigrammen weniger Erfolg gehabt zu haben als mit den religiös-konventionellen Gedichten. Sein *Loblied auf den Märtyrer Panteleemon* wurde immer wieder abgeschrieben, ebenso seine *Hymnen auf die Theotokos* und seine asketischen Dichtungen. Die Epigramme dagegen scheinen, soviel festzustellen ist, eine sehr schlechte Überlieferung gehabt zu haben (Paris. Suppl. gr. 352). Eine Generation später als Geometres hat der bedeutende Dichter *Christophoros von Mytilene* mit seinen hübschen Epigrammen kaum mehr Glück gehabt. Zwar findet man in den verschiedensten Kodizes bald dies, bald jenes Stück, die Sammlung aber ist nur in einer Handschrift von Grottaferrata erhalten. Erst der große Betteldichter *Manuel Philes*, der es offenbar verstand, sich rücksichtslos in Szene zu setzen, verfügt über eine umfangreiche Überlieferung. Daß das große, allegorische Gedicht des *Theodoros Meliteniotes*, *Εἰς τὴν σωφροσύνην*, ein «Monstrum» von mehr als 3000 Versen, nur in einer Handschrift (Paris. gr. 1720) erhalten geblieben zu sein scheint, ist verständlich.

Noch müßten alle möglichen Werke gelehrten, halbgelehrten und scheingelehrten Inhalts behandelt werden. Doch wäre kein Ende abzusehen. So sei dies Kapitel mit kurzen Bemerkungen zu zwei Schriften beschlossen, die, so disparat sie sind, für ganze Genera stehen: die *Bibliothek des Photios* und die *Patria Konstantinopels*. Die *Bibliothek* ist ja ein Markstein der byzantinischen Überlieferungsgeschichte, so daß die Frage angemessen ist, wie es ihr selbst ergangen ist. Ihre handschriftliche Tradition ist wohl geklärt. Was immer an Handschriften gefunden wurde, geht entweder auf den Marc. gr. 450 des 10. Jh. oder auf den Marc. gr. 451 des 12. Jh. zurück. Beide Zeugen aber – man nennt sie A und M – sind voneinander völlig unabhängig und repräsentieren somit zwei verschiedene Traditionsfamilien. Daß Bessarion der Besitzer beider Handschriften war, zeigt wieder einmal, welche Bedeutung ihm in der Überlieferungsgeschichte zukommt. Der Versuch, eine dritte Familie zu konstatieren, repräsentiert durch den Ottob. gr. 19–20 und den Paris. gr. 1226 (beide aus dem 15. Jh.), kann als gescheitert angesehen werden. Diese Pseudo-Familie stellt nichts anderes als eine Kontamination von A und M dar. Eine gewisse subsidiäre Bedeutung für die Vollständigkeit des Textes kommt dem Paris. gr. 1266 des 13. Jh. zu (B), der aus A direkt abgeschrieben wurde, bevor dieser seiner letzten beiden Bogen beraubt wurde. Freilich verlor auch er selbst schließlich ein paar Blätter. So weit die Handschriften. Die Frage bleibt, wie es zu dieser Familienbildung gekommen ist. Es scheint, daß es gewisse Wege gibt, auch hier weiterzukommen. Man muß offenbar die einzelnen *codices* mit ihren antiken Exzerpten in die Gesamtüberlieferung dieser Autoren in byzantinischer Zeit hineinstellen. Einen solchen Versuch hat A. SEVERYNS mit der Chrestomathie des Proklos (*cod.* 239 der *Bibliothek*) mit größter Gewissenhaftigkeit angestellt. SEVERYNS konnte feststellen: Tarasios, der Bruder des Photios, bekam mit dem Widmungsstück offenbar das Exemplar, dessen Entstehung im Widmungsschreiben geschildert wird, ein Exemplar mit vielen Abbreviaturen und sicherlich merklichen Zeichen der Eile. Für den Buchmarkt wurden wahrscheinlich wesentlich besser ausgestattete Abschriften verwendet. Später sieht man Arethas von Kaisareia am Werk und auch den Verfasser des *Etymologicum Magnum*, Michael Italikos des weiteren und Eustathios von Thessalonike. Es stellt sich dabei heraus, daß M auf das Exemplar des Arethas zurückgeht und auf die Korrekturen, mit denen Arethas dieses Exemplar versah[38]. Das gilt natürlich zunächst für den *codex* 239, aber ein Ausblick ist jedenfalls eröffnet und der Überlieferungsgeschichte ein großer Dienst erwiesen. Da A von diesen Korrekturen mehr oder weniger frei blieb, stellt er den treueren Zeugen für Photios dar.

Stellt die *Bibliothek* des Photios den äußeren Pol byzantinischer Gelehrsamkeit dar, so die Sammlung *Πάτρια τῆς Κωνσταντινωπόλεως* ein bedeutsames Spezimen der Popularisierung[39]. Die Literaturgattung der *Patria*, meist fabuloser «Wiegengeschichten» einer Stadt, hat eine lange Geschichte. Der Titel erscheint zum Beispiel bei Kallinikos von Petra, einem Historiker der Zeit Diokletians (*Τὰ πάτρια Ῥώμης*). Die *Patria Konstantinopels* wurden lange Zeit einem gewissen *Georgios Kodinos*, Kuroplates, angeblich des 15. Jh., zugewiesen. Die handschriftliche Überlieferung geht aber ins 11./12. Jh. zurück. Dieses Werk, das

[38] A. SEVERYNS, Recherches sur la Chrestomathie de Proclos: Le codex 239 de Photius, Paris-Liège 1938.

[39] Siehe T. PREGER, Scriptores originum Constantinopolitanarum, Leipzig 1901.

wie ein Reisehandbuch die Merkwürdigkeiten der Hauptstadt schildert und die Schilderung mit historischen Anekdoten würzt, ist kein selbständiges Unternehmen, sondern eine Kompilation und als solche selbst Überlieferungszeuge für die Einzelstücke, aus denen sie sich zusammensetzt und die zum Teil noch in Einzelüberlieferung, älter als die Überlieferung der *Patria*, greifbar sind. So ist der Anfang des Werkes aus dem schon erwähnten Hesychios von Milet geschöpft, der seine eigene Überlieferung in der Heidelberger Paradoxographenhandschrift hat. Eine zweite Quelle war eine Chronik ohne Verfassernamen, entstanden etwa um die Wende zum 9. Jh., *Παραστάσεις σύντομοι χρονικαί*, die selbst wieder eine eigene Geschichte hat; denn, wohl noch keine 100 Jahre alt, wurde sie ihrerseits exzerpiert, die Exzerpte drangen in die *Suda* ein und sind teilweise separat überliefert (der sog. Anonymus Treu). Pseudo-Kodinos hat sich den ersten Teil der ursprünglichen Kurzchronik einverleibt. Für die Angaben über die Hagia Sophia stand dem Kompilator eine legendäre Baugeschichte der Kirche, die *Διήγησις περὶ τῆς ἁγίας Σοφίας*, zur Verfügung, die wiederum ihre eigene Geschichte hat. All diese Werke, und dies ist das Interessante, haben also eine doppelte Überlieferungsgeschichte, eine eigenständige und eine durch das Medium des Pseudo-Kodinos. Die Kompilation selbst entstand im 10. Jh., erfuhr aber gewisse Zusätze. Ein Spezifikum in der Überlieferungsgeschichte ist, daß ein Strang die ganze Materie nach rein topographischen Gesichtspunkten ordnet, d. h. aus der zunächst historischen Konzeption eine lokale, offenbar den Interessen der Reisenden angepaßte werden läßt.

3. *Die Volksliteratur*

Unter Volksliteratur sei – um den Ausdruck «vulgärgriechische» Literatur zu vermeiden – jener Zweig des literarischen Schaffens der Byzantiner verstanden, der in der *δημοτική*, d. h. in der Volkssprache abgefaßt ist oder in einem Idiom, das dieser Volkssprache in der Diktion sehr nahe kommt, auch wenn die grammatische Struktur noch die der Hochsprache ist[40]. Wie die *δημοτική* in Griechenland noch heute da

[40] Da manche Autoren diese Literatur zur «neugriechischen» nehmen, sei hier neben KRUMBACHER und DIETERICH (s. Anm. 1) verwiesen auch auf L. P. VUTIERIDIS (Butierides), *Σύντομος ἱστορία τῆς νεοελληνικῆς λογοτεχνίας*, ²Athen 1933, und

und dort um ihre Anerkennung zu ringen hat, so war sie erst recht in byzantinischer Zeit keine Sprache, deren man sich gerühmt hätte. Der Klassizismus, das Verpflichtungsgefühl gegenüber der Sprache der großen Autoren der Antike und der daraus resultierende Mangel an Verständnis für das Wachstum einer Sprache gehört zu den am tiefsten verwurzelten Tendenzen der byzantinischen Literatur. Diese Tendenz macht schon vor manchen Werken der Koine nicht halt, die ja doch keine *δημοτική*, sondern eine Literatursprache war. Wir haben schon erwähnt, daß beispielsweise Menandros Protector die in der Koine abgefaßten Gesandtschaftsreden des Petros Patrikios einer Umredaktion im Sinne des Attizismus unterwarf. Und wir wissen, daß durch den Metaphrasten Symeon im 10. Jh. so manche naive Heiligenlegende in einer sorglosen Koine, wie wir sie etwa aus der *Geistlichen Wiese* des Joannes Moschos (7. Jh.) oder dem *Bios Joannes' des Barmherzigen* von Leontios von Neapolis (7. Jh.) kennen, aus den Postillen verschwunden ist, um einem stark rhetorischen Text in der Hochsprache Platz zu machen. Spätestens im 12. Jh. machte man den Versuch, die Volkssprache in die Postille wieder einzuführen. Die heilige Paraskeue die Jüngere erhielt damals einen Bios, der «*ἰδιωτικῶς*» (in ungebildeter Sprache) von einem bäuerlichen Menschen («*παρά τινος χωρίτου*») geschrieben war. Das anstößige Werk wurde auf Befehl des Patriarchen schleunigst vernichtet. Daß unter solchen Umständen überhaupt eine Literatur in der Volkssprache entstehen konnte, kann nur aus der Tatsache erklärt werden, daß zum ersten die große Masse der Byzantiner die klassizistische Literatur überhaupt nicht verstand und daß zum zweiten sich eine wirklich lebendige Sprache durch keinen Klassizismus auf die Dauer unterdrücken läßt. Die Tradition dieser Literatur ist dann freilich dem Glück und dem Zufall überlassen. Und die Literaturgeschichte der *δημοτική* beweist dies auf Schritt und Tritt.

B. LAVAGNINI, Storia della letteratura neoellenica, Milano 1955. – Da ferner diese Literatur dem Durchschnittsgebildeten schwer zugänglich ist, möchte ich einige Sammelausgaben nahmhaft machen: W. WAGNER, Carmina graeca medii aevi, Leipzig 1874 (unkritisch, aber reichhaltig); ders., Medieval Greek texts, London 1870, und ders., Trois poèmes grecs du moyen âge, Berlin 1881; É. LEGRAND, Bibliothèque grecque vulgaire, 10 Bde., Paris 1880–1913 (die letzten Bände gaben heraus D. C. HESSELING und H. PERNOT); G. TH. ZORAS, *Βυζαντινὴ ποίησις*, Athen 1956; SP. LAMBROS, Collection de romans grecs en langue vulgaire, Paris 1880; A. PASSOW, Popularia carmina Graeciae recentioris, Athen 1860 (Neudruck 1958); D. PETROPULOS, *Ἑλληνικὰ δημοτικὰ τραγούδια*, 2 Bde., Athen 1958–59; E. KRIARAS, *Βυζαντινὰ ἱπποτικὰ μυθιστορήματα*, Athen 1955.

Man kann ruhig sagen, daß vor dem 12. Jh. kaum von einer nennenswerten literarischen Überlieferung von Texten der Volksliteratur geredet werden kann. Was wir an Texten aus früherer Zeit kennen, ging teilweise sehr merkwürdige Wege. Einer der überraschendsten ist der Weg über die historische Dokumentation. Byzantinische Historiker und Chronisten haben es nicht unterlassen, wenn sie zeigen wollten, wie unbeliebt ein Kaiser war, jene spöttischen Sprechchöre aus Zirkus und Kabarett, mit denen solche Herrscher bedacht wurden, als Beweisstücke anzuführen. Der volkstümliche Charakter der Sprache dieser Verse ist jeweils unverkennbar, wenn auch anzunehmen ist, daß manche aus literarischen Rücksichten sich Retuschen gefallen lassen mußten[41]. Jedenfalls verraten die paar erhaltenen Proben das Gebiet, auf dem man der Demotike am ehesten Spielraum zu gewähren bereit war: Spott und Satire.

Wenn ein solches Spottlied, wahrscheinlich auf Kaiserin Theophanu gemünzt und deshalb ins 10. Jh. zu versetzen, im Marc. gr. XI 19 auf einem Blatt, das sich ins 16. Jh. datieren läßt und in einer Handschrift, die hauptsächlich volkstümlicher Literatur aus Kreta gewidmet ist, erhalten blieb, so wäre der Schluß auf eine selbständige literarische Überlieferung solcher Verse doch voreilig. Einmal gehört das Blatt nicht eigentlich zur Handschrift, sondern ist älter und wurde einfach dazugeheftet, und dann verdankt der Text – für den wir noch zwei Zeugen haben – seine Überlieferung offenbar der Tatsache, daß man ihn, korrumpiert wie er war, für eine Weissagung hielt und dem Propheten Daniel zuschrieb[42]. Wir dürfen ruhig annehmen, daß auch sein ursprünglicher Fundort irgendeine Chronik war, die wir nicht mehr kennen, oder daß er sich am Rand einer der zahllosen noch nicht untersuchten Handschriften einer Chronik fand, deren Druckausgabe auf einem Textzeugen beruht, der dieses «Scholion» eben nicht enthielt.

Natürlich gab es auch schon im 7., 8., 9. Jh. nicht nur organisierte Spottchöre, sondern auch Lieder, Balladen, längere oder kürzere Epen in der Volkssprache. Für ihre Überlieferung kann man sich den Rekurs auf Handschriften unter Umständen jahrhundertelang sparen. Denn noch bis in die jüngste Zeit verfügte das griechische Volk über ein «episches Gedächtnis» von erstaunlicher Kraft. Wir kennen Stoffe, die sicher aus frühen byzantinischen Jahrhunderten stammen, obwohl kein

[41] Vgl. P. MAAS, Metrische Akklamationen der Byzantiner, Byz. Zs. 21, 1912, 28–51.
[42] G. MORGAN, A Byzantine satirical song, Byz. Zs. 47, 1954, 292–297.

einziger byzantinischer Kodex uns davon etwas vermeldet und die schriftlichen Aufzeichnungen erst in junger und jüngster Vergangenheit vorgenommen wurden.

Es ist einer der großen Glücksfälle der Geschichte, daß in einer Leningrader Handschrift des 15. Jh. (Nr. 202) das *Ἄσμα τοῦ Ἀρμούρη*, das *Armuris-Lied*, erhalten geblieben ist. Mag man das Lied mit dem Fall der Festung Amorion im Jahre 838 – einer der großen Katastrophen im Kampf der Byzantiner gegen den Islam – in Verbindung bringen, mag man so weit gehen, im Sohn des Mannes aus Amorion den jungen Kaiser Michael III. zu erkennen, oder nicht, jedenfalls kann meines Erachtens bei einigem Sinn für Milieu und Situation nicht geleugnet werden, daß wir es mit einem der schönsten byzantinischen Kurzepen zu tun haben, das in seinem Kern in die Zeit der großen byzantinisch-arabischen Auseinandersetzung gehört. Und ebenso dürfte es nicht überraschen, würde sich herausstellen, daß die Leningrader Handschrift die erste Niederschrift des Liedes darstellt. Denn wie stark die mündliche Überlieferung solcher Stoffe sein kann, das beweist gerade dieses Lied. Es war zwischen den beiden Weltkriegen, als eine deutsche Sammlerin, H. LÜDEKE, auf Kypros aus dem Mund einer alten Frau eine Version dieses Liedes aufzeichnete, die wesentlich vollständiger ist als die Leningrader Fassung. Diese Version hat eine historische Einleitung, die vom Sturm der Franken auf «Anemurin» erzählt und den Namen des Helden, Arestes, überliefert. Da dieses «*ἀρέστης*» auch in der Leningrader Version vorkommt, dort aber immer für ein Adjektiv angesehen wurde, das man sich nicht zu erklären wußte, während es durch das kyprische Plus eindeutig zum Eigennamen wird, kann nicht der Verdacht aufkommen, als handle es sich bei diesem Plus um irgendeine irrelevante und neuzeitliche Amplifikation. Die Frage ist natürlich viel komplizierter, als sie hier nach ein paar Sätzen darüber zu sein scheint. Jedenfalls muß auf dem Gebiet dieser Epik mit der über lange Zeiträume hinweg tragenden Kraft der mündlichen Überlieferung gerechnet werden[43].

Das gilt auch für ein weiteres Kurzepos, vom *Sohn des Andronikos*, einem Lied auf der Grundlage des Hildebrand-Motivs vom Kampf

[43] Den Leningrader Text edierte G. DESTUNIS, Petersburg 1877. Leichter zugänglich bei H. GRÉGOIRE, *Διγενὴς Ἀκρίτας*, New York 1942, 204–212. Die kyprische Version LÜDEKES bei H. GRÉGOIRE, Nouvelles chansons épiques des IXe et Xe siècles, Byzantion 14, 1939, 250–263.

zwischen Vater und Sohn. Obwohl wir den Stoff nur aus neugriechischen Volksliedern kennen, deren Aufzeichnung erst der neuzeitlichen Volksliedforschung zu verdanken ist, hat man schon zu einer Zeit, die von byzantinischer Epik so gut wie nichts wußte, den Kern des Liedes in byzantinischer Zeit gesucht. Man hat an den Kaiser Andronikos Komnenos (1183–1185) gedacht. Freilich wäre keine andere Ähnlichkeit zu entdecken als der Name. Aber schon damit wäre der Ursprung des Stoffes Jahrhunderte von seiner schriftlichen Fixierung geschieden. Nach den Forschungen GRÉGOIRES könnte es sich sehr wohl um eine Episode aus der Geschichte der Familie Dukas im 10. Jh. handeln, was die Zeitspanne um weitere zwei bis drei Jahrhunderte vergrößern würde. Und wenn die Hypothese GRÉGOIRES richtig ist, dann haben wir in diesem Lied zugleich einen Textzeugen einer volkstümlichen Literatur, deren Träger eine oppositionell eingestellte Provinz ist. Wenn ferner, wie angenommen wird, die Version aus Kerasus die beste ist, dann erweist sich, was auch in anderen Fällen immer wieder in Erscheinung tritt, daß die pontischen Provinzen zu den zuverlässigsten Traditionsträgern byzantinischer Epenstoffe gehören[44].

In diese Richtung weist auch die Tradition des großen byzantinischen Heldenepos, des *Digenis-Akritas-Liedes*. Von den vier wichtigsten Versionen (Trapezunt, Andros, Grottaferrata und Escorial) ist keine älter als das 13. Jh., ja manche sind wohl erst im 14. Jh. entstanden. Die Handschriften selbst stammen zumeist aus dem 16. Jh., nur der Codex Cryptoferratensis ist im 14. Jh. geschrieben. Die Handschriften editionsmäßig auf einen Archetypus zurückführen zu wollen, ist völlig müßig. Sie geben verschiedene Stadien schon vorliegender schriftlicher, aber auch mündlicher Überlieferung wieder. Am Scorialensis, den man mit unzulänglichen Gründen für die älteste Rezension hält, sind die Spuren der mündlichen Überlieferung noch besonders deutlich zu bemerken. Bedenkt man etwa, daß noch zu Beginn unseres Jahrhunderts auf der Insel Naxos umfangreiche Epen und Dramen der kretischen Dichtung des 16. und 17. Jh. auswendig gelernt und mündlich weiter tradiert wurden, so könnte eine lange währende, rein mündliche Tradition auch des *Digenis*-Epos nicht überraschen. Trotzdem glaube ich, daß unsere erhaltenen Versionen keineswegs direkt aus mündlicher

[44] Vgl. H. GRÉGOIRE, L'âge héroique de Byzance, Mélanges N. Jorga, Paris 1933, 383–397.

Tradition geschöpft sind. Sie verraten nicht nur die Kenntnis schriftlicher Quellen, sie haben auch so viele Episoden – die eine Version mehr, die andere weniger, aber jede auf ihre Weise – «rhetorisiert», d. h. einem Darstellungsschema unterworfen, das letztlich auf die gelehrte Sophistik der hochsprachlichen Romanliteratur zurückgeht, daß von einem unmittelbaren Niederschlag volkstümlicher Erzähl- und Fabulierkunst nicht mehr die Rede sein kann. Ob darüber hinaus schon «Ausgaben» und «Redaktionen» des 10. oder 11. Jh. zu postulieren sind, ist mehr als fraglich. Die allgemeine Situation der byzantinischen Literaturgeschichte würde doch wohl am ehesten für das 12. Jh. als Ausgangspunkt schriftlicher Fixierung sprechen[45].

Über die Träger der mündlichen Überlieferung sind wir kaum unterrichtet. Wenn der Erzbischof Arethas von Kaisareia von rustikalen Paphlagoniern spricht (10. Jh.), die im Lande – also wohl Kappadokien – herumziehen und gegen Geld über die «Leiden berühmter Männer» singen, so könnten damit wohl Sänger des *Akritas*-Liedes gemeint sein – denn der Stoff des Liedes führt sicher bis in die Zeit des Arethas und darüber hinaus zurück –, aber die verächtliche Schilderung des großen Klassizisten, dem es nicht einfallen konnte, in solchen Liedern «Literatur» zu sehen, braucht uns nicht zur Ansicht zu verführen, es habe sich um eine rein bäuerliche Tradition gehandelt. Das ritterliche Ideal, eine gewisse Fronde gegen konstantinopolitanische Ansprüche, die zwielichtige Atmosphäre eines Lebens zwischen Islam und Christentum, das ganze «feudale» Milieu, das auch da schon durchbricht, wo kaum von einer literarischen Bearbeitung die Rede sein kann, scheint doch eher dafür zu sprechen, daß die großen Herren der Provinz, die Themenkommandeure und ihre Stäbe, die großen Domänenbesitzer, lokale Potentaten, die einst selbständige Gaufürsten gewesen waren, die eigentlichen Zuhörer der fahrenden Sänger gewesen sind. Aber sicher hat auch das einfache Volk teilgenommen, denn die Sänger werden die Möglichkeit nicht unversucht gelassen haben, nicht nur in der Halle,

[45] Die verschiedenen Versionen des Epos sind am bequemsten zusammengestellt (die slawische Übersetzung in neugriechischer Gestalt) bei P. P. KALONAROS, *Βασίλειος Διγενὴς Ἀκρίτας*, 2 Bde., Athen 1941. Einen Bericht über den Stand der Forschung bietet S. KYRIAKIDES, Forschungsbericht zum Akritas-Epos, Berichte zum XI. Intern. Byzantinistenkongreß, München 1958; die für die Akritas-Forschung entscheidenden Thesen und Hypothesen von H. GRÉGOIRE findet man in ihrer oft genialen Inkohärenz am besten in seinem Werk, das in Anm. 43 zitiert wurde. Am wenigsten Anklang fand er bei J. MAVROGORDATO, Digenis Akrites, Oxford 1956.

sondern auch im Hof ihr Geschäft zu machen. Andernfalls wäre es auch nicht verständlich, daß der *Digenis*-Stoff bis in die neueste Zeit in einer erstaunlichen Vielzahl von Volksliedern aus allen möglichen griechischen Sprachprovinzen erhalten geblieben ist. Diese Lieder geben der Überlieferungsgeschichte des Epos ein neues Rätsel auf. Soll man in ihnen Folgeerscheinungen des vorhandenen Epos sehen, oder bilden sie den Grundstock des späteren Epos? Diese Frage, welche grundsätzlich ja die meisten Epenkreise vom homerischen bis zum *Nibelungenlied* angeht, ist im Falle des *Akritas*-Epos von ganz besonderem Reiz; denn hier handelt es sich bei den Liedern und Kurzepen nicht um erschlossene Texte, um Gebilde der Hypothese, sondern um vorhandenes Volksgut, dessen Zusammenhang mit dem Epos unter keinen Umständen geleugnet werden kann. Sieht man sich das Material, das in die Debatte geworfen worden ist, genau an, so kann man feststellen, daß im Kern die Entscheidung verlangt wird, ob ein Text mit märchenhaften Zügen in der Epik älter ist als ein «rationalistisch-historisierender». Die Entscheidung darüber dürfte prinzipiell gar nicht zu fällen sein, obwohl man doch wohl geneigt ist, bei einem Epenstoff, der an Gestalten anknüpft, die im vollen Licht der Geschichte des 8., 9. oder 10. Jh. an der byzantinischen Euphratgrenze ihre Taten vollbracht haben, das allzu Märchenhafte, wie es in den Volksliedern des Zyklus nach vorn drängt, für das Sekundäre zu halten.

Ein weiterer Faktor, der die Überlieferungsgeschichte des *Akritas*-Epos kompliziert, ist das Vorhandensein einer slawischen Version, deren «oppositioneller» Charakter zusammen mit merkwürdigen genealogischen Angaben im griechischen Text dazu geführt hat, die Ursprünge des Epos im ketzerischen Lager der Paulikianer im armenischen Bergland zu suchen, die der Reichsregierung jahrzehntelang die größten Schwierigkeiten machten und bis an die ägäische Küste ihren Herrschaftsbereich ausdehnen konnten. Noch sind die Forschungen nicht weit genug gediehen, die es uns erlauben würden, über die Bedeutung der slawischen Version ein abschließendes Urteil zu fällen; daß aber das Epos seine Kräfte, wenn nicht aus der Opposition gegen den byzantinischen Kaiser, so doch aus lokalen Familien- und Stammestraditionen zieht, deren Lebensinteressen nicht um Konstantinopel gravitierten, das kann nur leugnen, wer des irrigen Glaubens ist, es habe keine lebendige byzantinische Provinz gegeben. Der Stoff kommt Schritt für Schritt aus den mehr oder weniger autonomen Kulturbezirken der östlichen Reichsgrenze hervor, erobert sich offenbar ganz Kleinasien und gerät allmählich in die Schlingen höfisch-hauptstädtischer Anschauungen und Kunstformen, um sich dann im Lied (und vielleicht in der Version des Scorialensis) davon wieder zu emanzipieren, in die Provinz zurückzugehen und dort überlieferungsgeschichtlich jenen Dornröschenschlaf zu schlafen, aus dem es erst das ungestüme 19. Jh. wieder erweckt hat. Die erste Druckausgabe einer Version (der von Trapezunt) erschien im Jahre 1877.

Man darf wohl sagen, daß der *Akritas*-Stoff zusammen mit kleineren Stoffen wie dem *Armuris*-Lied und dem Lied vom *Sohn des Andronikos*, die einzigen echten Volksepen der Byzantiner sind. Der «byzantinische Homer» steckt in der Chronistik, nicht im Epos. Hauptzeugen sind Malalas und Konstantinos Manasses und nicht jener *Konstantinos Hermoniakos*, der im 15. Jh. eine homerische Dichtung in nicht weniger als 8799 reimlosen Achtsilbern verfaßt hat, auch nicht der anonyme *Πόλεμος τῆς Τρῳάδος* (*Trojanische Krieg*) in 11074 politischen Versen. Denn was hinter Hermoniakos steht, ist nicht so sehr Homer, sondern sind die Homer-Allegorien des Joannes Tzetzes aus dem 12. Jh., nicht Dichtung, sondern Philologie, und schon gar nicht Volksdichtung. Wenn das Opus auch im 15. Jh. dreimal abgeschrieben wurde (die Handschriften liegen in Leiden und Paris), so waren sicher Homer-exegetische und nicht dichterische Interessen am Werk. Der *Πόλεμος τῆς Τρῳάδος* aber ist kein byzantinisches Werk, sondern eine Übersetzung des Troja-Romans des Franzosen Benoît de Ste-More, angefertigt von einem Übersetzer, der von seinem Homer so wenig wußte, daß er Formen wie Hercule und Mars nicht mit Herakles und Ares, sondern mit *Ἕρκουλες* und *Μάρος* wiedergab. Die fünf noch vorhandenen Handschriften und ihr Charakter – eine ist der berühmte Vind. theol. gr. 244 (Abb. 66) – beweisen jedenfalls, daß der Roman mehr Erfolg hatte als Hermoniakos.

Auch der berühmte Feldherr *Belisar* war kein Volksheld, der von je im Lied oder Epos gelebt hätte, bis zur Zeit der Palaiologen der Stoff in jener Form fixiert worden wäre, die wir heute besitzen. Zwar gibt es eine legendäre Belisar-Überlieferung, welche die Fremdenführer von Konstantinopel zum besten gaben, aber es gab kein Epos. Auch kein mittelbyzantinisches Epos. Was im heutigen Epos in die Zeit der Komnenen zurückweist, ist Familiengeschichte, die in irgendeiner Weise mit dem Helden des palaiologischen *Belisar*-Epos zusammenhängt und

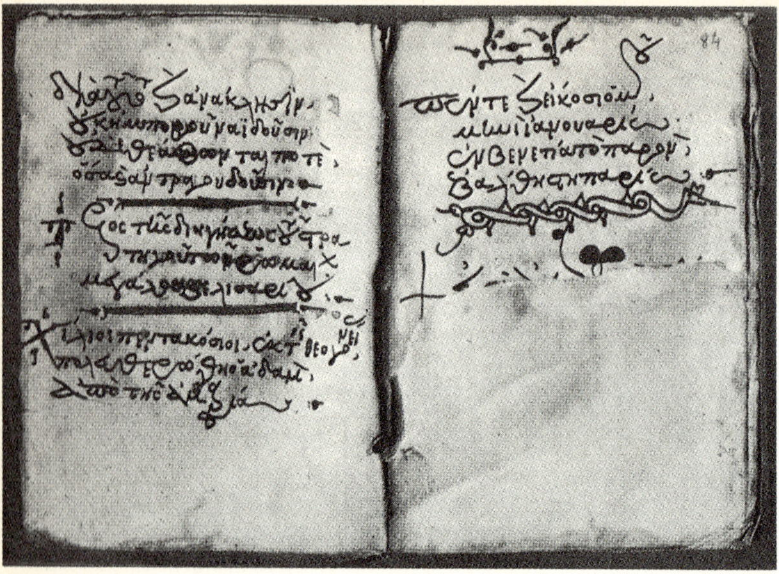

Abb. 65. *Belisar*-Lied (Rimada), Schluß mit Subskription (Mutin. III A 24, f. 83v und 84r; Photo-Archiv Byz. Inst., München).

deshalb darein verarbeitet wurde. Wir müssen im Text des Vind. theol. gr. 244 den ältesten Zeugen sehen oder besser eine Abschrift dies Zeugen, die kaum etwas Wesentliches verändert haben kann. Die Bearbeitung des Emmanuel Georgillas (Wende zum 16. Jh.) hatte keinen anderen Text vor sich als den Vindobonensis, und das Volksbuch, das vielleicht schon 1525, sicher 1548 in Venedig gedruckt wurde, tut nichts anderes, als daß es den alten Text in Reime bringt. Die zuletzt gefundene Version im Neapol. gr. III B 27 ist nichts anderes als der ungeschickte Versuch, den alten Text[46] wieder einmal «*εἰς τὸ ἀττικώτερον*» zu verbessern, d. h. dem attischen Griechisch anzu-

[46] Die Texte bei W. WAGNER, Carmina (s. Anm. 40) und (der Neapolitanus) in St. biz. 4, 1935, 153–202. Zur Fixierung in der Palaiologenzeit H.-G. BECK, Belisar – Philanthropenos, Serta Monacensia, Leiden 1952, 46–52, und ders., Belisarios und die Mauern Konstantinopels, Die Welt der Slawen 5, 1960, 255–259.

nähern (vgl. auch Abb. 65). Und was das byzantinische *Alexander*-Lied anlangt, so ist es nichts anderes als ein versifizierter Textzeuge des alten Pseudo-Kallisthenes[47].

Die Überlieferungsgeschichte der byzantinischen Literatur kann auch nicht mit einer von der Antike aus die ganzen byzantinischen Jahrhunderte durchlaufenden epischen Tradition eines Achilles-Stoffes rechnen, die dann etwa im 13. Jh. schriftlich fixiert worden wäre in der Form, in der wir den Stoff heute kennen. Die byzantinische *Achilleis* ist ein Zwillingsbruder des *Digenis*, wie man sich ihn in den höfischen Kreisen der Hauptstadt vorstellte. Sie ist Ritterroman und nicht Epos. Die Konzeption wäre vor dem 12. Jh. völlig unverständlich[48]. Wir besitzen von diesem Roman drei Versionen, repräsentiert durch die Handschriften Neapol. gr. III B 27 [251] vom Jahre 1520, den Lond. (Brit. Mus.) Add. 8241 aus dem 15. Jh. und den Bodleianus Misc. auct. 5,24 aus dem 16. Jh. Davon stellt die Oxforder Handschrift eine Epitome dar. Das Verhältnis der beiden anderen Handschriften zueinander ist von hohem Interesse. Der Text der Londoner Version erzählt die Schicksale des Wunderkindes Achilles, ohne – abgesehen von Achilles – mit einem anderen Element an Homer zu erinnern als mit dem Namen des Schildknappen Patroklos. Achilles, das Wunderkind, wächst auf und balanciert durchs Leben wie der höfische Digenis Akritas, er feiert Hochzeit und Flitterjahre, bis seine junge Frau stirbt, worauf der Gram auch den Helden wegrafft. Diesen Text las offenbar jener Mann, der für die Version des Neapolitanus verantwortlich ist. Er hatte aber auch die Chronik des Konstantinos Manasses gelesen und dabei einiges mehr über den homerischen Achilles erfahren. So setzte er denn zwischen den Tod der jungen Frau und den des Helden die Trojafahrt, die Vermählung des Achilles mit des Paris Schwester, den Verrat der Trojaner und die Ermordung des Bräutigams. Er arbeitete dabei so ungeschickt, daß ihm das Pech widerfuhr, eine Textstelle der ursprünglichen Version zu belassen, die auf den Tod des Achilles unmittelbar im Anschluß an den Tod seiner jungen Frau hinweist. Mit anderen Worten, der Neapolitanus ist ein wertvoller Überlieferungszeuge für die Verklitterung eines romanhaften Epos mit angelesenen chronikalen

[47] Darüber das Wichtigste bei R. MERKELBACH, Die Quellen des griechischen Alexanderromans, München 1954.

[48] Darüber trotz des meines Erachtens mißglückten Versuchs, einen Verfasser zu nennen, am besten A. HEISENBERG, Rh. Mus. 58, 1903, 427–435.

Geschichtskenntnissen. Echter Textzeuge ist nur die Londoner Version.

Die *Achilleis* hat uns wie unversehens vom Epos zum *Ritterroman* geführt. Er war im späten byzantinischen Mittelalter offenbar genau so beliebt wie im Westen, ja, in manchen Fällen, etwa im Roman von *Phlorios und Platzia Phlora* (*Fiorio e Biancifiore*), teilweise auch im Roman von *Imberios und Margarona* (*Pierre et Magelonne*), ist die Überlieferungsgeschichte ein gemeinsames Problem des Ostens und Westens, auf das im einzelnen hier unmöglich eingegangen werden kann. Die eigentlich byzantinische Überlieferung steht zum Teil auf sehr schwachen Füßen, obwohl wir mit guten Gründen annehmen dürfen, daß diese Romane eifrig gelesen wurden.

So ist uns der Roman von *Belthandros und Chrysantza* in einer einzigen Handschrift, dem Paris. gr. 2909, erhalten. Auch für *Kallimachos und Chrysorrhoe* haben wir nur einen einzigen Überlieferungszeugen, den Scal. gr. 55 der Leidener Bibliothek (15. oder 16. Jh.). Bei *Phlorios und Platzia Phlora* stehen zwei Kodizes zur Verfügung (Brit. Mus. Add. 8241 aus der 2. Hälfte des 15. Jh.; Vind. theol. gr. 244, Mitte des 16. Jh., Abb. 66). In der ersten Handschrift fehlen am Anfang 35 Verse. Die beiden Handschriften gehen wohl auf eine gemeinsame Vorlage zurück, und trotzdem differieren sie nicht unbeträchtlich. Das erklärt sich aus der allgemeinen Lässigkeit, mit der man solche Texte behandelte. Und neben die Lässigkeit tritt als zweiter Faktor wohl noch etwas anderes hinzu, der Gegenpol der gleichen Grundhaltung: Die Texte waren so wenig «literarisches Eigentum» eines Verfassers, daß sie der Kopist zu seinem Eigentum machen konnte. Er fühlte sich durch den Stoff angeregt, er erinnerte sich an Texte, in denen ein ähnliches Ereignis mit anderen Worten geschildert war, und er nahm für sich das Recht in Anspruch, weiterzudichten, umzudichten, Zeilen liebend nachzufahren und auszuweiten. So kommt es, daß in dieser Überlieferung Texte, die sicher von einer gemeinsamen Vorlage abstammen, zugleich selbständige Überlieferungszeugen werden, Zeugen nicht so sehr für den Text als für den Stoff. Wo die Überlieferungsgeschichte dann in die Edition

Abb. 66. Vind. theol. gr. 244, f. 108v (Anfang des *Imberios*). Die Handschrift enthält ausserdem das *Alexander*-Lied, das *Belisar*-Epos, *Phlorios und Platzia Phlora*, die *Vierfüßlergeschichte*, das *Synaxar vom ehrsamen Esel*, die *Messe des Bartlosen* u. a. m.

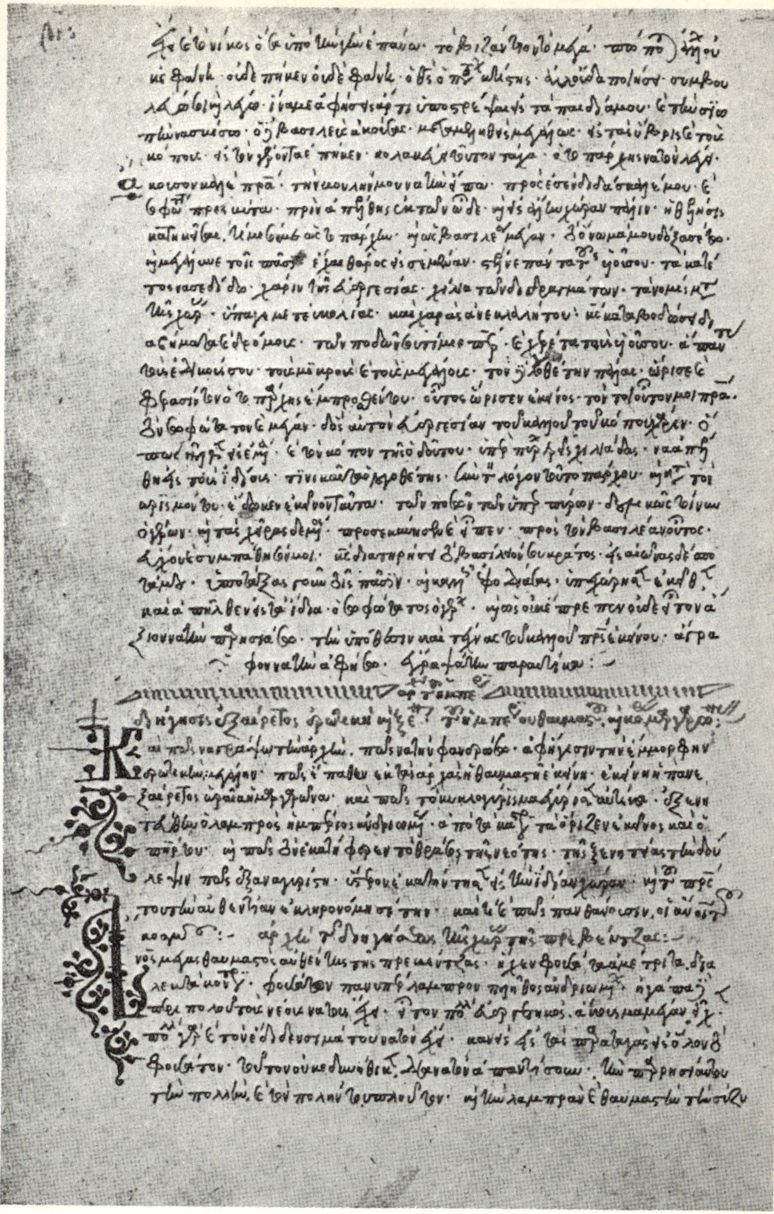

mündet, ist die gerechteste Methode immer jene, diese Überlieferungszeugen so selbständig wie möglich nebeneinander stehen zu lassen. Jede andere Methode vergewaltigt die Überlieferung, d. h. gerade das, was die Edition zum Ausdruck zu bringen hat.

Beim Roman von *Lybistros und Rodamne* ist die Überlieferung wesentlich komplizierter als bei den bisher genannten. Wir besitzen den Paris. gr. 2910 aus dem 15. Jh., der ganz diesem Roman gewidmet ist. Hier fehlt das erste Blatt, ein Umstand, der bei ähnlichen Texten öfter wiederkehrt, z. B. bei der Londoner *Achilleis*. Das Format ist kleines Oktav (22,4 × 14,2 cm), immerhin größer als bei der genannten *Achilleis* (11,5 × 9,3 cm). KARL KRUMBACHER hat dazu folgende Vermutung geäußert, die hier vielleicht als Randbemerkung stehen darf: «Der glückliche Besitzer solcher handschriftlich aufgezeichneter Erzählungen wollte sich selbst in der Kirche nicht von dem anziehenden Lesestoffe trennen. Um nach außen keinen Verdacht zu erregen, band man solche Handschriften genau so einfach und dauerhaft ein wie Gebetbücher, entfernte aber der Vorsicht halber das Titelblatt des Textes, so daß der Uneingeweihte bei flüchtigem Hinsehen den Eindruck gewinnen konnte, als ob es sich um ein am Anfang verstümmeltes Andachtsbuch handelte[49].» Tatsächlich beginnt die Londoner Handschrift mit dem *Ave Maria*, dem *Vaterunser*, dem Glaubensbekenntnis, einem weiteren Gebet und dem Anfang des *Johannesevangeliums*, dann folgt die *Achilleis*, wobei das erste Blatt herausgerissen ist, dann der *Phlorios*-Roman, wieder ohne das erste Blatt, und schließlich die sog. *Rhodischen Liebeslieder*. Die Titelblätter dieser Romane trugen wahrscheinlich rote Überschriften, die allzu leicht auch vom Nachbar zu lesen gewesen wären.

Im Neapol. gr. III A a 9 begegnen wir einer *Lybistros*-Handschrift, die bereits stärkeren Interessen an der Volksliteratur ihre Entstehung verdankt. Sie enthält daneben auch Dichtungen des kretischen Villon, *Stephanos Sachlikis*, und den *Spaneas* genannten Prinzenspiegel. Der Scor. Ψ IV 22 gehört zu den wichtigsten Überlieferungszeugen der Volksliteratur. Er entstammt dem 16. Jh., und es ist KRUMBACHERS Verdienst, ihn für die mittelgriechische Literaturgeschichte neu entdeckt zu haben. Er enthält neben unserem Roman nicht nur die berühmte Escorial-Version des *Digenis*-Epos, sondern auch den *Opsarologos*, das Fischbuch, eine der byzantinischen Tiersatiren, und anderes mehr (auch

[49] Mitgeteilt von H. SCHREINER, Byz. Zs. 34, 1934, 274.

beim *Digenis*-Text fehlt übrigens das erste Blatt des Quaternios). Der Scal. gr. 55 der Bibliothek von Leiden ist zugleich, wie wir gesehen haben, die einzige Handschrift für *Kallimachos und Chrysorrhoe*. Vom Roman *Lybistros und Rodamne* enthält er zwei Fassungen, eine längere und eine kürzere, beide unvollständig, aber gelegentlich denselben Text vertretend. Die Texte sind in fast allen Handschriften durcheinandergeraten. Je nach Laune haben die Abschreiber gekürzt und dafür an anderen Stellen Verse eingeschoben. Auch die vollständigste Handschrift, der Scorialensis, zerreißt den Inhalt und strotzt von Ungereimtheiten. Man hat sich angesichts dieser Sachlage die Frage vorgelegt, ob denn diese Kopisten gar nicht gemerkt haben, welch unzusammenhängendes und unverständliches «Zeug» sie zu Papier brachten. Ein guter Kenner der Materie wie H. SCHREINER[50] antwortet mit einem glatten Nein. Er macht dann freilich gleich selbst eine Einschränkung: Vielleicht hat der Schreiber des Scaligeranus, bald nachdem er mit seiner Abschrift begonnen hatte, die Unordnung seiner Vorlage bemerkt und nochmals angesetzt, woraus sich die Doppelüberlieferung der Handschrift erklären würde. Bei denen, die gar nichts gemerkt haben, muß man wohl an Lohnschreiber denken, die ihre Aufgabe für erledigt hielten, wenn sie eine kalligraphische Fleißarbeit hinter sich hatten, aber auch nicht den geringsten Gedanken an den Inhalt verschwendeten. Die eingehenden Untersuchungen SCHREINERS zur Textgeschichte dieses Romans lassen wohl auch jeden Verdacht schwinden, daß es sich um die Niederschrift einer rhapsodischen mündlichen Überlieferung handle. Die Verfasser der schriftlich überlieferten Versionen gehen mit dem Kunstverstand des byzantinischen Clerk an die Arbeit; sie haben ein System klassischer Motive und Formen im Kopf, Romanschemen, die schon aus der Spätantike bekannt sind. Weil sie dem Volk nahestehen, kennen sie aber auch eine Menge von Volksliedern und volksliedhaften Motiven, welche sie in ihr Schema hineinarbeiten. Jeder Kopist, der kein bloßer Abschreiber ist, verfügt über einen ähnlichen Reichtum an Ideen, und es fällt ihm nicht ein, der Vorlage gegenüber damit zu geizen. Daher die merkwürdige Mischung zwischen sophistischen und volkstümlichen Zügen und Motiven, daher aber auch die hohe Zahl von Stereotyp-Versen, die allen Romanen gemeinsam sind und kein Zeichen für echte Abhängigkeit darstellen, daher aber auch die Unzahl

[50] H. SCHREINER, Die Überlieferung des mittelgriechischen Romans von Lybistros und Rhodamne, Byz. Zs. 34, 1934, 15–36 und 272–301.

von Varianten bei Texten, die andererseits durch frappante Gleichheiten ihre enge Verwandtschaft bekunden.

Etwas einfacher als bei *Lybistros und Rodamne* liegen die Überlieferungsverhältnisse beim fünften der «Ritterromane»: *Imberios und Margarona.* Vier Handschriften liegen vor, von denen eine, der Vat. Palat. gr. 426, einen Teil des Gedichts und dann eine am Anfang verstümmelte Version bringt, ohne daß meines Wissens bisher untersucht wäre, ob hier ähnliche Verhältnisse obwalten wie im Scaligeranus des *Lybistros*[51].

Die Frage muß wohl auch hier gestellt werden, in welchen gesellschaftlichen Kreisen sich diese Romanüberlieferung bewegte. Will man nicht nur vom «ritterlichen» Inhalt auf eine «ritterliche Leserschaft» schließen, so drängen sich folgende zusätzliche Überlegungen auf: Die Kompositionsverhältnisse, von denen anläßlich des *Lybistros* die Rede war, verraten für die Entstehung ein Milieu, das mit der klassizistischen Literatur vertraut war, das aber auch ein Ohr für volkhafte Töne und Motive hatte. Daß wir zu diesem Behuf nicht unbedingt auf eine «gebildete Mittelschicht» rekurrieren müssen, dafür scheint der Roman von *Kallimachos und Chrysorrhoe* zu sprechen. Er ist der einzige, bei dem sich vielleicht ein Verfasser nennen läßt: Andronikos Palaiologos, Neffe des Kaisers Michael VIII. und Vetter Andronikos' II. Dieser Verfassername stützt sich auf ein Epigramm des Manuel Philes, das einen Roman resümiert, der dem unsrigen wie ein Auge dem andern gleicht, und das den Verfasser des Romans verrät. Damit wäre der Ursprung eines solchen Romanwerks in die höchsten Gesellschaftsschichten gerückt. Wenn freilich der Epigrammatiker dem Verfasser die Absicht zuschreibt, im Bild des Romans den moralischen Ablauf des menschlichen Lebens zu schildern, so darf man diese fromme Absicht ruhig auf dem Konto des Philes belassen, ohne den Prinzen damit zu belasten. Resultat ist dann freilich, daß es gewagt ist, in den Romanen der Volkssprache auch echte Volksliteratur zu sehen. Und wenn schon diese Romane gelegentlich in Form von Gebetbüchern in die Kirche geschmuggelt wurden, so kann man sich wohl eher einen Prinzen in der Loge der kaiserlichen Familie als einen biederen Bürger von Konstantinopel mit einem Buch in der Hand in der Kirche vorstellen. – Freilich muß nicht unbedingt auf die kaiserliche Familie zurückgegriffen werden. Der *Imberios*-Roman

[51] Vier der Ritterromane am bequemsten bei KRIARAS (s. Anm. 40), der *Lybistros*-Roman ist ediert von J. A. LAMBERT, Amsterdam 1935. Eine neue Ausgabe des *Kallimachos*-Romans legte M. PICHARD vor, Paris 1956. Zum *Imberios*-Roman vgl. Abb. 66.

verdankt seine Entstehung wohl dem Zusammentreffen katalanischer Erzählungsmotive mit der Gründungssage des Klosters Daphni bei Athen, das lange Zeit in den Händen der Zisterzienser war. Die Sage selbst ist griechisch. Man darf also den Ursprung des Romans wohl in jene ritterlichen Kreise von «Franken» verlegen, die im Herzogtum Athen ansässig waren, noch genug vom Erzählungsgut ihrer westlichen Heimat wußten, zugleich aber schon mit den Stoffen ihrer neuen Heimat vertraut waren, deren Sprache sie ja inzwischen auch angenommen hatten. Und mit einiger Vorsicht darf man die Kreise, in denen die Stoffe geformt worden sind, mit jenen identifizieren, in denen sie ihre Verbreitung fanden; denn die Zeit, aus der unsere Handschriften stammen, hat im griechischen Sprachbezirk keineswegs so tiefgreifende soziale Umschichtungen durchgemacht, daß wir gezwungen wären, die Schicht der Interessenten zu erweitern.

Datierte, mit dem Etikett authentischer Verfassernamen versehene Literatur in der Volkssprache gibt es seit dem 12. Jh. Der älteste gesicherte Name ist der uns schon als Chronist bekannte *Michael Glykas*. Sein Lebenslauf brachte ihm mehr Unglück als Glück. Er kam in Konflikt mit dem Kaiser Manuel I. Komnenes und später mit dem Tribunal der Kirche. Vom Kaiser gefangengesetzt, schrieb er ein Gedicht über die Leiden seiner Haft und bediente sich dabei der Volkssprache, obwohl seine Chronik und seine theologischen Schriften bis zu einem gewissen Grad «Hochsprache» sind. Bezeichnend ist, daß wir wieder einmal nur einen Textzeugen besitzen, den Paris. gr. 228 aus dem 13. Jh.[52].

Im Anschluß an Glykas ist ein umfangreicheres Korpus volkstümlicher Dichtung zu nennen, das viel Beachtung gefunden hat, obwohl sein dichterischer Wert weit geringer ist als sein Ruf: *Ptochoprodromos* («der arme Prodoromos»). Die Überlieferungsverhältnisse dieser Gedichte sind äußerst verwickelt und hängen aufs engste mit der Frage nach der Entstehung des Werks zusammen. Der Grundstock umfaßt fünf Klage- und Bettellieder, die man als A, B, C, D, E bezeichnet. Gedicht A beklagt sich über die zänkische Frau des Dichters und ruft Kaiser Joannes II. Komnenos um Hilfe an. Gedicht B richtet sich an einen Sebastokrator und bittet um Almosen zur Verbesserung des Küchenzettels. Gedicht C, an Kaiser Manuel gerichtet, ist die Beschwerde

[52] Neue Ausgabe von E. TH. TSOLAKES, Thessalonike 1959.

eines jungen Mönchs über die skandalösen Verhältnisse in seiner Abtei. Gedicht D ist nichts als eine Parallele zu C. Gedicht E schildert die Leiden eines byzantinischen Literaten. Sieht man von D, einer bloßen Variante von C, ab, so haben wir im Paris. gr. 396 des 13. oder 14. Jh. den einzigen Zeugen für A. Für B kommt zum Parisinus noch der Hier. Saba 415, frühestens aus dem 14. Jh., der auch Gedicht C, die Mönchssatire, enthält, die offenbar besonderen Anklang gefunden hat und deshalb auch noch in fünf bis sechs weiteren Kodizes erhalten geblieben ist. E schließlich findet sich im ältesten Kodex, dem Parisinus, und noch in einer zweiten Handschrift. Die Gedichte geben sich alle als Werke des Prodromos, des Theodoros Prodromos usw. aus, jedoch nicht ohne Varianten. Eine Handschrift der Mönchssatire nennt den Mönch Hilarion Ptochoprodromos als Verfasser. Auch D nennt diesen Namen. Man hat natürlich immer wieder an den bekannten Romanschriftsteller, Dichter und Literaten Theodoros Prodromos gedacht, der in der Reinsprache schrieb und zeitlich in die erste Komnenenepoche zu versetzen ist. Die Zweisprachigkeit würde nicht überraschen, wir sind ihr schon bei Glykas begegnet. Aber man hat nachgewiesen, daß weder die Klostersatire noch die Literatensatire mit den Lebensverhältnissen des Theodoros Prodromos in Einklang zu bringen ist. Andere sahen in Hilarion einen Sohn des Theodor. Erst die Kopisten hätten dann alle Texte unter dem Namen Theodor weitergegeben. Aber nicht nur hängt diese Hypothese völlig in der Luft, man kann gerade mit Hilfe der handschriftlichen Überlieferung zeigen, daß der Name Hilarion erst später in den Text eingedrungen ist.

Es bleibt die Tatsache, daß die Gedichte A und B unmöglich vom selben Verfasser wie die übrigen stammen können. Freilich zeigen die vorhandenen Kodizes eine Menge von Interpolationen – Beleg wiederum für die Nachlässigkeit der Kopisten gegenüber ihren vulgärgriechischen Texten –, während der zwar späte, aber ernst zu nehmende Zeuge Hier. Saba 415 einen sehr viel klareren und einfacheren Urtext vermuten läßt. Aber auch wenn wir einen solchen Urtext annehmen, bleiben die großen Divergenzen zwischen den Lebensumständen des Theodoros Prodromos und den in den Gedichten geschilderten Verhältnissen, bleiben aber auch die unüberwindlichen Gegensätze zwischen AB und den übrigen Gedichten. Mit anderen Worten: Die Überlieferungsverhältnisse lassen sich kaum klären. Denn trotz aller Divergenzen sind alle Gedichte von A bis E bald stärker, bald weniger stark von Anklängen und Parallelen zu Anschauungen, Aussprüchen und Überlegungen des authentischen Theodoros Prodromos voll. Vielleicht könnte die Überlieferungsgeschichte mit einem Schlag in ein neues Licht gerückt werden, wenn man mit den Herausgebern H. PERNOT und D. C. HESSELING im Korpus dieser Dichtungen eine Travestie des echten Prodromos annähme, die mit den Daten willkürlich umsprang, so daß es sich erübrigen würde, den Überlieferungsfaden von den chronologischen Angaben (Joannes II. Kaiser, Sebastokrator usw.) bis auf die Zeit der Entstehung der Handschriften zu ziehen[53]. Damit fiele freilich auch eines der Argumente weg, mit denen man die Entstehung einer volkssprachlichen Literatur in der Komnenenzeit begründete: das Interesse der Komnenen für eine solche Dichtung. Denn dann sind die Namen, an welche «Ptochoprodromos» seine Gedichte richtet, literarische Fiktion und sonst nichts. Freilich haben wir noch andere Gründe, welche es uns trotzdem erlauben, an der alten These von der Aufgeschlossenheit der Komnenen für diese Dichtungsgattung festzuhalten. Im übrigen müssen wir annehmen, daß die Bezeichnung «Ptochoprodromos» zu einem Sammelbegriff wurde. Die Überlieferungsgeschichte wird sich also davor hüten, bei jedem Stück, das unter diesem Namen auftaucht – es gibt deren eine ganze Anzahl –, den Versuch zu machen, die Fäden bis in die erste Hälfte oder Mitte des 12. Jh. zurückzuspinnen.

Auf dem Gebiet der Satire steht «Ptochoprodromos» nicht allein. Eine Reihe weiterer interessanter Zeugen schließen sich ihm an. Hierher gehören vor allem die byzantinischen Tiergeschichten, deren sozialkritischer Hintergrund außer Zweifel steht[54]. Zu nennen ist die *Διήγησις πεζόφραστος τῶν τετραπόδων ζώων*, die *Vierfüßlergeschichte*, die wahrscheinlich 1365 entstanden ist. An Handschriften besitzen wir den Paris. gr. 2911 und den Vind. theol. gr. 244 (Abb. 66), doch müssen noch weitere Zeugen ins Auge gefaßt werden. Eine Handschrift nennt wieder einmal Ptochoprodromos als Verfasser. Nicht nur satirisch-dichterisch besser durchgestaltet, auch überlieferungsgeschichtlich bedeutsamer ist das *Synaxar* (die Legende) *vom ehrsamen Esel* und seinen Abenteuern mit Wolf und Fuchs. Wir haben eine reimlose (Vind. theol.

[53] Poèmes prodromiques en grec vulgaire, éd. par D. C. HESSELING et H. PERNOT, Amsterdam 1910.

[54] Vgl. F. DÖLGER, Byzantinische Satire und byzantinische Kultur, Geist. Arb. 6, 1939. Nr. 12, 5–6.

gr. 244) und eine gereimte Version. Für die Literaturgeschichte dieser Gattung dürfen wir auf Grund nachprüfbarer Tatsachen fast unbesehen annehmen, daß die reimlose Version jeweils die ältere ist. Die gereimte Version führt einen neuen Überlieferungszeugen dieser volkstümlichen Werke ein, der oft zum einzigen wird: den venezianischen Druck (Abb. 67). Die türkische Herrschaft über Griechenland ließ den Griechen lange Zeit keine nennenswerte Möglichkeit, ihre Literatur im eigenen Land unter die Presse zu bringen. Venedig, das Hauptzentrum der griechischen Emigration, übernahm es, alle möglichen Bücher und Schriften zu drucken und dann in Griechenland abzusetzen. Für die Erzeugnisse der Volksliteratur waren das schlechteste Papier und die schlechteste Presse gut genug. So entstanden jene Heftchen, die heute zu den Rarissima gehören, ja, von denen manchmal nur noch ein einziges Exemplar bekannt ist, das zugleich in einer Reihe von Fällen für ein nicht mehr vorhandenes Manuskript einstehen muß. Manche dieser Heftchen wurden freilich bis ins 18. und 19. Jh. immer wieder aufgelegt. Besonders wichtig wird dieser Überlieferungsweg für die kretische Dichtung des 15. und 16. Jh., die jedoch außerhalb unseres Rahmens steht. Das *Fischbuch*, den *Ψαρολόγος*, in dem der König Wal eine Gerichtsverhandlung anberaumt, bei der die Makrele der Majestätsbeleidigung angeklagt wird, verdanken wir einzig dem berühmten Scorialensis, der das *Digenis*-Epos enthält[55]. Beim *Obstbuch*, dem *Πωρικολόγος*, in dem die verschiedensten Früchte als Kaiser und Hofchargen auftreten und ein ziemlich korruptes Gerichtsverfahren austragen, beruht die Überlieferung teils wieder auf Handschriften, teils auf einem venezianischen Druck[56].

Die Fahrlässigkeit der Überlieferung hält übrigens auch vor autobiographischen Satiren nicht zurück. Ein Musterbeispiel ist die Dichtung des *Stephanos Sachlikis* aus Kreta, der der zweiten Hälfte des 15. Jh. angehört. Um einige nicht unbedeutende Grade derber als «Ptochoprodromos», Rechtsanwalt in Chandax, schildert er die bitteren Erlebnisse, die er gehabt, um die Jugend, besonders seinen Sohn zu warnen. Seine liebste Beschäftigung war von Jugend an, die Schule zu schwänzen, und dann das Herumvagieren und der Umgang mit Spielleuten, kleinen Sängerinnen und den Würfeln. Das Vermögen geht darüber

[55] Ediert von K. KRUMBACHER, Das mittelgriechische Fischbuch, S.ber. Bayer. Akad., München 1903, Heft 3.

[56] Ediert von W. WAGNER in den Carmina (s. Anm. 40).

Abb. 67. *Mahnreden des Vaters an den Sohn*, Venezianischer Druck volkssprachlicher Dichtung, bei Andreas Koinades, Venedig 1534 (Aufn. Bayer. Staatsbibl.).

verloren, und er wandert in den Schuldturm. Die Überlieferung dieser kulturgeschichtlich hochinteressanten «Mahnrede» spaltet sich in zwei Dichtungen, deren erste mehr autobiographisch, die zweite aber eine stärker moralisierende Mahnrede ist. Der Zustand der Überlieferung ist deplorabel. Die deutlichen Spuren der Überarbeitung, des Mißverständnisses und der Nachlässigkeit stehen ihr auf der Stirn geschrieben. Diese Verhältnisse sind um so lehrreicher, als der Abstand zwischen der Entstehung der Gedichte und den Handschriften (Paris. gr. 2209, 16. Jh., Neapol. gr. III A a 9), die wir schon als Zeugen der volkstümlichen Literatur kennengelernt haben, geringer ist als bei den meisten bisherigen Werken. Noch dazu bietet der Neapolitanus zwar (für das erste Gedicht) einen kohärenteren Text[57], aber dieser weicht vom Parisinus so stark ab, daß er für dessen Heilung kaum herangezogen werden kann. Ein weiteres Stück satirischer Dichtung ist die *Messe des Bartlosen*, eine Parodie kirchlich-liturgischer Formulare im Dienste der Verspottung des Bartlosen, der im byzantinischen Raum neben den Eunuchen steht. Auch hier steht neben dem Vind. theol. gr. 244 ein venezianischer Druck als Textzeuge[58].

Von der Liebespoesie der Byzantiner in der Volkssprache, jenem Genus also, wo man die Volkssprache am ersten erwarten würde, ist bis zum Ende des Reiches so gut wie nichts erhalten. Ein bitteres Idyll, die *῾Ριμάτα κόρης καὶ νέου*, auch *᾿Ερωτικὴ ἀπάτη* genannt, eine Verführungsgeschichte, steht an der Grenze der Zeiten, Der Stoff selbst ist zeitlos, die Formelemente verweisen etwa ins 15. Jh. Aber selbst ein so kleines Stück mit seinen zahlreichen Anklängen an die Liebeslieder der Zeit hat keine einheitliche Überlieferung, sondern schon zwei Versionen, eine kürzere und eine längere[59]. Berühmt geworden sind die sog. *Rhodischen Liebeslieder*, heute meist *Erotopaegnien (᾿Ερωτοπαίγνια)* genannt. Sie führen bestimmt in die byzantinische Zeit zurück, denn die Handschrift stammt aus dem 15. Jh. und verrät ihrerseits, daß sie keine Originalniederschrift, sondern Kopie ist. Daß die Lieder rhodisch wären, läßt sich nicht erweisen, und daß der Geliebte etwa ein Jo-

[57] Ediert von S. D. PAPADIMITRIU, Odessa 1896. Die anderen Versionen bei W. WAGNER, Carmina (s. Anm. 40).

[58] Bei E. LEGRAND, Bibliothèque grecque vulgaire II, Paris 1881.

[59] Die längere Version bei E. LEGRAND, Collection de monuments grecs, Nouv. Série I, Paris 1874, die kürzere ed. P. ZERLENTES, Byz. Zs. 11, 1902, 132ff.

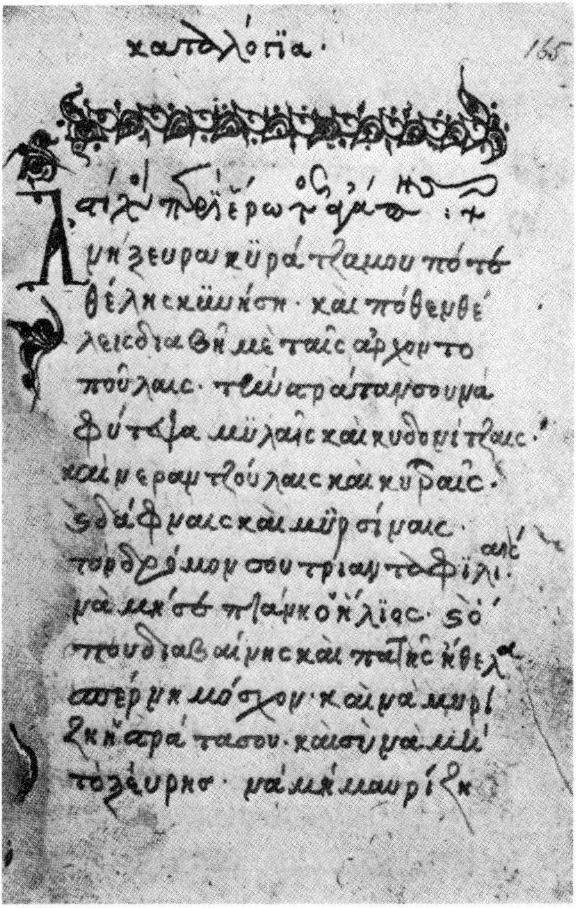

Abb. 68. «*Rhodische Liebeslieder*» (*Erotopaegnien*, Brit. Mus., Add. 8241, f. 165ʳ; Photo-Archiv Byz. Inst., München).

hannesritter gewesen wäre, erst recht nicht. Trotz dieser Entromantisierung bleibt die Sammlung von höchster Bedeutung, versucht sie doch, eine Art Korpus von Liebesliedern aller Gattungen herzustellen (Brit. Mus., Add. 8241, Abb. 68). Sie stellt nicht den Anfang, sondern einen gewissen Abschluß der Überlieferungsreihe dar. Und die erste Aufgabe der Kritik ist es, den falschen Eindruck wettzumachen, den der Herausgeber WILHELM WAGNER erweckt hat, als handle es sich um ein geschlossenes Ganzes, das an den Buchstaben des Alphabets aufgereiht ist. Ein Liebesalphabet steht gewiß am Anfang der Sammlung, reicht allerdings nur bis zum Buchstaben M. Dieses Alphabet steht in einer großen Tradition, deren Zeugen in allen Sammlungen volkstümlicher Liebeslieder der Griechen zu finden sind. Ähnliches gilt von den darauf folgenden Liebesdisticha, einer Form, die ebenfalls heute noch beliebt ist. Das nächste Stück ist ein byzantinischer Zeuge für die Gattung der «100 Worte» (*῾Εκατόλογον*), eine Art Rätselfragen, welches für jede Zahl von eins bis zehn, dann allerdings nach Dekaden fortschreitend bis hundert, so etwas wie einen Beleg bringen muß, der so willkürlich sein kann wie möglich: *ein* Gott, *zwei* steinerne Tafeln des Gesetzes usw. Dieses *Hekatologon* ist hier dem Thema Liebe untergeordnet, denn mit der Erfüllung der Aufgabe folgt die Erfüllung des Liebesverlangens. Unser Text steht auch an diesem Punkt am Ende einer langen Entwicklungsreihe, die beim Märchen beginnt und in den Fragen der Sphinx ihren ersten klassischen Ausdruck gefunden hat. Die Handschrift hat aber noch weiter gesammelt: einen Liebesbrief, Klagen über die Untreue, Liebesbitten, neue Alphabete. Die Handschrift hat unverkennbar den Charakter einer Sammlung verbreiteter Motive der Liebespoesie, Motive, die aber unabhängig von der Sammlung weiter ihr kräftiges Leben im griechischen Volkslied gelebt haben und noch leben. Der Textzeuge aus London ist eine historisch äußerst bedeutsame Zwischenbilanz[60].

Noch wären zahlreiche einzelne Stücke dieser Poesie zu nennen. Tolldreiste Geschichten aus dem «Äsop», Klagelieder und religiöse Erbauungsschriften, Elaborate, die an den alten Mimus erinnern und chronistische Erzeugnisse, die zwischen Hochsprache und Volkssprache beheimatet sind. Die bisher gezeigten Wege der Überlieferung würden dadurch weiter veranschaulicht, doch wären kaum neue Aspekte zu erwarten.

So sei zum Abschluß nur noch auf einen bizarren Weg verwiesen, der den Philologen viele Rätsel aufgab: die Überlieferung von Texten dieser Literatur in *lateinischer Transkription* und ihre Überlieferung in *persisch-arabischer Transkription*. Von letzterer, deren Zeugen sich in persischen Lehrgedichten der Zeit des Sultanats von Rum finden – die

[60] D. C. HESSELING u. M. PERNOT, *᾿Ερωτοπαίγνια* (Chansons d'amour), Paris 1913 (= Bibliothèque grecque vulgaire X).

byzantinische Literaturgeschichte kennt sie als die «sufischen Sentenzen» –, genügt es, das Vorhandensein angezeigt zu haben. Denn die Literatur, die dahinter steht, ist ihrer Form und ihrem Gehalt nach doch eben sufisch und nicht byzantinisch. Bei ersteren aber handelt es sich um echte Erzeugnisse griechischer Muse. So streng die orthodoxe Kirche bis in unser Jahrhundert Übersetzungen der Bibel in die Volkssprache ablehnte, sie konnte doch nicht verhindern, daß die Bibel oder Szenen daraus poetisch bearbeitet wurden. Der Marc. gr. X 19 enthält nicht weniger als 5136 Verse einer solchen Paraphrase unter dem Titel: *Palea kie nea Dhiathiki*, Pyma omorphotato kie poli ofelimon istus Christianus camomeni. Nun ist der Marcianus erst 1635 geschrieben, und man darf annehmen, daß sein Elaborat, das in einen Dialog zwischen dem Menschen, dem Totengott Chares und ausgerechnet Helena eingekleidet ist, dem nachbyzantinischen, kreto-venezianischen Kulturkreis angehört. Aber der modus procedendi ist viel älter, und wir verdanken ihm wahrscheinlich den ältesten Zeugen eines oder mehrerer byzantinischer Volkslieder. Lateinisch transkribiert sind diese Lieder deshalb, weil sie der griechischen Kolonie in Rom entstammen, die im frühen Mittelalter sehr stark gewesen sein muß. Die Schulklassen dieser Kolonie sangen wie ihre Kameraden in Griechenland ihre Kalanda, ihre Frühlingslieder und Schwalbenlieder. Im *Liber censuum* des Kanonikus Benedikt findet man einen Niederschlag davon, verderbt genug, aber in den Hauptzügen rekonstruierbar[61].

Ich finde keinen besseren Abschluß dieser krausen Materie, als den geneigten Leser mit einigen Versen daraus zu grüßen und seinem Scharfsinn zu überlassen:

Ycodes potachere
Chere metopanton deoysoro
Orosiste mello
O Kerasisilthe
Carpoforunta
Keagalliunta
Tysa galliusi.

[61] Öfter ediert, z. B. von P. FABRE, Le polyptyque du chanoine Benoît, Travaux et mémoires des facultés de Lille I, 3, Lille 1889.

Epimetron:
Zur Überlieferung der griechischen Patristik

Das Schrifttum der Kirchenväter besaß in Byzanz jenes klassische Ansehen, dessen sich auf dem Gebiet der profanen Literatur die antiken Autoren erfreuten[62]. Was sie lehrten, war regula fidei und Kanon des Glaubens, wenn auch im Range unter dem Wort der Bibel. Dieses Ansehen garantierte ihnen in den Schreibstuben der byzantinischen Kopisten eine Sorgfalt der Behandlung, wie sie sonst nur den Autoren der klassischen Antike zuteil wurde. Es garantierte ihnen allerdings nicht die Überlieferung schlechthin. Denn bei aller Verehrung für die Väter war das Interesse an ihnen nicht einfach wissenschaftlich, dogmengeschichtlich etwa oder gar archäologisch, sondern bestimmt von den Interessen und Bedürfnissen des kirchlichen Lebens der Orthodoxie. Eine Lehre im Kreuzfeuer häretischer Angriffe verteidigte man am besten mit dem Text eines alten Vaters, über die Geheimnisse und Systeme des mystischen Aufstiegs der Seele wußten sie am besten Bescheid, und der Sinn der Heiligen Schrift war ihnen am besten aufgegangen. So ist das Prinzip der patristischen Überlieferung der Bedarf der byzantinischen Kirche. Und so kommt es, daß jene Väterschriften, welche diesen spezifisch byzantinischen Bedarf am besten bedienten, am häufigsten abgeschrieben und am besten tradiert wurden, während anderes, dem keine Aktualität mehr zukam oder das die Lehren der Orthodoxie in einem Zustand darbot, der durch die großen Reichssynoden des 4. und 5. Jh. überholt war, nur geringe Aufmerksamkeit fand oder überhaupt der Vergessenheit anheimfiel. Nur so ist es zu erklären, daß die sog. vornizänischen Väter, d. h. die kirchlichen Schriftsteller der ersten drei Jahrhunderte, fast ganz vernachlässigt wurden.

Die *Apostellehre* z. B. (*Διδαχὴ τῶν δώδεκα ἀποστόλων*), jene Perle frühchristlichen Schrifttums, ist uns in einer einzigen Handschrift erhalten, die 1056 niedergeschrieben wurde, aber überhaupt keine Beachtung fand, so daß sie erst 1873 entdeckt wurde (Hier. Patr. gr. 56). Erst 1900 fand man eine alte, vor 300 angefertigte lateinische Übersetzung davon, wozu in jüngster Zeit Papyrusfragmente in griechischer Sprache

[62] Zur literargeschichtlichen Information sei verwiesen auf B. ALTANER, Patrologie, [5]Frbg i. Br. 1958, und H.-G. BECK, Kirche und theologische Literatur im byzantinischen Reich, München 1959.

sowie koptische, syrische, arabische und georgische Fragmente kamen. Die Märtyrerbriefe des *Ignatios von Antiocheia*, außerordentliche Dokumente des Enthusiasmus der frühen Kirche, wurden schon im ausgehenden 4. Jh. derart interpoliert und verfälscht, daß sich die neuere Patristik über ein Jahrhundert bemühte, die echte Fassung wiederzuerkennen. Jener Bischof *Papias von Hierapolis*, wohl ein Zeitgenosse des Ignatios, der fünf Bücher Exegesen zu Herrenworten schrieb, verdankt es in der Hauptsache dem Kirchenhistoriker Eusebios, daß einige Fragmente erhalten geblieben sind. Derselbe Eusebios kannte vom Märtyrer *Justinos* noch acht Schriften. Unsere Kenntnis beschränkt sich auf drei echte, erhalten in einer einzigen Handschrift. Auch der berühmte *Brief an Diognet* kam nur in einer einzigen Handschrift auf uns, die zudem 1870 in Straßburg verbrannte.

Ein besonders eindrucksvolles Beispiel der Glücksfälle, von denen diese Überlieferungsgeschichte geradezu lebt, ist die *Apologie*, welche der Philosoph *Aristeides aus Athen* dem Christentum widmete. Man wußte von ihr schon seit längerer Zeit. Aber erst kurz vor der Jahrhundertwende entdeckte RENDEL HARRIS eine syrische Übersetzung davon. Und gestützt auf diese Entdeckung gelang J. A. ROBINSON nun der Nachweis, daß der griechische Text seit langen Jahrhunderten bekannt und ein beliebter Lesestoff war: er findet sich in freier Bearbeitung im griechischen *Barlaam*-Roman des Joannes von Damaskos.

Selbst ein so großer und umfassender Theologe wie *Eirenaios* (Irenäus) *von Lyon* entging ähnlichen Schicksalen nicht. Seine *Entlarvung der falschen Gnosis* (*Adversus haereses*) kennen wir vollständig nur aus einer lateinischen Übersetzung. Der griechische Text kann nur annähernd und fragmentarisch aus ausführlichen Zitaten späterer Väter rekonstruiert werden. Ein zweites Werk von ihm, eine *Darstellung der apostolischen Verkündigung*, wird zwar von Eusebios erwähnt, aber erst 1907 in einer alten armenischen Übersetzung bekanntgemacht.

Die Tragik dieser fragmentarischen Überlieferung trifft am schmerzhaftesten den gewaltigsten Theologen dieser Epoche, *Origenes von Alexandreia*. Sein großartigstes Unternehmen einer Vergleichsbibel in sechs Kolumnen, das in der Bibliothek von Caesarea maritima zur Einsicht auflag, ist nur sozusagen «einspaltig» gerettet worden (Text der Septuaginta), während jene Spalten, welche heute das größte Interesse finden würden (hebr. Text und andere griechische Übersetzungen), nur in Trümmern auf uns gekommen sind. Von seinen Scholienkommentaren zur Bibel ist keiner vollständig erhalten, von den ca. 570 Homilien kennen wir 21 in griechischer Sprache, von seinen eigentlichen Bibelkommentaren (nicht zu verwechseln mit seinen Scholienkommentaren) ist wiederum kein einziger in griechischer Sprache vollständig auf uns gekommen. Von seinen etwa hundert Briefen kennen wir einen einzigen. Es überrascht dann nicht mehr, wenn von seiner unorthodoxen Prinzipienlehre *(Περὶ ἀρχῶν)* nur die schon purgierte lateinische Übersetzung zu lesen ist, die sein Bewunderer Rufinus von Aquileia angefertigt hat, während selbst die Gegenübersetzung des Hieronymus, die offenbar alle Ketzereien des Origenes an den Pranger stellen wollte, ebenfalls den Weg alles Irdischen ging.

Es bedeutet wohl keine allzu große Übertreibung, wenn man behauptet, eine vollere und umfassendere Überlieferungsgeschichte der patristischen Literatur setze erst in dem Augenblick ein, da der einzelne Kirchenvater nachdrücklicher als bisher als dogmatischer Zeuge verhört wird, stärker als bisher ins Gefüge des Traditionsbeweises eingeschaltet wird und auf die Anforderungen eines sich komplizierenden theologischen Begriffssystems zu überprüfen ist – und diese Prüfung besteht. Dies aber ist erst der Fall in der Zeit des ersten Konzils von Nikaia (325) und in der Person des alexandrinischen Bischofs *Athanasios*[63]. Er ist der erste Kirchenvater mit einer echten Überlieferungsgeschichte des Gesamtwerkes. Diese Geschichte kennt bereits jene Anfälligkeit, die sich durch die Jahrhunderte beim Werk großer Theologen immer wiederholen wird: Das Oeuvre als solches und der Name über ihm wirken absorbierend. Unter der Fahne eines Heros der Orthodoxie läßt sich ungefährdet durch die Geschichte der Kirche segeln, und so kommt es, daß mancher Schriftsteller von dubioser Rechtgläubigkeit oder unbezweifelbarer Mittelmäßigkeit sich unter dem Namen Athanasios, Basileios, Chrysostomos oder Joannes von Damaskos auf dem Schiff der Kirche anheuern läßt, sein Schicksal an das ihre knüpft und das Lob, das ihnen zugedacht ist, gerührt mit vereinnahmt.

Offenbar schon früh hat man von den Athanasios-Schriften zwei Korpora gebildet, eines mit den großen theologischen Schriften und ein zweites mit den sog. historischen Schriften, den Apologien und den dazugehörigen Urkunden. Es ist bezeichnend – und es wird darüber noch zu sprechen sein –, daß einzig seine *Vita Antonii* aus dieser Sammelüber-

[63] Siehe H.-G. Opitz, Untersuchungen zur Überlieferung der Schriften des Athanasius, Berlin 1935.

lieferung herausfällt und eigene Wege geht. Die Kenntnis der Handschriften und die daraus unmittelbar sich ergebenden Überlieferungsverhältnisse führen uns für das Korpus der historischen Schriften etwa ins 8./9.Jh. Aber die Untersuchung der Athanasios-Zitate, besonders bei den Kirchenhistorikern der ausgehenden Antike, läßt vermuten, daß es bereits zu Beginn des 5.Jh. ein solches Korpus gab, und zwar scheint es in der Reichshauptstadt hergestellt worden zu sein. Doch sind wir zur Annahme gezwungen, daß die Unterlagen der Redaktoren bereits weit vom Original entfernt waren. Das Korpus etwa bis auf Athanasios selbst oder auch nur nach Alexandreia zurückzuverfolgen, hat keine Aussicht auf Erfolg, und zwar schon a priori nicht, weil es sich teilweise um eine Publizistik handelt, die gar nicht nach Alexandreia drang.

Spätestens um die Wende zum 6.Jh. muß es aber auch schon ein Korpus der dogmatischen Schriften gegeben haben, ja wohl mehrere Korpora, die ihre Entstehung nicht dem Sammlerfleiß gelehrter Patrologen verdankten, sondern dem theologisch-polemischen Bedürfnis der verschiedenen Denominationen im Kampf um die Palme der Orthodoxie, welche sich sämtlich mit dem erlauchten Namen des Alexandriners decken wollten. «Recentiores, non deteriores!» (PASQUALI). Gerade eine der jüngsten Athanasios-Handschriften, der Ambros. 235 (D 51 sup.) des 16.Jh. läßt uns noch einiges vom Aussehen dieser Korpora ahnen. Der Text der Handschrift geht auf eine Athanasios-Sammlung zurück, die offenbar in Kreisen antiochenischer Theologen kursierte und einzelne Schriften dieser Theologen enthielt, die man Athanasios unterschoben hatte. Vielleicht war Diodoros von Tarsos dabei am Werk; jedenfalls ist eine «nestorianische», der Fortführung der alexandrinischen Theologie durch Kyrillos abholde Infiltration unverkennbar. Aber die Reaktion ließ nicht auf sich warten: Wohl noch gegen Ende des 5.Jh. entstand in Antiocheia ein neues Athanasios-Korpus, diesmal mit stark monophysitischem Akzent, ertastbar in der alten syrischen Übersetzung und in einem Einzelgänger unter den griechischen Handschriften, dem Vat. gr. 1431 aus dem 11.Jh. Man entfernte nach bestem Wissen die antiochenisch-nestorianischen Interpolationen, fügte aber dafür – offenbar guten Glaubens – jene Schriften des Apollinaris von Laodikeia ein, die schon Kyrillos für echt athanasianisch angesehen hatte.

Wie die Dinge lagen, mußte sich schließlich wohl auch die orthodoxe

Großkirche um ihr Athanasios-Korpus bemühen. Dies geschah wohl etwa in der Mitte des 6.Jh. Es galt vor allem, den Apollinaris wieder auszumerzen, der das ganze Korpus für die Monophysiten so interessant machte. Das gelang freilich nicht ganz, denn schon vor den Einschüben der Monophysiten war apollinaristisches Gut in die Überlieferung geraten gewesen, so daß also auch der Rückgriff auf ältere Handschriften zu keinem sicheren Resultat führte. Diese Rezension läßt sich handschriftlich nur im Bereich von Konstantinopel nachweisen, und alle historische Wahrscheinlichkeit spricht dafür, daß sie dort auch entstanden ist. Weiter zurück, etwa ins 4.Jh., läßt sich das Korpus nicht verfolgen. Wohl aber wurde später noch daran gearbeitet. So hat man etwa in der photianischen Zeit die nun zur Vulgata gewordene orthodoxe Rezension, sicher nicht mit Hintergedanken, sondern einfach einer falsch verstandenen Vollständigkeit zuliebe, wieder aus der nestorianischen Rezension angereichert. Wesentlich besser war die Arbeit eines Theologen und Kanonisten des 12.Jh., Neilos (Nikolaos) Doxopatres. «Es ist das Verdienst des Doxopatres, die besten Quellen für eine Athanasios-Ausgabe ausfindig gemacht zu haben. Ob kritische Einsicht oder der Zufall es veranlaßten, daß er die Texte kaum einer Überarbeitung unterzog, wissen wir nicht» (H.-G. OPITZ).

Eine «tradition manuscrite étonnamment riche» (S. Y. RUDBERG) besitzt auch das Oeuvre des großen pontischen Oberbischofs *Basileios von Kaisareia.* Man kann trotz nicht seltener Überschneidungen drei Korpora seiner Schriften unterscheiden, das asketische Korpus, das Korpus der Homilien und das Briefkorpus. Sie sind inzwischen einer genaueren Untersuchung unterzogen worden, die interessante Fakten allgemeinen Charakters ergeben hat. Nicht nur bei den unorthodoxen Theologen, auch bei den orthodoxen führt die syrische Übersetzungstradition gelegentlich zeitlich sehr viel weiter zurück als die griechische Originaltradition, offenbar weil die syrischen Handschriften in den politisch bedeutungslosen monophysitischen und nestorianischen Klöstern und Schulen unter der Herrschaft der Kalifen, deren Religionspolitik den Christen gegenüber sich mehr auf diese Heterodoxen als auf die kaiserlich-byzantinisch gesinnten «Melkiten» verlassen konnte, ihren Jahrhunderte währenden Schlaf ruhiger schlafen konnten als die griechischen im Reich, die vor allem nach 1204 vielen Gefahren ausgesetzt waren, teils wegen der politischen Katastrophen, teils aber wohl auch, weil man viele kaum noch verständliche Unzialhandschriften in die geläufigere Minuskel übertrug und dann die Unzialoriginale nicht mehr weiter pflegte. Mit dem Lond. (Brit. Mus.) Add. 14544 reicht die syrische Übersetzung der *Ascetica* ins 6., wenn nicht ins 5. Jh. zurück. Ein Kodex derselben Bibliothek (Add. 14545) gehört etwa der gleichen Zeit an, eine weitere Handschrift ist ins Jahr 769 zu datieren – glückliche Umstände, die in der griechischen Überlieferung zu den Rarissima gehören. Eine lateinische Bearbeitung durch Rufinus von Aquileia ist in einer Handschrift auf uns gekommen (Rom, Nat.bibl. 2099 = Sessorianus 55), die schon in der zweiten Hälfte des 6. Jh. angefertigt wurde. Die griechische Überlieferung setzt dagegen erst mit dem 10. Jh. ein – eine Erscheinung, die sich immer wieder zeigt.

Trotzdem läßt sich die Geschichte der Texte selbst auch auf griechischem Boden wesentlich weiter zurückverfolgen, denn wir besitzen eine Reihe griechischer Scholien zum Text (z. B. Vat. gr. 413), die mindestens ins 6. Jh. zurückgehen. Sie verraten bereits ein ehrliches Bemühen, Textgeschichte zu treiben und dabei auf die ältesten Handschriften zurückzugreifen. Wir hören von einer uralten Handschrift aus dem Pontos, dem Klosterland also des Basileios, sodann von einer anderen aus der berühmten Basilias, der sozialen Stiftung des Bischofs am Rande seiner Bischofsstadt. Der Verfasser dieser Scholien scheint etwa in Syrien gearbeitet zu haben. Vielleicht steht er in Zusammenhang mit der frühen syrischen Übersetzung. Die wirklich greifbaren Rezensionen sind freilich wesentlich jünger. Eine wird durch Handschriften repräsentiert, die einmal zur Bibliothek des berühmten Studios-Klosters in Konstantinopel gehörten. Wir kennen das Interesse, das der große Abt Theodoros dieses Klosters an den *Ascetica* des Basileios nahm, die seinen koinobitischen Idealen so nahe standen; und gern möchten wir annehmen, daß der Typ dieser Rezension auch wirklich in seinem Kloster entstanden ist. Eine weitere Familie scheint im süditalienischen Mönchtum ihren Ursprung zu haben. Grottaferrata vor Rom gehört mit zu ihren Heimstätten; eine andere Gruppe ist von dem Bemühen gekennzeichnet, all das auszumerzen, was Basileios den Nonnen zu sagen wußte, ohne daß man sie deshalb als «misogyn» (weiberfeindlich) bezeichnen müßte[64]. Auch das Briefkorpus des Basileios, jedenfalls eine Sammlung von Briefen, die zwischen Basileios und Gregorios von Nazianz hin und her gingen, läßt sich bis in die Lebzeit der Verfasser

[64] J. GRIBOMONT, Histoire du texte des Ascétiques de S. Basile, Louvain 1953.

zurückverfolgen[65]. Die Überlieferung der Homilien greift teilweise bereits in jene Sonderformen liturgischer Überlieferung über, von denen noch zu sprechen sein wird (Abb. 69).

Wesentlich stärker noch als bei Basileios fordert die Sonderform der liturgischen Überlieferung bei den Predigten des *Gregorios von Nazianz* ihre Rechte. Aber neben dem Spezialpanegyrikon seiner Predigten gab es auch außerliturgische Sammlungen von größerem Umfang. Die Anordnung dieser Korpora ist nicht einheitlich und bedarf einer eigenen Untersuchung. Wir besitzen sogar noch Unzial-Kodizes (Ottob. gr. 424 und Paris. gr. 510, 8./9. Jh.) mit mindestens 51 Nummern seiner Schriften. Eine Sonderform der Gregorios-Tradition stellt die Überlieferung seiner zahlreichen Epigramme insofern dar, als sie sehr häufig mit Kommentar und Scholien versehen sind. Diese Dichtungen, die ja auch Eingang in die *Anthologia Palatina* fanden, genossen das Ansehen klassischer Literatur und regten Philologen und Ästheten immer wieder an, sich mit ihnen eingehend zu befassen, ihren Wortschatz zu untersuchen und ihre Bedeutung hervorzuheben. Daß der Name Gregors als Schutzmarke für das Machwerk *Christus Patiens* dienen mußte, wurde schon erwähnt. Aber dies scheint ein Ausnahmefall zu sein. Der Stil und die Arbeitsweise des «Theologen», wie er in Byzanz ganz allgemein hieß, waren so individuell, daß sie sich nicht eigneten, anderen Theologica Unterschlupf zu gewähren.

Die Untersuchungen über die Überlieferungsgeschichte des dritten großen Kappadokiers, *Gregorios von Nyssa*, sind zur Zeit in vollem Gange. Die Verschränkungen zwischen seinem Werk und dem der messalianischen Mystik bedürfen noch mancher Spezialuntersuchung, bis jeder Zweifel an der Priorität behoben sein wird. Es gibt auch Korpora-Handschriften seiner Werke, aber gerade an ihrer Untersuchung läßt sich einmal klar zeigen, daß eine Korpus-Handschrift nicht immer Zeuge einer in-corpore-Überlieferung zu sein braucht. Der gelehrte Byzantiner etwa, der im 13. Jh. den Vat. gr. 1907 mit Werken des Nysseners zusammenstellte, hat nachweislich die Einzelstücke da geholt, wo er sie gerade fand, so daß jedes dieser Einzelstücke einer anderen Überlieferungsfamilie angehört. Das seit jüngstem heiß umstrittene Werk *De instituto christiano*, das auch in diesem Vaticanus vertreten ist, besitzt z. B. eine Überlieferungsgeschichte, die mit den übrigen Schrif-

[65] S. Y. RUDBERG, Études sur la tradition manuscrite de saint Basile, Uppsala 1953

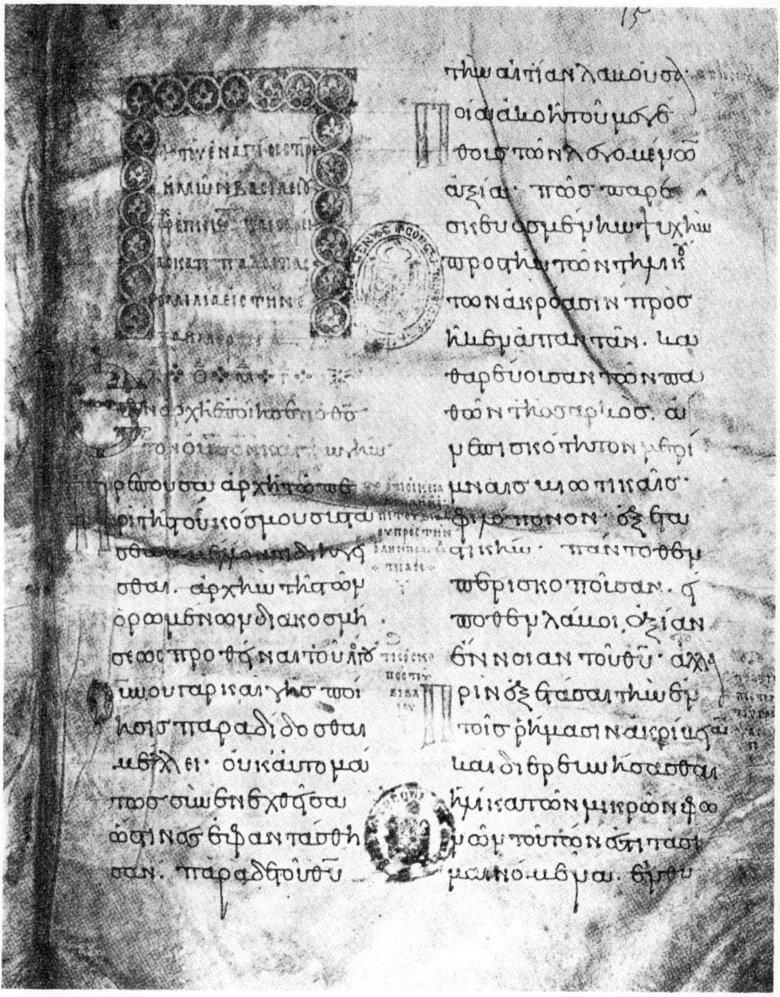

Abb. 69. Basileios von Kaisareia, *In Hexaemeron (Über das Sechstagewerk)*, Anfang (Ian. Miss. Urb. 17, f. 2r).

ten des Kodex wenig zu tun hat. Hier läßt sich einmal mit seltener Sicherheit der Archetypus feststellen, und zwar von zwei Seiten her. Die eine Seite ist historisch von besonderem Interesse und traditionsgeschichtlich ein neuer, höchst sprechender Beleg für den Satz: Recentius, non deterius. Eine von gelehrter Hand geschriebene Handschrift des 16. Jh., heute in Leiden (Gronov. 12) repräsentiert nachweislich eine Handschrift des beginnenden 10. Jh. (vollendet im Oktober 911!), Eigentum eines Abtes Arsenios, der ein Schüler des berühmten Photios-Gegners Metrophanes von Smyrna war.

Wenn man auch längst weiß, daß *Joannes Chrysostomos* jener griechische Kirchenvater ist, dessen Werk die reichste handschriftliche Tradition besitzt, so ist diese selbst doch noch nicht durchgearbeitet. Aber schon jetzt läßt sich sehen, daß sie oftmals Hand in Hand mit der liturgischen und exegetischen Tradition geht, die, wie bemerkt, noch eigens zu besprechen ist. Und gerade weil sich sein Werk eines so hohen Ansehens erfreute, sind die «Spuria» und «Dubia» darin Legion. Seine Autorität mußte eine Menge zweifelhafter Schriftsteller decken, die sonst nicht die geringste Aussicht gehabt hätten weiterzuleben. Es darf aber auch nicht verschwiegen werden, daß selbst Predigten bekannter byzantinischer Theologen, offenbar weil sie rhetorisch wohlgebaut waren und theologisch einen gut patristischen Eindruck machten, von Kopisten, die etwas dergleichen sich selbst oder ihren Zeitgenossen nicht mehr zutrauten, dem syrischen Kirchenvater unterschoben wurden. Interessant ist auch die Beobachtung, die jüngst gemacht wurde, wie manche seiner Werke ihren Platz im Ganzen der Überlieferung wechseln, d. h. bald in systematischer Ordnung erscheinen, bald ihren Platz einer gewissenhaften Bemühung um eine chronologische Reihenfolge verdanken[66].

Die zu Beginn dieses Abschnittes gekennzeichnete Art des byzantinischen Interesses an der Patristik, die zu so betrüblichen Lücken in der Überlieferung der vornizänischen Väter führte, ließ auch das eigene Patrimonium nicht unangetastet. Zwar haben wir die *Praeparatio evangelica* des *Eusebios von Kaisareia* noch, seine *Demonstratio* jedoch nur zu einem – wenn auch beträchtlichen – Teil, von den 25 Büchern gegen den Neuplatoniker Porphyrios nur noch Fragmente. Von den drei Bü-

[66] Vgl. A.-M. MALINGREY, Recherches sur les manuscrits d'un texte de saint Jean Chrysostome, Akten des XI. Intern. Byzantinistenkongresses 1958, München 1960, 321–324.

chern *Über den Heiligen Geist* des blinden *Didymos aus Alexandreia* blieb nur die lateinische Übersetzung des Hieronymus; die Homilien des *Kyrillos von Jerusalem* zum *Lukasevangelium* verdanken wir dem syrischen Übersetzer; das umfangreiche Schrifttum des *Amphilochios von Ikonion* ist im Laufe der Zeit und wahrscheinlich schon sehr früh, überschattet wohl vom Ruhm der drei Kappadokier, auf einen unbedeutenden Rest zusammengeschmolzen. Besonders merkwürdig ist, daß von den chalkedonensischen Theologen des 6. Jh., deren Mentalität und Richtung doch so sehr der späteren byzantinischen entsprochen hätte, vom Grammatiker *Joannes von Kaisareia*, von *Joannes von Skythopolis*, von *Hypatios von Ephesos* usw. kaum mehr als Fragmente geblieben sind. Ich weiß für dieses Rätsel keine einleuchtende Erklärung.

Selbstverständlich kannte man keine Nachsicht mit den eigentlichen *Häretikern*. Wenn sie erhalten blieben, dann entweder in der Katenenüberlieferung, von der noch zu sprechen sein wird, oder in Zitaten ihrer Gegner oder noch besser unter orthodoxer Flagge, also pseudonym, oder schließlich in orientalischen Übersetzungen aus der Feder ihrer Gesinnungsgenossen, die sich unter fremder Herrschaft dem Zugriff der streitbaren Orthodoxie entzogen. Die dogmatischen Schriften des *Apollinaris von Laodikeia* wurden nicht nur Athanasios unterschoben, sondern auch Gregorios dem Wundertäter oder Papst Julius I. Seine dogmatische Hauptschrift *Über die göttliche Inkarnation* fand in Gregorios von Nyssa ihren Gegner, der ehrlich jeden Satz zitierte, den er widerlegte, und es somit möglich macht, das Werk zu rekonstruieren. Die Flucht ins Syrische ist einer der Hauptwege der Überlieferung des *Euagrios Pontikos*, des Vaters der byzantinischen Mystik, von dem das Mönchtum des Ostens nicht mehr loskommen sollte, obwohl ihn mit Origenes im Jahre 553 der Bannstrahl traf. Ein Mönchs- und ein Nonnenspiegel sind zwar griechisch erhalten, aber sein *Antirrhetikos*, «wider die dämonischen Versucher», gehört zum Schatz der syrischen und armenischen Literatur. Es ist geradezu typisch, daß von seiner Sentenzensammlung *Μοναχικός* der erste, für die «Praxis», d. h. für den Anfänger in der Mystik bestimmte Teil zwar auch griechisch zu lesen ist, der zweite Teil aber, der *Gnostikos*, der sich an den wahren Mystiker wandte, nur syrisch. Schließlich scheint sich der eine oder andere Traktat auch unter den Schutzmantel des unverdächtigen Neilos von Ankyra begeben zu haben. Daß natürlich auch *Seueros von Antiocheia*, einer der bedeutendsten Theologen des 6. Jh., der von Kyrillos nicht lassen und die chalkedonensische Terminologie nicht annehmen wollte, obwohl er dem chalkedonensischen Dogma denkbar nahe stand – daß auch er ins Syrische abgedrängt wurde, überrascht nicht mehr.

Unter den Besonderheiten der Überlieferung theologischer Schriften ist der Weg über die liturgischen Bücher für Byzanz besonders kennzeichnend und von überragender Bedeutung. Diese Bücher enthalten nicht nur die liturgischen Texte im engeren Sinn des Wortes – Texte also, die nicht unter den Begriff Literatur fallen –, sondern auch fast die gesamte byzantinische Hagiographie und einen beträchtlichen Teil der byzantinischen Predigten (Homiletik). Der Buchtyp, der diese Literatur beherbergt, sind die *Menologien* (Monatssammlungen von Heiligenleben für die Verlesung im Gottesdienst) und die *Panegyriken* und *Homiliare*[67].

Das wenige an *Heiligenleben*, das nicht auf diesem Weg zu uns gekommen ist, läßt sich unschwer charakterisieren. Wenn ein Hagiograph allzu gründlich vom kanonischen Schema des Bios abwich, weil es ihm um Polemik und um Historiographie und nicht so sehr um ein bloßes Enkomion, d. h. Lob, zu tun war, so mußte er sich woanders seinen Platz suchen. Hierher gehört z. B. die *Lebensbeschreibung des Patriarchen Ignatios* (847–858 und 867–877), des Antipoden seines zweimaligen Nachfolgers Photios, geschrieben von einem Gegner eben dieses Photios (vielleicht Niketas David), und dazu gehört der *Bios des Patriarchen Euthymios* (907–912), der fast eine Chronik für die Regierungszeit des Kaisers Leon VI. darstellt. Es ist bezeichnend, daß der letztgenannte Bios, eine hervorragende historische Quelle, sich mit einer einzigen Handschrift, dem Berol. gr. 2° 55, begnügen muß. Zum Ausschluß aus der liturgischen Überlieferung konnte aber auch ein Konflikt des Hagiographen mit der Orthodoxie führen, auch wenn dieser Konflikt nichts mit seinen Vitae sanctorum zu tun hatte. Ein Beispiel ist der große Historiker und Polyhistor *Nikephoros Gregoras*, von dem schon an anderer Stelle die Rede war. Seine enkomiastischen Heiligenleben fanden rasch Eingang in die Kirche, ja es könnte sein, daß eine Spezialsammlung seiner Vitae angefertigt wurde. Als er jedoch über dem Streit um Palamas und die hesychastische Mystik mit dem Patriarchen Philotheos in Konflikt geriet und als Ketzer verurteilt wurde, war es mit diesem

[67] Diesen Fragen ist das Standardwerk von A. EHRARD, Überlieferung und Bestand der hagiographischen und homiletischen Literatur der griechischen Kirche, bisher 3 Bde., Leipzig 1936–1952, gewidmet.

Vorzug vorbei. Was sich von seiner hagiographischen Schriftstellerei gerettet hat, findet sich in keinem liturgischen Buch.

Es gibt zwar Heiligenleben, die auch außerhalb der liturgischen Bücher tradiert wurden, aber viel ist es nicht. Diese Texte waren meist zu kurz, um gesondert weitergegeben zu werden. Mag sein, daß man im 7. und 8. Jh. die Einzelüberlieferung noch stärker pflegte, später jedenfalls gehört sie zu den Ausnahmen. Gering ist auch die Quote jener Nebenüberlieferung, welche sich mit den «gesammelten Werken» eines Kirchenvaters oder Theologen verbindet, vergleichbar den Dichterviten der antiken Literatur und ihrer Verbindung mit den Ausgaben ihrer Werke. Am konsequentesten ist dieser Weg wohl beschritten – ohne daß wir wüßten warum – bei der *Klimax*, der vielgelesenen «Paradiesesleiter» des *Joannes Scholastikos* vom Berge Sinai (7. Jh.). Fast ausnahmslos beginnen alle Handschriften dieses Werkes mit dem nichtssagenden Bios eines gewissen Daniel von Raithu. Auch den Werken des Gregorios von Nazianz wird sehr häufig die Vita des Kirchenvaters aus der Feder des Gregorios Presbyteros vorausgeschickt. In anderen Fällen ist eine solche Verbindung seltener. Aufs Ganze gesehen aber fällt diese Art von Überlieferung gegenüber der überwältigenden liturgischen kaum ins Gewicht.

Bei den *Predigten* der Kirchenväter und byzantinischen Theologen kann das Urteil nicht so apodiktisch ausfallen. Immerhin ist auch davon eine große Masse in den Panegyriken und Homiliaren zu finden. Es gab solche Sammlungen fürs ganze Jahr oder auch Halbjahresbände. Auch Panegyriken für bestimmte Festkreise, etwa für Herrenfeste oder Marienfeste, wurden angelegt. Solche für liturgische Interessen bestimmte Panegyriken – bei denen immer beachtet werden muß, daß offenbar die Verlesung einer Kirchenväter-Predigt das homiletische Bedürfnis befriedigte – wurden auch von einzelnen Autoren angelegt. Wenn manche der großen Kirchenväter, etwa Athanasios oder Kyrillos von Jerusalem, darunter nicht vertreten sind, dann offenbar, weil sich in ihren Werken nicht genug Predigten fanden, um das Kirchenjahr annähernd damit auszustatten. Dagegen ist die Sammlung der sechzehn Reden des Gregorios von Nazianz liturgischer Art. Besonders stark vertreten ist Joannes Chrysostomos. Seine Bibelkommentare, die in ungezählten Handschriften vorliegen, verdanken nur zu häufig ihre Überlieferung den Vorschriften der liturgischen Typika, ganze Bücher von ihm im Laufe einer bestimmten Zeit zur Verlesung zu bringen. Aber auch abgesehen von dieser lectio continua geht eine Menge seiner Predigten den Weg der liturgischen, dem Jahreslauf angepaßten Überlieferung. Ein Spezialpanegyrikon des Theodoros Studites scheint verloren zu sein; das des Patriarchen Photios ist wenigstens teilweise erhalten, von jenem des Kaisers Leon VI. besitzen wir eine Prachthandschrift, die vielleicht noch aus der kaiserlichen Bibliothek stammt (Athos, Vatopedi 408 [360]). Spätere byzantinische Theologen mit derartigen Predigtsammlungen sind z. B. Neophytos Enkleistos, Gregorios Palamas, Gabriel von Thessalonike u. a.

Im übrigen hat auch die Überlieferung der hagiographischen Literatur in liturgischen Büchern gewisse Zäsuren nicht verhindern können. So wie sich Menandros Protector bemüßigt fühlte, den Koine-Text des Petros Patrikios ins «Attische» zu übertragen, so fühlte man auch im späteren Byzanz das Bedürfnis, die naive Sprache alter Legenden den geltenden Gesetzen des literarischen Enkomions anzupassen. Ein versierter Stilist des 10. Jh., *Symeon*, unternahm diese Aufgabe auf breiter Basis und übersetzte eine Reihe alter Legenden in das rhetorische Griechisch seiner Zeit, was ihm bald den Ehrennamen «Metaphrastes» einbrachte. Der Siegeszug seines *Menologions* war nicht aufzuhalten, auch wenn sein Triumph nicht so schnell erfolgte und nicht so vollständig war, wie gern angenommen wird. Jedenfalls sind damit manche der alten Legenden nur noch in metaphrastischem Gewand erhalten, und die Überlieferungsgeschichte hat die Aufgabe, sie aus dem Prunk der Rhetorik herauszuschälen und die alte Gestalt ahnen zu lassen. In vielen Fällen ist es gelungen, in anderen wird es wohl nie mehr fertigzubringen sein.

Anmerkungsweise sei hinzugefügt, daß die liturgische Überlieferung nicht nur den Weg über die Monatssammlungen (Menologien) kennt, sondern auch eine gewisse Einzelüberlieferung in der «Akoluthie», d. h. im sog. «Tagesoffizium» des Heiligen, in jenem liturgischen Formular also, das die Hymnen und die Gebete für den Tagesheiligen enthält.

Ein Sonderfall byzantinischer Überlieferung neben der liturgischen ist dem Ausmaß und der textgeschichtlichen Bedeutung nach sicher auch die Überlieferung in *Florilegien* (Anthologien) und Katenen[68]. Je mehr sich, besonders seit dem 5. Jh., die Theologie auf den Traditions-

[68] Zur Entstehung der Florilegienliteratur vgl. M. RICHARD, Les florilèges diphysites du Ve et du VIe s., in: Das Konzil von Chalkedon I., Würzburg 1951, 721–748. Zu den Katenen zieht man am besten heran: R. DEVREESSE, Chaînes exégétiques, Dic-

beweis besann, desto wichtiger wurde es, eine dogmatische Erörterung oder eine moralische Exhorte mit einer Kette von Stellen aus früheren Vätern zu belegen, um den Beweis anzutreten, daß man mit Lehre und Meinung mitten in der «Paradosis» (Tradition) stehe. So entstehen gerade seit dem 4. Jh. immer mehr derartiger Anthologien, meist systematisch angeordnet und bestimmten Zwecken dienend. In späteren Jahren schreibt eine Florilegist vom anderen ab, und so gut wie bei jedem Zitat muß die Frage gestellt werden, ob es auf die Lektüre der Originalwerke zurückgeht oder einfach aus einer vorhandenen Anthologie abgeschrieben ist. In den Anfangszeiten jedoch las man, *mußte* man die Originale lesen. Und so verdanken wir diesen Sammlungen eine Unmenge von Stellen aus Werken, die als Ganzes dann kein Interesse mehr erweckten und verlorengingen. Was wir von den vornizänischen Vätern wissen und kennen, geht zu einem guten Stück auf diesen Glücksfall zurück. Muster einer solchen Anthologie ist die berühmte *Doctrina Patrum de incarnatione Verbi*, deren Analyse durch F. DIEKAMP uns einen Einblick in Arbeitsweise und Literaturkenntnis der Verfasser tun läßt[69]. Das gigantischste Unternehmen dieser Art aber sind die sog. *Sacra Parallela (Ἱερά)*, die lange Joannes von Damaskos zugeschrieben wurden. Es handelt sich um eine Sammlung von Lehrsätzen und Maximen zur christlichen Lebensführung aus Bibel und Überlieferung. Die Väterzitate gehen an die 6000, und nicht mehr als ein Viertel davon ist identifiziert. Verständlich, daß diese Riesensammlung nur selten abgeschrieben wurde und nicht mehr vollständig erhalten geblieben ist.

Den Florilegien verwandt sind die *Katenen (ἐξηγητικά, συλλογὴ ἐξηγήσεων, σειρά* usw.). In der Masse beginnt man damit etwa im 6. Jh., sie sind also etwa 100 Jahre jünger als die dogmatisch-moralischen Florilegien. Es handelt sich dabei um florilegistisch ausgesuchte, graphisch sehr verschiedenartig (interlinear, marginal usw.) angeordnete Erläuterungen zum Bibeltext, der ganz oder in Stichworten geboten wird. Bald sind die Scholien einem einzigen Autor entnommen, bald mehreren. Zwischen der «Einmann-Katene» und der «Massen-Katene» gibt es die verschiedensten Zwischenformen. Das Erstaunliche ist, daß sich diese Katenen oft durch eine dogmatische Unvoreinge-

tionnaire de la Bible (1905 ff.), Supplément I (1926), 1084–1233, sodann die kritischen Einzelstudien von J. REUSS, Matthäus-, Markus- und Johannes-Katenen, Münster 1941, und K. STAAB, Die Paulus-Katenen, Rom 1926.

[69] F. DIEKAMP, Doctrina Patrum de incarnatione Verbi, Münster 1907.

nommenheit auszeichnen, die der übrigen gleichzeitigen Theologie fremd ist. So sind sie nicht nur wichtig für die fragmentarische Tradition orthodoxer älterer Schriftsteller, sondern nicht selten auch die einzige oder doch Hauptquelle für unsere Kenntnis von Schriften, welche die Orthodoxie abgelehnt hat. Seueros von Antiocheia z. B., für die Verteidiger der chalkedonensischen Glaubenslehre etwas wie ein rotes Tuch, in seinen dogmatischen Schriften meist nur syrisch greifbar, feiert in den griechischen Katenen fröhliche Urständ. Ähnliches gilt vom Werk des Origenes, des Diodoros von Tarsos und anderen. *Theodoros*, der große antiochenische Exeget von Mopsueste, rettet sich über das mißlaunige Anathem, das ihm die Synode von 553 applizierte, in eben diese Katenen, und zwar mit einer solchen Masse von Lemmata, daß manche seiner Kommentare daraus fast vollständig rekonstruierbar sind. Auch der viel umstrittene *Oikumenios*, wahrscheinlich ein Parteigänger des Seueros von Antiocheia, kennt nur eine Tradition in den Katenen. Alle Eigenwerke oder vollständigen Kommentare, die man ihm im Lauf der Jahrhunderte zugeschrieben hat, gehören dem Gebiet der exegetischen Phantasie an. Aber auch für die orthodoxen Kirchenväter sind die Katenen eine Fundgrube, die nicht vernachlässigt werden kann. Chrysostomos stellt den Katenisten sein Schrifttum geradezu in Massen zur Verfügung. Und noch Patriarch Photios wird von ihnen reichlich verwendet mit Texten, die vielleicht doch auf verlorene Kommentarwerke schließen lassen.

Auf Einzelheiten der Überlieferung der späteren Kirchenschriftsteller einzugehen ist hier nicht der Platz. Es erging ihnen im allgemeinen nicht besser und nicht schlechter als den früheren. Zu denen, deren Überlieferung nicht den geringsten Schwierigkeiten begegnete und die deshalb in einer Fülle interessanter Handschriften vertreten sind, gehört *Joannes Scholastikos*, Abt auf dem Sinai, der Verfasser der *Klimax*, der «Paradiesesleiter». Seine Mystik ist im Grunde euagrianisch, aber er macht davon nicht so viel Wesens wie Euagrios selbst. Er verweilt mit Vorliebe beim Faßbar-Einfachen und deutet die Höhen nur an. Da außerdem die liturgischen Typika die Lektüre seines Werkes für die Fastenzeit anordneten, war sein Glück gemacht. Ähnlich günstig liegen die Verhältnisse bei *Maximos dem Bekenner*, dem großen Lehrer der Orthodoxie im Streit um die zwei Willen in Christo, und dem großen Synthetiker der verschiedenen Doktrinen vom geistlichen Leben. Einzelne seiner Werke bringen es auf mehr denn 150 Handschriften.

Die Patristiker lieben es, ihre Darstellungen mit *Joannes von Damaskos* abzuschließen. Dafür gibt es zwar keine innere ratio, aber seine *Quelle der Erkenntnis (Πηγὴ γνώσεως)* ist sicherlich ein Werk glücklicher Kombinations- und Kompilationsgabe und insofern ein Spiegel der Patristik zwischen dem ersten und zweiten Konzil von Nikaia. Zwar hat diese «Quelle» trotz gegenteiliger Beteuerungen westlicher Historiker nie die Bedeutung der Summen des Thomas von Aquin erlangt, aber da in ihr zu jeder dogmatischen Frage Auskunft zu bekommen war, fand sie sehr viele Liebhaber und Benützer. Die neueste Arbeit über die Überlieferungsgeschichte[70] des Werkes notiert denn auch über 700 Kodizes, welche das Werk ganz oder teilweise enthalten. Die beigegebenen Handschriften-Stammbäume muten so verworren an wie das Stemma des Hauses Sachsen-Coburg-Gotha, und wenn sie etwas beweisen, dann die Ungeniertheit, mit der man sich dieser Texte bediente und sie weitergab. Man überlieferte sie in kanonistischen, in liturgischen, in naturwissenschaftlichen, astrologischen oder auch grammatischen Sammelkodizes, man tradierte sie separat und mitunter auch in corpore, d. h. zusammen mit anderen Werken des Damaszeners. Keine der Handschriften gibt jene Anordnung wieder, die Joannes selbst geplant hatte, aber auch kein Überlieferungszeuge ist älter als das 9. Jh., ja die überwältigende Masse gehört erst dem 13.–15. Jh. an. Und so wie die anderen großen Kirchenväter muß auch Joannes andere Namen unter sein Dach aufnehmen, *Eustratios von Nikaia* z. B., der sich im 12. Jh. in den Maschen komnenischer Dogmatik verheddern wird, oder *Symeon den Neuen Theologen*, dessen charismatische Beichtschrift lange Jahrhunderte das orthodoxe Konto des Damaszeners belastete, oder *Michael Synkellos*, der vielleicht in den Homilien des Damaszeners jene apokryphen Einschübe untergebracht hat, welche die Echtheitskritik so lange belasten konnten.

Noch wären Dutzende von Namen zu nennen, aber neue Aspekte würden sich kaum ergeben.

Die Literatur der Byzantiner hat ihre Höhepunkte und ihre Tiefpunkte. Bestimmt werden sie meist von uns Nachgeborenen. Sie selbst, die Griechen des Mittelalters, hatten ihre eigenen Maßstäbe für Überliefernswertes und Unwürdiges. Wenn die vorliegende kurze Geschichte

[70] B. KOTTER, Die Überlieferung der Pege gnoseos des hl. Johannes von Damaskos, Ettal 1959.

dieser Überlieferung einiges von diesen Maßstäben verraten hat, dann hat sie wohl kaum immer vermocht, unser eigenes literarisches Urteil zu bestätigen, aber sie bedeutet dann doch wohl einen Beitrag zum Verständnis dessen, was Byzanz gewollt und vollbracht hat; kurz, es könnte ihr ein gewisser kulturgeschichtlicher Wert zugesprochen werden.

DIE WIEDERENTDECKUNG DER ANTIKEN LITERATUR IM ZEITALTER DER RENAISSANCE

von Prof. Dr. Horst Rüdiger, Mainz

1. Rückblick auf das Mittelalter

In den Jahrhunderten zwischen dem Untergang des Römischen Reiches und dem Beginn des Humanismus sind vornehmlich Geistliche die Bewahrer der antiken Literatur und die Träger der höheren Bildung. Die Epoche ist gekennzeichnet durch das Erlahmen der literarischen und philologischen Schöpferkraft in den klassischen Sprachen. Der innige Bund, den die griechische Bildung mit der lateinischen Literatur eingegangen war, löst sich allmählich auf. Von nun an findet die griechische Literatur im Oströmischen Reich ihre Heimstatt, während im Westen vornehmlich die lateinischen Denkmäler überliefert werden. Hier wirkt die griechische Literatur nur in bescheidenem Umfang durch arabische oder lateinische Übersetzungen und Bearbeitungen nach, und zwar vorwiegend auf dem Gebiete der Philosophie und der Naturwissenschaften (Platon, Aristoteles); Epik, Lyrik und Drama sind vergessen. Über das Schicksal der lateinischen Handschriften im Westen sind wir in der Regel besser unterrichtet als über die Frühgeschichte der im Ostreich bewahrten griechischen Kodizes. Erst seit der Erneuerung der klassischen Studien unter *Photios*, dem Patriarchen von Konstantinopel (815/20–891/98), erhellt sich das Schicksal der griechischen Handschriften: Was damals bekannt war, ist im wesentlichen erhalten geblieben, obwohl Ausnahmen die Regel bestätigen (Kallimachos). Zum fruchtbaren Besitz des Abendlandes wurde das Erhaltene jedoch erst seit dem Kulturaustausch zwischen Italien und dem Byzantinischen Reich im Zeitalter des Humanismus.

Die Erhaltung der lateinischen Literatur im Westen war durch zwei weltgeschichtliche Ereignisse bedroht. Das junge Christentum stellte die moralischen Werte der Antike und deshalb auch die Beschäftigung mit der klassischen Literatur in Frage, und die Heere der Völkerwanderung gefährdeten den ideellen Besitz, soweit er zunächst auf Papyrusrollen, seit dem zweiten nachchristlichen Jahrhundert auch in den haltbareren Pergamentkodizes schriftlich fixiert worden war. So zog sich die heidnische Literatur paradoxerweise in das schützende Exil der christlichen Klöster zurück, wo sie in der Regel freilich ein mehr geduldetes als erwünschtes Dasein fristete. Ihre partielle Erhaltung ist in vielen Fällen allein dem stofflichen Interesse an den alten Fabeln zu danken, das während des ganzen Mittelalters anhielt. Hinzu kam die Verwendbarkeit einzelner Autoren für den Schulunterricht. Entscheidend war jedoch die Einsicht eines Mannes, welcher die *formalen* Werte der antiken Literatur erkannte und ihre Pflege den Gebildeten zur Pflicht machte. Als das Ostgotenreich zerfiel, zog sich der frühere Staatskanzler Theoderichs, *Magnus Aurelius Cassiodorus* (um 490 bis um 580), auf sein Gut Squillace in Kalabrien zurück und gründete dort das Kloster Vivarium (um 540). In seinen programmatischen *Institutiones divinarum ac saecularium litterarum* vertritt Cassiodorus die Überzeugung, die untergegangene römische Kultur stelle auch die Grundlage der christlichen Bildung dar; um diese zu verwirklichen, bedürfe es also der Kenntnis der klassischen lateinischen Sprache und Literatur. Was helfe es, fragt er die Mitglieder seiner Klosterakademie und fordert sie zum Studium der Grammatik auf, wenn sie über die Leistungen der Klassiker genau Bescheid wüßten oder die eigene geistige Tätigkeit tüchtig verrichteten und doch nicht wüßten, wie sie sich ausdrücken sollten? Von den zahlreichen «prähumanistischen» Bewegungen und «Protorenaissancen», die während der letzten Jahrzehnte in den Gesichtskreis der Forschung getreten sind, ist die von Vivarium ausstrahlende Anregung die folgenreichste: Sie ging in Gestalt der Verpflichtung zu geistiger Tätigkeit, besonders zur Abschrift geeigneter Literaturwerke in die Regel der Benediktiner und anderer Orden ein und trug damit zur Erhaltung der lateinischen Literatur im Mittelalter das Wesentliche bei. Formale Werte rechtfertigen nun auch für den Christen das Studium der klassischen Literatur – diese Begründung wird noch während des Humanismus oft genug wiederholt werden; in der Praxis aber wird das Studium durch die Einrichtung von Klosterbibliotheken ermöglicht. Wahrscheinlich stammen einige von den ältesten Kodizes, die heute in italienischen (Ambrosiana, Vaticana, Neapel, Turin), deutschen (Wolfenbüttel, Wien) und französischen (Paris, Nancy) Bibliotheken lagern, auf dem Umweg über die Klosterbibliothek von Bobbio aus der Sammlung des Cassiodorus (so einige Vergil-Handschriften), andere mit Sicherheit aus der ältesten Benediktinerabtei in Monte Cassino, welche der Ordensstifter *Benedikt von Nursia* gegründet hatte (529?).

Die Verbreitung des Mönchtumes in Spanien, Frankreich und vor allem in Irland, von wo die Christianisierung Englands und des deutschen Sprachgebietes ausging, bereitete der Kopistentätigkeit in West- und Mitteleuropa den tragfähigen Boden. In der Folge ist eine konstante Erscheinung der Geistesgeschichte zu bemerken: Sobald christlicher Glaubenseifer den Wert der klassischen Literatur fragwürdig erscheinen läßt, setzt bei den weitherzigeren Geistern und in Zeiten erhöhter Toleranz als Reaktion eine intensivere Beschäftigung mit den klassischen Zeugnissen ein. So entspricht einer jeden Abwendung vom heidnischen Gehalt eine neue Hinwendung zur klassischen Gestalt: daher die sog. mittelalterlichen Renaissancen, deren bedeutendste für die Erhaltung der lateinischen Literatur die karolingische war. Denn im 8. und 9. Jh. sind die meisten Kodizes entstanden, denen wir – unmittelbar oder abschriftlich – die überlieferte lateinische Literatur verdanken. Wenig günstig war der Tradition hingegen die kluniazensische Reformbewegung. Das Drängen auf Verinnerlichung des religiösen Lebens, das seinerseits die Antwort auf dessen Verweltlichung darstellte, duldete kein inneres Verhältnis zu den heidnischen Autoren. Diese dienen – in Auswahl – als Schullektüre, die berichteten Vorgänge – oft in allegorischer Auslegung – als Beispiele sittlicher Haltung. Nicht als Wesen mit ihrem Widerspruch oder gar als brüderlich verwandte Menschen erscheinen die Dichter der Vorwelt dem Mittelalter, wie erst Petrarca sie wieder verstehen wird, vielmehr als Verfasser nützlicher Kollektaneen voll moralistischer, mythologischer oder poetologischer Klischees. Dichtung wird grundsätzlich nicht als Produkt der schöpferischen Einbildungskraft verstanden; ihr Genuß ist an die Filterung durch die Allegorese gebunden. Die Enzyklopädie, das Florilegium, das Lehrbuch jeder Art, auch die romanhafte Unterhaltungsliteratur oder die Kursiositätensammlung in den Nationalsprachen bedienen sich des überlieferten Stoffes, oft ohne Rücksicht auf äußere oder innere Glaubwürdigkeit. Die Aneignungsweise ist unkritisch und unhistorisch; sie unterliegt den höheren Forderungen des Heilszusammenhanges, für dessen Deutung der Stoff benötigt wird (Aristoteles in der Scholastik). Nicht so sehr in der Menge wie in der Art und Intensität der Lektüre unterscheidet sich also der vorhumanistische vom humanistischen Leser. Die mittelalterlichen Autorenregister zählen gelegentlich Namen auf, um deren Kenntnis noch mancher Humanist die Kompilatoren beneidet hätte; doch die erwähnten Namen sind Schatten ohne Körperlichkeit, und oft stellt sich heraus, daß es Gelegenheitsfunde aus zweiter oder dritter Hand sind.

Am ehesten vermochte noch der große volkssprachliche Dichter in poetischer und sehr persönlicher, zugleich aber für das hohe Mittelalter repräsentativer Weise den Schatten Kontur und Konsistenz zu verleihen. So stellte *Dante* bereits in der *Vita nova* (Kap. 25) eine Art Dichterkanon auf, den er dann – in veränderter Reihenfolge – im *Inferno* (IV, 77–102) als «bella scola» verfestigt. Hier begrüßt Homer Vergil als «altissimo poeta», der seinerseits Homer als «poeta sovrano» apostrophiert; Horaz erhält noch das formal charakterisierende Beiwort «satiro», Ovid und Lucan werden lediglich mit Namen genannt. Als sechster gesellt sich ihnen Dante selbst zu, während der Vergil-Schüler Statius als angeblich Getaufter bereits auf der Spitze des Läuterungsberges weilt, um dann ins Paradies aufzusteigen (*Purgatorio* XXI, 76 ff.). Mit der Sieben, einer «typischen Zahl» des Alten Testamentes, ist zunächst das Bedürfnis nach symbolischer Komposition erfüllt. Die Reihenfolge der römischen Dichter aber entspricht in etwa der Schätzung, welche sie im Mittelalter genossen. Homer bildet die Ausnahme: Er ist einer der blutleeren Schatten, die nur als Namen durch die Literatur geistern; weder Dante noch ein anderer Zeitgenosse kannte ihn im Original oder in einer Übersetzung. Vergil, durch die Ausdeutung der vierten Ekloge auf die Geburt des Heilands als Christ gleichsam prädestiniert, erfreute sich allgemeinster Schätzung, die auf der Kenntnis des gesamten echten Werkes beruhte. Von Horaz waren Dante außer der *Ars poetica* vielleicht Teile der *Satiren*, keinesfalls die *Oden* bekannt; von Ovid die *Heroiden* und die *Metamorphosen*, Dantes Schlüssel zur unerreichbaren griechischen Welt; von Lucan die *Pharsalia*, eines der Grundbücher des Mittelalters überhaupt; von Statius die *Thebais* und das Bruchstück der *Achilleis*, hingegen nicht die *Silvae*, die erst von Poggio Bracciolini ans Licht gezogen wurden. Wie die übrigen Autoren der Zeit identifizierte Dante den Epiker Papinius Statius mit dem späteren Redner Lucius Statius. Bemerkenswert ist schließlich die Art der Begegnung: «Das Ganze ist ein edler Wettstreit der Höflichkeit und der Bescheidenheit» (HERMANN GMELIN) nach dem höfischen Vorbilde der Troubadours. Der Szene haftet etwas Statuarisches an; sie wirkt wie ein Gruppenbild, nicht wie die Begegnung lebendiger Menschen. Der berühmte Passus mag als beispielhaft gelten für Art und Umfang der Rezeption antiker Dichtung im Mittelalter. Nicht reichhaltiger ist Dantes Kanon der vorbildlichen Prosaschriftsteller. Er nennt (*De vulg. eloq.* II, 6, 6) Livius, Plinius, Frontinus und Orosius, den Freund Augustins – der einzige, den er mit Sicherheit gelesen hat.

2. *Gesellschaftliche Voraussetzungen*

Der Rückblick auf das Mittelalter erleichtert es uns, das prinzipiell Neue zu verdeutlichen, welches mit dem Humanismus anhebt. Unter Humanismus verstehen wir die vom klassischen und christlichen Altertum ausgehende und auf dessen Menschenideale zielende Bildungsbewegung der Renaissance und des Reformationszeitalters, die das gesamte religiöse, politische, gesellschaftliche und persönliche Leben des Gebildeten durchdringt und diesen in einer schwer beschreibbaren, doch unverwechselbaren Weise formt. Wie jede Bildungsbewegung von Rang bedurfte der Humanismus des Leitbildes; er fand es einerseits bei den Kirchenvätern und frühchristlichen Schriftstellern, anderseits – und dies im Gegensatz zum Mittelalter – in der *gesamten* erreichbaren klassischen Literatur, der lateinischen wie der *originalen* griechischen. Denn mindestens die Absicht der meisten Humanisten ist auf beide klassischen Sprachen gerichtet, wenn auch die Italiener als Gräzisten vorwiegend eine Vermittlerrolle spielen und die Führung auf diesem Gebiete an der Wende des 15. zum 16. Jh. an ihre deutschen und niederländischen Gesinnungsgenossen abgeben. Damit übernimmt der Westen endgültig die Aufgabe der Erhaltung der griechischen Literatur, die bis zur Mitte des 15. Jh. traditionsgemäß der Osten wahrgenommen hatte. Für die Durchgestaltung des Lebens aber brauchten die Humanisten die klassischen Literaturzeugnisse wie das tägliche Brot; jede neuerschlossene Quelle bedeutete eine Bereicherung der Möglichkeiten zur humanistischen Formgebung. So erklärt sich der geradezu fanatische Jagdeifer, mit dem man den Quellen nachspürte. Er dauerte rund zwei Jahrhunderte, von etwa 1330 bis 1530; dann waren die Vorräte im wesentlichen erschöpft. Von einer Wieder*entdeckung* im eigentlichen Sinne kann man nur dann sprechen, wenn die Quellen im Mittelalter in Vergessenheit geraten waren; in den übrigen Fällen, in denen sie zwar bekannt waren, aber getrübt flossen, wäre der Ausdruck Wieder*belebung* angemessener.

Um diese in der europäischen Geistesgeschichte einmalige Erscheinung zu verstehen, ist ein Blick auf ihre gesellschaftlichen Voraussetzungen nötig. Nach dem Zusammenbruch der Stauferherrschaft in Italien (Hinrichtung Konradins 1268) und dem Exil der Päpste in Avignon (1309–77) hatte sich die Macht der selbständigen Stadtgemeinden in Nord- und Mittelitalien gefestigt. Das Amt des demokratisch gewählten Bürgermeisters ging auf den Signore über, der die Herrschaft zunächst usurpierte, bis sie durch die Verleihung des Fürstentitels legalisiert wurde. Diese Entwicklung von der Kommune über die Signorie zum Prinzipat vollzog sich vor dem Hintergrund einer sozialen Umwälzung, deren Ergebnis die Akkumulation von Kapital in den Händen von Bürgern (Kaufleuten, Bankiers, Fabrikanten) oder von wirtschaftlich tätigen Adligen war. Neben Handelshäusern mit internationalen Beziehungen entstanden Banken – die Bezeichnung «bancherius» ist in Genua bereits im 12. Jh. belegt –, besonders in der Lombardei, in der Toskana und in Venedig, den Zentren des Humanismus und des modernen Bibliothekswesens. Die geschäftlichen Verbindungen und finanziellen Möglichkeiten außerhalb des Landes, etwa im Ostreich, gehören zu den Voraussetzungen für den Erwerb klassischer Kodizes. Die neue Geldaristokratie bevorzugte die städtische Lebensweise, welche in Gestalt der «urbanitas» ohnehin seit je eine besondere Anziehungskraft auf die lateinischen Völker ausgeübt hatte, und begünstigte den an städtische Zentren gebundenen Unternehmergeist in jeder Form: «Das Kapital wirkte schöpferisch, erfinderisch, ‚unternehmend'» (ALFRED V. MARTIN).

Diese Maxime gilt aber nicht nur für Wirtschaft, Politik und Krieg, sondern genau so für Kunst und Literatur. Es gehört zu den Merkmalen der Zeit, daß *Poggio Bracciolini* (1380–1459) und der universale *Leon Battista Alberti* (1404–72) die Anhäufung von Vermögen und die kapitalbildende Sparsamkeit als sittliche Leistungen zu rechtfertigen suchten (nicht ohne Spitze gegen die «schmarotzerhafte Untätigkeit» der Mönche). Eine solche Haltung liegt durchaus im Sinne jenes Florentiner «Bürgerhumanismus», der den Landadel kraft seines modernen Denkens an materieller und geistiger Leistungsfähigkeit übertrifft. Dem gesamten italienischen Humanismus eignet dieser Zug zum Unternehmerischen; nicht zuletzt drückt er sich in der Unbedenklichkeit aus, mit welcher man der Handschriften habhaft zu werden suchte, in denen die klassische Bildung kodifiziert war. Es kommt hinzu, daß erst angehäuftes und überflüssiges Kapital die Möglichkeit gibt, den Erwerb oder die Vervielfältigung von Handschriften zu finanzieren. Die Preise waren hoch; aber die Vermögenden hielten es für ihre Mäzenatenpflicht, Kodizes aus ganz Europa herbeischaffen oder wenigstens kopieren zu lassen. Die Haushaltbücher *Lorenzos von Medici* (reg. 1469 bis 1492) belehren uns über die beträchtlichen Ausgaben, die dem Herrscher auf solche Weise erwuchsen. Es gehört zu den erfreulichsten Merkmalen dieser Art Unternehmergeist, daß er seine Gewinne nicht nur nutzbringend, sondern zum Teil auch à fonds perdu anlegte, weil er die ideellen Werte einer zweckfreien Investition erkannte. Dabei versteht sich von selbst, daß ein gut Teil Snobismus hinzukommt, wenn ein Angehöriger der neuen Geldaristokratie sich rühmt, zahlreiche und seltene Handschriften zu besitzen. In mancher Hinsicht ist der Sammeleifer mit dem modernen Bestreben zu vergleichen, hochquotierte Kunstwerke oder antike Möbel zu erwerben. Mit dem Sammeln von klassischer Literatur entsteht in der Renaissance der Typus des modernen Privatsammlers, der von nun an aus dem europäischen Kulturleben nicht mehr wegzudenken ist. Sein Urbild ist der Sonderling *Niccolò Niccoli* (1364–1437), Sohn eines reichen Kaufmannes, der sein Vermögen für Kodizes ausgab, aber auch Bankkredite *Cosimos von Medici* (reg. 1434–64) in unbeschränkter Höhe in Anspruch nehmen durfte. Niccolis Bibliothek enthielt rund 800 Bände, die er zum Teil selbst kopiert hatte: nicht um die Schreiberlöhne zu sparen, sondern aus philologischer Gewissenhaftigkeit.

Der neuen gesellschaftlichen Erscheinung des Unternehmers entspricht die veränderte Stellung des Gelehrten in der Gesellschaft. Die Geistlichen sind nicht mehr ausschließlich Träger der höheren Bildung und Hüter der Tradition. An ihre Seite treten die Laien, vor allem die Juristen. Das versteht sich von selbst in Bologna, dessen Universität die Wiege der modernen Jurisprudenz war; es gilt aber auch für Padua und die Lombardei. «Die traditionelle Verbindung der Jurisprudenz mit dem Trivium hatte seit langem Stoff und Kraft für eine künftige fruchtbare Arbeit vorbereitet» (Remigio Sabbadini). *Francesco Petrarca* (1304–74) hatte auf Wunsch seines Vaters, wenngleich widerwillig, Jura studiert, *Giovanni Boccaccio* (1313–75) aus dem gleichen Grunde und nicht weniger ungern den Kaufmannsberuf erlernt. Ihr Schüler *Coluccio Salutati* (1331–1406) war länger als ein Menschenalter «Cancelliere dei Signori» in Florenz; ähnliche Stellungen hatten *Leonardo Bruni* (1370/74–1444) und *Niccolò Machiavelli* (1469–1527) inne. *Giorgio Merula* (1431–94), der Entdecker der Klosterbibliothek Bobbio, schrieb im Auftrage des Mailänder Herzogs Ludovico il Moro die Geschichte des Herzogtums. *Angelo Poliziano* (1454–94) war im Hause Medici, *Guarino von Verona* (1374–1460) im Hause Este Prinzenerzieher;

beide waren als Lehrer an Hochschulen tätig. Zahlreiche andere Humanisten waren gleichsam hauptamtlich Professoren. Der sogenannte böhmische Humanismus ist ausschließlich die Schöpfung gebildeter Laien, welche in hohen Staatsämtern tätig waren. Einer der bedeutendsten deutschen Büchersammler, der Nürnberger Enzyklopädist *Hartmann Schedel* (1440–1514), war wie sein Onkel *Hermann* Arzt.

Andere Humanisten bewegten sich an der soziologisch schwer überschaubaren Grenze zwischen Geistlichkeit und Laienstand: so Petrarca, der die Tonsur und die niederen Weihen empfing, um im Genuß kirchlicher Pfründen seinen literarischen Neigungen ungestört leben zu können; so auch Poliziano, der als Geistlicher von Pfründen lebte, gleichzeitig aber den Lehrberuf ausübte. In diesen Fällen stellt der Humanist die Vorform des französischen Abbé und des italienischen Abbate dar, der noch für die Inauguration des Neuhumanismus eine Schlüsselgestalt bildet (Winckelmann). Dabei ist es von geringerer Bedeutung, daß «die Kutte den Mönch machte», als daß sie ihm den Zugang zu den Klöstern öffnete, wo Handschriften verborgen waren. Eine ähnliche Zwischenstellung nahm *Poggio* ein, der Heros unter den Entdeckern der antiken Kodizes. Seinem Charakter nach eine der zweideutigsten Figuren unter den Humanisten, war er beruflich als päpstlicher Schreiber und Sekretär tätig. (Ähnliche Ämter an der Kurie hatten eine Zeitlang Leonardo Bruni und Lorenzo Valla, 1407–57, inne.) Poggio trug ebenfalls Priesterkleidung, ohne auch nur die niederen Weihen empfangen zu haben. Es kostete den für (angeblich) vierzehn außereheliche und einige eheliche Kinder treu sorgenden Familienvater, der mit 56 Jahren seine Konkubine im Stich ließ und ein achtzehnjähriges Mädchen heiratete (vgl. seine Schrift *An seni sit uxor ducenda*) keine geringen Opfer an Gesinnung, die höfischen Kabalen und die Launen von fünf einander folgenden Herren heil zu überstehen. Doch er brachte die Opfer um so lieber, als er allein auf diese Weise seiner Passion für die klassische Literatur frönen konnte.

Gerade an der Spitze der Kirche standen nämlich wiederholt Männer, bei denen mit der gleichen Leidenschaft zu rechnen war. Von *Nikolaus V.* (*Tommaso Parentucelli* aus Sarzana; reg. 1447–55) über *Pius II.* (*Enea Silvio Piccolomini* aus Corsignano – heute Pienza – in der Toskana; reg. 1458 bis 1464) und *Leo X.* (*Giovanni de' Medici* aus Florenz; reg. 1513–21) bis zu *Benedikt XIV.* (*Prospero Lambertini* aus Bologna; reg. 1740–58), unter dessen Herrschaft Winckelmann den Neuhumanismus inaugurierte, regierten immer wieder Päpste, die nicht nur als aktive Humanisten in die Geschichte der europäischen Bildung eingegangen sind, sondern im Wetteifer mit den weltlichen Fürsten sehr beträchtliche Mittel für die Förderung der Altertumswissenschaften aufwandten. Als Entdecker vergessener Handschriften, Übersetzer oder Mäzene standen ihnen einige hohe Kirchenfürsten nicht nach: der Kardinal *Nikolaus von Kues* an der Mosel (1401–64), nach der entdeckerischen Leistung an der Spitze der Geistlichkeit; ferner der Rektor der Universität Paris, *Nikolaus von Clémanges* (1363/64–1437); der Ordensgeneral der Kamaldulenser in S. Maria degli Angeli in Florenz, *Ambrogio Traversari* (1386–1439); *Francesco Pizzolpasso* (gest. 1443), Erzbischof von Mailand; *Johannes Bessarion* (1395–1472), Kardinal und Titularpatriarch von Konstantinopel, sowie zahlreiche andere. Die Handschriftenentdecker beim Basler Konzil waren sogar ausschließlich Geistliche. Ihrer aller Namen sind mit der Wiedergewinnung der klassischen Literatur ebenso unzertrennlich verbunden wie die der Laien. Die hohe Stellung der Genannten ist ein Zeichen dafür, daß die humanistische Bildungsbewegung schon bald die Hierarchie der Kirche ergriffen hatte; sieht man von Petrarca ab, so ist das Auftauchen eines einfachen Mönches und bischöflichen Klienten, des *Erasmus von Rotterdam* (1465/66–1536), unter der humanistischen Elite eher eine späte Erscheinung. Ohne die persönliche Teilnahme, die materielle Förderung und die Autorität der Kirchenfürsten bei den oft zurückhaltenden oder widerspenstigen Äbten der Klöster wäre die Wiedergewinnung der lateinischen Literatur in ihrer Breite nicht möglich gewesen.

Der Unternehmergeist, der Kleriker wie Laien beseelte, äußerte sich nicht zuletzt in der Lust am Reisen, die eine wesentliche Voraussetzung zum Erwerb der Kodizes bildete. Die Humanisten reisten mit materieller und moralischer Unterstützung ihrer Auftraggeber, sei es der neuen Geldaristokratie, besonders der Medici, oder der humanistisch gesonnenen Kirchenfürsten. Ereignisse der Kirchengeschichte wie die großen Reformkonzilien auf alemannischem Boden stehen in unmittelbarem Zusammenhang mit der Handschriftensuche. Auch im Mittelalter hatten Reisen gelegentlich zum Erwerb von Handschriften geführt; so weilte beispielsweise der Bischof *Anselm von Havelberg* in der ersten Hälfte des 12. Jh. zweimal in Konstantinopel und brachte jedesmal griechische Handschriften heim, die dann ins Lateinische übersetzt wurden. Doch bei den Humanisten wird Ortsveränderung eine Lebensgewohnheit, Heimatlosigkeit zur spezifischen Daseinsform. Dies mag zum Teil darin begründet sein, daß mehrere italienische Humanisten als Söhne Verbannter zur Welt kamen: Dantes Schicksal teilten die Väter Petrarcas, Salutatis und Albertis. Und bis zu einem gewissen Grade ist Exil oder Freiheit von Bindungen stets Humanistenlos geblieben, selbst bei Leuten, die ungern reisten wie Niccoli, aber aus Scheu vor Bindungen lieber mit ihrer Haushälterin als mit einer Ehefrau lebten. Er sei in der Verbannung gezeugt und geboren worden, klagt *Petrarca* und erzählt dem vertrauten Freunde in der Widmung seiner Briefsammlung, wie er im siebenten Lebensmonat von einem kräftigen jungen Manne durch die Toskana getragen wurde. Seine späteren Wanderungen, die ihn bis nach Paris, Flandern und Rom führten, vergleicht er mit den Irrfahrten des Odysseus. Doch war er selbst nicht unschuldig an seinem Schicksal. Nach eigenem Geständnis trieb ihn der unbezähmbare «Wunsch, vieles zu sehen», unstet von Hof zu Hof, von Kloster zu Kloster und nicht zuletzt zu der berühmten Besteigung des Mont Ventoux in der Provence (1336), mit der ein neues Kapitel in der Seelengeschichte des Menschen anhebt: «sola videndi insignem loci altitudinem cupiditate ductus» («allein von dem brennenden Wunsche beseelt, die bedeutende Höhe der Gegend zu sehen»). Bei Petrarca «scheint es sicher, daß der Vorteil langer Aufenthalte und Reisen in Frankreich und Italien viel dazu beigetragen hat, ihm die führende Stellung in der humanistischen Bewegung zu geben» (B. L. ULLMAN).

3. Die frühesten Entdeckungen in Verona

Gleich die erste Entdeckung eines verschollenen Klassikers, von der wir in Italien hören, ist das Ergebnis einer Reise. Ein einfacher Schreiber namens *Francesco* brachte gegen Ende des 13. Jh. einen Catull-Kodex aus Belgien zurück, wohin ihn mit aller Wahrscheinlichkeit der vertriebene Veroneser Bischof Raterius im Jahre 968 ins Exil mitgenommen hatte. Das Motiv des Nachforschens scheint der Lokalpatriotismus gewesen zu sein: Der «elegantissimus poetarum» stammte aus Verona, wo sich gelehrte Männer an der Wende des 13. zum 14. Jh. mit der klassischen Literatur beschäftigten. So zeigt das moralistische *Florilegium eines unbekannten Veroneser Autors* von 1329 eine verhältnismäßig breite, doch mit der umfassenden Kenntnis der mittelalterlichen französischen

Enzyklopädisten kaum vergleichbare Belesenheit in den lateinischen Schriftstellern; verfügten doch Frankreichs Bibliotheken über weit größere Schätze als die italienischen, und man sollte sich stets gegenwärtig halten, daß der Humanismus von einem Italiener – Petrarca – begründet wurde, der seine Jugend in Avignon verbrachte. Neben Catull hat der namenlose Florilegist als wichtigste Neuentdeckung für Italien auch Tibull nach einem vollständigen Exemplar benutzt; doch war der Elegiker bereits im 13. Jh. in Frankreich bekannt, u.a. dem *Vinzenz von Beauvais* (um 1190–1264). Unter den italienischen Humanisten war Tibull jedoch wenig verbreitet: *Parentucelli* nennt ihn in seinem Bibliothekskanon, den er auf Wunsch Cosimos von Medici aufgestellt hat, überhaupt nicht (ebensowenig die anderen Elegiker, Satiriker und Komödiendichter); *Ugolino Pisani* läßt ihn lediglich für das «studium camerarium», das häusliche Studium, gelten (wie auch Properz, Juvenal, Martial, Catull, die Priapeen und die erotischen Dichtungen Ovids). Ferner waren dem Veroneser Florilegisten bekannt: Marcus Terentius Varros drei Bücher *Rerum rusticarum*, die auch Petrarca gelesen hat; das Sammelwerk der *Historia Augusta*, in Verona bereits vor 1310 gelesen, von dort 1354 von Petrarca für die Kompilation seiner eigenen (unvollendeten) *Viri illustres* erbeten und zwei Jahre darauf für ihn kopiert; die *Iohannis* des Cresconius Corippus (2. Hälfte des 6. Jh.), ein sehr seltener Kodex; auch der bücherliebende König *Matthias Corvinus* von Ungarn (reg. 1458–90) besaß eine Abschrift des Werkes, welche noch der Wiener Rektor *Johannes Cuspinianus* (1443–1529) sah, ehe sie verloren ging. Weiter benutzte der Exzerptor die *Sententiae* des Publilius Syrus, die zunächst unter Senecas Namen liefen, bis der Dominikaner *Giovanni Colonna* (um 1265 bis nach 1332) als erster seine Autorschaft bestritt; die Briefe des jüngeren Plinius (Bücher I–VII und IX), die bereits im Mittelalter verbreitet waren, in Verona aber wahrscheinlich aus der reichhaltigen lokalen Kapitelbibliothek stammten und 1419 von Guarino für den Humanismus fruchtbar gemacht wurden (der Kodex ging ebenfalls verloren); endlich ein Cicero-Korpus mit den Briefen an Atticus, Brutus und den Bruder Quintus, die im 14. Jh. auch in Cluny gelesen wurden. Das (später verlorene) Veroneser Exemplar schrieb Petrarca 1345 vollständig ab; erst durch ihn wurde Cicero zum geistigen Besitz der Humanisten. Salutati erhielt 1393 eine Kopie; 1408 kopierte Poggio die Sammlung; weitere Abschriften des vielbegehrten Vorbildes der Humanisten für Stil und Freundschaftskult waren in den

Händen anderer Zeitgenossen. Wie die komplizierte Verzweigung der zahlreichen Handschriften im Hinblick auf ihren textkritischen Wert zu beurteilen sei, hat zuletzt GIORGIO PASQUALI unter dem programmatischen Stichwort «recentiores, non deteriores» (die jüngeren Kodizes sind nicht immer die weniger wertvollen) einleuchtend dargestellt.

Das Florilegium des unbekannten Veronesers vermittelt einen ziemlich genauen Einblick in die Belesenheit eines vielleicht geistlichen, doch klassisch interessierten Autors in einem fortschrittlichen Bildungszentrum zu Beginn des 14. Jh. Der Eindruck verändert sich nicht wesentlich bei der Durchsicht anderer Veroneser Autoren der Zeit. Einem Priester namens *Johannes de Matociis*, Verfasser einer *Historia imperialis* (1306–20) von Augustus bis zu Karl dem Großen, gelang die Unterscheidung des jüngeren Plinius vom älteren. Der Verfasser hatte die *Naturae historiarum libri* gelesen, die auch Petrarca, Salutati, Poliziano sowie andere Humanisten kannten und zum Teil besaßen (Cosimo von Medici ließ einen Kodex aus Deutschland, vielleicht aus Lübeck, herbeischaffen), ohne von diesem Werk tiefere Eindrücke zu empfangen: die Naturwissenschaften, besonders auch die hohe Wertung der Medizin beim älteren Plinius, lagen den Humanisten ferner. Bezeichnend für das noch nicht voll erwachte kritische Verständnis ist die Tatsache, daß Johannes de Matociis zwar die beiden klassischen Autoren, die im Mittelalter stets für eine Person gehalten worden waren, als erster zu individualisieren vermochte, aber – wie auch Petrarca (*Rer. mem. l.* I, 19) – an der Legende festhielt, sie stammten aus Verona[1]; auch hier war Lokalpatriotismus noch das Motiv der «studia renovata». – Über einen weiteren Bildungshorizont verfügte der Jurist *Guglielmo da Pastrengo* (gest. 1363), einer der Korrespondenten Petrarcas, in seiner fleißigen Kompilation *De originibus rerum*, deren überwiegende Masse den «viri illustres» gewidmet ist. Befinden sich unter den von ihm benutzten Autoren außer Catull und Tibull auch keine wirklichen Neuentdeckungen, so kannte er doch einige selten gelesene Werke, etwa die Eklogen des Calpurnius und die sog. *Laus Pisonis*, die er nach seiner Vorlage fälschlich dem Lucan zuschrieb. Doch seine Darstellungsweise ist noch mechanisch und enzyklopädisch, wie bereits die alphabetische

[1] Der Irrtum hat sich als so zähe erwiesen, daß er sich noch in einem modernen Petrarca-Kommentar findet: PIER GIORGIO RICCI in: Petrarca, Prose, Mil.-Nap. 1955, 270, A. 1.

Anordnung zeigt; trotz ausgedehnter Lektüre der Alten verrät sie nirgendwo die Bezauberung durch ihren Stil und die Betroffenheit im Menschlichen.

4. *Die Ausdrücke «humanista», «studia humanitatis», «humanistisch»*

Die Begeisterung für den Stil der Alten und die Betroffenheit durch ihr Werk wird zum ersten Male in *Petrarcas* Schaffen sichtbar; darum ist er der erste Humanist. Was die Renaissance unter dem jüngst viel mißbrauchten Wort verstand, läßt sich am einfachsten durch einen kurzen Rückblick auf seine Geschichte verdeutlichen. Das italienische Nomen agentis *(h)umanista* ist nach den Mustern «legista, iurista» usw. in Anlehnung an Ciceros und Aulus Gellius' (XIII, 17; diesem Autor verdanken wir auch den Ausdruck «klassisch») Termini «studia humanitatis» und verwandte Ausdrücke gebildet worden. Nach der bisherigen Kenntnis taucht es zum ersten Male in einem Schreiben des Rektors der Universität Pisa an die Florentiner akademischen Behörden im Jahre 1490 auf; es stammt also offensichtlich aus Hochschulkreisen[2]. Das gleiche Wort in lateinischem Kontext datiert aus derselben Zeit. Unter *studia humanitatis* versteht Parentucelli in dem für Cosimo verfaßten Bibliothekskanon die intensive Beschäftigung mit Grammatik, Rhetorik, Geschichte, Literatur und Moralphilosophie; mit Ausnahme der als selbständiges Fach abgezweigten Moralphilosophie werden dieselben Fächer noch 1591 in einem Jesuitenprogramm genannt. *Peter Luder* (Mitte des 15. Jh.) kündigt 1456 seine Leipziger Vorlesungen als «studia humanitatis» an, «id est poetarum, oratorum ac historiographorum libros publice legi» (d. h. die öffentliche Lesung von Dichtern, Rednern und Historikern). Gemeint sind also in jedem Falle bestimmte Gebiete der Geisteswissenschaften, vornehmlich alles, was mit der Sprache als spezifisch menschlicher Äußerung zusammenhängt, und zwar sowohl der grammatisch-linguistische wie der rhetorisch-künstlerische Komplex, modern ausgedrückt: Philologie wie Poetik und Literaturgeschichte. Stofflich beziehen sich die «studia» auf die klas-

[2] PAUL OSKAR KRISTELLER, Studies in Renaissance Thought and Letters, Roma 1956, 572ff., bes. A. 61 und 58 mit der dort verzeichneten Literatur.

sische und frühchristliche Literatur, zunächst in lateinischer, später auch in griechischer Sprache. Schon *Leonardo Bruni* aber hat bündig gesagt, welchem Ziele die «studia» dienen: «propterea studia humanitatis nuncupantur quod hominem perficiant atque exornent»[3]. Mit der berühmt gewordenen Formel ist klar ausgedrückt, daß erst die Bildung durch die «humaniora» – also *nicht* durch die Fächer des Quadriviums – den Menschen zum Menschen machen könne.

Das Wort *Humanismus* ist eine deutsche Schöpfung. Es geht auf den bayrischen Pädagogen *F. J. Niethammer* zurück, der es 1808 zur Bezeichnung der älteren, «humanistisch» orientierten Pädagogik gegenüber dem modernen Philanthropismus Basedows gebraucht[4]. Goethe benutzt den Ausdruck im 13. Buche von «Dichtung und Wahrheit» (1814) im Sinne von «Humanität». Doch offensichtlich geht der pädagogischen «Sectenbezeichnung» (NIETHAMMER) die adjektivische Bildung *humanistisch* voraus, und zwar nicht im pädagogischen, sondern im altertumswissenschaftlichen Sinne. Ich finde sie zum ersten Male bei *Winckelmann*. Er schreibt am 27. November 1765 aus Rom an seinen Jugendfreund Genzmer[5]: «Ich erwarte nächstens ein Schreiben von Dir, nur mit keinen theologischen und humanistischen Commissionen ...» Hier meint der Ausdruck offensichtlich «die Altertumswissenschaft betreffend», steht also dem Objekt nach ganz in der Tradition des italienischen Humanismus, wie denn auch zu vermuten ist, daß Winckelmann den Ausdruck in Italien aufgegriffen hat.

5. Petrarcas Lieblingsbücher

Denn derartige «humanistische Commissionen» sind es, die auch *Petrarca* seinen Freunden zu erteilen pflegte oder von ihnen erhielt. Selbstverständlich kannte dieser «unermüdliche Leser», wie er sich selbst nennt, die Literatur, welche im ausgehenden Mittelalter allgemein zugänglich war. Seine eigene Sammlung von Kodizes war zweifellos eine

[3] «Sie heißen darum Studien der humanitas, weil sie den Menschen vervollkommnen und wohlgefällig machen.»

[4] WALTER RÜEGG, Cicero und der Humanismus, Zürich 1946, 2ff.

[5] Briefe (REHM) III, Bln. 1956, 139; die Erläuterungen, 481, vermerken nichts. Danach sind die Angaben bei RÜEGG a.a.O. 3 und 129, A. 4 (nach SCHULZ-BASLER, Deutsches Fremdwörterbuch, 1910ff., s. v. Humanist), zu verbessern – und vielleicht auch einige Bemerkungen RÜEGGS über Winckelmann selbst: XIXff.

der umfangreichsten, die ein Privatmann in der Mitte des 14. Jh. besaß. Darunter befanden sich auch sehr seltene Werke wie etwa Senecas *Apocolocyntosis* oder die *Compendiosa doctrina* des Nonius Marcellus in einem Kodex, der nach Petrarcas Tode wie eine Reliquie durch die Hände vieler Humanisten ging. Doch nicht die Quantität seines Besitzes kennzeichnet den Humanisten, sondern die Rangordnung, die er ihm zuspricht. Über Petrarcas literarische Neigungen, die bis zu einem gewissen Grade stellvertretend für viele Humanisten stehen können, sind wir glücklicherweise ziemlich genau unterrichtet, wenigstens was den etwa dreißigjährigen Petrarca anlangt. In einer scharfsinnigen Untersuchung hat B. L. ULLMAN durch eine sinnerhellende Korrektur früherer Verlesungen festgestellt, daß das vieldiskutierte Bücherverzeichnis, welches Petrarca in einen Kodex mit Cassiodorus' *De anima* und Augustinus' *De vera religione* eingetragen hat (Abb. 70), nicht den Katalog seiner gesamten Bibliothek darstellt, wie man früher annahm, sondern lediglich die Aufzählung seiner Lieblingsbücher. Es dürfte um 1333 oder wenig später entstanden sein. Falls ULLMAN richtig gelesen hat – und daran besteht kaum ein Zweifel –, heißt das Motto über dem Verzeichnis: «Libri mei / Peculiares. ad reliquas [*nicht:* religionem] n(on) tra(n)sfu-/ga sed explorator tra(n)sire soleo.» Das bedeutet: «Meine bevorzugten [*nicht:* eigenen] Bücher. Zu den anderen pflege ich mich nicht als Überläufer, sondern als Kundschafter zu begeben.» Der letzte Satz spielt auf eine Stelle aus Senecas Briefen an (I, 2, 5) und will offenbar sagen, daß Petrarca auch andere Werke kennt, aber mehr oder weniger flüchtig, während er sich mit den ausdrücklich genannten intensiv zu beschäftigen pflegt, so wie er selbst es geschildert hat (*Fam.* XXII, 2): nicht einmal, sondern tausendmal, zu jeder Tageszeit, von der Jugend bis zum Alter und mit Anspannung aller geistigen Kräfte. Die in seinem Verzeichnis angeführten Bücher stimmen auch mit den in Petrarcas Werken und Briefen bevorzugt zitierten oder kommentierten Autoren im wesentlichen überein. Es ist mithin so gut wie sicher, daß wir tatsächlich eine Aufstellung seiner Lieblingsbücher vor uns haben. Sie gibt nicht nur über die literarischen Neigungen des «ersten modernen Menschen» Aufschluß, sondern e silentio auch über seine Abneigungen bzw. über die zur Zeit der Niederschrift vorhandenen Lücken.

Zunächst fällt auf, daß der als Jurist ausgebildete Petrarca *kein rechtswissenschaftliches Buch* aufführt. Seine Abneigung gegen die Jurisprudenz war unüberwindlich. Sodann fehlen die *modernen Autoren* völlig, auch Dante. Wie FOSCOLO richtig festgestellt hat, ist der nach 1359 geschriebene Brief an Boccaccio (*Fam.* XXI, 15), mit dem sich Petrarca für die Übersendung der *Divina Commedia* hätte bedanken sollen, nicht viel mehr als eine zweideutig-gequälte Selbstverteidigung gegen den angeblichen Vorwurf des Neides; er erinnert ein wenig an Schillers erste Reaktion auf die persönliche Bekanntschaft mit Goethe, auch in der Rangordnung der Geister. Doch Dantes Größe blieb Petrarca stets unzugänglich, eben weil die *Commedia*, aber auch die lateinischen Schriften Dantes, noch nicht in humanistischer Weise durchgeformt sind. In Petrarcas Verzeichnis sind schließlich auch keine originalen griechischen und nur wenige mittelalterliche Bücher genannt, und diese wenigen sind technische Hilfsmittel. Zum Griechischen war der Zugang noch nicht frei, und das Mittelalter verschloß sich ihm um so mehr, je intensiver er sich mit der antiken Literatur beschäftigte. Von *christlichen Schriften* nennt er – bezeichnenderweise an letzter Stelle – lediglich vier Werke Augustins: *De civitate Dei*, die *Confessiones*, *De orando Deo* und die *Soliloquia*. Unter den Christen war Augustin Petrarcas bevorzugter Autor. Die *Confessiones* begleiteten ihn sogar bei der Besteigung des Mont Ventoux (*Fam.* IV, 1), auf dessen Gipfel er das «faustgroße Büchlein von geringem Umfang, doch von unendlicher Anmut» öffnete und seinem Bruder die Stelle vorlas (X, 8, 15), wo Augustin den Menschen aufruft, an seine Seele zu denken. «Verborum dulcedo», die Anmut des Stiles, war es, die ihn auch bei seinem Lieblingsschriftsteller Cicero über alles fesselte. Doch Hieronymus, Ambrosius, Lactantius, die er ebenfalls schätzte und gern zitierte, fehlen in seinem Kanon. Er lernte sie vom Gehalt her erst in höherem Alter schätzen; während der Jugend genügten sie offenbar seinen Ansprüchen an die Reinheit des Stiles nicht und konnten mit den Klassikern nicht in Konkurrenz treten, vielleicht mit Ausnahme von Lactantius, der aus anderen Gründen übergangen sein mag.

Von *griechischen Schriften* nennt Petrarca nur die *Ethik* des Aristoteles, nicht die *Politik* und die *Metaphysik*, die er ebenfalls besaß – natürlich in lateinischer Übersetzung. Den bereits von ihm gefeierten Platon kannte er aus den lateinischen Übersetzungen einzelner Werke, vor allem aber durch die Vermittlung Ciceros, Augustins und anderer latei-

---

Abb. 70. Das Verzeichnis von Petrarcas Lieblingsbüchern im Paris. lat. 2201 (DELISLE, nach S. 406).

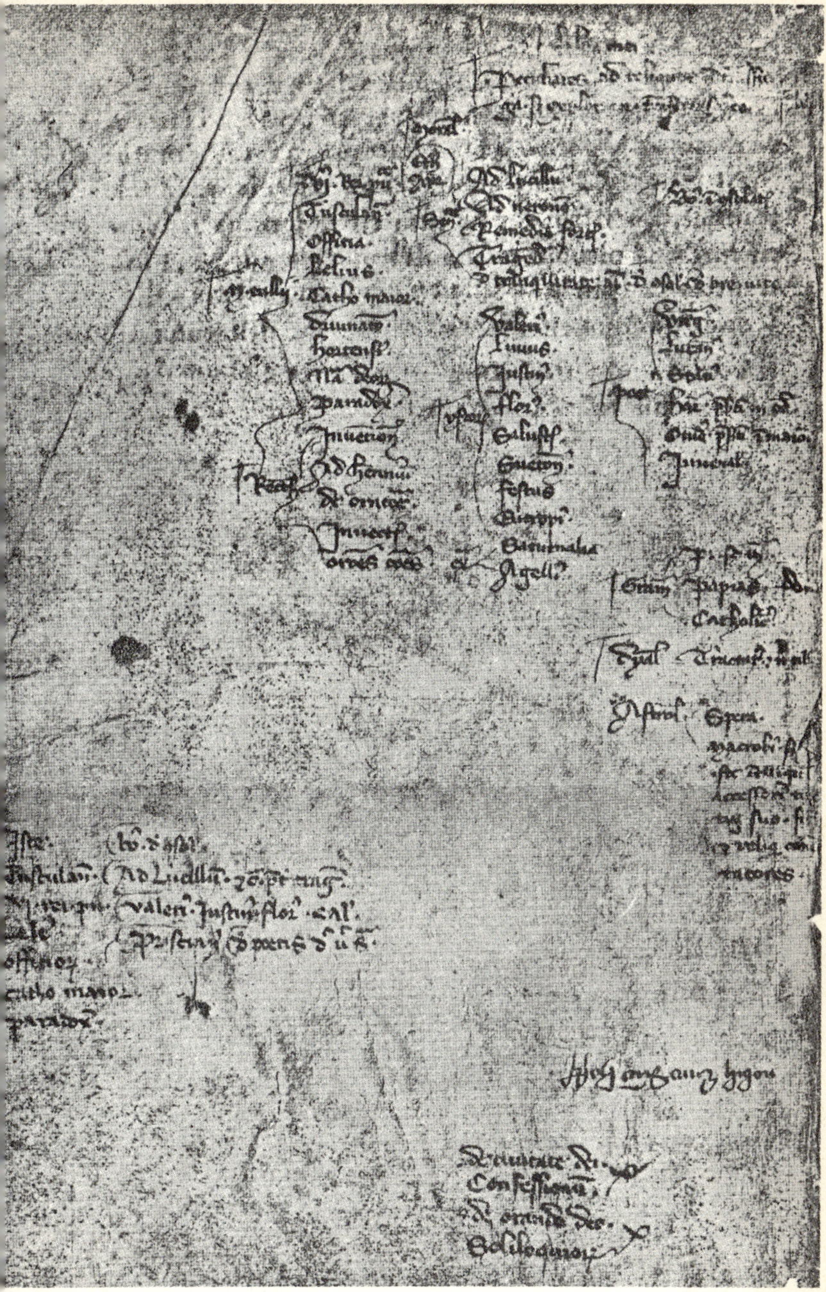
Ad Lucillum
Ad Neronem
Remedia fortuitorum
Tragedie
Catho maior
Paradoxa
Valerius
Justinus
Florus
Salustius
Suetonius
Festus
Agellius
Catholicon
Juvenalis
Confessionum
Soliloquiorum

nischer Schriftsteller. Aus Protest gegen die Scholastik stellte er ihn hoch über Aristoteles; doch war er ihm mehr ein großer Name als eine greifbare Gestalt. Auch Homer, der «poeta sovrano» Dantes, hat bei Petrarca noch keine deutlichen Umrisse angenommen: Er ist «summus poeta» (*Afr.* IX, 144); doch dieses Attribut ist Dante nachgedichtet und sagt wenig Konkretes aus. Auf Petrarcas Drängen wurde Homer um 1360 ins Lateinische übersetzt, wie wir noch sehen werden. Denn um die eigenen griechischen Kenntnisse Petrarcas war es schlecht bestellt. Zwar hatte er den Mönch *Barlaam* (1300–48), welcher der griechisch sprechenden Bevölkerung Kalabriens angehörte und als Unterhändler der Ostkirche in Avignon weilte, zum Lehrer gehabt; doch der Unterricht hatte zu kurze Zeit gedauert, als daß Petrarca daraus hätte Nutzen ziehen können. Erst durch Boccaccios Bemühungen tritt Homer deutlicher in den Gesichtskreis des Abendlandes. Als *Nikolaos Sigerios* 1353 Petrarca den Homer als Geschenk aus Konstantinopel gesandt hatte, bedankte sich der Beschenkte wärmstens; doch der Kodex blieb für ihn stumm, er selbst «taub für die Stimme Homers». Petrarcas Humanismus ist ausschließlich auf die klassische lateinische Literatur gerichtet. Und mehr oder minder ausgeprägt bleibt die Tendenz zum Lateinischen dem gesamten italienischen Humanismus eigen, denn auch der Florentiner Platonismus ist – im ganzen genommen und trotz seiner Wirkung auf die Zukunft – ein Intermezzo mehr philosophisch als philologisch interessierter Männer. Man bemerkt diese Tendenz noch sehr deutlich in REMIGIO SABBADINIS klassischer Darstellung der Wiederentdeckung der Kodizes: Hier ist lediglich ein kurzer Abschnitt den griechischen Handschriften gewidmet.

An der Spitze der *lateinischen Autoren* steht für Petrarca selbstverständlich *Cicero*. Über sein persönliches, fast leidenschaftliches Verhältnis zu diesem Schriftsteller unterrichtet am besten der Brief, den Petrarca ein Vierteljahr vor seinem Tode an den Juristen Luca da Penna geschrieben hat, welcher ihn um Cicero-Kodizes gebeten hatte. Er besitze davon nicht mehr als andere auch, berichtet Petrarca; manches sei ihm im Laufe der Jahre abhanden gekommen. Seine Begeisterung für Cicero gehe auf den Vater zurück; noch bevor er die Schriften inhaltlich habe verstehen können, sei er durch «verborum dulcedo quaedam et sonoritas», eine gewisse Anmut und die klangliche Schönheit des Stiles, gefesselt worden. Um eine Schrift Ciceros zu erwerben, habe er auf andere Genüsse verzichtet. Doch eines Tages habe der Vater seine

Sammlung ins Feuer geworfen, weil sie ihn vom juristischen Studium abgelenkt habe; durch seine Tränen gerührt, habe der Vater aber Vergil und Ciceros Rhetorik aus den Flammen gerettet, den einen für die Erholung, den anderen zum Studium. Später habe er selbst Ciceros Schriften durch Freunde in ganz Europa und sogar in Griechenland suchen lassen; in Lüttich habe er eine neuentdeckte Rede (*Pro Archia*) eigenhändig abgeschrieben und Kopien über ganz Italien verbreitet; *De republica* habe er vergeblich gesucht; ein andermal sei er durch einen falschen Titel irregeführt worden und habe sich der Täuschung hingegeben, *De gloria* gefunden zu haben. Einen besonders schönen Band habe er noch vom Vater geerbt; zusammen mit einem anderen sei dieser durch einen in Not geratenen alten Lehrer, der sich die Bände ausgeliehen hatte, im Pfandhaus verloren gegangen usw. Was Petrarcas Brief erzählt, sind Freuden und Leiden eines passionierten Sammlers. Darüber hinaus ist der Brief das Zeugnis dafür, daß Petrarcas Cicero-Verehrung angeboren, nicht anerzogen war, daß sie in erster Linie auf einem formalen, einem ästhetischen Erlebnis beruhte. Dieser geborene «homme de lettres» fühlt sich durch die Art und Weise berührt, in der moralistische Ideen dargeboten werden, durch einen Stil, den er in der Tat bei keinem Zeitgenossen und bei keinem mittelalterlichen Autor hätte finden können.

Das Verzeichnis beginnt mit Ciceros *moralphilosophischen Schriften*, insgesamt neun, vielleicht schon in der Reihenfolge jenes Kodex, der sich später mit Sicherheit in Petrarcas Hand befand (heute in Troyes): das VI. Buch von *De republica*, die *Tuskulanen*, *De officiis*, *Laelius*, *Cato maior*, *De divinatione*, der *Hortensius*, *De natura deorum*, die *Paradoxa Stoicorum*. Der rhetorische Kanon folgt an zweiter Stelle und umfaßt *De inventione*, die sog. *Herennius-Rhetorik*, *De oratore* und zwei nicht mit Sicherheit bestimmbare Titel, *Invectivae* und *Orationes communes*, wahrscheinlich politische Reden, vielleicht auch ein pseudociceronisches Werk. Es fehlen also vor allem die beiden Reden, die Petrarca selbst 1333 in Lüttich entdeckte, sowie das Briefkorpus, das er 1345 in Verona entzifferte und durch Kopie vor dem Verlust rettete. Als klassisches Vorbild der freundschaftlichen Korrespondenz wie der Selbstdarstellung zählte es später zu seinen Lieblingsbüchern.

Den zweiten Platz unter den Moralisten nimmt der jüngere Seneca ein, zuerst mit den *Briefen an Lucilius*, denen das Motto über dem Verzeichnis entnommen ist. Es folgen *Ad Neronem de clementia* und *De reme-*

diis fortuitorum, das ideelle und formale Vorbild für Petrarcas *De remediis utriusque fortunae*. Erst an vierter Stelle sind die Tragödien summarisch genannt: ein Zeichen dafür, daß Petrarca den Moralisten entschieden höher schätzt als den Dichter, dessen Stunde erst im Zeitalter des Barock kommen sollte. Drei weitere Titel – *De tranquillitate* ⟨*animi*⟩, *De consolatione* (die Trostschrift *Ad Helviam matrem* nach Senecas Verbannung), *De brevitate vitae* – hat Petrarca später zugefügt, nachdem er die *Dialogorum libri* erhalten hatte, welche dann Erasmus in der editio princeps (1515) druckte. Bemerkenswert ist die Tatsache, daß Petrarca 1348 als erster an der Identität des älteren mit dem jüngeren Seneca zweifelte, offenbar auf Grund einer Bemerkung Martials (I, 61, 7); das Mittelalter hatte beide Autoren stets für eine Person gehalten. Boccaccio, Salutati und andere Humanisten unterschieden dann zwar zwei Autoren des gleichen Namens, schrieben aber dem Verfasser der moralphilosophischen Traktate, von dem sie den anderen als «tragicus» absonderten, auch das rhetorische Werk des älteren Seneca zu. – Als letzter Moralist fungiert in Petrarcas Verzeichnis Boëthius mit *De consolatione philosophiae*.

Die folgenden acht *Historiker* sind nur mit Namen und ohne die Titel ihrer Werke genannt. Valerius Maximus war mit der Gliederung seiner *Dictorum et factorum memorabilium libri* nach moralischen Gesichtspunkten das Vorbild für Petrarcas *Rerum memorandarum libri*, Livius der Kronzeuge für die Geschichte der römischen Republik. Petrarca besaß 29 Bücher; auf die verlorenen Dekaden machten die Humanisten, von falschen Gerüchten getäuscht, immer wieder vergebliche Jagd. So reiste *Andrea Giuliano* wegen der zweiten Dekade nach Deutschland; *Giovanni Cavallini* glaubte, sie sei in Monte Cassino zu finden; *Giovanni Colonna* gab sich der Täuschung hin, die ganze fünfte Dekade in Chartres gesehen zu haben. In der Tat wurden ihre fünf ersten Bücher aber erst 1527 von *Simon Grynaeus* (1493–1541) im Kloster Lorsch aufgefunden und 1531 zum ersten Male gedruckt. Es folgen bei Petrarca Justinus, der «breviator Trogi», der Livius-Exzerptor Florus (die Vorrede des Publius Annius Florus zu der Schrift über Vergil – *poeta an orator* – wurde erst 1432 von Cusanus entdeckt), Sallust, Sueton, «Festus» (nach ULLMAN Rufius Festus' *Breviarium*; doch ist vielleicht auch an Pompeius Festus, den Vulgarisator des geschichtskundigen Verrius Flaccus, zu denken) sowie Eutropius' *Breviarium*. Unter der Bezeichnung «Exempla» schließen sich Macrobius mit den *Saturnalien* und

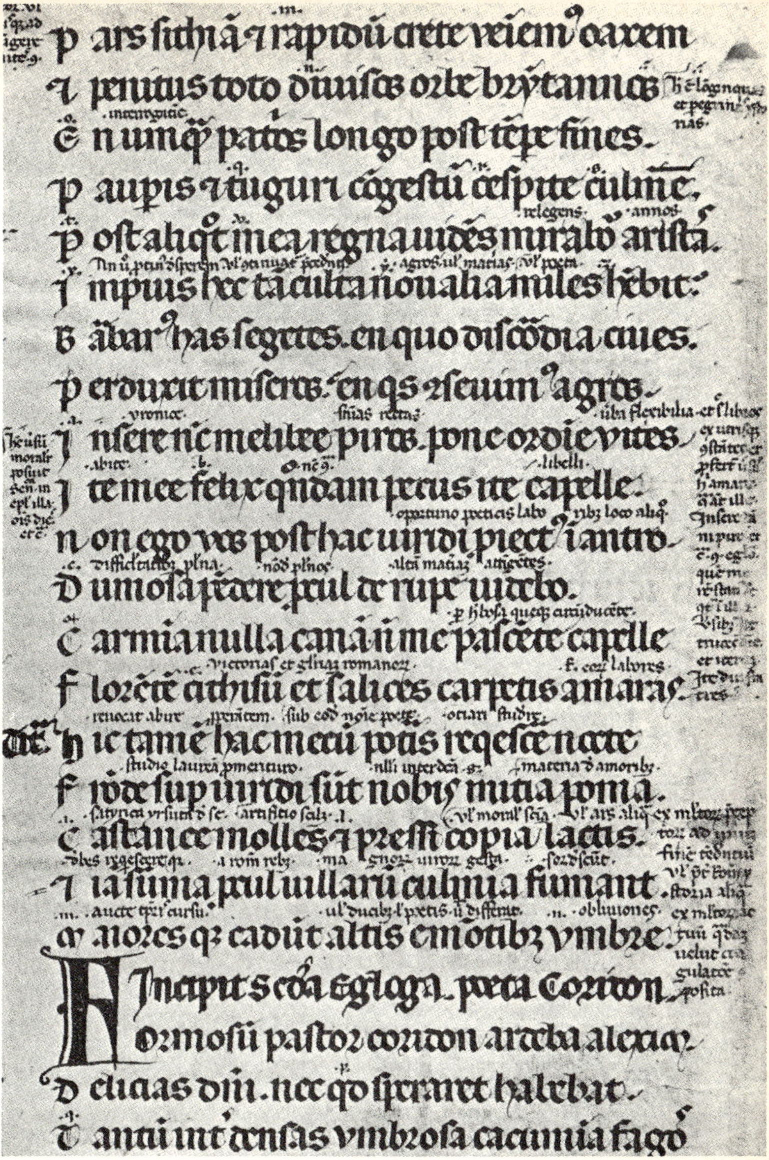

Abb. 71. Petrarcas Vergil-Kodex in der Ambrosiana, Teilausschnitt von f. 3v (*Bucolica* I, 65–II, 3; Faks., Milano 1930).

«Agellius» an, die mittelalterliche Verunstaltung des Namens von Aulus Gellius. Die Werke beider Sammler waren für Petrarca unentbehrliche Fundgruben für Stoff und anekdotische Zugaben zu seinen eigenen *Res memorandae*.

Erst jetzt folgen in Petrarcas Katalog die *Dichter*, sechs an der Zahl. Mit Ausnahme Homers sind es die gleichen, die Dante in seiner «bella scola» vereint – die gleichen auch, die Parentucelli in seinem Bibliothekskanon aufführt; nur Juvenal tritt als Neuheit hinzu, fast selbstverständlich an letzter Stelle, obwohl er im Mittelalter beliebter war als Persius. Die Gleichheit der Namen scheint ein Beweis dafür, wie wenig sich der Geschmack vom Beginn des 14. bis zur Mitte des 15. Jh. geändert hat. Vergil steht bei Petrarca an der Spitze. Keinen anderen Dichter zitiert er so oft; kein anderer Kodex aus seinem Besitz trägt so viel erläuternde Bemerkungen wie das kostbare Exemplar, das sich heute in der Ambrosiana befindet (Abb. 71). Diese Notizen gehen zum Teil auf den Kommentar des Aelius Donatus zu den *Bucolica* zurück, der von Petrarca entdeckt wurde, unterdessen aber verlorengegangen ist. Durch Petrarca tritt Vergil aus dem Zwielicht der mittelalterlichen Legende vom Zauberer und Propheten in das helle Licht der Geschichte. Zwar verzichtet auch Petrarca noch nicht auf die allegorische Interpretation der *Aeneis* und der *Eklogen*; doch ist durch ihn der Weg zum historischen Verständnis des Dichters und Menschen erst frei geworden. – Es folgen Lucan und Statius als Epiker. Horaz und Ovid gelten mit Einschränkungen: jener «praesertim in odis», dieser «praesertim in maiori», d.h. im «größeren» Werk. Daß die Oden den Satiren und Episteln vorgezogen werden, ist ein typisch moderner Wertakzent; im Mittelalter wurden sie wenig geschätzt und gelesen. Freilich hatte bereits *Hugo von Trimberg* (um 1230 bis nach 1313) in seinem *Registrum multorum auctorum* etwa ein halbes Jahrhundert zuvor geschrieben, seiner Meinung nach würden Oden und Epoden gegenwärtig zu wenig geschätzt. Mit Ovids «größerem» Werk sind im Gegensatz zu den kürzeren Elegien die *Metamorphosen* gemeint, das mythologische Arsenal des gesamten Mittelalters. Wie beliebt sie um die Wende des 13. zum 14. Jh. waren, geht daraus hervor, daß *Maximos Planudes* sie ins Griechische übersetzte.

Dann folgen, mit Priscianus an erster Stelle, die *Grammatiker*. Petrarca nennt ferner den Lexikographen Papias (um 1050), Donatus (später zugefügt) und ein *Catholicon*, wahrscheinlich das des Giovanni Balbi, vor dem selbst Lorenzo Valla seine Spottlust noch zügelte. – Unter der

Rubrik *Dyalectica* ist ein «Tractat(us) (et) n(ichi)l ult(ra)» genannt, «ein Traktat und nichts außerdem». Vorausgesetzt, daß die Ergänzungen von Petrarcas Abkürzungen richtig vorgenommen sind, könnte nach ULLMANS Vermutung entweder das 3. Kapitel von Cassiodorus' *Institutiones ... saecularium litterarum* gemeint sein oder die *Ars dialectica* (*Summulae logicales*) von Petrus Hispanus, dem späteren Papst Johannes XXI. (reg. 1276–77), die lange Zeit als Lehrbuch der Logik diente. Auf Grund der Tatsache, daß Petrarca sonst nur wenige mittelalterliche Autoren nennt, halte ich die erste Vermutung für wahrscheinlicher, sofern sich unter der ungenauen Bezeichnung «Tractatus» nicht ein anderes Werk verbirgt.

Am interessantesten und am schwierigsten zu bestimmen sind die unter dem Stichwort *Astrol(ogia)* verzeichneten Bücher. Sie zeigen nämlich, bis zu welchem Grade Petrarca auf diesem Gebiete in den allgemeinen Tendenzen der Zeit befangen bleibt. Sterndeuterei, in ein wissenschaftliches Gewand verkleidet, gehört zu den Lieblingsbeschäftigungen der Renaissance; im Abschnitt «Sitte und Religion» seiner «Kultur der Renaissance» hat JACOB BURCKHARDT das Wesentliche zum Thema gesagt. Als *ein* Beispiel unter vielen sei die Schrift des von humanistischem Gedankengut stark abhängigen Antihumanisten *Galeotto Marzio* aus Narni, Hofastrologen des Königs Matthias Corvinus, *De doctrina promiscua* (1490) herausgegriffen. Nachdem der Verfasser bei Guarino studiert hatte, lief er nach den Worten seines Herausgebers MARIO FREZZA «mit Waffen und Gepäck ins gegnerische Lager über». In seinem Traktat wird nicht nur der Platonismus scharf kritisiert; vielmehr werden auch Astrologie, Magie und der ihnen entsprechende philosophische Determinismus wieder in die Rechte eingesetzt, die ihnen einige aufgeklärte Geister, vor allem *Pico della Mirandola* (1463–1494) in seinen *Disputationes adversus astrologos*, nach Plotins Vorbild energisch bestritten hatten. Doch nicht alle Humanisten waren so entschiedene Feinde des Aberglaubens; wie die Gegner aus Plotin, so konnten sie aus ihrer umfangreicheren Kenntnis der klassischen Autoren auch Gründe für seine Verteidigung finden. Die Wiederauffindung von Werken wie Apuleius' *Metamorphosen* (durch Boccaccio) oder Theokrits *Pharmakeutriai*, ja selbst Lukians Polemik gegen den Aberglauben führten der magisch-astrologischen Phantasie frische Nahrung zu. Der Aristoteliker und (mehr noch) Averroist *Pietro Pomponazzi* (1462–1525), der in Fragen der religiösen Orthodoxie keineswegs engherzig dachte, stellte kategorisch fest, es zweifle niemand daran, daß Magie eine echte Wissenschaft sei. An die magiefreundlichen Strömungen im deutschen Humanismus, denen die Faust-Sage entwuchs, und an seine führenden Köpfe *Johann Trithemius* (1462–1525) sowie dessen Schüler *Agrippa von Nettesheim* (1486–1535) und *Paracelsus* (um 1494–1540) braucht hier nur erinnert zu werden. Mit ihnen berühren wir die geistigen und emotionalen Unterströmungen der Zeit, die von der aufklärerischen Mentalität vieler Humanisten nur überlagert, doch keineswegs verdrängt worden waren; als wirkende Faktoren sind sie überall voll in Rechnung zu setzen. Und auch sie fanden geistige Nahrung an der wiederbelebten Antike.

Petrarca entkleidete nun nicht nur Vergil seines Zauberernimbus, sondern er war – ebenso wie Boccaccio – mindestens im Alter ein scharfer Gegner astrologischer Scharlatanereien (vgl. seinen Brief an Boccaccio: *Sen.* III, 1). Wenn er nun trotzdem «astrologische» Bücher unter seinen Lieblingsschriften aufführt, so offenbar wegen des sternkundlichen Wissens, das sie vermittelten. Als erstes nennt er «Sp(ha)era», offenbar einen Titel. ULLMAN vermutet zwei Bücher, darunter eine *Sphaera mundi* von *Cecco d'Ascoli* (1269–1327; gemeint ist wohl der *Tractatus in sphaeram*). Doch beide Hinweise überzeugen nicht; Cecco kann schon darum kaum zu Petrarcas Lieblingsautoren zählen, weil er in Bologna und am Hofe des Herzogs Karl von Kalabrien als einer der verachteten Astrologen tätig war und dann wegen Ketzerei verbrannt wurde. Viel eher wäre an die pseudoproklische Schrift *Sphaira* zu denken, die durchaus im Gesichtskreis des Mittelalters wie des Humanismus lag; sie wurde auch später von *Marsilio Ficino* (1433–99) und von dem englischen Arzt *Thomas Linacre* (gest. 1524), der bei Demetrios Chalkondyles (1424–1511) und Poliziano Griechisch gelernt hatte, ins Lateinische übersetzt, war aber den Interessierten seit langem bekannt. – Schwierig zu deuten sind auch die letzten Zeilen von Petrarcas Verzeichnis. Nochmals wird Macrobius genannt, wahrscheinlich mit seinen «akzessorischen» Notizen astronomischer Art im Kommentar zu Ciceros *Somnium Scipionis*. Eindeutig ist dagegen der Hinweis auf Firmicus Maternus. An ihm mag Petrarca die «Versittlichung des Astrologentums» (JACOB BURCKHARDT) angezogen haben, die sich am Ende des II. Buches seiner *Matheseos libri* findet. – Ein offensichtlich später hinzugeschriebenes zweites Bücherverzeichnis Petrarcas auf dem gleichen Blatt braucht nicht näher behandelt zu werden: Es ist ein

Auszug aus dem ersten, der nichts Neues bietet außer der Tatsache, daß Senecas Tragödien nun aus dem Kanon ausdrücklich ausgeschlossen werden.

Petrarcas Verzeichnis greift stofflich kaum über das hinaus, was dem Mittelalter an klassischer Literatur geläufig war; seine eigenen Neuentdeckungen, zu denen noch eine Sammlung von Schriften römischer Feldmesser kommt, folgten erst später. Doch die Akzente sind schon jetzt anders verteilt. Horaz ist nicht mehr «satiro» wie bei Dante, sondern vornehmlich der Sänger der Oden. Vergil steht zwar unter den Dichtern an erster Stelle; doch die Dichtung selbst – sei es als Gesamtgebiet oder im einzelnen wie bei Seneca – tritt hinter der Moralistik, der Rhetorik, der Geschichtsschreibung zurück. Es ist der Kanon des Humanisten Petrarca; der Dichter in lateinischer Sprache hat an ihm geringeren Anteil, der des *Canzoniere* gar keinen. Das sicherste Merkmal der neuen Wertsetzung ist aber die bedingungslose Ablehnung des Mittelalters als Traditionsträgers der Antike (*Rer. mem.* I, 19): «Sed quot praeclaros vetustatis auctores, tot posteritatis pudores ac delicta commemoro; quae, quasi non contenta propriae sterilitatis infamia, alieni fructus ingenii ac maiorum studiis vigiliisque elaboratos codices intolerabili negligentia perire passa est, cumque nihil ex proprio venturis daret, avitam hereditatem abstulit»[6]. So ungerecht und historisch naiv die Anklage in ihrer Verallgemeinerung sein mag, so kennzeichnend ist sie für Petrarcas verändertes Verhältnis zur geschichtlichen Welt: Das Mittelalter ist der große Leerraum der Bildung, den der Humanist kühn überspringt, um mit der Antike unmittelbar in Kontakt zu treten. Die Vernachlässigung der Kodizes aber ist die neue Todsünde, weil diese die Schlüssel zur moralischen und ästhetischen Vervollkommnung des Menschen enthalten.

[6] «Doch denke ich an die berühmten Schriftsteller des Altertums, so kommen mir die schandbaren Verfehlungen der Nachwelt ins Gedächtnis. Gerade als hätte sie noch nicht genug an der Schmach ihrer eigenen Unfruchtbarkeit, hat es diese Nachwelt mit unerträglicher Gleichgültigkeit hingenommen, daß fremdes Geistesgut und die Werke der Ahnen, die mit unendlichem Fleiß geschaffen worden waren, einfach zugrunde gingen. Und während sie selbst den künftigen Generationen aus eigenem Vermögen überhaupt nichts hinterlassen hat, verschleuderte sie das Erbe der Alten.»

6. *Entwicklung des geschichtlichen Bewußtseins*

Das neue geschichtliche Bewußtsein der Humanisten ist nicht nur das Ergebnis des intensiven Studiums der Klassiker, sondern umgekehrt auch die Ursache für ein eigentümlich zweideutiges Verhältnis zu ihnen: ein menschlich nahes und gleichzeitig historisch distanziertes. Es ist seit langem aufgefallen, wie sehr die Humanisten die Vergangenheit als lebendige Gegenwart empfinden. Wenn *Petrarca* in Mailand weilt, fühlt er sich bei Ambrosius persönlich zu Gaste; mit klassischen Autoren lebt, webt und ist er, und er richtet das Wort an sie wie an Zeitgenossen. Seinen Lieblingsschriftstellern sendet er Briefe wie lebenden Freunden: Cicero, Seneca, Marcus Terentius Varro, Quintilian, Livius, Asinius Pollio, Horaz, Vergil, Homer (wiederum ist die Anordnung die gleiche: Moralisten, Historiker, Dichter, an letzter Stelle der große Unbekannte). Das psychologisch aufschlußreichste Dokument ist der Brief an Cicero nach der ersten Lektüre des Atticus-Korpus in Verona (*Fam.* XXIV, 3). Sie muß für ihn ein erschütterndes Erlebnis gewesen sein, weil sie ihm Abgründe der Seele offenbarte, die ihm bei seinem Idol bis dahin verborgen geblieben waren. Mit höchstem Interesse habe er die lange gesuchten und endlich an der unwahrscheinlichsten Stelle aufgefundenen Briefe gelesen, beginnt er. Doch das Ergebnis des Eifers ist die unverhohlene Enttäuschung des kontemplativen Menschen über den aktiven Politiker; vom «Bürgerhumanismus» der Florentiner, die am politischen Leben tätig teilnahmen, ist noch nichts zu spüren. Petrarca wirft Cicero vor, er sei dem «otium», das ihm doch nach seiner Meinung so gut angestanden hätte, untreu geworden; Ruhmsucht habe ihn verblendet und in einen Tod getrieben, der des Philosophen unwürdig sei; er habe an sich selbst Verrat begangen, eine zweideutige Haltung gegenüber den Freunden eingenommen, ein Leben voll von Widersprüchen und Ungereimtheiten geführt. «Ah quanto satius fuerat philosopho praesertim in tranquillo rure senuisse! ... Sed haec quidem frustra. Aeternum vale, mi Cicero. Apud superos..., anno ab ortu Dei illius quem tu non noveras, MCCCXLV»[7]. Historisches

[7] «Ach, wieviel besser hätte es einem Philosophen angestanden, wenn er in der Stille auf dem Lande gealtert wäre!... Doch diese Mahnung kommt nun zu spät. Lebe ewig wohl, mein Cicero! Bei den Erdbewohnern..., im Jahre 1345 nach der Geburt des Gottes, den du nicht kanntest.»

Bewußtsein zeigt das Verstehen eines Menschen, der vom Schreiber durch vierzehn Jahrhunderte getrennt ist, fast wie eines Zeitgenossen; ahistorisch ist noch die Datierung im Sinne der christlichen Zeitrechnung, mit der Cicero indirekt auch sein Heidentum vorgehalten wird. Zwar folgt diesem Briefe ein anderer, in dem Petrarca den Meister des literarischen Stiles preist; doch Ciceros Lebensstil ist dem kontemplativen Manne unverständlich, ja unheimlich geblieben.

Hier wird ein Unterschied zwischen beschaulich-rezeptiver Buchgelehrsamkeit und positiv-umgestaltender Aneignung der klassischen Lehre für die Gegenwart sichtbar: der Unterschied zwischen Frühhumanismus und Hochrenaissance, zwischen zwei grundsätzlich verschiedenen Rezeptionsweisen des Klassischen. Auch auf *Machiavelli* hat die weltflüchtige Haltung und die Fiktion des freundschaftlichen Kolloquiums mit den Alten ihren Zauber ausgeübt, aber in erzwungener Muße und als Vorbereitung für die eigene Produktivität. Im Jahre der Entstehung des *Principe*, 1513, schrieb Machiavelli den berühmten Brief an Vettori, in dem es heißt: «... rivestito condecentemente entro nelle antique corti delli antiqui uomini dove, da loro ricevuto amorevolmente, mi pasco di quel cibo che solum è mio, e che io nacqui per lui; dove io non mi vergogno di parlare con loro e domandarli della ragione delle loro azioni, e quelli per loro umanità mi rispondono»[8]. Machiavellis Verhältnis zur Antike ist nicht weniger innig als das Petrarcas; aber gerade die «ragion delle azioni» der Alten hatte Petrarca tief abgeschreckt, während sie Machiavelli fesselt wie keinen Denker vor ihm. Gleich ist das Interesse am antiken Menschen, gleich die literarisch so brauchbare Illusion, sie seien lebende Freunde, von denen man Lebenswichtiges erfahren könne; grundverschieden jedoch nicht nur die Quelle der Bezauberung (Cicero bzw. Livius), nicht nur die moralische Nutzanwendung der Erfahrung für das eigene Leben und das Gemeinwesen, sondern vor allem das geschichtliche Bewußtsein. Bei Machiavelli ist jene agonale Spannung zum Klassischen erreicht, welche die Alten aus dem Geiste der neuen Zeit befragt: nicht um sie stilistisch oder sonstwie zu kopieren, sondern um den Mechanismus ihrer Ver-

[8] «... angemessen gekleidet, betrete ich die ehrwürdigen Hallen der Alten und nähre mich, freundlich von ihnen empfangen, von der Speise, die allein die meine ist und für die ich geboren bin. Hier empfinde ich keine Scheu, mich mit ihnen zu unterhalten und sie nach den Gründen ihres Handelns zu fragen; sie aber antworten mir, weil sie Menschen sind.»

fahrensweise (hier im Politischen) zu erkennen und ihn sinngemäß auf die eigene Situation zu übertragen. Dieser Akt liegt jenseits des Humanismus, weil das Imitatio-Ideal nicht mehr als verbindlich anerkannt wird; er ist eine Leistung aktiver Rezeption. Auch Petrarcas originale Leistung, der *Canzoniere*, ist eine unhumanistische Schöpfung (von der er eben darum mit Geringschätzung spricht), doch in einem anderen Sinne als der *Principe:* Für dieses Werk ist die Wiederentdeckung der antiken Literatur die unumgängliche Voraussetzung; für Petrarcas volkssprachliche Lyrik ist sie es nicht gewesen.

7. Die Entdeckungen während der Reformkonzilien

Petrarca war größer als Anreger denn als Entdecker; bereits sein Freund Boccaccio übertraf ihn darin, wie wir sehen werden; Salutati, Guarino u.a. waren nicht weniger erfolgreich. Doch die äußeren Voraussetzungen für bedeutende Funde waren am ehesten während der großen Reformkonzilien gegeben, weil auf deutschem Boden noch Schätze zu finden waren, die keine italienische Bibliothek besaß. Das *Konstanzer Konzil* (1414–18) gilt als die «heroische Epoche» der Handschriftenentdeckungen (REMIGIO SABBADINI). Im Gefolge des Pisaner Papstes Johannes XXIII. zogen zahlreiche Humanisten als Sekretäre oder Schreiber der Kurie nach dem Norden, unter ihnen Bruni und *Poggio*. Dieser benutzte die Muße zwischen der Absetzung Johannes' XXIII. und der Wahl Martins V. zu vier Bibliotheksreisen. Die erste führte ihn nach Cluny, wo er sich einen Kodex mit Ciceros Reden verschaffte, von denen zwei seinen Florentiner Freunden bisher unbekannt waren. Als weit ergiebiger erwiesen sich die beiden folgenden Ausflüge nach St. Gallen, Reichenau, Weingarten und vielleicht Einsiedeln, die Poggio in Begleitung von *Bartolomeo da Montepulciano* und *Cincio de' Rustici* unternahm. «Aus dem Gefängnis der Barbaren» wurden die *Argonautica* des Valerius Flaccus (Buch I–IV), der Cicero-Kommentar des Asconius Pedianus, ein vollständiger Quintilian (bereits 1397 von Nikolaus von Clémanges in einem französischen Kloster entdeckt) und andere Schätze befreit. Die Gesinnungsgenossen in Florenz, Mailand, Venedig, Rom wurden von den Neuigkeiten alsbald triumphierend in Kenntnis gesetzt, die Kodizes selbst sogleich kopiert. Berühmt geworden ist Poggios Brief vom 15. Dezember 1416, mit dem er Guarino von seinen

St. Galler Abenteuern berichtet und den erbärmlichen äußeren Zustand der Handschriften beklagt: «Moestus quidem ipse [= Quintilianus] erat ac sordidatus, tamquam mortis rei solebant, ‚squalentem barbam gerens et concretos pulvere crines'»[9]. – Für die zweite Reise nach St. Gallen hatten sich Poggio und Bartolomeo mit offiziellen Dokumenten der höchsten Kirchenbehörden ausgerüstet, wahrscheinlich weil sie zuvor auf den hinhaltenden Widerstand der Äbte gestoßen waren. Auch diesmal war die Ernte beachtlich: Als Neuheiten hörten die Freunde in Italien u.a. von der Entdeckung des Lukrez, des Silius Italicus, des Ammianus Marcellinus und grammatischer Schriften. Der Ammianus-Kodex stammte aus Fulda; aber es steht nicht fest, ob Poggio selbst bis dorthin gelangt ist oder ob der Fuldaer Abt den Kodex nach Konstanz mitgebracht hatte. Die Übereignung scheint nicht ganz korrekt vorgegangen zu sein; bei dem Handschriftenfieber, das die Zeit ergriffen hatte, ist der Verdacht der widerrechtlichen Aneignung oft nicht von der Hand zu weisen. – Die vierte Reise führte Poggio in Begleitung eines Schreibers nach Frankreich und Deutschland und brachte u.a. acht bisher unbekannte Reden Ciceros ein, ferner die *Silvae* des Statius, einen zweiten vollständigen Quintilian und Columellas Schrift *De re rustica*. Nachdem Martin V. Poggio in seinem Amt nicht bestätigt hatte, ging dieser im Gefolge des Kardinals Beaufort verbittert in eine Art freiwilliges Exil nach England (1418–23), wo er ebenfalls einige Entdeckungen machte (einen kleinen Teil des Petronius und die *Bucolica* des Calpurnius). Auf der Rückreise durch das Rheintal setzte er seine Nachforschungen fort und fand in Köln ein zweites Stück von Petrons *Satiricon*. Dagegen lehnte er es ab, auf Niccolis Bitten auch nach Corvey zu fahren: Dort bestehe keine Hoffnung auf neue Funde, meinte er, und die Gegend sei eine Räuberhöhle.

Auch nach seiner Rückkehr leitete Poggio von Rom aus die Suche nach neuen Kodizes. In seinen Diensten stand ein *ungenannter Mönch aus Hersfeld*, der 1425 mit einer Liste von Desiderata aus Rom heimkehrte. Durch ihn erfuhr Poggio u.a. von der Existenz dreier unbekannter Schriften des Tacitus im Kloster Hersfeld, der *Germania*, dem *Agricola* und dem *Dialogus* über den Verfall der Rhetorik. Erst kurz vor seinem Tode glückte es, der mit allen Mitteln verfolgten Kodizes habhaft zu werden. Einer der Bücheragenten Nikolaus' V., *Alberto Enoch d'Ascoli* (gest.

[9] «Jammervoll aber lag er [= Quintilian] da und in Trauerkleidern wie ein Todgeweihter, ‚sein Bart war von Schmutz, sein Haar von Staub bedeckt'.»

1457), scheint das Manuskript 1455 von einer Bibliotheksreise, die ihn bis nach Skandinavien führte, nach Italien gebracht zu haben. Als erster verwertete *Enea Silvio* Nachrichten aus der *Germania* und verglich das moderne mit dem alten Deutschland zugunsten der Gegenwart und der humanistischen Bildung. Dadurch wurden die deutschen Humanisten auf den Schatz aufmerksam, der ihnen entgangen war, und nachdem *Leo X.* Tacitus hatte drucken lassen, wurde die *Germania* zur bevorzugten Quelle über die deutsche Vergangenheit. Mit dieser Schrift war den deutschen Humanisten endlich die Möglichkeit geboten, nach dem Vorbilde des Ahnenkultes ihrer italienischen Gesinnungsgenossen eine eigene nationale Romantik zu entwickeln. Der weitgereiste und geschäftige *Konrad Celtes* (1459–1508) begann bereits 1497 in Wien mit einer grotesken philogermanischen Geschichtsklitterung, die aus echten Nachrichten, kühner Phantasie und Mißverständnissen zusammengesetzt ist; sein Schüler *Aventinus* (1477–1534) führte sie in der *Bayrischen Chronik* fort. Bestimmend für alle Zukunft bis zu Klopstock, Kleist und Grabbe wurde aber das um 1520 entstandene Gespräch *Ulrich von Huttens* (1488–1523), der mit sicherem Blick für publizistische Wirkung eine Gestalt herausgriff und sie zum Sinnbild der deutschen Freiheitsidee erhöhte: den Helden Arminius. Hutten ist es gelungen, mit dem Cherusker-Fürsten eine mythische Gestalt des Deutschtums zu schaffen und sie den Helden der italienischen Humanisten als ebenbürtigen Gegner an die Seite zu stellen. Er sieht in dem «Barbaren» das Vorbild des erwachenden Nationalbewußtseins und erhöht ihn mit humanistischen Mitteln – der Form des lukianischen Totengespräches – zum idealen Antagonisten der griechisch-römischen Helden. So hat die Wiederentdeckung eines antiken Schriftstellers auch die Entstehung des deutschen Nationalbewußtseins entscheidend gefördert.

Weniger ergiebig für die Entdeckung neuer Handschriften verlief das *Basler Konzil* (1432–40). Eine glückliche Hand hatte diesmal *Giovanni Aurispa* (1369–1459), dem der Hauptruhm für die Rettung griechischer Kodizes aus Byzanz zukommt. Bei einer Rhein-Reise, die ihn über Mainz und Köln bis Aachen führte, gelangen ihm zwar einige Funde, darunter der Terenz-Kommentar des Donatus; doch hatte Poggio den Rahm bereits abgeschöpft. Erfolgreicher war *Nikolaus von Kues*. Sein erster Fund, den er bereits mit 25 Jahren gemacht hatte, war, wie er selbst zunächst meinte, Ciceros gesamte Schrift *De republica* in Köln; wie es sich später herausstellte, handelte es sich aber nur um das *Somnium Scipionis*. Die wichtigste seiner Entdeckungen sind die 16 Komödien des Plautus, davon zwölf bis dahin unbekannte. Der Kodex gelangte durch den Finder in die römische Bibliothek des Kardinals *Fulvio Orsini*, dessen Sekretär der Kusaner damals war, und schließlich in die Vaticana.

Gerade der Fall des Nikolaus von Kues zeigt, wie sich auch die Gelehrten aus den Ländern nördlich der Alpen an dem internationalen Wettlauf nach Handschriften und nach den Zentren der neuen Bildung beteiligten. Auch sie zogen von Bibliothek zu Bibliothek, oft sogar noch ruheloser als ihre italienischen Kollegen, besonders seit die jungen Universitäten sich um ihre Lehrtätigkeit bemühten. An sämtlichen norditalienischen Universitäten, aber auch in Florenz, Perugia, Siena, Rom, Neapel sind Dozenten und Studenten aus Ost-, Mittel- und Nordeuropa nachzuweisen, besonders in Padua und Bologna, wo die ungarische Tradition noch heute weiterwirkt. Umgekehrt stellte der Hof des Ungarnkönigs *Matthias Corvinus* und seiner Gattin *Beatrice*, Tochter des Königs von Neapel, die wichtigste Niederlassung des italienischen Humanismus im Ausland dar. Der Historiker *Antonio Bonfini* meinte, Matthias habe versucht, Ungarn zu einem zweiten Italien zu machen; der König führte den Plan mit Hilfe italienischer Lehrer und Bibliothekare aus, die er nach Budapest kommen ließ. Seine große Sammlung klassischer Kodizes lagerte in der nach ihm benannten Bibliothek (Corvina). – Bei den deutschen Humanisten mag es genügen, an den «Wanderapostel» der neuen Lebensform, *Peter Luder* (Mitte des 15. Jh.), zu erinnern, einen Schüler Guarinos und einen der ersten deutschen Griechenland-Fahrer, oder an den weitgereisten *Beatus Rhenanus* (1485–1547), den Herausgeber zahlreicher klassischer Texte im Druck. Die in vielen Fällen zur natürlichen Lebensweise entwickelte permanente Ortsveränderung ist die Voraussetzung der Handschriftensuche, wobei auch die freigebige Propaganda der Humanisten für ihre eigene Leistung den Zugang zu den eifersüchtig gehüteten Kloster- und Privatschätzen erleichterte. So irrten die Humanisten «als Ritter eines erneuerten Lebens über die Straßen des kontinentalen und insularen Europa, immer von der Hoffnung beseelt, neue Spuren der Antike zu entdecken» (GINO FUNAIOLI).

8. Die Entdeckungen in Norditalien

Auch bei der Finanzierung der Entdeckungsreisen wetteiferten die großen Herrscher mit der Kurie. Als Agent der Medici weilte *Francesco Sassetti* (1420–91) wiederholt in Frankreich und sammelte dort wichtige Handschriften, darunter den Kommentar des Philargyrius zu Vergils *Bucolica*, ferner Vitruv, Cato, Varro, Senecas Tragödien, Priscian, Persius usw., die allerdings den italienischen Gesinnungsgenossen meist schon bekannt waren. Sassetti erwarb insgesamt mindestens 67 Bände, die nach seinem Tode an die Medici und später in die Laurenziana kamen. Im Auftrag von Ludovico il Moro suchte 1491 *Erasmo Brasca* ebenfalls in Frankreich Kodizes und teilte von dort einem Freunde mit, daß ein anderer Mailänder Sammler in Poitiers eine Schrift des Apuleius, Martianus Capellas *De nuptiis Philologiae et Mercurii*, des Annaeus Cornutus Schrift *Super Persium* u.a. gefunden habe.

Wie wir bereits anläßlich der Funde während der Reformkonzilien gesehen haben, ergaben sich für die Beamten der Kurie oft noch größere Möglichkeiten. *Bruni* und *Poggio* warfen 1407 ihre Augen erneut auf die Bestände von Monte Cassino, wo bereits Boccaccio reiche Ernte geborgen hatte; der Erfolg ihrer Aktion entzieht sich unserer Kenntnis – vielleicht wurde er auch absichtlich verheimlicht. Mit besonderem Eifer durchforschten sie die Toskana, die Emilia und die Romagna, wohin ihre dienstlichen Obliegenheiten sie öfter führten. Daneben war Poggio stets auch als Kopist tätig, wobei das Abschreiben gleichzeitig als Übung des eigenen Stiles galt. So schrieb er u.a. für Salutati Ciceros *Philippicae* und für Cosimo die Atticus-Briefe ab. Einige Jahre später erzielte *Parentucelli*, damals noch Sekretär des Bologneser Bischofs Albergati, der den Florentiner Humanisten nahestand, auf Dienstreisen in der gleichen Gegend nochmals Erfolge; bald darauf stellte er seinen Spürsinn auch in der Lombardei unter Beweis. Als Geistlichen interessierten ihn vor allem frühchristliche Autoren. Sein besonderes Augenmerk richtete er auf das berühmte Kloster Nonantola bei Modena, ein Wunschziel der Florentiner Humanisten. Der Zugang blieb ihnen jedoch verschlossen, bis Parentucelli sich Einlaß verschaffte und hier die Briefe des Ambrosius und einen «Band von höchstem Alter» mit der bis dahin unbekannten *Epitome* des Lactantius entdeckte. Bei den Friedensverhandlungen zwischen Mailand und Venedig dehnte er seine

Bibliotheksabstecher von der Kartause zu Pavia bis zur Abtei von Pomposa an der Adria aus. Auch hier war ihm das Glück hold, und er konnte eine bemerkenswerte Sammlung frühchristlicher Autoren nach Florenz bringen.

Als Ordensgeneral der Kamaldulenser benutzte *Traversari* eine Disziplinarinspektion von dreijähriger Dauer (1432–34) zur Durchsicht sämtlicher Kloster- und Privatbibliotheken, die am Wege lagen. Die Fahrt ging von Rom aus – ein geplanter Abstecher nach Monte Cassino scheiterte an der Unsicherheit der Straßen – über Bologna, Mantua, Verona, Venedig, Treviso, Vicenza, Padua und Faenza nach Ravenna. Das Hauptergebnis dieser ersten *systematisch* und mit profunder Kenntnis aller Einzelheiten vorgenommenen Durchsuchung war die Mitteilung an die Florentiner Freunde von der Auffindung des Cornelius Nepos in der Privatbibliothek des gelehrten Politikers *Ermolao Barbaro* (1454–93) zu Padua. Der bescheidene Autor der Viten war den Florentinern bis dahin entgangen. Die Handschrift stammte wahrscheinlich aus dem Besitz des *Sicco Polenton* (1375/76–1447), eines ungemein belesenen Paduaner Humanisten. Mit der Schrift *De illustribus scriptoribus linguae latinae* in 18 Büchern (etwa 1437 beendet) unternahm dieser den ersten modernen Versuch einer rudimentären Literaturgeschichte nach der klassischen Einteilung in Gattungen. Trotz ihren Mängeln und der typisch humanistischen Überschätzung Ciceros, der mehr als ein Drittel des Raumes einnimmt, stellt das Werk eine beachtliche und in ihrer Art originale Leistung dar. Polenton gibt Aufschluß über alles, was einem gebildeten Manne an literarischen Zeugnissen und Nachrichten in der ersten Hälfte des 15. Jh. bekannt war. Er sieht die lateinische Literatur von der Antike bis zu Petrarca als Einheit; er ersetzt das alte Schema von den «viri illustres» durch die moderne Spezifizierung der «scriptores illustres» und versteht Literatur als die fixierte Stimme biographisch faßbarer Autoren. Eben diesen Sinn für das besondere Schicksal eines Menschen und für das Anekdotische in seinem Lebensgang verdankt Polenton wohl der Anregung durch Cornelius Nepos.

Wie Parentucelli seine wichtigsten Funde im Kloster Nonantola gemacht hatte, so gelang *Merula* 1493 die Erschließung der Schätze des Klosters Bobbio. Als Schüler des *Francesco Filelfo* (1398–1481), der vor allem als Übersetzer aus dem Griechischen Verdienste hatte, war Merula selbst zunächst Hochschullehrer gewesen. Als er später für Ludovico il Moro die *Historia Vicecomitum* vorbereitete, durchforschte er die Bibliotheken von Mailand und Umgebung systematisch nach geeigneten Dokumenten. Bei dieser Gelegenheit stieß sein Schreiber *Giorgio Galbiati* in Bobbio auf sechs bis dahin unbekannte lateinische Grammatiker und Metriker, darunter auf die Schrift des Terentianus *De litteris, de syllabis, de metris*. Galbiati ließ sie 1497 in Mailand drucken; die Handschrift ist unterdessen verloren gegangen wie in zahlreichen anderen Fällen: ein Beweis dafür, daß die Humanisten mit ihren Erwerbungen keineswegs so sorgfältig umgingen, wie man nach den enthusiastischen Briefen erwarten sollte, mit denen sie den Freunden ihre Funde mitteilten. Es ging ihnen nicht um die Kodizes, sondern um die Autoren; Druckvorlagen wurden im 15. Jh. sehr nachlässig behandelt. Nachdem Merula noch vor seinem bald darauf erfolgten Tode Sorge getragen hatte, daß Bobbio als Fundgrube antiker Kodizes allgemein bekannt wurde, begaben sich mehrere andere Humanisten auf die Wallfahrt in diese Bibliothek. Neben grammatisch-metrischen und naturwissenschaftlichen Werken danken wir ihrem Eifer auch einige Dichtungen: die Hymnen des Prudentius, die allerdings schon früher bekannt gewesen waren, aber erst jetzt in den Gesichtskreis der Humanisten traten; ferner die Gedichte des Dracontius, die Elegien des Rutilius Claudius Namatianus und die Hexameter der Pseudo-Sulpicia. Eine Sammlung von siebzig Epigrammen ging später wieder verloren. Mit den Funden von Bobbio läßt REMIGIO SABBADINI die «heroische Epoche der Entdeckungen» zu Ende gehen.

9. Textkritik und Hermeneutik – Bibliothekswesen

Das veränderte Geschichtsbewußtsein, dessen ersten Regungen wir bei Petrarca nachgegangen sind, bewirkte auch ein anderes Verhältnis zu den neuentdeckten Quellen, so wie diese umgekehrt das geschichtliche Bewußtsein beförderten. Wenn die klassischen Autoren wie lebende Gesprächspartner betrachtet werden, so will man sie in würdigem äußeren Gewande sehen und ihre Stimme unentstellt vernehmen. Der desolate Zustand der Kodizes wird schon im späteren Mittelalter als unwürdig empfunden. Ein Bekannter Petrarcas, *Richard von Bury*, Bischof von Durnham (1286–1345), Förderer der griechischen Studien, Büchersammler und Haupt einer Schreiberschule von Rang, doch humanistischer Neigungen noch unverdächtig, klagt darüber in seinem bibliothekarischen Testament, dem *Philobiblion:* «Delicatissimi quondam libri corrupti et abominabiles iam effecti, murium quidem foetibus cooperti et vermium morsibus terebrati iacebant exanimes. Et qui olim purpura vestiebantur et bysso, nunc in cinere et cilicio recubantes oblivioni traditi videbantur domicilia tinearum»[10]. Ärger wirkte die absichtliche Zerstörung. Das Palimpsestieren klassischer Kodizes war besonders vom 5. bis zum 7. Jh. verbreitet gewesen, wurde aber auch später noch gern geübt (im 12. Jh. etwa der St. Galler Vergil). So wird die Klosterbibliothek von den Humanisten, Laien wie Geistlichen, mit Vorliebe als Gefängnis bezeichnet, und es gilt als höchstes Verdienst, einen der Häftlinge befreit zu haben. Kommt der patriotische Affekt hinzu, so lautet der übliche Topos für die Wiederentdeckung eines Autors: «Ammianum Marcellinum ego [Poggius] latinis musis restitui cum illum eruissem e bibliothecis ne dicam ergastulis Germanorum»[11]. Oder der später von Cicero zum Psalter konvertierte *Gregorio Correr* berichtet aus Basel, er habe Bücher aus den Kerkern der Deutschen nach Italien gebracht. So möchten die Humanisten ihre Wiederentdeckungen als Befreiungstaten verstanden wissen. Zieht man das irredentistische Pathos ab, dann bleibt als Tatsache der miserable äußere Zustand der Kodizes, die bei einigen Humanisten höhere Verehrung genossen als die Reliquien.

Bedenklicher war die fragwürdige Textüberlieferung, welche durch die Kopiermethoden vieler Humanisten noch verschlimmert wurde. Indessen läßt sich LACHMANNS kategorisches und generelles Urteil über das «gewissenlose», d. h. ahistorische Interpolations- und Emendationsverfahren der Humanisten seit GIORGIO PASQUALIS Forschungen nicht mehr aufrecht erhalten. Zahlreiche Humanistenkonjekturen haben sich als richtig, ja als genial erwiesen, wie spätere Funde bestätigt haben. Das Stilgefühl für bestimmte Autoren war oft besser entwickelt als bei den künftigen Philologen, was mit dem ausgeprägten Sinn der Humanisten für die Persönlichkeit und die individuelle Ausdrucksweise

[10] «Leblos lagen die Bücher da, dereinst sehr lieblich, nun aber abscheulich anzuschauen und beschädigt, von jungen Mäusen bedeckt und von Würmern zernagt. Und die Bände, die früher mit Purpur und Linnen bekleidet waren, ruhten jetzt vergessen in Sack und Asche und waren zur Wohnstatt der Motten geworden.»

[11] «Den Ammianus Marcellinus habe ich [Poggio] den lateinischen Musen zurückgewonnen, nachdem ich ihn in den Bibliotheken, um nicht zu sagen: in den Kerkern der Deutschen aufgestöbert hatte.»

eines Autors in innerem Zusammenhang steht. Richtig bleibt trotzdem, daß manchem Abschreiber neben der paläographischen und philologischen Erfahrung auch der gute Wille zur genauen Erhaltung des Textes fehlte: «Mehr als das Dokument interessierte das Monument» (GINO FUNAIOLI). So beschwert sich Poggio paradoxerweise einmal bei Niccoli, er habe ihm statt einer leicht lesbaren Kopie leider den ursprünglichen Kodex des Tacitus gesandt! Negativ macht sich der Individualismus, der dem ganzen Zeitalter sein Gepräge gibt, darin bemerkbar, daß der überlieferte Text gern nach dem persönlichen Geschmack der Kopisten oder Herausgeber zurechtgestutzt wurde. Und allzu oft ist das Wohlgefallen an der schönen oder effektvollen Rede, die normierende Tyrannei Ciceros über die Ausdrucksweise sowie die Absicht, eine unterhaltsame Lektüre für hohe Auftraggeber herzustellen, stärker entwickelt als das philologische Gewissen. Ging aber auch mit manchem Humanisten die Phantasie durch, so trat bei anderen das neu entstandene historische Bewußtsein als kritisches Korrektiv ein, und eine «keuschere Methode» (GEORG VOIGT) wurde angewandt. Wer die Alten zu Freunden hat, möchte sie so sehen, wie sie wirklich waren.

Hinzu kommt ein durchaus verändertes Verhältnis zum Text. Es war die logische, wenn auch unbeabsichtigte Folge von Petrarcas Cicero-Enthusiasmus, daß das klassische Dokument allmählich als ebenso unantastbar galt wie das religiöse, während dieses im Zuge der allgemeinen Literarisierung des Zeitalters auch als literarisches Dokument gewertet wurde: zwei interdependente Säkularisierungsvorgänge von unabsehbaren Folgen, welche wesentliche Merkmale der künftigen europäischen Aufklärung keimhaft in sich tragen. NIETZSCHE hat ihre Bedeutung erkannt, wenn er die Namen Petrarca, Erasmus, Voltaire auf «die Fahne der Aufklärung» geschrieben wissen wollte. Denn bereits bei Petrarca finden sich gelegentlich eindeutige Züge eines aufklärerischen Skeptizismus gegenüber den Autoritäten; sie verstärken sich sehr bei Lorenzo Valla und finden ihre Krönung in der Veröffentlichung von Vallas philologischer Kritik der Vulgata durch Erasmus (1505). Ob bei dem geschilderten Vorgang der Offenbarungscharakter der heiligen Schriften offen in Zweifel gezogen wurde, bleibt für seine geistesgeschichtliche Bedeutung gleichgültig. Cecco d'Ascoli war nicht der einzige Zeitgenosse, welcher der Inquisition zum Opfer fiel; auch Valla entkam einem Ketzerprozeß um Haaresbreite und nur mit Protektion König *Alfonsos V.* von Neapel (reg. 1416 bis 1458). Unter Päpsten wie *Eugen IV.* (*Gabriele Condulmaro* aus Venedig; reg. 1431–47) war es geraten, zwischen «sonus» und «sensus» (Klang und Sinn) genau zu unterscheiden und die Kritik auf die «verba» (Worte) einzuschränken, doch die «res» (Sachen) unberührt zu lassen (Valla). Ob und in welchem Maße der Opportunismus dabei eine Rolle spielte, kann in unserem Zusammenhang außer Betracht bleiben. Wichtig ist die Tatsache, daß das kritische Bewußtsein keine Autoritäten anerkannte (auch Cicero und Livius unterliegen bei Valla der Kritik) und jeden Text als *historisches* Dokument zu werten begann, welches durch mangelhafte Überlieferung verdorben sein und durch philologische Bemühung in ursprünglicher Reinheit wiederhergestellt werden konnte.

So entwickelt sich allmählich die Methode der Textkritik: recensio und emendatio. Beides findet sich im Ansatz ebenfalls bei *Petrarca*, dem «energischsten Lenker des Schicksals lateinischer Texte» (GIUSEPPE BILLANOVICH). Am Beispiel einer von Petrarca kritisch durchgearbeiteten Handschrift des *Chronikon* von Eusebios aus Kaisareia (gest. 339) in der lateinischen Bearbeitung des Hieronymus hat BILLANOVICH das Verfahren Petrarcas mustergültig dargestellt. «Ein Repertorium für Kirchenbibliotheken verwandelte er in ein Handbuch für seine Privatbibliothek und in ein Instrument der neuen Rhetorik.» Dies geschah mit Hilfe eines sorgsam durchdachten Systems von kritischen Zeichen, sachlichen Randbemerkungen, Fußnoten und Verweisen, welches von seinen Schülern übernommen und weiterentwickelt wurde: der Urkeim des modernen Kommentars. An Beispielen ließe sich zeigen, wie Petrarca im einzelnen vorging, indem er verdorbene Stellen heilte, Ergänzungen vornahm, wo der Text Lücken aufwies, den Verfasser der *Argonautica*, P. Terentius Varro aus Gallien (geb. 82 v. Chr.), von M. Terentius Varro aus Reate im Sabinerland (116–27 v. Chr.), dem Verfasser der *Antiquitates*, unterschied usw. In der gleichen Weise verfuhr er auch beim Studium anderer klassischer Texte. Wie nicht anders zu erwarten, waren seine Emendationen teils mehr, teils weniger glücklich; immerhin war er gewissenhaft genug zu bekennen, wenn ihm die Heilung von Korruptelen nicht gelang.

Eine weitere Folge der erhöhten Achtung vor dem Wort ist die Entwicklung der heute üblichen Zitierweise, das heißt so genau wie möglich und unter Nennung der Stelle und des Autors; sie wurde von den

Humanisten zum Teil schon in recht korrekter Weise geübt. In der Tat «kennt man seit Petrarca zwischen Plagiat und Zitat einen Unterschied» (JÜRGEN V. STACKELBERG). In der Rechtfertigung seiner *Genealogiae deorum gentilium libri* hat dann *Boccaccio* das neue Verfahren ausführlich begründet. Das Prinzip ist einfach: Man soll nicht im Flusse suchen, was man der Quelle entnehmen kann, und man soll sich nicht scheuen, aus der Quelle zu schöpfen, unter der Voraussetzung freilich, daß man sie nennt. Es erübrigt sich, Beispiele zu häufen, denn das Verfahren ist stets das gleiche: prinzipieller Zweifel an den Autoritäten und Vertrauen auf das eigene kritische Vermögen; Verdacht gegen die Überlieferung und Treue gegen das Original; recensio, soweit möglich; emendatio, wo nötig.

Zur recensio am besten befähigt waren naturgemäß diejenigen Humanisten, die selbst große Bücherschätze besaßen oder an Orten mit Bibliotheksmöglichkeiten tätig waren. Dies war überall dort der Fall, wo akkumuliertes Kapital seit dem 15. Jh. zur *Einrichtung von Bibliotheken* verwendet wurde, vor allem in Venedig, Mailand, Florenz und Rom, aber auch in kleineren Zentren wie Mantua (Bibliothek der Gonzaga; 1407 etwa 300 lateinische Kodizes, im gleichen Jahrhundert stark erweitert), Pavia (Viscontea, 1426: 988 Bände, darunter zahlreiche aus Petrarcas Besitz), Siena (durch *Pius II.* und *Pius III.* reich dotiert), Pesaro (Sforzesca), Cesena (gegründet 1452 durch den Condottiere *Sigismondo Malatesta*), Neapel (durch *Alfonso V.* und seinen Sohn *Ferdinando*, der u.a. die Schätze unterworfener Feudalherren konfiszierte) usw. Auch außerhalb Italiens waren bereits gegen Ende des 15. Jh. kritische Studien möglich, so besonders in Budapest an der Corvina, während Deutschland, Frankreich und England erst seit der Erfindung des Druckes über humanistische Bibliotheken verfügten. Den Mittelpunkt kritischer Tätigkeit in Italien bildeten Rom und Florenz. Mit den Mitteln, die ihm als Papst zur Verfügung standen, setzte *Nikolaus V.* die Sammeltätigkeit in großem Maße fort, die er bereits vor seinem Pontifikat unter erheblichen persönlichen Opfern betrieben hatte. Von seinen Agenten haben wir bereits gehört (Enoch d'Ascoli); die Übersetzer, die er beschäftigte, werden uns noch begegnen. Von seinen Schreibern erwartete er die gleiche Sorgfalt, deren er sich selbst beim Abschreiben der Kodizes befleißigte. Die Einbände, die er den Handschriften geben ließ, waren meisterliches Kunsthandwerk. Das Buch war der «geliebte Freund und erfreuliche Hausgenosse, dessen Gesellschaft den Humanisten in der gleichen Weise bildet wie der Umgang mit bedeutenden Persönlichkeiten seiner Zeit» (W. RÜEGG). Innerhalb weniger Jahre vermehrte der Papst lateinische wie griechische Kodizes bedeutend; am Ende seines Lebens hinterließ er etwa 5000 Bände, die nunmehr den Grundstock der Vaticana bildeten.

In *Florenz* sind als Wegbereiter die *Medici* in Verbindung mit dem enthusiastischen Privatsammler *Niccoli* und dem tüchtigen Buchhändler *Vespasiano da Bisticci* (1421–98) zu nennen, dem wir auch die Lebensbeschreibungen seiner Zeitgenossen und damit eine unentbehrliche Quellenschrift verdanken. Vespasiano war ein moderner Unternehmer großen Stiles. Er beschäftigte zeitweise 45 Kopisten und lieferte bis nach England und Ungarn; in knapp zwei Monaten war er in der Lage, eine ansehnliche Bibliothek zu beschaffen oder in Abschriften herzustellen. An der Einrichtung mehrerer bedeutender Sammlungen war er maßgeblich beteiligt, so an der großartigen Ausgestaltung Urbinos durch *Federico da Montefeltro* (reg. 1474–82), der für humanistische Zwecke freilich wenig ergiebigen Estense in Ferrara (erster Katalog 1436 mit einem Bestand von 279 Kodizes, darunter sogar einem deutschen; 1495 fast verdoppelt) und natürlich an den Florentiner Sammlungen. Vespasiano war der Hauptlieferant der Medici und Niccolis. Diesem ist u.a. die Vervollständigung des Ammianus Marcellinus und von Ciceros *De oratore* zu danken; seine Handschriften von Lukrez und Plautus gehören zu den besten. Er sammelte auch griechische Autoren. So besaß er zwei Kodizes von Aristoteles' *Ethika*, Platons *Gorgias* und *Kratylos*, Plutarchs *Bioi*, Ptolemaios' geographische und Theophrasts botanische Schriften, Xenophons *Hellenika*, einen Homer, alle Dramen des Aischylos, je drei des Sophokles und des Euripides, die er in Chios hatte ankaufen lassen, und wahrscheinlich noch weitere griechische Schriftsteller. Den Freunden lieh er die Schätze bereitwillig aus oder ließ sie in seiner Wohnung benutzen. Vor seinem Tode vermachte er die Bestände dem Kloster von S. Marco unter der Bedingung, sie für den öffentlichen Gebrauch zur Verfügung zu halten. Gleichzeitig und später entstand die Laurenziana, zu der schon Cosimo und seine Söhne den Grund legten. Lorenzo il Magnifico förderte besonders die griechische Literatur, während die lateinischen Kodizes auf mehr als 400, darunter viele erstrangige, angewachsen waren.

Bei solchen Möglichkeiten ist es verständlich, daß sich die kritische Tätigkeit entfalten konnte. *Salutati* scheint sie als erster über

Petrarcas Ansätze hinaus entwickelt zu haben. Ciceros Briefe versah er mit Noten und brachte Verbesserungen an, die als mustergültig übernommen wurden; Petrarcas *Africa*-Epos publizierte er mit der gleichen Sorgfalt wie einen Klassiker. Sein Tibull und Catull (aus Verona) sind die ältesten Handschriften der Dichter, die sich erhalten haben. Auch erkannte er die Bedeutung der Handschriftenvergleichung für die Herstellung eines korrekten Textes. *Niccoli*, der kein Staatsamt zu bekleiden hatte, konnte sich dieser Aufgabe intensiver widmen. Er begnügte sich nicht mit mechanischer Abschreibetätigkeit. Zwar kopierte er entliehene Kodizes zunächst einmal wortgetreu, um sie vor Verlust zu retten (hierher gehört sein Lukrez); doch verglich er die ihm zur Verfügung stehenden Handschriften untereinander und ließ andere kommen, um die Vergleichsmöglichkeiten zu erweitern. Er tilgte offensichtliche Korruptelen durch Konjekturen, nahm Kapiteleinteilungen vor, machte Inhaltsangaben und widmete der von den besoldeten Kopisten sehr willkürlich gehandhabten Orthographie seine besondere Aufmerksamkeit. Hier stand der Korrektheit die Auffassung der Humanisten im Wege, Ciceros Schreibweise sei die einzig richtige, was bis zu Valla der Einsicht in die geschichtliche Entwicklung der lateinischen Sprache hindernd im Wege stand. Dennoch sahen Niccoli und sein Kreis die Klassiker ohne die Vorurteile der Patristik und Scholastik, wenn auch nicht ohne moralische Vorbehalte, wie ihre kühle Aufnahme von Petrons *Satiricon* zeigt. Auf Niccolis Betreiben bemühte sich *Poggio*, auch Hebräisch zu lernen, um die von Hieronymus übersetzten Teile des Alten Testamentes der philologischen Kritik zu unterziehen; das Unternehmen gedieh indessen nicht weit. – Mit geringerem Glück versuchte sich *Guarino* an den lateinischen Klassikern. Als Lehrer einer Generation von Humanisten und glänzender Organisator der «studia humanitatis» interessierte ihn vornehmlich die Brauchbarkeit für den Unterricht. Sein Livius wurde von einer Kapazität wie Valla getadelt; bei Plautus entstanden allen Bearbeitern Schwierigkeiten, sowohl von der Sprachform wie von der Rollenverteilung her. Immerhin hielt sich Guarino bei seinen Kommentaren streng ans Wort, und seine Entdeckungen wie die Plinius-Briefe (1419 in Venedig) oder Gellius (1431 in Ferrara) gehören zu den wichtigsten der Zeit.

Guarinos Schüler *Giovanni Lamola*, der Entdecker eines Kodex von Celsus' medizinischen Schriften in der Bibliothek der Ambrosius-Basilika in Mailand (1427), führte als erster ein kritisches Verfahren ein, das bis heute gültig geblieben ist, wenn es sich zu seiner Zeit auch noch nicht allgemein durchzusetzen vermochte; nur Poliziano wandte es konsequent und mit größtem Vorteil an. Lamola notierte bei seinen Kollationen *sämtliche* ihm zugänglichen Varianten und begnügte sich nicht mit solchen, die ihm persönlich am besten geeignet erschienen, um einen lesbaren Text herzustellen. Ausgeprägtes philologisches Gewissen zeigt der Brief, den er 1428 an seinen Lehrer schrieb. Er mißbilligt die Arbeitsweise der früheren Kopisten und Kollationisten, die «multa non intellexerunt, multa abraserunt, multa mutarunt, multa addiderunt». Sein eigenes Verfahren beschreibt er folgendermaßen: «Ego ... quantum diligentiae ac ingenii peritiaeque in me fuit ... adhibui ut omnia secundum priorem textum restituerem... Curavi etiam ut usque ad punctum minimum omnia ad veteris speciem exprimerem, etiam ubi essent nonnullae vetustatis delirationes»[12]. Seine Bearbeitung von Ciceros *De oratore* nach diesem Prinzip geht auf den 1421 von *Gerardo Landriani*, Bischof von Lodi, in einer Truhe aufgefundenen Kodex zurück, der u.a. auch den bis dahin unbekannten *Brutus* enthielt, und gehört zu den textgeschichtlich wertvollsten. So scheidet sich der Philologe Lamola deutlich von den ästhetisierenden Überarbeitern wie *Traversari*, welcher einen verdorbenen Lactantius, der ihm zur Emendation überlassen worden war, «emendatissimum, eruditum, latinum et urbanum» abzuliefern versprach, das heißt nach dem modernen Wunschbild der Eloquenz umfrisiert. Darin spricht sich nicht nur die tiefe Verachtung der Humanisten für die spätlateinische «Dekadenz» des Stiles und die mittelalterliche Textüberlieferung aus, sondern zugleich die ganze Leichtfertigkeit, mit der man versuchte, das Ideal eines glatten und «schönen» Textes zu verwirklichen. *Poggio* verfuhr als Textkritiker nicht viel besser; doch war er einer der ersten, der historisch haltbare Vorstellungen vom Lateinischen sowie von den Ursachen und den Ursprüngen der romanischen Tochtersprachen hatte. Durch ihn wurde die richtige Schreibung und Aussprache von «mihi» und «nihil» (statt «michi» und «nichil») üblich.

[12] «... die vieles nicht verstanden, viel getilgt, verändert und zugefügt haben.» «Was ich hingegen ... an Fleiß, Intelligenz und Erfahrung besaß..., setzte ich dafür ein, den ursprünglichen Text vollständig wiederherzustellen... Auch ließ ich es mir angelegen sein, den gesamten Text bis zum geringsten Punkt nach dem Muster der Urschrift einzurichten, selbst wenn einige Unstimmigkeiten in der Überlieferung vorhanden waren.»

Doch an methodischer Sicherheit, an Kenntnissen und Umsicht übertreffen Lorenzo Valla und Poliziano alle Vorgänger. *Valla* hatte das Glück, unter Alfonso V. in Neapel tätig zu sein, wo ihm neben der guten Bibliothek die unbeschränkte Freiheit des Wortes zur Verfügung stand, sowie an der Kurie unter Nikolaus V. In seinen Schriften finden sich die Ansätze, die wir bisher beobachtet haben, voll ausgeprägt: das elegantia-Ideal, das sich aber nicht im bloßen Genuß der Eloquenz erschöpft, sondern auf der genauen Kenntnis der lateinischen Sprachgeschichte und des grammatischen Materials beruht; die Fähigkeit, ein Problem historisch auf seine Ursprünge zurückzuführen und von jedem ideologischen Überbau zu befreien; die prinzipielle Nichtanerkennung der Autoritäten, die sich bei ihm bis zur bewußten Respektlosigkeit, ja zur Provokation steigern kann; die Konsequenz eines Verfahrens nach streng logischen Grundsätzen ohne Rücksicht auf die gesellschaftlichen Folgen der Ergebnisse. Die Problematik, die sich aus diesem Ethos der totalen Versachlichung (trotz persönlicher Streitsucht Vallas) im Laufe der weiteren Entwicklung ergeben wird, kann hier nur angedeutet werden.

Vallas Ruhm gründet auf verschiedenen Leistungen, deren gemeinsames Merkmal die wissenschaftliche Methode bildet. Sein philologisches Meisterwerk im engeren Sinne sind die *Emendationes sex librorum T. Livii*. Die Verbesserungen, oft gegen das Zeugnis der Handschriften vorgenommen, sind zum Teil in die modernen kritischen Ausgaben eingegangen. Sie sind Zeugnisse genialer Intuition und historisch-linguistischer Studien. – Als Schlag mit verzögerter Wirkung erscheint heute *De falso credita et ementita Constantini donatione declamatio* (1440). Die Schrift ist zwar auch ein Pamphlet gegen Eugen IV. und den Kardinal Vitelleschi, «das Monstrum und Scheusal ..., das sein Schwert ... in Christenblut müde werden ließ»; aber ihr Kern ist ebenso das Ergebnis linguistischer Untersuchungen wie Vallas Nachweis, daß der angebliche Briefwechsel zwischen Seneca und dem Apostel Paulus unecht ist. In der *Declamatio* beweist Valla, daß die Schenkungsurkunde, mit der Kaiser Konstantin bei der Verlegung der Reichshauptstadt nach Konstantinopel den römischen Bischöfen das Westreich übergeben, ihnen kaiserliche Insignien verliehen und den Lateranpalast überlassen haben soll, eine durchsichtige Fälschung darstellt. Damit war der weltliche Herrschaftsanspruch der Kirche überhaupt in Frage gestellt. Die geschichtlichen Folgen von Vallas Nachweis wirkten über die Reformation (*Hut-*

tens Angriff gegen das Papsttum auf Grund von Vallas Schrift, 1518) bis zum Risorgimento fort (Aufgehen des Kirchenstaates im Königreich Italien, 1870). Wissenschaftsgeschichtlich war durch die *Declamatio* die historische Urkundenkritik auf philologischer Grundlage eingeleitet. – Ähnliche Fernwirkungen hatten *In Novum Testamentum ex diversorum utriusque linguae codicum collatione adnotationes* (1449). Der Titel sagt genau, worum es sich handelt: Durch Kollation griechischer und lateinischer Handschriften wird eine Textkritik der Vulgata durchgeführt und deren Übersetzungsmängel nachgewiesen. Selbstverständlich wurde Valla alsbald wegen Verunglimpfung des heiligen Hieronymus angegriffen; doch das Werk war im Schatten der Kurie entstanden: Kardinal Bessarion hatte Valla mit seiner Kenntnis des Griechischen bei der Arbeit unterstützt, Kardinal Nikolaus von Kues das Werk begrüßt («nützlich für das Verständnis der Heiligen Schrift») und Papst Nikolaus V. eine Abschrift erhalten. Seine wirkliche Bedeutung erkannte *Erasmus*. Er entdeckte die unterdessen vergessene Schrift 1504 im Kloster Parc bei Löwen wieder und gab sie 1505 in Paris zum Druck. Sie ist der Ausgangspunkt seiner eigenen textkritischen Arbeit und bis zu einem gewissen Grade auch für die 1516 bei Froben in Basel erschienene Ausgabe des Neuen Testamentes, die ihrerseits die Grundlage für *Luthers* September-Bibel (1522) bildet. Beide Arbeiten Vallas zeigen deutlich, wie rasch und wie weit die an den klassischen Autoren erprobte Methode der Textkritik über ihre ursprünglichen Grenzen hinausgreifen und zum Vehikel weltgeschichtlicher Vorgänge werden konnte.

Obwohl *Poliziano* ebenfalls in einige erbarmungslose Literatenfehden verstrickt war, wirkt er neben Valla wie ein Ireniker. Nach Petrarca ist er der bedeutendste Dichter, den der italienische Humanismus hervorgebracht hat, und zwar außer im Lateinischen und im Volgare auch im griechischen Epigramm; mit Valla ist er der exakteste Philologe des Jahrhunderts, nach Guarino der einflußreichste Lehrer, dessen pädagogische Wirkung bis nach England reichte (*Thomas Linacre* war sein Schüler, *Edmund Spenser* einer seiner Nachahmer). Seine eigenen Lehrer waren *Johannes Argyropulos* (1410–90) und *Cristoforo Landino* (1424–1504), der Theoretiker des alten Streites über die Vorzüge der vita activa oder contemplativa, dem wir bereits bei Petrarca begegnet sind; daher Polizianos vorzügliche Griechischkenntnisse und die Neigung für philosophische Fragen. Doch er verzichtete weise auf ein eigenes System und begnügte sich mit der gewissenhaften Interpretation der Klassiker, besonders des Aristoteles, nach modernen Gesichtspunkten (*Panepistemon*, *Lamia*). Er ist der Meister der kleinen, erhellenden philologischen Abhandlung, so wie er der Meister der literarischen Kurzformen war. «Grammatik», d. h. Philologie, war für ihn nicht allein Linguistik, sondern Altertumswissenschaft als einheitlicher Komplex. Er zog «locorum, fabularum, historiarum consuetudinumque notitias», also Topographie, Mythologie, politische und Kulturgeschichte und hin und wieder auch schon archäologische Tatbestände zur Exegese der klassischen Autoren heran. Als Kollationist vertiefte er das Prinzip Lamolas: «ut etiam quae falsa putarem non respuerem» (auch was ich für falsch hielt, verwarf ich nicht einfach). Darüber hinaus suchte er stets auf die ältesten erreichbaren Handschriften zurückzugreifen, was bedeutende paläographische Erfahrung verlangte, an deren Mangel Leute wie Poggio wiederholt gescheitert waren. Seine Beschreibungen der Kodizes sind mustergültig: Er gibt Fundort, Umfang, Zustand, Schreiber, Schriftart usw. an – ihm verdanken wir viele Nachrichten, auf die sich unsere Darstellung stützt. Seine Konjekturen sind das Ergebnis genauen Vergleiches des sprachlichen und historischen Materials.

In der Interpretation hat Poliziano neue Wege beschritten und den rudimentären Kommentar Petrarcas zur Hermeneutik ausgestaltet. Noch Landino hatte Vergil allegorisch erklärt und stets nach dem verborgenen «Sinn» der Dichtung gesucht; für Poliziano ist Dichtung ein Gegenstand historischer Betrachtung, den man zunächst aus den Umständen seiner Entstehung zu begreifen sucht, sodann sprachlich, endlich ästhetisch. Das ästhetische Element kommt bei ihm noch zu kurz, denn eine Literaturästhetik im strengen Sinne hat der Humanismus nicht ausgebildet. Es ist aber in sehr nachdrücklicher Weise gegenwärtig, wenn Poliziano den Ciceronianismus strikter Observanz, wie ihn *Paolo Cortese* (1465–1510) damals vertrat, nicht nur als Stilprinzip ablehnt, sondern erst recht als einzige Dominante der lateinischen Literaturgeschichte. Seine Liebe gilt auch den nachklassischen Autoren wie Quintilian und den *Silvae* des Statius. (Diesen Titel übernahm Poliziano für seine eigenen Hexametergedichte, während die akademischen Einführungsreden *Praelectiones* heißen.) Er erklärt sie zwar als «Schriftsteller geringerer, ja fast zweiter Ordnung», doch als solche eigener Prägung, die sich nicht an der klassischen Norm messen lassen, wenn man ihre Eigenart erkennen will. Auch aus dem Philologen Poliziano spricht der Dichter, der nicht Papagei oder Elster spielen, sondern seine Persönlichkeit auf eigene Art ausdrücken möchte. Mit ihm gewinnt die Literaturgeschichte Hintergrund und Schattierung, der Begriff des Klassischen wird nuancenreicher, und zum ersten Male deutet sich die Einsicht an, daß jede Epoche gleich «nahe zu Gott» sein könne. Auch die typisch romanische Überschätzung Vergils findet an Poliziano keine Stütze, so sachkundig und feinfühlig er die *Bucolica* interpretiert hat: Homer steht neben, wenn auch nicht über Vergil. Es ist, als ob sich die brüderliche Verbundenheit, in der Dante die Dichter gezeigt hatte, jetzt auf historischer Ebene bestätigte. Die *Miscellanea*, in denen Poliziano seine kleinen Abhandlungen auf Veranlassung Lorenzos von Medici drucken ließ (1489), sind das Ergebnis seiner ausgedehnten Forschungs- und Lehrtätigkeit; durch ihn ist der Titel zur gelehrten Gattungsbezeichnung geworden.

10. Die lateinische Sprache als öffentliche Macht

Die Betrachtung Vallas hat gezeigt, wie sich der Humanismus allmählich zu einer öffentlichen Macht entwickelte, mit der geistliche und weltliche Herren zu rechnen hatten. Man braucht dabei nicht gleich an einen unflätigen Verleumder und Beutelschneider vom Kaliber *Pietro Aretinos* im 16. Jh. zu denken; doch JACOB BURCKHARDT hat recht, wenn er die Streitschriften Vallas, Poggios, Filelfos, Merulas u.a. «im Ton ebenfalls infam» nennt. Schon von *Salutatis* diplomatischen Schreiben hatte Gian Galeazzo Visconti (reg. 1378–1402), der Signore und spätere Herzog von Mailand, behauptet, sie hätten ihm mehr Schaden gebracht als eine ganze Armee, und er scheute sich nicht, Salutatis Briefe zu fälschen, um den Verfasser als Verräter an der Republik Florenz erscheinen zu lassen. Als Alfonso V. – der «Großmütige», wie ihn seine Schützlinge nannten – mit dem Honorar für *Poggios* Übersetzung der *Kyrou paideia* Xenophons ins Lateinische im Verzuge war, drohte ihm der gelehrte Mann mit öffentlichem Unglimpf, was den Herrscher bewog, ihm umgehend 500 Dukaten anweisen zu lassen. Solche Handlungen sind nur erklärlich, wenn man voraussetzt, daß das gesamte Zeitalter einen unerschütterlichen Glauben nicht nur an die ästhetische, sondern auch an die politische und gesellschaftliche Macht des lateinischen Wortes hatte, das für diplomatische Schriftstücke, Gesandtschafts- und Prunkreden unerläßlich war. Die Humanisten sorgten ihrerseits dafür, daß sich das neue Evangelium verbreitete und daß es geglaubt wurde. Es gründete sich auf Ciceros *De oratore*, besonders auf die Stelle (II, 33): «nihil est perfecto oratore praeclarius» (nichts ist erhabener als ein vollkommener Redner). Diese Maxime galt als Gesetz.

Die theoretische Rechtfertigung gab wiederum *Valla* in den Vorreden zu den sechs Büchern seiner *Elegantiae* (1435–44). In der ersten Vorrede schreibt er: «... linguam latinam... optimam frugem et vere divinam, nec corporis sed animi cibum. Haec enim gentes illas populosque omnes omnibus artibus quae liberales vocantur instituit; haec optimas leges edocuit; haec viam eisdem ad omnem sapientiam munivit; haec denique praestitit ne barbari amplius dici possent.» Und weiter: «Hunc [sc. sermonem latinum] omni nectare suaviorem, omni serico splendidiorem, omni auro gemmaque pretiosiorem putaverunt [gentes nationesque], et quasi deum quendam a coelo dimissum apud se retinuerunt. Magnum ergo latini sermonis sacramentum est, magnum profecto numen... Amisimus Romam, amisimus regnum atque dominatum...; verum tamen per hunc splendidiorem dominatum in magna adhuc orbis parte regnamus. Nostra est Italia, nostra Gallia, nostra Hispania, Germania, Pannonia, Dalmatia, Illyricum multaeque aliae nationes. Ibi namque romanum imperium est ubicumque romana lingua dominatur»[13] usw. Führt man den Sermon auf den geistesgeschichtlichen Tatbestand zurück, so ergibt sich eine translatio sacramenti auf das lateinische Wort als Mittel der Kulturhegemonie. Die humanistische Eloquenz schlägt zur patriotischen Magniloquenz um. Zugrunde liegt die aus der Antike übernommene und aktualisierte Vorstellung vom «Barbaren», der gar nicht oder nur schlecht Latein schreibt. Wie

[13] «... die lateinische Sprache [ist] ... die schönste Gabe, ein wahrhaft göttliches Geschenk und nicht des Leibes, sondern der Seelen Speise. Denn sie unterwies alle Stämme und Völker in allen sogenannten freien Künsten; sie gab ihnen die besten Gesetze; sie wies ihnen den Weg zu jeder Weisheit; sie endlich vermochte es, daß sie fürderhin nicht mehr Barbaren heißen durften». [Stämme und Völker] «hielten es [nämlich das lateinische Wort] für süßer als allen Nektar, für glänzender als jedes seidene Gewand, für kostbarer denn Gold und Edelstein, und sie nahmen es bei sich auf wie einen Gott, der vom Himmel entsandt ist. Gewaltig ist also das Sakrament des lateinischen Wortes, gewißlich eine gewaltige Gottheit... Wir haben Rom verloren, Reich und Herrschaft haben wir verloren...; doch kraft seiner Gewalt üben wir auf einem großen Teil der Erde noch immer eine glänzendere Herrschaft aus. Uns gehört Italien, uns gehört Frankreich, uns Spanien, Deutschland, Ungarn, Dalmatien, Illyrien und zahlreiche andere Länder. Denn dort ist das Römische Reich, wo immer die Sprache Roms herrscht» usw.

zweischneidig die von den italienischen Humanisten geschmiedete Waffe war, zeigte sich wiederum während der Reformation: *Hutten* wird sie mit verstärkter Vehemenz gegen Rom als Sitz des übernationalen Papsttumes anwenden. In Italien selbst aber bleibt sie bis in unser Jahrhundert Grundbestandteil der nationalen Rhetorik und Kulturideologie.

11. Die Rettung der griechischen Literatur

Die Wiedergewinnung der griechischen Literatur für das Abendland hängt aufs engste mit der Reichs- und Kirchengeschichte zusammen. Nachdem Konstantin Byzanz 330 zur Hauptstadt erhoben und dem Oströmischen Reich seinen Schwerpunkt gegeben hatte, brach die politische Einheit gegen Ende des 4.Jh. völlig auseinander; Kirche und geistiges Leben begannen sich zu verselbständigen. 1054 war auch das Schisma besiegelt. Den Wiedervereinigungsbemühungen standen das Exil von Avignon (1309–77 bzw. bis 1408) und das große Schisma der lateinischen Kirche (1378–1417) entgegen. Die Reformkonzilien von Pisa (1409), Konstanz und Basel, Ferrara und Florenz (1438/39–42) brachten wieder engere Kontakte mit der Ostkirche und ihren Priestergelehrten und sogar eine – wenn auch nur wenige Jahre andauernde – Wiedervereinigung (1439–53). Sie war allerdings lediglich unter der wachsenden Bedrohung von Byzanz durch die Osmanen möglich geworden. Mit der Eroberung von Konstantinopel (1453) war das Byzantinische Reich endgültig vernichtet.

Vor diesem weltgeschichtlichen Hintergrund vollzieht sich die Rettung der griechischen Kodizes für das Abendland. Die philologische Tätigkeit in Byzanz umfaßte vom 9. bis zum 15.Jh. Abschreiben, Sammeln, Exzerpieren, aber auch Editionen und Erklärungen von Texten. Wir verdanken den Byzantinern nicht wenig, so etwa das Reallexikon der *Suda* aus dem 10.Jh. oder die Sammlung der *Anthologia Palatina* durch *Konstantinos Kephalas*, den höchsten geistlichen Würdenträger am Hofe zu Konstantinopel, zu Beginn des 10.Jh. und ihre Erweiterung durch *Maximos Planudes* im Jahre 1299. Im Ostreich sind es vor allem Geistliche, die nach Jahrhunderten der Vernachlässigung und wohl auch absichtlichen Zerstörung der «heidnischen» Literatur («Hellene» war das Synonym für «Heide») als Hüter der Tradition auftreten.

Doch zu eigener philologischer Tätigkeit reichten die Kräfte oft nicht aus. Im Westen herrschte zur gleichen Zeit nicht mehr als eine «Illusion des Griechischen» (REMIGIO SABBADINI), denn die Lektüre der Originale war aus Mangel an Sprachkenntnissen unmöglich, und meist bildete arabische Gelehrsamkeit die Zwischenstufe für die Übersetzung ins Lateinische. So entstand eine doppelte Brechung auf dem Wege vom Original zur Lesesprache. Die Hauptumschlagplätze lagen an den Nahtstellen zur arabischen Welt, besonders in Toledo, wo *Gerardo da Cremona* (1114–87) und andere Gelehrte naturwissenschaftliches, medizinisches und philosophisches Gut der Griechen nach arabischen Übersetzungen vermittelten; ferner am Hofe *Friedrichs II.* in Palermo (1. Hälfte des 13. Jh.) und teilweise auch in Neapel und Chartres. Unmittelbare Übersetzungen aus dem Griechischen waren höchst selten. Ausnahmen wie *Robert Grosseteste* (um 1175–1253), *Roger Bacon* (um 1214–94) und *Richard von Bury* in England oder der nach kurzer Dauer gescheiterte Versuch von Papst *Clemens V.* (*Bertrand de Got* aus Roquemaure; reg. 1305–14), einige griechische Lehrstühle einzurichten, bestätigen die Regel.

Auch für Petrarca war das Griechische, wie wir gesehen haben, noch Illusion geblieben. Erst *Boccaccio* hatte ein engeres Verhältnis zu den Quellen und wohl auch bessere griechische Sprachkenntnisse als sein Freund und Meister. Bereits seine lateinische Bibliothek umfaßte weit über hundert Kodizes, darunter Autoren, die Petrarca ganz oder teilweise unbekannt blieben; als Entdecker übertraf er den Freund erheblich an Findigkeit, vielleicht auch an Skrupellosigkeit. So ist es nicht auszuschließen, daß er sich den unter der Bezeichnung Mediceus 68, 2 (F) berühmt gewordenen Kodex aus Monte Cassino widerrechtlich angeeignet hat, wie denn überhaupt Bibliophilie oft in Bibliomanie oder Bücherraub überging. Der Kodex ist der Archetyp von Tacitus' *Annalen* XI–XVI und *Historien* I–V; er enthält ferner drei Werke des Apuleius, *Pro se de magia liber*, die *Metamorphosen* und die *Florida*. Daneben kannte oder besaß Boccaccio den vollständigen Ausonius, Marcus Terentius Varros *De lingua latina*, Ovids *Ibis*, den Statius-Kommentar des Lactantius Placidus, einige Gedichte der *Appendix Vergiliana*, achtzig *Priapeen* und weitere Werke, um die ihn die Zeitgenossen beneideten. In welcher Weise er seine Funde literarisch verwertete, zeigt die Übernahme der Novelle von dem einfältigen Zimmermann und seiner treulosen Frau sowie der Doppelnovelle vom versteckten Liebhaber und der Rache des Hahnreis aus Apuleius' Roman in das *Dekameron* (*Met.* IX,5–7 = *Dek.* VII,2 und *Met.* IX,22,3–28 = *Dek.* V,10).

Eine der Hauptvoraussetzungen für Boccaccios 15 Bücher *Genealogiae deorum gentilium* (entst. 1350–60) ist jedoch die Kenntnis Homers. Sie unterscheidet sein Werk von allen vorangehenden Kompilationen, die vornehmlich auf Ovids *Metamorphosen* beruhen. Da Boccaccio die Quellen gewissenhaft angibt, wissen wir, wie er den Weg zum Ursprung der griechischen Dichtung gefunden hat. Er nennt jenen *Barlaam*, den wir als Lehrer Petrarcas kennen, ferner seinen Schüler *Leonzio Pilato*, angeblich aus Thessalonike, einem bekannten Zentrum der Gelehrsamkeit, wahrscheinlich aber ebenfalls aus Kalabrien (gest. 1366), sowie *Paolo Perugino*, den griechisch gebildeten Bibliothekar des Königs *Robert von Neapel* (reg. 1309–43), des eifrigsten Förderers frühhumanistischer Studien in Süditalien. Der wichtigste Vermittler war Pilato. Petrarca, der ihn auch kannte, war ihm wenig gewogen; Boccaccio selbst schildert drastisch sein ungepflegtes Äußere, das ihn nicht hinderte, Pilato drei Jahre lang Gastfreundschaft zu gewähren und dafür zu sorgen, daß er an der Florentiner Hochschule als Professor für Griechisch angestellt wurde. Die Lehrerfolge waren indessen bescheiden und blieben ohne tiefere Wirkung, zumal Pilato des Lateinischen nicht mächtig war und die «Lateiner» verachtete; vielleicht war auch die Zeit für die Aufnahme des Griechischen noch nicht reif. Immerhin war es ein hohes Verdienst Petrarcas und mehr noch Boccaccios, daß sie Pilato veranlaßten, die *Ilias* und Teile der *Odyssee* schlecht und recht ins Lateinische zu übersetzen. Und wenn auf Grund dieses Stümperwerkes auch niemand außer vielleicht Boccaccio selbst einen Eindruck vom *Dichter* Homer gewinnen konnte, so war doch wenigstens der Stoff der Epen zugänglich geworden und lockte zu weiterer Beschäftigung. Daß aber Boccaccio in seiner Kompilation sogar griechische Verse zitierte, wobei er sich ausdrücklich auf die Gepflogenheiten Ciceros, Apuleius' und anderer lateinischer Autoren berief, geschah nicht nur, um seine (wahrscheinlich bescheidenen) Sprachkenntnisse unter Beweis zu stellen. Vielmehr ist das durchaus ungewohnte Verfahren das Zeichen echter Ergriffenheit durch einen großen Dichter. Die unbekannte Sprache reizte die Neugier der Zeitgenossen auf das geheimnisvolle Land noch mehr, welches der Entdeckung harrte wie der westliche Seeweg nach «Indien».

Methodisches Studium des Griechischen setzte erst infolge der Berufung des *Manuel Chrysoloras* (um 1350–1415) durch Salutati an die Florentiner Hochschule ein. Chrysoloras war als Unterhändler des byzantinischen Kaisers Manuel Palaiologos mehrfach in Italien, um Hilfe gegen die Türken zu erbitten und die Wiederherstellung der Glaubenseinheit zu betreiben. Nachdem er sich – wie viele Griechen nach ihm – zur römischen Kirche bekannt hatte, ernannte ihn Johannes XXIII. zum Kardinal. Seine Lehrtätigkeit in Florenz begann am *2. Februar 1397*, einem Schlüsseldatum der westlichen Geistesgeschichte. Die wirtschaftlich guten Bedingungen, unter denen er seinen Vertrag abschloß, erlaubten ihm sogar, auch unbemittelten Hörern seine Kenntnisse zukommen zu lassen. Er blieb freilich nur etwa drei Jahre in Florenz; nach einem Aufenthalt in Mailand und Pavia, wo er ebenfalls unterrichtete, kehrte er 1403 nach Konstantinopel zurück. Nach weiteren Gesandtschaftsreisen, die ihn über Paris nach England geführt hatten, starb Chrysoloras während des Konstanzer Konzils. Von ihm ging die erneuernde Wirkung aus, die Pilato versagt geblieben war. Im Gegensatz zu diesem war Chrysoloras Humanist, kannte die lateinische Sprache und zeichnete sich durch didaktische Fähigkeiten aus. Niccoli, Bruni, Guarino, Poggio, Filelfo und andere gehörten zu seinen Schülern. Seine *Erotemata* sind der erste Ansatz zu einer griechischen Grammatik im Westen; ihr Vorbild war die Grammatik des Dionysios Thrax (um 170–90 v. Chr.). Das Buch enthält in Form von Frage und Antwort lediglich die Flexionslehre und einen Abschnitt über die Spiritus. Sein Nachteil besteht darin, daß es griechisch geschrieben ist und auch sonst der sogenannten direkten Methode huldigt, also im wissenschaftlichen Sinne unmethodisch ist, da es einen persönlichen Lehrer voraussetzt. An denselben Mängeln leidet noch die *Eisagoge* des *Theodoros von Gaza* (um 1400–75), die u. a. Erasmus benutzte. 1497 erschien bei *Aldus Manutius* (um 1450–1515) zu Venedig, dem um die Verbreitung griechischer wie lateinischer Klassiker hochverdienten Drucker (28 Erstausgaben stammen aus seiner Offizin), die erste griechische Grammatik in lateinischer Sprache von *Urbano Valerio Bolzanio* (Abb. 72).

Der pädagogische Eros, der von Chrysoloras ausging, muß außerordentlich stark gewesen sein. Unter seinem Einfluß wandte sich Bruni nach dem Studium der Jurisprudenz dem Griechischen zu und träumte sogar des Nachts von seinen Studien. Chrysoloras veranlaßte auch mehrere junge Italiener, auf seinen Spuren eine humanistische Wallfahrt nach Konstantinopel anzutreten. Im Auftrag Salutatis suchte *Giacomo*

Fratris Vrbani bellunensis ordinis minorum institutiones grammaticæ.

ΡΑ'ΜΜΑΤΑ Quæ latine literæ dicũtur sunt quatuor & uiginti α. β. γ. δ. ε. ζ. η. θ. ι. κ. λ. μ. ν. ξ. ο. π. ρ. σ. τ. υ. φ. χ. ψ. ω. & in duas diuiduntur partes εἰς φωνήεντα καὶ εἰς σύμφωνα. hoc est in uocales & cõsonantes. Vocales sũt septẽ α. ε. η. ι. υ. ο. ω Cõsonãtes uero decẽ & septẽ β. γ. δ. ζ. θ. κ. λ. μ. ν. ξ. π. ρ. σ. τ. φ. χ. ψ. Vocales trifariã diuidũtur εἰς μεταβολικὰ καὶ ἀμετάβολα hoc ẽ mutabiles, & ĩ immutabiles εἰς μακρὰ καὶ βραχέα. ἢ δίχρονα. lõgas breues. & ãcipites εἰς προτακτικὰ ὑποτακτικά. hoc ẽ præpositiuas & subiunctiuas. Mutabiles sunt α. ε. ο. quæ sic appellatæ sunt ꝙ in uerborũ ptis mutentur. hoc est ᾱ & ε̄ in η̄. ὀμικρὸν in ὦμέγα. ut ἀκούω. π'ζ'. ἤκουον. ἐθέλω ἤθελον. ὀφείλω ὤφελον. Immutabiles uero sunt η̄. ῑ. ῡ. ω̄. quæ cum in ptis non mutentur hoc sortitæ sunt nomen. ut ἥκω ἧκον. ἴζω ἴζον. ὑβρίζω ὕβριζον. ὠθῶ ὤθουν. Vocales natura longæ duæ η̄. & ὦμέγα. Natura breues duæ ἐψιλὸν & ὀμικρόν. Ancipites tres ᾱ ῑ ῡ quæ apud poetas modo producuntur. modo corripiuntur. ut ἆρες ἄρες βροτολοιγέ. nam ᾱ primo loco producta est, secundo correpta, quoniam dactylus est ἆρες ἄ. & sic de aliis. Præpositiuæ uocales sunt ᾱ. ε̄. η̄. ο. ω̄. Subiũctiuæ uero ῑ & ῡ. Præpositiua enim dictæ sunt, quoniam subiũctiuis præpositæ di-

a iii

Abb. 72. Seite 3 der griechischen Grammatik des Urbano Valerio Bolzanio, 1497 bei Aldus Manutius in Venedig erschienen.

Angeli da Scarperia im Byzantinischen Reich nach Kodizes und führte zugleich die Verhandlungen mit Chrysoloras wegen des Florentiner Lehrstuhles. *Guarino*, 1403 bis 1408 in Konstantinopel, auf Rhodos und an anderen Orten Griechenlands, brachte Handschriften heim und vermehrte sie in Italien durch den Ankauf weiterer Autoren zu einer stattlichen Sammlung von mindestens sechzig Kodizes, die teilweise mehrere Werke in einem Bande enthielten, darunter Xenophon, Cassius Dion, Aristophanes u.a. Der geschickte Bücherfinder und Buchhändler *Giovanni Aurispa*, dem wir bereits während des Basler Konzils begegnet sind, weilte 1405 bis 1413 und nochmals 1421 bis 1423 im Osten. Ihm gelang es kurz vor dem Untergang des Byzantinischen Reiches, die reichhaltigste Sammlung griechischer Handschriften nach dem Westen zu retten; 238 Bände sind das Ergebnis seiner zweiten Fahrt, darunter erstklassige Kodizes oder bisher im Westen unbekannte Autoren wie der vollständige Platon, Thukydides, die Tragiker, Apollonios Rhodios, Pindar, Demosthenes, die Hymnen des Kallimachos, Strabon, Athenaios, die homerischen Hymnen und anderes. Die Mehrzahl seiner Erwerbungen verkaufte er weiter, einiges an Niccoli und Bessarion. Ohne das Vermögen, das Aurispa bis zu den Reserven in dem Geschäft investierte, und ohne seine guten Beziehungen zum Kaiser, der ihm manchen Band schenkte, wären wesentliche Teile der griechischen Literatur den Osmanen-Stürmen zum Opfer gefallen und für immer verloren gewesen. – Dem Spürsinn *Filelfos*, der sich 1420 bis 1427 als Dolmetscher in Konstantinopel aufhielt und die Tochter eines griechischen Gelehrten heiratete, sind etwa vierzig Kodizes zu danken, darunter Homer, Hesiod, Herodot, Theokrit, mehrere Redner, Dion Chrysostomos, Nonnos, die *Suda* usw. Auch er vervollständigte nach der Heimkehr seine Sammlung durch Ankäufe und ließ durch griechische Schreiber kopieren, was er nicht erwerben konnte. Bis 1453 reißt der Strom italienischer Griechenland-Fahrer nicht mehr ab. Das Ergebnis ist die Verlagerung des griechischen Handschriftenmaterials nach Italien und Mitteleuropa sowie ein bedeutender Aufschwung der griechischen Studien in diesen Ländern.

Doch auch in umgekehrter Richtung hielt der Strom griechischer Diplomaten, Geistlicher und gelehrter Emigranten nach Italien an. Sie waren oft in irgendeiner mehr oder minder lockeren Bindung als Lehrer an italienischen Universitäten tätig oder wirkten wenigstens als Anreger unter ihren humanistischen Fachkollegen. Die weniger Begabten oder weniger Glücklichen verdienten sich das Brot des Exils als Kopisten. Besonders bei dem Unionskonzil von Ferrara-Florenz traten Gelehrte von Rang im Gefolge des Kaisers auf: an der Spitze der utopische Platoniker *Georgios Gemistos Plethon* (1355–1450) und sein Schüler, der spätere Kardinal *Bessarion*, einer der größten Büchersammler der Zeit. Er beschäftigte zeitweise sieben Kopisten; seine Hauptsorge bestand darin, daß beim Falle Konstantinopels nicht «mit allen übrigen Schätzen so viel herrliche Bücher ... binnen kurzem einer Gefahr ausgesetzt würden und zugrunde gingen». Vier Jahre vor seinem Tode vermachte er 482 griechische und 264 lateinische Kodizes der Republik Venedig; doch bis zu seinem Tode sammelte er weiter und legte auf diese Weise den Grundstock der Marciana.

Ähnlich verfuhr *Konstantinos Laskaris* (1434–1501), der Lehrer Pietro Bembos. Er überließ 76 Bände der Stadt Messina, wo er Griechisch lehrte, nachdem er schon in Mailand und Neapel diese Tätigkeit ausgeübt hatte. Seine Grammatik war das erste griechische Buch, das in Italien gedruckt wurde. *Ianos Laskaris* (um 1445–1535) begründete die Griechische Akademie in Rom unter Leo X. und reiste für Lorenzo il Magnifico zweimal als Büchereinkäufer nach Griechenland. Unter den Lehrern ragen *Johannes Argyropulos*, bei dem Poliziano und Reuchlin, Platina, Lorenzo von Medici und andere Angehörige des Hochadels Griechisch studierten, sowie *Demetrios Chalkondyles* hervor, welcher 1488 die *Ilias* und fünf Jahre danach Isokrates zum ersten Male druckte. Andere Griechen wirkten an fast allen größeren Orten Italiens: In Florenz, Rom und Padua waren die Lehrstühle im 15. Jh. ständig besetzt, lange Zeit auch in Bologna, Ferrara, Venedig und Pavia. Kaum einer der Professoren war seßhaft; sie wanderten von Universität zu Universität, als «Graeculi» ein wenig über die Schulter angesehen und wegen ihrer Eitelkeit und Überheblichkeit, auch wegen ihres bizarren Gehabens und ihrer extravaganten Kleidung oft nicht wohlgelitten, doch zunächst unentbehrlich als Torhüter einer sich erst allmählich erschließenden Welt. Es gehörte nun einmal zum Snobismus der Zeit, die Sprache Homers bei einem Griechen erlernt zu haben.

Nach dem Untergang des Ostreiches versiegte der Nachschub an griechischen Gelehrten und Schreibern, während in Italien selbst gegen Mitte des 16. Jh. das Interesse merklich nachließ. Jetzt wurde Kreta das Reservoir. Doch damals war das Griechische im Norden schon zu sicherem Besitz geworden: *Erasmus* galt als der unbestrittene Meister in ganz Europa; *Johannes Reuchlin* (1455–1522) und *Philipp Melanchthon* (1497–1560) verankerten sein Studium an den deutschen Universitäten und an den jungen «humanistischen Gymnasien»; *Guillaume Budé* (*Budaeus*; 1467–1540), der geistige Vater des Collège de France, und die Druckerfamilie *Estienne* (*Stephanus*; Druckereien in Paris und Genf von 1501 bis 1660) pflegten und verbreiteten den neuen geistigen Besitz in Frankreich und in der Schweiz.

12. Griechischer Unterricht und Übersetzungen aus dem Griechischen

Unterdessen hatten es die Italiener verstanden, sich von den griechischen Lehrern unabhängig zu machen, und übernahmen die Organisation der Studien in eigener Regie. Guarino und Filelfo hatten selbst noch in Griechenland studiert; Marsilio Ficino und Poliziano hingegen gehören der Generation an, die ihre soliden Kenntnisse in der Heimat erwarben. Da aber eine Methodik im modernen Sinne noch nicht ausgebildet war, darf man sich gewiß keinen übertriebenen Vorstellungen über die Erfolge hingeben. Oft genug mußten sich die Lernwilligen als Autodidakten behelfen. So hören wir von *Traversari*, welche Schwierigkeiten er beim Selbststudium zu überwinden hatte. Er lehnt die Bitte eines Freundes ab, einen jungen Verwandten im Griechischen zu unterrichten, weil ihm keine Grammatik zur Verfügung stehe, und fährt dann fort: «... pandam tibi quo pacto mediocrem huiusce linguae peritiam adeptus sum. Psalterium habui graecum mihi pro religionis instituto admodum familiare. Id igitur cum latino conferre incepi atque notare singula tum verba tum nomina et reliquas orationis partes quidque singula significarent mandare memoriae ac vim verborum omnium tenere quantum fas erat... Transivi deinde ad Evangelia, Epistolas Pauli Actusque apostolorum in hisque familiariter obversatus sum; habent enim satis magnam verborum copiam suntque omnia translata fideliter ac diligenter nec inconcinne. Postmodum vero et gentilium libros videre volui eosque haud facile intellexi. Mihi igitur factu optimum videtur si adulescentulus ipse eodem incedat tramite...[14]» Man

[14] «... ich will dir erklären, wie ich zu meinen mittelmäßigen Kenntnissen in dieser Sprache gekommen bin. Ich besaß einen griechischen Psalter, der mir aus Gründen der religiösen Übung wohlvertraut war. Diesen begann ich nun mit dem lateinischen

glaubt es dem gelehrten Manne gern, daß es ihm mit dieser empirischen Methode nicht eben leicht wurde, bis zum Verständnis der «Heiden» vorzudringen; dennoch übersetzte er dann selbst den Diogenes Laertios. Zu Beginn des 15. Jh. war kaum eine oberflächliche Vorstellung von der geschichtlichen Entwicklung des Lateinischen verbreitet, geschweige denn, daß man zwischen Homers oder Pindars archaischer Sprache und der Koine unterschieden hätte.

Auch *Guarino* wußte sich als Lehrer des Griechischen nicht besser zu behelfen als mit der Methode der Interlinearversion. Er berichtet aus seiner Florentiner Zeit (1410–14), wie jemand ihn um die Übersetzung griechischer Dichtungen gebeten und sich die Sprache eingeprägt habe, indem er über dem Sophokles-Text Aussprache und Bedeutung notierte:

gratia gratiam parit
charis charin ticti
χάρις χάριν τίκτει

Das Verfahren, die Fremdsprache *beim* Übersetzen und *mit Hilfe* des Übersetzens zu lernen, ist das zeitübliche; es erklärt auch die große Zahl der humanistischen Übersetzungsversuche aus dem Griechischen. Man darf diese nicht mit dem Maßstab messen, den wir nach zwei Jahrhunderten historisch-philologischen Übersetzens anzulegen gewohnt sind; sie sind vielmehr nach dem Ziele zu beurteilen, das ihre Verfasser vor Augen hatten. Entweder handelt es sich um Übungsarbeiten oder um verschönernde Paraphrasen, weit seltener um echte Vermittlung des Autors an ein Publikum, das der Fremdsprache nicht kundig ist. Eine eigentliche Theorie des Übersetzens hat der Humanismus nicht hervorgebracht; doch finden sich hin und wieder Bemerkungen zum Thema, welche zeigen, daß die Problematik allmählich erkannt wurde. Das Mittelalter hatte in der Regel wörtlich übersetzt, trotz der Feststellung des Hieronymus, eine solche Verfahrensweise sei unmöglich.

Text zu vergleichen, mir die einzelnen Verben, Substantive und anderen Redeteile zu notieren, die Bedeutung der einzelnen Wörter auswendig zu lernen und die Kapazität aller Begriffe festzuhalten, soweit es möglich war... Dann ging ich zu den Evangelien, den Paulus-Briefen und zur Apostelgeschichte über und beschäftigte mich mit ihnen, bis sie mir ganz geläufig waren; denn diese Bücher enthalten eine recht bedeutende Menge Vokabeln und sind sämtlich treu, sorgfältig und nicht ungeschickt übersetzt. Endlich aber wollte ich auch die Bücher der Heiden lesen; doch ich verstand sie nicht eben leicht. Es scheint mir also ein ausgezeichnetes Verfahren, wenn der junge Mann in gleicher Weise vorgeht...»

Dante stimmte Hieronymus zu (*Conv.* I, 7, 14); Petrarca mahnte Boccaccio (*Fam.* XXIX, 12), die Homer-Übersetzung des Pilato unter diesem Gesichtspunkt zu überwachen. Trotzdem war bei dem Versuch nichts anderes herausgekommen als eine ebenso wörtliche und sinnwidrige wie kunstlose Latinisierung. *Chrysoloras* legte sich als einer der ersten wirklich zweisprachigen Griechen Rechenschaft über die verschiedenen Möglichkeiten des Übersetzens ab. Einer seiner Schüler berichtet, für die «conversio ... ad verbum», die wörtliche Übersetzung, habe er sehr wenig übrig gehabt, da sie dazu führe, den Sinn des Originales zu entstellen. Hingegen halte er es für richtig, «ad sententiam transferre», sinngemäß zu übertragen, vorausgesetzt, daß sich der Übersetzer dabei zur Pflicht mache, «die griechische Eigenart in keiner Weise zu verändern». Falls dies aber geschehe, handle es sich nicht mehr um Übersetzung, sondern um Exegese («exponentis officio uti»). Jeder der drei Typen ist unter den italienischen Humanisten vertreten. *Pilato* vertritt den ersten; andere übten ihr Griechisch an Äsop, Lukian und Plutarch, die als Moralisten geschätzt waren und als «leicht» galten. *Poggio* und *Niccolò Perotti* (1430–80) hingegen gingen allzu großzügig vor und paraphrasierten frei; auch scheuten sie weder Kürzungen noch Zutaten, wenn solche ihnen für das Verständnis oder die Wirkung geeignet erschienen. Ähnlich behandelte *Ficino* die kleineren Platoniker.

Wie bedenkenlos selbst berühmte Humanisten verfuhren, geht aus einem Briefe hervor, mit dem Salutati *Antonio Loschi* (1368–1441) ermunterte, Pilatos wörtlichen Homer in lateinische Hexameter umzugießen. «Res velim, non verba consideres» usw., er möge die Sachen, nicht die Wörter beachten, heißt es im Sinne von Horaz' *Ars poetica* 131 ff. Dann aber fährt Salutati fort, der Übersetzer möge sein Werk mit der nötigen Würde («debitam ... maiestatem») ausstatten, indem er aufgelöste Sätze durch zugefügte Konjunktionen verbinde, matteren Redeteilen durch Ausrufe oder Fragen einige Lichter aufsetzen («quasi quibusdam accendes igniculis»), die Erfindung verändern, auslassen oder zufügen und derart einen angenehmer lesbaren Text herstellen («seriem efficere gratiorem»). Hier wird die Transposition des Originals in die oratorische Pose der Gegenwart gefordert: das gleiche Verfahren, das wir bei den Emendatoren beobachtet haben. Es ist die Rezeptionsweise einer selbstbewußten, selbstsicheren Epoche ohne historische Bedenken, welche bis zum Neuhumanismus im wesentlichen unverändert anhält. Die literarischen Dokumente der Vergangenheit jagen der Zeit keine ehrfüchtigen Schauer ein; vielmehr bemächtigt sich die Gegenwart des Vergangenen zu ihrem eigenen Vorteil, indem sie den Zeugnissen ästhetische «Lichter» aufsetzt und sie für den eigenen Genuß zubereitet. Selbst *Bruni*, der fruchtbarste Übersetzer in der ersten Hälfte des 15. Jh., verfährt grundsätzlich nicht anders, obwohl er in der Abhandlung *De interpretatione recta* (1420) das Problem im Zusammenhang entwickelt: «Haec est enim optima interpretandi ratio si figura primae orationis quam optime conservetur, ut neque sensibus verba neque verbis ipsis nitor ornatusque deficiat»[15]. Dieses Übersetzerethos bedeutet gewiß einen entscheidenden Fortschritt gegenüber der stammelnden Wörtlichkeit oder der ästhetisierenden Paraphrasierung anderer Humanisten; doch das Stilideal ist auch bei Bruni die «elegantia». Man sucht «Glanz und Schmuck» in jedem Original oder fügt ihn in der Übersetzung hinzu, wenn er im Urtext nicht zu finden ist. So ist es selbstverständlich, daß Aristoteles in Brunis lateinischem Gewande die Zeitgenossen, darunter Eugen IV., weit tiefer beeindruckte als in den glanzlosen Übersetzungen des Mittelalters aus zweiter Hand.

Doch auch Homer sahen die Humanisten mit den Augen Vergils, das heißt vor allem als Stilkünstler: Galt er doch nicht nur als Fortsetzer, sondern auch als (dem Original hoch überlegener) «Übersetzer» Homers. Als *Guarino* 1427 einen Teil des XXIII. Buches der *Odyssee* latinisierte, kürzte er die Stelle, wo Odysseus sein Bett beschreibt (v. 183ff.) mit dem Hinweis auf Vergil: Er wolle den Leser nicht ermüden, indem er «ad infima et vulgaria», zu Niedrigem und Gemeinem, hinabsteige und der Dichtung auf diese Weise ihre Würde raube. Zugrunde liegt den Bedenken also die lateinische Auffassung der «dignitas», welcher der homerische Stil nicht entspricht. Und als Nikolaus V. *Basinio Basini* (gest. 1457), den besten Homeriden des Jahrhunderts (in seinen eigenen Epen), zu einer Homer-Übersetzung ermunterte, warnte ihn der Kenner vor Enttäuschungen:

> Pleraque si vertas videantur rustica vel non
> Digna satis...[16]

[15] «Denn dies ist die beste Übersetzungsmethode: die Gestalt des Urtextes so weit wie möglich zu erhalten, derart, daß dem Sinn nicht die Vokabeln und den Vokabeln nicht Glanz noch Schmuck fehle.»

[16] «Beim Übersetzen möchte das meiste wohl roh und nicht würdig genug erscheinen...»

Für die Größe Homers fehlt den nachahmungsfreudigen Humanisten jedes Organ, so wie es Petrarca für Dantes Größe gefehlt hatte. REMIGIO SABBADINI hat das Verhältnis der beiden Dichter in der Auffassung der Humanisten treffend gekennzeichnet: «Die blinde Bewunderung für die Kunstfertigkeit Vergils hindert die Humanisten, den Wert von Homers Kunst richtig einzuschätzen.»

Gegen Ende des 15. Jh. sind zahlreiche griechische Autoren ins Lateinische übersetzt und damit für die Gebildeten zugänglich, wenn auch in der charakterisierten humanistischen Überformung. Der größte Anreger war *Nikolaus V.* Er wollte «ganz Griechenland für die Latinität erobern», verfolgte den kühnen Plan methodisch während seines Pontifikates und setzte hohe Honorare für die Übersetzer aus. *Bruni* war der fruchtbarste Vermittler in der ersten Hälfte des Jahrhunderts; er übersetzte Plutarch, Demosthenes, Aischines sowie Platons *Phaidros*, *Phaidon*, *Gorgias*, *Kriton* und die *Apologie*. Den größten Ruhm aber gewann er als Übersetzer der *Nikomachischen Ethik* sowie der ökonomischen und politischen Schriften des Aristoteles. Xenophons *Hellenika* münzte er in einen *Commentarius rerum graecarum* aus. *Poggio* latinisierte Xenophons *Kyrou paideia*, Diodoros Siculus und Lukian; *Filelfo* neben zahlreichen anderen Autoren wiederum Aristoteles; *Valla* Äsop, Xenophon, Herodot, Teile Homers und Thukydides im Auftrage Nikolaus' V., für den auch *Perotti* den Polybios und *Guarino* den Strabon latinisierte. *Ermolao Barbaro* übersetzte die Aristoteles-Paraphrasen des Themistios; *Poliziano* Homer, Epiktet, Herodian, Plutarch; *Ficino* den gesamten Platon und Plotin, Porphyrios, Proklos und andere philosophische Schriften der Spätzeit, besonders die Kommentatoren des Platonismus, die Hermetiker und Gnostiker. Ficinos Latinisierungen waren jahrhundertelang die eigentliche Quelle der Platon-Kenntnis in Europa. Neben Filelfo und Poliziano war er der wirkliche Meister, da er ein ebenso guter Gräzist wie ein Künstler des lateinischen Stiles war. Auch bei der Aneignung der griechischen Literatur stehen die moralphilosophischen und historischen Tendenzen weit über dem Interesse an der Dichtung; dies gilt selbst für Dichter vom Range Polizianos. Die Richtung, die Petrarca dem italienischen Humanismus gegeben hatte, bestimmte die Art und den Umfang der Rezeption bis zum Ende.

13. Der Platonismus

Die bedeutendste Leistung des Humanismus auf philosophischem Gebiet ist die Wiedererweckung des Platonismus. So wenig Petrarca Philosoph war, so wenig sind es die Platoniker; ihre Fragestellung ist beschränkt, die Antworten sind wenig originell; Tiefe bleibt ihnen versagt. Die Bewegung geht von *Gemistos Plethon* aus. Er unterscheidet freilich nicht scharf zwischen Platon, Plotin und dem Neuplatonismus; vielmehr deutet er den gesamten Komplex als Glied einer Kette, zu der auch Zoroaster, die indischen Brahmanen, der Hermes Trismegistos der Ägypter, Orpheus, Pythagoras und andere halbmythische Begründer von Geheimlehren gehören. Damit versetzte er dem noch immer hohen Ansehen des scholastischen Rationalismus den entscheidenden Stoß, zumal die Renaissance auf alles Geheimnisvolle von der Astrologie bis zur Magie leicht ansprechbar war; gleichzeitig gab er dem gesamten Platonismus seine Richtung auf den Mystizismus, der auch aus dunklen Quellen schöpfte. Gerade die verworrene mystische Komponente von Plethons pseudoplatonischem Weltbild ist jedoch die eigentlich fruchtbare geworden. Als irrationale Unterströmung begleitet sie das europäische Denken während der Aufklärung, bis sie zur Zeit der Romantik in veränderter Gestalt erneut hervorbricht. Plethons Ziel war offenbar eine Erneuerung der Gesellschaft auf religiöser Grundlage. *Cosimo von Medici* empfing starke Eindrücke von seiner Persönlichkeit und seiner Lehre. Um diese zu verbreiten, stiftete er 1459 die sog. Platonische Akademie zu Florenz. Sie war keine Institution im modernen Sinne des Wortes, sondern eine lose verbundene Gruppe philosophisch interessierter Männer, deren unbestrittenes geistiges Haupt *Ficino* war. Nach dessen Zeugnis verkörperte Cosimo in der Praxis diejenigen Herrschertugenden, welche die Platoniker in Platons Schriften theoretisch dargestellt fanden.

In seiner Florentiner Ausprägung stellt der Platonismus den kühnen Versuch dar, das Christentum mit der Ideenlehre, den Glauben mit der Ratio, das Göttliche mit dem Menschlichen zu versöhnen. Für Ficino waren Cicero und Augustin die Ausgangspunkte gewesen; doch erst bei Platon fand er, was er suchte: die *Theologia platonica seu de immortalitate animorum* (1482), wie der Titel einer seiner philosophischen Spätschriften lautet. Im Mittelpunkt steht der Platonismus als «docta religio», das will sagen: «eine Selbsterkenntnis durch die Erkenntnis Gottes, und umgekehrt eine Gotteserkenntnis durch Selbsterkenntnis» (Eugenio Garin). Dabei gilt die philosophische Lehre als ebenso inspiriert wie das Wort der Religion; das eine ist nötig zur rationalen Bestätigung des anderen. In Ficinos Lehre sind die Grenzen zwischen Religion und Philosophie verwischt oder aufgehoben; darin besteht ihre Hauptanziehungskraft auf Zeitgenossen und Nachwelt. Doch aus dem gleichen Grunde und vor allem wegen des platonistischen Postulates des liberum arbitrium lehnte ein radikaler religiöser Genius wie *Luther* den Platonismus scharf ab. Hier ist die Grenze zwischen Humanismus und Reformation, aber auch zwischen einem Heer von Imitatoren und einem originalen Geiste. Das Problem des liberum arbitrium war erneut aktuell geworden durch die berühmte *Oratio de hominis dignitate* (1486) des *Giovanni Pico della Mirandola* (1463–94). Für ihn ist freie Willensentscheidung das Kriterium des Humanen schlechthin. Sie verleiht dem Menschen seine Würde und macht ihn recht eigentlich zum Schöpfer seiner selbst, mit jeder Möglichkeit der Erhebung zum Göttlichen oder des Abfalls zum Tiere.

Geistesgeschichtlich mindestens so bedeutend wie die philosophischen Spekulationen, die allein bei Pico eine gewisse Größe erreichen, sind die gelockerten Formen des philosophischen Ausdrucks im platonischen Dialog oder im frei sich bewegenden, antisystematischen Essay. Sie lösen die zur Sterilität neigende Disputationsweise der Scholastik ab und eröffnen literarische Ausdrucksmöglichkeiten, die unmittelbar an Platon anknüpfen und zugleich in die Zukunft weisen: *Montaignes Essays* stellen die Vollendung der offenen Form dar, der es nicht um die Darstellung greifbarer Ergebnisse, sondern des Denkprozesses selbst geht.

Nach Cosimos Tode unterstützten *Piero* und *Lorenzo von Medici* die Florentiner «Akademie», bis sie gegen Ende des Jahrhunderts verfiel. Die Wirkung des Platonismus überdauerte aber die Schöpfer wie die Förderer. Zwar ist die Cambridger Schule im 17. Jh. die einzige philosophische Richtung, die unmittelbar an den Platonismus der Florentiner anknüpft; doch Ficinos Übersetzungen wirkten weiter, seine Emendationen wurden als gültiger Text, seine Kommentare als maßgebende Interpretation angenommen. Unter seinen Schülern befand sich Lorenzos Sohn Giovanni, der spätere Papst *Leo X.*, welcher den Platonismus während seines Pontifikates gleichsam in die Wirklichkeit eines Renaissance-Fürstenhofes umsetzte. Wie seine Vorfahren förderte er die griechischen Studien mit besonderer Liebe, und es waren nicht nur opportunistische Erwägungen, die Aldus Manutius veranlaßten, dem Papst seine Platon-Ausgabe zu widmen (auch wenn er dafür ein fünfzehnjähriges Privileg erhielt, das Nachdrucker mit der Exkommunikation bedrohte). Am vatikanischen Hofe war unter Leo X. wirklich jener Geist eingezogen, den die Zeit für platonisch hielt.

Giovanni Pico, mit Ficino befreundet, erweiterte den Platonismus durch die Verschmelzung mit kabbalistischem Ideengut. In dieser Gestalt übernahmen ihn besonders die deutschen Humanisten. *Reuchlin*, der in diplomatischer Mission dreimal in Italien weilte, begründete, vom Platonismus ausgehend, das wissenschaftliche Studium des Hebräischen und damit die kritische Erforschung des Alten Testamentes (*De verbo mirifico*, 1494; *De rudimentis hebraicis*, 1506, Abb. 73; *De arte cabbalistica*, 1517). Er war auch als Übersetzer aus dem Griechischen und als Herausgeber griechischer Autoren tätig. Als Verteidiger der hebräischen Schriften gegen den getauften Eiferer Pfefferkorn und seine Verbündeten, die Kölner Dominikaner, ist er einer der ersten Kronzeugen der Humanitäts- und Toleranzidee in Deutschland, der selbst die Verurteilung als Ketzer nicht fürchtete. Bei seinem Schüler *Agrippa von Nettesheim* verbindet sich der Platonismus mit radikalem Skeptizismus und mündet auf Grund des angenommenen Zusammenhanges dreier überweltlicher Reiche (Elemente, Gestirne, Engel) in den Glauben an die Beherrschbarkeit der Geisterwelt durch Magie. So steht ein bestimmter Aspekt des Gesamtphänomens «Wiedererweckung der Antike» nochmals in innerem Zusammenhang mit der geistigen Atmosphäre, in der die Faust-Sage entstand (*Occulta philosophia*, 1510; *De incertitudine et vanitate scientiarum*, 1527). In Italien selbst findet die platonistische Spekulation in dem konsequenten Utopiker *Tommaso Campanella* (1568–1639) einen eigenwilligen Fortsetzer und in *Giambattista Vico* (1668–1744) ihren genialen Vollender.

14. Zum Begriff «Rezeption»

Im Laufe unserer Darstellung haben wir mehrfach den Begriff «Rezeption» verwandt, der vor allem in der Jurisprudenz Heimatrecht hat. Er meint die Aufnahme des römischen Zivil- und Prozeßrechtes in den

DE ELEMENTIS.

Vas et uiginti hebręorũ literas eſſe. per quas ſcribimus
d omne quod hebraice loquimur. non ſolum Iudęorũ dogmata. uerumetiam chriſtianorum pręcepta ſunt teſtes. quod Syrorum quoqꝫ lingua et Chaldęorum. authore Hieronymo approbat. Eorum elementorũ hocmodo notant̃ figurę nominaqꝫ.

vau	he	daleth	gimel	beth	aleph
v	h lene	d	g	b	a
ו	ה	ד	ג	ב	א
lamed	caf	iod	teth	heth	ſdain
l	c	i	t	h forte	z
ל	כ	י	ט	ח	ז
zade	pe	ain	ſamęch	nun	mem
z	p	a	s	n	m
צ	פ	ע	ס	נ	מ
		thau	sin	res	quf
		t	s	r	q
		ת	ש	ר	ק

Quod autem Socrates in Cratilo Platonis cum Hermogene loquit̃. Qꝫ elementorum nomina proferimus. ipſa uero elemẽta nequaquã. id per quam maxime in hebraicis locum habet. uis enim literę ſola dictionibus inſeritur. uox autem ipſius deforis ſubiungitur. nam aliud nihil Beth. Vau. Mem. et Pe exprimũt. niſi labiorum geſticulationẽ. ſicut Daleth. Teth. Lamed. Nun. Thau linguę impulſum. et Zain. Samech . Sin. Res. Zade. dentium exibilantem crepitum. Similiter Gimel. Caph. Quf. & Iod conſonans. palati vuulęqꝫ commotionem. Hęc illarum eſt uirtus literarum atqꝫ poteſtas, non ut totę ſecundum

europäischen Ländern und die Weitergabe von diesen Ländern an die außereuropäischen Gebiete. Die klassische Darstellung dieses Vorganges, den wir abschließend nur kurz streifen können, ist PAUL KOSCHAKER zu danken. Dieser bezeichnet den Zustand des römischen Rechtes im Mittelalter als einen «jahrhundertelangen Dämmerzustand», der erst durch die Humanisten beendet wurde; denn auch auf diesem Gebiete macht sich der neue Geist der Zeit bemerkbar. Vorher war «das Corpus iuris von den Juristen mit Beschlag belegt und im mittelalterlichen autoritätsgebundenen Denken behandelt und ausgelegt worden. Für den Humanisten hingegen war es ... keine Sammlung von Geboten und Verboten, die unmittelbare Geltung beanspruchten und daher im Sinne der Gegenwart ausgelegt werden konnten und mußten, sondern ein Zeugnis römisch-antiken Denkens, dessen wahren Sinn es zu erforschen galt, und zwar mit allen verfügbaren Mitteln und ohne Rücksicht auf seinen praktischen Wert für die Gegenwart... Die Humanisten ... verlangten vom Juristen philologisches und historisches Wissen, Kenntnis der gesamten antiken Literatur, die für die Erkenntnis des Corpus iuris kaum weniger wichtig erschien als dieses selbst. Es ist kein Zufall, daß wir die Entdeckung von Handschriften juristischer Texte außerhalb des Corpus iuris zum großen Teil den Humanisten ... verdanken, daß bei ihnen die Florentina als die älteste Handschrift der Digesten gegenüber den von den Glossatoren und Kommentatoren benutzten Vulgathandschriften zu Ehren kam, desgleichen die Quellenkritik. Daß es Interpolationen gab, wußte man, weil es Justinian selbst sagt... Aber gegenüber dem autoritären Text, den das Corpus iuris für die älteren Juristen darstellte, blieben sie unbeachtet, ebenso wie eine orthodoxe Theologie keine Bibelkritik anerkennen kann. Anders für die Humanisten... Sie haben Interpolationskritik geübt und eine Reihe von Interpolationen aufgedeckt, ein Spätling unter ihnen, *Antonius Faber* (1557–1624), sogar in einem Umfange, der hinter den Leistungen moderner Interpolationenforscher kaum zurückbleibt.» Auch auf diesem Sondergebiete verfuhren die Humanisten also kritisch, wissenschaftlich, modern; auch hier waren sie Wegbereiter.

Die allgemeine Geistesgeschichte übernimmt den juristischen Terminus der Rezeption mit Gewinn, weil er das Verhältnis von Tradition

Abb. 73. Reuchlin, *De rudimentis hebraicis* von 1506, S. 5 (Erklärung der hebräischen Schriftzeichen).

und schöpferischer Gegenwart am besten umschreibt. Wir verstehen darunter nicht allein die passive Bewahrung, sondern auch die tätig-umgestaltende Aufnahme überlieferten Kulturgutes in die eigene geistige Welt. Diese kann in verschiedener Weise erfolgen: als intensive Lektüre, die mehr der Form als dem Stoffe gilt; als Übersetzung in das Lateinische oder in die Volkssprachen; als Auswahl, Kommentierung, Exegese, das heißt als Auseinandersetzung mit einer fremd gewordenen Welt, zu der sich der Rezipierende in einem engen, fast verwandtschaftlichen Verhältnis befindet. Höhere Kultur entsteht nur durch Rezeption, nie durch Autarkie im Geiste; Unfähigkeit oder mangelnder Wille zur Rezeption ist stets das Zeichen geistiger Unsicherheit oder Beschränktheit. Wie sich die Griechen mit dem Orient und die Römer mit den Griechen auseinandergesetzt und dadurch ihre Eigenart entwickelt hatten, so haben sich die europäischen Völker, an der Spitze die Italiener, mit ihren Ursprüngen in der Antike und im Christentum sowie gegenseitig und miteinander auseinandergesetzt; das Ergebnis des Prozesses ist die geistige Kultur Europas in ihrer Vielfalt. Diese Erscheinung ist eine Konstante unserer Geistesgeschichte, die wir seit JULES MICHELET (1798–1874) mit dem Begriff der «Renaissancen» zu bezeichnen gewohnt sind; *die* Renaissance drückte den Vorgang mit dem antik-christlichen Symbol des Vogels Phönix aus, der nach der Selbstverbrennung aus der Asche wiedergeboren wird oder aufersteht. Wir kennen auch die Verflachung der Rezeption in Gestalt der Überfremdung, das heißt die Erstarrung der anverwandelnden Tätigkeit des Geistes im Überwältigtwerden durch das Fremde. Auch diese Erscheinung gehört unter den Bezeichnungen «Klassizismus» oder «Epigonentum» zu den Konstanten der europäischen Geistesgeschichte. Von der lebendigen Rezeption unterscheidet sie sich durch Passivität und übersteigertes Nachahmungsbedürfnis. Der Humanismus ist dieser Gefahr wiederholt nahe gewesen, ihr aber während des 14. und 15.Jh. in Italien und bis zur Mitte des 16.Jh. im übrigen Europa nicht erlegen. Seine Kräfte erstarrten erst dann, als er die Aufgabe der Bewahrung und Überlieferung erfüllt hatte. Die große Leistung seiner Blütezeit aber ist echte Rezeption: das Umschaffen des Geschaffnen, «daß es sich nicht zum Starren waffne» (GOETHE).

LITERATURVERZEICHNIS

Quellen sind die Schriften und Briefwechsel der Humanisten. Statt sie einzeln anzuführen, nenne ich hier lediglich einige neuere, leicht zugängliche Sammelbände, teils lateinisch, teils zweisprachig oder in eine moderne Sprache übersetzt. Die Bände enthalten Einleitungen, zum Teil auch Kommentare und Bibliographien.

F. Petrarca: Prose (G. MARTELOTTI, P. G. RICCI, E. CARRARA, E. BIANCHI), Milano-Napoli 1955.

F. Petrarca: Brief an die Nachwelt – Gespräche über die Weltverachtung – Von seiner und vieler Leute Unwissenheit (H. HEFELE), Jena 1925.

F. Petrarca: Briefe (H. NACHOD, P. STERN), Berlin 1931.

Enea Silvio Piccolomini – Papst Pius II.: Ausgewählte Texte aus seinen Schriften... (BERTHE WIDMER), Basel-Stuttgart 1960.

Enea Silvio Piccolomini (Pio II): De situ, ritu, moribus et conditione Germaniae descriptio – La Germania (G. PAPARELLI), Firenze o.J.

A. Poliziano: Epigrammi greci (A. ARDIZZONI), Firenze 1951.

Prosatori latini del Quattrocento (E. GARIN), Milano-Napoli 1952.

L'educazione umanistica in Italia (E. GARIN), [2]Bari 1953.

Il pensiero pedagogico dello Umanesimo (E. GARIN), Firenze 1958.

Humanistische Geisteswelt... (J. v. STACKELBERG), Baden-Baden 1956.

Humanistische Prosatexte... (J. v. STACKELBERG), Tübingen 1957.

Petrarca – Valla – Ficino – Pico – Pomponazzi – Vives: The Renaissance Philosophy of Man (E. CASSIRER, P. O. KRISTELLER, J. H. RANDALL jr. u.a., [2]Chicago (Ill.) 1950.

Galeotto Marzio da Narni: Varia dottrina (De doctrina promiscua) (M. FREZZA), Napoli 1949.

Die Frühzeit des Humanismus und der Renaissance in Deutschland – Humanismus und Renaissance in den deutschen Städten und an den Universitäten (H. RUPPRICH), Leipzig 1938 bzw. 1935 (Dt. Lit., Reihe Hum. u. Ren., I, II).

Aus dem Zeitalter des Humanismus und der Reformation (M. BEYER-FRÖHLICH), Leipzig 1931 (Dt. Lit., Reihe Selbstzeugnisse, IV).

Grundlegend für meine Darstellung waren die Arbeiten SABBADINIS, des nach wie vor «besten Kenners des italienischen Humanismus» (GIUSEPPE BILLANOVICH):

R. SABBADINI, Le scoperte dei codici latini e greci ne' secoli XIV e XV, I–II, Firenze 1905–14.

Ders., Niccolò da Cusa e i conciliari di Basilea alla ricerca dei codici, in: Rendic. Accad. Lincei XX, 1911.

Ders., Storia e critica dei testi latini, Catania 1914.

Ders., Il metodo degli umanisti, Firenze o.J. – Im Anhang zu dieser Schrift ein Verzeichnis der weiteren Veröffentlichungen SABBADINIS.

Ferner habe ich die Handschriften- und Inventarverzeichnisse einiger der im Text genannten Bibliotheken, das Centralblatt für Bibliothekswesen sowie die textgeschichtlichen Bemerkungen in den kritischen Ausgaben der antiken Autoren benutzt, die ich ebenfalls nicht einzeln anführe. Doch sei nachdrücklich auf die Darstellungen von H. ERBSE, K. BÜCHNER und H.-G. BECK in diesem Bande verwiesen. Im übrigen waren mir u.a. folgende Arbeiten von Nutzen:

C. ANGELERI, La gloriosa tradizione delle biblioteche fiorentine, Firenze 1947.
H. BARON, Humanistic and Political Literature in Florence and Venice at the Beginning of the Quattrocento, Cambridge (Mass.) 1955.
Ders., The Crisis of the Early Italian Renaissance . . . I–II, Princeton 1955.
G. BILLANOVICH, Petrarca e Cicerone, in: Miscellanea G. Mercati IV, Città del Vaticano 1946.
Ders., Petrarch and the Textual Tradition of Livy, in: Jl. Warb. Court. Inst. XIV, 1951.
Ders., Un nuovo esempio delle scoperte e delle letture del Petrarca..., Krefeld 1954.
TH. BIRT, Kritik und Hermeneutik, in: Hdb. d. klass. Altert.wiss. I, 3, München 1913.
R. R. BOLGAR, The Classical Heritage and its Beneficiaries, Cambridge 1954. – Im Anhang: Greek Manuscripts in Italy during the Fifteenth Century; The Translations of Greek and Roman Classics before 1600.
K. BORINSKI, Die Antike in Poetik und Kunsttheorie I–II, Leipzig 1914–24.
A. BUCK, Italienische Dichtungslehren vom Mittelalter bis zum Ausgang der Renaissance, Tübingen 1952.
Ders., Italienischer Humanismus – Forschungsbericht, in: Arch. f. Kulturgesch. XXXVII, 1955; XLI, 1959.
J. BURCKHARDT, Die Cultur der Renaissance in Italien, [1]Basel 1860, und viele Aufl.
K. BURDACH, Reformation – Renaissance – Humanismus, [2]Leipzig-Berlin 1926.
Ders., Vom Mittelalter zur Reformation, Berlin 1893–1930.
G. CAMMELLI, I dotti bizantini e le origini dell'Umanesimo I–III, Firenze 1941–54.
A. C. CLARK, The Literary Discoveries of Poggio, in: Class. Rev. XIII, 1899.
E. R. CURTIUS, Europäische Literatur und lateinisches Mittelalter, [3]Bern 1961.
L. DELISLE, Notice sur un livre annoté par Pétrarque, in: Notices et Extraits des Manuscrits de la Bibliothèque Nationale XXXV, 1897, 393–408.
A. DELLA TORRE, Storia dell'Accademia platonica di Firenze, Firenze 1902, Torino 1960.
G. ELLINGER, Italien und der deutsche Humanismus in der neulateinischen Lyrik, Berlin-Leipzig 1929.
H. W. EPPELSHEIMER, Petrarca, Bonn 1926.
F. FUCHS, Die höheren Schulen in Konstantinopel, in: Byz. Arch. VIII, 1926.
G. FUNAIOLI, Lineamenti d'una storia della filologia attraverso i secoli, in: Studi di letteratura antica... I, Bologna 1946.
F. GAETA, Lorenzo Valla – Filologia e storia nell'Umanesimo italiano, Napoli 1955.
E. GARIN, Der italienische Humanismus, Bern 1947; ital.: L'Umanesimo italiano..., [2]Bari 1958.
H. GMELIN, Kommentar zu: Dante Alighieri – Die Göttliche Komödie I-III, Stuttgart 1954–57.
TH. GOTTLIEB, Über mittelalterliche Bibliotheken, Leipzig 1890.
A. GUDEMANN, Grundriß der Geschichte der klassischen Philologie, [2]Leipzig-Berlin 1909.
Italia medioevale e umanistica I (G. BILLANOVICH e a.), Padova 1958.
P. JOACHIMSEN, Vom Mittelalter zur Reformation, in: Hist. Vjs. XX, 1920f.
Ders., Der Humanismus und die Entwicklung des deutschen Geistes, in: Dt. Vjs. VIII, 1930.
P. KIBRE, The Intellectual Interests reflected in Libraries of the Fourteenth and Fifteenth Century, in: Jl. Hist. Id. VII, 1946.

R. KLIBANSKY, The Continuity of the Platonic Tradition during the Middle-Ages, London 1939.

P. KOSCHAKER, Europa und das römische Recht, ²München-Berlin 1953.

P. O. KRISTELLER, Studies in Renaissance Thought and Letters, Roma 1956. – Im Anhang reichhaltige, doch unkritische Bibliographie von M. L. DE NICOLA.

P. MAAS, Textkritik, ³Leipzig 1957.

M. MANITIUS, Geschichte der lateinischen Literatur des Mittelalters I–III, München 1911–31.

Ders., Handschriften antiker Autoren in mittelalterlichen Bibliothekskatalogen, Leipzig 1935.

A. v. MARTIN, Soziologie der Renaissance..., ²Frankfurt a.M. 1949.

E. MEHL–K. HENNEMANN, Deutsche Bibliotheksgeschichte, in: Dt. Philol. im Aufriß I, ²Berlin 1957.

K. A. MEISSINGER, Erasmus von Rotterdam, ²Berlin 1948.

R. NEWALD, Nachleben des antiken Geistes im Abendland bis zum Beginn des Humanismus, Tübingen 1960.

P. DE NOLHAC, La bibliothèque de Fulvio Orsini, Paris 1887.

Ders., Pétrarque et l'humanisme, ²Paris 1907, Torino 1959.

E. NORDEN, Die antike Kunstprosa I–II, ⁴Leipzig 1923.

L. OLSCHKI, Bildung und Wissenschaft im Zeitalter der Renaissance in Italien, Leipzig-Firenze usw. 1922.

G. PAPARELLI, Enea Silvio Piccolomini – Pio II, Bari 1950.

G. PASQUALI, Storia della tradizione e critica del testo, ²Firenze 1952. Im Anhang: P. MAAS: Sorti della letteratura antica a Bizanzio.

E. PELLEGRIN, La bibliothèque des Visconti e des Sforza... au XVᵉ siècle, Paris 1955.

R. PFEIFFER, Humanitas Erasmiana, Leipzig-Berlin 1931.

F. PINTOR, La libreria di Cosimo de'Medici nel 1418, Firenze 1902.

G. PREZZOLINI, The Legacy of Italy, New York 1948; ital.: L'Italia finisce – ecco quel che resta, ²Firenze 1959; deutsch: Das Erbe der italienischen Kultur, Bremen 1960.

M. RICHARD, Répertoire des bibliothèques et des catalogues de manuscrits grecs, ²Paris 1958.

H. RÜDIGER, Wesen und Wandlung des Humanismus, Hamburg 1937.

Ders., Begriff und Möglichkeiten des Humanismus, in: Geistige Welt III, 1948; ital.: Concetto e possibilità dell'Umanesimo, in: Maia II, 1949.

W. RÜEGG, Cicero und der Humanismus..., Zürich 1946.

Ders., Die vergnügliche Familie der Bücher, einleitender Essay zu: Geistige Väter des Abendlandes. Eine Sammlung von hundert Buchtiteln antiker Autoren (GERDA FINSTERER-STUBER), Stuttgart 1960.

G. SAITTA, Marsilio Ficino e la filosofia dell'Umanesimo, ²Firenze 1943.

Ders., Il pensiero italiano nell'Umanesimo e nel Rinascimento I–II, Bologna 1949–50.

J. E. SANDYS, A History of Classical Scholarship I–III, ²Cambridge 1906–08.

F. SCHALK, L. B. Alberti und das Buch «Della Famiglia», in: Rom. Forsch. LXII, 1950.

Ders., Das Publikum im italienischen Humanismus, Krefeld 1955.

F. SCHNEIDER, Rom und Romgedanke im Mittelalter, München 1925, Darmstadt 1959.

G. TOFFANIN, Storia dell'Umanesimo..., ³Bologna 1943; deutsch: Geschichte des Humanismus, Amsterdam 1941.

L. TRAUBE, Vorlesungen und Abhandlungen I–III (P. LEHMANN, F. BOLL), München 1909–20.

B. L. ULLMAN, Studies in the Italian Renaissance, Roma 1955.

P. VERRUA, Umanisti ed altri «studiosi viri» italiani e stranieri..., Genève 1924.

G. VOIGT, Die Wiederbelebung des classischen Alterthums... I–II (M. LEHNERDT), [4]Berlin 1960.

Ders., Enea Silvio de'Piccolomini als Papst Pius II. und sein Zeitalter I–III, Berlin 1856–63.

E. WALSER, Poggius Florentinus – Leben und Werke, Leipzig-Berlin 1914.

Ders., Gesammelte Schriften zur Geistesgeschichte der Renaissance (W. KAEGI), Basel 1932.

M. WEGNER, Altertumskunde, Freiburg-München 1951.

C. WENDEL, Geschichte der Bibliotheken, Leipzig 1940.

U. v. WILAMOWITZ-MOELLENDORFF, Die Textgeschichte der griechischen Lyriker, Berlin 1900.

TH. ZIELINSKI, Cicero im Wandel der Jahrhunderte, [4]Leipzig-Berlin 1929.

KATALOG

Der Katalog berücksichtigt eine Auswahl der behandelten antiken und byzantinischen Autoren sowie der ohne Verfassernamen überlieferten Werke. Einige nicht oder kaum behandelte Autoren wurden als Ergänzung aufgenommen. Die Seitenzahlen mit «S.» beziehen sich auf diesen Band und ersparen dem Leser die zusätzliche Benützung der Register. Unter «Lit.» werden nur ausnahmsweise die üblichen Lexika (z. B. RE.) und Handbücher (z. B. Hdb. d. Altert.wiss.) genannt, ebenso nur ausnahmsweise die *Vorreden* der angeführten kritischen Ausgaben, die jedoch stets zu berücksichtigen sind. Für die lateinische Literatur vgl. auch N. I. Herescu, Bibliographie de la littérature latine, Paris 1943 (mit Aufzählg. der Hss.). «Ed. princ.: Venedig ...» bedeutet in der Regel: bei Aldus Manutius.

Der Katalog wurde auf Grund der Angaben der Mitarbeiter vom Verlag zusammengestellt.

Claudius AELIANUS, Ende 2. Jh. n. Chr., aus Praeneste, Oberpriester unter Septimius Severus. Bezeichnet sich als Römer, schreibt griechisch. Vollständig erhalten sein *Tierleben (Περὶ ζῴων ἰδιότητος)*, 17 Bücher, Schlußwort über die Wunderbarkeit der Natur und Verworfenheit der Kultur, mit zahlr. Exzerpten aus alten Schriftstellern. Weitgehend nur im Auszug erhalten die *Bunte Geschichte (Ποικίλη ἱστορία)*, erhalten *20 Bauernbriefe* (*Ἐπιστολαὶ ἀγροικικαί*), verloren die stoisch-philosophischen Werke (*Περὶ προνοίας, Περὶ θείων ἐναργειῶν*). – Hss.: *Tierleben* 2 stark voneinander abweichende Hss.-Familien, ältere, nicht interpol.: Paris. Suppl. gr. 352 (13. Jh.) u. a. – Ed. princ. (vollst.): C. Gesner, Zürich 1556 (*Var. hist.* Rom 1545, *Briefe* Venedig 1499). – Ausg.: R. HERCHER, B.T. 1864–66; A. F. SCHOLFIELD, London 1958/59. – Lit.: E. L. DE STEFANI, St. It. Fil. Class. 10, 1902, 175ff; M. WELLMANN, RE., N.B., 1. Bd. 1894, Sp. 486–88. – S. 234, 300, 441.

AGATHIAS, ca. 536–582 n. Chr., aus Myrina (Kleinasien), Rechtsanwalt. Hauptwerk: Geschichte des Kaisers Justinian (5 Bücher). – Hss.: Vat. gr. 151 (10./11. Jh.) u. a. – Ed. princ.: B. Vulcanius, Leiden 1594. – Ausg.: L. DINDORF, Historici Graeci minores II, Lpzg. 1871, 132–392. – Lit.: O. VEH, Der Geschichtsschreiber Agathias von Myrina, Jahresbericht des Gymnasiums Bayreuth 1953; G. MORAVCSIK, Byzantinoturcica I, [2]Berlin 1958, 214–217. – S. 246, 430, 434, 454f.

Ailianos, s. unter Aelianus

AISCHINES, attischer Redner, geb. ca. 390 v. Chr., Briefe und 3 Reden erhalten. – Hss.: Vermutl. 3 Kl., ma. Archetypus. S. 267f. – Ed. princ. Venedig 1513 (wie Andokides u. a.). – Ausg.: V. MARTIN, Paris 1925. – Lit.: M. HEYSE, Die hs. Überlieferung der Reden des A., Progr. Ohlau 1912. – S. 267f., 570.

AISCHYLOS, geb. 525/24 in Eleusis, gest. 456 in Sizilien, lebte meist in Athen. Elegien; Tragödien, Satyrspiele (79 Titel noch bekannt). Erhalten: *Die Perser*, *Gefesselter Prometheus* (unecht?), *Die Sieben gegen Theben*, *Die Schutzflehenden* (*Ἱκετίδες*), *Orestie* (*Agamemnon*, *Choephoren*, *Eumeniden*), alles Tragödien. – Hss.: Beste ist M (Laur. plut. 32,9, ca. 1000 n. Chr.), aber lückenhaft. Ersatz: Ausg. des Triklinios (Neapol. Farn. II F 31) und Laur. plut. 31,8 (F, 14. Jh.), s. S. 274f. – Ed. princ. Venedig 1518. – Ausg.: G. MURRAY, O.C.T. [2]1955. – Lit.: A. TURYN, The manuscript tradition of Aeschylus, N.Y. 1943, s. auch S. 275. – S. 33, 223, 237, 274ff., 551.

AISOPOS, nach Herodot (2,134) ein samischer Sklave, viell. 6. Jh. v. Chr. Ihm zugeschrieben die Tierfabeln des Corpus Fabularum Aesopicarum. – Hss.: Paris. Suppl. gr. 690 (11./12. Jh.), Sammlung der byz. Renaissance, ca. 300 Fabeln. Corpus Vindobonense, d. h. Vind. gr. 130 (12. Jh.) u. a. – Ed. princ.: Mailand ca. 1479 (mit ca. 150 Fabeln). – Ausg.: B. E. PERRY, Urbana 1952. A. HAUSRATH, B.T. 1957 (fasc. 1), H. HUNGER, B.T. 1956 (fasc. 2). – Lit.: Vorreden der Ausgg. – S. 30, 465, 493, 568, 570.

AKROPOLITES, GEORGIOS, Staatsmann und Historiker des byz. Reiches, 1217–1282, setzt das Geschichtswerk des Niketas Choniates für die Zeit von 1203 bis 1261 fort. – Hss.: Vat. gr. 163 (13. Jh.) u. a., s. S. 446. – Ed. princ.: L. ALLATIUS, Paris 1651. – Ausg.: A. HEISENBERG, Georgii Acropolitae opera, Lpzg. 1903. – Lit.: G. MORAVCSIK, Byzantinoturcica I, [2]Berlin 1958, 266–268. – S. 445f., 448.

ALKAIOS, lyr. Dichter, um 600 v. Chr., in Mytilene auf Lesbos. In der alex. Ausg. wenigstens 10 Bücher Gedichte. Erhalten nur Fragmente. – Ausg.: E. LOBEL u. D. L. PAGE, Oxf. 1955: Poetarum Lesbiorum Fragmenta, 111–291. – Lit.: E. LOBEL, Vorrede d. Ausg., Oxf. 1927; D. L. PAGE, Sappho and Alcaeus, Oxf. 1955, 149ff.; C. M. BOWRA, Greek Lyric Poetry, [2]Oxf. 1961, 130. – S. 33, 79, 223.

ALKIDAMAS, Sophist und Rhetor, 1. Hälfte 4. Jh. v. Chr., Schüler des Gorgias. Erhalten nur 2 Reden (*Über die Sophisten*, *Odysseus*, letztere viell. unecht). – Hss., Ed. princ., Ausg., Lit. s. unter Gorgias u.a. – S. 267.

ALKMAN, 2. Hälfte 7. Jh. v. Chr., Sparta, Chorlyriker, ehem. 6 Bücher Gesänge. Nur Fragmente erhalten. – Ausg.: E. DIEHL, Anthologia Lyrica Graeca, B.T. ²1940, II, fasc. 5, 6–42; D. L. PAGE, Alcman, The Partheneion, Oxf. 1951 (Teilausg.). – Lit.: PAGE a.a.O. 102ff. – S. 223.

Altes Testament, s. S. 152ff.

AMBROSIUS, Bischof von Mailand, geb. um 335 in Gallien, gest. 4. April 397 in Mailand. Exegetisches: *Hexameron* (Fragmente eines Aurelanensis, übrige Hss. 2 Klassen, älteste der besseren: Cantabr. Corp. Chr. Coll. 193, 8. Jh.), *De paradiso* (Audom. 72, 8./9. Jh., Paris. lat. 1913, u.a.), *De Cain et Abel* (Senensis F V 8, 11. Jh. u.a.), *De Noe*, *De Abraham*, *De Isaac vel anima* (Paris. lat. 12137, 9. Jh., u.a.), *De bono mortis*, *De fuga saeculi*, *De Iacob et vita beata* (Audom. 72, Paris. lat. 1913, u.a.), *De Ioseph patriarcha*, *De patriarchis* (Boulogne s. mer 32, 7. Jh.), *De Helia et ieiunio*, *De Nabuthe*, *De Tobia*, *De interpellatione Iob et David* (Paris. lat. 1732, 8. Jh., u.a.), *Apologia prophetae David* (Remensis 352, 12. Jh., u.a.), *Enarrationes in XII psalmos* (über 100 Hss.), Auslegg. des Lukas (am besten Bobiensis, 7. Jh.). *Explanatio symboli*, *De sacramentis* (Sangallensis 188, 7./8. Jh., u.a.), *De mysteriis* (Remensis 376, 9. Jh., u.a.), *De paenitentia*, *De excessu fratris* (Boulogne s. mer 32, 7. Jh.), Trauerrede auf Valentinian (Audom. 72), auf Theodosius (Berol. theol. lat. 2° 908, 9. Jh., u.a.). *De officiis ministrorum* (Würzburg, Ms. theol. 7, 9. Jh., Monac. lat. 14641, 8./9. Jh.), *De spiritu sancto*, *De fide*, zahlr. Schriften über Jungfräulichkeit, Briefe, Hymnen. – Ausg.: Beste vollst.: Maurinerausgabe (J. DU FRISCHE u. N. LE NOURRY, Paris 1686/90). MIGNE, Patrol. lat. 14–17. Noch unvollständig C.S.E.L. 32, 62, 64, 73 (1897–1955) und C.C. 1957 (Lukasauslegg.). Hymnen ed. W. BULST, 1956. – Ed. princ. Basel 1492 (erste vollst.) – Lit.: Vorreden der Ausgg. – S. 351, 363, 528, 538.

AMMIANUS MARCELLINUS, geb. in Antiocheia, gest. wahrsch. in Rom, 4. Jh. n. Chr. *Rerum gestarum libri* XXXI (erhalten XIV–XXXI), Geschichte der Jahre 98–378 n. Chr. – Hss.: Von einem Archetypus gehen aus: ein Hersfeldensis, fast ganz verloren, von Froben für seine Ausgabe (Basel 1533) verwendet; ein Fuldensis, jetzt Vat. lat. 1873, von dem die 3 Hss.-Klassen x, y, z abstammen. – Ed. princ. Rom 1474. – Ausg.: C. U. CLARK, 2 Bde., Berlin 1910/15. – Lit.: C. U. CLARK, The text tradition of A. M., New Haven 1904. – S. 350, 363, 413, 541, 551.

ANAKREON, geb. auf Teos, 2. Hälfte 6. Jh. v. Chr., lebte in Abdera (Thrakien), Samos (bei Polykrates), Athen (bei den Peisistratiden). Urspr. 6 Bücher jambischer und elegischer Lieder. Nur Fragmente erhalten. – Ausg.: E. DIEHL, Anthologia Lyrica Graeca, B.T. ²1935, I, fasc. 4, 160–92. B. GENTILI, Rom 1958. – Lit.: C. M. BOWRA, Greek Lyric Poetry, ²Oxf. 1961, 268. – S. 33, 62, 223.

ANDOKIDES, ISAIOS, DEINARCHOS, ANTIPHON, LYKURGOS. Andokides ca. 440–390 v. Chr. in Athen, zeitweilig verbannt. Erhalten 4 Reden, darunter eine unechte (*Gegen Alkibiades*). – Ausg.: F. BLASS, B.T. ⁴1913. – Lit.: Vorrede der Ausg. – Hss. (Andokides, Iasaios usw.): Der Archetypus ist eine byz. Sammelhs., davon 2 Abschr.: Brit. Mus. Burney 95 (A, 13. Jh.) u. Bodl. Auct. T II 8 (N, 14. Jh.). S. 266f. – Ed. princ. Venedig 1513.

ANNA KOMNENE, Gattin des Cäsars Nikephoros Bryennios, geb. 1083, nach dem Tod ihres Gatten Nonne, gest. nach 1147. *Alexias*, Geschichte der Jahre 1069–1118 in 15 Büchern. – Hss.: Laur. plut. 70,2 und Coisl. 311 (beide 12. Jh.) u.a. S. 443f. – Ed. princ.: P. POSSIN, Paris 1649. – Ausg.: B. LEIB, Anne Comnène, Alexiade, Paris 1937–1945 (3 Bde.). – Lit.: G. BUCKLER, Anna Comnena, A study, Oxf. 1929. – S. 66, 443f., 449.

ANTHOLOGIA PALATINA, von Konstantinos Kephalas um 900 n. Chr. zusammengestellte Sammlung antiker Epigramme, von unbekanntem Redaktor erweitert (durch Christliches u.a.), von Planudes neu herausgegeben (1299). – Hss.: Palat. gr. Heidelb. 23 und Paris. Suppl. gr. 384 (zusammengehörend, 10. Jh.); Marc. gr. 481 (Autographon des Planudes), s. S. 227f., 246, Abb. des Parisinus S. 247. – Ed. princ.: J. Laskaris, Florenz 1494. – Ausg. v. H. BECKBY, München 1957/58. – Lit.: BECKBY in Ausg., Bd. I, 1957, s. auch S. 246. – S. 227f., 246f., 454ff., 500, 559

ANTIPHON, ältester attischer Redner, gest. 411 v. Chr., 6 Reden erhalten, darunter die sog. *Tetralogien*, deren Echtheit umstritten ist. – Hss., Ed. princ. s. unter Andokides u.a. – Ausg.: F. BLASS, B.T. [2]1881, u. Th. THALHEIM 1914. – Lit.: Vorreden der Ausgg.; L. GERNET, Ausg., Paris 1954, 16–25. – S. 266f.

ANTISTHENES, 1. Hälfte 4. Jh. v. Chr., Begr. der kyn. Schule. Erhalten 2 fingierte Reden (*Aias*, *Odysseus*). – Hss., Ed. princ., Ausg., Lit. s. unter Gorgias u.a. – S. 267.

APOLLONIOS RHODIOS, 1. Hälfte 3. Jh. v. Chr., in Alexandreia und Rhodos. Rhetorisches, Epigramme, erhalten *Argonautica* (Epos). – Hss.: 3 Klassen, s. S. 249f. – Ed. princ.: J. Laskaris, Florenz 1496. – Ausg.: H. FRÄNKEL, O.C.T. 1961. – Lit.: FRÄNKEL, Vorrede. – S. 226, 238, 249f., 564.

APPIANOS, 2. Jh. n. Chr., in Alexandreia, unter Hadrian und Ant. Pius in Rom. *Römische Geschichte* (gr., Ῥωμαϊκή), um 160 verf., von den Anfängen bis Trajan. – Hss.: Die 24 Bücher (vgl. Photios, *cod.* 57) sind z.T. nur in byz. Auszügen erhalten u. einzeln oder in Gruppen verschieden überliefert, z.B. Ἰβηρική, Ἀννιβαϊκή, Λιβυκή allein im Vat. gr. 141 (11./12. Jh). Für den Rest ist der Archetypus zu rekonstruieren aus Monac. gr. 374, Marc. gr. 387, Vat. gr. 134. S. 299. – Ed. princ.: C. Stephanus, Paris 1551 (teilw.), Genf 1557 (ganz erh. Bücher). Lat. Übers. durch P. C. Decembrio vor 1452. – Ausg.: L. MENDELSSOHN, P. VIERECK u. A. G. ROOS, B.T. 1905/39; H. WHITE, London 1928. – Lit.: F. SCHWARTZ, RE., N.B., 2. Bd. 1895, Sp. 216–237. S. 299.

L. APULEIUS, geb. in Madaura, 2. Jh. n. Chr. *Metamorphosen* (darin *Amor und Psyche*), *Apologia de magia pro se*, *Florida* (Reden), *De Platone et eius dogmate*, *De deo Socratis*, *De mundo* (Übersetzg.), Verlorenes. – Hss.: *Met.*, *Apol.*, *Flor.*: Laur. plut. 68,2 (F, 11. Jh., darin auch Tacitus, s. diesen), der Archetypus. *De deo Socr.*, *De Plat.*, *De mundo:* Archetypus verloren, 2 Hss.-Klassen, beste: Brux. 10054/6, 11. Jh. – Ed. princ.: J. A. de Buxis, Rom 1469. – Ausg.: *Met.* ed. D. ROBERTSON–P. VALETTE, 3 Bde., C.B. 1940–45, R. HELM, Bln. 1956; *Apol.* ed. R. HELM, B.T. [2]1912, veränd. Nachdr. 1959; *Flor.* ed. R. HELM, B.T. 1910, veränd. Nachdr. 1959; *De philosophia* ed. P. THOMAS, B.T. 1908. – Lit.: L. TEPE, Un nuovo codice di Apuleio nel De magia, G.I.F. 4, 1951, 214–25. – S. 344, 365, 535, 544, 560.

ARATOS, geb. in Soloi ca. 315 v. Chr., in Athen, am makedonischen und syrischen Königshof, gest. 240/39. Erhaltenes Hauptwerk: *Phainomena* (Beschreibung des Sternenhimmels in Hexametern). – Hss.: Dem Archetypus am nächsten: Marc. gr. 476 (M, ca. 1100), weitere Rezension im Scor. Σ III 3. S. 250f. – Ed. princ. Basel 1534. – Ausg.: E. MAASS, Bln. 1893; J. MARTIN, Florenz 1956. – Lit.: J. MARTIN, Histoire du texte des Phénomènes d'Aratos, Paris 1956. – S. 250f.

ARCHILOCHOS, lyr. Dichter, wahrsch. um 700 v. Chr., geb. auf der Insel Paros. Nur Fragmente erhalten. – Ausg.: E. DIEHL, Anthologia Lyrica Graeca, B.T. [3]1952 (fasc. 3), 1–48. – Lit.: A. HAUVETTE, Archiloque, sa vie et ses poésies, Paris 1905; F. LASSERRE, Les épodes d'Archiloque, Paris 1905. – S. 223.

Publius Aelius ARISTIDES (Ἀριστείδης) ca. 129–189 n. Chr., Rhetor, in Ägypten, Rom, Smyrna. 55 Reden u. 2 rhet. Lehrbücher erhalten. – Hss.: Paris. gr. 2951 u. Laur. plut. 60,3 (Γ, 9. Jh.) am besten. Andere Rezension Laur. plut. 60,7 (Δ, 12. Jh.). – Ed. princ. Florenz 1517 (Juntina, Reden) u. Venedig 1508/09 (Rhet Schr.). – Ausg.: W. DINDORF, B.T. 1829, [2]1898 (nur Bd. 2 durch B. KEIL); C. WALZ,

L. SPENGEL u. C. HAMMER, Rhetores Graeci, B.T. 1894ff. – Lit.: F. LENZ, Untersuchungen zu den Aristeides-Scholien, Problemata 8, Bln. 1934; ders., The Aristeides Prolegomena, Leiden 1959.

ARISTOPHANES, 2. Hälfte 5. Jh. in Athen. Ungef. 40 Komödien, erhalten 11: *Acharner*, *Ritter*, *Wolken*, *Wespen*, *Friede*, *Vögel*, *Thermophoriazusen*, *Lysistrate*, *Frösche*, *Ekklesiazusen*, *Plutos*. – Hss.: Bester Repräsentant des Archetypus: Rav. gr. 137 (R, 10. Jh.), dazu zwei spätere Klassen. S. 278f. – Ed. princ. Venedig 1498. – Ausg.: V. COULON, C.B. 1923–30. – Lit.: R. CANTARELLA, Aristofane, Le commedie II, Mailand 1953, 29–54. – S. 61, 74, 223, 237ff., 273f., 278f., 564.

ARISTOTELES, geb. 384 v. Chr. in Stageiros, lebte meist in Athen, gest. 322 in Chalkis. *Organon* (*Κατηγορίαι, Περὶ ἑρμηνείας, Ἀναλύτικα πρ. κ. ὕστ., Τοπικά, Σοφιστικοὶ ἔλεγχοι*), *Physik*, *Metaphysik*, *Ethik* (*Nikomachische*, *Eudemische*), zahlreiche naturwiss., ethische, staatswiss. u. rhetorische Schriften. – Hss.: Die ma. Archetypi gehen auf die Ausg. des Andronikos von Rhodos zurück, s. S. 230ff. P. Lit. Lond. 108 hat die Schrift vom Staat der Athener zum Vorschein gebracht. Arabische Tradition bedeutend, S. 232. – Ed. princ.: Venedig 1495–98. – Ausg.: Berliner Akademieausgabe von I. BEKKER, 1831–1870, 2. Auflage bes. v. O. GIGON, Berlin 1960ff. Alle Werke liegen in Einzelausgaben vor. – Lit.: S. 232. Bde. I u. II der Ausg. GIGON enthalten Hss.-Verz. und alle Ausgg. seit BEKKER mit Angabe der verwendeten Hss. – S. 32, 44, 62, 217ff., 230ff., 236, 304, 334, 367, 461, 528, 551, 556, 570.

Flavius ARRIANUS, geb. ca. 95 n. Chr., aus Nikomedia (Bithynien), in Nikopolis bei Epiktet, in Athen als Archon Eponymos, Statthalter von Kappadokien, gest. 175 n. Chr., Herausgeber der Werke Epiktets. Neben den geographischen Schriften (*Περίπλους Εὐξείνου Πόντου, Ἰνδικά*) u. militärischen (*Τέχνη τακτική*) historische, bes. wichtig *Alexanders Perserzug* (*Ἀνάβασις Ἀλεξάνδρου*). – Hss.: Die ca. 40 hangen alle vom Vind. hist. gr. 4 ab. Vgl. Photios, *cod.* 91–93. – Ed. princ. Venedig 1535 bei J. F. Trincavelli. – Ausg.: A. G. ROOS, B.T. 1907/28; *Indika* ed. P. CHANTRAINE, C.B. ²1952. – Lit.: F. SCHWARTZ, RE., N.B., 2. Bd. 1895, Sp. 1230–47. – S. 288f., 299.

Äsop, s. unter Aisopos.

ATHANASIOS der Große, Bischof von Alexandreia, 295–373. Reden gegen die Heiden, gegen die Arianer (u. *Apol.*), *Epistula encyclica* an die Bischöfe, *Epistula* über die nizänische Synode, 13 *Osterbriefe*, Verlorenes. – Hss.: S. 496ff. – Ed. princ.: P. Felckmann, Heidelberg 1601. – Ausg.: MIGNE, Patrol. gr. 25–28. Neue krit. Ausg. bei der Berliner Akad. im Erscheinen (1934ff.). – Lit.: E. SCHWARTZ, Zur Geschichte des Athanasius, Ges. Schr. III, Berlin 1959; H.-G. OPITZ, Untersuchungen zur Überlieferung der Schriften des Athanasius, Berlin 1935. – S. 453, 496ff., 503, 505.

ATHENAIOS, Grammatiker aus Naukratis (Ägypten), Anf. 3. Jh. n. Chr. in Rom. Verloren die *Geschichte der syrischen Könige*, im Auszug erhalten das Gelehrtengastmahl (*Δειπνοσοφισταί*), eine bunte Sammlung von Material und Fragmenten aus der gr. Lit. In byz. Zeit mehrfach epitomiert, s. S. 302f. – Hss.: Marc. gr. 447 (spätbyz. Form), verstümmelt. S. 303. – Ed. princ. Venedig 1514. – Ausg.: G. KAIBEL, B.T. 1887/90; A. M. DESROUSSEAUX, C.B. 1956 (erst Buch I u. II). – Lit.: G. WENTZEL, RE., N.B., 2. Bd. 1895, Sp. 2026–2033. – S. 234., 302f., 564.

Aurelius AUGUSTINUS, geb. 13. Nov. 354 in Thagaste in Numidien, gest. 28. Aug. 430 in Hippo Regius. Werke (unvollständig!): *Soliloquia*, *Contra Academicos*, *De beata vita*, *De musica*, *De magistro*, *De libero arbitrio*, *De doctrina christiana*, *De vera religione*, *Enchiridion ad Laurentium*, *De catechizandis rudibus*; Briefe; Exegetisches, bes. div. Schriften *De genesi*, *Enarrationes in psalmos*, *De consensu evangelistarum*, *De sermone domini in monte*, *Tractatus CXXIV in Joannis evangelium*; Predigten; zahlreiche ethische Traktate; Schriften gegen Manichäer, Arianer, Donatisten u. bes. Pelagianer; *Re-*

tractationes. Hauptwerke: *De civitate dei*, *De trinitate*, *Confessiones*. – Hss.: Zu *De civ. dei* s.S.418ff. Älteste Hss.: *Conf.:* Rom, B.N., Sessorianus 55 (2099), 6./7.Jh.; *De trin.:* Bodl. Laud. misc. 126 und Kapitelbibliothek von Cambrai 300, beide 8.Jh.; *Enarr. in ps.:* Kap.bibl. Köln 63,65,67, Orléans 45–47 (42–44), Paris.lat. 12171–12183, alle 9.Jh. und vollständig. *De doctr. chr.:* Leningrad Q.v.I,3, 5.Jh.; *Enchiridion:* Bambergensis B IV 21, 6.Jh.; *De gen. ad litt.:* Rom, B.N., Sessorianus 13 (2094), 6.Jh.; *De cons. ev.:* Lyon 478 (408), 6.Jh.; *De serm. dom.:* Cantabr. Add. 4320, 6.Jh.; *Sermones*, *Epistulae:* Paris.lat. 11641, 7.Jh.; div. ethische Schriften: Vat.Palat.lat. 210, 6./7.Jh. – Ed. princ.: Erasmus, Basel 1506 (erste vollst.). – Ausg.: Hervorragend, obschon veraltet: Maurinerausgabe (Th. BLAMPIN u. P. CONSTANT u.a., Paris 1679–1700), nachgedr. bei MIGNE, Patrol.lat. 32–47. Noch unvollst. C.S.E.L., 19 Bde., 1887–1956, C.C. 36 (*Joh.-Traktate*, 1954), 38–40 (*Enarr. in ps.*), 47/48 (*De civ. dei*). – Lit.: Miscellanea Agostiniana, Testi e Studi, Bd.2, Rom 1931, 235ff.: E.A. LOWE, The oldest extant manuscripts of saint Augustine; 257ff.: A. WILMART, La tradition des grands ouvrages de saint Augustin. – S.192f., 334, 354, 361, 363, 418ff., 527f., 571.

BAKCHYLIDES, geb. in Julis auf Keos (5.Jh.v.Chr.), gr. Chorlyriker, teils in Griechenland, teils auf Sizilien. – Erhalten umfangreiche Reste der *Epinikien* und *Dithyramben*, geringere der übrigen Gedichte. – Hss.: Bes. wichtig zwei zus.gehörende Papyrusrollen, seit 1896 im Brit. Mus. (Pap. A, ca. 100 n.Chr.). – Ed. princ. London 1897 (F.G. KENYON). – Ausg.: B. SNELL, B.T. [3]1958. – Lit.: Vorrede der Ausg. v. SNELL. – 32, 46, 79, 81, 223.

BARLAAM UND JOASAPH, die Buddha-Legende in christlichem Gewande, verbreiteter Erbauungsroman des MA. Verfasser des gr. Textes Joannes Damaskenos. – Hss.: S. 465ff. – Ed. princ. Fr. BOISSONADE, Anecdota Graeca IV, Paris 1832. – Lit.: F. DÖLGER, Der griechische Barlaam-Roman, ein Werk des hl. Johannes von Damaskos, Ettal 1953. – S.441, 465ff., 495.

BASILEIOS der Große, Bischof von Kaisareia, ca. 330–379. Asketisch-moralische Schriften, Homilien, Briefe, *Contra Eunomium*, *De spiritu sancto*, *Πρὸς τοὺς νέους* (Mahnrede an die Jugend) u.a. – Hss.: *Ascetica* syrisch im Lond. Add. 14544 (5./6.Jh.) u.a., lat. im Sessorianus 55 (Rom, B.N. 2099), gr. erst ab 10.Jh., S.498ff. – Ed. princ. Basel 1532 (Sammelausg. des Erasmus). – Ausg.: MIGNE, Patrol. gr. 29–32, Paris 1857 (Nachdruck der Maurinerausgabe, Paris 1721–30). – Lit.: J. GRIBOMONT, Histoire du texte des Ascétiques de S. Basile, Louvain 1953; S.Y. RUDBERG, Études sur la tradition manuscrite de S. Basile, Uppsala 1953; J.-M. RONNAT, Basile le Grand, Paris 1955. – S.496, 498ff., *501*.

BELISAR-LIED, epische Dichtung, wahrsch. der spätbyz. Zeit, über den justinianischen General Belisarios, aber mit zeitkritischen Tendenzen. – Hss.: Beste ist der Vind.theol.gr.244, 3 weitere Versionen s.S.478. – Ed.princ.: Venezianisches Volksbuch, viell. 1525 (gereimte Version). – Ausg.: W. WAGNER, Carmina graeca medii aevi, Lpzg. 1874, 304–378 (I–III) und R. CANTARELLA, Studi bizantini e neoellenici 4, 1935, 153–202. – Lit.: S.478, Anm.46. – S.477ff.

BELTHANDROS UND CHRYSANTZA, byz. Roman ritterlichen Gepräges (1348 Fünfzehnsilber). – Hs.: Paris.gr. 2909 (codex unicus). – Ed. princ.: A. ELLISSEN, Analekten V, Lpzg. 1862. – Ausg.: E. KRIARAS, *Βυζαντινὰ ἱπποτικὰ μυθιστορήματα*, Athen 1955, 101–127. – S. 480.

BENEDICTUS von Nursia, geb. in Nursia (Norcia) im Appennin ca. 480 n.Chr., gest. auf Monte Cassino 547. Werk: *Regula*. Hss.: 3 Fassungen überliefert. 1.Fassg. (original) Sangallensis 914 u.a., 2.Fassg. geglättet, verdeutlicht, 3.Fassg. Mischtext aus 1 und 2, nachmals textus receptus. – Ausg. v. R. HANSLIK, C.S.E.L. 75, 1960. – Lit.: S. BRECHTER, Revue Bénédictine 1938, 89–135; R. HANSLIK, Vorrede der Ausg. – S.514.

Bibel, s. S. 151 ff.

BOETHIUS, Anicius Manlius Severinus, geb. ca. 480 n.Chr. in Rom, gest. 524 in Calvenzano. *Institutio arithmetica*, *oratoria*, *musica;* Kommentare zu den *Kategorien* u.a. Schriften des Aristoteles, zur *Εἰσαγωγὴ εἰς τὰς Ἀριστοτέλους κατηγορίας* des Porphyrios, zu Ciceros *Topik;* zahlr. Abhandlgn. zur Logik; theolog. Korpus, darin u.a. *De trinitate*; *De consolatione philosophiae*. – Hss.: Bei den phil. Werken von Schrift zu Schrift verschieden. Logische Arb. s.S. 420f.; theol. Korpus: 4 Kl., Hauptvertreter Paris. lat. 7730 (9. Jh.) u. 12949 (9. Jh.), Augiensis XVIII (Karlsruhe, 9. Jh.), Monac. lat. 14370 (10. Jh.). *De cons. phil.:* Paris. lat. 7181 (10. Jh.) u. Monac. lat. 18765 (10. Jh.) u.a., s. S. 421. – Ed. princ.: H. Glim, Savigliano ca. 1470 (nur *De cons. phil.*), Venedig 1491/2 (alles). – Ausg.: *Inst. arith.*, *Inst. mus.* ed. G. FRIEDLEIN, Lpzg. 1867; Kommentar zur *Eisagoge* des Porph. ed. S. BRANDT, C.S.E.L. 48, 1906; Theologica edd. E.K. RAND u. H.K. STEWART, London 1926; *De cons. phil.* ed. W. WEINBERGER, C.S.E.L. 67, 1934, und K. BÜCHNER, ²Hdbg. 1960. – Lit.: E.J. DALY, An early 9th cent. ms. of Boethius, Scriptorium 4, 1950, 205–219. Ausgg. u. Lit. s. auch S. 421. – S. 311, 354, 365 ff., 370, 372, 388, 420 ff., 532.

C. Julius CAESAR, geb. 13. Juli 100 v.Chr., gest. 15. März 44 v.Chr. *Commentarius de bello Gallico* und *de bello civili*. Verloren u.a. *De analogia*, *Anticatones*, Reden, Briefe. – Hss.: Zwei Rezensionen α und β. α nur *Bellum Gallicum* (ältester Kodex: Amstelodamensis 81, 9./10. Jh.), β mit beiden *Commentarii* und (unechten) Fortsetzern (Paris. lat. 5764, 10. Jh., u.a.), s. S. 385. – Ed. princ.: J. A. de Buxis, Rom 1469. – Ausg. v. A. KLOTZ, 3 Bde. (3. Bd. die Fortsetzer), B.T., *Bell. Gall.* ⁴1952, *Bell. civ.* ²1950. – Lit.: K. BARWICK, Ist der Cäsartext heillos interpoliert? Rh. Mus. 1942, 28–51; S. LUNDSTRÖM, Scriptorium 5, 1951, 301–3. – S. 63 ff., 332, 385.

CASSIODORUS, Flavius Magnus Aurelius, geb. ca. 480 n.Chr. in Scyllacium, gest. ca. 575 in Vivarium. *Chronik* (von Adam bis 519 n.Chr), *Variae*, *De anima*, *Psalmenkommentar*, *Complexiones in epist. et acta apostolorum et apocalypsin*, *Institutiones* (über die Ausbildung der Kleriker), *De orthographia*, *Historia ecclesiastica tripartita* (Kompilation gr. Kirchenhistoriker), Fragmente, Verlorenes. – Hss.-Verhältnisse sehr kompliziert und ausgedehnt. – Ed. princ.: *Psalmen* Basel 1491, *Hist. eccl.* G. Wolff, Paris 1490 (?). Ausg.: MIGNE, Patrol. lat. 69/70, 1865; *Variae* ed. Th. MOMMSEN, Monumenta Germaniae Historica, Auct. ant. 12, Berlin 1894; *Psalmen* C.C. 97/98, 1958; *Institutiones* ed. R. A. B. MYNORS, Oxf. 1937. *Hist. eccl.* C.S.E.L. 71, 1952. – Lit.: H. BLUM, Über den Codex Amiatinus und Cassiodors Bibliothek in Vivarium, Zentr. bl. f. Bibl.-wesen 64, 1950, 52–57; W. JACOB, Die hs. Überliefrg. der sog. Historia tripartita des Epiphanius-Cassiodor, Texte u. Unters. 59, 4, Bln. 1954. – S. 49, 54, 67, 194, 351, 364, 366 ff., 372, 514, 527, 535.

Cassius Dion s. unter Dion

C. Valerius CATULLUS, geb. ca. 87 v.Chr. in Verona (?), gest. 54 v.Chr. Werke: *Carmina*. – Hss.: Aus einem verlorenen Veronensis stammen alle Hss. Beste: Bodl. Can. class. lat. 30 (O), Vat. Ottob. lat. 1829 (R), Paris. lat. 14137 (G). S. 389 f. – Ed. princ. Venedig 1472. – Ausg. v. M. SCHUSTER u. W. EISENHUT, B.T. ²1958; R. A. B. MYNORS, O.C.T. 1958. – Lit.: Vorrede der Ausg. MYNORS. – S. 47, 324 f., 330, 389 f., 400, 523, 552.

M. Tullius CICERO, geb. 3. Januar 106 v.Chr. in Arpinum, gest. 7. Dezember 43 v.Chr. in Rom. Reden (u.a. gegen Verres, Catilina, *Philippicae*), wovon auch verlorene; *Libri rhetorici*, *De oratore*, *Partitiones oratoriae*, *Brutus*, *Orator ad M. Brutum*, *De optimo genere oratorum*, *Topica;* Briefe *ad familiares*, *ad Quintum fratrem*, *ad Atticum*, *ad Brutum*, verlorene; *De republica*, *De legibus*, *Paradoxa Stoicorum*, *Academica*, *De finibus bonorum et malorum*, *Tusculanae disputationes*, *De natura deorum*, *Cato maior de senectute*, *De divinatione*, *De fato*, *Laelius de amicitia*, *De officiis*, Verlorenes (u.a. *Hortensius*, Übersetzungen v. Xenophon und Platon). Verloren oder fragmentarisch erhalten historische Schriften, Dichtungen (auch Übersetzgn. v. Dichtung). – Hss.: Rhetorische Werke 2 Familien, s. S. 381. Briefe: Laur.plut. 49,9 (vollständig, 9./10.Jh.) u.a. Philosoph. Werke: Vollständig sind Voss.lat. 84 (11.Jh.) und 86 (12.Jh.), Marc.lat. 257 (10.Jh.). Zu *Tusc.* und *De rep.* s.S.381ff. – Ed.princ.: *De off.*, *Parad.*, Fust u. Schoeffer, Mainz 1465, einzelne Werke Subiaco 1465, Köln 1466, Rom 1467, 1469, 1470, 1471, Venedig 1470. Vierbändig A.Minutianus, Mailand 1498/99. – Ausg.: Reden edd. A.C.CLARK u. W.PETERSEN, 6 Bde., Oxf. 1901ff., noch unvollständig in C.B. und B.T. Rhetorische Schriften ed. A.S.WILKINS, 2 Bde., Oxf. 1902f., z.T. auch C.B. (H.BORNECQUE). Briefe edd. R.TYRREL u. L.PURSER, 7 Bde., London 1899–1918. *De rep.* ed. K.ZIEGLER, B.T. [5]1960. *De leg.* ed. K.ZIEGLER, Hdbg. 1950. *Paradoxa*, *Acad.*, *Timaeus*-Übersetzg., *De nat.deorum*, *De div.*, *De fato* ed.O.PLASBERG, B.T. 1908/11. *De finibus* ed. J.MARTHA, C.B. 1955, 2 Bde. *Tusc.* edd. O.HEINE u. M.POHLENZ, B.T. 1957. *Cato maior* ed. C.SIMBECK, B.T. 1917. *Laelius* ed. L.LAURAND, C.B. 1957. *De off.*, *De virtutibus* edd. K.ATZERT u. O.PLASBERG u. W.AX, B.T. 1958. Dichtungen ed.W.W.EWBANK, London 1933. – Lit.: S.381ff. – S.381–384, übrige Stellen im Personenregister.

Clemens s. unter Klemens

Caecilius CYPRIANUS, geb. Anf. 2.Jh.n.Chr. in Afrika, gest. 13.Sept. 258 in Karthago. *Ad Donatum*, *De habitu virginum*, *De lapsis*, *De catholicae ecclesiae unitate*, *De dominica oratione*, *Ad Demetrianum*, *De mortalitate*, *De opere et eleemosynis*, *De bono patientiae*, *De zelo et livore*, *De exhortatione martyrii*, *Quod idola dii non sint*, Briefe. – Hss. äußerst zahlreich, vollständig nur späte wie Vat.Chigi A VI 177. Textgeschichte der Schriften noch wenig erforscht, Briefe durch VON SODEN in vier Hauptgruppen aufgeteilt. – Ed. princ. Rom 1471. – Ausg.: C.S.E.L. 3, 1–3, 1868–71. – Lit.: H. v. SODEN, Die cyprianische Briefsammlung, Texte und Untersuchungen 25, 3, 1904. – S.191, 360.

DEINARCHOS, attischer Redner, 2.Hälfte 4.Jh.v.Chr., Athen. Erhalten 3 Reden (zum Harpalosprozeß). – Hss. u. Ed. princ. s. unter Andokides u.a. – Ausg.: F.BLASS, B.T. [2]1888. – Lit.: Vorrede der Ausg. – S. 266f.

DEMOSTHENES, 384–322 v.Chr., Athen. Erhalten 61 Reden (einige unecht), 56 Prooimien, 3 Briefe. – Den Vulgathss. steht der Paris.gr. 2934 (S, 10.Jh.) gegenüber, dessen knapperer Text nicht besser, sondern mittelalterlicher Herkunft ist, s. S. 262ff. Die Gruppen der Vulgathss. s. S. 264. – Ed. princ. Venedig 1504. – Ausg.: C.FUHR–J.SYKUTRIS, B.T. 1914–37, u.a., s.S.264. – Lit.: Vorreden der Ausgg. u.a., s.S.264, dazu D.IRMER, Der Primat des Codex S im Corpus Demosthenicum, Diss. Hamburg 1961 (ungedr.). – S.32, 36, 79, 262ff., 564, 570.

DIDACHE *(Διδαχὴ τῶν δώδεκα ἀποστόλων)*, die sog. *Lehre der zwölf Apostel*, eine Art Katechismus für die christl. Lebensführung. – Hs.: Hier.Patr. 56 (11.Jh.), codex unicus, 1873 entdeckt; Fragment: P.Ox.XV, 1782. S.494f. – Ed.princ.: PH.BRYENNIOS, Konstantinopel 1883. – Ausg.: Sämtliche Ausgg. der Apostolischen Väter, separat TH.KLAUSNER, Florilegium Patristicum 1, 1940. – Lit.: B.ALTANER, Patrologie, [5]Frbg.i.Br. 1958, 43–46. – S.494f.

DIGENIS AKRITAS, das byz. Nationalepos vom Grenzkämpfer *(ἀκρίτης)* Digenis und seinen Helden- und Liebesabenteuern an der Euphratgrenze des Reiches. Längste Version ca. 4700 Fünfzehnsilber. Grundstock der erhaltenen Versionen aus dem 12./13.Jh. – Hss.: Hauptversionen: Grottaferrata: Z α XLIV (14.Jh.); Andros: Athen, Nat.bibl. 1074 (16.Jh.); Trapezunt: Cod.saec. 16 des Sumela-Klosters, Schicksal dieser Hs. unbekannt; Escorial Ψ IV 22 (16.Jh.). S.474f. – Ed. princ.: Grott. ed. E.LEGRAND, Bibliothèque grecque vulgaire VI, Paris 1892; Andr. ed. A.MELIARAKES, Athen 1881; Trap.edd. C.SATHAS u. E.LEGRAND, Paris 1877;

Esc. ed. D. C. HESSELING, *Λαογραφία* 3, 1912, 337–604. – Ausg.: P. P. KALONAROS, *Βασίλειος Διγενὴς Ἀκρίτας*, Athen 1941 (2 Bde.). – Lit.: H. GRÉGOIRE, *Ὁ Διγενὴς Ἀκρίτας*, N.Y. 1942; J. MAVROGORDATO, Digenes Akrites, Oxf. 1956; s. auch S. 475, Anm. 45. – S. 474ff., 479, 482f.

DIOGENES LAERTIOS, um 220 n. Chr., aus Kilikien. 10 Bücher zur Geschichte der griechischen Philosophie. – Hss.: Die Textform des 9. Jh. in zwei Strängen erhalten: Neapol. Burb. III B 29 u. Paris. gr. 1759, Laur. plut. 69,13. Ma. Überlieferg. äußerst kompliziert. S. 306f. – Ed. princ.: Froben, Basel 1533. – Ausg.: C. G. COBET, Paris 1878. – S. 30, 44, 234, 246, 288f., 293, 306f., 567.

DION CHRYSOSTOMOS, ca. 40–120 n. Chr., von Prusa (Bithynien), Redner. 80 Reden erhalten, rhet., phil., hist. Schriften verl. – Hss.: Urbin. gr. 124, 11. Jh., und Paris. gr. 2958, 14./15. Jh., u. a. gehen auf die Schulausg. des Arethas zurück, Vat. gr. 99 und Photios (*cod.* 209) bewahren die Anordnung der spätantiken Ausg. S. 295f. Ed. princ.: F. Turrisanus, Venedig 1551. – Ausg.: J. VON ARNIM, Bln. 1893/96. – Lit.: W. SCHMID, RE., N.B., 5. Bd. 1905, Sp. 848–877. – S. 288, 294ff., 564.

Cassius DION Cocceianus, ca. 150–235 n. Chr., aus Nikaia in Bithynien. *Biographie Arrians* verloren, erhalten *Römische Geschichte (Ῥωμαϊκά)* von Aeneas bis in die Gegenwart. – Hss.: Von den urspr. 80 Büchern sind 36 bis 60 (68 v.–47 n. Chr.) im Laur. plut. 70,8 und Marc. gr. 395 erhalten. Wo diese lückenhaft, die jüngeren Vat. gr. 144, Paris. gr. 1690, Laur. plut. 70, 10. Reste aus Bch. 78 u. 79 im Vat. gr. 1288 (5./6. Jh., Abb. 59), die übrigen Bücher in byz. Auszügen und Fragmenten. S. 303. – Ed. princ.: Xiphilinos, Paris 1548. – Ausg.: U. P. BOISSEVAIN, Bln. 1895–1931 (Neudruck 1955). – Lit.: F. SCHWARTZ, RE., N.B., 3. Bd. 1897, Sp. 1684–1722. – S. 244, 292, 303, 440, 564.

DIONYSIOS «AREOPAGITES», Pseudonym für einen viell. syr., mystisch-theologischen Autor zw. 485 und 515. *Über die göttlichen Namen, die himmlische Hierarchie, die kirchliche Hierarchie, die mystische Theologie.* – Ed. princ.: Florenz 1516. – Ausg.: MIGNE, Patrol. gr. 3/4; *Himml. Hier.* ed. G. HEIL u. a., Paris, 1958. – Lit.: R. ROQUES, P. SHERWOOD, A. RAYEZ u. a. in: Dictionnaire de Spiritualité III, Paris 1957, Sp. 244–429, bes. 291ff.

DIONYSIOS von Halikarnass, 1. Jh. v. Chr., wirkte zw. 30 und 7 v. Chr. in Rom, Geschichtsschreiber und Rhetor. *Antiquitates Romanae* (gr.), nur teilw. erhalten, *De compositione verborum* (gr.), grammatisches Hauptwerk. – Hss.: 3 Klassen: Paris. gr. 1741 (12. Jh.), 1742 (10. Jh.), Laur. plut. 59,15 (12. Jh.). S. 295. – Ed. princ. Paris 1546. – Ausg.: C. JACOBY, 4 Bde. 1885–1905. – S. 267, 288, 294f.

EIRENAIOS von Lyon (Irenäus), geb. vor 142 n. Chr. in Kleinasien. *Adversus haereses* (*Ἔλεγχος καὶ ἀνατροπὴ τῆς ψευδονύμου γνώσεως*, «Prüfung und Widerlegung der fälschlich sog. Gnosis»), *Ἐπίδειξις τοῦ ἀποστολικοῦ κηρύγματος* («Erweis der Zuverlässigkeit der apostol. Verkündigung»), andere Schriften verloren. – Hss.: Fragmente bei den Kirchenvätern, in den Katenen, auf Papyrus. *Adv. haer.* in lat. Übers. in zahlr. Hss., *Epideixis* 1904 in arm. Übers. gefunden. S. 495. – Ed. princ.: N. Gallasius, Paris 1570 (Fragmente). – Ausg.: W. HARVEY, Cambridge 1857 (Neudruck 1949). *Epideixis* edd. A. v. HARNACK u. a., Lpzg. 1907. – Lit.: F. R. M. HITCHKOCK, Irenaeus of Lugdunum, Cambr. 1914 (2 Bde.). – S. 495.

EPIKTETOS, ca. 60–140 n. Chr., Freigelassener, in Rom, ab 89 in Nikopolis (Epirus). Sein Werk ist in der Nachschrift und Ausgabe Arrians teilw. erhalten: *Handbüchlein (Ἐγχειρίδιον)* und *Unterredungen* (*Dissertationes*, *Ἀπομνημονεύματα*). – Hss.: Bodl. gr. misc. 251 (11./12. Jh.), geht zurück auf die Ausg. des Arethas. Vgl. Photios, *cod. 58*. S. 298f. – Ed. princ.: V. Trincavelli, Venedig 1535. – Ausg.: H. SCHENKL, B.T. ²1916; J. SOUILHÉ, C.B., bisher I, 1948, II, 1949. – Lit.: J. VON ARNIM, RE., N.B., 6. Bd. 1909, Sp. 126–131. – S. 288f., 298f., 570.

EROTOPAIGNIA, Sammlg. byz. Liebesdichtung, von W. WAGNER irrtümlich «Rhodische Liebeslieder» genannt. – Hs.: Lond. Add. 8241 (15. Jh., Abb. 68). – Ed. princ.: W. WAGNER, 'Αλφάβητος τῆς ἀγάπης, Lpzg. 1879. – Ausg.: D. C. HESSELING u. H. PERNOT, 'Ερωτοπαίγνια (Chansons d'amour), Paris u. Athen 1913. – S. 482, 490 ff.

EURIPIDES, vermutl. 486–406 v. Chr., in Athen, zuletzt Makedonien. Gegen 100 Dramen, 19 erhalten: *Alkestis*, *Andromache*, *Bakchen*, *Hekabe* u. *Orestes* u. *Phönizierinnen* (sog. Trias), *Hippolytos*, *Medeia*, *Troerinnen*, *Rhesos* (unecht). *Helena*, *Elektra*, *Herakliden*, *Herakles; Die Schutzflehenden ('Ικετίδες)*, *Iphigeneia in Aulis*, *Iphigeneia in Tauris*, *Ion*, *Kyklops* (Satyrspiel). – Hss.: Die ersten 10 Tragödien sind kommentiert überliefert, und zwar in mehreren Hss.-Gruppen, die (mit einer Ausnahme) nicht älter als das 12. Jh. sind. Die andern 9 Stücke sind im Laur. plut. 32,2 (L, nach 1300) überliefert. S. 276 u. 278. – Ed. princ.: J. Laskaris (*Med.*, *Hipp.*, *Alk.*, *Andr.*), Florenz 1496, vollst. Venedig 1503. – Ausg.: G. MURRAY, O.C.T. 1901–09. – Lit.: A. TURYN, The Byzantine manuscript tradition of the tragedies of Euripides, Illinois 1957; s. auch S. 278. – S. 33, 36, 61 f., 75, 219, 223, 237, 273, 276, 278, 314, 551.

EUSEBIOS, Bischof von Kaisareia, gest. 339 n. Chr. *Kirchengeschichte* in 10 Büchern, *Chronik*, *Vita Constantini* (gr.), Exegetisches, Apologetisches (*Praeparatio* und *Demonstratio evangelica*, gr.). – Hss.: *Hist. eccl.* 7 Hss. (9.–11. Jh.) u. syr. Übers.; *Chronik* ganz nur armenisch überliefert, lat. in der Bearbeitung des Hieronymus im Bodl. Auct. T II 26 (5. Jh.); Exegetisches im Vat. gr. 1456, 12. Jh.; *Praep. ev.* 2 Rezensionen, ältere Paris. gr. 451 (Bücher I–V); *Dem. ev.* im Paris. gr. 469 (12. Jh.). – Ed. princ.: R. Stephanus, Paris 1544 (*Hist. eccl.*, *Praep. ev.*), 1545 (*Dem. ev.*). – Ausg.: *Hist. eccl.* ed. E. SCHWARTZ, Lpzg. 1903–09 (3 Bde.), *Vita Const.* ed. I. A. HEIKEL, Lpzg. 1902, *Praep. ev.* ed. K. MRAS, Bln. 1954/6, *Dem. ev.* ed. I. A. HEIKEL, Lpzg. 1913, *Chronik* ed. R. HELM, Bln. 1956. – Lit.: R. LAQUEUR, Eusebius als Historiker seiner Zeit, Berlin 1929; H. BERKHOFF, Die Theologie des Eusebius, Amsterdam 1939. – S. 49, 163, 304, 306, 361, 432 ff., 495, 502, 539.

GALENOS, 129 bis gegen 200 n. Chr., aus Pergamon, in Alexandrien, Pergamon, Rom. Von 150 medizinischen Schriften 80 erhalten. – Hss.: Vind. med. gr. 1 (Dioskurides), Wolfenbütteler Palimpsest von Περὶ τῶν ἐν ταῖς τροφαῖς δυνάμεων (5./6. Jh.), sonst gr. Hss. auffallend jung (15. Jh.), lat. etwas älter, vor ihnen syrische und arabische Versionen. – Ed. princ. Venedig 1490 (lat.), 1525 (gr.). – Ausg.: C. G. KÜHN, Lpzg. 1821–33; C.M.G. V,4 (1923), 9 (1914/15), 10 (1934/36/51). – Lit.: H. DIELS, S.ber. Akad. Bln. 1905, 58 ff.; J. MEWALDT, RE., N.B., 13. Hbb. 1910, Sp. 578–591. – S. 61, 233, 241 f., 293.

GEORGIOS MONACHOS, Verfasser einer der berühmtesten Weltchroniken des byz. Reiches, von Adam bis 842 reichend, vollendet nach 867. – Hss.: Coisl. 310 (A, 10. Jh.) u. 305 (P, 11. Jh.) u. a., s. S. 439. – Ed. princ.: E. MURALT, St. Petersburg 1859. – Ausg.: C. DE BOOR, Georgii Monachi Chronicon, Lpzg. 1904 (2 Bde.). – Lit.: G. MORAVCSIK, Byzantinoturcica I, [2]Berlin 1958, 277–280. – S. 436 f., 439, 442.

GLYKAS, MICHAEL, byz. Chronist und Amateurtheologe, einer der ersten greifbaren Schriftsteller, der sich der Volkssprache bedient. *Chronik* von der Weltschöpfung bis 1118, Gedicht über die Leiden in seiner Haft. – Hss.: *Chronik* noch nicht kritisch ediert, sehr große Zahl von Hss. Gedicht im Paris. gr. 228 (13. Jh.). S. 441, 485. – Ed. princ. der Chronik: PH. LABBE, Paris 1660. – Ausg.: I. BEKKER, Michaelis Glycae annales, Bonn 1836; Gedicht ed. E. TH. TSOLAKES, Thessalonike 1959. – Lit.: K. KRUMBACHER, Michael Glykas, München 1894. – S. 441, 485 f.

GORGIAS, ALKIDAMAS, ANTISTHENES. Gorgias geb. 483 v. Chr. in Leontinoi (Sizilien), gest. 376, in Athen, später Thessalien. Erhalten 2 Musterreden (*Helena*, *Palamedes*). Ausg. auch bei DIELS, Vorsokratiker (s. diese). – Gorgias, Alkidamas,

Antisthenes: Hss.: Brit. Mus. Burney 95 (13. Jh.) und Palat. Heidelb. 88 (12. Jh.). S. 267. – Ed. princ. Venedig 1513. – Ausg.: F. BLASS, Anhang zur Antiphonausg., B.T. [2]1881. – Lit.: Vorrede der Ausg. – S. 267.

GREGORAS, NIKEPHOROS, byz. Historiograph, theol. Polemiker, Hagiograph, Essayist, ca. 1290–1360. Hauptwerk: *Römische Geschichte* in 37 Büchern über die Jahre 1204–1359. – Hss.: z. B. Vat. gr. 164, 165, 1095 (14. Jh.). – Ed. princ. (Bücher 1–11): H. Wolf, Basel 1562. – Ausg.: L. SCHOPEN, 2 Bde., Bonn 1829/30. – Lit.: G. MORAVCSIK, Byzantinoturcica I, [2]Bln. 1958, 450–453. – S. 447 f., 465, 504.

GREGORIOS von Nazianz, frühbyz. Kirchenvater, ca. 329/30 bis ca. 390, einer der drei großen Kappadokier. 45 Reden dogmatischen Inhalts u. Predigten, Briefe, zahlr. Gedichte. – Hss.: Dogmatisches im Paris. gr. 510 (8./9. Jh.), Ottob. gr. 424 u. a. Predigten z. T. in liturgischer Überlieferg., Dichtungen in der *Anthologia Palatina* (s. diese). S. 500. – Ed. princ. Basel 1550. – Ausg.: MIGNE, Patrol. gr. 35–38, Paris 1857/58. – Lit.: E. FLEURY, Grégoire de Nazianze et son temps, Paris 1930. – S. 38, 246, 454 f., 462, 499 f., 505.

HELIODOROS, 3. Jh. n. Chr., aus Emesa (Syrien), erfolgreicher Romanschriftsteller. 10 Bücher *Aethiopische Geschichten (Σύνταγμα τῶν περὶ Θεαγένην καὶ Χαρίκλειαν Αἰθιοπικῶν)*, für deren Verbreitung in allen Gesellschaftsschichten die Papyri zeugen. – Ed. princ. Basel 1534 (Opsopoeus). – Ausg.: R. M. RATTENBURY u. J. MAILLON, C.B. 1935–43. A. COLONNA, Rom 1938. – Lit.: K. MÜNSCHER, RE., N.B., 16. Hbb. 1912, Sp. 20–28.

HERODOTOS, geb. in Halikarnass, gest. nach 430, wahrsch. in Athen. Darstellg. der Perserkriege und ihrer Ursachen in 9 Büchern. – Hss.: 2 Klassen, angeführt vom Laur. plut. 70,3 (A, 10. Jh., Abb. S. 257) und Vat. gr. 123 (R, 14. Jh.). S. 255 f. – Ed. princ. Venedig 1502. – Ausg.: C. HUDE, O.C.T. [3]1927. – Lit.: Vorrede der Ausg. v. H. STEIN, Bln. 1869. – S. 30, 213, 223, 255 f., *257*, 263, 428, 564, 570.

HESIODOS, nachhomerischer (8. od. 7. Jh. v. Chr.) Epiker, geb. in Kyme (aiolisches Kleinasien), lebte in Askra (Boiotien). Erhalten: *Theogonia*, *Werke und Tage ("Ἔργα καὶ ἡμέραι)*, *Aspis* (unecht). – Hss.: Zur *Theog.* s. S. 280 f.; *Werke und Tage:* Paris. gr. 2771 (11. Jh., C), Laur. plut. 31,39 (12. Jh., D) u. a.; *Aspis:* Ambros. C 222 inf. (13. Jh.) u. a.; Hss.-Klassen s. S. 280. – Ed. princ. Mailand 1493. – Ausg.: A. RZACH, B.T. 1902 (Ed. maior), [3]1913 (minor). – Lit.: Vorrede der Ausg. RZACH 1902, s. auch S. 280 f. – S. 223, 240, 273, 280, 453, 564.

HIERONYMUS, Sophronius Eusebius, geb. ca. 340 n. Chr. in Dalmatien, gest. 30. Sept. 420 in Bethlehem. *Vitae Pauli*, *Malchi*, *Hilarionis*, Nekrologe, *Martyrologium*, *Weltchronik*, *De viris illustribus* (135 christl. Autoren); Kommentare zu allen Propheten u. a. Exegetisches zum A.T., Scholien zum Psalter; Sprachliches, Etymologisches und Geographisches zum hebr. A.T.; Kommentare zu *Mt.*, *Gal.*, *Eph.*, *Tit.*, *Apk.* *De beatae Mariae virginitate perpetua*, Schriften gegen Jovinian, Joannes v. Jerus. und Rufinus, Vigilantius, Luciferianer, Pelagianer. Homilien, Briefe. Übersetzung der Bibel (Vulgata) u. a. – Hss.: *Martyrologium:* Bernensis 289 (8. Jh.) u. a.; *Chronik:* Ältester Kodex 7. Jh. (= A, Valenciennes); *De viris:* Vat. Reg. lat. 2077 (6./7. Jh., Palimpsest) u. a. Vulgata s. S. 192 ff. – Ed. princ.: Sweynheym u. Pannartz, Rom 1468. – Ausg.: MIGNE, Patrol. lat. 22–30; C.S.E.L. 54/56, 59, 1910/18; C.C. 1958 ff.; Briefe ed. J. LABOURT, C.B. 1949. – Lit.: Zum *Martyrologium* J. HENNIG, Studia Patristica 1, 104–11; zu den *Vitae Patrum* W. A. OLDFATHER (Herausg.) u. a., Urbana 1943; zur *Vita Malchi* C. C. MIEROW, Speculum 20, 1945, 468–81. – S. 192 ff., 359 ff., übrige Stellen im Personenregister.

HIPPOKRATES, 2. Hälfte 5. Jh. v. Chr., lebte auf Kos. Unter seinem Namen sind zahlr. medizinische Schriften verschiedener Herkunft u. versch. Alters überliefert; heute noch 58, wobei die Echtheitsfrage nicht zu lösen ist. – Hss.: Vind. med. gr. IV (ϑ,

10.Jh.), Paris.gr.2253(A, 11.Jh.), Laur.plut.74,7 (B, 11./12.Jh.) u.v.a. Vielleicht liegt alex. Sammlg. zugrunde. Der ma. Archetypus hatte einen Mischtext aus der Edition Artemidors und Galens Kommentaren. – Ed. princ. Venedig 1526. – Ausg.: Gesamtausg. v. E. LITTRÉ, Paris 1839–61. C.M.G. (I) noch nicht abgeschl. – Lit.: S.241f. – S.240ff.

HIPPONAX, jamb. Dichter aus Ephesos, 2.Hälfte 6.Jh.v.Chr., lebte in Klazomenai. Spottgedichte, nur in Fragmenten erhalten. – Ausg.: E. DIEHL, Anthologia Lyrica Graeca, B.T. ³1952, fasc.3, 80–118. – S.223.

HOMER, ca. 8.Jh.v.Chr. im nördlichen Kleinasien (Smyrna), vermutlich Verfasser der *Ilias*. Die *Odyssee* entstammt der Schule Homers. Der heutige Text von *Il.* und *Od.* geht auf die wiss. Ausg. der Alexandriner zurück. Affiliation der ma. Hss. nicht geklärt. Wichtige Hs.: Ven. A (Marc.gr. 454), s. S. 227, Abb. S. 229. Vgl. auch S.282f. – Die *Batrachomyomachia* (Frosch-Mäuse-Krieg) und die *Homerischen Hymnen* sind unecht. Hss.: *Batrachomyomachia:* Bodl.Barocc.50, 10./11.Jh., u.72 andre Hss.; Hymnen: überliefert in einer byz.Hymnensammlg., s.S.236f. – Ed.princ.: D.Chalkondyles, Florenz 1488. – Ausg.: *Il.* ed. T.W. ALLEN, O.C.T. 1931; *Od.* ed. A. LUDWICH, B.T. 1889. *Batr.* ed. A. LUDWICH, Lpzg. 1896; Hymnen ed. J. HUMBERT, C.B. 1941. – Lit.: Vorreden der Ausgg., s.auch S.237, 282. – Fragm.u.Nachr.über den sog. *Epischen Kyklos* bei D.B. MONRO u. T.W. ALLEN, Homeri Opera V, ³Oxf. 1911. – S.216, 235ff., 282, übrige Stellen im Personenregister.

Q. HORATIUS Flaccus, geb. 8.Dez. 65 v.Chr. in Venusia in Apulien, gest. 27.Nov. 8 v.Chr. in Rom. *Satiren*, *Epoden*, *Oden*, Briefe, *Ars poetica*, *Carmen saeculare*. – Hss.: Zwei antike Ausgaben (Ξ, Ψ), s.S.394ff. Der wertvolle verl.Cod.Blandinius ist nur aus der Ausg.des Cruquius (1578) zu erschließen. – Ed.princ. Venedig (?) ca.1471. – Ausg.v.F. KLINGNER, B.T. ³1959. – Lit.: F. KLINGNER, Über die Recensio der Horazhss., Hermes 70, 1935, 249/361; W. PETERS, Die Stellg. der Hss.-Klasse Q in der Horaztradition, Diss.Hambg.1954. – S.61, 330, 332ff., 343, 365, 394ff., 516, 534, 537ff., 568.

IBYKOS, 6.Jh.v.Chr., in Rhegion, später in Samos. Seine Werke, meist Chorlyrik, wurden später in 7 Büchern vereinigt; nur sehr fragm. erh. – Ausg.: E. DIEHL, Anthologia Lyrica Graeca II, fasc. 5, B.T. ²1940, 58–70. – S. 223.

IGNATIOS, Bischof von Antiocheia, gest. um 110, hinterließ 7 gr. Briefe, geschrieben auf dem Weg nach Rom zum Marytrium. – Hs.: Laur.plut. 57,7 (11.Jh.). – Ed. princ.: J. VOSS, Amsterdam 1646. – Ausg.: In allen Ausgg. der Apostolischen Väter; TH. CAMELOT, Paris 1951. – Lit.: B. ALTANER, Patrologie, ⁵Frbg. i.Br. 1958, 85–87. – S. 495.

IMBERIOS UND MARGARONA, byz. Ritterroman (Stoff: Pierre et Magelonne), ca. 14.Jh., mit ungef. 900 Fünfzehnsilbern. – Ed. princ.: W. WAGNER, Paris 1874. – Ausg.: E. KRIARAS, *Βυζαντινὰ ἱπποτικὰ μυθιστορήματα*, Athen 1955, 215–232. – S.480, *481*, 484f.

JOANNES CHRYSOSTOMOS, Patriarch von Konstantinopel, 344/5–407, bedeutendster Prediger der frühbyz. Kirche. Homilien (bes. exegetische), *De sacerdotio* (gr.), über Hoffart, Kindererziehung, Mönchtum, Jungfräulichkeit, Trostschriften, Apologetisches, Briefe. Chrysostomos-Liturgie unecht. – Hss.: Große, noch wenig durchforschte Menge. – Ed. princ. (vollst.): F. DU DUC, Paris 1609–1624 (6 Bde.). – Ausg.: MIGNE, Patrol.gr.47–64, Paris 1863. – Lit.: CHR. BAUR, Johannes Chrysostomus und seine Zeit, München 1929f. – S.197, 453, 496, 502, 505f., 508.

JOANNES DAMASKENOS, Mönch in Mar Saba bei Jerusalem, ca. 650 bis vor 754, einer der umfassendsten Theologen der mittelbyz. Zeit. Hauptwerk: *Πηγὴ γνώσεως*. 4 kl. dogm. Schriften, Streitschriften, bes. für die Heiligenbilder, Exegetisches, Lieder, *Sacra parallela* (gr., Echtheit umstritten). – Hss.: Über 700, aber nicht vor dem 9. Jh., Verhältnisse äußerst kompliziert. S. 509. – Ed. princ.: M. LEQUIEN, Paris 1712. – Ausg.: MIGNE, Patrol. gr. 94–96. – Lit.: B. KOTTER, Die Überlieferung der Pege gnoseos des h. Johannes von Damaskos, Ettal 1959; J. M. HOECK, Orientalia Christiana Periodica 17, 1951, 5–60. – S. 495f., 507, 509. – S. auch unter Barlaam und Joasaph.

Irenäus s. unter Eirenaios

ISAIOS, ca. 420–350 v. Chr., attischer Redner, nähere Lebensumstände unbekannt. Erh. 11 Reden zu Erbschaftsprozessen. – Ausg.: TH. THALHEIM, B.T. [2]1903. – Hss., Ed. princ. s. unter Andokides u. a. – S. 266f.

ISOKRATES, 436–338 v. Chr., in Athen, Redner. Schrieb nur in der Jugend Gerichtsreden, später Werke in Redeform zu Politik und Erziehung. Erhalten 21 Reden, 9 Briefe. – Hss.: S. 264ff. Besonders wertvoller Kodex Urbin. gr. 111 (9./10. Jh.), der aber auch dem ma. Minuskelarchetypus entstammt. – Ed. princ.: D. Chalkondyles, Florenz 1493. – Ausg.: G. E. BENSELER u. F. BLASS, B.T. [2]1913. – S. 264ff., 575.

JUSTINOS MARTYS, 2. Jh., christl. Apologet. Zwei *Apologien* des Christentums und *Dialog mit dem Juden Tryphon*. – Hs.: Paris. gr. 450 (1364 geschr.), cod. unicus. – Ed. princ.: R. STEPHANUS, Paris 1551. – Ausg.: E. J. GOODSPEED, Die ältesten Apologeten, Göttingen 1914. – Lit.: B. ALTANER, Patrologie, [5]Frbg. i. Br. 1958, 96–101. – S. 495.

D. Junius JUVENALIS, um 100 n. Chr., geb. in Aquinum. 16 *Satiren*. – Hss.: Der spätantike Archetypus ist genau rekonstruierbar. Von ihm gehen aus die Π-Gruppe (Montepessul. Med. H 125, 9. Jh., u. a.) und die Ω-Gruppe (Vat. lat. 5750, Palimpsest, u. a.). Strittig ist, ob die Schäden in der Überlieferg. Autorenvarianten sind. S. 414ff. – Ed. princ. wahrsch. v. U. Hahn, Rom 1470. – Ausg.: U. KNOCHE, München 1950/51. – Lit.: F. JACOBY, Hermes Klingnerianus 87, 1959, 449–462; s. auch S. 414f. – S. 333, 365, 370, 414ff., 523, 534.

KALLIMACHOS, 1. Hälfte 3. Jh., bedeutendster alex. Dichter, geb. in Kyrene, lebte in Alexandreia. Vollst. erh. nur die *Hymnen*, Fragm. auf Papyri. – Hss. nach PFEIFFER in 4 Klassen: α: Ambros. B 983 sup. (F, 15. Jh.) u. a., β: Paris. gr. 2763 (E, 15. Jh.) u. a., ε = γ (Paris. Suppl. gr. 1095, 15. Jh., u. a.) und δ (Madrid, B.N., N 24 [4562], 15. Jh., u. a.), ζ: Vat. gr. 1691 (A, 15. Jh.) u. a. – Ed. princ.: J. Laskaris, Florenz ca. 1495. – Ausg.: R. PFEIFFER, O.C.T. 1949/53. – Lit.: S. 237. Vorrede der Ausg., 2. Bd. 1953. – S. 28, 64, *78*, 222, 228, 237, 240, 244, 564.

KALLIMACHOS UND CHRYSORRHOE, byzantinischer Ritterroman in 2607 Fünfsilbern. – Hs.: Scal. gr. 55, Leiden, 15./16. Jh., cod. unicus. – Ed. princ.: SP. LAMBROS, Collection de romans grecs en langue vulgaire, Paris 1880, 1–109. – Ausg.: E. KRIARAS, *Βυζαντινὰ ἱπποτικὰ μυθιστορήματα,* Athen 1955, 31–80; M. PICHARD, Paris 1956. – S. 480, 483f.

KANTAKUZENOS, JOANNES VI., byz. Kaiser 1347–54, stark an den theol. Kontroversen seiner Zeit beteiligt. Hauptwerk: Geschichte seiner Zeit (1320–56). – Ed. princ. Paris 1645. – Ausg.: I. SCHOPEN, Joannis Cantacuzeni historiarum libri IV, Bonn 1828–1832 (3 Bde.). – Lit.: G. MORAVCSIK, Byzantinoturcica I, [2]Bln. 1958, 321f. – S. 447f.

KINNAMOS, JOANNES, byz. Historiker, gest. um 1203, schildert die Taten der Kaiser Joannes II. und Manuel I. Komnenos (1118–1176). – Hs.: Vat. gr. 163 (13. Jh.). – Ed. princ.: C. TOLLIUS, Utrecht 1652. – Ausg.: A. MEINEKE, Joannis Cinnami epitome rerum a Joanne et Alexio Comnenis gestarum, Bonn 1836. – Lit.: G. MORAVCSIK, Byzantinoturcica I, [2]Bln. 1958, 324–328. – S. 443.

Titus Flavius KLEMENS, geb. um 150 n. Chr. in Athen, um 200 Leiter der christl. Katechetenschule in Alexandreia, gest. vor 215. Mahnrede an die Griechen über die Torheit des heidnischen Götterglaubens *(Πρὸς Ἕλληνας λόγος προτρεπτικός)*, eine praktische Lebensunterweisung für die Christen (*Παιδαγωγός*), eine Predigt (*Τίς ὁ σῳζόμενος πλούσιος*), Hauptwerk: Darstellg. des christl. Glaubens als wahre Philosophie («*Teppiche*», *Στρωματεῖς* oder *Στρώματα*). – Hss.: Archetyp der ma. Überlieferg. Paris. gr. 451 (Abb. 58), geschr. 914 (Hs. des Arethas), S. 302. – Ed. princ.: P. Victorius, Florenz 1550. – Ausg.: O. STÄHLIN, Lpzg. 1905–36 (Neuaufl. 1960 ff). – S. 198, *301*, 302.

Komnene, Anna s. unter Anna

KONSTANTINOS VII. PORPHYROGENNETOS, byz. Kaiser (913–959), entfaltete eine reiche literarische Tätigkeit, indem er Exzerptenwerke anregte und selbst schrieb, bes. das *Zeremonienbuch* des byz. Hofes. – Hss.: *Zeremonienbuch:* Einzige vollst. Leipziger Ratsbibl. I 17 (12. Jh.), Fragmente im Hier. Patr. 39 (12./13. Jh.), Laur. plut. 55, 4 (10. Jh.), Chalki Hag. Trias 133 (Palimpsest.) – Ed. princ. (zugl. einzige vollst. Ausg.): H. LEICHIUS u. J. REISKE, Lpzg. 1751–54. – Ausg.: I. I. REISKE, Constantini Porphyrogeniti de caerimoniis aulae byzantinae libri II, Bonn 1829–30 (2 Bde., Nachdruck der Orig.ausg.). – Lit.: G. MORAVCSIK, Byzantinoturcica I, ²Bln. 1958, 356 ff. Zu den Exzerpten s. S. 430 f. – S. 66, 244, 295, 428, 430 f., 439, 450.

KORINNA von Tanagra, wahrsch. Zeitgenossin Pindars, boiotische Lyrikerin. Nur fragm. erh. – Ausg.: E. DIEHL, Anthologia Lyrica Graeca, B.T. ²1935, I, fasc. 4, 193–206; D. L. PAGE, London 1953.

LACTANTIUS, L. Cae(ci)lius Firmianus, geb. in Afrika, gest. in Gallien, Lebenszeit um 300 n. Chr., christl. Schriftsteller. *De opificio dei*, *Divinae institutiones*, *Epitome* (verkürzte Bearb. der *Inst.*), *De ira dei*, Fragmente und Verlorenes. Zweifelhaft: *De mortibus persecutorum*, *De ave Phoenice*. – Hss.: *De op.* ohne dualistische Stellen: Bononiensis 701 (B, 6./7. Jh.), Valentian. 141 (8./9. Jh.), mit ihnen: Paris. lat. 1662 (9. Jh.); *Div. inst.* ohne: Bononiensis 701, Sangallensis 213 (G, 6./7. Jh.), mit: Paris. lat. 1663 u. 1664 (9. u. 12. Jh.); *Epitome* ganz im Taurin. 1 b VI 28 (7. Jh.) und verstümmelt mit *De ira* im Bon. 701 (s. o.) und Paris. lat. 1662. S. 417 f. – Ed. princ.: Sweynheym u. Pannartz, Subiaco 1465. – Ausg.: S. BRANDT u. G. LAUBMANN, C.S.E.L. 19 (1890), 27 (1897). – Lit.: J. DAMMIG, Die Divinae Institutiones des Laktanz und ihre Epitome, Diss. München 1957. – S. 388, 417 f., 528, 563.

T. LIVIUS, geb. 59 v. Chr. in Padua, gest. 17 n. Chr. daselbst. *Ab urbe condita libri CXLII* (1–10 u. 21–45 erh.). – Hss.: *1. Dekade:* Palimpsest der Bibl. Cap., Verona, Symmachus-Rezension vor allem im Laur. plut. 62, 19 (11. Jh.). *3. Dek.:* Paris. lat. 5730 (P = Puteanus) u. a. *4. Dek.:* Bambergensis M IV 9 (B, 11. Jh.) u. a., s. S. 399 f. – Ed. princ.: Sweynheym u. Pannartz, Rom 1469. – Ausg.: 1–10, 21–30 edd. R. S. CONWAY, C. F. WALTERS u. S. K. JOHNSON, O.C.T. 1914–35; 31–45 edd. W. WEISSENBORN, H. J. MÜLLER u. W. HERAEUS, B.T. (Stuttg.) 1959. – Lit.: Vorreden der gen. Ausgg. und derjenigen von J. BAYET, C.B. 1942–47. – S. 332, 334, 340, 345, *353*, 365, 370, 399 f., 516, 538 f.

M. Annaeus LUCANUS, geb. 3. Nov. 39 n. Chr. in Corduba, gest. 30. April 65 in Rom. Erhalten: *Pharsalia*, verl. od. fragm. erh.: *Laudes Neronis*, *Orpheus*, *Silvae*, *Salticae fabulae*, Epigramme. – Hss.: Ein Papyrus im Brit. Mus., 2 Palimpsestfragmente (s. S. 409, Vind. u. Neapol. aus einer Hs.), 150 Hss. Stemma bisher nicht möglich. – Ed. princ.: J. A. de Buxis, Rom 1469. – Ausg.: A. E. HOUSMAN, Oxford 1926. – Lit.: E. FRAENKEL, Rez. d. Ausg. v. HOUSMAN, Gnomon 2, 1926, 497–532. – S. 333 f., 365, 370, 385, 407, 409, 516, 524.

T. LUCRETIUS Carus, geb. ca. 98 v. Chr., gest. 55 v. Chr. *De rerum natura* (Gedicht in 6 Büchern). – Hss.: Archetypus des 4./5. Jh., daraus bes. Voss. lat. F 30 u. v. a., s. S. 386 ff. – Ed. princ.: Ferrandus, Brescia ca. 1473. – Ausg.: J. MARTIN, B.T. ³1959. – Lit.: K. BÜCHNER, Präludien zu einer Lukrezausgabe, Hermes 84, 1956, 198–233. – S. 312, 325, 330, 335, 386 ff., 541, 552.

LUKIANOS, Syrer aus Samosata am Euphrat, ca. 120–180 n.Chr., Sophist und Wanderredner, eine Zeitlang in Athen, im Alter in Ägypten. 80 erhaltene Schriften, haupts. Dialoge feuilletonistischen Charakters, wovon viele unecht. – Hss.: Wohl nie antike Ausgabe. Harl. 5694 (E, von Baanes unter Arethas um 914 abgeschrieben), Vat.gr.90 (Γ, 10.u.12.Jh., am vollständigsten). – Ed.princ.: J.Laskaris, Florenz 1496. – Ausg.: Vollst.L.DINDORF 1858, unvollendet J.SOMMERBRODT 1886–99, N.NILÉN, B.T. 1906. – Lit.: K.MRAS, S.ber.Akad.Wien 157, 1911, 5. – S.35, 197, 453, 535, 568, 570.

LYBISTROS UND RODAMNE, byz. Ritterroman, 13./14.Jh., in 4 Versionen erhalten. – Hss.: Paris.gr. 2910 (15.Jh.), Scor. Ψ IV 22, Scal.gr. 55 (Leiden, mit zwei Versionen). S.482ff.–Ed.princ. (alle Versionen): J.E. LAMBERT, Amsterdam 1935.– Lit.: H.SCHREINER, Die Überlieferung des mittelgriechischen Romans von L. u. R., Byz.Zs.34, 1934, 15–36, 272–301. – S.482ff.

LYKOPHRON, geb. ca. 320 v.Chr. in Chalkis, alex. Dichter. Hauptwerk: *Alexandra* (dramat. Monolog in 1474 Trimetern: Kassandra prophezeit das ihrer Heimatstadt und den Griechen bevorstehende Schicksal). – Hss.: Beste der Marc.gr. 476 (11./12.Jh.). S. 251f. – Ed. princ. Venedig 1513. – Ausg.: E.SCHEER, Bln. 1881/1908. – Lit.: S.252. – S.223, 238, 251f.

LYKURGOS, gest. 324 v.Chr., lebte in Athen, attischer Redner. Erh. nur die Rede gegen Leokrates. – Ausg.: F.BLASS, B.T. 1899. – Hss., Ed. princ. s. unter Andokides u.a. – S.217f., 224, 266f.

LYSIAS, ca. 459–380 v.Chr., attischer Redner. Erhalten über 30 Reden (aus Prozessen), einige unecht. – Hss.: Haupths. X = Palat.Heidelb. 88. S. 267. – Ed. princ. Venedig 1513. – Ausg.: TH.THALHEIM, B.T. ²1913; U.ALBINI, Florenz 1955. – S.267.

MALALAS, JOANNES, viell. identisch mit dem Patriarchen Joannes III. von Konstantinopel (565–577), Syrer, Verfasser der bedeutendsten und einflußreichsten frühbyz. Chronik in 18 Büchern (bis 565). – Hss.: Einzige vollst. Bodl.Barocc. 182 (11.Jh.). S.434f. – Ed.princ.: E.CHILMEADUS, Oxf.1691. – Ausg.: L.DINDORF, Joannis Malalae chronographia, Bonn 1831. – Lit.: G.MORAVCSIK, Byzantinoturcica I, ²Bln. 1958, 329–334. – S.432, 434f., 442, 477.

MANASSES, KONSTANTINOS, byz. Chronist, gest. ca. 1187, Chronik von der Weltschöpfung bis 1081. – Hss.: Vat.gr. 163 (13.Jh.) und Vat.Palat.gr. 124 (14.Jh.). S.441. – Ed.princ.: J.MEURSIUS, Leiden 1616. – Ausg.: I.BEKKER, Constantini Manassis breviarium historiae metricum, Bonn 1837. – Lit.: Anm. 14, S. 441; G.MORAVCSIK, Byzantinoturcica I, ²Bln. 1958, 353–356; – S.441, 450, 467, 477, 479

M. Valerius MARTIALIS, geb. ca. 40 n.Chr. in Bilbilis (Spanien), gest. 102 n.Chr. daselbst. Epigramme (darin *Liber spectaculorum*, *Xenia*, *Apophoreta*). – Hss.: 3 Klassen α, β, γ, s.S.410ff. – Ed.princ.wahrsch. V.de Spira, Venedig 1471. – Ausg.: W.HERAEUS, B.T. 1925. – Lit.: R.HELM, RE., 2.R., 15.Hbb. 1955, Sp.55–85. – S.333, 342, 348, 365, 410ff., 513.

MARTIANUS CAPELLA, um 400 n.Chr. in Karthago. *De nuptiis Philologiae et Mercurii* (enzyklopädisches Werk). – Hss.: Ein Archetypus, älteste Hs.: Bambergensis M.L V 16,8, 10.Jh. – Ed. princ. Vincentiae 1499. – Ausg.: A.DICK, B.T. 1925. – Lit.: C.LEONARDI, I codici di Marziano Capella, Aevum 33, 1959, 443–489. – S.365f., 544.

MAXIMOS der Bekenner (Confessor, Homologetes), ca. 580–662, byz. Theologe und Mystiker. Zahlr. Werke zur Christologie (gegen den Monotheletismus) und zur myst. Schriftauslegg. – Hss. äußerst zahlreich. – Ed. princ.: F.COMBEFIS, Paris 1675. – Ausg.: MIGNE, Patrol.gr. 90–91, Paris 1860. – Lit.: B.ALTANER, Patrologie, ⁵Frbg.i.Br.1958, 484–487; H.-G.BECK, Kirche und Theologie im byzantinischen Reich, München 1959, 436–442. – S.508.

M. MINUCIUS FELIX, 3. Jh. n. Chr. *Octavius* (christl. Dialog). – Hss.: Als 8. Buch des Arnobius (*Adv. nationes*) im Paris. lat. 1661 überliefert. S. 417. – Ed. princ. Rom 1543 (in und mit Arnobius). – Ausg.: J. P. WALTZING, [4]B.T. 1926; M. PELLEGRINO, Turin 1950. – Lit.: Vorreden der Ausgg. – S. 417.

Cornelius NEPOS, geb. ca. 100 v. Chr. in der Poebene, gest. nach Atticus, d. h. nach 32 v. Chr. *De illustribus viris* (unter anderem Namen überliefert, 23 Biographien nichtrömischer Feldherren, des Cato maior und des Atticus erhalten, s. S. 384). – Hss.: 2 Klassen, wovon eine seit Zerstörung der letzten Hs. nur noch zu erschließen, die andere repräsentiert bes. durch Gudianus 166, 13. Jh. (Wolfenbüttel). S. 384 f. – Ed. princ. Venedig 1491. – Ausg.: E. MALCOVATI, [2]Turin 1960. – Lit.: Vorrede d. Ausg. MALCOVATI. – S. 324, 384 f.

Neues Testament s. S. 165 ff.

NIKANDROS, wahrsch. 2. Jh. v. Chr., geb. in Kolophon, alex. Dichter. Erhalten: *Theriaka*, *Alexipharmaka* (Darstellg. von giftigen Schlangen und der gegen ihren Biß wirksamen Heilmittel, in Hexametern). – Hss.: Bester Text im Paris. Suppl. gr. 247, 10./11. Jh. (Π). S. 252 f. – Ed. princ. Venedig 1499, zus. mit Dioskurides. – Ausg.: A. S. F. GOW, Cambr. 1953. – Lit.: S. 253. – S. 252 f.

NIKETAS CHONIATES, ca. 1150–1213, byz. Staatsmann und Historiograph. Hauptwerk: Geschichte der Jahre 1118–1206. – Hss.: Zwei Hss.-Gruppen einer längeren und einer kürzeren Fassg. Kürzere: Vind. hist. gr. 53 (13. Jh.), Vat. gr. 169 (13. Jh.). S. 445 f. – Ed. princ.: H. Wolf, Basel 1557. – Ausg.: I. BEKKER, Bonn 1835. – Lit.: G. MORAVCSIK, Byzantinoturcica I, [2]Bln. 1958, 444–450. – S. 66, 445 f., 450.

ORIGENES, 185–253/4, größter Theologe der frühen Kirche, später von der Kirche abgelehnt. Leiter der alexandrinischen Katechetenschule. *Hexapla* (Bibelausg. in 6 Kolumnen), Scholien, Homilien und Kommentare zur Bibel, *Apologie* des Christentums gegen Kelsos, Glaubenslehre *Περὶ ἀρχῶν* (lat. erh.). – Hss.: *Hexapla* s. S. 162. *Homilien:* Scor. Ω III 19, 11./12. Jh. (20 zu *Jeremia*), übrige (1 Ausn.) lat. erh. *Mt.-u. Jo.-Kommentare:* Monac. gr. 191, 12./13. Jh., übrige lat. erh. *Apologie:* Vat. gr. 386, 13. Jh. (Archetyp). *Glaubenslehre:* 2 Klassen mit erschlossenem Archetypus. Papyrusfund von Tura, Lit. bei B. ALTANER, Patrologie, [5]Frbg. i. Br. 1958, 180. – S. 495 f. – Ed. princ.: *Homilien z. Heptateuch* Venedig 1503, *Apol.* D. HOESCHEL, Augsburg 1605. – Ausg.: CH. DE LA RUE, Paris 1733–59 (4 Bde.); G.C.S. 1899 ff. (bisher 12 Bde.). – Lit.: E. DE FAYE, Origène, Paris 1923–28 (3 Bde.). – S. 49, 162 f., 178, 193, 195, 361, 495 f., 503, 518.

P. OVIDIUS Naso, geb. 20. März 43 v. Chr. in Sulmo im Pelignerland, gest. ca. 17 n. Chr. in der Verbannung. *Amores*, *Heroides* (Briefe), *De medicamine faciei*, *Ars amatoria*, *Remedia amoris*, *Fasti*, *Metamorphoses*, *Tristia*, *Epistulae ex Ponto*, *Ibis*, *Halieutica*, Verlorenes, Unechtes. – Hss.: Liebesdichtung: Beste Hss. Paris. lat. 7311 (R, 10. Jh.) u. 8242 (P, 11. Jh.). *Fasten* s. S. 401 f., *Met.* s. S. 402 ff. *Tristien:* Laur. olim Marc. 223 (11. Jh.) und 2 weitere Klassen. *Ep. ex P.:* Haupths. Hamb. scrin. 52 F (9. Jh.). *Ibis* s. S. 401. *Hal.:* Vind. lat. 277 (9. Jh.). S. 401 ff. – Edd. princ. Rom u. Bologna 1471. – Ausg.: *Amores* ed. F. MUNARI, Florenz 1955; *Her.* ed. R. GIOMINI, Rom 1957; *De med.*, *Ars*, *Rem.* ed. H. BORNECQUE, C.B. 1924 ff.; *Met.* ed. H. MAGNUS, Bln. 1914; *Fasti* ed. F. BÖMER, Hdbg. 1957; *Trist.*, *Ibis*, *Ep. ex P.*, *Hal.*, Fragm. ed. S. G. OWEN, Oxf. 1889. – Lit.: Vorreden d. Ausgg., bes. MUNARI; H. DOERRIE, Unters. z. Überliefergs. gesch. von Ovids Epistulae Heroidum, Nachr. Akad. Gött. 1960, 5. – S. 326, 332 ff., 365, 401 ff., 516, 534, 560 f.

PACHYMERES, GEORGIOS, hoher byz. Kathedralkleriker, Historiker, 1242 bis ca. 1310. Er schrieb die Geschichte seiner Zeit (1261–1308) in Fortsetzung des Georgios Akropolites. – Hss.: Monac. gr. 442 (14. Jh.) u. a., s. S. 447. – Ed. princ.: P. POSSINUS, Rom 1666–1669. – Ausg.: I. BEKKER, Bonn 1835 (2 Bde.), Neuausgabe durch

V. LAURENT in Vorb. – Lit.: G. MORAVCSIK, Byzantinoturcica I, ²Berlin 1958, 280–282. – S. 446 f., 450.

PANEGYRIKER, Korpus der P., von G. Aurispa in einem Mainzer Kodex entdeckt, der inzwischen verl. ist. 12 *Panegyrici*, erster von Plinius minor. – Hss.: 3 Abschr. des verl. Kodex: Upsal. Scr. lat. 18 (A), Abschrift Aurispas (rekonstruierbar aus Vat. lat. 1775, 1776 u. a.), Harl. 2480 (H). – Ed. princ. Mailand 1482. – Ausg.: E. GALLETIER, C. B. 1949–1955. – Lit.: Bericht über die Lit. (1933–1937) von J. MILLER, Bursian-Bericht 278, 1942, 24 ff.

PAUSANIAS, 2. Jh. n. Chr., wahrsch. in Lydien geb. Geograph und Reisender. Verfaßte und veröffentlichte zwischen 172 u. 180 seine Beschreibung Griechenlands (*Περιήγησις τῆς Ἑλλάδος*). – Hss.: Alle jung, gut: Paris. gr. 1410, Leid. 16 k. S. 300. – Ed. princ. Venedig 1516. – Ausg.: F. SPIRO, B.T. 1903. – Lit.: O. REGENBOGEN, RE., Suppl. Bd. 8, 1956, Sp. 1008–1097. – S. 288, 294, 300, 302.

A. PERSIUS Flaccus, geb. 4. Dez. 34 n. Chr. in Etrurien, gest. 24. Nov. 62. 6 *Satiren* (und *Choliamben*). – Hss.: Vorzügl. Überlieferg., s. S. 407 f. – Ed. princ. Venedig 1480. – Ausg.: O. SEEL (lat. u. dt.), München 1950; W. V. CLAUSEN, O.C.T. 1959. – Lit.: SEEL, Vorrede d. Ausg. u. Rez. d. Ausg. v. CLAUSEN, Gnomon 32, 1960, 119 ff. – S. 333, 336, 343, 365, 407 f., 414 f., 534, 544.

PHILOSTRATOS aus Lemnos, um 200 n. Chr., unter Sept. Severus in Rom. *Leben des Apollonios von Tyana* (Biographie eines Wundertäters), *Sophistenbiographien*, *Heroikos* (Heroenglaube), *Bilder* (Beschreibung fiktiver Gemälde), *Über die Gymnastik*, Dialog *Neron*, rhetorische *Liebesbriefe*, deren 2 Fassungen viell. auf den Autor zurückgehen. – Hss.: *Apoll.* 2 Fam., bes. Scor. vom 11./12. Jh.; *Soph.* 3, *Her.* 4 Fam.; *Gymn.* vollst. nur im Paris. Suppl. gr. 1256 (14. Jh.); *Bilder:* Laur. plut. 69,30 (F, 13. Jh.), Paris. gr. 1696 (P, 14. Jh.). – Ed. princ. Venedig 1499 (*Briefe*), 1501/2 (*Apoll.*), 1503 (Rest). – Ausg.: K. L. KAYSER, B.T. 1870/71. – Lit.: F. SOLMSEN, RE., N.B., 39. Hbb. 1941, Sp. 125–174. – S. 295.

PHLORIOS UND PLATZIA PHLORA, byz. Ritter- und Liebesroman (Motiv: Fleur et Blanchefleur). – Hss.: Lond. Add. 8241 (15. Jh.) und Vind. theol. gr. 244 (16. Jh.). S. 480, 482. – Ed. princ.: I. BEKKER, Bln. 1845. – Ausg.: E. KRIARAS, *Βυζαντινὰ ἱπποτικὰ μυθιστορήματα*, Athen 1955, 141–177. – S. 480, 482.

PHOTIOS, Patriarch von Konstantinopel 858–76 u. 877–86. Bedeutender Exeget, philol. bedeutsames Werk: *Myriobiblion* (*Bibliothek*), Kritiken und Exzerpte zahlr. antiker Schriftsteller. – Hss.: *Bibliothek* Haupthss. Marc. gr. 450 (10. Jh.) und 451 (12. Jh.). S. 468 f. – Ed. princ.: D. HOESCHEL, Augsburg 1601. – Ausg.: R. HENRY, Paris 1959 ff. (bisher 2 Bde.). – Lit.: S. 428, 469. – S. 427 ff., 451 f., 468 f., übrige Stellen im Personenregister.

PINDAROS, 518–438 v. Chr., fast stets in Theben. Bedeutendster gr. Chorlyriker. Von den 17 Büchern seiner Werke sind nur 4 (*Epinikien*) fast vollst. erh.: *Olympien*, *Pythien*, *Nemeen*, *Isthmien*. Dazu fragmentarisch *Paiane*, *Dithyramben* u. a. – Hss.: S. 281. Dem Archetypus am nächsten Ambros. C 222 inf. (A, 13. Jh.). Rez. ζ: bes. Paris. gr. 2403 (13. Jh.), B: Vat. gr. 1312 (12. Jh.), E: Laur. plut. 32,37 (14. Jh.) u. a. – Ed. princ. Venedig 1513. – Ausg.: B. SNELL, B.T. ³1959 (*Epinikien*), ²1955 (*Epinikien* u. Fragm.). – Lit.: S. 281 f. – S. 38, 223, 239 f., 273, 281 f., 564, 567.

PLANUDES, MAXIMOS, byz. Philologe, gest. um 1308, Editor, Briefschreiber, bes. bekannt durch die Beschäftigung mit der *Anthologia Palatina* (s. diese). – Lit.: C. WENDEL, RE., N.B., 44. Hbb., 2202–2253 (mit Angabe der überaus verstreuten Editionen). – S. 66 f., 245 f., 250, 273, 290, 292, 298, 453, 455 f., 458, 464, 534, 559.

PLATON, 429–347 v. Chr., athenischer Philosoph. Unecht: *Kleitophon*, *Hipparchos*, *Erastai*, *Alkibiades I u. II.*, *Theages*, *Minos*, *Epinomis*. Echte erhaltene Dialoge: *Ion*, *Hippias mai.* u. *min.*, *Protagoras*, *Apologie*, *Kriton*, *Laches*, *Charmides*, *Euthyphron*, *Lysis*,

Gorgias, *Menexenos*, *Menon*, *Euthydemos*, *Kratylos*, *Phaidon*, *Symposion*, *Politeia*, *Phaidros*, *Parmenides*, *Theaitetos*, *Sophistes*, *Politikos*, *Philebos*, *Timaios*, *Kritias*, *Nomoi;* 13 Briefe u. Epigramme z.T. unecht. – Hss.: Der Archetypus geht auf das Schulexemplar der Akademie zurück. S. 258 ff. – Ed. princ. Venedig 1513. – Ausg.: J. BURNET, O.C.T. 1903–10; M. CROISET u.a., C.B. 1920 ff., Dichtungen bei E. DIEHL, Anthologia Lyrica Graeca I, fasc. 2, B.T. 1937, 102 ff. Vorbildlich: Gorgias, ed. E. R. DODDS, O.C.T. 1959. – Lit.: S. 262. – S. 219 ff., 258 ff., übrige Stellen im Personenregister.

T. Maccius PLAUTUS, gest. 184 v. Chr., aus Sarsina in Umbrien, lebte meist in Rom. Erhaltene Komödien: *Amphitruo*, *Asinaria*, *Aulularia*, *Captivi*, *Curculio*, *Casina*, *Cistellaria*, *Epidicus*, *Bacchides*, *Mostellaria*, *Menaechmi*, *Miles gloriosus*, *Mercator*, *Pseudolus*, *Poenulus*, *Persa*, *Rudens*, *Stichus*, *Trinummus*, *Truculentus*, *Vidularia*. Insgesamt liefen 130 unter seinem Namen um, zahlreiche in Fragmenten oder als Titel erhalten. 2 *Didaskalien*, 15 *Prologe*. – Hss.: Ambrosianischer Palimpsest (3./4. Jh.) u. Palat. Rezension, erh. im Vat. Palat. 1615 (11. Jh.) und Palat. Heidelb. 1613 (10./11. Jh.) u.a., s. S. 375 ff. – Ed. princ. (vollst.): G. Merula, Venedig 1472. – Ausgg.: F. RITSCHL, G. GOETZ, G. LOEWE u. F. SCHOELL, Lpzg. 1871–94; F. LEO, Bln. 1895/96; W. M. LINDSAY, Oxf. 1903/10; A. ERNOUT, C.B. 1940 ff. – Lit.: F. LEO, Plautinische Forschungen, ²Berlin 1912. – S. 318, 320, 336, 343, 365, 375 ff., 378, 543.

Georgios Gemistos PLETHON, gest. 1452, paganisierender Platoniker am Hofe des byz. Despoten in Mistras. Philos. Hauptwerk: *Νόμων συγγραφή*. Verschiedene andere philos. Schriften, Denkschriften über die Verhältnisse in der Peloponnes. – Hss.: *Νόμων συγγραφή* von der Kirche systematisch vernichtet, nur Fragmente erh., immerhin 20 Hss. des Abschnittes über die *εἱμαρμένη*. Übrige Werke gut, z.T. im Autograph überliefert: Marc. gr. 517 u. Vat. gr. 1413 (div. kl. Schr.). S. 460 f. – Ausg.: C. ALEXANDRE, Pléthon, Traité des Lois, Paris 1858 (Fragmente); SP. LAMBROS, Denkschriften, *Παλαιολόγεια καὶ Πελοποννησιακά* 3, Athen 1926, 246–265; 4, 1930, 113–135. – Lit.: S. 461, Anm. 31. – S. 457, 460 f., 565, 571.

C. PLINIUS Secundus d. Ältere, geb. 23 n. Chr. in Novumcomum, gest. 79 beim Vesuvausbruch. Verloren u.a. *Bella Germaniae*, erhalten *Naturalis historia*. – Hss.: Zwei Gruppen. Vetustiores s. S. 407, recentiores: Riccard. 488 (11. Jh.), Vat. lat. 8361 u. Voss. lat. 61 u. Paris. lat. 6796 (urspr. ein Corbeiensis, 11. Jh.). – Ed. princ.: J. A. de Buxis, Venedig 1469. – Ausg.: C. MAYHOFF, B.T. 1892–1933; im Erscheinen: J. BEAUJEU, A. ERNOUT u. R. PÉPIN, C.B. 1949 ff. – Lit.: Bibliographie de l'Histoire naturelle de Pline l'Ancien par H. LE BONNIEC, Paris 1946. – S. 31 f., 365, 370, 406 f., 524.

C. PLINIUS Sec. d. Jüngere, geb. 61 n. Chr. in Novumcomum, gest. ca. 113 n. Chr. Erhalten: *Panegyricus auf Trajan* (s. unter «Panegyriker», andere Reden verl.), Briefe, bes. Briefwechsel mit Trajan, Dichtungen verl. – Hss.: Allgem. Briefe in 3 Klassen mit Archetypus: 1. Laur. plut. 47,36 (M, 10. Jh.) u. Vat. lat. 3864 (V, 9./10. Jh.); 2. Riccard. 488 (R od. B) u. Laur. olim Marc. 284 (F); 3. Dresdensis 166 (D) u. a. Trajanbriefe: Verlorener Parisinus, Ersatz: Ausgg. des Beroaldus (1502) und des Avantius (1502) und das Expl. des Budaeus, s. aber auch S. 414. – Ed. princ.: Briefe, 1–7.9, L. Carbo, Venedig 1471, *Panegyricus* 1482, vollst. Venedig 1485. – Ausg.: M. SCHUSTER, B.T. ³(R. HANSLIK) 1958. – Lit.: G. CARLSSON, Zur Textkritik der Pliniusbriefe, Lund 1922. – S. 343, 365, 414, 523.

PLOTINOS, geb. ca. 204 n. Chr. in Ägypten, neuplatonischer Philosoph, lebte 244–269 in Rom, gest. 270. Philosoph. Schriften, von Porphyrios in 6 *Enneaden* (Neunergruppen) ediert. S. 303 f. – Hss.: Alle erhaltenen gehen auf einen Archetypus des 9.–12. Jh. zurück. Älteste: Marc. gr. 209 (D, 12. Jh., unvollst.), die übrigen zerfallen in die Klassen w, x, y, z. S. 304/6. – Ed. princ.: P. Perna, Basel 1580 (Lat. Übers. des M. Ficino: Florenz 1492). – Ausgg.: E. BRÉHIER, Paris 1924–38; I. FAGGIN, Mailand 1947–49; P. HENRY u. H. R. SCHWYZER, Paris-Bruxelles 1951 (Bd. I), 1959 (Bd. II), Bd. III in Vorb. – Lit.: H. R. SCHWYZER, RE., N.B., 41. Hbb. 1951, Sp. 471–592; P. HENRY, Études Plotiniennes, Paris-Bruxelles 1938, 1941 (über Text u. Hss.). S. 215, 231, 288, 298, 303f., 306, 535, 571.

PLUTARCHOS, geb. ca. 46 n. Chr. in Chaironeia, gest. 120. Apollonpriester in Delphi, akademischer Philosoph, Ehrenbürger von Athen. *Moralia* (rhetorische, ethische, psycholog., philosoph., pädagog., theolog., naturwiss., histor. Schriften, worunter z. B. *De Iside et Osiride*, *Parallela minora* u. v. a. m.), 46 *Vitae parallelae* (gr.). Für die Sammlung der *Moralia* Planudes, für die *Vitae* die Zeit vor Photios und dieser selbst bedeutsam (*cod.* 245). – Hss.: *Vitae:* 2bändige Ausg.: Seitenstettensis, Matritensis N 55 (4685); 3bändige Ausg.: Vat. gr. 138, Laur. Conv. soppr. 206, plut. 69,6 (10. Jh.) u. a. *Moralia:* Ambros. C 126 inf. (859), Paris. gr. 1671 u. 1672 (alles Planudes-Ausgaben), letzterer praktisch das Gesamtwerk enthaltend. S. 296ff. – Ed. princ.: D. Dukas, Venedig 1509 (*Moralia*), Florenz 1517 (Juntina, *Vitae*). – Ausg.: *Vitae* edd. CL. LINDSKOG, K. ZIEGLER, B.T. 1914–39, ²1957ff.; *Moralia* edd. W. R. PATON, M. POHLENZ u. a., B.T. 1925–1935, im Erscheinen Neuaufl. B. T., auch C.B. und Loeb-Library – Lit.: K. ZIEGLER, RE., N.B., 41. Hbb. 1951, Sp. 636–962. – S. 233, 236, 288ff., 296, *297*, 298, 551, 568, 570.

POLYBIOS, 2. Jh. v. Chr., geb. in Megalopolis, lebte längere Zeit in Rom. Bedeutendster Historiker des Hellenismus. Darstellg. der röm. Gesch. in 40 Büchern, die Zeit von 268–145/4 umfassend. – Hss.: Ganz erh. nur Buch 1–5 im Vat. gr. 124 (A, 947 n. Chr.), evtl. Archetypus aller andern Hss. Rest nur in byz. Exzerpten fragm. überliefert, z. B. Urbin. gr. 102 (F, 11./12. Jh.). S. 244. – Ed. princ.: V. Opsopoeus, Hagenau 1530. – Ausg.: TH. BÜTTNER-WOBST, B.T. 1893–1905. – Lit.: K. ZIEGLER, RE., N.B., 42. Hbb. 1952, Sp. 1440–1578. – S. 22, 224, 244, 288, 341, 570.

PROKOPIOS von Kaisareia, ca. 500 bis nach 542, Historiker Justinians. *Kriegsgeschichte* (*De bellis*), *Bauten Justinians* (*De aedificiis*) und die berüchtigten *Anecdota* (*Historia arcana*), gr. – Hss.: *De bell.:* Paris. gr. 1702 u. Laur. plut. 69, 8, Vertreter der besseren Familie, 14. Jh. *Anec.:* Vat. gr. 1001, 14. Jh., u. spätere. S. 435. – Edd. princ.: *De bell.* ed. D. HOESCHEL, Augsburg 1607, *De aed.* ed. B. Rhenanus, Basel 1531, *Anec.* ed. N. ALEMANNUS, Lyon 1623. – Ausg.: J. HAURY, Opera omnia, Lpzg. 1905/6. – Lit.: B. RUBIN, Prokopios von Kaisareia, Stuttgart 1954 (aus RE.). – S. 427, 434f.

Sextus PROPERTIUS, geb. in Umbrien ca. 47 v. Chr., gest. in Rom (?) ca. 15 v. Chr. 4 Bücher *Elegien* (1. Buch *Cynthia*, 4. Buch *Römische Elegien*). – Hss.: Karolingischer Archetypus, 2 Klassen (x u. y), s. S. 400f. – Ed. princ.: V. de Spira, Venedig 1472. – Ausg.: M. SCHUSTER, B.T. ²(F. DORNSEIFF) 1958. – Lit.: Vorreden der gen. und der Ausg. B.T. 1954. – S. 332, 400f., 523.

Aurelius PRUDENTIUS Clemens, geb. ca. 350 n. Chr. in Spanien, gest. ca. 405, christl. Dichter. *Cathemerinon liber*, *Peristephanon* (Märtyrerkronen), *Apotheosis*, *Hamartigenia*, *Psychomachia* («Kampf um die Seele»), *Contra Symmachum*, *Dittochaeum*. – Hss.: Beste: Paris. lat. 8084 (Puteanus, 6. Jh.), Ambros. D 36 sup. (7. Jh.), Vat. Reg. lat. 321, Paris. lat. 8087, 8305 u. a. S. 420. – Ed. princ. Deventer 1492. – Ausg.: M. LAVARENNE, C.B. 1943–57. – Lit.: S. 420. Vgl. auch H. SILVESTRE, Scriptorium 11, 1957, 102–104; M. P. CUNNINGHAM, T.A.Ph.A. 89, 1958, 32–37. – S. 363, 420.

PSELLOS, MICHAEL, 1018–1096/97, universeller Hofmann, Mönch und Gelehrter. Philosophische Schriften, Hauptwerk die biographischen Skizzen über die Kaiser von 976–1078 (*Chronographie*). – Hss.: Einzige vollst. der *Chronographie* Paris. gr. 1712 (12. Jh.). Sammelhs. seiner Werke sind Paris. gr. 1182 (13. Jh.) und Laur. plut. 57,40 u. a. S. 443, 459. – Ed. princ.: K. SATHAS, *Μεσαιωνικὴ βιβλιοθήκη* IV, Venedig 1874. – Ausg.: E. RENAULD, Chronographie, Paris 1926–28; L. G. WESTERINK, *Διδασκαλία παντοδαπή*, Nijmegen 1948; E. KURTZ u. F. DREXL, Scripta minora,

Mailand 1936–41. – Lit.: CHR. ZERVOS, Un philosophe néoplatonicien du XIe siècle: M. Ps., Paris 1920. – S. 66, 441, 443, 459.

PTOCHOPRODROMOS, Sammelbez. für den oder die Verf. satirischer Bettelgedichte in Volksgriechisch, etwa aus dem 12. Jh., gelegentlich Theodoros Prodromos zugeschrieben. – Hss.: Komplizierte Verhältnisse, s. S. 485 ff. – Ed. princ.: E. LEGRAND, Bibliothèque grecque vulgaire I, Paris 1880, 38–124. – Ausg.: D. C. HESSELING u. H. PERNOT, Amsterdam 1910. – S. 485 ff.

Claudius PTOLEMAIOS, aus Ptolemais in Alexandreia, ca. 100–178 n. Chr. Mathematiker, Astronom und Physiker, letzter großer Wissenschafter der Antike (geozentrisches Weltsystem). Erhalten ein *Lehrbuch der Astrologie (Τετράβιβλος)*, ein *Handbuch der Astronomie* («*Almagest*», *Μεγάλη σύνταξις*), ein Werk über die Intervallverhältnisse in der Musik (*Ἁρμονικά*), eine Anleitung zum Zeichnen geographischer Karten u.a.m. – Hss.: *Almagest:* Paris. gr. 2389 (A, 9. Jh.), Vat. gr. 1594 (B, 9. Jh.), 180 (D, 12. Jh.), 184 (G, 13. Jh.). – Ed. princ.: J. Camerarius, Nürnberg 1535 (*Tetrabiblos*); Basel 1538 (*Almagest*). – Ausg.: J. L. HEIBERG, F. BOLL, E. BOER u. F. LAMMERT, B.T. 1898 ff. Ed. ster. corr. 1940 ff. – Lit.: RE., N.B., 46. Hbb. 1959, Sp. 1788–1859 (versch. Verf.). – S. 551.

M. Fabius QUINTILIANUS, geb. ca. 35 n. Chr. in Calaguris (Spanien), gest. ca. 96 n. Chr. Verloren *De causis corruptae eloquentiae* u.a., erhalten *Institutio oratoria*. – Hss.: 2 Familien (mutili und integri), s. S. 408 f. – Ed. princ.: Campanus, Rom 1470. – Ausg.: L. RADERMACHER, B.T. 1907/35, Neudruck 1959 von V. BUCKHEIT. – Lit.: V. BUCKHEIT, Hermes 86, 106–116 (Kallimachos als Textzeuge). – S. 327 f., 334, 341, 344, 365, 408 f., 538, 540 f., 556.

C. SALLUSTIUS Crispus, geb. 86 v. Chr. in Amiternum (Sabinien), gest. 34 v. Chr. in Rom. *Coniuratio Catilinae*, *Bellum Iugurthinum*, *Historiae*, umstritten die Echtheit der *Invectivae* und *Epistulae suasoriae* an Cäsar. – Hss.: *Cat.* u. *Iug.* 2 Klassen (mutili und integri), s. S. 390 f. *Hist.* u. *Epist.* Vat. lat. 3864 (9./10. Jh.) und Fragmente. *Inv.* 2 Klassen, älteste Repräsentanten Gudianus 335 (10. Jh., Wolfenbüttel) und Harl. 2716, 9. Jh. S. 391. – Ed. princ.: V. de Spira, Venedig 1470. – Ausg.: A. KURFESS, B.T. [2]1957; Appendix ed. A. KURFESS, B.T.., fasc. 1 [4]1955, fasc. 2 [2]1950; Historiarum reliquiae ed. B. MAURENBRECHER, Lpzg. 1891/93. – Lit.: A. AHLBERG, Prolegomena in Sallustium, Göteborg 1911. – S. 33, 239, 330, 334 f., 365, 390 f., 352.

SAPPHO, 1. Hälfte 6. Jh. v. Chr., auf Lesbos, lyrische Dichterin. Die alex. Ausg. umfaßte 7 Bücher, von denen nur Fragmente (meist Oxyrhynchos-Papyri) erhalten sind. Ausg.: E. LOBEL u. D. L. PAGE, Poetarum Lesbiorum Fragmenta, Oxf. 1955, 1–110. – S. 30, 223.

SEMONIDES, viell. Zeitgenosse des Archilochos, stammt aus Samos, in der Überlieferg. meist mit Amorgos verbunden. Nur wenige Fragm. erhalten. – Ausg.: E. DIEHL, Anthologia Lyrica Graeca, B.T. [3]1952, fasc. 3, 49–63. – S. 223.

L. Aenneus SENECA, 1. Jh. n. Chr., gest. 65 n. Chr. in Rom. Tragödien: *Hercules furens*, *Troades*, *Phoinissen*, *Medea*, *Phaedra*, *Oedipus*, *Agamemnon*, *Thyestes*, *Hercules Oetaeus*; Philosophisches: *Dialogi* (*de providentia*, *de constantia sapientis*, *de ira*, *de consolatione*, *de vita beata*, *de otio*, *de tranquillitate animi*, *de brevitate vitae*) im Ambros. C 90 inf. (10./11. Jh.), der mit andern, stark interpolierten Hss. auf einen Archetypus zurückgeht; *De clementia*, *De beneficiis* (Vat. Palat. lat. 1547, 8.–10. Jh.), *Ad Lucilium naturales quaestiones*, *epistulae morales* (vollst. nur Quirinianus B II 6 in Brescia, 10. Jh.); *Apocolocyntosis* (Hauptzeuge Sangall. 569, 10./11. Jh.). – Hss.: Tragödien in zwei Rezensionen, s. S. 404 f. *Ad L. nat. qu.* in 2 Klassen, Φ (Voss. lat. 69, 12. Jh., L, u.a.) und Δ (Bambergensis M IV 16, 12. Jh., B, u.a.). Übrige Schriften s. oben. – Ed. princ. der Tragödien: A. Gallicus, Ferrara, zw. 1474 u. 1484; der Moralia: Moravus, Neapel 1475. – Ausg.: Tragödien ed. F. LEO, Bln. 1878/9; Philosophisches edd. C. HOSIUS, E. HER-

MES, A. GERCKE u. O. HENSE, B.T. 1900ff.; *Apocol.* ed. C.F. RUSSO, Florenz 1948. – Lit.: G. CARLSSON, Die Überlieferung der Seneca-Tragödien, Lund 1925. – S. 333, 336, 340, 365, 370, 394, 404f., 523, 527, 531, 537f., 545, 554.

SIMONIDES, geb. ca. 556 in Julis auf Kos, lebte teils am Hofe der Skopaden, teils in Athen, teils in Sizilien, gest. 468 v. Chr. in Akragas. Lyrische Chorgedichte, Epigramme u.a., nur fragm. erh. – Ausg.: E. DIEHL, Anthologia Lyrica Graeca II, fasc. 5, B.T. ²1940, 76–143. – S. 62, 223.

SKYLITZES, JOANNES, byz. Chronist, 2. Hälfte 11. Jh., Geschichtswerk über die Jahre 811–1057. Originaltext noch nicht veröffentlicht, über 20 Hss., bes. Vind. hist. gr. 35. – Ausg.: I. BEKKER, Kedrenos-Ausgabe II, Bonn 1839, 43–638 (Bearbeitung der Skylitzes-Chronik durch Kedrenos). –. Lit.: G. MORAVCSIK, Byzantinoturcica I, ²Bln. 1958, 335–340. – S. 439, 442, 445, 450.

SOPHOKLES, 496–406 v. Chr., griech. Tragiker, 123 Werke, erh. 7 Tragödien: *Aias*, *Elektra*, *König Oidipus*, *Antigone*, *Trachinierinnen*, *Philoktetes*, *Oidipus auf Kolonos*. – Hss.: Wichtigste Hs. Laur. plut. 32,9 (L). S. 275f. (mit Abb.). – Ed. princ. Venedig 1502. – Ausg.: C. JEBB u. A.C. PEARSON, Cambr. 1887–24; A. DAIN u. P. MAZON, C.B. 1955 (Bd. I). – Lit.: A. TURYN, Studies in the manuscript tradition of the tragedies of Sophocles, Urbana 1952, u.a., s. S. 276. – S. 33, 223, 237, 239, 275f., *277*, 551.

P. Papinius STATIUS, geb. ca. 40 n. Chr. in Neapel, gest. ca. 90 n. Chr. *Thebais*, *Achilleis*, *Silvae*. – Hss.: Die von Poggio veranlaßte schlechte *Silven*-Abschrift, Quelle aller andern Hss.: Madrid, B.N. M 31. *Thebais* u. *Achilleis:* Beste Hs. Paris. lat. 8051 (Puteanus, P, 9./10. Jh.), für die *Achilleis* noch gut Etonensis bl. 6,5 (E, 11. Jh.). S. 409f. – Ed. princ.: O. Scotus, Venedig 1475–83. – Ausg.: A. KLOTZ, B.T. 1902–11. – Lit.: Vorrede der Ausg. – S. 333f., 365, 409f., 516, 541, 556.

STESICHOROS, viell. 1. Hälfte 6. Jh. v. Chr., in Himera (Sizilien). Lyriker; seine Werke waren in 26 Büchern vereinigt. Nur fragm. erh. – Ausg.: E. DIEHL, Anthologia Lyrica Graeca II, fasc. 5, B.T. ²1940, 44–57. – S. 223.

STRABON von Amaseia am Pontos, 64 v. Chr. bis 19 n. Chr., Stoiker, bereist den damaligen Erdkreis ums Mittelmeer, lebt längere Zeit in Rom. Sein Geschichtswerk, die Fortsetzung des Polybios (*Ἱστορικὰ ὑπομνήματα*), ist verloren, erhalten ist seine *Geographie* (*Γεωγραφικά*), worin weniger eigene Anschauung als Literatur verwertet ist. – Hss.: Die ca. 30 Hss. sind in 3 Gruppen zu teilen, als Vorlage von zweien läßt sich die Pergament-Umschrift des 2. od. 3. Jh. vermuten. Frühbyz. Textform in einem Doppel-Palimpsest (Vat. gr. 2061 A u. 2306) aus dem 5. Jh. Gute Hss.: Buch 1–9: Paris. gr. 1397 (A), 10–17: Marc. gr. 640 (D), Vat. gr. 1329 (F). – Ed. princ. Venedig 1516 (lat. Rom 1471). – Ausg.: A. MEINEKE, B.T. 1907–13; Neuausg. v. B. NIESE u. W. ALY, Bonn 1957ff. – Lit.: W. ALY, Studi e testi 188, 1956; E. HONIGMANN u. W. ALY, RE., 2. R., 7. Hbb. 1931, Sp. 76–155. – S. 60, 564, 570.

SUDA, früher «Suidas» genannt, ein Wort- und Sachlexikon mit grammatisch-philologischer Grundrichtung, besonders wichtig wegen seiner literarhistorischen Artikel. Entstammt dem 10. Jh. – Hss.: Paris. gr. 2625 (13. Jh.) u. 2626 (12. Jh.), Leid. Voss. Fol. 2 (12. Jh.), Laur. plut. 55,1 (1422). – Ed. princ.: D. Chalkondyles, Mailand 1499. – Ausg.: A. ADLER, Lpzg. 1928–38 (5 Bde.). – Lit.: F. DÖLGER, Der Titel des sog. Suidaslexikons, S. ber. Bayer. Akad. 1936, H. 6. – S. 286, 295f., 303, 431, 470, 559, 564.

C. SUETONIUS Tranquillus, geb. ca. 70 n. Chr., gest. ca. 150. *De vita Caesarum*, *De grammaticis et rhetoribus* (Teil des sonst verl. *De viris illustribus*). – Hss.: *De vita:* Ein am Anfang verstümmelter Fuldensis kam ins MA., beste Abschrift: Paris. lat. 6115 (Memmianus, M, 9. Jh.). Weitere Hss.-Klassen repräsentiert durch Vat. lat. 1904 (V, ca. 1100) und Regius 15 C III (Brit. Mus., 12. Jh., R) u.a. *De gramm.* wie bei Tacitus (Hersfeldensis), s. diesen. – Ed. princ.: Campanus, Rom 1470. – Ausg.:

De vita ed. M. IHM, B.T. 1907; *De gramm.* ed. G. BRUGNOLI, B.T. 1960. – Lit.: Bericht über die Lit. (1929–37) v. J. TENNDORF, Bursian-Bericht 273, 1941, 45–78; M. LENEKANTIN, I mss. blandiniani e la vita suetoniana di Orazio, S.I.F.C. 18, 1941, 75–88. – S. 322f., 335, 337, 339, 342, 344, 380, 407, 413, 532.

SYMEON der Neue Theologe, 949–1022, größter Mystiker der mittelbyz. Zeit mit enthusiastischem Einschlag. Geistliche Reden und eine Sammlg. von mystischen Konfessionen: *Οἱ ἔρωτες τῶν θείων ὕμνων*. – Ausg.: Eine Gesamtausgabe des gr. Textes existiert noch nicht. Bei MIGNE, Patrol. gr. 120 finden sich lat. Überss. der wichtigsten Werke nach der Ausg. von J. PONTANUS, Ingolstadt 1603. – Lit.: I. HAUSHERR, Un grand mystique byzantin, Rom 1928; K. HOLL, Enthusiasmus und Bußgewalt beim gr. Mönchtum, Lpzg. 1898. – S. 509.

P. Cornelius TACITUS, ca. 55 bis ca. 120 n. Chr. *Dialogus de oratoribus*, *Agricola*, *Germania*, *Historiae* und *Annales* (beide unvollst. erh.). – Hss.: *Dial.*, *Germ.*, *Agr.* urspr. in einem Hersfelder Kodex, der 1902 teilweise in der Bibliothek des Grafen Balleani wiedergefunden wurde. Alle andern Hss. stammen von diesem ab. *Ann.* 1–6: Laur. plut. 68,1 (cod. unicus), *Ann.* 11–16 u. *Hist.* 1–5: Laur. plut. 68,2 (cod. unicus). S. 412ff. – Ed. princ. (*Ann.* 11–16, *Hist.*, *Germ.*, *Dial.*): J. de Spira, Venedig 1470; Rest: Beroaldus, Rom 1515. – Ausg.: E. KOESTERMANN, B.T. 1949ff. – Lit.: R. TILL, Hs. Unterss. zu Tacitus, Agricola u. Germania, Bln. 1943. – S. 329, 344, 365, 412ff., 541f., 548, 560.

P. TERENTIUS Afer, geb. ca. 190 v. Chr. in Karthago, kommt als Sklave nach Rom, später freigelassen, gest. 159 n. Chr. Komödien: *Andria*, *Hecyra*, *Heautontimorumenos*, *Eunuchus*, *Phormio*, *Adelphoe*. – Hss.: Bembinus = Vat. lat. 3226, 4./5. Jh., A. Daneben 2 Klassen γ und δ, s. S. 377ff. und Abb. 60, S. 321. – Ed. princ.: Mentel, Straßburg 1470. – Ausg.: S. PRETE, Hdbg. 1954. R. KAUER, W. M. LINDSAY u. O. SKUTSCH, O.C.T. 1958. – Lit.: G. JACHMANN, Die Geschichte des Terenztextes im Altertum, Rekt.-Progr., Basel 1924. – S. 36, 65, 318, 320f., 334ff., 343, 346, 350, 365, 377ff.

TERTULLIANUS, Q. Septimius Florens, geb. ca. 160 n. Chr. in Karthago, zw. 202 u. 207 vom kath. Christentum zum Montanismus übergetreten. Vor Übertritt: *Ad nationes*, *Apologeticum*, *De testimonio animae*, *Ad martyras*, *De spectaculis*, *De idololatria*, *De cultu feminarum*, *De baptismo*, *De oratione*, *De paenitentia*, *De patientia*, *Ad uxorem*, *De praescriptione haereticorum*, *Adversus Iudaeos*. Nach Übertritt: Zahlr. asketisch-moralische Schriften, Schriften gegen Hermogenes, die Valentinianer, Marcion, Praxeas; *De anima*, *De carne Christi*, *De carnis resurrectione*. Verlorenes. – Hss.: *Apol.* u. *Ad nat.* s. S. 416f. (die Varianten des verl. Fuldensis in der Ausg. des F. JUNIUS 1597); Korpora des ganzen oder eines großen Teils des Werks: Paris. lat. 1623 (9. Jh.), Montepessulanus 307 (11. Jh.), Paterniacensis 439 (11. Jh.) u. a. – Ed. princ. Venedig 1483 (*Apol.*), Basel 1521 (Gesamtausg.). – Ausg.: F. OEHLER, Lpzg. 1851–53; C.S.E.L. 20, 47, 69, 70; wichtig: *De anima*, ed. J. H. WASZINK, Amsterdam 1947 (mit Schriftenverz.). Keine der gen. Ausgg. vollst. C.C. 1954 (2 Bde.). – Lit.: C. BECKER, Tertullians Apologeticum, München 1954. – S. 360, 413, 416f.

THEOKRITOS, geb. ca. 310 v. Chr. in Syrakus, gest. ca. 250, lebte meist in Alexandreia. Erhalten ca. 30 Gedichte (z. T. unecht) und Epigramme. – Hss.: Wichtigste Hs. Ambros. C 222 inf. S. 248f. – Ed. princ. Mailand 1493 (1–18), Venedig 1496 (1–30). – Ausg.: A. S. F. GOW, O.C.T. 1952, Cambridge 1950 gr. Ausg. – Lit.: S. 249. – S. 228, 230, 238, 246, 248f., 273, 453, 535, 564.

THEOPHANES der Bekenner (Confessor, Homologetes), ca. 750–818, bedeutender mittelbyz. Chronist, behandelt die Jahre 284–813. – Hss.: Älteste Paris. gr. 1710 (10. Jh.), weitere s. S. 436ff. – Ed. princ.: J. GOAR u. F. COMBEFIS, Paris 1655. – Ausg.: C. DE BOOR, Lpzg. 1883 (2 Bde.). – Lit.: G. MORAVCSIK, Byzantinoturcica I, ²Bln. 1958, 531–537. – S. 436ff., 440, 442, 450.

THEOPHRASTOS, ca. 372/9–288/85, geb. in Eresos (Lesbos), meist in Athen, Schüler des Aristoteles. Erhaltene Hauptwerke: *Pflanzenschriften (Περὶ φυτῶν ἱστορίας, Περὶ φυτῶν αἰτιῶν)*, *Metaphysik*, *Charaktere*. – Hss.: *Pflanzenschr.*: Älteste Hs. Urbin. gr. 61 (U, 10./11. Jh.), Überlieferg. ungeklärt. *Metaphysik:* J (Vind., 10. Jh.) u. P (Paris., 10. Jh.), nur Bruchstücke. *Charaktere:* Ältere: Nr. 1–15 im Paris. gr. 2977 (A, 10./11. Jh.) u. 1983 (B, 10. Jh.), Nr. 16–30 im Vat. gr. 110 (V, 13. Jh.). Überlieferg. sehr kompliziert und umstritten. – Ed. princ. Venedig 1497 (*Pfl. schr.*). – Ausg.: F. WIMMER, B.T. 1854–62; *De causis pl.* I ed. R. E. DENGLER, Philad. 1927; *Met.* edd. W. D. ROSS u. F. H. FOBES, Oxf. 1929; *Charaktere* ed. O. IMMISCH, B.T. 1923. – Lit.: O. REGENBOGEN, RE., Suppl. Bd. 7, 1940, Sp. 1354–1562. – S. 232, 304, 551.

THEOPHYLAKTOS SIMOKATTES, byz. Historiker, 6./7. Jh., setzt Menandros fort, behandelt die Regierungszeit des Kaisers Maurikios (582–602) in 8 Büchern. – Hs.: Vat. gr. 977 (11./12. Jh.). S. 435. – Ed. princ.: J. Pontanus, Ingolstadt 1604. – Ausg.: C. DE BOOR, Lpzg. 1887. – Lit.: G. MORAVCSIK, Byzantinoturcica I, ²Bln. 1958, 544–548. – S. 430, 434 f.

THUKYDIDES, 2. Hälfte 5. Jh., athenischer Historiker. Darstellung des Peloponnesischen Krieges in 8 Büchern, unvollendet. – Hss.: Überlieferungsverhältnisse sehr kompliziert, s. S. 253 ff. – Ed. princ. Venedig 1502. – Ausg.: H. ST. JONES u. J. E. POWELL, O.C.T. 1942; O. LUSCHNAT, B.T., Bd. I ²1960. – Lit.: S. 254 f. – S. 223, 253 ff., 456, 564, 570.

Albius TIBULLUS, geb. ca. 60 v. Chr., gest. ca. 19 v. Chr., in Rom. *Elegien* (Buch 1: *Delia*, Buch 2: *Nemesis*). – Hss.: S. 397 ff. Besonders wertvoll das fragmentum Cuiacianum (durch Scaliger, Ausg. Paris 1577 ff., bekannt), sonst Florilegien, Exzerpte und Hss. des 14. u. 15. Jh., bes. Ambros. R 26 sup. (14. Jh.). – Ed. princ.: V. de Spira, Venedig 1472. – Ausg.: F. W. LENZ, Leiden 1959. – Lit.: T. TROLL, Bursian-Bericht 260, 1938, 1 ff. – S. 316, 332, 397 ff., 400, 523, 552.

TZETZES, JOANNES, byz. Polyhistor, vor allem philologische und antiquarische Interessen. Hauptwerk: Philologisch-historisches Lehrgedicht von über 10000 Versen. – Hss.: Monac. gr. 564, Vat. gr. 1369 (14. Jh.) u. a. Text der Allegorien zur *Odyssee* kürzlich im Vind. phil. gr. 118 gefunden, zuvor nur Buch 1–13 bekannt. S. 452. – Ed. princ.: TH. KIESSLING, Joannis Tzetzae historiarum variarum chiliades, Lpzg. 1826. – Lit.: C. WENDEL in: RE., 2. R., 14. Hbb. 1948, Sp. 1959–2010; H. HUNGER, Byz. Zs. 48, 1955, 4 ff. – S. 67, 279 f., 452, 464, 477.

C. VALERIUS FLACCUS Setinus Balbus, geb. viell. in Kampanien, 1. Jh. n. Chr. *Argonautica* (Epos, im 8. Buch abgebrochen). – Hss.: Haupths. Vat. lat. 3277 (V, 9. Jh.). S. 405 f. – Ed. princ.: Rugerius u. Bertochus, Bologna 1474. – Ausg.: O. KRAMER, B.T. 1913. – Lit.: A. KURFESS, RE., 2. R., 15. Hbb. 1955, Sp. 9–15. – S. 333, 405 f., 540.

P. VERGILIUS Maro, geb. 15. Okt. 70 v. Chr. bei Mantua, gest. 21. Sept. 19 v. Chr. in Brundisium. *Bucolica* (*Eclogae*), *Georgica*, *Aeneis* (nicht ganz fertiggestellt, von L. Varius postum ediert). Zweifelhaft, aber mit Echtem: *Culex*, *Aetna*, *Ciris*, *Catalepton*, *Copa* (alles Gedichte). – Hss.: Zahlr. antike Kodizes, s. S. 392 ff. – Edd. princ.: Rom und Straßburg (Mentel) 1469. – Ausg.: R. SABBADINI u. L. CASTIGLIONI, 2 Bde., Rom 1930; Appendix Virgiliana edd. R. ELLIS u. C. HARDIE, O.C.T. 1954. – S. 392 ff., übrige Stellen im Personenregister.

VORSOKRATIKER, näml. Thales, Pythagoras, Herakleitos, Parmenides, Anaxagoras, Leukippos, Demokritos u. v. a. m. sind nur in Fragmenten überliefert. – Ausg.: H. DIELS, Die Fragmente der Vorsokratiker, ⁶Bln. 1951/52 (3 Bde.).

XENOPHON, geb. ca. 430 bei Athen, gest. ca. 350 v. Chr. *Kyropaideia*, *Apomnemoneumata* (*Memorabilia*), *Hellenika*, *Anabasis*, *Oikonomikos*, *Apologie*, kleinere Schriften. – Hss.: S. 268 ff. ausführl. – Ed. princ. Venedig 1503 (*Hellenika*), Florenz 1516 (Gesamtausg. von E. Boninus). – Ausg.: E. C. MARCHANT, O.C.T. 1901–20, s. auch S. 269ff. – Lit.: S. 269ff. – S. 44, 79, 213, 223, 268ff., 551, 557, 564, 570.

ZONARAS, JOANNES, byz. Chronist der 1. Hälfte 12. Jh., Geschichtswerk über die Zeit von Weltschöpfung bis 1118. Darin viel antikes Material überliefert und so gerettet. – Hss.: Noch keine abgeschlossene Überliefergs.gesch. S. 440. – Ed. princ.: H. Wolf, Basel 1557. – Ausg.: TH. BÜTTNER-WOBST, Joannis Zonarae epitome historiarum, Bonn 1897. – Lit.: G. MORAVCSIK, Byzantinoturcica I, ²Bln. 1958, 344–348; s. auch S. 440, Anm. 13. – S. 440f., 450.

ZOSIMOS, byz. Historiker, behandelt die röm. Kaisergeschichte von Augustus bis zum Jahre 410 *(Νέα ἱστορία)*, um 500 entstanden. – Hss.: Beste Vat. gr. 156 (10./11. Jh.). S. 427. – Ed. princ.: H. Stephanus, Basel 1581. – Ausg.: L. MENDELSSOHN, Lpzg. 1887. – Lit.: G. MORAVCSIK, Byzantinoturcica I, ²Bln. 1958, 577–579. – S. 427.

Personenregister

Die mit * bezeichneten Stichworte sind auch im *Katalog* verzeichnet. *Kursiv* gedruckte Seitenzahlen weisen auf Abbildungen hin. Ganze Familien (z. B. Palaiologen) sind im Sachregister aufgeführt.

Sachregister

Die mit ★ bezeichneten Stichworte sind auch im *Katalog* verzeichnet. *Kursiv* gesetzte Zahlen weisen auf Abbildungen hin.